昌乐年鉴

CHANGLE YEARBOOK 2020

中共昌乐县委党史研究中心
昌乐县地方史志研究中心　编

方志出版社
Publishing House of Local Records

图书在版编目（CIP）数据

昌乐年鉴. 2020 / 中共昌乐县委党史研究中心（昌乐县地方史志研究中心）编. -- 北京：方志出版社，2020.12
ISBN 978-7-5144-4678-4

Ⅰ. ①昌… Ⅱ. ① 中… Ⅲ. ①昌乐县—2020—年鉴
Ⅳ. ① Z525.24

中国版本图书馆 CIP 数据核字（2021）第 011114 号

昌乐年鉴（2020）

编　　者：中共昌乐县委党史研究中心（昌乐县地方史志研究中心）
责任编辑：王　俊

出 版 者：方志出版社
地址　北京市朝阳区潘家园东里 9 号（国家方志馆 4 层）
邮编　100021
网址　http://www.zgfzcb.cn
发　　行：方志出版社图书经销中心
电话（010）67110500
经　　销：各地新华书店
编纂排版：潍坊市鹅卵石文化发展有限公司
印　　刷：山东星海彩印有限公司

开　　本：889×1194　　1/16
印　　张：29.3
字　　数：782 千字
版　　次：2020 年 12 月第 1 版　2020 年 12 月第 1 次印刷
印　　数：0001 ～ 1000 册

ISBN 978-7-5144-4678-4　　定价：380.00 元

昌乐县地方史志编纂委员会

《昌乐年鉴》2020卷编审人员

昌乐县地图

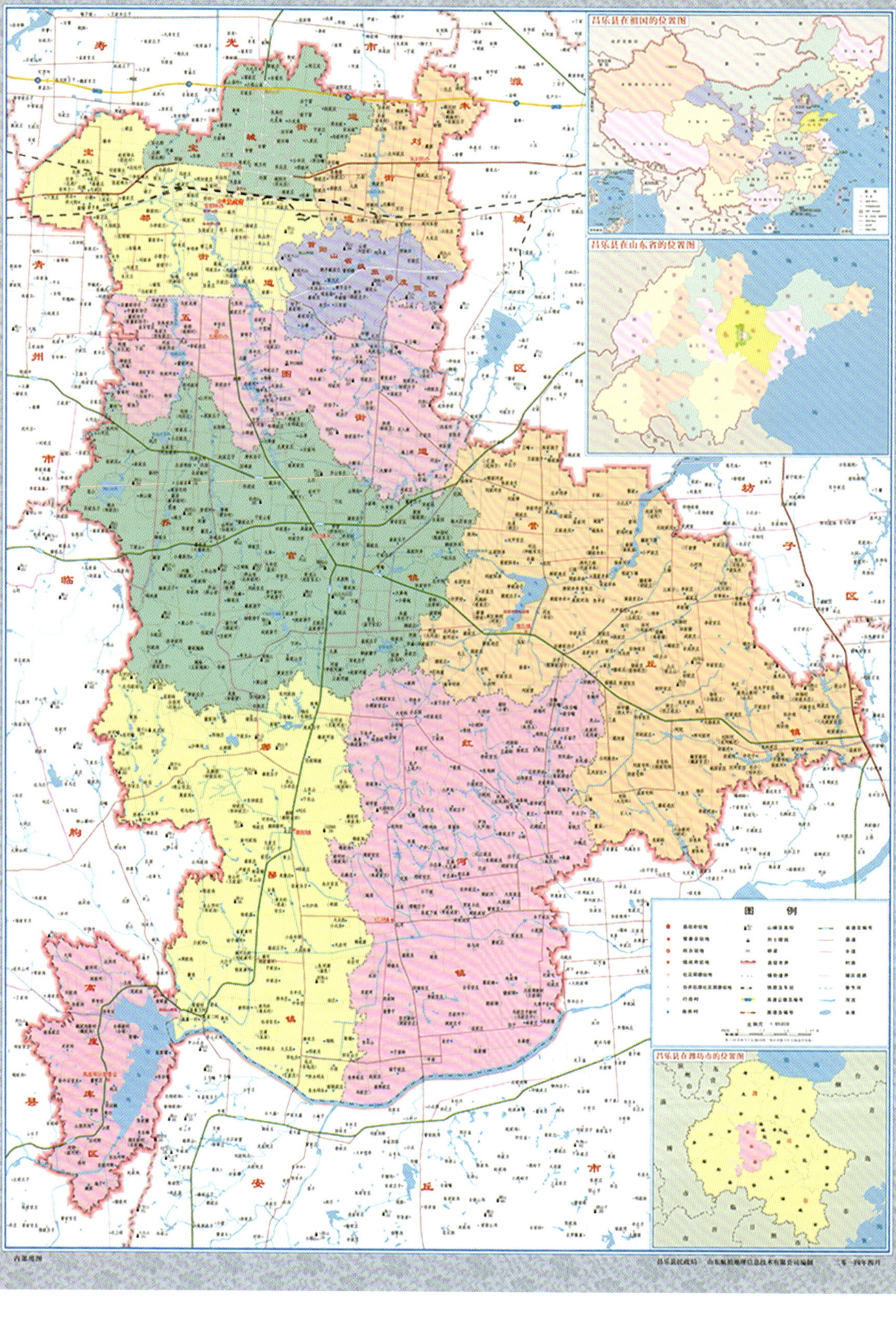

编辑说明

一、《昌乐年鉴（2020）》的编纂坚持以马克思列宁主义、毛泽东思想、邓小平理论、“三个代表”重要思想、科学发展观、习近平新时代中国特色社会主义思想为指导，全面客观地反映昌乐县各级党委、政府的主要工作和各镇（街区）、各部门、各行业取得的成绩，力求做到观点正确、框架科学、资料翔实、记述准确、编写规范、特色鲜明，突出时效性，讲求实用性。

二、《昌乐年鉴（2020）》紧紧围绕县委、县政府的中心工作编纂，它作为权威的地情信息载体，旨在全面、系统、客观地记述2019年度昌乐县政治、经济、文化、社会诸方面的新成就、新面貌、新特点，为社会各界了解昌乐、建设昌乐提供最新的基本情况，为各级领导决策和管理提供可靠依据。

三、《昌乐年鉴（2020）》，主要记载年限原则上为2019年1月1日至12月31日。为反映事物的全貌，给读者以完整的印象，部分内容适当上溯或下延。

四、本卷年鉴共设27个类目，即特载、大事记、昌乐概况、中国共产党昌乐县委员会、昌乐县人民代表大会、昌乐县人民政府、中国人民政治协商会议昌乐县委员会、纪检监察、社会团体、法治 军事、经济管理与监督、农业和农村工作、工业、商贸服务、财政 税务 金融、交通 邮政 通信、城乡建设、资源 环保、科学、教育 体育、文化旅游、卫生健康、社会民生、镇（街道）园区概况、人物、附录、索引。记述形式分类目、分目、条目3个层次，条目主要信息载体和基本撰写形式，年鉴内容主要在条目中记载；在记述内容上注重资料的信息价值和图文并茂。

五、年鉴资料内容主要由昌乐县各镇街党（工）委、政府（办事处）、县属各园区、县直各部门、单位以及上划垂直管理部门和驻昌国企等单位提供，初稿经供稿单位主要负责人审核加盖公章后，由县委党史研究中心（县地方史志研究中心）编辑定稿。涉及主要数据以昌乐县统计公报为准，因个别供稿单位统计口径不同等原因，有的数据在不同的条目中不尽一致，使用时请注意出处。

六、《昌乐年鉴（2020）》内容涉及各行各业，面广量大，受编辑经验、水平，时间等因素所限，错误与疏漏之处在所难免，敬请广大读者给予批评指正。

数字昌乐
Shuzi Changle

◎全县土地总面积 1100.51 平方千米

◎农用地面积 86425.38 公顷

◎建设用地面积 18642.66 公顷

◎户籍总人口 639859 人

◎昌乐县地区生产总值 315.6 亿元

◎第一产业增加值 45.7 亿元

◎第二产业增加值 114.9 亿元

◎工业增加值 103.6 亿元

◎第三产业增加值 154.9 亿元

◎税收收入 35.3 亿元

◎第二产业提供税收 21.6 亿元

◎第三产业提供税收 12.5 亿元

◎一般公共预算收入完成 255383 万元

◎一般公共预算支出完成 345487 万元

◎粮食作物播种面积 34799 公顷

◎粮食作物总产量 206353 吨

◎全社会用电总计 263307 万千瓦时

◎社会消费品零售额 142 亿元

◎进出口总额 89.4 亿元

◎出口总额 59.7 亿元

◎进口总额 29.7 亿元

◎实际到账外资 1.2 亿元

◎金融机构各项存款人民币金额 399.7 亿元

◎金融机构各项贷款人民币金额 330.7 亿元

◎城镇居民人均可支配收入 37586 元

◎农村居民人均可支配收入 19608 元

◎全县有各级各类学校和幼儿园 192 所，在校学生 107366 人，教职工 9183 人

◎全县各级医疗卫生机构 622 家，卫生技术人员 3947 人，医护人员 3364 人，实有床位 3823 张

◎国家重点镇 2 个

◎省级中心镇 3 个

◎省级特色小镇 1 个

◎特色景观旅游名村 1 个

◎省级美丽宜居村庄 1 个

◎省级美丽村居 1 个

◎国家级生态镇 3 个

◎中国驰名商标 12 件，山东省著名商标 19 件，国家地理标志证明商标 8 件

2019年3月20日，山东省军区副政委郑仲全（前排右一）到昌乐县调研指导工作

2019年6月19日，山东省委宣传部副部长、省广播电视局局长李昌文（前排右一），潍坊市委常委、宣传部部长初宝杰（前排右二）到昌乐县参加全省县级融媒体中心建设（东部片区）现场推进会议

2019年3月25日，山东省民政厅副厅长张孟强（右一）到昌乐县调研养老服务体系建设情况

2019年12月13日，潍坊市委书记惠新安（右二）到昌乐县调研文旅产业发展情况

2019年6月5日，潍坊市委副书记、市长田庆盈（左二）带领住建、自然资源和规划等市直部门负责同志，到昌乐县实地调研灾后重建工作

2019年8月15日，潍坊市副市长马清民（前排右一）到昌乐县查看水利工程运行情况

2019 年 4 月 4 日，昌乐县委书记刘裕斌（中）到营丘镇调研安全生产、生态修复、道路建设、河道治理、乡村振兴、营商环境工作

2019 年 5 月 16 日，2019 中国（昌乐）西甜瓜科技博览会在西瓜科技示范园隆重开幕

2019 年 8 月 10 日，昌乐县委书记刘裕斌（左三）现场调度防台防汛工作

2019 年 4 月 18 日至 20 日，昌乐县委副书记、县长张建伟（中）率领县党政考察团一行赴江苏省仪征市、浙江省宁波高新区和桐乡市、上海市对标学习新旧动能转换

2019 年 7 月 22 日，部分县市区党政考察团到昌乐县观摩交流

2019 年 5 月 16 日，2019 中国（昌乐）西甜瓜科技博览会在西瓜科技示范园隆重开幕

2019年10月11日，2019中国（昌乐）国际宝石博览会开幕

仙月湖（高崖水库）

（毕延长　摄）

·目　录·

昌乐县人民代表大会

昌乐县人民政府

中国人民政治协商会议昌乐县委员会

中国共产党昌乐县纪律检查委员会

社会团体

法治　军事

经济管理与监督

农业和农村工作

工　业

商贸流通

财政 税务 金融

交通　邮政　通信

城乡建设

资源　环保

科　学

教育　体育

文化 旅游

卫生健康

社会生活

镇（街道）园区概况

人　物

附　录

特　　载

刘裕斌同志
在全县“工作落实年”动员部署暨
优化营商环境大会上的讲话

（2019年3月23日）

今天，我们按照上级转变作风、精文简会、狠抓落实的要求，把几个会议合并召开，既是工作落实年动员部署会，也是优化营商环境、加快项目建设推进会。主要任务是，坚持以习近平新时代中国特色社会主义思想为指导，深入贯彻落实省、市“工作落实年”部署要求，动员全县上下聚焦工作落实，优化营商环境，加快项目建设，以攻坚克难、奋勇争先的姿态，全力推动昌乐高质量发展、赶超发展。

刚才，我们一起观看了市纪委监委明察暗访的纪录片，其中也反映了我们昌乐的一些问题，这反映出我们一些同志在工作作风、工作理念方面还存在很多问题，需要我们深刻反思和改进。我们通报表彰了2018年度先进集体和先进个人，他们都是担当作为、创新实干、狠抓落实的典型，是各个领域、各个方面学习的榜样和标杆。特别是这些优秀的企业，对昌乐贡献很大，我们要尊重企业、支持企业、服务企业，让昌乐的优秀企业发展的更好更强更优，为昌乐作出更大贡献。各级各部门各单位和广大党员干部要对标先进，认真学习，奋力赶超，努力开创各项工作新局面。下面，我讲四个方面的问题。

一、要增强狠抓落实的主动性、责任感

习近平总书记强调，一分部署，九分落实；空谈误国，实干兴邦。今年正月初七，省委、省政府在春节后上班第一天就召开了全省“担当作为、狠抓落实”工作动员大会。紧接着在正月初八，潍坊市委、市政府专门召开全市“工作落实年”动员部署暨“双招双引”对外开放推进会议。刘家义书记、惠新安书记都对抓落实工作提出了非常明确、具体的要求，而且措施都很细，强调的都很严肃，这些都为我们狠抓落实提供了科学指引和基本遵循。围绕贯彻省、市“工作落实年”会议精神，3月8日至13日，惠新安书记又专门带队到嘉兴、泉州、宁波、

苏州、南通五市对标学访，回来后又专门邀请嘉兴市平湖开发区原党工委书记周弟明作了“搞好招商引资、优化营商环境”辅导讲座，然后拿出两个半天的时间，重点围绕“我们的思想差距在哪里，应如何解放思想；我们的工作问题在哪里，急需克服哪些障碍；我们的优势在哪里，应如何寻标对标定好位；我们的增长点在哪里，该如何推进‘双招双引’；我们应如何加快大项目落地，推进高质量发展”五个方面分组进行了深度交流，观看了明察暗访纪录片。3月15日下午，以视频会议的形式，召开全市解放思想优化环境加快高质量发展研讨交流会议，惠新安书记从“我们向南方五市学习什么，我们的差距在哪里，我们的优势在哪里，我们今后怎么办”四个方面讲了意见，提出了明确要求。这一系列会议、一系列部署、一系列要求，都是我们把握的重点、落实的重点，各级各部门一定要认真学习领会，推动各项部署落地生根。

县级、镇级是贯彻落实党的路线方针政策的基础和关键环节，工作的核心任务就是狠抓落实。尤其现在，我县正处在爬坡过坎、转型升级、动能转换的关键时期，面对新形势新任务，狠抓落实尤为重要。

（一）*狠抓落实是学习贯彻习近平新时代中国特色社会主义思想的政治要求*。学习贯彻习近平新时代中国特色社会主义思想和视察山东重要讲话、重要指示批示精神是当前和今后一个时期的首要政治任务。围绕落实总书记重要讲话和指示批示精神，省委、省政府布局新旧动能转换、乡村振兴、区域协调发展等八大战略，潍坊市委、市政府确定“63751”的思路举措。贯彻落实好上级的思路举措，是中央和省、市委赋予我们的政治任务，也是严肃的政治纪律和政治规矩，我们没有任何不落实的理由，更没有讨价还价的余地，要按照习近平总书记“思想再解放、改革再深入、工作再抓实”的要求，以高度的政治自觉、行动自觉，不折不扣、不讲条件、一以贯之抓好落实，确保上级政策在昌乐率先落地，保证各项工作始终沿着正确的方向前进。

（二）*狠抓落实是抢抓高质量发展机遇、赢得新一轮区域竞争的迫切要求*。当前，我国发展仍处于重要战略机遇期，而且赋予了经济结构优化升级、科技创新、绿色发展等新的内涵。全省经济工作会议分析了构建现代产业体系、市场需求持续扩大等七个大好机遇，全市经济工作会议重点分析了总书记肯定“三个模式”、国家和省支持民营经济发展、国家推动制造业高质量发展三个需要抓住用好的重大机遇。除此之外，中央和省、市陆续出台了一系列有利于经济发展的政策措施，而且现在正处在实施的“窗口期”。这些都是我们借势发展的大好机遇。实践证明，一切政策和机遇只有在实干、落实中才能把握和抓住。我们必须以强烈的历史责任感和紧迫感，用好政策，补齐短板，增创优势，推动经济社会高质量发展。从昌乐自身看，我们同先进县市相比，差距还比较大，不仅表现在速度、规模上，还表现在产业层次、发展质量上。要实现高质量发展、赶超发展的目标，必须拿出人一我十、人十我百的干劲，以踏石留印、抓铁有痕的力度，抓住机遇、用好机遇、放大机遇，不断增创高质量发展新优势，实现进位争先。

（三）*狠抓落实是实现既定任务目标，推动昌乐赶超发展的现实需求*。今年是新中国成立70周年，是决胜全面小康的关键之年，做好今年的各项工作至关重要。关于今年的工作重点，全县经济工作会议已经作了部署安排，接着还要召开全县“两会”进一步作出具体安排，我们要按照全县经济工作会议和“两会”确定的重点，把工作责任、目标、措施一项一项落到实处。这其中，无论是增长目标、刚性目标，还是新旧动能转换、乡村振兴、民生改善、改革开放等重点任务，不论是“三大攻坚战”，还是安全、稳定底线，每一项都是硬任务、硬指标，都不是轻轻松松就能完成的，何况在我们高质量发展进程中的困难和问题还很多，如产业转型、发展不平衡、要素制约、防风险守底线、思想作风、外部风险压力等问题，都非常现实、非常突出地摆在面前。这都是前进路上的拦路虎、绊脚石，如果不加以解决，我们确定的每一项目标尤其是决胜全面小康的目标将难以实现。因此，各级各部门要把思想统一到抓落实上来，明确措施、转变作风、完善机制，以“不争第一、就是在混”的精神，敢于啃硬骨头，敢于动真碰硬，努力在克服困难、解决问题中不断突破、不断前进，加快把工作思路举措变成现实生产力和高质量发展的实际成果，让我们的美好蓝图全部变为现实。

二、要明确狠抓落实的七方面重点任务

抓落实必须明确抓什么、定准主方向、突出着力点，抓住关键事、打开突破口，以重点工作落实带动面上工作提升。下步工作中，要聚焦七项重点工作抓好落实：

（一）围绕防风险守底线抓落实。今年大事多、要事多、难事多，习近平总书记在参加全国“两会”有关代表团审议时，多次强调“统筹推进稳增长、促改革、调结构、惠民生、防风险、保稳定各项工作”，相比以往又加了“保稳定”，这种要求非常明确。省、市提出，稳是总基调、是大局，是压倒一切、第一位的政治任务。在去年年底召开的全省做好防范化解重大风险工作视频会议上，刘家义书记列举了影响我省12个领域的风险，在市委政法工作暨防范化解重大风险工作会议上，惠新安书记列举了影响我市6个领域的风险，每个领域的风险防控形势都非常严峻，而且离我们都非常近，有的就在我们身边，风险防控的压力很大。我刚到昌乐工作的时候就讲到，全县上下都要牢固树立防风险守底线的意识，牢牢守住、不出问题。近期，不论是周边还是省外，都发生了很多问题，一旦发生事故就是灭顶之灾，所以防风线守底线的任务至关重要。我们要认真贯彻中央和省、市委关于防范化解重大风险的部署要求，尤其是聚焦“三大攻坚战”，切实增强忧患意识，强化底线思维，时刻绷紧守住底线这根弦，将防风险守底线的责任和要求落实到各个领域、各个主体、各个环节，确保社会和谐、大局稳定。一要坚决守牢社会稳定底线。这项工作，省、市都提出了明确要求，从我县当前情况看，在全国“两会”期间以及整个社会稳定的形势是好的，但不容乐观，潜在问题较多，分管领导、各镇（街、区）必须扛起守住社会稳定底线的责任，加大日常排查化解力度，主动作为，全力夯实基层基础工作。下步，攻坚的重点要放在信访积案日常化解、重要节点安保维稳、矛盾排查化解上，按照刘家义书记提出的“六个第一时间”要求，切实抓好各类矛盾纠纷处置工作，切实做到“七个坚决防止”。要着力做好信访积案化解工作，这是今年工作的一个重点，省里、市里都有明确时间节点和数量要求，其中市里要求“10年以上的全部清零，5年以上的化解80%以上”，对这些积案，政法、信访等部门要参照市里的做法，明确县级领导包靠分工，一人一策、一案一策、专班推进，确保按时完成上级交办的任务。这项工作不仅仅是一项任务，要本着以人民为中心的发展思想，本着对组织、对岗位负责的态度，主动去解决、提高标准解决，不能让老问题无限期拖下去，否则，我们对群众、对组织都说不过去。有关部门尤其是公检法等部门在问题处置中，要坚持事要解决的原则，强化标本兼治，既要积极解决好群众的合理诉求，又要对缠访闹访、借访滋事等行为依法严厉处理，以强有力的措施坚决把问题管住控住，切实营造起良好的社会风气和社会秩序。组织部门要把这项工作作为检验各级干部担当作为的“试金石”，看看我们的干部到底是不是真有攻坚克难的能力，有没有担当作为的本事，切实从维稳一线发现使用好一批能担当敢作为的优秀干部。分管领导和有关职能部门，要学习借鉴外地和我们工作中的好经验、好做法，借助媒体、律师等方面的力量，帮着一起做好工作，务求最好效果。二要坚决守牢安全生产底线。安全和其他工作成绩的关系就是“1”和“0”的关系，对我们昌乐来讲，如果守不住安全这个“1”，其他一切都是“0”。我县化工企业多、劳动密集型企业多，而且正处在转型升级时期，安全生产风险点和隐患依然比较多，过去更有血的教训，必须警钟长鸣、常抓不懈。大家从媒体上可能都知道了，江苏盐城响水县陈家港化工园区天嘉宜化工有限公司发生特别重大爆炸事故，造成了重大人员伤亡和财产损失。习近平总书记专门作出重要指示，各地和有关部门要深刻吸取教训，加强安全隐患排查，严格落实安全生产责任制，坚决防范重特大事故发生，确保人民群众生命和财产安全。对此，我们要引以为戒，按照总书记指示要求，千方百计把我们的工作做好。各镇（街、区）和有关部门一定要保持清醒的头脑，切实担起责任，不能等、不能靠，加强沟通衔接，主动研究安全生产问题。抓安全核心是责任问题，要按照“谁主管谁负责、谁审批谁负责、谁监管谁负责”的要求，压实企业主体、部门监管、属地管理“三个责任”，分管领导和责任部门要坚持一岗双责、守土有责、守土负责、守土尽责，按照“管行业必须管安全、管业务必须管安全、管生产经营必须管安全”要求，全面加强重点行业、重点领域、重点企业风险点的预警和监控，紧盯企业生产、护林防火、消防安全、危险化学品、道路交通等重点领域、重点场所、重点时段，开展安全生产集中攻坚行动，确保万无一失、不出问题。要强化“隐患就是事故、事故就要处理”的理念，全覆盖排查风险点，对存在的风险隐患要逐一制定整改方案，把措施、责任落实到每个环节、每个岗位、每个人头，从根本上杜绝安全责任事故。特别是对危化品等重点企业要在排查整改上再加力，对不符合要求的企业一律不准复工开工。要加强安全生产网格化监管体系建设，抓好“双重预防体系”运行，提升本质安全水平，确保全县安全生产形势稳定。前期，在与企业、同志们交流时，我感到大家在安全生产的认识上还存在差距，这根“弦”绷的还不够紧。要提高思想认识，保持清醒头脑，采取有效措施，把功夫做在前面，确保不出问题。对过去一些好的做法要继续保持，同时要围绕如何强化主体责任、如何强化激励约束，进一步研究管用的办法。广大企业一定要有非常清醒的头脑，在当前形势下，安全生产的标准再高也不为过。三要坚决守牢意识形态底线。意识形态工作是党的一项极端重要的工作，是各级党组织的一项重要战略任务。2019年是非常重要、非常敏感的一年，我们必须持续增强政治敏锐性和政治鉴别力，旗帜鲜明坚持真理，立场坚定批驳谬论，牢牢掌控意识形态的领导权、管理权、话语权。各级各部门“一把手”一定要提高政治站位，落实好意识形态工作第一责任人职责，增强斗争精神，勇于担当、主动出击，及时解决好各类问题，确保全县舆情稳定。这里特别强调，在处理涉及昌乐的舆情时，一定要第一时间汇报、第一时间处置、第一时间回应、第一时间发声，以先声夺人之势抢抓工作主动权。宣传部门、各镇（街、区）要高度关注涉及昌乐的舆情，把问题化解在萌芽状态。对群众反应的共性问题要抓紧研究解决，从面上进行改进规范；对个性问题要快速反应、快速解决，避免发生“次生舆情”。这是工作理念的问题。要始终坚持以人民为中心的发展思想，群众反映的任何事都是大事，合理的马上解决，不合理的做好解释工作，问题办理情况要及时向社会公开。督查部门要盯住群众反映问题的办理情况加强督查、督促落实。各级各部门也要盯住这些具体的事情紧抓不放，只要我们抓实抓好了，群众反映的面上问题就会越来越少，群众的心气就会越来越顺，发展的环境也会越来越好。宣传、公安等部门要主动作为、密切协作，强化实时监测，对在互联网、新媒体造谣滋事影响发展环境的人员要第一时间落地查人、坚决打击、依法处理，决不允许有不利于昌乐的负面声音，坚决消除一切杂音和噪音，决不能让嘈杂之音破坏了当前的好环境，真正营造起天朗气清的社会风气。各级各部门尤其是主要负责同志，要按照总书记提出的“正能量是总要求、管得住是硬道理、用得好是真本事”的要求，学会利用、善于利用互联网来引导舆论、驾驭舆论，牢牢守住舆论主阵地。

（二）围绕动能转换抓落实。新旧动能转换是统领发展的重大工程。要坚定不移贯彻新发展理念，坚持质量第一、效益优先，准确把握“巩固、增强、提升、畅通”要求，大力优化产业结构，加快培育增长动力，推动经济向质量效益型转变。一要实施“龙头企业”培育工程，在做强“三群”企业上再发力。发展企业是一个地方经济发展的重要支撑和潜力所在，是真正的区域标志。比如说到潍坊，我们马上就会想到潍柴集团和谭旭光。刘家义书记在参加省“两会”潍坊代表团审议时，连续用了两个“了不起”，对组织开展的“向潍柴集团和谭旭光同志学习活动”给予充分肯定。这不仅反映了刘家义书记和省委、省政府服务企业、支持企业发展的态度，也反映了惠新安书记和潍坊市委、市政府服务企业、支持企业发展的态度。关心支持企业家和企业发展是党委政府的重要职责。习近平总书记在民营企业座谈会上强调，“要坚定不移发展壮大民营经济”“要增强对我国经济发展的必胜信心”。我们一定要抓好落实，努力打造一批“一说昌乐就能想起来的企业”，甚至是“一说潍坊就能想起来的昌乐企业和企业家”。因此，一定要培育龙头企业，发展一批有潜力的企业。在推进动能转换中，要把扶持现有企业发展摆到突出位置，强化要素保障、政策扶持、人文关怀力度，让更多的昌乐企业成为国内500强、世界500强。要大力支持比德文、阳光纸业、潍焦、梦金园、英轩、矿机、日科、元利、盛泰、乐化等骨干企业在“做大”基础上“做强”，形成顶天立地的“骨干企业群”；要大力支持佳诚数码、新兴电源、宏力钢管等企业成为细分市场的“隐形冠军”、单项冠军和“瞪羚”企业，形成铺天盖地的“高成长型企业群”；要依托乡镇特色园区，进一步规范电声乐器、板材、塑胶、织带、电子散热器、铸造等企业发展，形成若干个“特色企业群”。二要实施传统产业转型提质工程，在助推产业迈上中高端上再发力。经过数十年的发展，昌乐已形成了相对明晰的产业集群，如装备制造、造纸包装、煤化工、食品加工等产业，虽然链条不长，但都有一定规模，而且每个产业都有一至两家骨干企业，这是转型升级的空间，动能转换的主战场，新增长点培育的主着力点。要坚定不移实施“产业兴县、工业强县”战略，按照一业一策的思路，顺应产业转型方向，逐一谋划产业规划，从骨干企业转型升级入手，通过技术创新、产业创新、上新创新等措施带促产业加快迈向中高端。三要实施新增长点培育工程，在壮大新兴产业上再发力。战略性新兴产业将是未来发展的制高点，要围绕省里确定的海洋经济、新能源新材料、电子信息、现代金融、物流、文化旅游、健康养老等“十强产业”做文章，积极搞好产业对接、政策对接、规划对接，参照市里的做法，建立完善重点产业推进体系，尽快完善好产业规划、项目规划，越快越好、越实越好，全力打造新的经济增长极。当前，要集中力量抓好新能源汽车产业发展，以比德文控股集团为龙头，抢抓全国布局和争取高速新能源汽车资质的机遇，加快智能制造产业园建设，尽快把比德文新能源汽车产业基地打造起来。要最大限度的为比德文争取上级支持，加大扶持力度，鼓励企业在昌乐高水平发展，加强全球、全国的布局，让潍坊新能源汽车产业梦在昌乐实现。要加快推进佳诚数码新材料产业园建设，积极协调解决好有关困难和问题，确保项目全面建成、全面达效。这里向大家说明一点，不管是比德文新能源汽车智能制造产业园，还是佳诚数码新材料产业园，都已经是非常成型的园区，都是实实在在的“双招双引”平台。因此，分管的领导、经济开发区、朱刘街道、有关部门要跟上服务、跟上保障，全力以赴把这两个园区做起来。另外，对前期洽谈的中德产业园等园区，要认真搞好谋划、搞好规划，加快推进，尽快促成落地。下步，要深入推进亩产论英雄改革，扎实开展工业企业效益综合评价，按照市里的要求，今年要对规模以上工业企业、用地3亩以上的规模以下企业全部实行综合评价，加快淘汰落后产能，提高土地利用效率。希望广大企业也要搞好对标赶超，消除等靠观望思想，积极上新创新，加快二次创业、再次发展。只要是本土企业新上项目的，同样享受有关政策，谁发展就支持谁，大发展大支持，不发展不支持。请广大企业家坚定投资信心、发展信心，县委、县政府将全力支持你们。上面这些，我主要冲着工业企业进行了强调，对城市建设和创新提升乡村振兴“三个模式”等工作，我们还将专门进行安排部署，要按照既定的思路举措抓好落实。

（三）围绕生态环保抓落实。生态环保问题是昌乐的短板和弱项，虽然前期做了大量工作，但生态环境还比较脆弱，甚至还存在一些突出问题。对这项工作，已经做了安排部署，目标很明确、措施也很实，定了的事情就要干下去。一要把中央和省环保督察及“回头看”反馈问题整改作为重中之重来抓。这些问题，我们都是向上级报了整改方案的，都有很明确的整改标准、完成时限和责任单位，必须按照标准和时限完成好，决不能有任何侥幸心理，如果完成不了，就是典型的敷衍整改，虚假整改，这就成了政治问题。二要全力抓好全市环保督导检查发现问题整治。牵头县级领导、牵头部门、配合部门要强化大局意识、“一盘棋”思想，要加大现场解决问题力度，聚焦群众反映的突出问题，全力抓好整改落实，真正做到问题不查清不放过、整改不彻底不放过、群众不满意不放过、追责不到位不放过。有关部门要搞好对上沟通衔接，建立有效沟通机制，进一步增强工作的精准性、主动性，我们要保证把工作干好，更要让上级认可，这也是工作的方法问题。三要全力打赢污染防治攻坚战。我们的家就在昌乐，我们都生活在昌乐，大家生活在这样的环境里，一定要坚持以人民为中心的发展思想，以群众满意作为衡量标准，进一步提高要求，以更加有力、更加有效的措施，抓好扬尘、异味等各项问题整治，不断提升环保质量和水平。当前，各项工作已经进入攻坚期，要打赢攻坚战，关键在“严”字，具体要做到“五严”：第一，要严明责任，对攻坚行动中涉及的重点项目、重点领域、重点环节，要逐一压实各方责任，抓好攻坚任务落实。特别是对第三污水处理厂、垃圾焚烧、工业固废处理、雨污分流等项目，分管领导要盯紧靠上，确保在最短的时限内完成建设任务，不能影响企业生产、发展需要。第二，要严格监管，依法打击透风撒气等问题，任何人都不准为环保问题说情打招呼，一经发现坚决以干扰执法论处。第三，要严明执法，依法依规查处各类破坏生态环境问题，绝不姑息迁就。现在这样形势下，环保出了问题执法一定要跟上，对执法不到位的我们也要严查。第四，要严肃惩处，对环境违法案件坚决做到发现一起、查处一起。希望广大企业要遵法守法，认真履行好社会责任，县里会坚决支持企业发展，但是对企业安全环保守底线问题一定会严格要求，一视同仁，谁出了问题坚决处理谁。第五，要严厉问责，对责任不落实、措施不到位、监管不严的，依法依纪依规严肃查处，一追到底、终身追责，以铁的问责守护昌乐的绿水青山。

（四）围绕增进民生福祉抓落实。民生连着民心，民心是最大的政治。要始终坚持以人民为中心的发展思想，办好民生实事，补齐民生短板，不断提升群众获得感幸福感安全感。一要全力打赢脱贫攻坚战。这是民生领域的首要任务。习近平总书记在今年全国“两会”期间参加甘肃代表团审议时强调，现在距离2020年完成脱贫攻坚目标任务只有两年时间，正是最吃劲的时候，必须坚持不懈做好工作，不获全胜、决不收兵。我们要按照总书记要求，持续巩固脱贫攻坚成果，加大对脱贫不脱政策的3229户、5225人的包靠力度，提升产业就业扶贫、扶贫项目管理、兜底政策落实等工作水平，全面完成脱贫攻坚任务，确保小康路上一个都不能掉队。二要全力抓好灾后重建。这项工作，惠新安书记高度重视，我到昌乐工作后召开的第一个会也是灾后重建调度会。现在灾后重建的各项工作已经到了按天算的时候，必须按照时限要求，加快建设进度，确保在全市率先完成重建任务。从现在到5月底汛期前，仅有70天时间。从调度情况看，有的水利工程清障还没有完成，交通工程设计招标进度偏慢，等等。各级各有关部门必须强化政治意识、大局意识，在保证质量的前提下突出一个“快”字，强化一个“抢”字，严格按照时间节点要求，倒排工期，加快进度，确保4月底前完成大棚重建任务，5月中旬完成水库、拦河闸坝、河道、农田排涝等水利设施重建任务，7月底前完成农村公路、桥梁、涵洞重建任务，8月底前小下坡村整村迁建项目全部竣工。时间就是命令，承诺就是军令状，对未能在规定时间内完成的，该问责的坚决严厉问责，该换人的坚决换人。要把质量作为灾后重建的“生命线”，严格准入门槛，加强全过程监管，落实终身责任制，切实把灾后重建各项工程打造成优质工程、民心工程、廉洁工程。三要全力办好民生实事。越是经济形势不好越要紧盯群众关心关注的热点难点问题，要在抓好市里确定的民生实事基础上，全力抓好我们筛选的棚改回迁安置区建设、老旧小区改造、农村饮水安全、“四好农村路”建设等民生实事落实。

比如，问题房地产项目，要继续推进化解，确保年内再破局解扣一批，力争全部解决，越快越好。基础设施方面，今年要着重抓好“四好农村路”建设，提升农村道路整体水平。在民生问题上，我们把握的总体原则就是尽力而为、量力而行，对必须办的，财政再紧张，党委政府过紧日子，压减部门一般性支出，也要全力以赴办好；对可办可不办的，要在算好账的基础上稳步实施，在不断地累积中一个问题一个问题地去解决，决不能乱承诺，到头来说了的不算、定了的完不成。

（五）围绕优化营商环境抓落实。营商环境是一个城市的重要软实力和核心竞争力，是企业赖以生存和发展的基础。各级领导非常重视，前期刘家义书记专门针对凤岐茶社问题作出批示，市委专门出台优化营商环境十条措施，要求坚决打好这场硬仗。这项工作，说到底是作风问题，也是执政理念问题，只要我们下点功夫，树立好以人民为中心的发展思想，从严从实抓落实，就能在短期内有大的改善。前几天，我到部分企业调研，专门征求营商环境意见建议，广大企业对我们的营商环境总体肯定，但也反映了不少问题，特别是“中梗阻”、效率不高等问题依然比较严重。对此，我们必须有清醒的认识，对存在的问题，认真进行研究，一个一个加以解决，确保这项工作走在全市前列。一要从优化流程做起，进一步优化政务环境。要以“一次办好”改革为突破口，深入推进“10个专项行动”，切实解决跨部门事项办理不畅、信息共享不够、服务不规范等问题。县审批服务局要着力在审批流程再造、机制创新、信息整合等关键环节上下功夫，在审批流程、服务企业上做到全市甚至全省流程最简、时限最短、效率最快，外地能办的我们也能办、也要办，而且一定要办好，力求达到办事不求人、审批不见面、最多跑一次。特别强调，我们一定要严格按照规矩、规定、程序办事，决不允许通过各种关系，甚至让一些中介机构在中间牟利。二要从部门做起，进一步优化服务环境。部门搞好服务是天职，服务不好是失职。刚才我们看的片子里，有被要求交保证金的业主，有被干部以购房为由借钱的企业，有花钱找人才能办事的群众，他们遇到的这些干部，群众深恶痛绝，这些行为必须严厉打击，严惩不贷。各级各部门要严明制度、严格管理，领导干部要切实担负起管理责任，决不允许在昌乐出现这样的事情。要畅通政企沟通渠道，对企业和重大项目实行“一对一”专人服务、全程帮办代办。要为企业、投资主体提供“阳光雨露”式服务，要减少企业家参加的各类会议，除了涉及到企业的表彰、安全环保等重大会议，不要牵涉企业家的精力，让企业家心无旁骛的抓发展，真正做到不叫不到、随叫随到、说到做到、服务周到。要学习借鉴北京“街镇吹哨、部门报到”的做法，对企业存在的问题，由镇街及时向上级部门反映，有关职能部门必须随叫随到。要强化权力监督，采取切实可行的监督措施，建立有效的办事人员评价机制，进一步规范权力运行。纪委监委要在全县开展常态化的监督检查，对部门单位之间推诿扯皮、拖拖拉拉、“吃拿卡要”的问题，尤其是对部门分管同志、科室负责同志，只为不办找理由、不为能办找办法，坚决严厉查处、公开曝光，营造起保护企业、服务创业的良好氛围。今天，热力、燃气、自来水和银行的同志都来参会了，大家这些行业在一个地方往往具有垄断性，大家服务意识总体还是好的，但是有的企业和单位作风比较差。大家一定要与服务对象形成共同体，在服务企业发展中实现互利共赢、共同成长。三要从政府做起，优化政策环境。诚信是政府立身之本，承诺的事项，我们必须说到做到、落实到位。县里将组织对奖补政策进行梳理，列出清单，该兑现的兑现、该执行的执行，特别是对企业期待欢迎的减税降费等好政策，财政压力再大、困难再多，也要兑现到位。要开展专项评估行动，对近三年来的重要政策文件进行一次大梳理，对政策文件内容、措施重叠的，该废止的废止、该整合的整合。要进一步强化政策集成，针对不同市场主体，列出政策清单，送政策上门、送服务上门，让他们及时了解有关政策要求。要对县内行政事业性收费和涉企经营服务性收费全面排查，凡是上级规定确需收取的按照“就低不就高”原则，没有明确规定的一律取消，打造最低收费环境，真正让广大企业和投资主体轻装上阵、无忧发展。

（六）围绕“双招双引”抓落实。“双招双引”是优化产业结构、推动高质量发展的一项根本性、关键性、带动性工作，更是省委、市委抓动能转换、促工作落实、推进高质量发展的强力抓手，省、市抓这项工作的力度前所未有。各级各部门要从政治和全局的高度来认识招商、抓招商，更大力度、更有针对性地推进“双招双引”，确保高质量完成任务，走在全市前列。一要主动抓招商。“双招双引”不仅仅是单纯完成上级要求的任务，而是应该主动抓、盯着抓的重要工作。要更加务实、实事求是的推进招商引资工作，县里和有条件的镇（街、区）、部门要组建专门的招商队伍，扎实做好各方面工作，集中力量每年招引3-5个能够带动和支撑昌乐高质量发展的大项目、好项目。这方面，不能搞官僚主义、形式主义、虚假主义，不能招商引资任务完成的很好，却没落下几个实实在在的项目。各镇（街、区）要立足自己的实际，去招引合适的项目，落实好政策，发展自己的财源项目。二要健全完善招引方式方法。要学习借鉴外地好的招商办法，不断创新我们的招引方法，提高招商的专业化水平。要实施好产业链招商，谋划好产业招商图谱，利用好我县龙头企业良好发展基础和优势，紧盯链条延伸、转型升级，明确招商项目清单，开展点对点精准招引。当前，外出招商已经不能单靠推介，既要对招商干部加大专业化培训力度，也要聘请一批有资源、有团队、有渠道的专业人士帮助招商，切实建立多元化的招商渠道。要加大以商招商力度，特别是要利用好昌乐在外人脉关系，充分发挥人大、政协、统战、工商联等作用，加强沟通交流，积极对外宣传、引荐招商，推动知名人士返乡创业。要加大人才引进力度，用好昌乐•中科院科技人才交流会，继续发挥好企业主体作用，制定扶持措施，引导企业加大人才引进力度，增强企业竞争力。要完善用好专业化精准招商、领导小组确定项目、工作专班全程跟进、园区平台承接的“双招双引”工作推进体系，实施“一把手”招商工程，实现招商和项目落地分级负责、一体推进，确保项目引得来、落得下。三要着力强化考核激励。要充分发挥考核指挥棒作用，学习南方经验，参照省、市的做法，进一步修订完善我县考核指标体系，从正向激励上进行考核，加大差异化考核力度，进一步调动各方面积极性。要坚持目标导向和结果导向相统一，实行招引项目从开工、竣工、产出情况全过程跟踪督导问效，坚决杜绝“双招双引”弄虚作假现象。

（七）围绕项目建设抓落实。培育新的增长点关键靠项目。要从健全完善工作机制上下功夫，重塑制度链条、要素配置、项目流程，协同推进大项目落地开工，推进高质量发展。一要建立重点项目推进机制。要对重点项目全部实行领导包靠制度，包靠领导全程负责、主体推进，直至项目建成投用。县委常委会将定期听取县级领导抓重点工作、包靠企业和项目情况，原则上谁牵头谁汇报，这项工作要形成常态化制度安排。这里强调一点，包靠领导对企业和项目推进情况全权负责、统筹调度，调度安排到的职能部门，要主动快办、办好，分管这些部门的同志要主动帮着职能部门一块办，共同解决存在的问题。要用好“3+N”项目问题现场解决机制，扎实开展“百名干部包百企”活动，建立扶持企业“白名单”制度，对纳入包靠的120家重点企业，县级领导和县直部门单位要随叫随到，及时帮助企业解决好问题。二要建立要素保障机制。要参照省里的做法，制定省、市、县项目库建设标准，构建层级衔接、上下互动、全面融合的项目库体系。对重点项目实行动态化管理，建立“要素跟着项目走”的综合保障机制，加大政策、土地、资金等要素倾斜力度，特别是大力度实行差别化供地办法，优先保障省、市重大项目、重点项目以及综合效益评价较高的项目用地，真正把宝贵资源用在大项目、好项目上，用有限空间培育新产业、新动能。我们的要素资源很稀缺、很宝贵，要由县委、县政府集体研究如何配置，总的原则是看效益，对达到预期目标的大力支持，达不到的收回资源配置，决不能让所谓的项目把资源套取了，也决不能让好项目没有资源配置。同时，加大挖潜力度，用好“零地技改”、亩产论英雄等好的做法，推广建设多层厂房，拓展项目空间，提高资源配置效率。三要建立大项目服务机制。要成立重点招引项目服务专班，实施代办员制度，凡是重点招引项目，按照“一个项目、一名包靠领导、一个工作专班”，全力加快项目推进，对纳入重点项目库的，明确项目代办员，全过程、全链条做好项目手续办理工作，最大限度减轻企业负担、提升服务效率，构建精准化服务，切实让每一个项目都成为新的经济增长点。

三、要提高工作本领狠抓落实

当前，我们正处在一个大有可为的历史机遇期，事业成败，关键在人，核心在提升落实力，根本就是提升党员干部干事的本领。习近平总书记多次强调，既要政治过硬，也要本领高强。在南方考察学习回来后，惠新安书记指出，我们在思想观念、工作作风、工作推进等方面与南方差距很大，有的同志安于现状、沾沾自喜，干事情不上急、对事业不用心；有的同志不注重学习，对经济发展、“双招双引”、新旧动能转换等重点工作研究的不深不透，特别是对新经济、新模式、新产业、新业态一知半解；还有的同志急功近利，刚开始轰轰烈烈，最后却虎头蛇尾，等等。这些问题，在我们干部队伍中也不同程度地存在，有的表现还很突出。面对高质量发展、赶超发展的艰巨任务，需要我们靠学习和实践来提高善抓、能抓、会抓的能力。

一要提高“会干事”的能力。习近平总书记强调，领导干部不仅要有担当的宽肩膀，还得有成事的真本领。每名党员干部要清醒审视自身，找准自己短板，缺什么补什么。一是积极寻标对标，提高干事的境界和目标。市里已经作了安排，我们昌乐省内一个标杆、省外一个标杆，搞好寻标对标。县级领导和部门负责同志要明确分管的工作、从事的工作在全市、全省的位置，拉高思想境界的“标杆”、前推发展理念的“起跑线”，对标先进、争创一流；县里要统筹安排好各镇（街、区）、各部门（单位）寻标对标情况，建立对标清单，明确提升目标、时间和路径，拿出年度工作提升方案，年底，县里将对各部门单位工作提升情况全面督查，真正做到比有目标、学有行动、赶有措施、创有成果。二是积极对上沟通，找准干事突破口和关键点。当前，省、市机构改革已经完成，部门单位新调整的主要负责人也全部到位，要抓好当前工作的空档期，县领导牵头，带领分管部门负责同志抓紧到上级业务部门沟通对接，紧盯上级政策，聚焦省里、市里确定的重点产业、重点项目、扶持资金，加强分析研究，找准突破口和关键环节，最大限度地争取支持。三是增强学习本领，提升干事的标准和能力。学习是各级干部开阔视野、提高素质、增强能力的重要途径。当前，特别是机构改革新调整到位的领导干部，要抓紧熟悉新岗位、学习新业务，提升工作标准，努力干出一番新业绩。组织、人社部门要参照省、市的做法抓紧研究制定干部挂职、培训方案，将中央重大决策和省、市重要部署要求、重要会议精神纳入宝都半月讲堂、党员全员进党校培训内容。要加大与国内知名高校沟通交流，邀请高层次专家、教授、学者开展新旧动能转换、乡村振兴、生态环保、“双招双引”等重点培训，举办好应急处置、舆情处置、风险防控等专业能力培训班，全方位提升干部队伍能力素质。

二要提高“干成事”的能力。事在人为、业在人创。广大干部要善抓重点、勇于创新，提升专业化水平，推动各项工作做深做细。一是提高抓重点能力。我一直强调，抓工作一要守住风险点、守住底线，二要抓亮点，只要抓好“两头”，中间的工作往好处争取，工作就一定能干好。今年，市委确定了“五项重点任务”“十大攻坚行动”，刚才，我们提出了七个方面的重点工作，这些都是我们今年工作的重点。各级各部门要拿出主要精力研究好今年抓的重点是什么，用什么办法推进，“一把手”一定要有谱向，把这些重点工作拉出单子、明确措施、责任人和时间节点，推进更多工作走在全市、全省前列。二是提高改革创新能力。新时代要施展新作为、干出新气象，必须要掌握新方法。各级各部门要进一步解放思想，敢于试，大胆干，突破性地思考问题、创造性地开展工作，对有利于昌乐发展大局、有利于群众利益的，要大力探索推行；对影响到全局、制约经济发展的体制机制，要大胆创新办法，政策之内的抢着干，政策之外的探索干，绝不能被动守摊、坐等靠要。三是提高专业化能力。我们干工作要研究工作，熟悉政策、熟悉业务、熟悉情况，干成这个领域的行家里手。要注重以专业方法破解难题，突出强化法治思维、专业思维，凭专业谋事、按规矩办事，不断提高工作法治化、专业化水平。组织、人社部门要制定提升干部专业能力的具体办法，及时发现培养有专业能力的干部。要制定专业人才选拔使用办法，实行特殊岗位专业人才特殊聘用，鼓励专业人员干事创业。

三要提高“不出事”的能力。衡量干部抓落实的本领，一个重要标准就是不出事。要着力提高广大党员干部处置突发事件、舆论引导、风险防范化解能力，完善防范化解重大风险“八项机制”，针对重点领域、关键环节的风险点，制定相应的应急预案和操作手册，加强日常演练，提高应急处置、快速应变的能力。组织部门在对敏感领域和重点岗位的干部选拔任用时，对拟选用人选进行“应对风险能力”评估，优先考虑经过实践斗争历练的干部，对不适应岗位的要及时调整。要学习借鉴省、市“电视问政”做法，开设“一把手”工作直通车，让部门局长、镇街书记面对面接受提问，现场答疑解惑。党校和干部培训机构，每年主体班次都要把这些列为重点教学内容，实行案例教学，尽快实现重点岗位全覆盖，切实提高各级干部善作善成的“真本领”“硬功夫”。

四、要以坚强纪律作风保障狠抓落实

习近平总书记指出，我们党是用革命理想和铁的纪律组织起来的马克思主义政党，组织严密、纪律严明是我们党的力量所在。敢于担当、狠抓落实，要求我们必须保持永远在路上的冷静执着，以坚定决心和更大力度，推动管党治党走向严紧硬；必须更加旗帜鲜明地支持干事者、问责不为者、惩戒违纪者，最大限度调动广大干部的积极性、主动性、创造性，不断提升执行力，保障各项工作落实落地。

一要严明纪律规矩。推进工作落实，要以“铁的纪律”“铁的规矩”抓好严管，也要进一步强化自律，提高思想和行动自觉。在现在这个时代、现在这个发展阶段，自律至关重要，管不住自己就会出问题，要严格要求自己，在纪律和规矩面前心存敬畏，这既是为了更好的干事，也是为了保护自己。要继续加大教育培训力度，把党纪政纪法纪刻印在广大党员干部心中，自觉做到遵守党的纪律不动摇，执行党的纪律不走样。要不断强化日常监督执纪，重点强化政治纪律和组织纪律，带动廉洁纪律、群众纪律、工作纪律、生活纪律严起来。监督执纪要坚持关口前移、预防在先，做到抓早抓小、防微杜渐，日常的提醒教育是对大家的关爱厚爱，不能存有抵触思想。

二要严实工作作风。今年是“工作落实年”，各项改革发展任务很重，决不能因为少数干部的精神萎靡不振、工作落实不力，影响全县发展大局。要大力提倡求真务实、从严从实之风，能做多少是多少，力戒形式主义、官僚主义，下大力气纠治好大喜功、弄虚作假行为，严查工作中存在的不落实、假落实、选择性落实的问题。对数据虚高、安全生产、生态环保、金融风险等矛盾集中的工作，进行一次彻底排查，决不能捂着盖着瞒着，坚决挤出“水分”、卸下“包袱”轻装上阵。要把“四个不放过”工作机制贯穿到各领域，以督查问效推动工作作风全面转变，保障中央和省、市、县委安排的工作落实落地，当前，县委安排的重点工作已经分解到具体责任单位，要力戒形式主义、官僚主义，推行“工作项目化”管理办法，责任到人，推动落实到底到位。要实行好一月一督查通报机制，及时掌握工作动态，解决实际问题，特别是对巡视巡察、环保督察反馈的问题，要逐项对照检查，重点看变化、看成效，对三令五申仍不整改的坚决处理。

三要推进提速提效。我们所有的工作一定要提高效率，不能所有的工作“一直在路上”，要按照既定的时间节点和目标要求，倒排工期往前推。一是县级领导要带头提速提效。要带头开短会、小范围的会、管用的会，深入企业、深入一线、深入基层，研究具体东西，解决实际问题，县委、县政府“两办”负责，确保今年的会议、文件、简报按照上级要求进一步压减，让大家腾出更多时间和精力到一线去抓落实；要带头立说立行、事不过夜，对安排的工作，要立即进入状态、见到行动，“当天再晚也是早、过夜再早也是晚”，特别是文件签批上，只要是今天的文件，当天再晚也要批完，能快一个小时，绝不晚一个小时，能快一天，绝不晚一天；要带头靠前指挥、跟踪问效，推广“专班推进法”“点对点工作法”“一线工作法”，采用不发通知、不打招呼、不听汇报、不用陪同接待、直奔基层、直插现场“四不两直”方式，办公在现场、服务到基层，有事快议、快定、快落实。二是部门单位要强化协同提速提效。分管领导、牵头部门和责任部门要盯住目标、胸怀大局，分管领导要担负起责任来，对工作进度和成效负责；牵头部门要主动担当、做好协调，担起牵头抓总的责任；责任单位要勇于担当，加强协同、密切配合，坚决不能铁路警察各管一段，隔席不搭话、自扫门前雪。特别是部门“一把手”要直接带头干，绝不能当“甩手掌柜”。纪委监委机关、督查部门要强化过程介入，对一切影响提速提效的行为坚决纠正。三是各镇（街、区）要通过“工作项目化、项目责任化、责任具体化”提速提效。要围绕着“干什么、谁来干、怎么干”，把全年工作任务项目化，定出目标、制度、人员、措施，让人人肩上有责任、有任务。围绕工作项目化，要将全年重点逐一项目化分解，逐项明确任务目标、列出清单，确保定一件就干一件，干一件就成一件；围绕项目责任化，要紧紧抓住重点项目，把推进重点项目的各环节都厘清责任，明确好路线图、时间表、责任人，挂图作战、倒排工期；围绕责任具体化，在动能转换、乡村振兴、生态环保、社会稳定等工作一线搭建项目平台、机制平台、创新平台，将责任分解到每个岗位、每个人，将担子压到站（办）所、社区、村庄，压到每个党员干部身上，让平台变成比学赶超的擂台、看台，形成干事创业浓厚氛围。对信访维稳、生态环保、安全生产等重点工作，要用好联席会议制度，统一组织、统一指挥、统一调度、统一方案、统一实施，遇到问题要立即研究对策，确保即时解决。同时，广大企业也要在各项工作中提速提效，要加强企业队伍的效率建设，特别是要研究好政策、准备好材料，更好地与部门搞好配合，共同提高效率。

*四要强化正向激励反向约束。*要精准考核，完善考核评价办法，创新社会评价、群众评议制度，真正把工作考实、考准。要落实好省、市要求，健全完善激励机制和容错纠错机制，让敢闯敢试的同志放开手脚干事业，带动各级干部放心、用心担当作为、狠抓落实。要严惩诬陷歪风邪气，探索实行举报“双查”办法，对被举报人和举报人都要调查，及时为被诬告的干部澄清正名。要坚持干事导向、考核导向、用人导向相统一，对善抓落实的干部给予特别关注，大胆使用在吃劲岗位、项目一线经受历练、表现优秀的干部，尤其是在关键时刻、重大任务、突发事件、斗争一线豁得出来、冲得上去的干部。要坚持厚爱与严管相结合，高度重视优秀基层干部的培养，进一步提高基层干部待遇；要坚持奖罚分明，对任何工作都要有功论功、有过追过，奖章挂在具体人“胸前”，板子打在具体人身上，绝不让不干事的赚便宜，让干了事的吃亏，切实树立起为担当者担当、让担当者受益的鲜明导向。

同志们，昌乐的发展已经到了重要的关口，奋进正当时。让我们更加紧密地团结在以习近平同志为核心的党中央周围，不忘初心、牢记使命，真抓实干、埋头苦干，奋力推动昌乐高质量发展、赶超发展，以优异成绩庆祝新中国成立70周年。

政府工作报告

——2019年3月29日在昌乐县第十七届
人民代表大会第三次会议上

昌乐县代县长　张建伟

各位代表：

现在，我代表县人民政府，向大会作政府工作报告，请予审议，并请县政协委员和其他列席会议的同志提出意见。

一、2018年工作回顾

2018年是很不平凡的一年。一年来，县政府在县委的坚强领导下，坚持以习近平新时代中国特色社会主义思想和党的十九大精神为指导，全面贯彻中央大政方针，认真落实省、市决策部署，紧紧团结依靠全县人民，积极应对来自各方面的风险挑战，全力稳增长、促改革、调结构、惠民生、防风险、保稳定，加快建设现代昌乐，向着全面建成小康社会目标迈出坚实步伐。

经济实现平稳健康发展。全县完成地区生产总值329.9亿元，增长6.7%；一般公共预算收入24.7亿元，增长3%，收入质量明显提升；社会消费品零售总额136.1亿元，增长8%；进出口总额97.7亿元，增长8.3%。新增市场主体8504家。城镇登记失业率控制在3.2%。上级下达约束性指标全面完成。

新旧动能转换全面起势。骨干企业全部展开新一轮布局，50个项目进入省、市新旧动能转换笼子，规模以上工业利税、利润分别增长14.4%、6.4%。新能源汽车产业基地加快建设，比德文并购陕西秦星、战略重组四川野马，实现由低速向高速跨越，“一心两翼”全国布局基本形成。佳诚数码新材料产业园一期主体建成，阳光80万吨高级瓦楞原纸、50万吨生物机械浆等项目加快推进，梦金小镇、水氢动力模块等项目启动实施。潍焦、英轩、万山入选中国民营企业制造业500强，阳光、潍焦、英轩、元利跻身全市财税贡献50强，4家企业被评为全市高质量发展领军企业，5家企业入选全市行业龙头企业群，3家企业被认定为省级中小企业“隐形冠军”。新增国家科技型中小企业24家，新建市级以上科创平台72处，转化重大科技成果15项，高新技术产业产值占比达到38.4%。3家企业通过知识产权贯标认证，获中国专利优秀奖、省长杯工业设计大赛优秀奖各1项，发明专利授权量增长48.2%。新增马德里商标国际注册2件，4家企业主导或参与制定6项国家和行业标准。建立企业家关爱机制，支持企业家协会、青年企业家协会和行业协会发展，尊重、关爱、支持企业家的社会氛围更加浓厚。

现代城市建设拉开框架。“一山两河一轴两片区”开发加快实施，月亮湾片区规划编制完成，首阳山城市公园建设、小丹河综合治理有序实施，方山环山公路基本建成，县人民医院新院区、文化中心启动规划建设。“三大攻坚”实现“三个清零”标志性突破，两年依法取缔矿产资源非法开采加工点370处，拆除违建90.2万平方米，整建制完成15个片区、9427套棚改旧改任务，开工8个片区、131万平方米安置房，腾出发展用地8400亩，凝聚了民心、净化了生态、拓展了空间、淬炼了作风。城区雨污管网分流改造工程完成86%。南寨水库实现蓄水，“引治入昌”工程加快推进。新修改造城区道路16.8公里，打通6条“断头路”，潍日高速、大沂路改线绕城段建成通车。完成150个建筑组团亮化，施划停车位1万多个。城市绿地面积达到1300万平方米。改造老旧小区2.4万平方米，更新11个小区老旧供热管网。房地产全流程监管有力，重启20个停滞项目，盘活7个问题项目。智慧昌乐公共信息平台被评为首批省级物联网示范平台，获中国智慧城市百佳考察目的地奖。金融机构达到51家。黄金珠宝文化创意产业集群被评为省级现代优势产业集群、现代服务业集聚示范区。

乡村振兴实现良好开局。“一山一路一河一库”生态经济带布局全面展开，白浪源乡村振兴示范区启动建设，白浪河综合治理有序推进；方山—庵上湖片区乡村旅游品质持续提升，庵上湖村被评为3A级景区。村规民约、红白理事会实现村级全覆盖，陈规陋习整治取得明显成效，县级以上文明村覆盖率达到80%，全省乡村文明行动群众满意度调查成绩居全市（8县市，下同）首位。建成通车镇村道路63条，提前1年完成农村改厕任务，美丽乡村覆盖率达到60%，3个镇被评为省级生态镇。农村集体资产股份权能改革试点探索成果纳入国家制度体系，《焦点访谈》作了专题报道。建立全市首家镇级农学博士工作站，引进工商资本下乡项目15个。培育市级以上合作社、家庭农场21家，新增改造设施农业1.4万亩，土地流转面积达到32.7万亩，创建为省级农业“新六产”示范县、休闲农业和乡村旅游示范县。率先发布“昌乐农品”区域公用品牌，认证“三品一标”41个。成功举办中国（昌乐）西瓜节，“昌乐西瓜”品牌价值连续8年居全国西瓜品牌首位。省财政扶持农村集体经济发展新业态试点全面完成，集体经济收入3万元以下的村基本消除。鄌郚镇、红河镇入选全国综合实力千强镇，9个镇村被确定为全省乡村振兴“十百千”示范创建单位。

生态环境质量持续改善。中央、省环保督察反馈问题整改扎实推进。取缔整改“散乱污”企业22家。PM2.5、二氧化硫、氮氧化物分别改善11.5%、31%和13.2%，空气质量优良天数达到237天。城区污水处理厂全部完成一级A+改造。规模养殖场粪污处理设施配建率达到90%以上，“一路三山六河”重点区域养殖场综合整治基本完成。新增成片造林1.2万亩，创建市级以上森林镇村10个。40条河流全部落实河长制，在全市率先实行湖长制，高崖水库列入全国重要饮用水水源地名录，创建为省级节水型城市。四号矿区修复治理高质量完成。实施耕地占补平衡6832亩，争取建设用地指标6145亩，盘活闲置低效用地2755亩。

抗灾救灾取得决定性胜利。去年受台风叠加影响，我县遭遇有气象记录以来最强降雨，近13万人受灾，经济损失30多亿元。灾情发生后，党中央、国务院，省委、省政府，市委、市政府高度重视，各级领导同志多次现场指导；上级发改、民政、财政、住建、交通、水利、农业农村、卫健、供电等部门、单位及时给予专业指导、无私援助；市直部门包村抗灾救灾工作组和市灾后重建服务队深入一线，全力帮助抢险救灾；驻昌部队、民兵预备役人员第一时间请战参战；兄弟县市区、社会各界纷纷伸出援助之手，帮助灾区群众渡过难关，累计捐助款物5413万元。对各级的支持、社会各界的帮助，昌乐人民将永远铭记！

面对天灾巨灾，县委、县政府把抗灾救灾作为压倒一切的任务，团结带领全县干部群众，谱写了抗灾救灾的壮丽篇章。我们连夜转移近3.5万名群众，没有发生一起因转移不及时而导致的伤亡事故;妥善安置受灾群众，保障了每名群众有饭吃、有衣穿、有干净水喝、有安全住处、有病能及时医治;不分昼夜奋战在抢修一线，最快速度抢通主干道、进村道路，恢复供水供电，保障了群众生活和灾后重建需要;全面加强卫生防疫，做到了大灾之后零疫情;千方百计加快排水排涝，大棚、村庄积水最短时间内排完;全面加强农产品、日用品、生产资料市场监管，做到了市场稳、价格稳、民心稳;认真落实灾后重建贷款贴息政策，全力开展保险理赔，为灾后重建提供了有力资金保障;大力宣传抗灾救灾先进典型，全力做好舆情引导和处置，凝聚起了抗灾救灾的强大合力。

在抓好抢险救灾的同时，扎实做好受灾群众生活保障，制定8个专项方案，有力有序有效推进灾后重建。对需冬春救助的67551名受灾群众全部建立工作台账，对分散安置的1302名受灾群众每户发放联系卡，专人联系包靠，及时纾困解困。一般受损的828户房屋、倒塌的740户房屋全部完成修缮、重建，小下坡村整体迁建工程加快推进。受损的3405个大棚、倒塌的6559个大棚全部完成整修、重建，宝都片区高效设施农业示范园一期工程建成投用。受灾的73家企业全面恢复生产。总投资3.26亿元的水利设施重建工程有序推进。受损市政设施全面恢复，国省道第一时间修复，县乡村道完成70%，桥涵完成65%。

在这场抗灾救灾斗争中，各级各部门党员干部发挥先锋模范作用，紧密团结依靠广大群众，众志成城、攻坚克难，充分展现了不忘初心、人民至上的坚定信念，不畏艰险、冲锋在前的奉献精神，科学谋划、沉着应对的工作本领，能打硬仗、务求必胜的战斗勇气。在这场携手同心、迎难而上的斗争中铸就的抗灾救灾精神，将一直激励我们奋勇前行!

民生质量稳步提高。城乡居民人均可支配收入分别增长7.1%、7.3%。全县建档立卡贫困人口基本实现兜底脱贫。低保、特困人员保障水平持续提高。新增城镇就业7124人，发放创业担保贷款1.5亿元，创建为省级创业型城市。社会保险覆盖面持续扩大。新建改建的21所中小学校、20处公办幼儿园投入使用，3所高中全部进入全市十强，义务教育均衡系数、教育工作群众满意度调查成绩均列全市第一，获全市唯一的高考突出贡献一等奖。职业院校技能大赛实现国家级金牌“零”的突破。县人民医院成为全市首家通过中国医院竞争力五星级认证的三级医院，创建为全省医养结合示范先行县、省级慢性病综合防控示范县，被确定为全省健康城市试点县、全省慢性病健康管理医防融合试点县，获全省计划生育服务管理创新奖。昌乐广播电视台通过全省县级广播电视台标准化建设一级台验收，被中宣部确定为县级融媒体中心建设全国试点县。行政村综合文化服务中心达标工程扎实推进，文化及相关产业增加值占比保持全市第一，被评为文化强省建设先进县，创建为全省社会科学普及示范县。规上企业基本建成安全生产双重预防体系，安全生产形势保持稳定。气象、人防、地震等工作进一步加强，被评为全省防震减灾基层基础工作强化县。争创“食安山东”示范单位43家，被评为省级食品安全先进县。扎实推进信访积案和矛盾纠纷化解，圆满完成重大活动、关键节点安保维稳任务，打掉涉恶势力集团3个、涉恶犯罪团伙8个，群众安全感满意度调查成绩列全省第十，被评为全市平安建设先进县。顺利通过“七五”普法中期验收。圆满完成省、市基层武装工作规范试点任务。县档案馆认定为国家级数字档案馆。妇女儿童、老龄、慈善、残疾人事业稳步发展。双拥共建、民族宗教、外事侨务、地方史志、粮食等工作取得新成绩。群众满意度调查综合成绩列全市第三。

改革开放持续深化。机构改革顺利实施。“放管服”改革扎实推进，创新整链条“一窗式”办理平台，被确定为全国一体化在线政务服务平台建设试点县。工业企业效益综合评价启动实施。“多证合一”改革扩大到“四十五证合一”。国资国企改革扎实推进，优化组建4家国有企业。教师资格认定全流程网上办理等5项改革试点圆满完成，农村集体资产股权质押贷款等18项改革试点有序实施，经济开发区被确定为全省经济开发区体制创新试点。规上企业全部完成规范化公司制改制，92家企业在新三板或区域性股权交易市场挂牌。发行政府债务置换债券3亿元。引进过3000万元项目107个，到位资金60.4亿元，实际利用外资3.3亿元。成功举办昌乐·中科院科技人才交流会，一次性引进14家科研单位、20名专家；设立7处海外人才工作站，引进“两院”院士等高层次人才57名，7人新入选泰山、鸢都产业领军人才。宝石博览会成功举办，展会影响力进一步提升。

各位代表，过去一年取得的成绩，是党中央、国务院和省、市党委、政府坚强领导的结果，是县委带领全县上下锐意进取、苦干实干的结果，是县人大、县政协和社会各界有效监督、鼎力支持的结果。在此，我代表县政府，向全县广大党员干部群众，向所有关心支持昌乐发展的同志们、朋友们，表示衷心的感谢和崇高的敬意！

我们也清醒地认识到，发展中还存在不少困难和问题，主要是：发展面临的环境更加复杂，不确定性比较突出；经济总量偏小、产业结构偏重的问题亟待解决；民生领域优质服务供给还不充足，财政服务保障能力需要进一步提升；生态环保、安全生产等领域还存在不少风险、隐患；基础设施建设存在短板，防范抵御自然灾害能力不足；政府职能转变需进一步加快，发展环境需进一步优化；部分公务人员的法治思维、专业素养尚有欠缺。需要特别说明的是，受特大暴雨灾害影响，居民人均可支配收入、社会消费品零售总额增速低于年初计划；受计划调整等影响，去年报告中确定的个别事项没有完成年度任务。对发展中的问题、没有完成的任务，我们将落实有力措施，认真加以解决。

二、2019年工作安排

今年是中华人民共和国成立70周年，是全面建成小康社会的关键之年，也是改革开放开启新征程的第一年。政府工作的总体要求是：坚持以习近平新时代中国特色社会主义思想为指导，全面贯彻落实上级决策部署，坚持稳中求进工作总基调，聚焦推动高质量发展，扎实推进动能转换、乡村振兴、城市建设、生态环保、民生改善、社会稳定“六项重点任务”，抓实项目建设、双招双引、体制创新、营商环境“四项关键措施”，持续深化作风建设“一个重要保障”，全力稳增长、促改革、调结构、惠民生、防风险、保稳定，努力开创经济社会发展新局面，以优异成绩庆祝中华人民共和国成立70周年。经济社会发展主要预期目标是：地区生产总值增长6.5%左右，一般公共预算收入增长3%，固定资产投资、社会消费品零售总额、进出口总额增速与全市持平。城镇登记失业率控制在3.2%以内，城乡居民人均可支配收入分别增长7%和7%以上。完成节能减排降碳约束性指标和环境质量改善目标。重点做好八个方面的工作：

*（一）加快新旧动能转换，着力推动经济高质量发展。*坚持产业兴县、工业强县，加快转换增长动力，提升发展质效，夯实县域经济发展根基。

以高质量发展为导向，培育壮大现有企业。创新政策供给、要素保障，推动企业上新创新、做大做强。加快“三群”企业培育。骨干企业群，重点支持阳光、比德文、潍焦、梦金园、英轩、矿机、日科、元利、盛泰等企业加快发展布局，精准制定扶持政策，建立联系服务体系，助推企业发展，力争营业收入过50亿元的企业达到2家，过10亿元的企业达到14家。高成长型企业群，重点加强对佳诚数码、新兴电源、宏力钢管等企业发展的全要素保障，巩固扩大行业细分市场领先地位；建立高成长型企业梯次培育名录，培育市级以上“专精特新”“隐形冠军”企业6家以上。特色企业群，重点加快企业聚集平台建设，每个镇（街、区）年内至少规划建设或规范提升1处特色园区，引导电子散热器、乐器等特色企业集群发展。开展规上企业培育行动。建立规下转规上后备企业库，筛选一批成长性好、创新能力强的规下企业重点扶持，新增规上企业20家以上。加强企业家队伍建设。深入开展向潍柴集团和谭旭光同志学习活动，实施企业家素质提升工程，支持企业家协会、青年企业家协会和行业协会发展，打造具有全球眼光、工匠精神、创新能力和社会责任感的优秀企业家队伍。

以转型升级为主线，厚植产业竞争优势。坚持以“四新”促“四化”，加快推进产业迈向中高端。新能源汽车产业，坚持龙头突破、配套聚集，加快新能源汽车产业基地建设，支持比德文集团全面展开全国布局，力争全市新能源汽车产业在昌乐布局；加快新能源汽车智能制造产业园建设，再聚集一批核心零部件配套企业。新材料产业，重点支持佳诚数码与世界500强企业深度合作，加快建设新材料产业园，确保一期建成投产。高端化工产业，积极推进省级化工产业园区创建，拓宽产业转型和项目招引空间，确保2家企业通过省级化工重点监控点认定；支持潍焦等企业转型发展，力争水氢动力模块项目一期建成投产。造纸包装产业，支持阳光纸业壮大“互联网+造纸包装”生态圈，力争80万吨高级瓦楞原纸项目一期投产、50万吨生物机械浆项目一期试产、科苑纸业15万吨装饰原纸项目开工建设。装备制造产业，重点推进英轩重工与斗山集团、矿机集团与拓普机械合作，抓好智能农机、韩国现代重工挖机驾驶室等项目，推动中德产业园开工建设。黄金珠宝产业，深入推进大数据支撑下的个性化定制和精准营销，加快梦金小镇建设，确保一期建成主体，打造智慧工厂。食品加工产业，突出抓好英轩60万吨柠檬酸升级、铭基食品热处理生产线等项目，提升价值链，延伸产业链。

以“双招双引”为载体，推动全方位对外开放。全力推进高质量招商引资。围绕“十强产业”“4+5”产业，立足产业发展、重点企业扩张、大项目配套需要，瞄准产业中高端，实施精准招引，着力引进一批创新型、补链型、总部型、终端型重大转型项目。实施“一把手”招引工程，组建多层次、高素质、专业化招引队伍。用好现有企业、昌乐籍在外人才以及商会节会展会等资源，紧盯京津冀、长三角、珠三角和省内重点城市开展招引。构建“商会组织搭台、招商专班唱戏、商务信息统筹、六人小组决策、镇街园区承接、领导干部统筹”的招引工作体系，实现招商和项目落地分级负责、一体推进。力争引进过5000万元项目50个以上，到位资金50亿元以上。精准开展招才引智。建全人才引、育、用、留机制，实施本土人才“乡情感召•凤还宝都”计划，引进本科以上人才100名左右、本土人才创新创业项目20个以上。开展“走进中科院”科技人才对接交流活动，实施“智汇宝都”海外引才计划，引进产业转型升级急需高端人才20人、高精尖人才30人以上。全面增强创新活力。建设“政产学研金服用”创新共同体，推动设立中科院山东综合技术转化中心分支机构，转化重大科技成果15项，新增高新技术企业4家、市级以上科创平台10处、专利授权750件以上，形成创新人才集聚在企业、创新成果转化在企业、创新经济诞生在企业的良好局面。不断增强对外开放能力。支持跨境电商、外贸综合服务平台等新业态发展，实施“千企百展”境外市场开拓计划，实现进出口总额100亿元以上。实施国际自主品牌发展计划，新增国际自主品牌商标注册2件、马德里商标国际注册4件，推动2家企业创建“山东省重点培育的国际自主品牌”。通过股权并购、增资扩股等多渠道引进外资，利用外资3500万美元以上。推动元利科技主板上市、200家企业入驻潍坊五板资本市场，新增社会融资10亿元以上。探索创新经济开发区“管委会+公司”模式，增强园区发展活力。务实办好中国（昌乐）国际宝石博览会。

（二）探索创新“三个模式”的“昌乐实践”，奋力推进乡村振兴。全面对标习近平总书记乡村“五大振兴”要求，深刻把握“三个模式”内涵，用好潍坊市国家农业开放发展综合试验区平台，持续推进农业更强、农村更美、农民更富。

抓好示范片区建设。坚持规划引领、项目支撑、示范带动，高标准打造白浪源乡村振兴示范区和方山—庵上湖片区，带动乡村全面振兴。白浪源乡村振兴示范区：编制完成概念性总体规划、营丘齐国第一城总体规划和3个示范点详细规划。高标准推进白浪河综合治理，贯通29公里沿河道路。将马宋水库湿地、宅科社区公共服务中心、郚部吉他小镇融入生态经济带，同步推进、一体打造。加快6个田园综合体、8个美丽和谐村、5个生态景观节点建设，年内初具规模。方山—庵上湖片区：突出全功能布局，高标准编制片区总体规划、庵上湖美丽村居详细规划，加快庵上湖田园课堂、中慧循环农业产业园等项目建设，推动中建集团蔬菜种植及冷链物流、山东启迪蔬菜工厂等新项目落地。坚持“连点成线、拓线扩面、突出特色、整片推进”，有序开展片区村庄整治，抓好庵上湖省级美丽宜居村庄建设，打造三产融合发展、文化底蕴深厚、美丽和谐宜居的精品片区。

建设美丽宜居乡村。深入实施农村人居环境整治三年行动计划，补齐人居环境短板，推动实现乡村生态振兴。开展镇街总体规划修编，完成所有村庄规划编制，完善镇村历史文化遗存保护规划，塑造各具形态的镇村空间格局。提升农村路网水平，新建改造“四好农村路”352公里，同步推进重点村整村道路硬化。开展村庄清洁行动，试点推行生活垃圾分类。推进农业废弃物专项整治，建成投用38处农业废弃物暂存点。坚持建管并重，持续推进农村“厕所革命”，实施12395户涉农街道厕所及生活污水处理改造。完成大中型水库移民避险解困试点。加快4个省级美丽乡村示范村建设，推进A级景区村庄建设，创建30个新时代文明实践·移风易俗示范镇村，美丽乡村覆盖率达到70%，使乡村成为安居乐业的美丽家园。

推进农业提质增效。大力培育新型农业经营主体，发展市级以上合作社、家庭农场10家以上；以职业农民讲习所、创业孵化基地为平台，培训新型职业农民1万人次以上。新增土地流转面积1万亩，引进工商资本下乡项目10个，新建扩建现代农业园区10处。新建1—2处为农服务中心。深化省级农业“新六产”示范县创建成果，推进乡村旅游后备厢工程示范基地建设。探索建立“昌乐农品”电商综合体，加快益农信息社建设，推动与阿里巴巴的县域电子商务发展合作，打造全省农村淘宝样板县。办好中国（昌乐）西甜瓜科技博览会、科技部“十三五”国家瓜类育种专项新品种展示会，加快构建以昌乐西瓜为主，火山小米、白塔芋头等特色农产品为辅的“1+N”农业品牌格局。

（三）大力提升城市功能品质，加快建设现代城市。把城市作为全面建成小康社会的“火车头”，加强规划建设管理，促进生产空间集约高效、生活空间宜居适度、生态空间山清水秀。

推进重点片区开发。加快“一山两河一轴两片区”建设，高标准编制首阳山区域发展规划，启动建设首阳山城市公园休闲区，加快小丹河（首阳山路至宝通街段）综合治理。编制宝通街沿线基础设施规划，实施雨污管网等配套工程。编制实施九龙湖片区综合开发规划，推进方山蓝宝石小镇建设，启动方山路南拓工程。加快月亮湾片区规划建设，启动南萧组团开发，推进文化中心建设，加快碧桂园等高品质项目实施。把棚改作为片区开发的重要抓手，建成北关一期、郾部片区36万平方米安置楼，投用古城小学，完成北关二期、永康、怡和苑、金都、南关、南萧等棚改片区95万平方米安置楼主体工程，高质量完成316套棚改任务。

进一步完善城市基础设施。完成城区雨污管网分流改造。改造提升老旧小区1.87万平方米，完成20个小区老旧供热管网改造。实施道路畅通工程，打通文化路（新城街至北三里街）等4条“断头路”，启动大沂路改线南段工程，建成昌五路东段和潍坊南外环昌乐段，配合完成济青高速扩建、潍日高速连接线昌乐段工程，实施城区重要道路节点提升工程。完善城市慢行系统，开展商业通道集中整修。完成“引冶入昌”工程，构建更加安全可靠的供水格局。探索建立智慧城市运营体系，提升管理服务水平。建设一流现代化配电网，新建改造高压线路174公里、低压线路58公里，新增配电变压器143台。加快泉康金融+智慧物流园、远孚联运供应链运力智慧平台等项目建设，完善物流体系。

提升城市精细化管理水平。启动主城区控制性详细规划和国土空间、城市“双修”、重点区域城市设计等专项规划编制，加快“多规合一”。实施亮化改造工程，新装改造5条道路路灯。推进环卫体制改革。以国家卫生县城复审为契机，开展“清洁城市”专项整治。实施“渠化岛”优化工程，推广交通信号绿波控制、自适应控制，打好治堵攻坚战。强化房地产市场全流程监管，提高住房供给质量。

推广西湖、新昌、昌明社区“党建引领、社区把总、部门联动、企业先行”治理机制，理顺物业管理体制和各方职责，提升基层治理和物业服务水平。

（四）狠抓生态环保问题整治，大力改善环境质量。践行“两山”理念，聚焦污染防治攻坚，加快落实“四减四增”任务，实施七大攻坚行动，增加优质生态产品供给，提升生态文明水平。

坚决整治环保突出问题。以更严标准抓好中央、省环保督察及“回头看”反馈问题整改，确保整改见底到位。加强建筑工地、物料运输、道路保洁、商混企业、料场堆场等领域扬尘管控，PM2.5浓度下降8%左右。分类制定工业企业异味治理标准，完成重点行业挥发性有机物治理。实施城北、城东、城西、红河污水处理厂再提标工程，启用城东、城北污水处理厂应急调节池，建成县第三污水处理厂，加强污水厂运行监管，开展河道生态湿地建设，确保丹河、桂河、红河水质达到地表水Ⅳ类水质标准。加快工业固废规范化处置，建成阳光固废处置中心，提升改造县生活垃圾无害化处理场。加强建筑垃圾统管统运，严厉打击私拉乱倒行为。狠抓朱刘等重点片区环保问题整治，改善区域环境质量。规范提升规模化养殖场粪污处理设施，全面关停、逐步搬迁“一路三山六河”重点区域内的养殖场，规范整治村庄周边500米范围内的养殖场。持续开展化肥、农药减量增效行动，推广测土配方施肥技术100万亩以上。高标准推进“智慧环保”监管平台建设，实现对重点区域、重点企业智慧化全天候在线监控。

加强生态系统保护修复。严厉打击涉矿犯罪，巩固禁采成果。加快重点区域废弃矿坑、破损山体生态修复，推进首阳山、蟠龙山区域生态治理，完成宝通街以南、朱红路两侧矿坑修复。聚焦首阳山、道路沿线等区域，持续开展拆违攻坚，实行违建常态化管控，确保违建零新增。编制森林城市规划，实施四大绿化工程，加快首阳山、方山等残次林改造及裸露山体绿化，完成国土绿化面积2万亩以上。深化河湖长制，推进湾长制，开展“深化清违整治、构建无违河湖”专项行动，划定河湖生态保护红线。推进大中型水库周边生态环境治理和水源涵养林建设，完成高崖水库饮用水水源地环保专项整治。

促进资源节约集约利用。落实最严格的耕地保护制度，坚决完成“大棚房”问题清理整治，实施占补平衡1100亩，盘活闲置低效用地5000亩以上。完成第三次国土调查。推进城乡建设用地增减挂钩，完成13个村庄、968亩拆旧复垦。深入实施水资源总量消耗和强度双控行动，建设节水型社会。严格执行清洁能源替代计划，完成煤炭消费减量控制目标。推进“亩均论英雄”改革，推行工业企业效益综合评价，提高资源产出效率。

（五）聚力保障改善民生，持续增进民生福祉。顺应群众对美好生活的向往，加快补齐民生短板，多办利民实事（见附件），让改革发展成果更多、更公平地惠及全县人民。

夺取灾后重建全面胜利。认真落实省、市8个方面30条政策，加快实施灾后重建专项方案，确保5月底前完成水利设施重建任务，7月底前完成道路、桥涵重建任务，8月底前建成红河镇小下坡村整体迁建项目。严把工程质量关、廉洁关，落实终身责任制，加强全过程监管，把灾后重建工程打造成优质工程、民心工程。继续实施受灾群众联系卡制度，扎实做好帮扶工作。

坚决打好精准脱贫攻坚战。着力巩固提升脱贫质量，持续强化“两不愁三保障”，确保贫困对象稳定脱贫。对脱贫不脱政策的3229户、5225人，落实好保障性扶贫兜底政策，多途径帮扶解困。抓好46个产业扶贫项目管理运营，完善收益分配机制，带动群众就业增收。彻底整改省、市脱贫攻坚督查考核反馈问题，扎实推进扶贫领域腐败和作风问题专项整治。抓好贫困人口动态调整，严格识别退出标准和程序，确保全面小康路上一户不落、一人不少。

强化社会保障和社会治理。鼓励创业带动就业，发放创业贷款9000万元、就业创业补贴1000万元，新增城镇就业6300人以上。深入实施支持农民工等人员返乡创业国家级试点项目，建成潍坊市返乡农民工创新创业基地。健全老年人、留守儿童等关爱服务体系，开展残疾人精准康复服务行动，争取全国居家和社区养老服务试点。提高低保、特困人员救助供养标准。扩大社会保险覆盖面。加快发展慈善事业。依法做好第四次经济普查。深化普法依法治理和公共法律服务体系建设。支持工会、团委、妇联等群团组织参与社会治理。加强退役军人服务保障体系建设，做好优抚安置等工作。推动军民融合深度发展，加强国防教育、国防动员、双拥共建、民兵预备役、人民防空等工作，全力支持国防和军队现代化建设。

加快发展社会事业。力争开工建设首阳山小学，补建扩建4所住宅小区幼儿园，抓好21所新建改建中小学设施配套，争创全国义务教育优质均衡发展县。支持高级技工学校申办技师学院，争创省示范性中等职业学校。落实基层医疗卫生机构“一类保障、二类管理”制度，推进分级诊疗和医联体建设，建成县人民医院新院区一期和营丘中心卫生院主体工程，做好省级健康促进示范县评估验收工作，争创全国计划生育基层群众自治示范县。实施餐饮质量安全提升工程，开展食品工厂规范化行动，巩固省级食品安全先进县创建成果。办好文化惠民消费季，推进公共文化场馆“总分馆制”建设，开展庆祝建国70周年主题文化活动。高标准完成县融媒体中心建设全国试点任务，推动传统媒体、新媒体优势互补、一体发展、深度融合。推进县级新时代文明实践中心、镇级分中心、村级实践所建设。新建更新150处健身设施，举办第九届全民健身运动会。

（六）*着力做好财税工作，切实提升财政服务保障能力*。坚持聚财有方、用财有效、理财有道，加快构建收入质量更高、支出效益更好、风险全面可控、保障坚强有力的财税体系。

科学增加收入。实施骨干财源培育工程，把支持现有企业发展作为财源建设的首要任务，统筹用好产业发展基金、融资担保等手段，支持企业发展壮大，实现企业发展和财税增收“双赢”。高效利用经营性国有资产，盘活低效闲置国有资产，推动国有企业做大做强、国有资产保值增值。加强土地收储和出让管理，有效组织土地出让收入。强化税收征管和税务稽查，完善非税收入征管机制，确保应收尽收、均衡入库。完善投资准入政策，鼓励企业域内注册、就地纳税。

全面优化支出。加大财政资金统筹力度，集中财力保基本、保民生、保重点，把有限的资金用在“刀刃”上。提升财政资金使用效益，健全完善“花钱必问效、无效必问责”的绩效管理机制，使财政资金用得高效、安全。严格预算约束，落实部门、单位预算主体责任，推动政策落实、项目支出和预算编制相适应。牢固树立过“紧日子”思想，一般性支出压缩5%以上。积极化解存量债务，严控新增政府性债务，积极推进债券发行，确保政府性债务规模适度、风险可控。

加强对上争取。建立政策响应机制，及时深入研究上级在推动制造业高质量发展、深入实施乡村振兴战略、持续强化基础设施投资、增加对地方均衡性转移支付等方面的政策措施，积极争资金、争项目、争资源、争政策，借势借力推进更大发展。

（七）*聚焦优化营商环境，不断提升经济社会发展活力*。扎实推进优化营商环境十个专项行动，着力破障碍、去烦苛、筑坦途，激发市场主体活力、增加人民生活便利、增强县域发展动力。

深化“放管服”改革。以“一次办好”改革为统领，优化再造行政审批流程，推进政务信息资源联通共享，完善服务中心“一窗受理”、关联事项“一链办理”、政务服务“一网通办”、贴心帮办“一次办结”工作机制，提供精简高效的政务服务，真正让群众“进一道门、办所有事”。建立重点项目服务专班和代办员制度，推广全程帮办、容缺受理等便利化措施。深化证照分离改革，落实后置审批事项“双告知”制度。加强事中事后监管，实现“双随机、一公开”监管常态化。

畅通政企沟通渠道。开展“百名干部包百企”行动，建立帮扶企业“白名单”制度，精准对接企业需求，提供一对一、精准化的“店小二”式服务，做到有求必应、无需不扰。出台新型政商关系行为守则，制定政商交往正面、负面清单，构建“亲”“清”新型政商关系。发挥企业家协会等协会商会组织作用，健全政企沟通服务平台。

营造亲商安商发展环境。牢固树立“营商环境就是生产力”的理念，凝聚“人人都是营商环境”的广泛共识，对标先进地区，优化政务服务，提升发展软实力。落实省、市、县支持高质量发展的政策措施，把政策推送到家、落实到位。健全营商环境评价体系，建立红、黄牌制度，严厉查处损害营商环境的行为。综合运用媒体监督、第三方监督等形式，及时发现难点、疏通堵点、解决痛点。深入推进社会信用体系建设，完善守信联合激励和失信联合惩戒机制，营造诚信社会环境。

（八）坚决守牢底线，打好防范化解重大风险攻坚战。把保平安、保稳定作为一切工作的底线，坚定扛牢防范化解重大风险政治责任，全力推动社会安定、人民安宁。

全面抓好安全生产。健全应急管理体系，加强综合性消防救援力量建设。持续提升本质安全水平，压实安全监管和企业主体责任，深化重点行业领域隐患排查治理，推广潍焦集团“安责险”事故预防服务模式，督促规模以上和高危行业企业全部有效运行安全生产双重预防体系，小微企业全部完成安全生产标准化创建。健全综合防灾减灾救灾体系，提升抵御自然灾害的能力和水平。

深入推进平安建设。深化扫黑除恶专项斗争，全面整改中央扫黑除恶巡视反馈问题。坚决打赢新时代禁毒人民战争。实体化运行县镇村三级综治中心，强化“雪亮工程”联网应用和“五张网”深度应用，提升网格化服务管理水平。深化信访工作制度改革和信访法治化建设，积极化解信访积案，依法及时就地化解各类矛盾问题。深入开展“七五”普法，创建市级以上民主法治示范村 10 个，推动县镇村三级公共法律服务平台实现全覆盖。

着力防控金融风险。建立多层次风险防控化解机制，做到早识别、早预警、早处置，坚决守住不发生系统性、区域性金融风险的底线。严厉打击恶意逃废债务行为和各类非法金融活动，加大不良贷款核销力度，不良贷款率继续保持全市较低水平。构建多元化金融保险服务体系，完善金融机构考核激励机制，强化政银企常态化对接，争取恒丰银行分支机构挂牌营业，年末各项贷款余额达到 300 亿元。

三、加强政府自身建设

为政之要，重在为民，贵在实干。我们将牢记为民宗旨，坚持实干导向，持之以恒推进政府自身建设，努力建设人民满意政府。

全面提高政治站位。自觉把各项工作置于县委全面领导之下，树牢“四个意识”，坚定“四个自信”，坚决做到“四个服从”“两个维护”，始终在思想上政治上行动上同以习近平同志为核心的党中央保持高度一致。自觉用习近平新时代中国特色社会主义思想武装头脑、指导实践、推动工作。不折不扣推进上级和县委决策部署落地落实，确保政令畅通、令行禁止。从严从实加强政府系统党的建设，落实意识形态工作责任制，扎实开展“不忘初心、牢记使命”主题教育，确保政治合格、全面过硬。

坚持务实求实落实。全面贯彻“工作落实年”部署要求，“实”字为先，“干”字当头，办实事、出实招、求实效。坚持“现场工作法”，情况在现场掌握、决策在现场形成、问题在现场解决、工作在现场推进、成效在现场检验。实行项目化推进，每项工作都明确时间表、路线图、责任书，跟进督查、考核、奖惩，善始善终、善作善成。大力倡导“案无积卷、事不过夜”工作作风，推行公文不过夜签批，全面提高行政效率。完善激励约束、容错纠错机制，旗帜鲜明地为敢于担当者担当。

扎实推进依法行政。自觉运用法治思维和法治方式深化改革、推动发展、化解矛盾、维护稳定，把政府工作全面纳入法治轨道。严格执行县人大及其常委会决议决定，高质量办好建议提案，主动接受人大依法监督、政协民主监督、社会舆论监督和审计监督。加强对重大决策、行政执法、规范性文件的合法性审查，提高政府工作科学化、法治化、规范化水平。依法办理行政复议案件，做好行政应诉。

坚持以人民为中心。始终把民之所望作为施政方向，加强基层调研、一线走访，健全了解民情、反映民意、集中民智的政府决策机制。充分发挥政务服务热线、民声网等平台作用，完善诉求办理和督查督办机制，深入推进政务公开，及时回应群众关切。大力整肃庸政懒政怠政行为，打破形形色色的“卷帘门”“玻璃门”“旋转门”，着力解决不作为、慢作为、不担当、不协同、效率低等问题，以务实举措服务于民、以实际业绩取信于民、以发展成果造福于民。

加强党风廉政建设。严格落实全面从严治党主体责任，推动政府系统党风廉政建设向纵深发展。严格执行财经纪律和议事规范。聚焦重点领域，严管公共权力、公共资金、公共资产、公共工程和公共资源交易。自觉接受监察监督。扎实做好巡视巡察发现问题整改。认真贯彻落实中央八项规定精神，驰而不息纠治“四风”。

各位代表，实干诠释使命，奋斗创造未来。让我们更加紧密地团结在以习近平同志为核心的党中央周围，在习近平新时代中国特色社会主义思想指引下，在县委坚强领导下，锐意进取，苦干实干，为决胜全面小康、建设现代昌乐不懈奋斗！

附件

2019 年民生实事

一、提升城市功能品质

1. 加快推进棚改回迁安置区建设。建成北关棚改一期、郡部片区 36 万平方米安置楼，完成北关棚改二期、永康、怡和苑、金都、南关、南萧等棚改片区 95 万平方米安置楼主体工程，建成投用古城小学，力争开工建设首阳山小学。

2. 深入推进老旧小区和老旧供热管网改造。完成 1.87 万平方米老旧小区提升改造，完成 20 个小区老旧供热管网改造。

3. 实施道路畅通工程。打通青年路（北三里街至科技南街）、科技南街（管庄小学至昌大路）、文化路（新城街至北三里街）、站北街（山水路至钱家庄）4 条“断头路”，改造方山路立交桥南段交通关键节点。实施“渠化岛”优化工程，推广交通信号绿波控制、自适应控制，提升交通运行效率。

4. 加快实施城市生态工程。启动首阳山城市公园建设，有序实施破损山体生态修复和残次林改造。

5. 提升住宅小区物业管理水平，推广西湖社区、新昌社区、昌明社区试点成功的城市社区治理机制，由社区党组织统领社区物业管理各项事务，理顺物业管理体制机制，明确各方物业管理职责和定位，符合条件的小区成立业主委员会。

6. 开展美化城市行动，实施主干道两侧公共设施亮化改造；积极迎接国家卫生县城复审，重点做好商业通道整治、城区绿化、道路整修、农贸市场整改提升、“十乱”治理等工作。

二、加快改善乡村面貌

1. 建立“一把扫帚扫到底”城乡环境管理一体化新模式，实现县域环卫作业“全覆盖”。投入 415 万元，为 3460 名城乡保洁员每人每月提高工资待遇 100 元。建成运行 38 处农业废弃物（秸蔓）垃圾暂存点。实施 12395 户涉农街道厕所及生活污水处理无害化改造，改善居民生活居住条件。

2. 推动天然气管道向具备条件的建制镇和社区延伸，敷设南寨大坝至乔官德润科技产业园等天然气管线，对周边企业、住户逐步开通管道天然气。

3. 实施农村饮水安全提标达标两年攻坚行动。实施水厂管网延伸供水工程，解决 31 个村主管网未到村头问题；继续实施农村饮水安全村级工程巩固提升项目，开展自备井供水村水质检测，逐步解决村内管网漏损、无管网和水质不达标问题，让群众喝上安全水、放心水。

4. 加快“四好农村路”建设。投资 4.2 亿元，新建改建 352 公里县乡村道路。

三、强化基础设施建设

1. 高质量完成灾后重建。完成 55 座小型病险水库除险加固、32 座中小型水库水毁修复和尧沟、南郝片区 6 万亩农田排涝工程。建成红河镇小下坡村整体迁建项目。修复、重建水毁道路 51 公里、桥涵 120 座。

2. 建设智慧环保监管平台。突出重点片区，对重点涉水、涉气企业等全部安装在线监测监控系统，实现对产污、治理、排放全过程智能化监测监控，提升环保监管能力，更好保障群众环境权益。

3. 建成一流现代化配电网。投资 1.25 亿元，新建、改造10千伏线路174公里、低压线路58公里，新增配电变压器143台、配变容量45.6兆伏安，进一步提高全县供电质量。

四、繁荣发展文化事业

1. 高标准建设县融媒体中心，投资1200万元，建设县级融媒体中心平台，打造“媒体+政务+服务”线上综合服务平台，为干部群众提供电子政务、生活服务、在线社交等综合服务。

2. 实施文化惠民工程，放映公益性电影3670场以上，完成送戏下乡370场。

五、扩大优质教育资源供给

新建改扩建城区标准化、普惠性幼儿园4所，确保1所小学和3所幼儿园秋季开学投入使用，进一步解决城区居民子女“入学难”问题。投入1700多万元，将普通高中生均公用经费由1100元提高到1300元，残疾学生生均公用经费由6000元提高到8000元，让教育保障政策惠及更多家庭。全面推行小学课后延时服务，落实参与人员补助，打造素质教育第二课堂，让家长的“操心事”变成“暖心事”。公办义务教育学校班级管理团队激励经费由400元/班/月提高到500元/班/月，同时按生均100元的标准核增教师绩效工资，让广大教师更加安心从教。

六、实施特殊群体关爱工程

1. 提高困难群众救助标准。城市、农村低保标准每人每年分别提高840元、900元；农村特困人员基本生活供养标准每人每年提高300元；特困不能自理、半自理人员照料护理标准每人每月分别提高90元、30元。

2. 持续关爱妇女健康。投入205万元，为全县16000名左右适龄（35—64岁）妇女提供“两癌”免费筛查；投入128万元，为孕妇免费提供产前筛查。

3. 实施“关爱新生命”公益项目。为全县新生儿免费进行48种遗传代谢疾病筛查；为贫困家庭3岁以下婴幼儿免费提供奶粉，其他家庭价格优惠比例由50%提高到70%，减轻家庭育儿负担。

4. 提高老年人高龄补贴标准。投入1568万元，对80—89岁老年人每人每月补贴100元，将90—99岁老年人高龄补贴由每人每月60元提高到150元，将百岁老年人长寿补贴由每人每月600元提高到1000元。

5. 提升特殊群体疾病预防控制水平。投入490万元，为70岁以上老年人免费接种四价流感疫苗；投入105万元，为1岁儿童免费接种水痘疫苗；投入697万元，为6种严重精神障碍患者提供免费治疗。

6. 实施残疾人关爱工程。将在校残疾学生助学补助标准提高30%，贫困残疾人子女学生按照残疾学生补助标准50%执行；投入147万元，为有康复需求的持证残疾人提供康复服务，提高残疾儿童康复训练救助标准，使持证残疾人和残疾儿童接受基本康复服务比例达到84%以上。

7. 开展婚姻家庭辅导工作。发挥婚姻家庭辅导中心作用，优化婚姻登记程序，加强志愿者队伍建设，积极为有需要的当事人提供婚姻辅导、法律咨询、心理疏导等服务，减少非理性离婚，促进婚姻幸福、家庭和睦、社会和谐。

七、提高民生保险、食品安全、健康服务水平

1. 深入实施民生综合保险工作。投入247万元，为全县居民购买自然灾害公众责任保险和自然灾害家庭房屋保险，进一步提高应对各类自然灾害和意外事故水平。

2. 深入推进“食安昌乐”品牌创建。投入300多万元，购买“透明快检”服务，加强监督抽检，提高问题食品发现率，严把食用农产品入市进店关口，捍卫百姓“舌尖上的安全”。

3. 实施“全民艾健康”行动计划。积极争取潍坊市“‘全民艾健康’行动计划”引导性资金，落实县级配套资金，确保所有镇（街道）卫生院、社区卫生服务中心、养老院配置艾灸设备、开展艾灸活动，有效预防治疗常见病、慢性病。

4. 大幅提升全民健康素养水平。投入576万元，将人均基本公共卫生服务经费标准由55元提高到64元，筑牢公共卫生屏障。大力推进省级健康促进示范县、省级健康县城试点建设，开展系列健康创建活动，推动居民健康素养水平超过全省平均水平。

大事记

大 事 记

1月

3日　昌乐消防救援队伍授衔换装暨宣誓仪式举行。

4日　全县政协系统党的建设工作座谈会召开。

同日　世纪阳光纸业集团获批建设市级重点实验室。

5日　全县重点项目双周调度会议召开。

8日　县人社局被山东省人民政府表彰为全省就业工作先进集体。

10日　九龙湖片区综合开发项目调度会议在县委党校召开。

11日　昌乐县人民政府、国网潍坊供电公司昌乐县电网建设战略会谈暨合作协议签署仪式在县委党校举行。

同日　全县7家"农科驿站"列入省级备案。

14日　县委常委会召开会议，传达全市向潍柴集团和谭旭光同志学习大会精神，号召全县广大党员干部、企业家和社会各界，以潍柴集团和谭旭光同志为标杆，学习先进、争创一流，奋力推动高质量发展，加快建设现代昌乐。

同日　县委书记卞汉林到昌乐高级技工学校调研职业教育发展情况，看望夺取全国职业院校技能大赛全国金牌的师生团队。

15日　中共昌乐县委十四届五次全体会议举行。全会由县委常委会主持，县委书记卞汉林讲话。

同日　县委书记卞汉林率队到潍坊军分区走访慰问，受到市委常委、潍坊军分区政委童培友及军分区官兵的热烈欢迎。

16日　县政协召开《昌乐西瓜》文史专辑发行座谈会。

17日　全国政协农业和农村委员会副主任、中国计生协会副会长陈晓华一行，在省政协副主席、省计生协会会长刘均刚，市政府副市长李平陪同下，到昌乐县调研计生协会工作，走访慰问计生困难家庭。

同日　市文明委公布2018年度市级文明单位（校园、村镇、社区）名单，全县新增16个。

18日　2018年度党（工）委书记履行全面从严治党责任和抓基层党建工作述职评议会议召开。

20日　县委书记卞汉林带着党和政府的关怀与温暖走访慰问部分离退休老干部，给他们送去新春祝福和问候。

21日　全县经济工作会议召开。

同日　全县生态环保突出问题整治攻坚工作会议在县委党校召开。

22日　县政协主席会议暨党组理论学习中心组读书会召开。

23日　县委书记卞汉林到传媒集团调研舆论宣传和县级融媒体改革工作。

24日　县委常委会召开2018年度民主生活会。

25日　县人大常委会党组召开2018年度民主生活会。

26日　全县组织工作会议在县委党校召开。

同日　昌乐县企业家协会第三次会员大会在县委党校举行。

27日　中共昌乐县纪委十四届五次全体会议在县委党校召开。

春节来临前夕，县领导卞汉林、王备、周保进、张建伟等走访慰问受灾群众、困难群众、烈士遗属、生活困难老党员、建国前老党员，送去党和政府的亲切关怀和新春祝福。

2月

1日　县委常委会召开会议，传达中央政法工作会议、全省全市三年禁毒人民战争推进会议、市人大政协“两会”、全市农村工作会议、全市“大棚房”问题专项清理整治及农村改厕工作调度会议精神，研究贯彻落实意见，对做好春节前后各项工作作出安排部署。

2日　昌乐县县级机构改革动员大会召开。

3日　县委书记卞汉林深入潍坊英轩实业有限公司、昌乐盛世热电有限责任公司、县供电公司，代表县委、县政府看望慰问节日期间坚守在一线的干部职工，向全县广大企业干部职工及家属致以新春祝福。

11日　昌乐县组织收听收看全省“担当作为、狠抓落实”工作动员大会。

13日　县委常委会召开会议，传达学习全省“担当作为、狠抓落实”工作动员大会、全市工作落实年动员部署暨双招双引对外开放推进会议精神，研究贯彻落实意见。

14日　昌乐县创建国家森林城市获得国家林业和草原局备案，成为全市首家取得创建国家森林城市资格的县（市、区）。

18日　全县生态环保突出问题整治攻坚工作第一次专题会议在县委党校召开。

同日　市住建局调研组一行5人到昌乐县调研灾后村庄迁建工作。

19日　省乡村振兴重大项目库第一批入库项目公布，昌乐县两个项目入选。

20日　斗山工程机械（山东）有限公司与英轩重工有限公司战略合作签约仪式在英轩重工有限公司举行。

同日　市科协调研组一行3人到昌乐县就基层科普设施和科普中国e站建设情况进行专题调研。

21日　全县宣传思想工作会议在县委党校召开，县委书记卞汉林出席并讲话，县委副书记张建伟主持会议，县领导贺玉洁、张金涛参加。

22日　昌乐县组织对全县灾后重建和乡村振兴重点项目进行现场调度。

23日　全县农村工作会议暨农村党组织书记培训班开班式在市委党校举行。

27日　昌乐县11个项目入围2019市级重点项目。

28日　昌乐县11个项目获“2018年度潍坊市优秀城乡规划设计奖”。

3月

5日—6日　山东省电影家协会工作会议在昌乐县召开。

6日　全县领导干部会议在县委党校召开，宣布省委关于昌乐县委主要领导同志职务调整的决定，刘裕斌任县委书记。

同日　潍坊市副市长马清民到昌乐县督查灾后重建工作。

7日　县委书记刘裕斌到县传媒集团调研县级融媒体改革工作。

8日　昌乐县十七届人大常委会第二十二次会议在县委党校召开。

11日　昌乐县人大常委会党组理论学习中心组组织集体学习。

同日　昌乐县2018年度刑事案件现场勘查工作成绩突出，县公安局获公安部通报表扬。

同日　昌乐县获评全国海军招飞工作先进县。

12日　昌乐县开展2019年春季义务植树活动。

同日　根据《山东省院士工作站备案管理办法》有关要求，省科技厅确定昌乐县山东维乐农业科技有限公司通过省院士工作站备案。至2019年，昌乐县省级院士工作站达到8家。

13日　市委宣传部调研组到昌乐县调研县级融媒体中心建设工作。

15日　县政协十届十次常委会议在县委党校召开。

16日　县委书记刘裕斌调度全县水利设施灾后重建河湖清障暨开展巡河工作。

18日　昌乐乐都瓜菜专业合作社、昌乐县石家河黄烟专业合作社两家农业专业合作社被认定为国家级示范社。

19日 潍坊市投资集团有限公司董事长王曰普一行到昌乐县考察，就项目引进、深化产业基金合作等事宜进行洽谈。

20日 县委书记、县人武部党委第一书记刘裕斌到县人武部调研。

同日 省军区副政委郑仲全在市委常委、军分区政委童培友陪同下，到昌乐县就军队党风廉政建设、民兵预备役和人武部全面建设等工作进行调研。

同日 昌乐县融媒体中心揭牌仪式举行。市委常委、宣传部部长初宝杰，山东广播电视台融媒体资讯中心副主任谭鲁民，县委书记刘裕斌出席并分别致辞，县委副书记、代县长张建伟主持，县领导贺玉洁、张金涛参加。

同日 全市县级融媒体中心建设工作推进会议在昌乐县举行。市委常委、宣传部长初宝杰出席会议并讲话，县委书记刘裕斌介绍昌乐县融媒体中心建设主要做法。

21日 县委副书记、代县长张建伟现场调度推进梦金小镇项目。

22日 昌乐县举行2019年重点项目集中开工仪式。

同日 昌乐县十七届人大常委会第二十三次会议在县人大常委会机关会议室召开。

23日 全县工作落实年动员部署暨优化营商环境大会召开。

25日 县委政法工作暨防范化解重大风险工作和扫黑除恶专项斗争会议在县委党校召开。

同日 省民政厅副厅长张孟强一行5人，在市民政局局长王汉成等陪同下到昌乐县调研养老服务体系建设情况。

26日 市委常委、副市长、市委秘书长刘建国带领安全生产专家组到昌乐县实地督导检查危化品企业安全生产工作。

同日 副市长马清民到昌乐县查看灾后水毁水库修复工作进展情况。

27日 县十七届人大常委会第二十四次会议在县人大常委会机关会议室召开。

28日—30日 县政协十届昌乐县委员会第三次会议在潍坊市委党校召开。中共昌乐县委书记刘裕斌，县政协主席周保进，县政协副主席徐玉山、滕恩禄、崔全华、刘树铭、刘乐增，在职原副主席张宝峰，秘书长、办公室主任纪国梁在主席台前排就座。在主席台就座的还有：大会执行常委，县委、县人大常委会、县政府、县法院、县检察院、县人武部的领导同志，往届县政协主席和有关县级领导。会议共有三项议程：一是中共昌乐县委书记刘裕斌同志讲话；二是县政协主席周保进代表十届县政协常委会作工作报告；三是县政协副主席徐玉山代表十届县政协常委会作提案工作报告。

29日—31日 昌乐县第十七届人民代表大会第三次会议在潍坊市委党校召开。大会主席团常务主席、县委书记刘裕斌主持会议。在主席台就座的还有：大会主席团成员，县委常委，曾任县委常委的有关县级领导同志，县政府代县长、副县长，县政协主席、副主席，县监察委主任，县法院院长，县检察院检察长，县人武部部长和特邀嘉宾。代县长张建伟代表县人民政府向大会作政府工作报告。报告共分三部分：一是2018年工作回顾，二是2019年工作安排，三是加强政府自身建设。县委书记刘裕斌来到他所在的县十七届人大三次会议红河代表团，与代表们一起审议政府工作报告。县委副书记、代县长张建伟到县十七届人大三次会议乔官代表团，与代表们一起审议政府工作报告。县人大常委会主任王备与五图代表团的代表们一起审议了政府工作报告、计划报告和财政报告。30日上午，县十七届人大三次会议在潍坊市委党校举行第二次全体会议。大会主席团常务主席刘裕斌、王备、王少鹏、扈本溪、周晓玲、滕建勋、田本义、刘东兴在主席台前排就座。大会主席团常务主席、县人大常委会副主任王少鹏主持会议。在主席台就座的还有：大会主席团成员，县委常委，曾任县委常委的有关县级领导同志，县政府代县长、副县长，县政协主席、副主席，县监察委主任，县法院院长，县检察院检察长和特邀嘉宾。会议听取了县人大常委会主任王备所作的县人大常委会工作报告；县法院院长韩昆亮所作的法院工作报告；县检察院检察长郑爱之所作的检察院工作报告。

30日　全县安全生产工作紧急会议召开。县委书记刘裕斌，县委副书记、代县长张建伟出席会议并讲话。县领导李良华、张金涛参加。

31日　县委副书记、县长张建伟现场检查安全生产工作。

4月

1日　县委书记刘裕斌到红河镇调研。

2日　县委书记刘裕斌率县党政考察团赴蓬莱市考察学习。

3日　县委副书记、县长张建伟现场调度大气污染防治工作。

4日　县委书记刘裕斌到营丘镇调研安全生产、生态修复、道路建设、河道治理、乡村振兴、营商环境工作。

6日　“上海市昌乐商会家乡行”恳谈会在县委党校隆重举行。

11日　中国计划生育协会公布2019年失独家庭帮扶项目点和暖心家园项目点中标结果，昌乐县成功申报中国计生协失独家庭暖心家园项目，是潍坊市唯一项目实施单位，中国计生协拨付10万元经费给予项目支持。

12日　市工信局、财政局联合公布“2018年度市企业上云标杆企业”名单，昌乐县山东世纪阳光纸业集团有限公司、山东梅拉德能源动力科技有限公司2家企业上榜。

13日　全县安全生产工作暨重点企业警示约谈会议在县委党校召开。

同日　省委宣传部副部长、省广播电视局局长李昌文一行，在市委宣传部负责同志陪同下，到昌乐县调研县级融媒体中心建设工作。

12日—13日　北京市丰台区中小企业创新创业促进会考察团一行到昌乐县考察，并就非首都功能疏解项目合作事宜进行洽谈。

16日　县委党校2019年春季开学典礼暨农村党支部书记培训班开班式在潍坊市委党校举行。

同日　潍坊市直机关驻昌乐县“服务一线集中攻坚”服务队工作对接会议在县委党校举行。

同日　市城镇化工作领导小组办公室公布了全市首批农村新型示范社区名单，昌乐县有4个社区入选2018年度农村新型示范社区名单，分别是五图街道九龙湖社区、首阳山旅游度假区贵和社区、朱刘街道朱刘店社区和红河镇红河社区。

17日　中国红十字基金会理事长郭长江，在省红十字会党组书记、常务副会长李全太陪同下，到昌乐县现场查看0—14周岁先天性心脏病儿童筛查情况。

18日—20日　县委副书记、县长张建伟率领县党政考察团一行赴江苏省仪征市、浙江省宁波高新区和桐乡市、上海市对标学习新旧动能转换、营商环境优化等方面的先进经验和做法，对标先进，提质提升，奋力推动高质量发展、赶超发展。

19日—20日　县委书记刘裕斌先后到五图街道、宝都街道、高崖水库库区、首阳山旅游度假区调研。

23日　国务院第二次廉政工作会议召开，昌乐县在县委党校设分会场组织收听收看。

24日　县委书记刘裕斌到乔官镇调研。

26日　全市金融创新发展现场调度推进会议在昌乐县召开。

28日　昌乐县组织收听收看全市生态环境保护工作视频会议。

29日　全县“服务一线、集中攻坚、狠抓落实”暨脱贫攻坚工作推进会议在县委党校召开。

同日　县十七届人大常委会第二十五次会议在县委党校召开。

同日　昌乐县乐都瓜菜专业合作社理事长张国伟上榜全省乡村“好青年”名单。

30日　县委书记刘裕斌到鄌郚镇调研。

5月

3日　南关片区棚户区改造恒信·熙湖名筑项

目开工仪式举行。

5 日 县委副书记、县长张建伟现场调度迎接国家卫生县城复审工作。

6 日 县委常委会召开会议，传达中央纪念五四运动 100 周年大会和省、市学习贯彻纪念五四运动 100 周年大会精神座谈会精神，传达全市 2018 年度扶贫开发工作成效考核结果反思会精神，研究“工作落实年”重点任务实施方案、县委县政府安全生产委员会成员单位安全生产工作职责分工，安排部署相关工作。

7 日 县委书记刘裕斌采取“四不两直”方式到红河镇调研督导脱贫攻坚工作。

9 日—10 日 全县灾后重建项目现场调度会议召开。

11 日 “宝都讲堂”第二期培训暨县委理论学习中心组集体学习在县委党校举行。

同日 县委副书记、县长张建伟主持召开县政府党组会议，学习《中国共产党党组工作条例（试行）》，研究贯彻落实意见。

13 日 省委政法委一级巡视员李平率调研组到昌乐县实地调研网格化服务管理、综治中心建设等综治基层基础建设工作。

同日 科技部火炬高技术产业开发中心公布了省 2019 年第二批入库科技型中小企业名单，昌乐县精华粉体、佳诚数码、道诚环境科技、启宏生物科技、瑞力生药业、东兴防爆电器等 13 家企业被列为国家科技型中小企业。

14 日 “中国品牌日”品牌发布会暨品牌高端论坛在济南召开。会上发布了 2019 年全省民营企业品牌价值 100 强榜单，上榜门槛为品牌价值 10 亿元。昌乐县英轩实业、元利科技、乐化漆业榜上有名，分别位居第 44、78、81 位。

同日 市工信局公布 2019 年潍坊市中小企业“一企一技术”研发中心名单。经推荐审核，昌乐县通达仪表、精科智能传动、宏力异型钢管、国创节能科技、德霖建材、中创亿丰肥料等 6 家企业技术研发中心榜上有名。

15 日 “智汇西瓜之乡，共谋乡村振兴”西甜瓜产业体系专家签约聘任仪式举行。

同日 财政部国库支付中心副主任吕恒心一行，在省、市财政部门有关负责同志陪同下，到昌乐县调研财政扶贫资金动态监控工作。

同日 市工信局公布2019年潍坊市“专精特新”中小企业名单。全县恒雅包装、启宏生物、天序农林、矿机集团、亨利达钢结构、宏力异型钢管、上运激光、乐化漆业、中创亿丰肥料、通达仪表、万山化工 11 家企业榜上有名。

16 日 2019 中国（昌乐）西甜瓜科技博览会在西瓜科技示范园隆重开幕。潍坊市副市长马清民宣布 2019 中国（昌乐）西甜瓜科技博览会开幕。县委书记刘裕斌，云南云天化股份有限公司国内营销中心副总经理翟树新，国家西甜瓜产业技术体系首席科学家、国家蔬菜工程技术研究中心主任、北京市农林科学院蔬菜研究中心主任许勇分别致辞。省卫生健康委计生协会副会长兼秘书长郭占峰、省文化和旅游厅二级巡视员王春生、县人大常委会主任王备、县政协主席周保进等出席开幕式。县委副书记、县长张建伟主持。开幕式上，刘裕斌、许勇为国家西甜瓜产业技术研发中心重点示范县揭牌。与会领导为中国“好西瓜”擂台赛获奖单位和个人代表颁奖。

同日 乡村振兴农业农村重点项目签约仪式在县委党校举行。

同日 省司法厅副厅长齐延安带领省委依法治省办督察组，在市司法局主要负责同志陪同下，到昌乐县开展食品药品监管执法司法专项督察。

17 日 县委书记刘裕斌现场调度灾后重建项目建设、农村人居环境整治、河道清违清障并开展巡河工作。

18 日 全县迎接国家卫生县城复审工作培训会议在县委党校举行。

同日 县委书记刘裕斌深入部分企业车间和项目工地，现场调度“双招双引”和重点项目建设情况。

21 日 省政协副主席王艺华到昌乐县专题调研农业秸秆综合利用生物机械法制浆技术产业项目情况。

22日　省发改委公布2019年山东省工程实验室（研究中心）名单，山东世纪阳光纸业集团的山东省超轻量包装纸板工程研究中心榜上有名，系昌乐县首家。

23日　省卫健委副厅级干部孟冬带领省驻威海民营企业服务队一行，在省驻潍坊民营企业服务队队长、省外办二级巡视员刘军涛陪同下到昌乐县调研省驻昌乐县乡村振兴服务队工作情况和经济社会发展情况。

同日　昌乐县住房公积金个人住房贷款信息正式纳入中国人民银行征信系统。

24日　潍坊市生态环境局昌乐分局揭牌仪式在县委党校举行。

25日　副市长田民利带领全市“三个模式”在新时代的新实践调研座谈会部分与会人员到昌乐县观摩。

26日　“杜鹏艺术工作室”成立暨马派艺术巡演和杜鹏京剧演唱专辑出版发布会在北京举行，县委副书记、县长张建伟出席并致辞，县委常委、宣传部部长贺玉洁参加。

27日　市委常委、潍坊军分区政委童培友到昌乐县检查民兵组织整顿工作开展情况。

28日　县委副书记、县长张建伟主持召开县政府第28次常务会议，传达学习全市“十四五”规划编制工作会议和全省、全市防汛抗旱工作电视会议精神，研究推进农村人居环境整治等工作，安排部署农业信贷担保工作。

同日　昌乐县在县委党校设立分会场，组织收听收看全省、全市防汛抗旱工作电视会议。

29日　县委书记刘裕斌到红河镇看望慰问少年儿童，与他们共度节日，向全县少年儿童致以节日祝福，向为孩子们健康成长辛勤付出的教育工作者和社会各界人士致以诚挚问候。

同日　县委书记刘裕斌到昌乐县人民医院调研。

同日　县委书记刘裕斌现场调度迎接国家卫生县城复审工作。

30日　昌乐县人民政府与中建国际投资（山东）有限公司合作框架协议签订仪式在县委党校举行。

31日　县委副书记、县长张建伟到红河镇、营丘镇现场调度部分重点项目推进工作。

同日　县政协十届十二次常委会议在县委党校召开。

6月

2日　昌乐县组织收听收看全省推进乡村振兴暨脱贫攻坚现场会议。

3日　市扶贫开发领导小组第二次全体（扩大）会议暨脱贫攻坚“五个专项行动”推进落实现场会议在昌乐县召开。

4日　潍坊滴禾绿田农业开发有限公司与上海交通大学科技合作项目签约仪式在县委党校举行。

同日　全县农业信贷担保工作动员暨农业信贷担保政策解读会议在县委党校举行。

5日　市委副书记、市长田庆盈带领住建、自然资源和规划等市直部门负责同志，到昌乐县实地调研灾后整村迁建工作。

同日　全县农村人居环境整治工作现场调度会议召开，深入学习贯彻习近平总书记关于改善农村人居环境的重要指示精神，认真落实上级有关部署要求，突出主攻方向，强化组织推进，坚决打赢农村人居环境整治这场硬仗。

6日　市政协原主席、市关工委主任赵兴涛到昌乐县调研经济社会发展和关心下一代工作。

7日　市农业农村局局长常祖领一行到昌乐检查指导“三夏”生产，调研现代农业产业园建设情况。

9日　首阳山区域拆违工作现场调度会议召开。

11日　县委书记刘裕斌专程到新城中学、昌乐一中、实验中学实地检查考务组织和教育安全工作。

13日　“宝都讲堂”第三期培训暨县委理论学习中心组集体学习在县委党校举行。

同日　中国人寿财险公司“安全生产标杆县”项目建设座谈会在昌乐县举行。

同日　县委书记刘裕斌到县供电公司调研电力

保障工作，专程看望慰问电力一线职工。

14日 中国乡村赋能工程昌乐乔官站启动大会在乔官为农服务中心召开。

18日 县人大常委会组织部分常委会委员、县人大代表对新建的21所农村中小学交付使用情况进行视察。

同日 县委全面深化改革委员会召开第四次会议，传达学习中央全面深化改革委员会第八次会议、省委全面深化改革委员会第四次会议精神，讨论审议有关改革文件，研究部署下步工作。

19日 全省县级融媒体中心建设（东部片区）现场推进会议在昌乐举行。省委宣传部副部长、省广播电视局局长李昌文讲话，山东广播电视台总编辑周盛阔出席。市委常委、宣传部部长初宝杰，县委书记刘裕斌分别致辞，县委常委、宣传部部长贺玉洁作典型发言。

20日 山东元利科技股份有限公司成功在上海证券交易所主板上市，股票代码：603217，成为2019年山东辖区首家主板上市企业，也是全县第五家上市企业。

21日 洲业集团董事长李海波一行到昌乐县考察洽谈洲业汽车城项目投资事宜。

22日 全县迎接国家卫生县城复审工作推进会议在县委党校召开。

24日 昌乐县十七届人大常委会第二十六次会议在县委党校召开。

同日 县委副书记、县长张建伟到县税务局，调度当前财税工作。

25日 昌乐县组织收听收看市政府廉政工作会议。县委副书记、县长张建伟在市主会场参加会议并作交流发言。

26日 潍坊海关关长杨炳文带领调研组到昌乐县对企业进出口情况进行调研。

27日 省人民政府办公厅印发了《关于公布第四批化工园区和专业化工园区名单的通知》，全县朱刘化工产业园成功上榜，高标准、高质量的化工园区为全县绿色、可持续发展提供了有力支撑。

29日 昌乐县庆祝中国共产党成立98周年大会在县委党校隆重召开。会议号召全县广大基层党组织和党员干部深入贯彻习近平新时代中国特色社会主义思想，不忘初心、牢记使命，强化担当、狠抓落实，奋力推动昌乐高质量发展、赶超发展。县委书记刘裕斌出席会议并讲话，县领导王备、周保进等出席，县委常委、组织部部长王勇宣读《中共昌乐县委关于表彰优秀共产党员、优秀党务工作者和先进基层党组织的决定》。

7月

1日 县委办公室机关支部举行“七一”主题党日活动。县委书记刘裕斌参加，并为支部全体党员讲党课。县委常委、办公室主任张金涛参加。

2日 全县扶贫开发领导小组第二次全体（扩大）会议暨脱贫攻坚推进会议在县委党校召开。县委书记刘裕斌出席并讲话，县人大常委会主任王备、县政协主席周保进出席。

同日 市委常委、组织部部长刘国伟到昌乐县调研经济社会事业发展和组织工作开展情况。县领导刘裕斌、王勇、张金涛、宋悦林分别参加。

4日 全县扶贫业务知识培训会议在县委党校举行。市扶贫开发办督查考核组组长袁明应邀作专题辅导培训。县委书记刘裕斌主持并讲话，县人大常委会主任王备、县政协主席周保进出席。

5日 聊城市政协副主席马保杰一行10人，在市政协副主席李传恒的陪同下，到昌乐县就“深化‘放管服’改革，为新旧动能转换营造良好法治环境”进行专题考察。

6日 县委副书记、县长张建伟现场调研督导脱贫攻坚工作。他强调，要提高思想认识，持续精准发力，坚决打好打赢脱贫攻坚战。副县长崔欣参加有关会议。

5日—8日 县委书记刘裕斌带队赴重庆市开州区大德镇开展对口支援和扶贫协作工作。县委常委、办公室主任张金涛，副县长张正民参加。

10日 县委副书记、县长张建伟到市政务服务热线受理中心现场接听群众热线电话，了解群众诉求，帮助解决问题。

11日　县委副书记、县长张建伟主持召开县政府第30次常务会议，听取上半年经济运行、安全生产、脱贫攻坚、交通设施灾后重建、食品安全等工作情况汇报，研究部署下步工作。

同日　由市工商联、市工业和信息化局、市农业农村局、市商务局、市税务局、市市场监管局共同开展的2019年潍坊民营企业100强申报发布活动发布了100强公示名单。全县潍焦控股集团、亚太中慧集团、万山集团、比德文控股集团、世纪阳光纸业集团、英轩实业等10家企业入围。

同日　从省政府新闻办举行的新闻发布会上获悉，全县企业潍坊英轩实业有限公司以15.1亿元出口实绩荣登出口“百强企业”榜单。截至2019年，全县共有潍坊英轩实业有限公司、山东世纪阳光纸业集团有限公司两家企业进出口额突破10亿元。

16日　市人大常委会副主任顾建华带领调查组到昌乐县，对安全生产工作情况进行调查。

同日　省工商联主办的2019年山东民营企业100强发布会上，全县潍焦控股、比德文、矿机、亚太中慧四家企业榜上有名。其中，潍焦控股荣获山东民营企业100强，比德文、矿机及亚太中慧分别荣获山东新能源新材料产业领军民营企业十强、山东高端装备制造业领军民营企业十强、山东农业产业领军民营企业十强。

17日　市委书记、市人大常委会主任惠新安带领全市乡村振兴和“双招双引”重点项目观摩点评与会人员到昌乐县现场观摩。

20日　元利科技上市表彰暨全县企业高质量发展大会在县委党校隆重召开。县委书记刘裕斌出席会议并讲话，县委副书记、县长张建伟主持，县人大常委会主任王备、县政协主席周保进出席。

同日　县委书记刘裕斌到红河镇调研村庄治理、基层党组织建设、脱贫攻坚和扫黑除恶等工作。

21日　临朐县党政考察团到昌乐县观摩交流“双招双引”重点项目方面的经验做法。县委书记刘裕斌，县委常委、副县长李良华陪同。

23日　恒信·熙湖名筑（北区）项目集中颁证仪式在县政务服务中心举行。县委副书记、县长张建伟出席，副县长李良华主持。

同日　坊子区、安丘市、高新区、峡山区党政考察团分别到昌乐县观摩交流“双招双引”和乡村振兴等重点项目方面的经验做法。

24日　恒信·熙湖名筑（北区）项目开工仪式举行。县委副书记、县长张建伟致辞，县委常委、副县长李良华主持，县人大常委会副主任扈本溪、县政协副主席崔全华出席。

同日　县政府廉政工作会议在县委党校召开。县委副书记、县长张建伟出席并讲话，县委常委、副县长李良华主持，县领导陈新厂、宋悦林、丁进全、张正民、崔欣、曹建国、赵春玉参加。

同日　潍城区、奎文区、寒亭区、滨海经济开发区党政考察团分别到昌乐县观摩交流“双招双引”和乡村振兴等重点项目方面的经验做法。县领导周保进、李良华、陈新厂、崔欣、崔全华分别陪同。

25日　水利部运行管理司司长阮利民一行3人，在省、市水利部门有关负责同志陪同下，到昌乐调研小型水库运行管理工作。县委副书记、县长张建伟，副县长崔欣分别陪同。

同日　“万名干部下基层”服务队工作对接会议在县委党校召开。县委副书记、县长张建伟出席会议并讲话，县委常委、组织部部长王勇主持，副县长张正民、崔欣参加。

26日　全国安全生产电视电话会议召开，全县在县委党校设立分会场组织收看。县委副书记、县长张建伟，县委常委、统战部部长陈新厂，副县长崔欣、曹建国、赵春玉出席分会场会议。

27日　“宝都讲堂”第四期培训暨昌乐改革论坛“深化改革创新　推动开放发展”专题学习讲座在县委党校举行。县委副书记、县长张建伟，县人大常委会主任王备，县政协主席周保进参加。

29日　县委副书记、县长张建伟带队走访慰问潍坊军分区首长机关和优抚对象，共叙军民鱼水深情，共谋军地融合发展，并向他们致以节日的祝福和崇高的敬意。县委常委、政法委书记刘超参加。

8月

1日　全县生态环保攻坚推进会议召开，深入学习习近平生态文明思想，全面贯彻全市环保攻坚行动现场推进会议精神，坚定扛起生态环保政治责任，全面打好污染防治攻坚战。县委副书记、县长张建伟出席会议并讲话，县领导李良华、张正民参加。

同日　市政府调研组到昌乐县调研“拿地即开工”审批模式改革工作。县委副书记、县长张建伟，县委常委、副县长李良华陪同。

2日　市委副书记、市长田庆盈率市直相关部门负责人到昌乐县红河镇调研脱贫攻坚工作。

同日　市委脱贫攻坚专项巡察第六巡察组对昌乐县委巡察情况反馈会议在县委党校召开。巡察组组长孙广远出席反馈会并通报巡察情况，县委副书记、县长张建伟作表态讲话，巡察组副组长刘波，县委常委、组织部部长王勇，副县长崔欣出席会议。

同日　县人大常委会党组理论学习中心组组织集体学习，传达学习习近平总书记在中央和国家机关党的建设工作会议上的讲话精神。县人大常委会主任王备主持，副主任王少鹏、扈本溪、周晓玲、滕建勋和其他党组成员参加。

5日　县委常委会召开会议，传达《关于认真学习贯彻习近平总书记在中央政治局第十五次集体学习时重要讲话的通知》精神，传达深化党和国家机构改革总结会议、中央全面深化改革委员会第九次会议和市委全面深化改革委员会第三次会议精神，传达中央和省、市委上半年经济形势分析有关会议精神，研究贯彻落实意见，安排部署相关工作。县委书记刘裕斌主持。

同日　县委副书记、县长张建伟主持召开县政府第31次常务会议，研究《关于加强县政府班子自身建设的意见》，传达学习全市政务公开工作推进会议精神，研究推进棚户区改造、重点工程建设项目“拿地即开工”审批模式改革等工作。

10日　县委书记刘裕斌现场检查调度第9号台风“利奇马”防御工作。

11日　县委书记刘裕斌现场调度防汛防台风工作。

同日　市政协主席苏立科、副市长马清民到昌乐县督导检查台风防御工作。

同日　县委副书记、县长张建伟到部分镇（街、区）现场调度防汛防台风工作。

12日　县委书记、县级总河长刘裕斌现场检查河道防汛工作，并开展巡河工作。

同日　全县抗灾救灾紧急调度会议在县防汛抗旱指挥部召开，县委书记刘裕斌主持会议并讲话。

同日　县委副书记、县长、县级总河长张建伟对小丹河、大丹河进行巡河并现场调度尧沟片区农田排涝工作。

13日　市政协主席苏立科到昌乐县督导检查抗灾救灾工作。县委书记刘裕斌，县政协主席周保进，县委常委、办公室主任张金涛参加。

同日　全县防汛抢险救灾工作调度会议在城关商务社区召开，县委副书记、县长张建伟主持并讲话。县委常委、副县长李良华，副县长崔欣、曹建国参加。

15日　副市长马清民到昌乐县查看水利工程运行情况。

16日　全县迎接国家卫生县城复审工作推进会议在县委党校召开。

同日　全市抗洪抢险救灾工作调度会议召开，传达学习山东省潍坊抗洪抢险救灾指挥部会议精神，听取各县市区、开发区情况汇报，分析当前形势，安排部署下步工作任务措施，全县在城关商务社区设立分会场组织收看。

同日　市政协主席苏立科到昌乐县检查指导防汛及灾后重建工作。县政协主席周保进参加。

17日　市委副书记、市长田庆盈到昌乐县检查调度抗灾救灾工作。

同日　县委书记刘裕斌现场督导迎接国家卫生县城复审工作。

同日　省农信联社党委副书记、主任郭永利一行4人，在市农信联社主要负责同志陪同下，到昌乐县调研抗灾救灾和灾后重建金融服务工作。

19日　金园黄金珠宝集团智能制造基地奠基仪式举行。县委书记刘裕斌出席并致辞，县人大常委会主任王备，县政协主席周保进，县委常委、办公室主任张金涛出席。副县长张正民主持仪式。

同日　恒丰银行潍坊昌乐支行开业仪式举行。恒丰银行青岛分行纪委书记、第一副行长徐澜涌出席，县委书记刘裕斌致辞。恒丰银行潍坊分行行长郑山，县委常委、办公室主任张金涛出席，副县长张正民主持仪式。

同日　县政协召开十届二十二次主席会议。县政协主席周保进主持会议并讲话，副主席徐玉山、崔全华、刘树铭、刘乐增参加。

20日　全县迎接国家卫生县城复审攻坚推进会议在县委党校召开。县委副书记、县长张建伟出席会议并讲话，县委常委、宣传部部长贺玉洁，副县长曹建国参加。

22日　县委副书记、县长张建伟现场调度棚改工作。县委常委、副县长李良华参加。

23日　县政协十届十三次常委会议在县委党校召开。县政协主席周保进，县委常委、副县长李良华，县政协副主席徐玉山、崔全华、刘树铭、刘乐增参加。

24日　“宝都讲堂”第五期暨县委理论学习中心组集体学习在县委党校举行。

26日　市人大常委会副主任、市总工会主席张新强到昌乐县比德文控股集团进行走访调研。县委副书记、县长张建伟，县人大常委会主任王备分别陪同。

27日　县委书记刘裕斌现场专题调度第三污水处理厂建设工作。同日　县十七届人大常委会第二十七次会议在县委党校召开。县人大常委会主任王备、副主任田本义分别主持，县人大常委会副主任王少鹏、扈本溪、周晓玲和其他常委会组成人员参加会议。副县长李良华、县法院院长韩昆亮、县政协副主席徐玉山和县监察委、县检察院负责同志列席会议。

28日　全县双招双引项目建设暨经济运行分析会议在县委党校召开。会议认真贯彻落实中央和省、市有关会议精神，深入分析全县经济形势，聚焦制度创新，强化流程再造，着力优化营商环境，持续强化“双招双引”，不断加快项目建设，确保圆满完成全年各项任务，全力推进高质量发展、赶超发展。

29日　县委书记刘裕斌到乔官镇现场调度扶贫项目。

同日　县委副书记、县长张建伟现场调度部分重点项目建设。副县长崔欣、曹建国、赵春玉参加。

同日　县古城小学、幼儿园交接投用仪式举行。县委副书记、县长张建伟出席，县委常委、副县长李良华致辞，副县长曹建国主持。

30日　山东省抗击台风抢险救灾工作表扬奖励大会在济南召开。昌乐县在县委党校设立分会场组织收听收看。

31日　县委书记刘裕斌到县联合接访中心接待群众来访，面对面听取群众诉求，现场协调解决有关问题。县委常委、副县长李良华，县委常委、政法委书记刘超，县委常委、办公室主任张金涛参加。

9月

2日—3日　省退役军人事务厅副厅长黄润生带领考评组，到昌乐县检查考评省级双拥模范城（县）创建工作。

5日　山东社会科学院院长张述存带领调研评估组，到昌乐县就落实省政府办公厅《关于聚焦企业和群众关切深化“一窗受理·一次办好”改革的措施》情况进行调研评估。

同日　昌乐县在县委党校设立分会场，组织收看全市安全生产工作电视会议。县委副书记、县长张建伟出席分会场会议并讲话。

6日　全县2019年教师节庆祝大会在县委党校召开。县委书记刘裕斌出席并讲话。

同日　县委书记刘裕斌现场调度全县城市道路和“四好农村路”建设情况。

7日　贵州省铜仁市万山区政协主席吴泽军带领考察团，到昌乐县考察学习大棚蔬菜种植方式及经营管理模式。县政协主席周保进，副县长曹建国，县政协副主席刘乐增陪同活动。

8日 市委书记、市人大常委会主任惠新安带领全市农村人居环境整治暨加强乡村治理体系建设现场会议与会人员到昌乐县现场观摩。

10日 县人大常委会党组理论学习中心组组织集体学习，对习近平总书记在中青年干部培训班开班式上的重要讲话精神、《学习党史国史，习近平总书记这样说》《习近平新时代中国特色社会主义思想学习纲要》全面推进依法治国、《中国共产党党组工作条例》进行学习，传达学习县委书记刘裕斌关于县人大常委会全域禁采工作、雨污分流改造工程建设和棚户区改造工作调研报告的批示。

11日 全县"不忘初心、牢记使命"主题教育工作会议在县委党校召开。

同日 县政协党组（扩大）会议暨党组理论学习中心组集体学习会议召开。县政协党组书记、主席周保进主持会议并讲话，党组副书记、副主席徐玉山，副主席崔全华，党组成员、副主席刘树铭，副主席刘乐增参加。

8日—12日 省政府安委会迎接新中国成立70周年安全生产专项整治行动第八督导检查组，在省海河淮河小清河流域水利管理服务中心主任杜贞栋带领下，到昌乐县督导检查专项整治行动开展情况。

12日 全县农村人居环境整治工作调度会议在城关商务社区召开。县委副书记、县长张建伟出席会议并讲话，副县长崔欣参加。

16日—20日 县委在县委党校举办全县"不忘初心、牢记使命"主题教育读书班，深入学习贯彻习近平新时代中国特色社会主义思想和党的十九大精神，学习贯彻习近平总书记在"不忘初心、牢记使命"主题教育工作会议上的重要讲话和视察山东重要讲话、重要指示批示精神，引导党员干部强化理论武装，践行初心使命，以党的创新理论为指引，加快推动高质量发展赶超发展。

21日 县委书记刘裕斌现场调度巩固国家卫生县城复审成果长效工作机制落实情况。

23日 县委副书记、县长张建伟主持召开县政府第34次常务会议，研究国家卫生县城建设长效机制、安全生产、国家森林城市创建、人大代表建议和政协提案办理等工作。

同日 县政府党组召开会议，专题学习《中国共产党问责条例》《中国共产党农村工作条例》。县委副书记、县长、县政府党组书记张建伟主持。

24日 全省农村改厕规范升级和后续管护长效机制工作视频会议召开。

同日 市政协主席苏立科到昌乐县走访慰问离休老干部、老党员，把党和政府的关怀和温暖送到他们家中。县政协主席周保进参加。

25日 省卫健委党组书记、主任袭燕一行，在副市长李平和市卫健委主要负责同志陪同下，到昌乐县调研卫生健康及省卫健委服务基层联系点工作开展情况。

26日 县委书记刘裕斌赴潍坊市政务服务热线受理中心现场接听12345政务服务热线电话，倾听群众心声，回应群众关切。县委常委、办公室主任张金涛参加。

同日 县人大常委会主任王备带领部分常委会委员，到五图街道联系县人大代表，听取代表对昌乐经济社会发展的意见建议。

29日 昌乐县庆祝中华人民共和国成立70周年文艺演出在县融媒体中心演播厅举行，县委副书记徐莹，县委常委、宣传部部长贺玉洁出席。

30日 昌乐县在县烈士陵园隆重举行2019年烈士纪念日烈士公祭活动，深切缅怀先烈的丰功伟绩，弘扬崇高精神，寄托无限哀思。县领导刘裕斌、张建伟、王备、周保进、徐莹等，同各界代表一起出席。

同日 县委理论学习中心组开展"不忘初心、牢记使命"主题教育专题学习，中心组成员分别领学《习近平关于"不忘初心、牢记使命"论述摘编》《习近平新时代中国特色社会主义思想三十讲》等内容，县委书记刘裕斌主持。

同日 昌乐县党性传承中心、乔官镇老年大学揭牌仪式在乔官火山国家地质公园举行。县委副书记徐莹，县委常委、组织部部长王勇参加。

10月

1日　昌乐县庆祝中华人民共和国成立70周年升国旗仪式在市民文化体育公园隆重举行。刘裕斌、张建伟、王备、周保进、徐莹等县级领导班子成员，县法院院长、县检察院检察长，县直各部门(单位）主要负责同志，与干部职工和学生代表一同参加，共同庆祝中华人民共和国成立70周年。

8日　县委书记刘裕斌到县委“不忘初心、牢记使命”主题教育领导小组办公室调研指导。他强调，要强化思想认识、做好规定动作，以务实作风推动主题教育深入开展。

同日　县委书记刘裕斌主持召开全县“双招双引”工作调度会议。

同日　2019中国（昌乐）国际宝石博览会新闻发布会在潍坊东方大酒店举行。新华网、大众日报等20多家媒体的记者与会，市委宣传部有关负责同志主持。县委副书记、县长、2019中国（昌乐）国际宝石博览会筹委会主任张建伟介绍有关情况并回答记者提问，副县长、县公安局局长、2019中国（昌乐）国际宝石博览会筹委会副主任兼秘书长赵春玉出席并回答记者提问。

9日　县人大常委会主任、党组书记王备，副主任、党组副书记王少鹏、扈本溪，副主任、党组成员田本义及其他党组成员以普通党员身份到昌乐县党性传承中心，参加县人大常委会机关党支部组织开展的“接受革命传统教育”主题党日活动。

10日　全县基层党支部书记培训班开班式在潍坊市委党校举行，县委书记刘裕斌出席并讲话。

同日　省自然资源厅一级巡视员宋守军一行，在市自然资源和规划局有关负责同志陪同下，到昌乐县调研督导“不动产登记”平台建设及“一窗受理”等工作。

11日　2019中国（昌乐）国际宝石博览会在中国宝石城隆重开幕，国内外嘉宾客商齐聚宝石之都，共商合作发展新未来，共启开放共赢新篇章。商务部流通产业促进中心副主任安宝军宣布2019中国（昌乐）国际宝石博览会开幕。中国珠宝玉石首饰行业协会副秘书长、彩宝分会秘书长、基金公司董事长沙拿利，县委书记刘裕斌分别致辞。中国旅游行业协会副会长、山东省旅游行业协会会长、山东大学旅游产业研究院院长王德刚，烟台黄金职业学院党委书记、院长王建国，潍坊市人大常委会副主任、市总工会主席张新强，潍坊市政协副主席赵崇发，新华社中国经济信息社山东中心主任吕福明，省珠宝玉石首饰行业协会执行会长王学尧，县人大常委会主任王备、县政协主席周保进、县委副书记徐莹等出席。县委副书记、县长张建伟主持。本届博览会，以“昌乐蓝·中国蓝”为主题，旨在顺应高质量发展新趋势，开辟黄金珠宝产业国际化新窗口，与世界各地在更大范围、更高水平、更深层次上加强互利合作。共有来自美国、泰国、波兰、斯里兰卡等12个国家和地区300多家珠宝客商前来参展参会，期间，举行了首届“华·彩”国际彩色宝石设计大奖赛启动仪式、2019国际彩色宝石创新设计高峰论坛等活动。

同日　县政协机关党支部到宝都街道故城社区开展“双报到”主题党日活动。

12日　全省重点水利工作视频会议在济南召开，昌乐县在县委党校设立分会场组织收听收看。

13日　市委常委、副市长刘建国到昌乐县营丘镇调研指导扶贫工作。

14日　县委理论学习中心组开展“不忘初心、牢记使命”主题教育专题学习研讨，中心组成员集体传达学习习近平总书记对国家网络安全宣传周作出的重要指示精神，围绕“党的政治建设、全面从严治党”主题开展研讨交流。县委书记刘裕斌主持。

同日　县委书记刘裕斌现场调度部分重点项目建设工作。

同日　县委副书记、县长张建伟主持召开县政府第35次常务会议，研究安全生产等工作。

同日　中共昌乐县委党校2019年秋季开学典礼在县委党校举行。县委副书记、县长张建伟出席典礼并讲党课。县委常委、组织部部长王勇主持。

16日　2019昌乐农村电商节暨国际西甜瓜新品

种（秋季）展示会在昌乐西瓜科技示范园隆重开幕。县委副书记、县长张建伟，国家西甜瓜产业技术体系首席专家许勇，中国服务贸易协会电商委主任苏军出席开幕式并分别致辞。县委副书记徐莹主持。

同日 县政协党组理论学习中心组“不忘初心、牢记使命”主题教育专题学习研讨会议召开。县政协党组书记、主席周保进主持会议并讲话，党组副书记、副主席徐玉山，副主席崔全华，党组成员、副主席刘树铭，副主席刘乐增参加。

17日 市政协主席苏立科到昌乐县调研“不忘初心、牢记使命”主题教育工作开展情况。

同日 全市改善医疗服务集中行动推进暨全市医疗能力提升行动启动会议与会人员来全县现场观摩。县委副书记、县长张建伟，县委常委、宣传部部长贺玉洁分别陪同。

18日 “宝都讲堂”第七期暨县委理论学习中心组集体学习在县委党校举行。省委党校经济学教研部主任杨珍应邀作专题辅导讲座。县领导刘裕斌、王备、周保进等参加。

16日—18日 重庆市开州区检察院党组书记、检察长杨译带领开州区大德镇考察团一行8人，到昌乐县对接东西扶贫协作事宜，并参观学习乡村振兴及现代农业管理有关工作。县领导徐莹、刘超，县检察院检察长郑爱之分别陪同。

19日 昌乐县融媒体平台“爱昌乐”移动客户端上线启动仪式，在县融媒体中心演播厅举行。县委副书记徐莹出席并致辞，县委常委、宣传部部长贺玉洁主持。县人大常委会副主任周晓玲、副县长崔欣、县政协副主席刘乐增出席。

21日 县人大常委会党组理论学习中心组开展“不忘初心、牢记使命”主题教育专题学习研讨。县人大常委会主任、党组书记王备主持，副主任、党组副书记王少鹏、扈本溪，副主任、党组成员田本义及其他党组成员参加。副主任周晓玲列席。

22日 河南省安阳市林州市政协考察团到昌乐县考察学习民办教育发展情况。

23日 县政协主席周保进到宝都街道开展“村村到”走访调研。

24日 县委理论学习中心组开展“不忘初心、牢记使命”主题教育专题学习，中心组成员围绕“宗旨意识、担当作为”主题集中学习《习近平新时代中国特色社会主义思想学习纲要》《习近平关于“不忘初心、牢记使命”重要论述选编》相关内容。县委书记刘裕斌主持会议。

同日 全县农村人居环境整治行政村驻地道路硬化工作推进会议在县委党校召开。

25日 县委副书记、县长、县政府党组书记张建伟到宝都街道开展“村村到”走访调研。

同日 县委副书记、县长、县政府党组书记张建伟到宝都街道开展“村村到”走访调研。

26日 昌乐县党性传承中心正式启用。市委第四巡回指导组组长李广东出席启用仪式并致辞，县委书记刘裕斌讲话，县人大常委会主任王备、县政协主席周保进参加，县委副书记徐莹主持。

同日 庄重而温馨的庆典仪式在二中体育场举行，一千余名各界宾朋、各届校友以及全校师生欢聚一堂，共贺二中六十华诞。县委书记刘裕斌应邀出席并致辞，县委副书记、县长张建伟，县人大常委会主任王备，县政协主席周保进等应邀出席，昌乐二中校长赵丰平、昌乐二中董事长刘振鹏分别致辞。

29日 全县经济运行调度会议在城关商务社区召开。

同日 县十七届人大常委会第二十九次会议在县委党校召开。县政府县长张建伟到会提请县政府工作人员任免职事项。

30日 鲁兹中德产业园奠基仪式举行。鲁兹集团董事长魏大年，Eckold GmbH&Co.KG董事、总经理拉尔夫·皮尔格里姆，鲁兹集团董事胡博特·厄恩斯特，市政协主席苏立科，县委书记刘裕斌分别致辞。凯络文（中国）总经理、ATTA协会会长詹姆斯·格林，IDG资本资深顾问约翰·马克，DINSE G.m.b.H.全球销售经理弗洛瑞安·黑格曼，鲁兹欧洲工厂总经理鲁道夫·奥托·斯佩贝尔，山东远鑫产业园运营管理有限公司总经理王敬群，县人大常委会主任王备，县政协主席周保进，县委副书记徐莹参加。县委副书记、县长张建伟主持。

31日　县委副书记、县长张建伟到经济开发区（宝城街道）学府社区报到，并参加所在的县政府办公室机关支部主题党日活动。副县长张正民、崔欣参加。

11月

2日　县委常委会召开“不忘初心、牢记使命”主题教育调研成果交流会，深入交流调研成果，进一步统一思想、凝聚共识，推动调研成果转化为昌乐高质量发展、赶超发展的具体思路和生动实践。

同日　根据县委“不忘初心、牢记使命”主题教育安排，县委理论学习中心组围绕“宗旨性质、担当作为”两个专题进行学习研讨。市委第四巡回指导组组长李广东到会指导，县委书记刘裕斌主持并讲话。

同日　县委常委会召开会议，传达学习党的十九届四中全会精神、传达学习市委有关会议精神，研究贯彻落实意见。县委书记刘裕斌主持会议。

6日　全市农村改厕规范升级和清洁取暖工作暨“双招双引”项目百日会战月度推进视频会议召开，昌乐县在县委党校设立分会场组织收听收看。

7日　县人大常委会党组开展讲党课和对照党章党规找差距交流研讨。县人大常委会主任、党组书记王备主持，副主任、党组副书记王少鹏、扈本溪，副主任、党组成员滕建勋、田本义及其他党组成员参加。副主任周晓玲列席。

8日　县委常委会召开对照党章党规找差距专题会议，围绕“守初心、担使命，找差距、抓落实”总要求，对照党章党规，全面查找违背初心使命的问题，真刀真枪解决问题，推动主题教育走深走实。

同日　县委书记刘裕斌在县委党校为全县党员干部讲专题党课。他强调，要认真贯彻落实党的十九届四中全会精神，以“不忘初心、牢记使命”制度化为契机，紧扣“守初心、担使命，找差距、抓落实”的总要求，推动主题教育走深走实。市委第四巡回指导组副组长张玉和到会指导。县人大常委会主任王备、县政协主席周保进出席，县委副书记徐莹主持。

9日　县政府党组召开对照党章党规找差距专题会议，围绕“守初心、担使命，找差距、抓落实”的总要求，对照党章党规，全面查找违背初心和使命的问题，真刀真枪解决问题，推动主题教育走深走实。

同日　县委副书记、县长、县政府党组书记张建伟在城关商务社区，围绕优化营商环境，为县直有关部门党员干部讲专题党课。市委巡回第四指导组有关同志到会指导。

同日　全县“双招双引”工作调度会议召开。

11日　县委副书记、县长张建伟主持召开县政府第36次常务会议，研究行政村驻地道路硬化、安全生产、灾后重点水利工程建设等工作。

12日　根据中央统一安排部署，中央宣讲团党的十九届四中全会精神报告会在山东会堂举行。昌乐县在县委党校设立分会场组织收听收看。

同日　市委主题教育领导小组办公室整改推进组组长，市纪委常务副书记、市监委副主任韩鹏一行到昌乐县专题调研“不忘初心、牢记使命”主题教育整改推进工作。县领导张建伟、王勇、陈金领分别陪同。

13日　市政协主席苏立科带领市委、市政府重点任务目标完成情况专项督查组到昌乐县督查重点任务目标完成情况。县委书记刘裕斌，县政协主席周保进，县委副书记徐莹，县委常委、办公室主任张金涛，副县长张正民分别参加。

14日　县委召开务虚会议，以习近平新时代中国特色社会主义思想为指导，深入贯彻党的十九大和十九届二中、三中、四中全会精神，分析当前经济形势，研究谋划明年工作。

16日　“宝都讲堂”第八期暨县委理论学习中心组集体学习在县委党校举行。山东求是和信律师事务所高级合伙人、山东省律师协会行政法委员会副主任曾庆春应邀作专题辅导讲座。县领导王备、周保进、徐莹等参加。

18日　县委副书记、县长张建伟在城关商务社区主持召开县长办公会议，研究部署当前重点工作。

同日　全市扶贫对象动态管理工作调度暨强化帮扶责任落实工作培训会议召开。昌乐县在县委党校设立分会场组织收听收看，县委副书记徐莹参加。

19日　县委人大工作会议在县委党校召开。会议以习近平新时代中国特色社会主义思想为指导，认真贯彻落实党的十九届四中全会精神，深入学习贯彻习近平总书记关于坚持和完善人民代表大会制度的重要思想和省、市委人大工作会议精神，对进一步做好全县人大工作作出安排部署。

同日　县委政协工作会议在县委党校召开。会议深入学习贯彻习近平总书记在中央政协工作会议上的重要讲话精神，落实省、市委政协工作会议要求，研究部署新时代加强和改进政协工作的任务措施，为推动昌乐高质量发展、赶超发展更好地凝聚智慧和力量。

20日　全县党的建设暨“不忘初心、牢记使命”主题教育推进会议在县委党校召开。会议以习近平新时代中国特色社会主义思想为指导，认真贯彻落实党的十九届四中全会精神和新时代党的建设总要求，研究部署当前和今后一个时期全县主题教育和党的建设工作，为推进全县高质量发展、赶超发展提供坚强保证。

同日　根据中央部署和省委安排，省委宣讲团党的十九届四中全会精神报告会在市级机关综合办公大楼举行。省委宣讲团成员、省委党史研究院院长赵国卿作宣讲报告，市委书记惠新安主持报告会，市领导苏立科、初宝杰、张晓峰等出席。昌乐县在县委党校设立分会场组织收听收看。

同日　全县百日安全生产专项整治行动动员会议在县委党校召开。

21日　市关工委常务副主任刘德成一行到昌乐县调研关心下一代工作。县委副书记徐莹参加。

22日　全国、全省安全生产电视会议召开，昌乐县在县委党校设立分会场组织收听收看。县领导张建伟、徐莹、贺玉洁、桑海强、陈新厂、丁进全、张正民、曹建国出席分会场会议。

同日　国家统计局普查中心主任董礼华一行，在省、市统计局有关领导陪同下到昌乐县调研名录库维护和调查单位管理工作。

23日　县委副书记、县长张建伟主持召开县政府第37次常务会议，研究改厕、禁毒和林长制等工作。

同日　县政府党组理论学习中心组开展“不忘初心、牢记使命”主题教育专题学习研讨。县委副书记、县长、县政府党组书记张建伟主持。

26日　县委书记刘裕斌现场专题调度第三污水处理厂建设工作。他强调，要坚决落实“盯着干、快干、干好”工作要求，以“担当、协同、高效”的工作作风加快推进第三污水处理厂建设，确保按期建成投用，为高质量发展、赶超发展提供坚实保障。

同日　县十七届人大常委会第三十次会议在县委党校召开。

28日　全市基层卫生综合改革暨紧密型县域“医共体”建设推进会议召开，昌乐县在县委党校设立分会场组织收听收看。

29日　昌乐县组织20多位离退休干部现场观摩经济社会事业发展情况。县委书记刘裕斌，县委常委、组织部部长王勇参加。

同日　昌乐县学习贯彻党的十九届四中全会精神宣讲团成立暨宣讲工作动员会、2020年度全县重点党报党刊发行工作会议在县委党校召开，县委常委、宣传部部长贺玉洁出席并讲话。

同日　随着振兴焦化公司4.3米焦炉最后一孔炭化室红焦推出，标志着运行12年的4.3米焦炉圆满完成使命，正式停炉退役。

30日　全县“不忘初心、牢记使命”主题教育暨专项整治工作推进会议在县委党校召开。县委副书记徐莹出席会议并讲话，县委常委、组织部部长王勇主持。

12月

2日　市委书记、市人大常委会主任惠新安带领全市新旧动能转换和“双招双引”项目观摩点评与会人员到昌乐县现场观摩。县委书记刘裕斌，县委副书记、县长张建伟等参加。

3日 市人大常委会代表联络组到昌乐县联系住昌教育、医疗领域市人大代表。

5日 县委理论学习中心组围绕“政治纪律和政治规矩、廉洁自律”两个专题交流研讨。县委书记刘裕斌主持学习并作交流发言。

同日 经中国纺织工业联合会、中国产业用纺织品行业协会评审，昌乐县被确定为“中国织带名城”。

6日 县委常委会召开“不忘初心、牢记使命”专题民主生活会。会议紧扣学习贯彻习近平新时代中国特色社会主义思想主线，聚焦“不忘初心、牢记使命”主题，按照“四个对照”“四个找一找”“五个方面差距”“十八个是否”“四个扎实”要求，深刻查摆剖析问题，认真开展批评与自我批评，明确努力方向和整改措施。

7日 昌乐县政府经济顾问、县“双招双引”工作委员会名誉主任聘任仪式暨第九期“宝都讲堂”在县委党校举行。山东省科学院生态研究所所长许崇庆被聘为昌乐县政府经济顾问并作专题辅导报告。县委书记刘裕斌出席并讲话，县委副书记、县长张建伟主持。

同日 县政府党组召开“不忘初心、牢记使命”专题民主生活会。县委副书记、县长、县政府党组书记张建伟主持民主生活会并代表县政府党组作检视剖析。市委第四巡回指导组成员李炳利到会指导并作点评。

9日 县人大常委会党组召开“不忘初心、牢记使命”专题民主生活会。县人大常委会党组书记、主任王备主持，副书记、副主任王少鹏，党组成员、副主任滕建勋、田本义及其他党组成员参加。市委第四巡回指导组成员薛涛到会指导并作点评。

同日 县党政考察团分两组赴潍坊市各县市区进行参观学习。县领导徐莹、王勇、桑海强、陈新厂、刘树铭、刘乐增参加。

10日 副市长马清民一行到昌乐县调研农村人居环境整治、脱贫攻坚、重点水利工程和高标准农田建设工作。县委副书记、县长张建伟，县委常委、副县长桑海强，副县长相伟分别陪同。

同日 县人大常委会党组书记、主任王备到经济开发区（宝城街道）参加指导党工委班子“不忘初心、牢记使命”主题教育专题民主生活会。

11日 县委副书记、县长张建伟到潍坊市政务服务热线受理中心现场接听群众来电，倾听群众诉求，帮助解决问题。

同日 山东浩顺机械有限公司在“新时代·新重汽·新跨越”中国重汽（香港）有限公司部件制造部供应商大会上获优秀供应商称号。

12日 昌乐县学习贯彻党的十九届四中全会精神宣讲报告会在县委党校举行。市委宣讲团成员、市委党校副校长裴红作专题辅导。县委书记刘裕斌主持并讲话，县委副书记、县长张建伟出席。

同日 县委书记刘裕斌现场指导红河镇领导班子“不忘初心、牢记使命”主题教育专题民主生活会和埠南头村党支部主题教育专题组织生活会。

同日 县委书记刘裕斌参加所在的县委办公室机关支部第一党小组“不忘初心、牢记使命”主题教育组织生活会。他强调，要认真贯彻落实习近平总书记“五个坚持”要求，树立干事心态，严守纪律规矩，以更高工作水平服务保障全县经济社会发展大局。县委副书记徐莹，县委常委、办公室主任张金涛参加。

13日 市委书记惠新安到昌乐县调研文旅产业发展情况。市委常委、宣传部部长初宝杰，副市长马清民陪同调研。县委书记刘裕斌参加。

16日 县委常委会召开会议，传达学习中央经济工作会议精神，研究贯彻落实意见。县委书记刘裕斌主持。

同日 县委理论学习中心组举行集体学习研讨。县委书记刘裕斌主持。

17日 全县公安工作暨安全稳定工作会议在县委党校召开。会议深入学习贯彻习近平总书记关于新时代公安工作重要论述，认真落实党的十九届四中全会和全国、全省公安工作会议精神以及市委有关要求，总结工作，分析形势，安排部署当前和今后一个时期全县公安工作和安全稳定任务。县委书记刘裕斌出席并讲话。县委副书记、县长张建伟主持。县人大常委会主任王备、县政协主席周保进、县委副书记徐莹参加。

同日　省发展改革委对山东省乡村振兴示范县（市、区）、示范乡（镇、街）、示范村（社区）名单进行公布。昌乐县红河镇被评为山东省乡村振兴示范乡（镇、街），红河镇埠南头村、五图街道庵上湖村、鄌郚镇鄌郚村、乔官镇北展村、营丘镇古城村、朱刘街道东圈村、高崖水库库区北段村被评为省乡村振兴示范村。

18日　县工商联荣获全国“五好”县级工商联荣誉称号。工商联“五好”是指领导班子好、会员发展好、商会建设好、作用发挥好和工作保障好，涵盖了工商联工作的方方面面，是全国工商联系统的最高荣誉。

同日　市委法治委、市委依法治市办经过申报推荐、书面审查、实地评估等程序，确定首批“潍坊市法治示范镇（街道）”名单，昌乐县五图街道入选。

20日　县政协十届十四次常委会议在县委党校召开。县政协主席周保进，县委常委、副县长桑海强，县政协副主席徐玉山、滕恩禄、崔全华、刘树铭参加。

同日　山东省园林绿化行业协会公布2019年度“省级园林式单位（居住区）”榜单。其中，昌乐县万山景城、颐轩国际被评为省级园林式居住区，昌乐及第中学、昌乐齐都实验学校被评为省级园林式单位。

21日　省信访局副局长李光珠一行6人，在市信访局主要负责同志陪同下，到昌乐实地检查联合接访中心创建人民满意窗口工作。

24日　县委书记刘裕斌遍访省定贫困村并调研镇级工作。

同日　安丘市考察团一行26人到昌乐县考察精准扶贫和农村人居环境整治方面的经验做法。

25日　县十七届人大常委会第三十一次会议在县委党校召开。县人大常委会主任王备主持会议。县人大常委会副主任王少鹏、扈本溪、周晓玲、滕建勋、田本义和常委会组成人员参加会议。县委常委、县政府副县长桑海强，县法院院长韩昆亮，县检察院检察长郑爱之，县政协副主席徐玉山，县监察委负责同志列席会议。

24日—26日　县委书记刘裕斌带领检查组先后到红河镇、县发改局检查。

26日　中国宝石城被市商务局认定为第一批潍坊市“电商小镇”，被省新旧动能转换综合试验区建设办公室纳入山东省“十强”产业“雁阵型”集群库。

27日　中国共产党昌乐县第十四届委员会第六次全体会议在县委党校举行。全会由县委常委会主持，县委书记刘裕斌讲话。

28日　县委书记刘裕斌带队走访慰问部分离退休老干部，为他们送去节日祝福，并向全县老干部致以诚挚问候。县委副书记、县长张建伟，县委常委、组织部部长王勇，县委常委、办公室主任张金涛一同参加。

同日　县委书记刘裕斌走访慰问农村困难群众、新中国成立前入党的老党员、优抚对象、专家人才、荣誉称号获得者，为他们送去党委政府的关怀祝福。县委常委、办公室主任张金涛参加。

同日　潍坊职业农民学院昌乐分院签约揭牌仪式在五图街道庵上湖村举行。县委副书记徐莹出席并讲话，副县长相伟参加。

30日　全县老干部情况通报会在县委党校召开。县委书记刘裕斌通报2019年全县经济社会发展情况和2020年县委工作安排部署。

昌乐概况

昌乐概况

自然地理

【位置面积】 昌乐县地处山东半岛内陆，是潍坊市的近郊县，位于潍坊市中部，地跨东经118°43′44″～119°10′28″，北纬36°11′52″～36°46′32″。东与潍城区、坊子区相连，南与安丘市毗邻，西靠临朐县、青州市，北与寿光市接壤。辖区东西最大距离40.9千米，南北最大距离59.3千米，总面积1101平方千米。县城地处县境北部、济青高速公路南侧、胶济铁路沿线，西至济南168千米，东至青岛180千米，距潍坊市区25千米，北至渤海70千米，是全县的政治、经济、文化中心。

【地形地貌】 昌乐属丘陵—山前平原地区，地势南高北低，西高东低，以胶济铁路线为界，北部为坦荡无垠的昌潍平原，南部为低缓绵延的丘陵区，海拔30381米，平均海拔160米左右。全县山丘区约608平方千米，占总面积的58.85%，平原区410平方千米，占39.7%，涝洼区15平方千米，占1.45%。境内有孤山、方山、乔山、黄山、打鼓山、丛山等，属沂山山脉。地貌为低山、丘陵、平原相间，中西部、中北部多低山，东部多丘陵，南北两端系平原。

【建置沿革】 昌乐县历史悠久，已发掘出的55处原始社会遗址和石斧、石锥、圆锥形鼎足、敛口钵口沿等文物表明，早在五、六千年以前，先民就在这里繁衍定居，为少昊时爽鸠氏、虞夏季荝、商逄公伯陵的辖区。

西周　武王封太公吕望于齐，都营丘，故城在今县城东南25千米处（今河头乡古城村）。历六世，至胡公，徙都薄姑（今山东省博兴）。

春秋　营丘改称缘陵，为齐地。僖王四年（前678年）——襄王二十九年（前623年），缘陵曾为杞国国都，后杞迁都安丘县淳于。

战国　缘陵属田齐。周赧王三十一年（前284年），燕乐毅伐齐，缘陵陷于燕。三十六年，齐将田单，袭退燕军，缘陵复归于齐。

秦朝　公元前221年，秦朝统一中国，分天下为36郡，缘陵属齐郡。

西汉　刘邦于高祖十一年（前195年），封从兄刘泽为营陵侯，从此缘陵改称营陵。景帝中元二年（前148年），从齐郡中分出北海郡，治营陵。北海郡辖26县，在今昌乐县境内的有营陵、剧（今城西北7里，大、小丹河交汇处。《水经注》云：“东丹水北迳县，合西丹水”。又名剧南城）、剧魁（今城西北）等。王莽天凤元年（14年），改营陵为北海亭。

东汉　更始元年（23年）秋九月，汉兵诛王莽，北海郡恢复旧称。光武帝二十八年（52年），改北海郡为北海国，剧为治所，辖剧、营陵、朱虚等18城（县）。

三国　昌乐县境属魏青州北海郡。《魏志》载：“汉建安十一年（公元206年），国除，改称北海郡；魏太和六年（232年），改郡为国；青龙元年（233年），改国为郡，又营陵县地。”北海郡治所从剧迁回营陵。魏朝末年，郡所迁往平寿（今潍城西关处），营陵及剧仍属北海郡。

晋朝　初属城阳郡。太康中，营陵、剧划归徐州东莞郡。惠帝永康元年（300年），营陵、剧等11县划为高密国，复归青州。晋明帝太宁元年（323年）秋八月，石虎陷青州，剧、营陵两县属后赵。晋安帝隆安三年（399年），慕容德陷青州，邑属南燕。

南北朝 刘宋时期，营陵属高密郡，剧属北海郡。北魏，剧属青州北海郡，营陵属胶州平昌郡。北齐天保七年（555年），改北海郡为高阳郡；八年，剧县省废，辖地归都昌县。承光元年（公元577年），北周兴师灭齐，营陵属北周。

隋朝 初，改高阳郡为北海郡。开皇三年（583年），隋文帝将魏晋以来的州、郡、县三级制改为州、县两级制，营陵县归密州管辖。开皇十六年（596年）置潍州，辖县营陵改称营丘。大业三年（607年），废潍州；同年，改青州为北海郡，营丘县属之。大业八年，省营丘县入北海县。

唐朝 武德二年（619年），复为营丘县；同年，再置潍州，辖北海、营丘等17县。六年，留北海、营丘、下密3县，余14县废。八年，潍州废，省营丘、下密入北海，为北海县。贞观十年（636年），设河南道（属监察性质，755年“安史之乱”后，演变为行政机构），北海县属河南道青州。五代相沿。

宋朝 属京东东路潍州。建隆三年（962年），始置昌乐县。嘉庆版《昌乐县志·总纪》载：“宋太祖建隆三年，以北海县为北海军，始置昌乐县为属邑。乾德三年（965年），升北海军为潍州，改昌乐县为安仁县。寻复昌乐县。”

金 昌乐县属山东东路潍州。

元朝 昌乐县属山东东西道宣慰司益都路潍州。元初，潍州领北海、昌邑、昌乐3县及司侯司。（后）至元三年（1337年），省昌乐县入北海。

明朝 洪武初，复置昌乐县。洪武九年（1376年），革元中书省，置布政使司，昌乐县属山东布政使司青州府。

清朝 沿明制，昌乐县属山东省青州府。

中华民国前 1912年1月1日，中华民国宣告成立。民国三年（1914年，裁府设道，昌乐县属山东省胶东道；十四年（1925），改划胶莱道；十七年（1928年），裁道存县，昌乐县直属山东省。

抗日战争时期 1938年1月9日，日本军队侵占昌乐城，国民党县政府以仓上为中心，属第八督察专员公署。1938年12月，中国共产党昌乐县委员会成立，领导昌乐县的革命斗争；1944年共产党领导的临东县抗日民主政府建立，属鲁中区沂山专署。1945年8月，日本投降，国民党县政府进驻昌乐城。

解放战争时期 1945年8月底，临东县撤销。9月，昌乐县民主政府在尧山区大桃花村宣告成立。1948年5月，昌乐县解放，昌乐县民主政府改称昌乐县政府。中共昌乐县委、县政府移驻昌乐城。7月，昌潍专署在昌乐城成立，随后中共昌乐县委、县政府移驻乔官区梁家庄。1949年7月13日，昌潍专署迁益都。7月15日，中共昌乐县委、县政府迁回昌乐城。

中华人民共和国时期 1949年10月1日，中华人民共和国成立，昌乐县属昌潍专区。1970年，属昌潍地区；1981年，属潍坊地区；1983年属潍坊市。

【土地资源】 全县土地总面积1100.51平方千米，其中农用地面积86425.38公顷，建设用地面积18642.66公顷，未利用地面积4983.10公顷。全县耕地保有量62341.49公顷，实有永久基本农田52430.46公顷，建设占用补充耕地221.48公顷。

【矿产资源】 全县共发现蓝宝石、煤、地热、石棉、石灰岩等各类矿产26种（含亚矿种），探明储量的矿产21种，已开发利用11种。其中，蓝宝石有矿面积达450平方千米，储量居全国首位，占全国蓝宝石总储量的90%以上，是世界四大蓝宝石矿床之一，调查区总刚玉资源量约12.92亿克拉，其中蓝宝石资源量约2.36亿克拉，昌乐蓝宝石有原生矿和砂矿两种富集形式，以砂矿为主，具有晶体完好、质地纯、硬度高等特点。2011年10月12日被中国矿业联合会评为“中国蓝宝石之都”。

【动植物资源】 农业种植资源丰富，粮食作物主要有小麦、玉米、地瓜、谷子等；经济作物主要有西瓜、花生、大姜、辣（甜）椒、西红柿、南瓜、马铃薯、甜瓜、黄瓜、草莓、黄烟、芋头、洋葱、西葫芦、山药、茄子、芸豆、花椰菜、萝卜、大葱、芹菜、菠菜、苦菊、茼蒿、韭菜、芦笋、中药材等；果树主要有桃、苹果、樱桃、葡萄、李子、梨等。

【河流】 昌乐县境内河流众多，现有5大水系6大河流34条支流。

小丹河 发源于昌乐县乔官镇刘家庄子村，河道讫点位于昌乐县宝都街道代家庄。小丹河河道总长23千米，流域面积58.2平方千米，干流平均比降0.00688米/米，干流上有1座中型水库，5座小型水库，小丹河流经乔官镇、五图街道、宝都街道。

大丹河 发源于临朐县大纪山北麓，在乔官镇吕家庄村入境，终止于昌乐县宝城街道西崔村北。大丹河河道总长91千米（昌乐段24千米），流域面积911.30平方千米（昌乐段227.4平方千米），干流平均比降0.00114米/米，干流上有1座中型水库，2座小型水库，大丹河昌乐境内流经乔官镇、五图街道、宝都街道、宝城街道。

圩河 发源于昌乐县乔官镇土埠沟村北，于昌乐县五图街道四泉村流入潍城区境内。圩河河道总长44千米，流域面积278.8平方千米，其中昌乐县境内河道长9.15千米，流域面积64平方千米，流经昌乐县境内乔官镇、五图街道。河道最大宽度283米，最小宽度36米，干流上游有5座小型水库。

桂河 发源于昌乐县五图街道老官李村南，流经首阳山旅游度假区，于朱刘街道后牟村流入寿光市境内。桂河河道总长58千米，流域面积410.1平方千米，其中昌乐县境内河道长17千米，流域面积80平方千米，河道最大宽度256米，最小宽度9米，干流上有8座小型水库。

红河 发源于昌乐县鄌郚镇荣山官庄村村北，于昌乐县红河镇小菜园村进入安丘市境内。红河从上游向下游依次经过昌乐县鄌郚镇、临朐县九山镇、昌乐县鄌郚镇、昌乐县红河镇，安丘市凌河镇，河道最大宽度100米，最小宽度20米。红河全长31.0千米，流域面积238平方千米，在昌乐县境内总长度长25千米，流域面积190.34平方千米，干流上有1座小型水库。

白浪河 发源于鄌郚镇打鼓山，流经鄌郚镇、红河镇、营丘镇，自营丘镇黎家村东入白浪河水库。有七条一级支流孝妇河、大猪河、小猪河、龙丹河、金钗河、马宋河、彭家沟河，县境内干流长度29千米，流域面积301.5平方千米。干流上有1座中型水库，5座小型水库。

汶河 发源于临朐县沂山玉皇顶，在高崖水库库区洛村入境，流经鄌郚镇、红河镇，自红河镇大李平安村出境进入安丘并入潍河。在昌乐境内有7条一级支流洋河、寺后河、红河、张朱河、螳螂河、阿陀前河、孟津河，10条二级支流魏家沟河、九曲河、龙旺河、元吉河、庄皋河、肖家河、王俊河、龙女河、崖头河、清水河，县境内干流长度30.8千米，流域面积417.8平方千米。干流上有大型水库1座（高崖水库）。全县共有水库123座，其中1座大型水库，为高崖水库，3座中型水库，为荆山水库、马宋水库、南寨水库（在建），119座小型水库，其中小（1）型水库17座，小（2）型水库102座。

【水资源】 昌乐县水资源总来源是大气降水。多年平均降雨量为608.99毫米，年内降水多集中在6～9月汛期，占全年降水总量的72%，其他月份占28%。昌乐县的降水有以下几个特点：地区分布不均，南部雨量大，北部雨量小；年内分布不均，汛期降水集中，其他季节降水较小；年际分布不均，在56年的统计资料中，1964年降水量最大为1165.8毫米，是多年平均的1.9倍，1981年降水量最小为331.5毫米，是多年平均的0.5倍。

地表水 昌乐县地表水主要分布在境内的河流、水库、塘坝、拦河闸坝等区域。地表水按降雨径流关系推算，多年平均为11651.10万立方米。

地下水 昌乐县地下水因水文地质条件不同而分布不均，低山区匮乏，丘陵区较少，冲积平原、河谷平原较丰富。通过计算山丘区基流、平原区降雨入渗补给量，求得昌乐县多年平均地下水为10665.85万立方米。

【气候】 2019年平均气温13.9℃，较常年偏高

1.0℃。年降水量832.5毫米，较常年偏多258.1毫米。年日照时数2388.5小时，较常年偏少14.9小时。年气候特点：气温偏高，降水偏多，光照偏少。四季气候特点：冬季气温偏高，降水偏少，光照偏少；春季气温偏高，降水偏少，光照偏多；夏季气温偏高，降水偏多，光照偏少；秋季气温偏高，降水偏少，光照偏少。年内主要气象灾害为台风“利奇马”暴雨、春末至仲夏和秋季干旱、年初年末出现大范围雾霾天气、春夏风雹、夏季高温等。2019年共出现6次暴雨天气，其中1次受台风影响，暴雨天气导致城区部分路段积水严重，影响交通出行；降水量过大造成农田短时积水，造成农田渍涝。

区划　人口　民族

【行政区划】　2019年年底，昌乐县辖宝城街道、宝都街道、朱刘街道、五图街道4个街道，红河镇、乔官镇、营丘镇、鄌郚镇4个镇，1个省级经济开发区昌乐县经济开发区，1个省级旅游度假区首阳山旅游度假区，1个水库管理区高崖水库库区，全县有370个行政村。

【人口】　2019年，全县户籍人口总户数为202881户，户平均人数为3.15人，户籍人口总数为639859人，年人口增长率为2.0‰，比2018年人口增长率下降3.2‰。其中年龄0至17周岁人数为129509人，占20.24%；18周岁至34周岁人数为134014人，占20.95%；35周岁至59周岁人数为237149人，占37.06%；60周岁及以上人数为139187人，占21.75%。全县人口男性324048人、女性315811人，性别比为102.6。出生落户8181人，其中男婴4266人，女婴3915人，性别比为109.0，人口出生率为12.80‰。死亡注销4805人，死亡率为7.52‰，人口自然增长率为5.28‰，比2018年下降2.88个千分点；迁入人口为1136人，迁入率为1.78‰。迁出人口为3226人，迁出率为5.05‰，机械增长率为-3.27‰，比2018年下降0.34个千分点；城镇户籍人口数为287301人，占总人口数的44.90%，比2018年上升0.17个百分点。

【民族】　2019年，全县有常住少数民族人口770人，其中男性193人，女性577人，有满族、傈僳族、彝族、白族、苗族、回族、蒙古族、壮族等少数民族31个，流动人口539人。全县10个镇（街、区）都有分布，其中营丘镇、宝都街道、乔官镇少数民族人口较多，全县没有形成少数民族聚居的村落。人口最多的少数民族是满族，151人，占全县少数民族人口总数的19.6%，其次是傈僳族；人口最少的是藏族、达斡尔族、俄罗斯族、羌族、鄂温克族、哈萨克族、水族、普米族，都分别只有1人。全县少数民族大多来源于西南各省，其中以云南、贵州、四川为多。

经济和社会发展

【综述】　2019年，昌乐县坚持稳中求进工作总基调，聚焦推动高质量发展，扎实推进动能转换、乡村振兴、城市建设、生态环保、民生改善、社会稳定“六项重点任务”，抓实项目建设、双招双引、体制创新、营商环境“四项关键措施”，持续深化作风建设“一个重要保障”，全力稳增长、促改革、调结构、惠民生、防风险、保稳定，努力开创经济社会发展新局面。2019年，全县完成地区生产总值315.6亿元，同比增长3.5%，其中，第一产业增加值45.7亿元，同比增长1.3%；第二产业增加值114.9亿元，同比下降0.9%（其中工业增加值103.6亿元，同比增长0.2%）；第三产业增加值154.9亿元，同比增长8.0%。三次产业比重为14.5∶36.4∶49.1，第三产业占地区生产总值的比重同比提高2.6个百分点。一般公共预算收入占地区生产总值的比重为8.1%，同比增长0.6%；税收收入占地区生产总值的比重为10.8%，同比下降0.6%。

【工业】　工业生产增速放缓，效益指标同比下降。2019年，216家规模以上工业增加值同比下降3.0%；

营业收入同比下降 8.9%，规模以上工业企业利润同比下降 44.6%。

【农业】 农村经济稳定增长。2019 年，昌乐县农业总产值 86.2 亿元，同比增长 1.1%；农业增加值 48.9 亿元，同比增长 1.8%。粮食作物播种面积 34799 公顷，同比增长 6.5%；蔬菜播种面积 22363 公顷，同比增长 6.1%；瓜类播种面积 11734 公顷，同比下降 11.0%；粮食作物总产量 206353 吨，同比增长 6.9%；蔬菜总产量 1117310 吨，同比增长 10.4%；瓜类总产量 619960 吨，同比下降 9.1%；水果总产量 52638 吨，同比增长 0.4%；肉类总产量 129224 吨，同比增长 0.5%；奶类总产量 31921 吨，同比增长 4.7%；禽蛋产量 29081 吨，同比增长 4.3%。农村居民人均可支配收入 19608 元，同比增长 8.8%。

【贸易】 社会消费品零售总额平稳增长。2019 年，全县社会消费品零售总额 142 亿元，同比增长 4.3%；限额以上单位消费品零售额 7.5 亿元，同比下降 25.5%。

【固定资产投资】 固定资产投资同比下降。2019 年，全县固定资产投资同比下降 23.9%，房地产投资同比下降 8.0%，商品房销售面积同比下降 3.0%，民间投资同比下降 36.5%。

【进出口】 进出口总额同比下降。2019 年，全县完成进出口总额 89.4 亿元，同比下降 8.2%。其中，出口总额 59.7 亿元，同比下降 1.0%；进口总额 29.7 亿元，同比下降 20.0%。

【外资】 实际到账外资大幅增长。2019 年，实际到账外资 1.2 亿元，同比增长 540.2%。

【财税】 一般公共预算收入同比增长。2019 年，全县实现一般公共预算收入 25.5 亿元，同比增长 13.5%。税收收入 34.2 亿元，同比下降 9.5%。第二产业提供税收 21.6 亿元，同比下降 17.4%，其中工业提供税收 19.7 亿元，同比下降 18.8%；第三产业提供税收 12.5 亿元，同比增长 8.7%。

【金融】 金融市场运行平稳，存贷款余额同步增加。截至 2019 年 12 月底，全县金融机构人民币各项存款余额 399.7 亿元，比年初增加 33.7 亿元。其中，住户存款余额 282.4 亿元，比年初增加 33.9 亿元；人民币各项贷款余额 330.7 亿元，比年初增加 38.7 亿元。

【全社会用电量】 全社会用电量稳步增长。2019 年，全社会用电量 263307 万千瓦时，同比增长 6.6%。其中农、林、牧、渔业用电量 14311 万千瓦时，同比增长 14.9%；工业用电量 188799 万千瓦时，同比增长 6.6%；建筑业用电量 4882 万千瓦时，同比下降 1.3%；交通运输、仓储和邮政业用电量 1238 万千瓦时，同比增长 10.7%；信息传输、软件和信息技术服务业用电量 1547 万千瓦时，同比下降 2.9%；批发和零售业用电量 4569 万千瓦时，同比增长 10.4%；住宿和餐饮业用电量 1462 万千瓦时，同比增长 1.3%；金融业用电量 491 万千瓦时，同比增长 0.5%；房地产业用电量 2385 万千瓦时，同比增长 3.7%；租赁和商务服务业用电量 704 万千瓦时，同比增长 17.9%；公共服务及管理组织用电量 10439 万千瓦时，增长 12.2%；城乡居民生活用电 32479 万千瓦时，同比增长 3.3%，其中城镇居民生活用电 22081 万千瓦时，增长 5.6%，乡村居民生活用电 10398 万千瓦时，同比下降 1.5%。

精神文明建设

【新时代文明实践平台】 2019 年，昌乐县在探索新时代文明实践中心建设工作中，以村居试点先行，逐步建立健全县镇村三级综合平台、完善志愿服务体系，新时代文明实践活动已在基层各具特色、多点开花，建有新时代文明实践分中心 10 处，新时代文明实践站（所）124 处。

加强组织领导 把全县新时代文明实践中心建

设作为推动乡村全面振兴的重要抓手，县委书记在2019年全县宣传思想工作会议上做了专题安排，把新时代文明实践中心建设作为县镇村党委一把手工程。制定下发《昌乐县新时代文明实践中心建设工作方案》，统筹推进全县新时代文明实践建设工作。

健全组织机构　昌乐县成立新时代文明实践中心，负责文明实践工作的统筹协调和组织实施，指导镇街区、有关单位和村（社区）开展工作。镇（街、区）成立新时代文明实践分中心，发挥承上启下作用，按照统一规划部署，推动村（社区）文明实践活动常态化，村（社区）成立新时代文明实践所，组织开展各具特色的文明实践活动，由党组织书记担任实践所长，设置相对固定的专职管理员。

完善活动阵地　县、镇、村三级及有关单位整合现有的综合文化服务中心、党员活动室、文体活动室、会议室等，配套完善活动设施，形成固定的场所，实现“一个中心，一个主题，多种使用”。统筹运用各类公共服务设施、阵地，打通理论宣讲、文化服务、教育服务、科技服务、法律服务、卫生服务、体育服务等阵地，根据实践活动需要统一调配使用，不另起炉灶，避免重复建设。

壮大志愿服务队伍　各级文明单位和镇（街、区）分别成立新时代文明实践志愿服务分队，自主开展新时代文明实践志愿服务活动，并承接志愿服务总队安排的任务；鼓励民间发展志愿服务队伍，参与新时代文明实践志愿服务活动。至2019年，昌乐县在山东志愿服务网上注册人数88841人，注册成立志愿服务队伍712支，2019年以来开展各类志愿服务五百余次。

突出特色优势　每个镇街区在推进新时代文明实践工作中，注重根据村庄基础条件和自身资源、现有优势，谋划特色，打造了一批特色新时代文明实践站（所）。如：文体之家宝都街道西湖社区，红色讲堂五图街道庵上湖，文明信用乔官镇唐家店子村，文艺村庄鄌郚镇刘庄村。2019年，昌乐县有3个村庄朱刘街道东南庄子村、高崖水库库区建新村、宝都街道田老庄村被评为全省乡村文明示范村，每村获10万元扶持资金。

【乡村文明行动】　整治陈规陋习。进一步健全完善红白理事会运行机制，修订《村规民约》，促使其发挥作用；明确提出了婚礼习俗四个抵制，制作发放了文明餐桌提示牌，印制了承诺书；探索推行简约适当的婚俗礼仪，2019年5月26日，举办了全县首届移风易俗集体婚礼，将9对新人纳为昌乐县移风易俗社会宣传员，对全县婚事新办、喜事简办起到了示范带动作用。全县896个自然村全部建立以村党组织负责人为会长的红白理事会。

专题安排部署　从9月下旬开始，县文明办就到全县各镇（街、区）进行了调研摸底，确立了督导方案。11月2日，召开了全县深化乡村文明行动推进会议，县委副书记徐莹同志作了专题安排部署。

持续督导通报　10月8日开始，县委宣传部、县文明办联合县文旅局、县民政局、县昌洁环卫公司等文明委成员单位成立了三个督导组，开展了为期三个月的乡村文明行动专项督导，实现了370个行政村督导全覆盖，并建立了周通报、月排名制度。共进行了六大轮40次下沉督导，下发《全县乡村

5月26日，昌乐县举行首届移风易俗集体婚礼

文明行动通报》五期，整改问题1682个；同时委托第三方人员随机抽取了全县480个电话样本进行了预测评征求群众意见，将群众提出的意见及时反馈给相关镇（街、区）及部门（单位），进行整改。

强化工作宣传　充分运用县融媒体中心全媒体矩阵大力宣传县委县政府移风易俗好政策，报道各地红白理事会发挥作用情况，报道典型做法和工作成果，让群众明事理、辨是非、知荣辱；利用全县3000台村村响广播，用昌乐方言录制了红白理事会、环境卫生和文化活动等宣传内容，每天早中晚进行广播宣传，提高群众知晓率；印制移风易俗贺岁红包20万个，移风易俗新年挂历1万份，利用传统节日进行高频次宣传；各镇（街、区）组织机关干部、社区干部、村干部深入开展进村入户走访工作，发放倡议书、明白纸13万份、印刷移风易俗和环卫一体化墙体标语、墙体画5000余条（幅）。

【公民思想道德建设】　发挥模范引领作用。广泛开展群众性精神文明创建活动，全县896个自然村全部建成“善行义举四德榜”。积极开展身边好人、好媳妇好婆婆、文明家庭典型选树宣传，3人当选省道德模范、提名奖、山东好人，17人当选潍坊市道德模范、潍坊好人，以群众身边的榜样力量凝聚思想共识、转化为共同行动。在村内设立“红黑榜”，宣扬正能量的同时，对不文明行为进行揭短露丑，推动乡村形成崇德向善的良好风尚

加大“社会主义核心价值观”宣传　全县新增户外公益广告宣传100余处，张贴“图说我们的价值观”“潍坊好人”宣传海报10000余张，新增“社会主义核心价值观”宣传墙、标语横幅1000余条。

开展“乡村振兴·文明信用”工程等系列文明创评活动　对获评文明信用村、文明信用户的，由县农商行给予贷款额度和利率优惠，真正让群众的“文明信用”变成“真金白银”，如乔官镇唐家店子村被整村授信。

组织开展首届“昌乐最美奋斗者”系列人物评选活动　为发挥“奋斗者们”的先锋模范作用，引领全社会广大干部群众为推动昌乐高质量发展、赶超发展作出新的更大的贡献，县文明办联合县总工会、县公安局、县融媒体中心等九部门在全县范围内深入开展了首届“昌乐最美奋斗者”系列人物推选活动，共确定出“最美警察”“最美教师”“最美医护人员”“最美青年企业家”“最美交通人”“最美职工”“最美家庭”“最美出租司机”八大系列最美奋斗者90名，并在2020年昌乐县春节晚会上隆重表彰。

组织机构及负责人

中共昌乐县委员会

书　记：卞汉林（2月离职）
　　　　刘裕斌（2月任职）
副书记：张建伟
　　　　徐　莹（女，9月任职）
常　委：卞汉林（2月离职）
　　　　刘裕斌（2月任职）
　　　　张建伟
　　　　徐　莹（女，9月任职）
　　　　包艳伦（10月离职）
　　　　李守华（10月任职）
　　　　李良华（9月离职）
　　　　桑海强（9月任职）
　　　　孙振元（5月离职）
　　　　陈金领（9月任职）
　　　　贺玉洁（女）
　　　　王　勇
　　　　刘　超（10月离职）
　　　　王秀刚（10月任职）
　　　　张金涛
　　　　陈新厂
　　　　宋悦林（挂职，4月任职）

昌乐县人民代表大会常务委员会

主　任：王　备
副主任：王少鹏　扈本溪　周晓玲（女）
　　　　滕建勋　田本义

昌乐县人民政府

县　长：张建伟（3 月任职）
副县长：李良华（10 月离职）
　　　　曹俊勇（6 月离职）
　　　　张正民
　　　　崔　欣（女，11 月离职）
　　　　曹建国
　　　　傅东升（挂职，12 月离职）
　　　　桑海强（10 月任职）
　　　　宋悦林（挂职，6 月任职）
　　　　赵春玉（6 月任职）
　　　　相　伟（11 月任职）
　　　　卢剑伟（挂职，9 月任职）

政协昌乐县委员会

主　席：周保进
副主席：徐玉山　滕恩禄　崔全华
　　　　刘树铭　刘乐增

昌乐县纪律检查委员会

书　记：孙振元（6 月离职）
　　　　陈金领（9 月任职）
副书记：于建民（12 月离职）
　　　　宋云峰（女）
　　　　曹传国（12 月任职）

昌乐县监察委员会

主　任：孙振元（6 月离职）
副主任、代理主任：陈金领（11 月任职）
副主任：于建民
　　　　宋云峰（女）

县委机关

县委办公室
主　　任：张金涛
常务副主任：李晓伟
县委改革办公室
主　任：张金涛（兼）
县接待中心
主　任：孙志勇

县人大常委会机关

县人大常委会办公室（挂信访室牌子）
主　任：刘东兴
县人大常委会研究室
主　任：王仁生
县人大常委会预算工作委员会
主　任：秦润帅
县人大常委会人事代表工作委员会
主　任：赵保昌（3 月离职）
　　　　刁华玉（3 月任职）
县人大城建环保委员会工作室
主　任：刘海龙（4 月离职）
　　　　隋洪涛（8 月任职）
县人大农业农村委员会工作室
主　任：李少军
县人大内务司法委员会工作室（挂立法联络室牌子）
主　任：刘玉娟（女）
县人大财政经济委员会工作室
主　任：张继波
县人大教科文卫委员会工作室（挂民侨外委员会工作室牌子）
主　任：李　伟

县政府机关

县人民政府办公室
主　任：张继军（3 月离职）
　　　　刘　鑫（3 月任职）
县政府信息网络中心
主　任：孟　伟（2 月离职）
　　　　贺德杰（7 月任职）

县政协机关

办公室
主　任：纪国梁

研究室
主　任：韩振兴（5 月离职）
委员联络工作委员会
主　任：滕春蕾（女）
专委会工作一室
主　任：石光彩
专委会工作二室
主　任：赵兰普（3 月任职）
专委会工作三室
主　任：张春明（3 月任职）
专委会工作四室
主　任：刘丽丽（3 月任职）
提案委员会
主　任：（空职）
经济委员会
主　任：（空职）
人口资源环境外事委员会
主　任：（空职）
科教卫体委员会
主　任：（空职）
社会法制委员会
主　任：（空职）
文化文史和学习委员会
主　任：（空职）
农业和农村工作委员会
主　任：（空职）
民族和宗教委员会
主　任：（空职）

县纪委监委机关

县纪委监委派驻第一纪检监察组
组　长：田本刚
县纪委监委派驻第二纪检监察组
组　长：夏景玉
县纪委监委派驻第三纪检监察组
组　长：丛金
县纪委监委派驻第四纪检监察组
组　长：张骏逸
县纪委监委派驻第五纪检监察组
组　长：窦学岗（2 月离职）
　　　　王春生（2 月任职）

党群系统部门

县委组织部
部　　长：王　勇
常务副部长：卢继海（2 月离职）
　　　　　　郑洪兴（2 月任职）
县委统一战线工作部
部　　长：陈新厂
常务副部长：崔忠国
县委机构编制委员会办公室
主　任：秦光兴（2 月离职）
　　　　赵华泉（2 月任职）
县委县直机关工作委员会
书　记：刘世鼎
县扶贫开发工作领导小组办公室
主　任：杨海强（2 月离职）
　　　　吴文平（2 月任职）
县委巡察办
主　任：田成祥
县委党史研究中心（县地方史志研究中心）
主　任：赵中洋
县档案馆
馆　长：郭明海
县机关事务中心
主　任：杜　鹏
昌乐县人民武装部
政　委：包艳伦（4 月离职）
部　长：李守华
县总工会
主　席：贺玉洁（女）
党组书记、常务副主席：吴进光（2 月离职）
　　　　　　　　　　　王永信（2 月任职）
共青团昌乐县委
书　记：王秀臻（女）
县妇女联合会

主　　席：吴传平（女）

县科学技术协会

主　　席：王新会（女）

县残疾人联合会

理 事 长：李前进

县工商业联合会

主　　席：张正民

党组书记、副主席：张建华

政府系统部门

县科学技术局

局　长：王秀彬

县民政局

局　长：刘瑞刚

县财政局

局　长：汪立波（10月离职）

　　　　秦维胜（10月任职）

县人力资源和社会保障局

局　长：张　彬（3月离职）

　　　　秦光兴（3月任职）

县自然资源和规划局

局　长：钟　杰（10月离职）

　　　　王龙之（10月任职）

县住房和城乡建设局

局　长：郭曙光（3月离职）

　　　　郑凯彬（3月任职、10月离职）

　　　　李永金（10月任职）

县综合行政执法局

局　长：郑凯彬（3月离职）

　　　　史志军（3月任职）

县商务局

局　长：刘德利（3月离职）

　　　　刘培臣（3月任职）

县文化和旅游局

局　长：刘德利

县卫生健康局

局　长：张　彬

县退役军人事务局

局　长：吴玉强

县审计局

局　长：周广田

潍坊市生态环境局昌乐分局

局　长：江尔玉

县医疗保障局

局　长：刘衍斌

县市场监督管理局

局　长：王永信（3月离职）

　　　　李永金（3月任职、10月离职）

　　　　崔爱江（10月任职）

县地方金融监督管理局

党组书记：刘学亮

局　　长：李艳洁（女）

县信访局

局　　长：毕立新

县政务服务管理办公室

主　任：秦光兴（3月离职）

　　　　李志刚（3月任职）

县行政审批服务局

局　长：李志刚（3月任职）

县知识产权保护中心

主　任：赵铁军

县招商和投资促进中心

主　任：韩振兴

县人民防空工程管护中心

主　任：滕继华

县地震观测中心

主　任：赵　健

昌乐中国宝石城开发建设管理委员会

书　记：崔永新

主　任：赵世军

县园区招商促进中心

主　任：崔忠实

县检验检测中心

主　任：张　雷

县大数据中心

主　任：田　勇

县房产发展促进中心
主　任：张大鹏
县园林工程有限公司
董事长：杜海波
昌乐昌洁环卫有限公司
董事长：李海龙
昌乐县城市建设投资开发有限公司
董事长：周海刚
国家税务总局昌乐县税务局
局　长：王秀志
潍坊市住房公积金管理中心昌乐分中心
主　任：王卫东
山东宝都建设投资集团有限公司
董事长：秦兴东
山东宝通建设投资集团有限公司
董事长：付天成
山东宝城建设投资集团有限公司
董事长：周　明

计划系统部门

县发展和改革局
局　长：秦春军
县统计局
局　长：刘培臣（3 月离职）
　　　　黄金海（3 月任职）

政法系统部门

县委政法委员会
书　　记：刘　超（11 月离职）
　　　　　王秀刚（11 月任职）
常务副书记：刘学俊
昌乐县人民法院
院　长：韩昆亮
昌乐县人民检察院
检察长：郑爱之
县公安局
局　长：曹俊勇（6 月离职）
　　　　赵春玉（6 月任职）
县司法局
局　长：刘海清

宣教系统部门

县委宣传部
部　　长：贺玉洁（女）
常务副部长：李志刚（2 月离职）
　　　　　　张永生（2 月任职）
县委党校
校　　长：卞汉林（兼，3 月离职）
　　　　　刘裕斌（兼，3 月任职）
常务副校长：葛凤杰
县教育和体育局
局　长：任瑞成
县体育事业发展中心
主　任：王福强
县融媒体中心（县广播电视台）
主　任（台长）：李玉军

农业系统部门

县水利局
局　长：王龙之（11 月离职）
　　　　张义增（11 月任职）
县农业农村局
局　长：黄军清
县林业发展中心
主　任：刘　军
寿阳山生态林场管理委员会
书　记：张君玉
主　任：高立德
远古火山群生态林场管理委员会
书　记：张卫昌
主　任：刘培升
县畜牧业发展中心
主　任：田志贤
县现代农业发展中心
主　任：薛永亮
昌乐县气象局

局　长：张爱玲（女）
山东潍坊烟草有限公司昌乐分公司
经　理：梁志勇

经贸系统部门
县工业和信息化局
局　长：秦维胜（11 月离职）
　　　　黄省阶（11 月任职）
县交通运输局
局　长：高明胜
县应急管理局
局　长：王安堂
县供销合作社联合社
主　任：高维国
县粮食和物质储备中心
主　任：张庆科
县公路事业发展中心
主　任：刘西利
中国邮政集团公司山东昌乐县分公司
总经理：于子华（8 月离职）
　　　　李振江（8 月任职）
中国移动昌乐分公司
总经理：吕世宦（8 月离职）
　　　　战金波（8 月任职）
中国联通昌乐分公司
总经理：王西义（3 月离职）
　　　　付玉山（3 月任职）
中国电信昌乐分公司
总经理：刘　海
国网昌乐县供电公司
总经理：于晓东

金融系统部门
人民银行昌乐支行
行　长：郭　海
工商银行昌乐支行
行　长：詹鸿翔
农业银行昌乐支行
行　长：庞敬贤
中国银行昌乐支行
行　长：王若军（11 月离职）
　　　　王可强（11 月任职）
建设银行昌乐支行
行　长：宋　波
农业发展银行昌乐支行
行　长：李　政
昌乐农村商业银行
董事长：赵连东
行　长：张华喜（1 月离职）
　　　　王树军（1 月任职）
潍坊银行昌乐支行
行　长：王树军（1 月离职）
　　　　辛　博（1 月任职）
中国邮政储蓄银行股份有限公司昌乐支行
行　长：范海霞（女）
中信银行昌乐支行
行　长：宋执鑫
交通银行股份有限公司潍坊昌乐支行
行　长：姜　锐（9 月离职）
　　　　张　若（9 月任职）
中国人民财产保险股份有限公司昌乐支公司
总经理：高　岩
中国人寿保险股份有限公司昌乐支公司
总经理：李枫华（女）
中国人寿财产保险股份有限公司潍坊市昌乐支公司
总经理：刘建秀（女）

镇街区
昌乐经济开发区管理委员会
书　记：张正民
主　任：（空职）
昌乐县宝城街道办事处
书　记：史志军（2 月离职）
主　任：（空职）
昌乐首阳山旅游度假区开发建设管理委员会

书　记：田国军（2 月离职）
　　　　吕增军（2 月任职）
主　任：吕增军（2 月离职）

昌乐县朱刘街道办事处

书　记：赵中国（11 月离职）
主　任：张永生（2 月离职）
　　　　张立军（2 月任职）

昌乐县宝都街道办事处

书　记：王琪华（10 月离职）
　　　　桑海强（兼，10 月任职 ）
主　任：秦伟龙

昌乐县五图街道办事处

书　记：李永金（2 月离职）
　　　　田国军（2 月任职）
主　任：杨建刚

昌乐县乔官镇人民政府

书　记：孙国伟
镇　长：肖　华

昌乐县营丘镇人民政府

书　记：刘　刚
镇　长：吴国宗

昌乐县红河镇人民政府

书　记：王建书
镇　长：孟　红（女，2 月离职）
　　　　杨海强（10 月任职）

昌乐县鄌郚镇人民政府

书　记：郭雪梅（女）
镇　长：李克鹏

昌乐县高崖水库库区开发建设管理委员会

书　记：刘　鑫（2 月离职）
　　　　孟　红（女，2 月任职）
主　任：张　鹏
　　　　徐子坤（挂职，9 月离职）

中国共产党昌乐县委员会

中国共产党昌乐县委员会

综 述

2019年，在以习近平同志为核心的党中央和省、市委的坚强领导下，昌乐县坚持以习近平新时代中国特色社会主义思想为指导，深入学习贯彻党的十九大和十九届二中、三中、四中全会精神，统筹推进“五位一体”总体布局、协调推进“四个全面”战略布局，牢牢把握稳中求进工作总基调，团结带领全县干部群众，聚焦高质量发展、赶超发展，全面推进动能转换、乡村振兴、城市提升、改革开放、三大攻坚战等重点工作，全面从严治党向纵深发展，政治生态更加清明，干事创业精气神十足，全县经济持续健康发展、社会和谐稳定、人民安居乐业。

一、以习近平新时代中国特色社会主义思想为指引，持续深化思想政治建设。坚持把学习贯彻习近平新时代中国特色社会主义思想作为首要政治任务，持续深入贯彻落实习近平总书记视察山东重要讲话、重要指示批示精神，推动内化于心、外化于行。以省委巡视组巡视昌乐为契机，强化政治建设，把党的领导体现在各领域各方面各环节，真正做到把方向、管大局、作决策、保落实。高度重视思想政治学习，县委理论学习中心组先后进行集体学习研讨37次，举办宝都讲堂9期，带动各级党组织开展党的十九届四中全会等理论宣讲1500余场，分级对1200余名党组织书记、1.6万余名村（社区）党员进行培训。县委党校被确定为山东省理论大众化示范点，县教育和体育局等24家单位被评为市级以上理论大众化示范点，21个党组织被评为潍坊市学习型党组织，“宝都讲堂”被评为潍坊市基层理论宣讲十佳大讲堂。扎实开展“不忘初心、牢记使命”主题教育，坚持把学习教育、调查研究、检视问题、整改落实贯穿全过程，先后召开13次会议调度推进，查摆检视问题1106项，形成高质量调研报告470篇，主题教育取得丰硕成果，被市主题教育办评定等次为“好”。结合省、市工作落实年要求，召开全县工作落实年动员部署暨优化营商环境大会，确保中央决策部署和省、市工作要求在昌乐落地落实。召开全县警示教育大会，以案示警、以案为戒、以案促改，真正让党员干部知敬畏、守底线，营造风清气正的政治生态。

二、聚焦动能转换，持续推动经济高质量发展。深入贯彻新发展理念，深化供给侧结构性改革，始终保持动能转换的定力和恒心。一是把牢经济工作“主动权”。坚持党对经济工作的集中统一领导，切实发挥县委财经委员会作用，每季度召开一次经济形势分析会，不定期召开“双招双引”和项目建设推进会，精准施策做好经济工作，主要经济指标稳中向好。全县完成地区生产总值315.6亿元，实现一般公共预算收入25.5亿元。二是突出工业发展“支撑性”。大力实施“产业强县”战略，制定实施支持企业“高质量发展30条”，成立新能源汽车、新材料、装备制造三个产业发展服务中心，建立“六个一”工作推进体系，加快向集群化、高端化、绿色化方向发展；创新打造珠宝行业淘宝直播基地，黄金珠宝产业加快向高端化、智能化转型，发展后劲显著增强。新兴产业快速发展，比德文集团年产6万辆新能源乘用车项目成功立项，取得全省第二张、全市第一张高速乘用车生产资质牌照；新能源智能制造产业园加快建设，新引进产业链项目8个。传统产业加快转型升级，朱刘化工产业园顺利获批，化工企业转型步伐明显加快。特别是以高度政治站位、政治担当克服方方面面的困难和巨大压力，积极稳妥推进潍焦集团振兴焦化4.3米焦炉关停淘汰，万山集团110万吨焦化项目停产到位。实施重点技术改造项目55项，完成投资46亿元。持续落实“三去一降一补”政策，不断加大对实体经济、民营经济和中小微企业的扶持力度，千方百计稳企增收，全县纳税过亿元工业企业达到8家，2家企业入选中国民营企业制造业500强，3家企业入选省产业领军民营企业十强，10家企业入选全市民营企业百强；新增“四上企业”135家、规上企业74家，“单项冠军”“隐形冠军”“专精特新”企业达到96家，“一企一技术”研发中心达到60家。三是狠抓项目建设“牛鼻子”。深入开展“双招双引”项目建设百日会战，共签约过亿元项目78个、总投资333.96亿元；引进高端技术人才（团队）46人、人才平台载体项目12个。年产10万套氢动力模块、石墨烯分散剂等97个项目列入省、市重点计划。积极帮助企业破除项目建设瓶颈问题，80万吨高级瓦楞纸等116个过亿元新动能项目加快建设。元利科技成功上市，成为2019年山东辖区第一家主板上市企业，全县上市企业达到5家，一批后备上市企业加快培植。中德产业园、佳诚数码新材料产业园、梦金小镇等一批专业园区加快建设，搭建起新的项目承载平台、孵化平台。四是打造城市提升“主引擎”。加快推进“撤县设区”，全面加快基础设施建设，不断补齐发展短板，县城吸引力、承载力不断增强。积极对接潍坊大路网规划，新修改造城区道路8条、15公里，大沂路改线建成通车。投资3.2亿元的雨污管网分流改造工程顺利完成，首阳山区域拆违实现“清零”，三次集中攻坚累计拆除违建1649处、148万平方米，拓展城市新的发展空间。聚焦房地产领域历史遗留问题，成立攻坚专班，12个问题项目彻底化解，22个基本化解，办理不动产权证1661份，通过问题化解转变政府形象，提高群众满意度。“引冶入昌”工程、第三污水处理厂、老旧小区改造等加快推进，古城小学、古城幼儿园建成投用，高分通过国家卫生县城复审，城市面貌、城市品质大幅提升。五是增创乡村振兴“新优势”。紧扣乡村振兴战略新部署，聚焦“五大振兴”，创新提升“三个模式”，农业农村现代化进程不断加快。强化产业振兴基础，打造“1+N”特色产业体系，培强西甜瓜第一支柱产业，“昌乐西瓜”品牌价值达到39.5亿元，西瓜科技示范园被评为国家农村创新创业园；实施农业品牌提升行动，新认证“三品一标”20个；以打造全国西甜瓜行业第一高端平台为定位，举办西甜瓜科技博览会、农村电商节暨国际西甜瓜新品种展示会，集中聘请8名国家级专家为“现代农业发展高级顾问”，总投资17.5亿元的10个农业重点项目集中签约。农产品网上交易额近8000万元，被确定为省淘宝直播村播计划试点县。庵上湖村党支部书记赵继斌获评山东省“攻坚克难奖”先进个人、潍坊市市长质量奖。开展农村人居环境整治三年行动，106个村通过市级一类示范村验收认定，投资4.25亿元的“四好农村路”加快建设，农村“户户通”工程全面启动，4个村创建为省级美丽乡村示范村。

三、瞄准重点领域，持续深化改革扩大开放。坚持把全面深化改革放在突出位置，先后召开6次深改会、1次专题会，明确改革任务和责任。建立健全主要负责同志抓改革工作机制，统筹推进12项重点改革事项、85项具体改革事项，重点改革任务得到有效落实。准确把握机构改革的总体要求和主要任务，37个党政工作机构顺利完成改革，36个党政部门完成“三定”规定修订，承担行政职能事业单位全面清理，圆满完成机构改革任务。坚持以改革试点激发活力、催生动力，7个国家级试点、16个省级试点扎实推进。深入开展“营商环境大提升”行动，大力推进制度创新、流程再造，打造“手续最简、成本最低、环节最少、效率最高”的制度流程，政务服务、审批质效群众满意度评价全市第一，被确定为全省村（社区）便民服务示范点建设单位。“拿地即开工”审批模式成功落地，审批时长由拿地后130天缩减为拿地当天，实现了企业、社会和政府的多赢，被省、市确定为重点推广改革案例。承担全国县级融媒体建设试点，全省、全市现场推进会在昌乐召开，中央电视台、新华社等媒体刊发我县做法，创新经验得到省委书记刘家义，省委常委、宣传部部长关志鸥批示肯定。持续扩大对外开放，全年实际利用外资突破1.2亿美元，居8县市第1位，同比增长540%。

四、倾心保障改善民生，持续增进群众福祉。牢固树立以人民为中心的发展思想，上级要求的各项惠民政策全部有效落实。认真落实稳就业要求，新增城镇就业8356人，发放创业担保贷款2.14亿元，新登记市场主体12974户，省级创业孵化示范平台数量居全市第一。27件民生实事扎实推进。坚持教育优先发展，新成立4所公办中小学，新建改扩建公办幼儿园13所，2所民校改为公办，新增学位2490个，被授予全市首个素质教育创新发展先行区，教育工作督导评估成绩居全市第二位，成为全市唯一包揽四个突出贡献奖的县市区，教育工作得到副省长于杰肯定批示。全力打造“健康昌乐”，顺利通过全国基层中医药工作先进县复审，被评为全国计划生育基层群众自治示范县、省级健康促进县，全省计生协工作现场会议在我县召开。灾后重建重点任务顺利完成，累计投入各类资金6亿多元，汶河平原大桥、小下坡整村迁建、尧沟片区高效农业示范园等项目在全市率先报捷。全县上下众志成城、科学有效应对“利奇马”台风，在雨强雨量刷新历史极值的情况下，应急响应速度显著提升，受灾损失大幅下降。加强城市供暖管理，优化服务质量，供暖信访量同比下降20.8%，“城市温度”持续提升。大力弘扬社会主义核心价值观，17人荣获省道德模范、山东好人、潍坊好人等，县级以上文明村镇覆盖率达到90%，群众满意度继续位居全市前列。

五、牢固树立底线思维，持续维护社会大局稳定。始终坚持“稳”字当头，聚焦聚力“三大攻坚战”，抓好扫黑除恶、安保维稳、安全生产等工作，各项任务取得明显成效。一是全力打好防范化解重大风险攻坚战。建立定期分析研判金融风险机制，健全企业债务风险防控机制，深入摸排企业不良资产、房地产等重点领域风险隐患，全县不良贷款率1.26%，继续保持全市较低水平。二是全力打好精准脱贫攻坚战。牢牢把握精准扶贫、精准脱贫基本方略，先后召开16次会议安排部署脱贫攻坚工作。深入开展县级领导带队交叉互访活动，实施扶贫开发工作督查问效、建档立卡贫困人口全面“回头看”等5个专项行动，选派1466名干部全覆盖帮扶贫困户，创新开展为贫困慢性病患者“送医送药”精准服务，建立扶贫项目“双包靠”机制，改造贫困户危房1173户，全市扶贫开发领导小组会议在昌乐召开，代表全市迎接省扶贫办第三方暗访督查。三是全力打好污染防治攻坚战。聚焦环保督察“回头看”反馈问题整改，扎实开展“亮剑2019”生态环境攻坚和污染防治、生态修复等“1+7”攻坚行动，大力推进首阳山、蟠龙山等5个片区生态修复工程，治理废弃矿坑和破损山体325处，新增成片造林2万多亩，全县环境空气质量改善列8县市第3位。四是全力抓好安全稳定工作。扎实开展信访积案“拔钉”行动，依法严厉打击非法闹访缠访行为，10年以上全部清零，5-10年化解率90%，2-5年化解率97.3%。打掉涉黑组织、恶势力犯罪集团等12个，破获涉黑恶刑事案件482件，全县社会治安满意度连续三年居全省前列，被省委、省政府表彰为新中国成立70周年安保维稳工作先进县。积极争创“安全生产标杆县”，安全生产“双重预防体系”有效运行，国内首个“安全生产责任险”事故预防服务试点项目落户昌乐县。五是全力打好疫情防控阻击战。始终把人民群众生命安全和身体健康放在第一位，工作启动即顶格成立县委、县政府主要负责同志任组长的“双组长”指挥部领导体系，扎实做好疫情防控各项工作，累计排查外来人员1.5万余人，及时果断高效处置红河镇张家楼村输入性聚集性疫情。强化疫情防控工作保障，累计投入防疫专项资金2124.1万元，设置县级隔离点4处、镇级隔离点5处，新建县人民医院发热备用病房、新冠病毒核酸检测实验室全部投入使用，6名确诊患者全部出院，疫情防控形势持续向好。统筹推进疫情防控和经济社会发展，全县216家规模以上企业复工复产，复工复产率100%。强化大局意识，在做好县内疫情防控同时，积极协调企业支持湖北、武汉疫情防控和火神山医院、雷神山医院建设，盛泰药业60吨葡萄糖原料、潍坊中鼎集成房屋3.6万平方米箱式板房等物资全部第一时间运抵。

六、广泛凝聚各方力量，持续推进民主法治建设。坚持党的领导、人民当家作主和依法治国有机统一，充分发挥总揽全局、协调各方的领导核心作用，分别召开县委人大、县委政协工作会议，充分调动各方面积极因素，融入全县经济社会发展各项事业。一是完善人民代表大会制度。支持人大及其常委会依法履行职责，把人大监督和重大事项决定工作纳入党委决策和落实体系，听取审议专项工作报告14项，作出决议决定11项。二是发挥协商民主作用。加强对人民政协工作的领导，支持政协系统开展专题协商议政和民主监督，提出高质量的意见建议。三是加快推进法治建设。加强法治政府建设，坚持用法治思维和法治方式加快改革、推动发展、化解矛盾，进一步规范行政行为，健全县委县政府法律顾问制度，深入推进“一村（社区）一法律顾问”工作，被评为全省“七五”普法中期先进单位。四是壮大爱国统一战线。加强与民主党派、工商联、无党派人士的联系合作，全面支持和推进群团工作，严格落实党的宗教工作方针，不断完善军地齐抓共管国防后备力量建设机制，再度创建为“省级双拥模范城”。

七、全面从严管党治党，持续净化政治生态。切实履行管党治党主体责任、政治责任，不断强化干部队伍建设，全面加强党风廉政建设和反腐败斗争，着力构建良好政治生态，有力推动了全面从严治党向基层延伸。一是从严落实管党治党主体责任。充分发挥领导核心作用，定期听取县人大、县政府、县政协和县法检“两院”党组工作汇报。切实强化管党治党主体责任，认真推行责任清单、工作约谈、县委巡察、监督提醒、“面对面”述职等机制，将主体责任向基层延伸。开展中央巡视和省委巡视反馈意见整改“回头看”，积极迎接省委第六轮巡视，对反馈涉及的“三重一大”、公车改革和旱厕改造等边巡边改问题全部第一时间整改，巡视工作平稳顺利。二是深化党风廉政建设和反腐败斗争。坚持“严管就是厚爱”，突出政治监督，强化日常监督，灵活运用纪法“两把尺子”，贯通运用监督执纪“四种形态”，深入推进反腐败工作法治化、规范化，立案178件，处分196人。坚决破除形式主义、官僚主义，查处问题51起，处分50人。下大力气整治群众身边不正之风和腐败问题，查处问题104起，处分80人。严查党员领导干部涉黑涉恶腐败以及充当“保护伞”问题，查处问题11件，处分9人。三是牢牢掌握意识形态工作领导权和主动权。调整县委意识形态和宣传思想工作领导小组，专题研究部署意识形态工作16次。全面筑牢意识形态主阵地，将习近平新时代中国特色社会主义思想从领导干部“关键少数”向基层单位延伸、向广大党员群众拓展，打造镇村新时代文明实践分中心（站）134处。狠抓舆情管控，有效处置网上敏感舆情，网络意识形态领域安全稳定。四是注重夯实基层基础。牢固树立大抓基层的鲜明导向，深入开展基层党建工作标准落实年，创新开展“双抓双促双落实”行动，分3批选派28名干部担任驻企业第一书记、262名干部担任党建指导员，组织全县117个机关事业单位和国有企业党组织、3885名在职党员到城市社区“双报到”。实施“百村育强”工程，242个行政村集体经济收入超过10万元，整顿转化软弱涣散村21个。五是统筹加强队伍建设。深入践行新时代党的组织路线，突出“好干部”标准，在项目建设、棚改、拆违等重点工作一线选拔干部55名。实施优秀年轻干部递进培养三年推进计划，先后提拔使用年轻科级干部68名。选拔6名优秀村（社区）党组织书记挂职镇街领导班子成员，2名村党支部书记、3名长期在镇（街、区）工作人员考录为公务员，有效激发干部扎根基层、担当作为、干事创业的内生动力。扎实推进“一报告两评议”反映问题和选人用人专项检查发现问题整改，深入开展领导干部在企业社团兼职、干部档案专项审核等五大行动，构建起干部日常监督管理“立体网”。六是深入推进作风建设。倡导“盯着干、快干、干好”工作作风，强化“担当、协同、高效”意识，将“七赛七比”具体化，创新实施重点工作积分制考核督查办法，推动作风建设与“双招双引”、项目建设等重点工作有机结合，把作风建设成效体现到抓发展、抓项目、保稳定上，全县攻坚克难、干事创业氛围进一步浓厚。

重要会议

【全县经济工作会议】 1月21日，全县经济工作会议召开，县委书记卞汉林出席会议并讲话，对全面落实中央经济工作会议决策部署和全省、全市经济工作会议各项任务要求，总结全县经济工作，分析当前经济形势，安排部署全年经济工作任务。县委副书记张建伟主持会议，县人大常委会主任王备、县政协主席周保进参加会议。

【全县县级机构改革动员大会】 2月2日，昌乐县县级机构改革动员大会召开，县委书记卞汉林出席会议并讲话。会议深入贯彻习近平总书记关于深化党和国家机构改革的重要论述，充分认识深化党和国家机构改革的重大意义，准确把握、坚决落实党中央关于机构改革的总体部署和省、市委具体工作要求，动员全县上下把思想和行动高度统一到上级决策部署上来，以高度政治责任感和强烈时代使命感，凝心聚力、不折不扣做好机构改革各项工作，确保圆满完成改革任务，为决胜全面建成小康社会、建设现代昌乐提供体制机制保障。县人大常委会主任王备、县政协主席周保进参加，县委副书记张建伟主持会议。

【全县工作落实年动员部署暨优化营商环境大会】 3月23日上午，全县工作落实年动员部署暨优化营商环境大会召开。县委书记刘裕斌出席并讲话，会议深入贯彻落实省、市“工作落实年”部署要求，动员全县上下聚焦工作落实，优化营商环境，以攻坚克难、奋勇争先的姿态，全力推动昌乐高质量发展、赶超发展。县委副书记、代县长张建伟主持，县人大常委会主任王备，县政协主席周保进出席。

【全县“服务一线、集中攻坚、狠抓落实”暨脱贫攻坚工作推进会议】 4月29日下午，全县“服务一线、集中攻坚、狠抓落实”暨脱贫攻坚工作推进会议在县委党校召开。县委书记刘裕斌出席并讲话，会议按照省、市、县“工作落实年”要求，部署“百名干部包百企”、县直部门单位包村联户和选派第一书记工作，对脱贫攻坚和基层党建重点任务作进一步安排。县委副书记、县长张建伟主持。县人大常委会主任王备、县政协主席周保进出席。

【元利科技上市表彰暨昌乐县企业高质量发展大会】 7月20日上午，元利科技上市表彰暨全县企业高质量发展大会在县委党校隆重召开。县委书记刘裕斌出席会议并讲话，聚焦中央重大决策和省市部署要求，持续深化学习潍柴集团和谭旭光同志活动，隆重表彰突出贡献企业，激励广大企业聚焦主业谋划发展，动员全县上下强化担当、优化服务，奋力推进高质量发展、赶超发展。县委副书记、县长张建伟主持，县人大常委会主任王备、县政协主席周保进出席。

【昌乐县“不忘初心、牢记使命”主题教育工作会议】 9月11日，全县“不忘初心、牢记使命”主题教育工作会议在县委党校召开。县委书记刘裕斌、市委第四巡回指导组组长李广东出席会议并讲话，按照中央和省委、市委要求，对全县“不忘初心、牢记使命”主题教育工作进行部署。县委副书记、县长张建伟主持，县人大常委会主任王备、县政协主席周保进出席。

【中共昌乐县委十四届六次全体会议】 12月27日，中国共产党昌乐县第十四届委员会第六次全体会议在县委党校举行。全会由县委常委会主持，县委书记刘裕斌讲话。会议深入贯彻省、市会议精神，听取和讨论刘裕斌同志受县委常委会委托作的工作报告，审议通过了《关于加强制度创新推进流程再造的指导意见》《昌乐经济开发区体制机制改革创新工作实施方案》。刘裕斌就《指导意见（讨论稿）》和《实施方案（讨论稿）》作了说明。

重要活动

【“上海市昌乐商会家乡行”活动】 “上海市昌乐商会家乡行”活动于4月5日至7日举行，邀请在沪昌乐籍人士及外地嘉宾共40余人参会。活动推介全县投资环境、产业优势等，对接了一批产业和合作项目，其中7个项目当场签约，充分发挥了商会的桥梁纽带作用和“双招双引”的平台作用，把更多优质资源引到昌乐，推动两地合作，促进昌乐经济更好更快发展。

【2019中国（昌乐）西甜瓜科技博览会】 5月16日上午，2019中国（昌乐）西甜瓜科技博览会在西瓜科技示范园隆重开幕。集中展示西甜瓜新品种500多个、种植新技术30多项，吸引全国130多名西甜瓜产业体系专家、300多家种苗企业科研机构和50多位渠道商来昌开展研讨、交流和合作。博览会期间，举办“智汇西瓜之乡，共谋乡村振兴”西甜瓜产业体系专家签约聘任仪式，邀请近百名国家西甜瓜产业技术体系专家参加活动，聘任许勇、张显、伊鸿平、赵廷昌、徐永阳、刘文革、焦自高、戴祖云等8名国家级专家为高级专家顾问。

【2019中国（昌乐）国际宝石博览会】 本届博览会于10月11日至14日举办，会期4天，以“昌乐蓝·中国蓝”为主题，按照“宝石为媒、节会搭台、扩大交流、发展共赢”的办会宗旨，组织开展了开幕式、珠宝展，首届“华·彩”国际彩色宝石设计大奖赛启动仪式暨2019国际彩色宝石创新设计高峰论坛等十一项主题活动，充分展示了昌乐蓝宝石的特色优势、黄金珠宝产业的基础优势和广阔发展前景，有效提升了“中国蓝宝石之都”的品牌影响力，产生了良好经济效益和社会效益。

【纵深推进扫黑除恶专项斗争】 部署开展涉黑涉恶大案要案攻坚突破“百日会战”，共打掉涉黑组织1个、恶势力犯罪集团3个、涉恶犯罪团伙8个，破获涉黑恶刑事案件501起，刑事拘留涉黑恶犯罪嫌疑人68人，查封、冻结、扣押涉案资产1.09亿元，判决涉黑恶犯罪分子53人，工作成效得到广大群众普遍认可。全县被评为“平安潍坊”“法治潍坊”先进单位，全市扫黑除恶专项斗争先进县。

县委办公室工作

【概况】 2019年，县委办公室深入学习贯彻习近平新时代中国特色社会主义思想，围绕贯彻落实党的十九大、习近平视察山东重要讲话精神、重要指示批示精神，以及中央和省市县委工作部署，扎实开展“不忘初心、牢记使命”主题教育和“工作落实年”活动，积极主动开展服务，扎扎实实抓好工作，充分发挥参谋助手、督促检查、综合协调和后勤保障作用，有力地保证了县委工作高效运转和昌乐高质量发展、赶超发展，较好地推动了各项决策部署落地落实，各项工作取得了新的进步。

【理论武装】 把政治理论学习摆在突出位置，建立常态化学习制度。健全完善日常学习制度，充分利用每周五集体学习和“两微一端”“学习强国”等平台，组织全体人员集中学习党的十九大和十九届四中全会精神，学习习近平总书记系列重要讲话和《习近平关于“不忘初心、牢记使命”重要论述选编》《中国共产党党内重要法规汇编》等，充分利用坚持读原著学原文悟原理，深刻理解核心要义和精神实质，以党的理论创新成果武装头脑，进一步增强“四个意识”、坚定“四个自信”、做到“两个维护”，坚决维护以习近平同志为核心的党中央权威和集中统一领导，在政治上思想上行动上与习近平同志为核心的党中央保持高度一致。共组织集体学习39次。扎实开展“不忘初心、牢记使命”主题教育，主题教育期间共组织全体党员干部集体学习31次，组织理论学习中心组学习5次，开展专题研讨6次，组织党员干部到县党性传承中心参观学习1次，班子成员撰写高质量调研报告6份，围绕9个专题撰写交流研讨材料54份，其他党员撰写交流研讨材料78份，努力实现理论学习有收获、思想政治受洗礼的目标。

【以文辅政】 围绕县委重大决策和全县中心工作，深入调研，积极宣传，较好地发挥了参谋作用。一年来，先后起草全县经济工作会议、农村工作会议、城市工作会议、生态环境保护大会等重要讲话及市级以上发言200余篇，把关印发文件通知150个。编发《乐办通报》29期，印发各类文件300余份，上报省、市信息1300多篇，编发《昌乐信息》22期。省市采用全县上报信息100篇，在市级以上党报党刊及内部刊物发表理论文章、典型经验10篇，努力挖掘新闻亮点，大力宣传、推介昌乐发展成果。

【政务服务】 创新改革推进机制。对全县2019年全面深化改革工作任务进行立项分解。在省、市以上主流媒体刊发改革稿件80余篇，“拿地即开工”审批模式先后被人民网、新华网、大众日报等重要媒体和《山东通讯》《潍坊通讯》刊发推广，全国县级融媒体中心建设改革试点经验被省委书记刘家义、省委宣传部部长关志鸥批示肯定，2次被省委宣传部发文推广，新华社《高管信息（山东）》等媒体刊发有关创新性做法。紧紧围绕县委、县政府工作重点开展督促检查工作。一年来，围绕人大代表建议、政协委员提案、领导批办交办事项和群众关心的热难点问题等，开展督查活动38次，印发督查通报14期，有力推动了重点工作落实。共办理领导批示事项209件，协调督促有关单位解决空气异味治理、道路交通改善等民生问题30个。共办理上级舆情42件，协调解决了居民用水难、村民出行不便等问题20余个。群众反映的物业管理、城乡建设、义务教育、三农工作等方面的58个事项，全部建立工作台账，调度督促有关单位制定工作计划、拿出实招硬招，全力帮助群众解决问题，取得了显著成效。2019年，实施的重点工作积分制考核督查共审核各单位申报提报的重点工作1600余项，组织认定责任单位对500余项重点工作进行评价打分，进一步营造了干事创业的浓厚氛围。

【自身建设】 结合“不忘初心、牢记使命”主题教育活动，主动围绕“工作落实年”工作要求谋划、部署各项工作，进一步倡树担当作为、狠抓落实的鲜明导向，自觉把思想和行动高度统一到“工作落实年”的决策部署上来，狠抓思想作风和业务能力建设，推动工作提质提效。强化教育培训。健全完善党员干部自学和集中学习制度，重点学习党章党规、习近平新时代中国特色社会主义思想、习近平视察山东重要讲话和重要指示批示精神等，活化学习形式，提高学习吸引力和效果。组织到公安局、供电公司、行政审批服务中心对标学访1次，分批到临沂孟良崮进行革命传统教育2次。积极组织党员干部参加农村人居环境整治工作、精准扶贫工作、全县卫生县城复审迎查准备工作等350人次，提高了工作水平和实践能力。完善工作机制。以规范化制度化抓好精文减会和运行保障。严格按照上级要求，对以县委或县委、县政府名义召开的全县性会议、规范性文件等进行压减。建立批件提醒和文件分类处置制度，共办理明传电报300余份、各类文件900余份，所有公文随接随转、当天办结，文件办理进一步提速提效。强化干部队伍建设。持续加强高素质干部队伍建设，将自我教育和严格管理、严管厚爱和约束激励结合起来，激发人才优势、释放人才红利，做到干部人尽其才，激励党员干部肯担当、肯作为、新担当、新作为。2019年以来，1名同志提拔为正科级干部，4名同志提拔为副科级干部，5名同志被重用。

【其他重要工作】 统筹推进对标先进工作。按照省、市关于做好“对标先进”工作的要求，制定出台《昌乐县“对标先进”工作方案》，聚焦“工作落实年”重点任务，学习借鉴蓬莱市先进经验，引导全县上下进一步解放思想、提升境界，加快各项工作提档升级。聚焦县委确定的动能转换、城市提升、乡村振兴、民生改善、生态环保、风险防范等重点任务，找准着力点、切入点，盯着干、快干、干好，确保完成了全年任务目标，为昌乐高质量、赶超发展做出了应有贡献。深入改进文风会风。带头精文简会，印发《中共昌乐县委办公室关于印发〈精文简会十项措施〉的通知》（乐办发〔2019〕5号），提高办事效率、工作标准，狠抓工作落实。全年以来，全县性会议同比减少36.3%；两办名义印发的文件同比减少47.12%。持续优化营商环境。根据《潍坊市贯彻落实刘家义书记批示精神纠治突出问题优化营商环境十项措施》要求，制定出台《昌乐县全面优化营商环境工作方案》，在全县开展营商环境大讨论大调研大走访大排查、营商环境评价、政策落实专项评估等活动，推动全县营商环境持续优化。

（供稿人：王国梁）

组织工作

【概况】 2019年，全县组织工作坚持以习近平新时代中国特色社会主义思想为指导，认真贯彻落实党的十九大和十九届二中、三中、四中全会精神，全面落实全国、全省和全市组织部长会议及县委决策部署，坚持以“工作落实年”为总抓手，全面推动组织工作高质量发展，为加快新时代昌乐高质量发展、赶超发展提供了坚强组织保证。

【开展“不忘初心、牢记使命”主题教育】 把开展“不忘初心、牢记使命”主题教育作为首要政治任务，精心谋划、扎实推进，取得了明显成效。一是强化组织指导。制定出台《实施意见》等文件32个，召开调度推进会议13次；出台“四个一”推进机制，配强一套班子、每周制定一个计划、每周发送一次提示、阶段工作开展一次评价，做到精准调度、持续加压。创新制作“领导班子和领导干部主题教育工作指南”“基层党支部和党员主题教育工作挂图”，8个巡回指导组严督实导，确保有序推进。二是抓实学习教育。同步举办县镇两级读书班，开展学习研讨465次；分级培训党组织书记1200余名、村（社区）党员1.6万余名；利用党校、宝都讲堂等平台开展形式多样的专题教育，并通过个别谈话、知识测试、调查问卷等方式检验了学习成效。三是深入调查研究。紧扣制约发展的“硬骨头”、群众切身利益问题等，组织各级党员干部深入基层一线察实情、听民意、寻良策，形成了470篇高质量的调研报告，一批调研成果正转化为政策措施。四是深刻检视问题。采取个别访谈、召开座谈会、发放征求意见表等方式收集意见建议1480条，县镇两级领导班子对照党章党规找差距1106项，建立了检视问题、即知即改、联动整改“三个清单”；指导各级领导班子高质量召开了专题民主生活会。五是狠抓整改落实。建立整改落实工作机制，组织制定9个方面突出问题专项整治实施方案，出台整治措施305项，梳理近期重点解决问题113项，已全部完成或取得重要阶段性成效，形成了“拿地即开工”“党建+政务服务”等一批制度性成果。全县在全市主题教育专项整治调度推进会议上作了典型发言。

【农村党建标准化建设】 承担制定《潍坊市农村基层党建工作标准》，由潍坊市人民政府新闻办公室召开发布会正式发布。开展农村党建“双抓双促双落实”行动，围绕“抓政治功能提升、抓组织力提升，促脱贫攻坚、促乡村振兴，落实县委主体责任、落实镇街党委直接责任”，聚焦问题补短板，对照标准促提升，分类指导抓推进，推动基层党组织建设全面进步、全面过硬。启动“组工直通车·一线抓落实”行动，142名党务干部直插农村，发现问题730余个，协调解决问题560余个。排查软弱涣散村党组织37个，集中整治转化26个。实施农村带头人队伍整体优化提升，调整14名基层党组织书记，选取828人进入农村后备人才数据库。务实推进“党支部+合作社”，做好土地经营文章，一村一策，多渠道增加村级集体经济收入，行政村集体经济收入全部达到5万元，65.4%村达到10万元。争取15名市派第一书记到全县开展驻村帮扶，从县直部门选派30名第一书记，组织92个县直部门279名干部开展包村工作。

【城市社区、两新组织等领域党建标准化建设】制定全县《关于开展基层党建工作标准落实年的实施意见》，建立“五化落实”机制，大力推进“一个主题教育，六个专项行动”，明确各领域工作目标，以基层党建工作标准的落实落地，推进党建工作的规范提升。实施“党建引领百企提升”，作为县委书记抓基层党建突破项目，选派37名干部担任驻企第一书记、96名干部担任党建指导员，以党建引领推动民营企业高质量发展。高标准培育元利科技、佳诚数码等9个两新组织党建工作示范点，以点带面推动整体提升。组织117个机关企事业单位党组织、3885名在职党员到社区“双报到”，落实195个共驻共建项目，畅通党员干部直接联系服务群众渠道。中小学校党建方面，以宝通街为中轴，对沿线11所学校党建工作总结提炼、作出示范，打造“校园党旗红风景线”。理顺机关基层党建工作体系，将县直牵头党（工）委由原来11个调整为13个，将40多个部门（单位）党组织重新划分归口管理权限。出台“四个一”离退休干部党支部工作规范，开展了离退休干部党支部“一支部一亮点”品牌创建活动。

【发展党员和党员管理】严格履行发展党员规定程序，落实发展对象部门联审制度，新发展党员502名，其中农村党员220名，有效杜绝了“近亲党员”“人情党员”。加强农村青年党员培育力度，建立入党积极分子台账，每个行政村确定3名以上入党积极分子；所有镇（街区）建立农村优秀青年人才信息库，畅通农村青年人才入党绿色通道。持续开展党员信教问题治理，坚决抵制非法宗教传播和邪教势力渗透。加强流动党员管理，在城区建设2处“流动党员之家”，组织410多名在城区务工、居住的流动党员就近就便参加活动。2019年，先后有11名党员受到省、市委表彰。

【党员干部教育培训】将思想政治教育与提高党员、干部能力素养有机结合起来，针对知识弱项、能力短板、经验盲区开展精准教育培训。一是扎实推进习近平新时代中国特色社会主义思想培训工程。坚持把学习贯彻习近平新时代中国特色社会主义思想和党的十九大精神作为“主课”，高质量办好县委党校主体班次，培训科级干部、年轻干部175人次；依托市、县委党校和各基层党校，举办基层党组织书记培训班4期、党员进党校培训班69期，培训党员2万余人。二是抓好干部专业能力培训。围绕新旧动能转换、“双招双引”、乡村振兴、脱贫攻坚、社会治理等重点领域，举办“宝都讲堂”、公务员职业能力提升培训班等专业能力提升班次近20期，培训干部3500人次。组织各级各部门（单位）主要负责同志等干部参加省、市专题培训45期，培训280余人次。组织130名年轻公务员、党务干部到四川大学、延安等地开展教学活动。三是开展红色基因传承教育。深挖盘活昌乐红色资源，以“初心·使命”为主题，建设4处特色鲜明党性传承中心，接待近万名党员干部接受党性洗礼。对全县70多名建国前入党老党员逐一走访，挖掘整理其英雄事迹、感人故事和励志人生，编印、摄制《红色记忆》文集和专题片，并结合“学习强国”“灯塔—党建在线”等学习平台，组织党员开展“追寻红色记忆、传承红色基因”活动。实施离退休党员“红色基因传承工程”，聘请50名老党员担任“红色文化展馆”建设顾问，整理史料、展品414件，建成7处红色文化展馆，开展教育活动80余场。组织拍摄35部党员教育片，制作的《博士站站长入党记》在全市党员教育电视片观摩交流中获得一等奖。

【干部选拔任用】坚持将政治标准放在首位，坚决将政治上不合格人选挡在“门外”。倡树干事创业、实绩至上鲜明用人导向，注重从急难险重任务、重点项目、重要工作一线选拔使用专业能力强、实绩突出干部，先后提拔或进一步使用干部55名。积极引导干部沉到基层一线锻炼成长、干事创业，从县直部门选派41名干部参加“万名干部下基层”工作。

【选拔使用优秀年轻干部】坚持将加快培养使用

优秀年轻干部作为一项战略任务来抓，解放思想、不拘一格，大力破除隐性台阶，及时提拔重用各方面比较成熟、经过实践考验的优秀年轻干部；对有发展潜力、需要递进培养的优秀年轻干部及时放在关键领导岗位培养。先后提拔和进一步使用“80后”科级干部68名，其中“85后”45名、“90后”8名。分类建立优秀年轻干部信息库，考选14名年轻公务员、6名基层选调生。

【激励干部担当作为】 弘扬“盯着干、快干、干好”的工作作风，聚焦“担当、协同、效率”意识，持续深化作风建设，有效激发干部扎根基层、担当作为、干事创业的内生动力。选拔6名优秀村（社区）党组织书记挂职担任镇街领导班子成员，选配29名镇街事业单位副科级主任，2名村党支部书记、2名长期在镇（街、区）工作人员考录为公务员。认真贯彻落实《关于激励受处理处分干部担当作为的实施办法》，加强对受处理处分干部特别是因工作失误被问责干部的激励帮扶，引导他们放下思想包袱，主动改正错误，焕发干事激情。

【干部监督管理】 深化选人用人监督，配合做好省委对全县巡视和省委组织部选人用人专项检查工作。强化日常监督，坚持抓早抓小抓预防，对发现的干部干事创业精气神不够、患得患失等苗头性、倾向性问题，及时提醒教育，防止小毛病演变成大问题。处理不担当不作为干部59人、处分19人，起到了很好的教育警示作用。

【招才引智】 不断探索人才引育与产业升级的结合点，推动以产业引人才、以人才强产业。大力开展人才对接活动，按照“产业+活动+人才”模式，摸清新能源汽车、装备制造、新材料、特色农业等产业人才需求，举办国家西甜瓜产业体系专家签约聘任仪式、中科院专家昌乐行人才对接交流大会等活动18场次，现场签约人才31名，聘任中国西甜瓜产业技术体系首席科学家许勇等8名专家担任“昌乐县农业发展高级专家顾问”。积极推动“走出去”引才，推动全县招引队伍“走出去”招引39次，与上海交通大学、中科院微生物所等15处高校院所建立合作关系，引进“两院”院士宋振骐、方智远等一批高端人才。实施“校友回昌”人才集聚工程，发挥昌乐教育资源优势，举办昌乐二中优秀校友人才座谈会、在外校友家乡行等活动，聘请昌乐一中校友、合肥工业大学教授卢剑伟挂职担任科技副县长，招引13名在外校友回昌创新创业。加速推进本土人才培养。以产业领军人才培养为统领，统筹推进技能实用人才队伍建设，国家“万人计划”专家戴祖云、大米科技董事长杨健、山东农业大学教授刘玉升等3人在省、市创业大赛中获奖，16人入选齐鲁首席技师等省、市重点人才工程。成功举办第六届昌乐县职业技能竞赛，选育高技能人才95人。

【创新创业高端平台建设】 围绕加快科技创新成果转化，提高人才使用效益，大力开展高水平平台载体建设，加强产学研载体共建。新建院士专家工作站、企业技术中心等省级以上平台7处，工程技术研究中心等市级平台16处，挂牌成立中科院山东综合技术转化中心昌乐县分中心。提升产业园区承载水平，发挥园区在项目承接、人才引进等方面的重要作用，佳诚数码新材料产业园加快布局，新落户青岛大学智能纺织品等4个项目；中科氢能装备产业园建成投用，与上海应用物理研究所、上海合既得博士团队合作开发氢动力模块项目，是国内首个氢能装备规模产业化项目；中德产业园开工建设，德国Lutz等3家“隐形冠军”企业确定入驻，“一带一路”国际人才合作持续深化。借力节会平台开展对接，抓住举办国际宝石博览会、西甜瓜科技博览会、昌乐二中建校六十周年庆等活动契机，积极搭建对接平台、开展人才活动，签约各类人才15名、科创项目4个。

【人才政策体系建设】 以完善政策为引领，狠抓人才服务水平提升，人才发展环境得到全面优化。健全人才工作机制，完善人才工作联席会议制度，积极发挥牵头抓总作用，先后召开全县人才工作座谈会、重点人才申报工作动员会等会议，支持职能部门认真履行职责、主动作为，不断将招才引智成效纳入全县重点工作积分制考核，推动任务工作落实。完善人才政策体系，制定出台高质量发展30条、“双招双引”双十条等政策文件，全面升级人才政策，加大扶持力度，优化支撑人才发展的政策体系。落实人才奖励待遇。对新引进、培养和做出突出贡献的人才给予重奖，全面兑现各类人才奖励政策，人才相关投入超过6000万元。营造尊重人才氛围，完善领导干部联系专家制度，走访慰问高层次人才220人次，解决人才实际困难60余个。编印《昌乐县人才强企政策汇编》，面向所有规模以上企业进行发放。引导昌乐农商行、齐城新农村建设投资有限公司等金融创投机构加强对人才项目的资金支持，通过入股、信贷等形式进行扶持。

【经济社会发展综合考核工作】 根据市委、市政府反馈的《2019年度县市区、市属开发区经济社会发展综合考核结果通报》，全县定量指标得分为1494.23分，列八县市第4位，取得全市实行8县市排名以来的最好成绩。6项定性评价指标，“开展‘不忘初心、牢记使命’主题教育情况”为“好”等次，其他均为“较好”等次；5项底线约束指标情形未发生。全县因定量指标成绩在12个县市区排名中提升了3个位次，被确定为“优秀”等次。省委组织部公布的2019年度城乡居民评价结果，全县在全省137个县市区中排名第6。市委、市政府通报的七项单项工作中，全县有四项获得先进，分别是：“全市实施乡村振兴战略先进单位”“全市高质量双招双引工作先进单位”“全市开放发展先进单位”“全市平安建设先进单位”。

【自身建设】 加强部机关党的建设，认真开展“不忘初心、牢记使命”主题教育，组织学习研讨24次，形成调研成果7篇，部领导班子成员及副科级以上干部查摆的问题都已整改完成或取得阶段性成果。严格落实“三会一课”制度，坚持第一时间组织学习习近平总书记重要讲话和上级重要政策规定、文件精神，不断增强“四个意识”，坚定“四个自信”，做到“两个维护”。全面提升组工干部能力素质，定期组织党员干部到经济社会发展现场学习参观，先后两批组织组工干部到延安开展党性教育。认真举办“宝都组工大讲堂”，落实部机关人人上讲台制度，推动组工干部熟悉业务、增长见识。安排8名组工干部进行部内轮岗交流，增长才干。深入挖掘全县组织工作的好经验好做法，35篇反映亮点工作的稿件在市级以上部刊和新闻媒体刊发。

（供稿人：崔爱彬）

宣传工作

【概况】 2019年，全县宣传思想文化工作坚持以习近平新时代中国特色社会主义思想和党的十九大精神为指导，认真贯彻中央和省市县委重大决策部署，全面落实全国、全省、全市宣传思想工作会议精神，坚持守正创新，积极担当作为，自觉承担“举旗帜、聚民心、育新人、兴文化、展形象”的使命任务，着力推动习近平新时代中国特色社会主义思想更加深入人心，着力建设具有强大凝聚力和引领力的社会主义意识形态，着力强化舆论引导和壮大主流思想舆论，着力培育和践行社会主义核心价值观，着力提升群众文化生活满意度，着力加强宣传思想工作队伍建设，不断开创宣传思想文化工作新局面，为经济社会高质量发展、建设现代化高品质城市提供了强大思想保证和强大精神力量。

【学习宣传贯彻习近平总书记系列重要讲话精神】 持续推进习近平新时代中国特色社会主义思想学习宣传。扎实开展“不忘初心、牢记使命”主题教育，深入学习习近平总书记系列重要讲话精神，把学习宣传习近平新时代中国特色社会主义思想作为首要政治任务。印发《全县党委（党组）理论学习中心组2019年理论学习安排意见》《县委理论学习中心组2019年理论学习安排意见》，组织县委理论学习中心组开展集体学习研讨12次，带动各级党委（党组）理论学习中心组学习研讨1500余场次。

2月21日，召开全县宣传思想工作会议

用好“学习强国”学习平台，建立县、镇、村三级学习组织架构，形成了“纵向到底、横向到边”的党员全覆盖式学习组织架构。截至2019年底，全县加入“学习强国”学习组织构架的用户超过11万人，用户数占党员数比例、用户活跃度和发稿成绩均位居八县市前列。组织全县党员干部学习《习近平新时代中国特色社会主义思想学习纲要》等书籍，将学习习近平新时代中国特色社会主义思想引向深入。广泛开展理论宣讲。全面推进党的十九届四中全会宣讲工作，召开昌乐县学习贯彻党的十九届四中全会精神宣讲团成立暨宣讲工作动员会，印发《党的十九届四中全会精神宣传工作方案》，组织宣讲团成员分赴各镇（街、区）和县直有关部门开展宣讲，进行专题宣讲24场次，各镇（街、区）和县直各部门单位结合各自实际开展宣讲工作130余场次；举办“中国梦·新时代·祖国颂”百姓宣讲比赛，展现基层干部群众爱国敬业、积极向上、勇于拼搏的精神风貌。积极打造基层理论宣讲高地，成功申报县委党校为山东省理论大众化示范点。三是加强思想政治工作研究。调研深化“一次办好”改革项目，创新“项目圆心”机制，推进村庄布局发展、创新壮大乡村发展新动能、提高村级基层党组织建设质量、文化小镇建设促进乡村振兴战略实施等课题研究，为县委县政府科学决策提供理论参考。

【严格落实意识形态工作责任制】压紧压实主体责任。调整县委意识形态和宣传思想工作领导小组，成立县委网络安全和信息化委员会，印发《昌乐县党委（党组）网络意识形态工作责任制实施细则》等制度文件。先后召开县委常委会、县委意识形态和宣传思想工作领导小组会议、县委网络安全和信息化委员会全体会议等16次，专题研究部署意识形态工作。制定重大安全问题应急处置预案，工作机制进一步健全。严格落实每年两次报告和通报制度。逐步建立意识形态工作常态化巡察制度，将意识形态工作责任制落实情况纳入十四届县委第五轮巡察和全县重点工作积分制考核督查，对10个镇（街、区）和部分县直部门进行意识形态工作责任制专项检查。以省委巡视意识形态工作责任制专项检查为契机，推动意识形态工作责任制落地落实。重点领域阵地可管可控。申报备案市级以上研讨会、讲座2个，1人被省委宣传部、省社科联表彰为2018—2019年度山东省社科普及工作先进个人，为潍坊市各县市区唯一；1人获评潍坊市第四届中青年社会科学研究拔尖人才荣誉称号；成功迎接中国社科院来全县关于“乡村振兴战略的潍坊模式”调研活动，充分展现了全县大力实施乡村振兴战略，在农业产业化发展方面的好经验、好做法。积极做好抵御宗教渗透和非法传教活动，对非法宗教活动场所进行取缔。不断净化文化市场环境，积极开展“净网、清源、秋风、护苗、固边”专项行动，在学校、书店、印刷企业等单位建立示范点10处。围绕立德树人，重点实施中小学校“三红工程”，突出抓好“思想政治课建设、工作队伍建设、宣传阵地建设”三大建设，夯实教育领域意识形态阵地建设。开展“党员全员进市县党校培训”工程，“宝都讲堂”及县融媒体中心建设等取得积极成效，意识形态工作领导权、话语权持续增强，意识形态重点领域安全稳定。筑牢网络意识形态阵地。建立健全网络安全和信息化工作体制机制，召开专题会议，印发工作规则、工作细则、工作要点，进一步完善考核督查办法。全年共撰写《舆情专报》365期，报送《舆情月度分析报告》12期，下达《舆情转办单》97期。加强舆情信息员队伍建设，印发《关于加强全县网评员队伍建设的意见》，召开全县新闻舆论安全工作培训会议，调整充实县镇村三级队伍。扎实做好互联网清理整顿工作，完成全县机关和企事业单位网站情况统计，开展全县互联网应用清理整顿工作、网络生态专项治理、2019“清朗”专项行动、社会矛盾网上风险点排查等专项行动，网上舆论生态日渐清朗。四是服务决策能力稳步提升。在《山东宣传工作简报》刊登工作信息2篇，在《潍坊宣传工作简报》《潍坊宣传》杂志刊登工作信息20篇，成绩位居全市第一；全年对上报送舆情信息400余条，中宣部采用信息49条、省委宣传部采用信息300条，在全省党委宣传部调研和舆情信息工作会议上作典型发言，连续7年获全省舆情信息工作先进单位。

【新闻舆论引导】 县内宣传声势强大。围绕县委中心工作，在县内媒体开设新旧动能转换、乡村振兴、工作落实年、“不忘初心、牢记使命”主题教育活动等专栏专题23个，刊播各类主题稿件13000余篇（条），组织宝石博览会、西甜瓜科技博览会等重大活动的宣传报道，抗灾救灾舆论宣传平稳有序，凝聚了发展力量，服务了全县发展大局。对外宣传亮点频现。积极推介全县亮点工作经验，在市级以上主流新闻媒体刊发稿件950余篇（条），树立了良好形象。邀请中央电视台《新闻直播间》、新华社《高管信息》《山东要情动态》《农民日报》《科技日报》《大众日报》等高端媒体对全县融媒体中心全国试点县建设、“拿地即开工”审批模式、乡村振兴、脱贫攻坚、双招双引、众志成城抵御“利奇马”等方面的经验做法进行了深度报道，中央电视台新闻频道播出全县机关干部夜间在暴雨中转移群众，确保群众安全的防汛抢险新闻稿件。在《新华社山东要情动态》刊发的稿件《县级融媒体中心建设必须有强烈的阵地意识——昌乐县级融媒体改革调查》，获省委书记刘家义，省委常委、宣传部部长关志鸥批示。融媒体中心建设扎实有序。把融媒体中心建设作为书记工程来抓，制定出台《昌乐县融媒体中心建设实施方案》，开通融媒体中心建设绿色廊道，县财政投入1700余万元，新增事业编制10名，全省县级融媒体中心建设（东部片区）现场推进会、全市融媒体中心建设现场推进会在昌乐召开，先后有50多家省内外媒体前来考察学习全县融媒体中心建设方面的经验做法。新闻发布质效提升。丰富发布议题设置，回应社会关切，先后协调举办昌乐县2019年度食品安全新闻发布会、扫黑除恶专项斗争新闻发布会、全县三年禁毒人民战争新闻发布会、2019中国（昌乐）西甜瓜科技博览会新闻发布会、2019中国（昌乐）国际宝石博览会新闻发布会等7场（次），及时、全面、准确传递信息。喜迎国庆氛围浓厚。积极营造庆祝中华人民共和国成立70周年浓厚氛围，广泛利用LED显示屏、户外宣传牌、建筑围挡等重要载体，以及广场公园、商场宾馆、主街主路、窗口服务单位等重要点位，通过设置宣传牌、滚动播出宣传标语口号等形式，开展大力度、密集化宣传。牵头组织举办演出、书画展览等庆祝中华人民共和国成立70周年主题系列活动100余场次，凝聚了爱国向善的社会正能量，受到了居民群众的欢迎和好评，营造了浓厚的国庆氛围。

【思想道德建设】 典型培树持续发力。全县896个自然村全部建成“善行义举”四德榜，持续推进好人选树活动，入选省、市级身边好人、道德模范20名，1人当选第七届山东省道德模范、1人荣获省道德模范提名奖、1人荣获山东好人、2人入选市道德模范。广泛开展最美家庭，好公婆、好媳妇等最美家庭创评和“美丽庭院”创建工作，培育各级美丽庭院示范户3906户，打造美丽庭院创建示范镇2个、示范村36个。组织开展首届“昌乐最美奋斗者”系列人物评选活动，选树最美警察、最美医护人员、最美教师等各类典型90名，在2020

年昌乐县春节晚会上进行了隆重表彰。乡村文明行动再创佳绩。持续深化文明村镇创建，全年新增省级文明单位（村镇、社区）9个，市级文明单位（村镇、社区）14个，全县文明达标村覆盖率达到90%。盯住移风易俗重点难点工作着力攻坚，举办了全县首届移风易俗集体婚礼，重新修订《村规民约》，推动红白理事会规范化运行，积极推进公益性公墓建设，规划建设占地411亩的昌乐县宝山公墓，争取移风易俗和乡村文明家园专项资金38万元，农村精神文明建设日新月异。组织开展了乡村文明专项督查，整改问题1236个。2019年度，全省移风易俗和城乡环卫一体化群众满意度电话测评在129个区县中跃居第2名，取得新突破。未成年人思想道德建设稳步推进。开展“扣好人生第一粒扣子”主题教育、“新时代好少年”学习宣传和评选表彰活动、“国学小名士电视诵读大赛”“我们的节日”系列主题活动。将核心价值观融入教育全过程，抓实抓好“铭记光辉历史、传承红色基因”“青春心向党、建功新时代”“追寻党的光荣足迹”等主题实践活动，开展“红色基因”大讲堂36场次，受益学生36500余人次。不断深化文明校园创建，新增省级文明校园2所、市级文明校园2所，文明校园评选梯次结构更加完善。积极推动新时代文明实践中心建设。在探索新时代文明实践中心建设工作中，以村居试点先行，逐步建立健全县镇村三级综合平台、完善志愿服务体系，新时代文明实践活动已在全县各具特色、多点开花。已建有新时代文明实践分中心10处，新时代文明实践站（所）124处。各镇（街、区）整合现有的综合文化服务中心、党员活动室、文体活动室、会议室等场所，配套完善活动设施，形成固定的场所，实现“一个中心，一个主题，多种使用”；广泛深入开展“讲评帮乐庆”活动，宣传党的理论政策、中华优秀传统文化、现代文明知识，吸引广大群众了解、学习、参与；放大优势，突出特色，打造了文体之家—宝都街道西湖社区、红色讲堂—五图街道庵上湖村、文明信用—乔官镇唐家店子村、文艺村庄—鄌郚镇刘庄村等一批精品新时代文明实践所。加强志愿服务，依托各级文明单位、文明村镇注册志愿服务队712支，注册志愿者88836人，广泛开展志愿服务活动1000余场次，实现志愿服务信息共享，实现群众在哪里，文明实践服务就延伸到哪里。

【文化事业建设】 公共文化基础设施日趋完善。县文化馆、图书馆、非遗综合传习中心、石刻文物展厅等全部实现免费开放，全县370个行政村全部建成基层综合性文化服务中心。筹资建设了总面积1000余平方米的石刻文物展厅一处，展出县博物馆馆藏的汉画像石及其他各类石刻文物100余件。积极申报上级文物修复扶持资金，共申报青铜器文物修复、馆藏古籍修复、方山庙修缮、中共尧沟支部旧址修缮等四个项目资金300余万元。优秀传统文化焕发新颜。扎实做好昌乐非遗综合传习中心的开放维护工作，全年接待省、市、县级党政机关培训班和游客5万余人次。新增市级非遗项目代表性传承人3名，新增市级非遗传习所2处、市级非遗教育传承示范基地1处，有2名传承人荣获“潍坊工匠”

庆祝新中国成立70周年系列活动

称号；在“非遗月”“文化遗产日”以及县内举办的节会活动中，组织开展各类文化遗产成果展演20余场次，举办“百代标程—纪念李成诞辰1100周年首届全国山水画展”，李成纪念馆、营丘尚公窑同时揭牌，充分展示了全县文化遗产的独有魅力。基层文化惠民活动精彩纷呈。举办了庆祝中华人民共和国成立70周年文艺演出、“迎新春送祝福树新风”新时代文明实践社区教育、“人文仙月湖·欢乐幸福年”新时代文明实践活动、《我和我的祖国》主题快闪活动、文明之夏、百姓大舞台等文化活动400余场次，放映数字电影3798场，吸引全县30余万人次参与，山东省电影家协会工作会议在昌乐召开。组织开展了昌乐县第三届文化惠民消费季，吸引文化企业和社会团体14家参与，惠及群众2万余人次。在中宣部、农业农村部组织的“新时代乡村阅读季”活动中，荣获县级优秀组织奖全国第十名。优秀文化人才队伍不断壮大。开展公益性文艺培训，邀请国家、省级书协、美协会员20余人，共开展包含声乐、京剧、广场舞、书法绘画等在内的近20个培训项目，全年培训近1500课时，遍及370个行政村，受众达6万余人次。积极培养和选拔一批优秀民间文化传承人，烙画艺人王全战和织绣艺人高兴和2人被潍坊市委宣传部授予“潍坊民间艺术大师”称号；组织“泰山文艺奖”、山东省“文艺精品工程”、潍坊市“风筝都文化奖”等申报工作，在第五届风筝都文化奖评选中，优秀文化作品昌乐县入围4件，优秀文化人才入围1人，优秀文化企业入围1家，数量位居全市前列。新成立4家文艺团体和文艺培训机构，全县文艺团体总数近30家，文艺人才培养成效显著。

（供稿人：秦兰田）

统一战线工作

【概况】 2019年，昌乐县委统战部认真贯彻落实省、市统战部长会议精神，不断适应新形势，探索新思路，围绕服务县委中心工作，凝心聚力、主动作为，各领域工作都取得了新进展。2019年获评省委统战部“全省统战信息工作县级先进单位”。

【完善大统战工作格局】 将统战工作纳入镇（街、区）和县直部门经济社会发展综合考核。结合机构改革，将民族宗教、台港澳工作、侨务工作并入统战部，对县委统一战线工作领导小组、县委对台工作领导小组等4个组织进行了充实调整，更新充实领导小组主要负责人和成员单位，完善了宗教工作联席会议等制度。召开了县委对台工作领导小组第一次全体会议，审议通过《县委对台工作领导小组工作规则》《县委对台工作领导小组办公室工作细则》。2019年，县委常委会议专题研究统战工作4次。

【党外代表人士队伍建设】 加大教育培训引导力度，共举办统战系统干部培训班2期、党外代表人士培训班1期，开党风廉政建设和反腐败工作党外代表人士情况通报会等3次。理顺党外代表人士培养使用工作机制，新提拔3名党外副科级干部，推荐10名党外代表人士受聘担任特约监督员。建立了统战干部列席新阶联会长会议制度，组织县新阶联先后举办了庆祝建国70周年文艺演出、爱心助学等活动。

【非公有制经济领战工作】 深入开展“送政策上门精准对接”服务民营企业活动，举办非公企业负责人培训班2期，培训300余人次，先后邀请北大燕园专家到昌乐县为民营企业家授课。兑现民营企业技术创新、产业联盟和孵化器建设等8个方面108项扶持政策，奖补潍焦集团、元利科技等43家民营企业共计1508.08万元。为1家企业争取市奖励资金50万元。组织3家企业参加2019海外华商博士潍坊行暨投资创业合作恳谈会，组织9家企业参加第25届鲁台会。新推荐3名非公经济人士增补为县政协委员。

【“上海市昌乐商会家乡行”活动】 以乡情为纽带、以商会搭平台，积极发挥昌乐籍在外人士作用，助力全县高质量发展。4月份，成功举办了“上海市昌乐商会家乡行”活动，40余名商会会员及嘉宾应邀出席恳谈会，山东省委统战部副部长、省工商联党组书记周云平出席恳谈会并讲话。活动期间共对接项目21个，现场签约项目6个，阳地钢装配式建筑设计院和中草药种植两个项目落地。

【民族宗教工作】 在全县各宗教活动场所深入开展“四进”（中华人民共和国国旗、宪法和法律法规、社会主义核心价值观、中华优秀传统文化进宗教活动场所）活动，对基督教“以堂带点”聚会点、民间信仰活动场所实行挂牌管理。为北郭教堂争取教堂维修补助资金4万元。11月，指导县基督教三自爱国运动委员会进行了换届。分层次举办宗教政策法规培训班4期，培训宗教界人士、统战干部等300余人次，印发《宗教法规汇编》《民族宗教工作基本知识》等资料300余册。以“进广场、进社区、进村居、进宗教活动场所”为主线，开展了宗教政策法规宣传月活动，活动期间，共制作悬挂宣传版面260块，张贴宣传漫画1300余份。制止网络宗教宣传行为1起。开展了第19个民族团结进步宣传月活动，在宝都街道西湖社区、新昌社区、昌乐县第二实验小学、山东梦金园珠宝首饰有限公司等4个单位开展民族团结进步创建活动，其中宝都街道新昌社区被评为“全市民族团结进步创建示范单位”。

【港澳台海外工作】 扎实开展了港澳台侨同胞和海外留学生摸底统计工作，进一步充实了全县工作数据库。2019年共接待台胞15个团组213人到昌乐考察对接项目，组织1个团组赴台考察。积极参与第25届鲁台会，并取得丰硕成果：成功签约中德产业园、仙月湖现代农业等项目2个，总投资15.6亿元；推介庵上湖田园综合体等项目5个；接待台湾电电公会等团组13个。持续开展台资侨资企业发展服务工作，积极帮助相关企业处理诉讼案件等3起，协调解决生产经营中的实际困难6项。2019年，县台办被评为潍坊市对台工作先进单位。

（供稿人：冯文杰）

对台工作

【概况】 2019年，昌乐县台办贯彻落实中央、省、市对台工作精神，立足昌乐自身实际，扎实开展各项对台工作，昌乐台办被评为“2019年度全市对台工作先进单位”，中传拉链获得昌乐县“企业贡献奖”。

【台胞与台属工作】 2019年昌乐有驻昌台胞11人，台属25123人。2019年将全县的台胞、入台人员信息进行统计归类，深入街道、乡镇，完善涉台信息资料库，共整理出入台人员1027人、台属25123人的信息。为中传拉链协调工会、人社局、法院、税务局、市场监管局等部门办理林於宝参加潍坊市劳动模范的评选手续。推荐昌乐台属邢晓东担任市台联会常务副会长，推荐台属臧洪启、姜玉国、刘锦环、滕树友担任市台联会理事。鼓励台联会定期组织活动，交流行业经验，抱团发展。制定了《昌乐县涉台突发事件应急预案》，划分事件等级，明确各单位工作职责，确保涉台突发事件都能得到妥善处置，涉台领域安全稳定，台商零投诉。

【台资与台属企业】 全县共有8家台资企业，总投资额4238.63万美元，实际到位资金4076万美元，用工人数为1032人。2019年实现利润1730万元人民币，纳税额1219.3万元人民币。潍坊中传拉链配件有限公司被评为“山东省十大台资企业”，获得昌乐县“企业贡献奖”。

全县有台属企业11家，总投资额32300万元人民币，从业人员900多人，台属企业华东家具为潍坊市台胞台属联谊会常务副会长单位。积极做好台资台属企业的服务工作，建立了定期包靠和走访台资企业制度。定期到台资企业进行走访，了解企业生产经营情况和发展面临的问题，征求意见建议。开展台资企业情况摸底调查和涉诉涉访情况摸底调查，经普查，昌乐8家台资企业运转良好，两家企业涉及4起诉讼，全部为企业间经济纠纷，无涉访情况。积极对接相关企业了解诉求，并协调县法院等部门推动案件化解，最大限度维护台资企业合法权益。联合县检察院开展法官一对一帮扶企业“送司法上门”服务活动，联系帮扶台资企业2家。

【经贸文化交流】 2019年，共接待15个台湾团组213人到昌乐考察对接项目，组织1个团组3人赴台，1人随团赴台，来往人数共计217人。2019年共引进涉台项目3个，其中，鲁台会签约仙月湖生态示范园项目，合同总投资额1.1亿元。2019年5月15日，中国（昌乐）西甜瓜科技博览会上签约海峡两岸青年农业创业园项目。2019年10月30日，台商领投项目中德产业园举行奠基仪式，投资额为15亿元。

【鲁台会参会工作】 组织4名台湾客商参加重点项目签约仪式，成功签约昌乐仙月湖生态示范园项目，合同总投资额1.1亿元。组织9家企业和高崖库区参展，申请免费展位3个，共接待13个团组175名客商到昌乐参观，考察昌乐企业和现代农业点共14个，达成初步合作意向4个。组织60余人次参加海峡两岸农业论坛、两岸智能制造产业专项对接会等6项主题活动。持续做好宣传发动，张贴鲁台会海报500张，悬挂宣传标语条幅102条，在城区沿街商铺220余处电子显示屏持续滚动播放宣传标语。发动各有关部门及街道组织300名群众参会。

【涉台宣传信息调研工作】 2019年共在华夏经纬网、大众网、搜狐网、山东台办网、潍坊电视台、《潍坊日报》《潍坊晚报》等各级媒体发表工作稿件43篇。4月和5月，对接县传媒集团采访中传拉链，制作的电视新闻栏目在潍坊电视台播放，节目题目分别为《优化涉台营商环境助推经济高质量发展》和《全力当好“店小二”——昌乐台办走访台资企业听心声集建议解难题》。2019《潍台讯息》刊发有关昌乐工作信息三条，形成调研报告两篇，分别为《昌乐县惠台法律法规贯彻执行情况调查报告》《地方对台经济工作调研报告——以山东省潍坊市昌乐县为例》。

（供稿人：冯文杰）

机构编制工作

【概况】 2019年，昌乐县委机构编制委员会办公室认真学习贯彻习近平新时代中国特色社会主义思想和党的十九大、十九届四中全会精神，坚持以机构改革为主线，以编办体制调整为动力，以强化机构编制刚性约束为着力点，强化担当，提高效能，机构编制工作取得了一定成效。先后荣获“全市机构编制工作绩效管理评价优秀等次”“全省机构编制信息工作先进单位”“全省《机构与行政》宣传工作先进单位”“全市机构编制信息工作先进单位”“全市机构编制宣传工作先进单位”“全市机构编制调研工作先进单位”“潍坊市机构编制系统第七届岗位练兵活动二等奖”“县直部门（单位）工作实绩综合考核优秀等次”等多项荣誉称号。

【政府机构改革】 2019年1月10日，经省委、省政府批准，市委办公室、市政府办公室印发《昌乐县机构改革方案》（潍办字〔2019〕14号）。2019年2月2日召开昌乐县县级机构改革动员大会，下发《关于昌乐县县级机构改革的实施意见》（乐发〔2019〕2号）。对标对表上级机构设置，与省、市机构改革相衔接，新组建县农业农村局、文化和旅游局、卫生健康局、退役军人事务局、应急管理局、医疗保障局、教育和体育局、工业和信息化局、自然资源和规划局、行政审批服务局等10个部门，调整优化相关部门管理体制和职责配置，主要机构设置同省、市保持基本对应，做到因地制宜、上下一致、有机衔接，确保上下贯通、执行有力。改革后，党委设置工作机关9个、常设议事协调机构10个；政府设置工作部门28个、派出机构1个。党政系统限额外副科级以上行政机构全部清理。2019年1月印发《关于县级机构改革人员转隶工作的意见》，成立工作专班，与相关部门通力协作，截至

2019 年 3 月 13 日，全部涉改部门（单位）1048 名人员平稳、有序、按期转隶到位。按照精简统一高效和“编随事走、人编同调”原则，进一步理清部门职责边界，优化党政机构职能配置和内设机构设置，截至 2019 年 3 月 31 日，共完成除公安局以外的 36 个党政部门“三定”规定印发工作。

【事业单位改革】 采取撤并、整合的方式，全面清理事业单位承担的行政职能，将行政职能收归机关，事业职能相近的单位撤并整合。对单位名称中含有“委、办、局”，或有“监督”等带有行政职能字样，不符合改革要求的事业单位进行规范，进一步强化其公益属性。行政职能收归机关后，对部分直属事业单位职责及科室配置进行明确，进一步厘清行政机关与事业单位的职责边界。改革后，全县共减少 52 家事业单位，撤并率达 56.5%。

【机构编制管理】 2019 年底，全县党政群机关 66 个（不含潍坊市生态环境局昌乐分局），其中，党委设纪检监察机关 1 个，工作机关 8 个，设在党政部门的县委议事协调机构的办事机构 9 个。政府组成部门 28 个，县政府派出机构 1 个，群众团体 7 个，按《党章》《宪法》规定设置机构 4 个，镇街 8 个。行政编制总计 1889 名，实有行政人员 1881 名。全县事业单位共计 329 个，其中，副县级 5 个、正科级 53 个、副科级 77 个、股级和未定级单位 194 个。事业编制总计 10517 名。严控编制总量。严格落实山东省委省政府《关于严控机构编制确保财政供养人员只减不增的意见》精神，确保机构编制总量不得突破 2012 年底总量，对确需保障的重点领域和行业，在总量内调剂解决。与 2018 年相比，党政群机关行政编制增加 46 名（市级下放镇街行政编制 58 名，上收潍坊市生态环境局昌乐分局行政编制 12 名），政法专项编制未增加，事业编制减少 15 名（市公路局下放 64 名，上收潍坊市生态环境局昌乐分局事业编制 79 名）。用编进人计划使用。2019 年潍坊市批复全县行政编制用编进人计划 76 名，使用 51 名（含安置军队转业干部 3 名，2017、2019 年选调生共 14 名）；事业编制用编进人计划 288 名，使用 288 名（含符合政府安排工作条件退役士兵 15 名）。

【事业单位监管】 事业单位绩效考评。2019 年，不断完善事业单位绩效考核体系，建立健全党的建设、职责履行、管理运行和服务满意度等工作完成情况的考核指标体系。组建 32 个事业单位绩效考核专业考核委员会，采用平时考核、实地考核、主管部门评价、服务对象满意度评价相结合的方式对纳入考评范围的 285 家事业单位进行考核，最终确定“优秀”事业单位 82 家、“良好”事业单位 116 家、“合格”事业单位 87 家。事业单位清单化管理。2019 年 10 月印发《2019 年度昌乐县事业单位业务范围清单动态化管理工作实施方案》，对 2019 年度因改革调整变化的 186 家事业单位进行业务范围动态管理，共梳理出 864 项业务范围清单。事业单位事中事后监管。2019 年 5 月印发《关于开展县属事业单位“双随机、一公开”监管工作的通知》，分两次对 15 家事业单位进行了抽查，下达整改通知书 3 份。2019 年 6 月印发《关于开展县属事业单位年度报告公示随机抽查工作的通知》，对 8 家事业单位进行了抽查，均运行规范，未出现问题。

【其他重要工作】 镇街行政管理体制改革。按照省、市有关要求，将镇街行政管理体制改革纳入党政机构改革重要议事日程，与县级机构改革统筹结合、有序衔接、压茬推进。2019 年 1 月制定《关于深入推进镇（街）行政管理体制改革的实施意见》（乐发〔2019〕3 号），及时批复各镇街《深入推进行政管理体制改革实施方案》，从体制机制方面，进一步加快推进政府职能转变，实现基层治理体系和治理能力现代化。改革后，各镇街统一设置 7 个党政工作机构和 5 个事业单位，明确事业单位负责人可按副科级配备。同时为各镇核增行政编制 58 名、镇街事业单位核增事业编制 40 名，进一步将机构编制资源向镇街倾斜。优化机构职能运行机制。编制完成 36 个部门权责清单 4977 项，理顺部门职责权限。编制25个部门49项职责边界清单，建立一个部门牵头多个部门配合的工作机制。编制房地产、防震减灾、旅游服务等7个部门9个领域执法监管边界清单，完善执法监管配合机制。编制17个部门办事事项清单82项，优化机关内部运行机制，解决“中梗阻”“慢作为”问题。

（供稿人：徐一婷）

信访工作

【概况】　在县委、县政府的正确领导和各级各部门的共同努力下，全县信访形势总体平稳，没有发生大的影响稳定的问题，信访秩序持续好转。在各级“两会”、海军建军70周年、“一带一路”国际合作高峰论坛、新中国成立70周年等重要节点，全力做好各项信访稳定工作，圆满完成各项安保维稳任务。我局各项业务工作创历年来最好成绩，考核指标位居全市前列。局机关党支部被县委授予“先进基层党组织”。昌乐县被省委、省政府授予“全省新中国成立70周年安保维稳工作先进县”荣誉称号。

【办理群众信访事项】　对群众来访事项严格按照法律法规和《信访条例》及有关规定办理，案件及时受理率和按期办结率均达到100%。未发生上访群众去市到省进京丢丑滋事和有影响的信访案件，信访事项重复率和越级率明显下降。定期通过电视、报纸、公众号等媒介向群众公开县级领导接访安排，落实县委、县政府领导及县人大、政协主要领导公开接待群众来访制度。县级领导接待群众来访满意率达95%以上。群众来信、网上信访及时受理率和按期办理率达100%，有效信件“三见面”率达100%，立案案件处结率达100%，初信一次性结服率达90%以上。来信、网上信访件中纳入满意度评价信访事项对信访部门和责任单位的满意率分别达到99.35%和98.68%，其中来信事项评价满意率为100%。

【信访积案化解】　严格按照省、市、县“工作落实年”部署要求，扎实开展信访积案“拔钉行动”，逐案落实工作专班靠上攻坚化解。上级交办昌乐县1起10年以上信访积案第一时间化解，化解率100%；20起5-10年信访积案化解18起，化解率90%；190起2-5年信访积案化解185起，化解率97.3%，均已超额完成省、市提出的化解任务目标。

【开展人民满意窗口创建工作】　建设1000平方米的联合接访大厅，设有候访大厅、接访等候室、领导接访室、联合接谈室、心理辅导室、律师咨询室、警务室等职能科室，全部实行全省一流高标准配备。11月25日局业务科室集中入驻办公，以“一次办好”为目标，以让群众“最多访一次”为抓手，健全完善相关接访制度，提高信访事项办理质量，着力打造在来访环境、服务态度、接谈疏导、受理办理等方面让群众满意的接访窗口。12月21日，省信访局副局长李光珠带队一行6人到昌乐县实地观摩检查创建人民满意窗口工作，对全县工作给予充分肯定。

【全力做好重要节点安保维稳工作】　以做好新中国成立70周年安保维稳工作为着力点，做好接访、来信、网上信访、复查复核和矛盾纠纷排查化解以及驻京值班等工作，压实重点群体和重点人员教育疏导、源头稳控、信息预警任务。在各级“两会”、海军建军70周年、“一带一路”国际合作高峰论坛、新中国成立70周年等重点敏感时期，全县无重点人员失控进京，没有发生影响稳定的问题。特别是在新中国成立70周年安保维稳期间，坚持以最高标准、最严要求、最大力度狠抓信访稳定工作落实，圆满完成新中国成立70周年安保维稳工作，得到省、市领导充分肯定。昌乐县被省委、省政府授予“全省新中国成立70周年安保维稳工作先进县”荣誉称号。

【积极参与县委、县政府安排的重点工作】　组织局干部职工积极参与卫生县城复审、扫黑除恶、扶贫帮扶、省委巡视迎查、人居环境整治、焦化产业行业整顿等重点工作。严格按照部署要求，盯着干、快干、干好，组织58人次，出动推土机、垃圾车等6台次集中清理汽运一队小区卫生。组织26人次到乔官镇方南刘村、山唐村、乔南村、团埠坡村的8户贫困户开展扶贫帮扶活动。及时与朱刘街道潍坊铭尚纺织有限公司搞好对接，提出有效意见建议3条，助力企业发展。对省委第四巡视组转交的群众来信、来电及网上投诉信访事项及时分类受理，按期办结。组织115人次，动用挖掘机、铲车、渣土车16台次，配合乔官镇土埠沟、苗埠等12个村开展人居环境综合整治，各项工作均取得显著成效，赢得领导和群众的一致肯定。

【信访工作机制】 一是落实县委、县政府领导班子成员及县人大、县政协主要领导工作日轮流接待群众来访制度。县委书记、县长带头，责任单位主要领导陪访，形成接访纪要，督促责任单位及时化解，使一部分疑难复杂信访问题得到化解，群众满意指数较高。同时，各镇（街、区）、各部门也结合自身实际，每天安排一名领导专门负责接待群众来访，做到群众什么时候来访都有领导接待，实现一线解决问题，有效实现了全县信访总量的明显下降，实现了信访秩序的明显好转。二是加强国务院《信访条例》《山东省信访条例》和国家信访局《关于进一步规范信访事项受理办理程序引导来访人依法逐级走访的办法》等信访法规和文件的宣传，让信访人正确认识自己的权利和义务，树立依法信访逐级走访意识，进一步规范上访程序和秩序。三是健全完善检查考核制度，制定下发《昌乐县2019年信访工作考核办法》，对各镇（街、区）、县直有关部门信访事项受理率、办结率、重复率、越级率、满意率、复查复核率、听证等作出明确规定，加大来县去市到省进京上访和非正常上访的办理和处置力度，推进信访工作健康开展。四是强化驻京值班力量，筑牢最后一道防线。驻京值班模式为“部门+镇街区”联合值班方式。由县信访局派1名副局长常年带队驻京，公安、法院、建设、卫计、民政、教育和10个镇（街、区）分两组轮流到北京值班。在全国“两会”、海军建军70周年、“一带一路”国际合作高峰论坛、新中国成立70周年等重要节点，没有发生造成影响的信访案件和上访人员进京丢丑滋事事件。

【其他重要工作】 一是加强信访队伍建设。2019年3月，组建编制为16人的县联合接访中心，公开遴选7名年轻干部充实信访队伍。协调镇（街区）、部门按照有利工作、方便信访人的原则，确定信访工作机构地点，保证专职信访工作人员不得少于2人。二是加强信访干部学习培训。组织20余人次前往江苏、贵州等地实地学习联合接访大厅建设先进经验。组织对镇（街、区）、县直有关部门信访工作人员进行接访处访、网上办信、政策法规方面的培训，提升信访干部的理论水平、业务能力、综合素质。三是努力做好复查复核和信访听证工作，发挥复查复核三级终结作用，推动一些久拖不决、重复越级的信访案件得以化解。扩大听证范围，将所有符合条件的信访案件主动纳入信访听证，通过听证使信访问题“案结事了”。四是深入开展信访积案集中化解活动，按照“属地管理”和“谁主管、谁负责”的原则，根据“三到位一处理”要求，落实“五个一”包靠措施，分类分析，重点整治，逐案突破，全力化解一批久拖不决的信访积案，推动案结事了，有效遏制上访群众信访不信法和越级访、非访高发势头，提高群众对信访问题处理的满意度，全力维护社会稳定。

【自身建设】 用好支部生活日和集中学习日，制定详细学习计划，集中学习习近平新时代中国特色社会主义思想和党的十九大、十九届四中全会精神，共集体学习21次，开展专题讨论12次，开展集体诵读党章、过党员“政治生日”、慈心一日捐、帮扶困难群众等主题活动9次。扎实开展“不忘初心、牢记使命”主题教育，严格按照主题教育方案要求，组织集中学习研讨16次，专题党课3次，进行专题片学习8次，查找整改问题15项，实现理论学习入脑，行动落实到位，为做好新时期信访工作奠定坚实的理论和行动基础。

（供稿人：季东群）

县直机关党的工作

【概况】 2019年，在县委的正确领导下，深入学习贯彻习近平新时代中国特色社会主义思想和党的十九大精神，按照县委工作部署，全面落实新时代党的建设总要求，坚持围绕中心、服务大局，着力提升机关党建服务经济社会发展的能力，较好的完成了各项工作任务。

【思想建设和理论武装工作】 认真抓好党的十九大和十九届四中全会精神学习辅导，深入开展党的十九届四中全会精神学习宣讲活动，组建了机关工委系统宣讲队伍，举办了宣讲骨干培训班，对60名宣讲骨干进行了培训。结合“不忘初心、牢记使命”主题教育，通过中心组学习、培训轮训、专题交流、党课辅导讲座等多种形式，扎实开展党员培训。加强党务干部队伍建设，组织举办了机关党组织书记培训班，对53名机关党支部书记进行了集中培训。充分利用新技术手段抓好党员学习，组织县直部门各基层党支部1523名党员参加了全年的“学习强国”学习和6期“灯塔大课堂”学习，坚持一天一统计、一天一通报。狠抓“三会一课”等组织生活制度落实，督促指导基层党组织书记为党员上党课，保证每名党员集中培训不少于24个学时，全年共上传“山东e支部”学习记录1420余条。

【基层党组织和党员队伍规范化建设】 组织开展了县直部门机关党组织换届工作，制定印发了《县直机关基层党组织换届工作程序及要求》，召开换届工作培训会议，对87个县直部门（单位）进行了换届工作培训，及时研究批复县直部门党组织换届“两请示一报告”230余个，全程督促指导，保证工作质量，本年度任期届满的54个县直部门机关党组织均按期完成换届。大力推进机关党组织标准化设置工作，结合机构改革，严格按照组织设置标准化要求，重新调整理顺了县直机关党组织，2019年共指导新成立县直部门（单位）机关党委16个、机关党总支10个，严格按照规定程序选举配齐了机关党组织班子成员，提升了机关党建工作规范化水平。抓实“两新”组织党建工作，先后2次组织对县直17家“两新”组织基层党建工作情况进行了专题调研。坚持分类指导，晋位升级，对标准型“两新”组织党组织规范建立活动阵地，确保全部达到基层党建“六有”标准；对12家没有党员、不具备运行条件的“两新”组织，从其业务主管单位选派政治素质过硬，业务能力强的12名党员担任党建指导员，指导党建工作开展，增强“两新”组织对党建工作的政治认同、感情认同、思想认同。

扎实做好发展党员工作，严格发展党员工作流程，坚持“两推一公示”制度、发展党员票决制、上级党委派人列席接收预备党员会议等制度，组织举办了2019年度县直机关入党积极分子培训班，对县直机关51名入党积极分子进行集中培训，新发展党员9人，发展党员质量明显提高。全面做好党费收缴工作，建立《党费收缴工作台账》126册，及时核准党员党费收缴基数和比例，每半年将县直机关党费收缴使用情况进行公示，确保准确无误。

【机关作风建设】 全面落实党风廉政建设责任制，认真落实“一岗双责”，不断创新完善党风廉政教育的内容和方式方法，认真落实《党内监督条例》和《廉政准则》，充分发挥党组织的提醒、监督作用，建立日常督查制度，驰而不息纠治“四风”，2019年配合县纪委查处违纪案件3起，对违纪党员按组织程序进行了处理。严明党的政治纪律和政治规矩，教育引导党员干部践行“四个意识”，坚定“四个自信”，做到“两个维护”，严肃党内政治生活，全程指导县直68个基层党支部召开了专题组织生活会。聚焦主责主业，强化责任担当，认真贯彻上级党建工作部署要求，每季度召开1次工委全委会，每月召开1次党建工作专题会议。压实工作责任，层层传导压力，组织71个县直机关党组织书记开展了抓基层党建述职评议，指导县直各部门（单位）党组织围绕查摆问题、责任落实、整改措施制定了抓基层党建工作“三个清单”378册，推进县直各部门（单位）党建工作责任的落实。发挥机关党建引领作用，推进服务型党组织建设，深入开展“优质服务项目”创评工作，指导推荐的3个服务项目被评为“潍坊市优质服务项目”，推动了机关党建更好地融入中心、服务大局。

【民兵预备役和机关工会】 结合民兵整组专项潜力调查、兵役登记、军事训练、征兵等重点工作，深入宣传《国防法》《兵役法》等政策法规，组织开展了“征兵宣传日”活动，调动了适龄青年参军入伍的热情，2019年向部队输送了18名合格新兵，高质量完成了年度征兵工作，县直武装部被评为昌乐县“先进基层武装部”。全面加强基层民兵组织建设，按照上级部署认真搞好民兵组织调整改革，按要求在县供电公司、县交通局等9个单位科学编建了基干民兵组织，高标准完成了民兵工作管理系统179名基干民兵的信息录入和维护。认真组织开展了民兵应急分队集中训练、迎接各级深化民兵调整改革检查考评等工作，圆满完成了上级下达的训练任务和年度军事训练检查考核工作。会同有关部门举办了主题演讲比赛等一系列丰富多彩的文体活动，活跃了机关业余文化生活。深入开展脱贫攻坚工作，切实帮助基层群众解决了生产生活中的实际困难。先后参加了首阳山拆违、卫生县城复审、农村人居环境整治等工作，较好地完成了各项任务。

（供稿人：赵彩红）

巡察工作

【概况】 2019年以来，县委巡察机构全面落实中央巡视工作方针和省市县委巡视巡察工作部署要求，把“两个维护”作为根本任务，紧盯被巡察党组织履行职责使命情况，坚持发现问题和整改落实并重，坚定不移深化政治巡察，实现巡察工作高质量发展，推动全面从严治党向基层延伸。

【贯彻落实中央和省、市、县委巡视巡察工作精神，完善巡察机制建设】 2019年以来，县委书记专题会听取巡察工作情况报告3次，县委常委会研究巡视巡察工作9次，县委巡察工作领导小组研究巡察工作8次，制定印发了《十四届县委2019年巡察工作要点》和《关于进一步加强和改进巡察工作的意见》，进一步完善了《昌乐县巡察工作指南》。组织全体巡察机构同志进一步学习《县委巡察工作领导小组工作规则》《县委巡察组工作规则》和《县委巡察办工作规则》，明确工作职责，提高巡察质量。对上级巡视巡察工作精神采取集中学习和文件传阅相结合的方式，组织巡察机构全体干部学习全国、省市巡视巡察工作会议精神及上级文件精神和巡察业务知识，对相关上级文件进行了传达学习。

【提高政治站位，做好巡察工作】 一是认真做好上传下达和后勤保障等工作。按照上级巡视巡察机构要求，按时上报各类统计表（数据）200余件（次），总结类文章16篇。认真落实《关于巡视巡察上下联动的办法》，配合市委完成了第六轮专项巡察和脱贫攻坚专项巡察；按照省委统一部署，顺利、平稳、有序的完成了省市县三级联动巡视巡察工作，其中独立承担的村级党组织巡察“回头看”工作，得到了省市肯定。开展巡察期间，认真做好后勤保障工作。二是注重加强巡察干部队伍建设。进一步建立完善巡察工作人才库，选调熟悉纪检监察、组织、政法、编制、信访、审计、财税等工作的优秀年轻党员干部纳入人才库管理，人才库实施动态管理。组织全体巡察机构人员，参加了全县纪检监察干部培训班。目前，全县巡察人才库中，组长人选16名、副组长36名、成员78名。三是灵活采取巡察方式，开展巡察工作。2019年，共开展3轮巡察工作，根据省委、潍坊市委和昌乐县委巡视巡察工作规划对村居巡察全覆盖的要求，组织开展了县委第五轮巡察，对乔官镇、营丘镇、红河镇、鄌郚镇、朱刘街道、五图街道、首阳山旅游度假区、高崖水库库区党（工）委及下属的村（居）、站（所）党组织进行常规巡察，对宝都街道党工委进行巡察“回头看”，对其下属的村（居）、站（所）党组织进行常规巡察；组建2个巡察组，统筹谋划，科学制定巡察“回头看”方案，完成了对红河镇、五图街道党（工）委所属重点村（居）党组织的巡察“回头看”工作；按照县委2019年度巡察工作要点，结合巡察工作实际，组建3个巡察组，对6个县直单位开展了常规巡察。巡察中把“担当作为，狠抓落实”作为重点内容，采取“常规式”“连带式”“点穴式”等多种巡察方法开展巡察，共发现主要问题3800多个，线索40条，至2019年12月，立案14人，给予党纪政务处分9人，移交司法1人。

【履职尽责，做好巡察“后半篇文章”】 一是做好中央巡视反馈意见和省委巡视反馈意见整改落实“回头看”的相关工作。整理上报了整改方案，形成了整改工作情况汇报，将中央巡视和省委巡视反馈整改落实中的内容纳入巡察工作重点，对相关档案材料进一步完善。二是做好市委对昌乐县巡察工作的专项检查迎查准备及反馈问题整改工作。对照市委巡察办发的开展自查自纠工作通知、专项检查查阅材料清单和专项检查数据统计项目，组织巡察机构对前期开展的巡察工作和相关档案材料进行自查自纠，并形成《自查自纠整改落实情况报告》和《自查自纠整改落实台账》。对市委检查组反馈给我们的问题，向县委常委会进行了汇报，制定了《关于进一步加强和改进巡察工作的意见》和问题清单，认真抓好整改落实。三是做好各轮巡察督促整改工作，确保巡察效果。抓好县委第四轮、第五轮巡察和市县联合巡察、省市县联动巡视巡察工作有关反馈问题的督促整改工作和移交线索的督办工作。对巡察过程中发现的边巡边改问题，督促被巡察党组织建立边巡边改台账，在规定期限内完成整改。对照巡察组的反馈意见，被巡察党组织和被巡察党组织主要负责人分别制定《整改工作方案》和《整改工作情况报告》，建立问题整改台账和线索管理台账，同时巡察机构采取查看报告台账、明察暗访、电话询问、“点穴式”抽查等方式对巡察整改情况进行不定期调度检查。截至目前，第四轮巡察反馈问题整改率100%。第五轮巡察反馈问题整改率99.5%。

（供稿人：唐文英）

党校工作

【意识形态工作】 始终坚持“党校姓党”的根本原则，始终坚持“举党旗，走中国特色社会主义之路”的办学方向，始终把握党校“因党而立、为党而办”的职责定位，增强“四个意识”，坚定“四个自信”，做到“两个维护”，在思想上政治上行动上同党中央保持高度一致。充分发挥党校教育培训主渠道主阵地作用，在意识形态工作方面做到守土有责、守土负责、守土尽责，课堂教学严明意识形态安全底线和红线，教师授课做到学术研究无禁区、课堂讲授有纪律、发表言论守规矩，努力打造党性意识强、理论水平高、业务能力精、作风优良的教职工队伍。

【教育培训】 坚持主业主责，2019年按照培训计划安排，组织开展主体班次4期，包括科级干部培训班两期、新任科级干部培训班一期、青年干部培训班一期，培训学员200余人。工作中突出理论教育、党性教育特色，加强党的十九大和省市县委重大决策部署的教育，特别是习近平新时代中国特色社会主义思想和习近平总书记视察山东历次重要讲话精神和十九届四中全会精神的教育。实现系统进教案、生动进课堂、扎实进头脑；深化理想信念、道德品行、法治思维、反腐倡廉教育；优化教学方式方法，充分发挥“宝都半月讲堂”优势，组织学员全员参加，拓宽视野；灵活运用研讨式、案例式等教学方式，充分发挥学员学习主体作用；组织现场教学，深入朱刘党性教育基地、乔官党性教育基地、庵上湖乡村振兴学院、高崖水库纪念馆等进行党性和革命传统教育，教育引导广大学员补钙壮骨、固本培元，培训更具针对性和实效性。

【科研咨政工作】 以全县经济社会发展为导向，紧贴县委、县府中心工作，围绕重大现实问题，积极实施“资政能力提升行动”，教师选题、校委确题，开展实地调研。截至12月份，完成各类科研成果累计30余项，课题研究、论文发表、成果获奖等方面迈上新台阶。一是科研咨政有厚度。《创新“项目圆心”机制，深化“一次办好”改革》《基于差异化趋同思维推进村庄布局发展的前瞻性研究》等调研报告获县委主要领导同志签批，给予充分肯定。二是课题研究有劲道。立项并结项潍坊市社科联重点研究课题一项《基于差异化趋同思维推进村庄布局发展的前瞻性研究--昌乐县优化村庄布局推进村庄发展的路径探讨》；完成潍坊市党校系统《创新壮大乡村发展新动能研究》等课题五项，立项课题《提高村级基层党组织建设质量研究》《文化小镇建设促进乡村振兴战略实施》和《推动民营企业高质量发展》3项，潍坊市社会科学学术委员会立项课题《提高村级基层党组织建设质量研究》《基于差异化趋同思维推进村庄布局发展的前瞻性研究》两项。三是成果获奖有影响。在《潍坊日报》等市级和市级以上报刊发表《以改革创新放大“招引洼地”效应》《扶贫之要志为先》《着力优化环境，加快打造开放新高地》等理论文章20多篇，《坚持三因导向，引领新时代思想政治工作创新发展》入选潍坊市思想政治工作示范典型案例选编并结集出版，参加潍坊市庆祝新中国建国70周年主题征文活动取得优异成绩，2019年被山东省委宣传部授予山东省理论大众化示范点。

【启动第二轮党员进党校工作】 按照《2019—2023年全国党员教育培训工作规划》要求，认真总结第一轮全员进党校教育培训工作经验，立足全县党员实际情况，统筹安排，启动了第二轮党员全员进党校教育培训工作，共举办培训班6期，培训党员2200人。

【学员管理】 把全面从严治校、治教、治学的要求贯穿到主体班次学员管理全过程。（一）用心学习，加强党性修养；（二）端正态度，正确处理好工学矛盾；（三）讲究文明礼貌，展现良好精神风貌；（四）自觉遵守课堂纪律，上课专心听讲；（五）严以律己，切实做到“十不准”；（六）严格请销假制度，集中精力学习；（七）严格学籍管理；（八）积极参与学习讨论；（九）自觉遵守社会公德；（十）圆满完成培训任务；（十一）落实组织生活制度，按要求过好组织生活；（十二）倡树勤奋好学之风，争做新时代学习型干部。

【党建和机关建设】 一是着力提升党建工作质量。认真落实全面从严治党主体责任和党建“第一责任人”责任，层层分解党建工作，形成齐抓共管的党建工作新格局；积极稳妥有序组织党校的“不忘初心、牢记使命”主题教育活动，严格做好各项规定工作；贯彻落实新时代党的组织路线，切实加强对党员的教育管理，严格落实“三会一课”、党务公开等基本制度，扎实开展支部生活日活动，全方位提高党建工作成效。二是全面落实党风廉政责任制。加强对党员干部尤其是领导干部的教育、管理和监督，严格落实领导干部重大事项报告制度；坚持民主集中制原则，重大开支、人事安排、教师职称推选和职务聘任等事项校委会集体研究决定；严格落实中央“八项规定”和省、市、县委等相关实施办法，驰而不息纠正“四风”；进一步健全完善廉政风险内控机制，及时排查廉政风险点，做好廉政风险预警，全面提高党风廉政工作成效。

（供稿人：王立名）

党史地方志研究

【概况】 县委党史研究中心围绕县委、县政府确定的年度重点工作，特别是“工作落实年”八项重点任务，以深入开展“不忘初心、牢记使命”主题教育为契机，认真学习贯彻党的十九届四中全会精神和习近平新时代中国特色社会主义思想及习近平总书记重要讲话精神，不断加强自身队伍建设，围绕中心扎实履职尽责，充分发挥岗位职能，不断改进工作方法，提高工作效率，较好地完成了各项工作任务。

【转变工作作风，打造担当有为党史队伍】 在攻坚克难中拉练队伍、淬炼作风。按照县委、县政府统一部署，积极、主动、自觉投身拆违、创卫、包村扶贫和农村人居环境整治工作，组织全体人员全部参与。在拆违中，积极配合街道和有关部门，圆满完成了首阳山区域违法建设的拆违任务。在创卫工作中，主要负责人亲自包靠，每天至少安排一名工作人员全天靠在恒安社区包靠的小区内，以只争朝夕、臻于至善的态度和作风推进各项工作，为居民创造了一个干净整洁、舒适宜居的生活环境。在包村扶贫中，主要负责人亲自调度，由一名分管负责人和两名工作人员组成包村工作队，积极与所包村的镇村负责人对接，定期到贫困户家中走访了解情况，积极为其解决生产生活中的困难。在农村人居环境整治中，积极协调镇村负责人，动用机械8台80余次，对所包村的垃圾等进行了全部清除，圆满完成了人居环境整治任务，在工作中锤炼了干部作风。二是积极开展深化“工作落实年”活动。党史研究中心主要负责人亲自带队，围绕重要工作事项落实和业务工作创新等方面，积极扎实开展“对标学访”活动，5月和10月分别到寿光、诸城等县市区就一年一鉴的出版、镇村志的编修和方志馆的建设进行交流学习。通过交流学习，做到学以致用，增强自身的专业素质，取得了良好成效。

【党史、地方志编纂】 圆满完成了《昌乐年鉴》等资料的整编出版工作。全年，根据工作安排，党史研究中心全体工作人员发扬党史研究中心不怕苦，不怕累，迎难而上、争先创优的优良传统，分工合作、科学调度，加班加点、几易其稿，对《中共昌乐年鉴（2019）》《昌乐年鉴（2019）》和《潍坊改革开放实录》等征编工作，做到提前谋划，组织相关单位成立专门编写班子，广泛查阅档案资料，认真撰写专题，对部门单位报送的资料进行了认真整理，于12月份圆满完成了出版任务，得到了省市史志办的充分肯定和表扬。二是完成了《潍坊年鉴》《山东年鉴》等资料的供稿任务。按照省市年鉴、志书编纂方案要求和任务分工，积极协调各相关单位及各镇（街、区），按序时进度及时完成了《山东年鉴》《潍坊年鉴》《山东地方史志年鉴》等志书的组稿、供稿任务。重点对《潍坊年鉴》（昌乐部分）的供稿做了大量而细致的工作，并按时上报，超额完成规定任务。三是加强对乡村镇志编纂的调度和指导。为落实市委、市政府乡村振兴战略工作计划，按照是党史研究院的要求，积极配合市委党史研究院统计汇总镇村志编纂相关情况的统计工作。加大对镇村志的编修力度，根据前期的调研情况，加大对有条件的乡镇（红河镇、鄌郚镇、五图街道等）的调度，并经常邀请专家到镇村走访、指导，力争早日取得成效，从全县层面推动了镇村志的编纂工作。规范镇村志编纂标准，组织人员到红河镇、鄌郚镇、五图街道等镇街区进行实地调研，联系方志出版社专家到朱刘街道东南庄村进行现场指导。

【队伍建设】 坚决贯彻执行党的路线方针政策。强化组织领导，强力推动落实，将“不忘初心、牢记使命”主题教育学习贯穿始终，推动学习贯彻习近平新时代中国特色社会主义思想往深里走、往实里走、往心里走，切实把学习成效体现到增强党性、提高能力、改进作风、推动工作上来。把学习贯彻习近平新时代中国特色社会主义思想和党的十九届四中全会精神以及习近平总书记视察山东、潍坊重要讲话、重要批示精神作为最重要的政治任务，不折不扣贯彻执行中央、省、市新旧动能转换、乡村振兴等战略部署，围绕县委、县政府思路举措，担当作为、精准发力，有效保障上级决策部署落地落实。二是严格落实党建工作责任制。提高政治站位，认真履职尽责，坚持思想从严、教育从严，不断夯实全面从严治党的思想基础，坚持把严的要求、高的标准贯穿党的领导、党的建设、党组织作用发挥的全过程，不断推进全面从严治党主体责任落到实处。制定落实班子全面从严治党、抓基层党建工作责任清单、问题清单、整改清单，扎实履行党建工作“一岗双责”。认真贯彻民主集中制原则，坚持重大事项集体研究决定，注意听取不同意见。进一步完善了“三重一大”议事规则，在重要事项、重要人事安排、重大项目和大额资金使用中始终坚持科学、民主决策，营造了担当、协同、高效的环境，有力推动了各项工作的开展。三是严格落实党风廉政建设责任制。严格落实中央八项规定和省、市、县实施办法，抓好党的建设和党风廉政建设，组织广大党员干部扎实开展理想信念教育、宗旨教育和廉政法规教育，强化警示教育和监督管理，引导党员干部自律自警，班子成员率先垂范，对照党章党规党纪，不断净化自己的思想、校正自己的行为，让纪律成为自律，养成遵规守纪的高度自觉。四是严格落实意识形态责任制。按照全面落实意识形态工作责任制要求，把意识形态工作纳入党建工作责任制，纳入领导班子、领导干部目标管理的重要内容，纳入领导班子成员民主生活会和述职报告的重要内容，建立健全意识形态工作研判机制，坚持以高度的政治自觉、有力的政策措施落实意识形态工作的各项任务，全力打好意识形态工作主动战。五是严格执行干部选拔任用制度。将《党政领导干部选拔任用工作条例》相关规定贯穿和体现在识人、选人、用人和管人各个环节，坚持公开透明民主，树立了正确的用人导向。

（供稿人：刘　静）

档案工作

【概况】 2019年3月，中共昌乐县委（乐发〔2019〕2号）发布《关于昌乐县县级机构改革的实施意见》，中共昌乐县委办公室加挂昌乐县档案局牌子，将县档案馆（县档案局）承担的行政职能划入中共昌乐县委办公室。中共昌乐县委机构编制委员会（乐编〔2019〕2号）确定，昌乐县档案馆（昌乐县档案局）更名为县档案馆，作为县委直属正科级事业单位，确定了三定（定部门职责、定内设机构、定人员编制）方案，同时将内部机构根据改革方案及属性进行了调整，中共昌乐县委机构编制委员会（乐编〔2019〕8号）《关于调整职责及科室配置的批复》批复昌乐县档案馆工作职责为：负责接收县直机关、人民团体、企事业单位永久保存的各门类各载体档案资料；征集散存于社会的历史档案资料、革命历史档案资料和知名人士需长久保管的档案资料；维护档案完整，保守党和国家机密，确保档案资料安全；负责馆藏档案资料的整理、保管、鉴定、开放、销毁、统计以及对外查阅利用和咨询服务；负责馆藏档案资料研究开发，编纂档案参考资料、文献史料，参与编史修志；举办档案展览，开展爱国主义教育活动；负责全县档案宣传、档案专业技术职务材料审核报送和档案专业技术人员教育培训工作；负责全县档案信息化建设技术咨询服务，运用现代科学技术手段，推进馆藏档案数字化建设；负责县直机关、人民团体、企事业单位、经济技术领域文档人员培训、业务咨询及服务工作；负责本单位的安全生产监管和维护稳定工作；完成县委、县政府交办的其他任务。县档案馆内设机构为：办公室、征集管理科、编研宣教科、业务服务科4个内设机构，配备科长（主任）4名。人员编制：中共昌乐县委机构编制委员会（乐编〔2019〕10号）规定，昌乐县档案馆编制17人，配备馆长1名、副馆长2名。昌乐县档案馆现实有人数21人。馆库设备：档案密集架273立方米，除湿机3台，加湿机1台，防磁柜3台，电脑27台，打印复印一体机2台，服务器2台，消毒柜2个，灭火器4个，空气灭菌机3台，空调1台，监控摄像头28个，防盗窗150平方米。馆藏档案资料情况：截至到2019年12月31日，馆藏档案达到205个全宗，馆藏档案62739卷。上架排列长度572.8米，馆藏资料21301册。录音录像带65盘、照片档案14233张。昌乐县辖区档案概况：昌乐县共有基层档案室82个，档案室面积2646平方米，专兼职档案人员157人，在职档案专业技术人员91人，其中副高级15人、中级35人、初级85人，室存档案2599卷、96359件（新规则后以件计数），录音录像带551盘，照片3468张，底图720张。

【业务建设】 强化业务服务，做好各类归档文件整理工作。一是以县委、县政府两办名义下发了《关于做好2018年度归档文件整理工作的通知》，从5月份开始，组织全县10个镇（街）区、110个县直机关、企事业单位开展2018年度归档文件整理工作。全县各单位共收集整理文书档案4300多件，收集各类电子档案容量120G。二是对涉及机构改革单位的档案处置工作进行了安排部署，指导机构改革中撤销的县农工办、经管局等7个单位对档案进行规范整理并接收进馆。对其他新组建、更名等涉改单位的档案归属和整理工作也作出了明确要求。三是做好灾后重建工作相关文件资料收集归档工作。县政府办公室下发《关于做好灾后重建工作相关文件资料收集归档工作的通知》后，昌乐县档案馆立即安排专人，负责指导相关单位做好灾后重建工作档案资料（包括纸质文件、照片、音像资料等）收集、整理、归档、移交工作。截至12月31日，已完成13个县直单位、5个镇街区的灾后重建档案材料的整理归档和进馆工作，共接收进馆13个全宗50盒362件（新规则），照片239张。四是对县扶贫办、征收办、南寨水库管理中心等单位以及相关镇街区棚户区改造、拆除违法建设档案进行了业务指导，使各类档案得到了规范整理。

积极主动配合推进档案馆新馆建设项目。2019年，昌乐县档案馆通过学习兄弟县市区先进经验、征求上级业务部门专家意见等方式，在档案馆新馆规划设计方案初稿进行修改提升的基础上，进一步加强与发改局、规划局等部门的配合，完成档案馆新馆各类功能区的布局设计工作。同时争取到300万元省财政奖补资金用于档案馆新馆建设，奖补资金已全部到位。一是狠抓档案库房及数据安全工作。昌乐县档案馆将库房安全作为工作的重中之重来抓，采取日常巡视与定期巡查的方式，由征集管理科和值班人员每天定时查看库房监控并做好监控查看记录，分管负责人每月带领相关科室人员进行一次现场巡查，及时消除安全隐患，确保档案资料的完整安全。投资十万元在数字机房安装了漏洞扫描、安全审计以及防火墙三项数据安全防护设备，确保数字档案馆数据库信息万无一失。二是提供优质查阅利用服务。结合“不忘初心、牢记使命”主题教育活动，通过试行公函查询以及延长服务时间等方式为群众提供贴心周到服务。在日常档案查阅工作中，克服单位人员少的困难，打破科室界限，做好全员培训，让在岗人员全部熟悉档案查阅流程，做到细心检索，仔细查阅，及时为社会各界提供查阅档案服务。全年共接待来馆查阅人员1600余人次，调卷5000余卷次。

【档案宣传与编研】 为扩大档案工作的社会知晓度和参与度，昌乐县档案馆通过“6.9国际档案日”开展了内容丰富的宣传活动。昌乐县档案馆2019年被省档案馆表彰为“全省档案宣传工作先进集体”。一是以“新中国的记忆”为宣传主题，精心制作宣传展板，开展“6.9国际档案日”宣传展览活动。二是向社会公开发布征集档案资料通告，面向社会广泛征集反映昌乐历史和经济社会发展的对国家和社会有保存价值的档案资料。三是举办了庆元旦昌乐名家书画作品展，共展出馆藏昌乐名家书画作品60余幅。编辑出版了《昌乐名人书画作品集（第一辑）》，该书共收入了馆藏的二十二名昌乐籍或在昌乐工作过的书画名家艺术作品，对弘扬昌乐优秀传统文化具有重要意义。四是组织编写的《改革开放以来到昌乐档案事业发展历程及经验启示》被中共昌乐县委党史研究中心《昌乐改革开放实录》编辑采用，由齐鲁电子音像出版社出版发行。五是年内，档案专业技术人员在国家、省级报刊发表论文5篇；全县有7个项目获得山东省档案学会组织的“山东省档案成果奖”二、三等奖，其中二等奖2项、三等奖5项。

【档案法制建设】 昌乐县档案馆配合中共昌乐县委办公室开展档案法律、法规宣传工作，普及档案法律知识，增强档案法治意识，充分利用各种媒体平台，采取多种形式开展档案法律法规宣传教育。在“6.9国际档案日”，通过精心准备的栏目文案，向社会公众进行了档案法律法规知识宣讲，形成了全社会都重视和支持档案工作的良好氛围。

【其他重要工作】 一是在创建全国卫生城市活动中，昌乐县档案馆与开发区联合，动用挖掘机、铲车等大型机械对所包靠的阳光华庭小区环境卫生进行了集中清理，对小区主干道进行了渣土硬化，并建立了长效机制。二是为全面打赢脱贫攻坚战，昌乐县档案馆积极落实贫困户帮扶责任人结对帮扶工作，对包靠的红河镇后李村三户贫困户安排专人结对帮扶并送去了专门资金，同时组织全馆干部职工进行了衣物捐赠活动。帮扶人员多次进村入户，通过面对面交流，了解情况，解决困难，切实改善其生活居住条件。三是广泛搜集各方信息，加大双招双引工作力度，年内引进安徽皓海环保科技有限公司分支机构潍坊分公司，圆满完成县里分配的“双招双引”任务。

（供稿人：刘永友）

老干部工作

【党建工作标准化】 完善离退休干部党工委运行机制，建立“书记抓、抓书记”工作责任制、重点任务考核办法，召开党工委联席会议7次，研究制定离退休干部党建“三年行动计划”。优化基层组织设置，协调6个撤并单位重设党组织，指导26个支部换届调整，推动45个支部组织生活由实体向网络延伸。出台“四个一”支部工作规范，每月一次组织生活、每季度一次政治生日、每半年一次党性体检、每年一次述职评议，组织713名党员过政治生日、1337名党员接受党性体检。健全党员教育管理体系，组织离退休干部党员“全员进党校”培训。共建“潍坊市老年大学党性教育基地”，448名老党员现场接受党性洗礼。做好全市离退休干部党建考核工作，积极与市委老干部局沟通衔接，高标准打造离退休干部党建工作观摩现场，认真筹备离退休干部党工委书记述职，及时总结报送离退休干部党建日常工作各项材料。

【服务管理精准化】 围绕老干部实际需求和个性化需要，突出做好“四个到位”。一是情况通报到位。组织全县正科级以上离退休干部召开老干部情况通报会，县委书记刘裕斌通报全县经济社会发展情况；组织副县级以上离退休干部进行参观考察，县委书记刘裕斌全程陪同；每季度将全县重点工作开展情况编印成《情况通报材料》，分级分层通报到全县离退休干部，《大众日报》刊发昌乐做法。二是走访联系到位。建立在职领导干部联系老干部制度，每月通过灵活形式建立联系；统一配备慰问品，对6830余名离退休干部进行全覆盖式走访。三是诉求办理到位。建立老干部诉求台账，每月调度诉求办理情况，解决合理诉求110余件，不合理诉求逐一做好解释。四是待遇保障到位。离退休费、护理费等定期增长、按时足额发放，离休干部医疗统筹基数提高到每人每年24200元；组织全县离休干部和58名曾任副县实职以上职务的退休干部分别到人民医院、中医院免费进行健康体检；实施以“举办一场荣退仪式、进行一次专题谈话、发放一本荣退证书、赠送一份纪念礼物、开展一次上门走访、组织一次集中体检”为主要内容的“六个一”干部荣退制度，为361名新退休干部举办了荣退仪式，实现了干部由在职到退休管理服务“无缝对接”。

【老年教育一体化】 实施“化整为零、开放办学”，积极探索老年教育与党建、群众文化、社区建设“三个融合”，利用镇、社区党群服务中心，建设镇级老年大学或社区分校，在镇群众文化中心、村群众文化大院开办老年大学，开设地方民俗、特色文化班次，同时引导地方老年群众文化活动队伍进校门，协调社区开放活动场所，共享社区硬件设施，因地制宜开办社区老年大学分校。推进老年大学“拓面提质”，积极构建县、镇、社区三级“老年大学教育联盟”，建设老年大学中心校1所、城区分校2所、镇级校10所、社区校22所，实现县、镇、城市社区和镇街中心社区办学全覆盖，城区“20分钟学习圈”基本形成，省老年大学副校长宋正宽来昌调研老年教育工作并给予充分肯定。发挥老年大学主阵地作用，统筹资源共建政治引领、文化养老和发挥作用“三个平台”，培养政治素质、专业素养“双过硬”的高素质专业化学员队伍，实现政治生活、文化养老、作用发挥同步推进。开办“乡村文化直通车”，组建秧歌、舞蹈等文化队伍47支，举办诗词联谊、楹联比赛活动13场。因地制宜开设农技、电商等培训课程，组织农口退休的老干部组建“土专家”工作队，定期开展集中宣讲、到田间地头现场指导，有力助推了乡村振兴。

【志愿服务品牌化】 聚焦项目化实施，打造老干部志愿服务活动新亮点。一是“助推乡村文化振兴添活力”项目，聘请94名老干部担任“文化村长”“文化河长”“文化团长”，传承乡村民俗、挖掘地方河湖故事、繁荣基层群众文化，组织187名老同志参与非遗传承，挖掘整理27个市级以上非遗项目，开展基层文化活动212场，营造了健康向上的群众文化氛围，做法被省局《情况反映》推介。二是“以老带邻助力社区治理”项目，结合城市社区“网格化”工作，选配身体健康、有奉献精神的离退休干部“二次上岗”担任老干部“网格员”，积极协助社区做好政策宣传、民意联络、民主监督、信息采集等工作，在基层“微治理”中释放大能量。三是“红色基因传承”项目，聘请50名老干部担任“红色文化展馆”建设顾问，整理史料、展品414件，深挖红色精神内涵，建成7处红色文化展馆，联合县关工委开展“红心向党”主题教育活动，建设了5所青少年教育基地，组织老党员、老干部进校园宣讲62余场，教育学生6万余人次。

（供稿人：崔爱彬）

关心下一代工作

【关工委组织建设和工作建设】 针对2019年3月份县乡机构改革人员、机构变动较大的实际，县关工委及时会商县委组织部对各镇（街、区）、各大系统及老年大学、教育系统各中小学校关工委班子作了调整充实。调整后，镇（街、区）关工委主任由各党（工）委组织委员担任，常务副主任由老干部党支部书记担任，镇（街、区）对社区关工委班子也进行了调整充实。2019年，全县各级关工委班子成员和工作人员全部配齐、全部到位，社区、学校、规模以上企业的关工委组织达到全覆盖。

【青少年思想道德建设】 持续深化“传承红色基因，争做时代新人”主题教育活动。在全县中小学校深入开展每月一主题系列化教育活动，使主题教育活动步入常态化。把学校作为主阵地，充分发挥教育系统主渠道作用。2019年6月6日，市关工委主任赵兴涛来全县调研经济社会发展和关心下一代工作，对全县创新开展的“红心向党”传承红色基因教育活动给予了高度评价。注重与学校教育教学相结合，把红色教育列入教育教学计划，使红色教育、爱国爱党思想渗透到日常教学课堂当中，让红色基因植入孩子们的心底。在全县开展评选新时代好少年活动，通过层层筛选评比，10名同学荣获昌乐县十佳新时代好少年称号，40名同学获县新时代好少年称号，20名同学获潍坊市新时代好少年称号。5月28日，举行了“新时代好少年表彰会暨两代携手庆六一演唱会”，对50名新时代好少年获得者进行了表彰，并将他们的先进事迹在县电视台和网络媒体进行了连续播放，为广大青少年树立了榜样，推动了主题教育活动的深入开展。加强青少年教育基地建设，把青少年教育基地作为青少年教育的第二课堂来抓，2019年，命名了5个教育基地，2019年全县已有11处青少年教育基地。采取借台唱戏、联建共享的方式，把党性教育基地、科普教育基地、校园法治教育阵地，优秀传统文化教育阵地、村史馆、县革命烈士陵园等命名为青少年教育基地，为青少年学生的思想道德教育提供了平台和场所。

【青少年法治教育】 联合政法部门常态化开展“关爱明天、普法先行”主题教育活动，协调教育局为59处学校配齐了法治校长，做到工作有人抓。充分发挥县五老宣讲团和政法系统宣讲团作用，不定期进校园和社区宣讲。围绕宪法、国旗法、未成年人保护法、禁毒法等法律知识，联系实际贴近学生学习生活进行依案讲法，全年共举办120多场次，受教学生达5万多人次，进一步增强了青少年学生的知法、守法和自我保护意识。加强法治教育基地和宣传阵地建设，在中小学校，均联合职能部门建设了法治教育宣传阵地或教育基地，如县检察院在及第中学投资150万元建设了综合性法制教育基地，县司法局在北大公学建设了模拟法庭，县法院举行庭审观摩，宝都律师事务所老主任陈金德成立了未成年人维权中心。在青少年学生中开展了法律知识竞赛、手抄报、演讲比赛等系列活动，为青少年健康成长营造了良好环境和氛围，全县实现了校园零犯罪，在校学生无一人犯罪。

【青少年关爱服务工作】 将关爱帮扶工作列入重要议事日程，高度重视贫困户学生帮扶，2019年全县312名贫困户学生都建档立卡、一生一档，定期走访，进行一对一结对帮扶。5月27日，县关工委联合县妇联在山东矿机集团举行“笃学关爱春蕾助学金”发放仪式，为20名家庭贫困品学兼优的中小学生每人发放2000元的助学金。发挥五老的桥梁纽带作用，五老志愿者毕延长、郭树芳主动联系130户失独家庭，通过身边的人和网上发布信息等措施联系帮扶对象，为7名小学生找到结对帮扶的爱心人士，解决他们的困难。

（供稿人：崔爱彬）

机关事务服务

【概况】 昌乐县机关事务中心成立于2019年3月，为县委直属正科级事业单位，事业编制31名，配主任1名、副主任3名，经费实行财政全额拨款。

【管理服务保障】 严格做好物业服务监管和保障工作。按照物业服务招标合同要求，抓好商务社区1号楼物业服务监管，做好机关家属院物业服务工作，对合同期满的1号楼、4号楼物业服务项目重新进行了招标，定期不定期组织对物业托管项目进行监督、检查和考核，商务社区1号楼全年共处理报修事项3600余次，较好地完成了维修保障工作；为增强楼内保暖效果，1号楼正门改为平开两翼转门；国庆节期间楼前摆放了鲜花、宣传栏等；为规范快递业务的管理和方便工作人员取件，1号楼后安装了快递柜；为缓解商务社区停车难问题，将法治广场改造为停车场，共计增加车位274个。严守安全生产底线及保障设备正常工作。定期对强弱电设备及消防、供水、供气管网进行安全检查，确保能源中心及办公楼安全运行；对1号楼、县委党校及周边监控系统进行了设备升级改造和维修；做好中央空调机组的正常开启和维修维护工作，10月份对当前存在的机组维修事项和维保项目进行了招标；积极协调相关部门更换改造了机关家属院南院老旧供暖管网共计1500米，极大地增强了供暖效果。

【会议服务保障】 完善会议接待流程。严格按照《县委党校报告厅管理办法》规范操作，定期组织业务知识培训，对会务人员进行礼仪接待、仪器设备使用等方面的培训，从而做到对业务熟练精通，从容应对；做好设施设备维护，确保设备正常运转；根据各部门的需求合理安排会议室，共576余个大小会议在党校报告厅召开，均圆满完成了县里交派

2019年4月，在党校报告厅进行会服培训。

的各项会议接待任务。

【生活服务保障】 充值结算系统更加便捷。根据食堂现状及借鉴其他县市区机关食堂经验做法，全年对就餐方式进行了改革，启用人脸识别结算新系统，实现微信、掌银充值同步使用，在就餐价格不变的基础上提高就餐标准；餐厅运行高标准。严格按照《商务社区食堂管理办法》规范操作，严抓就餐场所、后厨卫生；定期进行业务知识培训；注意营养搭配，荤素搭配、冷热搭配，每周更换菜谱；通过公告栏、宣传牌等多种渠道，大力宣传勤俭节约的观念；严控成本，规范采购，抓好自主采购，大宗食品实行集中采购；严把原料质量关，全部选用优质食材，严格做好索票索证工作，建立健全食品检测农残留样制度。

【房产管理保障】 办公用房清理整治。按照党政机关办公用房标准要求，7月份我中心联合县纪委开展机构改革后全县党政机关办公用房专项督查，建立了办公用房管理台账，对监管中发现的违规使用办公用房问题，均督促相关单位及时整改到位；做好党政机关办公用房日常管理。严格按照《党政机关办公用房管理办法》，全年共为14家单位调配办公用房43间；严格落实中央八项规定精神，做好全县周转房管理使用工作，制定了《周转房管理暂行办法》，对入住人员、租住管理及腾退程序等进行了明确规定。

【公共机构节能】 创建省级节水型单位。严格贯彻落实国家、省《水污染防治行动计划》和省政府办公厅《关于全面加强节约用水工作的通知》要求，认真开展节水措施和用水设备改造，2019年8月成功创建省级节水型单位；抓好能源消耗统计工作和节能宣传工作。认真贯彻落实《公共机构节能条例》，做好每季度全县机关公共机构能耗系统填报工作；在“全国低碳日”和节能宣传周活动中，开展多种形式的宣传。

【公务用车管理】 加快推进县公务用车管理平台建设进度，完成需录入平台车辆信息，做好前期平台建设招标事项和后期相关设备采购，稳步推进事业单位车改，完成事业单位现有车辆统计、业务车辆的核定保留及后期取消车辆的集中封存和统一处置工作，尽快完成平台建设及与市公务用车管理平台系统对接。

（供稿人：郑江伟）

昌乐县人民代表大会

昌乐县人民代表大会

综 述

2019年，县人大常委会以习近平新时代中国特色社会主义思想为指导，认真贯彻习近平总书记对地方人大及其常委会重要指示精神，充分认识党的领导是中国特色社会主义的最大优势，是做好新时代人大工作的基本前提和根本保障，把坚持党的领导贯穿于履职的各方面全过程。一年来，在县委的坚强领导下，在各位代表和全县人民的监督支持下，勇于担当、主动作为，为全县经济社会发展和民主法治建设作出了积极贡献。

重要会议

【第十七届人民代表大会第三次会议】 3月28日至31日在潍坊市委党校召开。会议听取和审议了县人民政府工作报告、县人民代表大会常务委员会工作报告、县人民法院工作报告、县人民检察院工作报告；审查、批准了昌乐县2018年国民经济和社会发展计划执行情况的报告与2019年国民经济和社会发展计划；审查了昌乐县2018年财政预算执行情况和2019年财政预算（草案）的报告，批准了昌乐县2018年县级财政预算执行情况的报告和2019年县级财政预算；补选了县人民政府县长和县人大常委会委员；表决通过了县十七届人民代表大会监察和司法委员会主任委员和副主任委员名单；表决通过了县十七届人大三次会议关于昌乐县人民政府工作报告的决议、关于昌乐县2018年国民经济和社会发展计划执行情况与2019年计划的决议、关于昌乐县2018年预算执行情况和2019年预算的决议、关于昌乐县人大常委会工作报告的决议、关于昌乐县人民法院工作报告的决议、关于昌乐县人民检察院工作报告的决议；研究了其他有关事项。

大会补选张建伟为昌乐县人民政府县长，补选王秀臻、吴进光为昌乐县第十七届人大常委会委员。

2019年3月30日，县人大常委会主任王备在县十七届人大三次会议上作《县人大常委会工作报告》

【第十七届人民代表大会常务委员会会议】 第二十一次会议 1月24日在商务社区1号楼820会议室召开。县人大常委会主任王备主持会议，县人大常委会组成人员出席会议。会议补选了潍坊市第十七届人大代表；表决通过了昌乐县第十七届人民代表大会常务委员会代表资格审查委员会关于代表变动情况的报告（草案）。

第二十二次会议 3月8日在县委党校第一报告厅召开。县人大常委会主任王备、副主任王少鹏分别主持会议，县人大常委会组成人员出席会议。会议讨论了拟提交县十七届人大三次会议审议通过的常委会工作报告；审议通过了县人大常委会2019年工作计划；表决通过了关于接受县人大常委会有关委员辞职的决定；表决通过了县人大、县政府和县监察委有关人事任免事项，决定任命张建伟为昌乐县人民政府副县长、代理县长，任免了部分县政府工作人员、县人大常委会机关及派出机构工作人员、县人大专门委员会组成人员和县监察委员会委员。王备向新任命人员颁发了任命书。县政府副县长、代理县长张建伟作了供职发言。举行了向宪法宣誓仪式。

第二十三次会议 3月22日在商务社区1号楼820会议室召开。县人大常委会主任王备主持会议，县人大常委会组成人员出席会议。会议审议通过了关于召开县十七届人大三次会议的决定、县十七届人大三次会议列席人员范围。

第二十四次会议 3月27日在商务社区1号楼820会议室召开。县人大常委会主任王备主持会议，县人大常委会组成人员出席会议。会议审议通过了县十七届人大三次会议主席团和秘书长建议名单、常务主席建议名单、副秘书长建议名单、议案审查委员会组成人员建议名单、监察和司法委员会主任委员和副主任委员建议名单、代表资格审查委员会关于代表变动情况的报告。

第二十五次会议 4月29日在县委党校第一报告厅召开。县人大常委会主任王备、副主任扈本溪分别主持会议，县人大常委会组成人员出席会议。会议听取审议了县公安局关于扫黑除恶专项斗争工作情况的报告、县审计局关于2017年度县级预算执行和其他财政收支审计查出问题整改情况的报告、县卫生健康局关于基层医疗卫生机构人才队伍建设工作情况的报告，并对上述专项工作进行了评议。根据有关法律规定和市人大常委会《关于组织开展市人大代表述职评议的通知》要求，刘良玉、赵连东、董青三位住昌市人大代表作述职报告，并就代表述职情况进行了投票评议。会议表决通过了县人大常委会机关有关工作人员免职事项。

第二十六次会议 6月24日在县委党校第一报告厅召开。县人大常委会主任王备、副主任周晓玲分别主持会议，县人大常委会组成人员出席会议。会议听取审议了县政府关于全县2018年度环境状况和环境保护目标完成情况、县检察院关于民事行政检察工作情况、县地方金融监管局关于金融机构支持民营经济发展工作情况的报告，并对上述专项工作进行了评议。根据有关法律规定和市人大常委会《关于组织开展市人大代表述职评议的通知》要求，刘雪梅、夏光富两位住昌市人大代表作述职报告，并就代表述职情况进行了投票评议。会议表决通过了县政府、县法院有关人员任免职事项。决定任命宋悦林为昌乐县人民政府（挂职）副县长，赵春玉为昌乐县人民政府副县长、县公安局局长；任命王丽梅等135名同志为昌乐县人民法院人民陪审员；表决通过了关于接受孙振元同志辞去昌乐县监察委员会主任职务的决定。王备向新任命的县政府工作人员、县法院人民陪审员代表颁发了任命书；新任命的县政府工作人员作了供职发言，举行了向宪法宣誓仪式。

第二十七次会议 8月27日在县委党校第一报告厅召开。县人大常委会主任王备、副主任田本义分别主持会议，县人大常委会组成人员出席会议。会议听取审议了县十七届人大三次会议期间代表建议办理情况、昌乐县2019年上半年国民经济和社会发展计划执行情况、昌乐县2018年财政决算（草案）和2019年上半年财政预算执行情况、昌乐县2018年度县级财政预算执行和其他财政收支情况的审计工作的专项报告，并对上述专项工作进行了评议。会议批准了昌乐县2018年财政决算。会议表决通过了县人大常委会机关工作人员任命事项，王备向新任命人员颁发了任命书。

第二十八次会议 9月23日在商务社区1号楼820会议室召开。县人大常委会主任王备主持会议，县人大常委会组成人员出席会议。表决通过了县人民检察院有关人员任免事项。

第二十九次会议 10月29日在县委党校第一报告厅召开。县人大常委会主任王备、副主任王少鹏分别主持会议，县人大常委会组成人员出席会议。

会议听取审议了县政府关于昌乐县重点环境问题整改情况的专题报告、县法院关于开展执行工作情况的报告，并对上述专项工作进行了评议。根据有关法律规定和市人大常委会《关于组织开展市人大代表述职评议的通知》要求，张国伟、赵君两位住昌市人大代表作述职报告，并就代表述职情况进行了投票评议。会议表决通过了县政府、县检察院有关人员任免职事项；王备向新任命的县政府、县检察院工作人员颁发了任命书；新任命的县政府工作人员作了供职发言，举行了向宪法宣誓仪式。

第三十次会议　11 月 26 日在县委党校第一报告厅召开。县人大常委会主任王备、副主任扈本溪分别主持会议，县人大常委会组成人员出席会议。会议听取审议了县财政局关于 2018 年度昌乐县行政事业性国有资产管理情况的专项报告，并进行了评议。会议表决通过了县政府、县监察委、县检察院有关人员任免职事项；王备向新任命人员颁发了任命书；新任命人员代表作了供职发言，举行了向宪法宣誓仪式。

第三十一次会议　12 月 25 日在县委党校第一报告厅召开。县人大常委会主任王备主持会议，县人大常委会组成人员出席会议。会议补选了县政府县长张建伟为潍坊市第十七届人大代表，审议通过了关于召开县十七届人大四次会议的决定、县十七届人大四次会议主席团和秘书长建议名单、常务主席建议名单、副秘书长建议名单、议案审查委员会组成人员建议名单、县十七届人大四次会议列席人员范围、代表资格审查委员会关于代表变动情况的报告、县人大常委会向县十七届人大四次会议提出的常委会工作报告，听取审议了《昌乐县 2019 年县级预算调整方案（草案）的报告》，批准了《昌乐县 2019 年县级预算调整方案的报告》。

【县委人大工作会议】　11 月 19 日在县委党校第一报告厅召开。县委书记刘裕斌出席会议并讲话。县人大常委会主任王备传达省、市委人大工作会议精神，县政协主席周保进出席，县委副书记徐莹主持。会议以习近平新时代中国特色社会主义思想为指导，认真贯彻落实党的十九届四中全会精神，深入学习贯彻习近平总书记关于坚持和完善人民代表大会制度的重要思想和省、市委人大工作会议精神，对进一步做好全县人大工作作出安排部署。

重要工作

【决议决定】　健全人大讨论、决定重大事项制度，不断增强依法执政观念，把重大决策部署通过人大法定程序转化为全县人民共同意志，以听取审议“一府两院”工作报告、审查批准计划和预算为重点，依法认真作出决议决定 11 项，任免县人大常委会机关及派出机构工作人员、县人大专门委员会组成人员、“一府一委两院”工作人员 91 人，任命县法院人民陪审员 135 人。坚持新任命人员供职发言和向宪法宣誓制度，增强被任命国家机关工作人员依宪依法履职意识，践行忠于宪法，忠于人民，恪尽职守，廉洁奉公。

加强规范性文件备案审查工作，依法审查县政府《昌乐县物业管理实施细则》等规范性文件 5 件，规范性文件备案审查工作走上正轨，维护了法制统一。

【人大信访】　重视群众来信来访，依法做好信访工作，及时受理、转办群众来信来访 52 件次，对重点涉法涉诉信访案件进行全程跟踪督办，有效解决了群众的合理诉求，化解了社会矛盾，维护了社会稳定。

【调研视察】　调研开展扫黑除恶专项斗争工作情况　4 月 11 日，县人大常委会组织部分常委会委员和县人大代表，对县公安机关开展扫黑除恶专项斗争工作情况进行调研。县人大常委会副主任王少鹏参加。调研组先后到乔官派出所、县公安局警务实战中心、刑事科学技术中心等地进行了实地查看，听取了县公安局有关工作情况汇报，进行了座谈讨论。提出要保持打击黑恶势力高压态势、加强宣传发动、提高队伍素质等建议意见。

调研全县基层医疗卫生机构人才队伍建设工作

情况　4月11日，县人大常委会组织部分常委会委员和县人大代表，对全县基层医疗卫生机构人才队伍建设工作情况进行调研。县人大常委会副主任周晓玲参加。调研组先后到乔官镇中心卫生院、白塔卫生院进行了实地查看，听取了有关情况汇报，进行了座谈讨论。提出适当放宽基层卫生院医护人员招聘条件、提高基层医护人员工资待遇、提高基层医护人员业务能力和服务水平等建议意见。

调研2017年度县级预算执行和其他财政收支情况的审计整改落实工作情况　4月18日，县人大常委会根据关于改进向县人大常委会报告审计整改工作机制的意见规定，组织对2017年度县级预算执行和其他财政收支情况的审计整改落实情况进行调研。县人大常委会副主任扈本溪参加。调研组听取了县审计局关于审计整改情况的报告，进行了座谈讨论。建议进一步加大跟踪督办力度、建立健全审计整改长效机制和协调机制、认真落实整改措施等建议意见。

调研全县乡村产业振兴工作情况　5月22日，县人大常委会组织部分常委会委员和市县人大代表，对全县乡村产业振兴工作情况进行调研。县人大常委会副主任田本义参加。调研组先后到宝都街道东西王高效农业示范园、朱刘街道欧亚农业进行了实地查看，听取了有关情况汇报，进行了座谈讨论。提出大力推广现代农业技术、发挥园区示范带动作用、增强品牌意识等建议意见。

视察提升行政服务效能优化营商环境工作情况　5月29日，县人大常委会组织部分常委会委员和市县人大代表，对提升行政服务效能优化营商环境工作进行视察。县人大常委会副主任王少鹏参加。视察组实地查看了西湖社区便民服务大厅和县政务服务中心，听取了有关情况汇报，进行了座谈讨论。提出进一步完善帮办代办工作机制、持续加强窗口工作人员学习培训、提高服务水平和服务质量等建议意见。

调研民事行政检察和公益诉讼工作情况　6月12日，县人大常委会组织部分常委会委员和市县人大代表，对民事行政检察和公益诉讼工作进行调研。县人大常委会副主任王少鹏，县检察院检察长郑爱之参加。调研组听取了县检察院关于民事行政检察工作和公益诉讼工作情况汇报，围绕新形势下如何更好地开展相关工作进行了座谈讨论。提出增强履职担当、完善制度机制、拓宽宣传渠道等建议意见。

视察新建农村中小学交付使用工作情况　6月18日，县人大常委会组织部分常委会委员和县人大代表，对新建的21所农村中小学交付使用情况进行视察，县人大常委会主任王备、副主任周晓玲，县政府副县长曹建国参加。视察组先后到宝都街道尧沟小学、乔官镇北岩小学、乔官镇北展小学、鄌郚镇漳河小学进行了实地查看，对新建农村中小学的建筑质量、教学管理、校园食品安全等情况进行调查，听取了县政府关于农村中小学交付使用情况的报告，进行了座谈讨论。提出要始终坚持以人民为中心的发展思想，找准工作立足点和基本点；高标准高质量完成工程收尾和验收工作；加强学校的管理和使用；进一步完善学校软硬件配套设施等建议意见。

调研学前教育工作情况　6月21日，县人大常委会组织部分常委会委员和县人大代表，对学前教育工作情况进行调研。县人大常委会副主任周晓玲，副县长曹建国参加。调研组先后到站前街幼儿园、古城幼儿园、实验幼儿园进行实地查看，听取有关情况汇报，进行座谈讨论。提出加大资金投入，扩大城区公办园比例；完善教师培训机制，提高幼师队伍整体素质；加强对幼儿园的管理和指导等建议意见。

视察灾后重建工作情况　7月23日，县人大常委会组织部分常委会委员和市、县人大代表，对灾后重建工作情况进行视察。县人大常委会主任王备，副主任王少鹏、扈本溪、周晓玲、田本义，副县长曹建国参加。视察组先后到309国道丹河桥北段丹河治理工程、宝都街道农田排涝工程、白浪河水毁修复工程、朱孔路宅科桥、红河镇小下坡村灾后重建整村迁建项目、朱孔路平原桥等地进行了实地查看，听取了县政府关于灾后重建情况的汇报，进行了座谈讨论。视察组对昌乐县灾后重建工作给予了充分肯定，并就下步切实做好相关项目收尾工作提出了意见建议。

调研城区雨污分流改造工作情况　8月6日，县人大常委会组织部分常委会委员和县人大代表，对城区雨污分流改造工作进行调研。县人大常委会副主任滕建勋参加。调研组先后到昌盛花园小区、特师附小、屹立化工、潍焦集团、城东污水处理厂等地进行实地调查，了解各处雨污分流改造情况，听取了县住建局关于昌乐县雨污分流改造工程建设情况的汇报，进行了座谈讨论。提出建立改造工作协调推进机制、加快完成源头雨污分流改造、抓好管网运行维护等建议意见。

调研棚户区改造工作情况　8月9日，县人大常委会组织部分常委会委员和县人大代表，对全县棚户区改造工作进行调研。县人大常委会副主任滕建勋参加。调研组先后到南关片区、北关片区、怡和苑片区、永康片区和金都片区等棚改项目现场进行实地调查，听取县棚改办关于全县棚户区改造工作情况的报告，并进行了座谈讨论。提出高标准严要求加快项目建设进度、统筹安排好棚改资金、完善安置区配套设施建设等建议意见。

调研发改、财政、审计工作情况　8月15日，县人大常委会对全县2019年上半年国民经济和社会发展计划执行情况、2018年财政决算和2019年上半年财政预算执行情况、2018年县级预算执行和其他财政收支情况的审计工作情况进行了调研。县人大常委会副主任扈本溪参加。调研组听取了有关工作情况汇报，进行了座谈讨论。提出切实抓好产业结构调整优化，推进产业转型升级；加快建设高品质城市、提升绿色发展水平；全面提升民生保障水平，不断增进民生福祉；认真贯彻落实《预算法》，加强财源培植力度和财税征管力度；加强资金管理、使用和税收征管以及民生项目支出的审计监督等建议意见。

调研社区矫正工作情况　8月20日，县人大常委会组织部分常委会委员和县人大代表，对社区矫正工作进行调研。县人大常委会副主任王少鹏参加。调研组先后到宝都街道司法所、县司法局社区矫正指挥中心等地进行了实地调查，听取了有关情况汇报，进行了座谈讨论。提出强化宣传意识、加大监管教育力度、丰富社区矫正学习内容和形式等建议意见。

视察全域禁采工作情况　10月15日，县人大常委会组织对全县全域禁采工作进行视察。县人大常委会主任王备、副主任王少鹏、扈本溪、周晓玲、滕建勋和县人大常委会委员参加视察；副县长、县公安局局长赵春玉参加。视察组先后到首阳山旅游度假区罗泉山、元宝山生态治理项目、白浪河流域治理项目红河段和荣华环水岭田园综合体项目、汶河流域治理项目郚部段、营丘镇蟠龙山生态修复项目进行了实地查看，听取了赵春玉代表县政府所作的全域禁采工作情况的汇报，进行了座谈讨论。提出严格执行好人大决议、加大矿产资源监管巡查力度、注重发挥群众监督作用等建议意见。

调研法院执行和提高审判质效工作情况　10月18日，县人大常委会组织部分常委会委员、县人大代表和专业咨询组成员，对县法院执行工作和提高审判质效工作情况进行调研。县人大常委会副主任王少鹏、县法院院长韩昆亮参加。调研组听取了有关工作情况汇报，进行了座谈讨论。提出加大执行工作宣传力度、强化执行联动、不断创新工作方法、切实转变工作作风等建议意见。

调研全县国有资产管理工作情况　10月18日，县人大常委会组织部分常委会委员和专业咨询组成员，对全县国有资产管理情况进行调研。县人大常委会副主任扈本溪参加。调研组听取了有关情况汇报，进行了座谈讨论。提出进一步增强国有资产规范管理意识、健全国有资产管理机制、加强国有资产管理队伍建设等建议意见。

组织住昌市人大代表开展会前集中视察活动　12月10日，县人大常委会组织住昌市人大代表对全县经济发展情况开展集中视察，为在潍坊市十七届人大五次会议上提出高质量的建议做好准备。县人大常委会副主任王少鹏、扈本溪、周晓玲、田本义参加。视察组先后到佳诚数码新材料产业园、80万吨高级瓦楞原纸项目现场、比德文新能源智能制造产业园和年产10万套氢动力模块产业化项目现场进行察看，并认真听取相关情况介绍。

【执法检查】 对《中华人民共和国治安管理处罚法》贯彻实施情况进行执法检查 4月11日，县人大常委会组织部分常委会委员和县人大代表，对《中华人民共和国治安管理处罚法》贯彻实施情况进行执法检查。县人大常委会副主任王少鹏参加。执法检查组先后到乔官派出所、县公安局警务实战中心、刑事科学技术中心等地进行了实地查看，听取了县公安局有关工作情况汇报。提出加强公安队伍建设、转变执法理念、提高社会治安管理水平等建议意见。

对《中华人民共和国科技进步法》贯彻实施情况进行执法检查 8月29日，县人大常委会组织部分常委会委员和县人大代表，对《中华人民共和国科技进步法》贯彻实施情况进行执法检查。县人大常委会副主任周晓玲参加。执法检查组先后到佳诚数码新材料产业园、矿机集团股份有限公司、元利科技股份有限公司等地进行了实地调查，听取了有关情况汇报，进行了座谈讨论。提出加大《科技进步法》及相关科技政策的宣传和贯彻力度、充分发挥企业科技创新主体作用等建议意见。

对《中华人民共和国环境保护法》贯彻实施情况进行执法检查 10月16日，县人大常委会组织部分常委会委员和县人大代表，对《中华人民共和国环境保护法》贯彻实施情况进行检查。县人大常委会副主任滕建勋参加。执法检查组先后到潍坊万德顺建材有限公司、山东元利科技股份有限公司、潍坊大明生物科技有限公司等地进行了实地调查，听取了有关情况汇报，进行了座谈讨论。提出进一步加大环保执法力度、抓好重点领域污染治理工作、健全环境监管体系等建议意见。

对《潍坊市禁用限用剧毒高毒农药条例》贯彻实施情况进行执法检查 10月25日，县人大常委会组织部分常委会委员和市、县人大代表，对《潍坊市禁用限用剧毒高毒农药条例》贯彻实施情况进行执法检查。县人大常委会副主任田本义参加。执法检查组先后到昌乐县润海土地股份专业合作社、昌乐县宏亮农药销售中心、昌乐县西瓜科技示范园等地进行了实地调查，听取了有关情况汇报，进行了座谈讨论。提出加大宣传力度、严厉打击违法违规销售使用禁限用高毒剧毒农药行为、充实基层农产品质量安全监管队伍等建议意见。

【代表工作】 代表履职 组织对住昌乐县市人大代表述职情况进行评议，增强市人大代表履职责任感和使命感。选聘10名县人大代表作为潍坊市营商环境社会监督员，负责收集社会各界对优化营商环境的建议意见，参与营商环境建设工作评议。组织代表对县法院公开审理的扫黑除恶案件进行现场旁听，拓宽代表依法履职渠道。规范镇街人大代表活动场所，建立“代表联络站”，开展接待选民活动，实现代表与选民面对面，加强了代表和选民的联系。全县各级代表牢记初心使命，积极担当作为，主动进行政策宣讲、联系群众、扶贫救灾；围绕新旧动能转换、乡村振兴、民生实事办理等提出建议意见，充分发挥了桥梁纽带、主体主责、模范带头作用，树立了新时代人大代表的良好形象。

联系代表 结合“不忘初心、牢记使命”主题教育，丰富联系代表内容，广泛征求全县各级人大代表对县人大常委会的工作建议，充分发挥代表主体作用，调动代表履职积极性。坚持代表列席常委会制度，通过代表履职网上报名系统，邀请代表参加人大监督活动，提高代表对常委会工作参与度。坚持和完善“双联系”制度，组织常委会组成人员到各镇（街、区）和县直代表活动小组，对住昌省、市人大代表和县人大代表进行广泛联系，续接2018年联系代表征求到建议意见50件，转交县政府办理。2019年征求代表建议意见65件，形成专题报告交县政府办理。县委主要领导对此作出批示，要求县政府认真抓好建议意见的落实和反馈。

【代表建议督办】 建议审查 不断加强代表建议审查工作，改进建议审查办法，安排专人负责建议审查，县十七届人大三次会议期间，审查整理代表建议意见共90件。其中城乡建设方面26件、财政经济方面19件、教育科学文化卫生方面20件、农业与农村方面11件、环境资源保护方面9件、社会建设方面4件，其他方面1件。

建议督办　以解决实际问题为导向，把推动代表建议办理作为监督工作着力点，不断加强和改进代表建议督办工作，将县十七届人大三次会议上代表提出的90件建议意见转交县政府办理，并通过实地查看、现场督办、“回头看”等方式加大督办力度，提高建议办理质量和效率。

【基层人大工作】　组织建设　各镇设专职镇人大主席、副主席；开发区和各街道设立人大工作室，设专职人大工作室主任、副主任。镇街区人大配备专职工作人员。

依法履职　各镇人大主席团严格按照法定程序，召开镇人民代表大会，依法行使镇人大重大事项决定权、监督权和选举权，听取审查镇政府工作报告、财政预算和执行情况报告，选举本镇人大主席、副主席，镇长和副镇长，审议并决定本镇经济和社会发展等各方面的重大事项。

代表工作　各镇人大根据本镇人大代表居住、从业情况，组建为若干代表小组，指定综合素质高、组织能力强的代表担任组长。各镇人大通过紧密联系选民、深入调研，制定年度活动计划，指导代表小组开展活动，把联系选民、征集意见建议、开展视察调查等活动落到实处，加强对有关法律法规实施情况和镇政府工作的监督。

【其他重要工作】　临朐县人大常委会学习交流专门委员会和代表小组开展活动情况　4月8日，临朐县人大常委会考察团到昌乐学习交流县人大专门委员会和代表小组开展活动情况。县人大常委会主任王备陪同。

河南省鹤壁市山城区人大常委会考察教育资源整合、教育质量提升工作情况　4月25日，河南省鹤壁市山城区人大常委会考察团到昌乐考察学习教育资源整合、教育质量提升工作。县人大常委会副主任周晓玲陪同。

潍坊市人大常委会调研扫黑除恶专项斗争工作情况　6月4日，潍坊市人大常委会调研组到昌乐，对扫黑除恶专项斗争工作情况进行调研。县人大常委会副主任王少鹏陪同。

广东省广州市花都区人大常委会考察乡村振兴战略工作情况　6月13日，广东省广州市花都区人大常委会考察团到昌乐考察学习实施乡村振兴战略工作。县人大常委会副主任田本义陪同。

山东省人大常委会对《山东省学前教育条例(草案)》进行立法调研　6月27日，山东省人大常委会委员、教科文卫委员会主任委员仉兴玉带领立法调研组到昌乐，对《山东省学前教育条例（草案）》进行立法调研。县人大常委会主任王备、副主任周晓玲，县政府副县长曹建国陪同。

潍坊市人大常委会对《潍坊市城市绿化条例(草案)》进行立法调研　7月3日，潍坊市人大常委会立法调研组到昌乐，对《潍坊市城市绿化条例（草案）》进行立法调研。县人大常委会副主任王少鹏陪同。

潍坊市人大常委会调查安全生产工作情况　7月16日，潍坊市人大常委会副主任顾建华带领调查组到昌乐，对安全生产工作情况进行调查。县人大常委会主任王备，县委常委、副县长李良华，县人大常委会副主任扈本溪陪同。

潍坊市人大常委会调查固废危废及扬尘污染综合整治工作情况　9月2日，潍坊市人大常委会调查组到昌乐，对固废危废及扬尘污染综合整治情况进行调查。县人大常委会副主任滕建勋陪同。

潍坊市人大常委会调研“双招双引”工作　10月10日，潍坊市人大常委会调研组到昌乐，对“双招双引”工作进行调研。县人大常委会副主任扈本溪、副县长张正民陪同。

潍坊市人大常委会调研养老服务立法工作　10月16日，潍坊市人大常委会立法调研组到昌乐，对全市养老服务立法工作进行调研。县人大常委会副主任王少鹏陪同。

潍坊市人大常委会代表联络组联系住昌市人大

代表　12月3日，潍坊市人大常委会代表联络组到昌乐联系住昌教育、医疗领域市人大代表。县人大常委会主任王备、副主任周晓玲分别陪同。

（供稿人：潘爱青）

昌乐县人民政府

昌乐县人民政府

综述

2019年，是新中国成立70周年，也是昌乐在高质量发展、赶超发展道路上迈开大步、砥砺前行的一年。我们坚持以习近平新时代中国特色社会主义思想为指导，深入学习贯彻党的十九大和十九届二中、三中、四中全会精神，在县委的正确领导下，在县人大及其常委会、县政协的监督支持下，团结依靠全县人民，拼搏进取、真抓实干，推动经济社会发展取得了新成绩。

动能转换实现新突破，新动能加速崛起 比德文成为全市首家获得新能源乘用车生产资质的企业，新能源智能制造产业园新引进项目8个，中科氢能装备产业园、佳诚数码新材料产业园建成投产，阳光概念包装产业园、梦金小镇加快推进，鲁兹中德产业园、中节能绿色生态产业园落地实施，英轩重工产业园、汉唐新能源汽车产业园效益稳步提升。新能源新材料、高端装备制造产业增加值实现较快增长。传统动能加快转型。在县委坚强领导、坚定推动下，企业顾全大局、主动配合，振兴焦化4.3米焦炉关停、万山集团110万吨焦化项目停产安全稳妥完成，化工产业转型迈出坚实步伐。实施重点技改项目55个，完成投资46亿元。黄金珠宝文化创意产业集群入选省首批“雁阵形”产业集群。阳光纸业被评为国家级绿色工厂。规范发展特色产业，昌乐县被评为中国织带名城。现有企业不断壮大。新增规上工业企业74家，上市企业达到5家。潍焦集团、亚太中慧入选中国民营企业制造业500强，比德文集团、矿机集团、亚太中慧分别跻身省产业领军民营企业十强，10家企业进入全市民营企业百强，30家企业被认定为市级以上“隐形冠军”“单项冠军”“专精特新”企业。创新活力持续增强。新增市级以上科创平台25处，新申报高新技术企业12家，获批省科技计划项目7个，中科院山东综合技术转化中心昌乐县分中心挂牌成立。新增马德里商标国际注册4件。新获中国专利优秀奖、市长杯工业设计大赛奖各1项，2家企业通过知识产权贯标认证，专利授权量增长24.2%。

城市发展实现新提升 国土空间规划启动编制，“三调”数据成果通过省级审核，城市抗震防灾规划编制完成。谋划实施27个城建重点项目，完成投资17.3亿元。古城墙、潘家辛片区棚改启动实施，北关一期、郿部片区安置楼基本建成，北关二期等安置楼完成主体施工。及第街等5条道路通电亮灯。高标准开展铁路沿线综合整治，完成青银高速两侧绿化美化。改造老旧小区1.87万平方米。开工东部城区供热工程，更新20个小区老旧供热管网，开展访民问暖活动，供暖质量明显改善。完成4处标准化社区居民服务中心建设。干部带头、全民上阵，举全力迎接国家卫生县城复审，商业通道、公共厕所等基础设施进一步完善提升，农贸市场和摊点群管理更加规范，交通秩序、卫生状况、城市安全有了较大改善，涵盖128项工作的国家卫生县城建设长效机制全面建立。盘活闲置低效用地1012亩，处置批而未供土地8381亩，实施占补平衡3180亩，增减挂钩和工矿废弃地复垦利用节余指标878亩，发展空间进一步拓展。

乡村振兴增创新优势 白浪源乡村振兴示范区、方山一庵上湖片区被确定为市级乡村振兴齐鲁样板示范区，片区总体规划、重要节点建设等有序推进，白浪河沿河道路全线贯通，潍坊职业农民学院昌乐分院在庵上湖村挂牌成立。红河镇和7个村被确定为全省首批乡村振兴示范镇（村）。培强西

甜瓜农业第一支柱产业，成功举办中国（昌乐）西甜瓜科技博览会、农村电商节暨国际西甜瓜新品种展示会，昌乐西瓜入选国家农产品区域公用品牌，西瓜科技示范园被评为国家农村创新创业园。新认证“三品一标”20个，被评为省特色农产品优势区。农产品网上交易额近8000万元，被确定为省淘宝直播“村播计划”试点县。聘请8名国家级专家担任现代农业发展高级顾问，引进、实施工商资本下乡项目18个，到位资金4.2亿元。赵继斌同志获潍坊市市长质量奖。投入6.6亿元开展农村人居环境整治三年行动，启动农村通户道路硬化工程，完成涉农街道改厕12395户，109个村通过市级一类示范村验收，市级以上美丽乡村示范村达到11个。完成造林2万亩，创建市级以上森林镇村12个。打造镇村新时代文明实践分中心（站）134处。

改革开放激发新活力 农村集体资产股权质押贷款等23项国家和省级试点扎实推进。政府机构改革圆满完成。开发区体制机制改革有序推进。国企国资改革深入实施，5家县属国有企业实现实体化运行。在全市率先研发实施建设项目“一窗受理”全流程平台，企业开办时间压缩至3个工作日，启动实施“一件事一次办”改革，全省网上政务服务向基层延伸及村（社区）便民服务示范点建设现场会议在昌乐县召开。对外开放持续扩大，进出口总额突破90亿元，利用外资1.2亿美元、增长538%。恒丰银行昌乐支行挂牌营业。宝石博览会成功举办，宝石城跻身中国商品市场百强，成为江北第一个淘宝产业带直播基地，“昌乐蓝·中国蓝”品牌更加靓丽。

防风险守底线取得新成效 规上企业全部建立并有效运行“双重预防体系”，“安责险”事故预防服务模式覆盖面持续扩大，被确定为“安全生产标杆县”建设试点。扎实推进生态环保督察及“回头看”反馈问题整改，实施污染防治和生态修复专项行动，全面完成节能减排降耗任务目标。完成有机化工、塑料制品、工业涂装等行业挥发性有机物重点治理项目，督促28家重点企业完成煤堆料场全密闭改造，持续加强机动车污染物排放整治和扬尘污染管控，积极做好重污染天气应急响应，空气质量优良天数达到203天。新建5处智慧环保地表水水质监测站，城区污水处理厂提标工程加快推进，县级集中式饮用水水源地问题整治全面完成。全力防范化解金融风险，不良贷款率保持较低水平。

民生保障有了新变化 新增城镇就业8356人，发放创业担保贷款2.14亿元，新登记市场主体12974家、增长52.6%，市级以上创业孵化示范平台数量居全市首位，创业孵化中心服务人才返乡创业的做法得到国务院专题督查组肯定。低保、农村特困人员供养和临时救助、经济困难老年人和残疾人补贴标准进一步提高。养老、医疗等保险覆盖面持续扩大。开展脱贫攻坚“五个专项行动”，选派1466名干部全覆盖帮扶贫困户，建立扶贫项目“双包靠”机制，改造贫困户危房1173户，创新开展“三师共管、四化同建”贫困慢性病患者精准服务，贫困人口全部落实“两不愁三保障”和饮水安全政策。新成立4所公办中小学，新建改建13所公办幼儿园，2所民校回归公益属性，转为公办学校，新增公办中小学、幼儿园学位2970个，被评为全市首个素质教育创新发展先行区，教育工作督导评估成绩居全市第二位，成为全市唯一包揽四个“突出贡献奖”的县市区，教育工作得到省政府领导同志肯定。县高级技工学校申办技师学院通过省级审核，在全国职业院校技能大赛中再获佳绩。顺利通过全国基层中医药工作先进县复审，被评为全国计划生育基层群众自治示范县、省级健康促进县，全省计生协工作现场会议在昌乐县召开。县人民医院创建为国家医疗健康信息互联互通标准化成熟度四级甲等医院，县中医院升级为三级医院。红河镇通过国家卫生乡镇复审，获评省级卫生乡镇2个、卫生村64个。为70岁以上老年人免费接种流感疫苗等政策有效落实。20人获省道德模范、山东好人、潍坊好人称号，县级以上文明镇村覆盖率达到90%。综合性文化中心实现行政村全覆盖，文化生活群众满意度连续位居全市前列。县级融媒体中心建设全国试点成效显著，全省现场推进会议在昌乐县召开，创新经验得到省委主要领导同志肯定。“食安昌乐”品牌示范

单位达到186家，数量居全市前列。为104个村（社区）新配套体育健身器材。圆满完成第四次全国经济普查。县公益性公墓加快建设。信访积案和矛盾纠纷化解取得新成效。扫黑除恶专项斗争扎实推进，群众安全感满意度位居全省前列，被评为全省新中国成立70周年安保维稳工作先进县。积极落实退役军人和其他优抚对象政策，双拥共建成效明显。妇女儿童、民族宗教、国防动员、慈善、外事、人防、气象、粮食等工作取得新进展。

政府自身建设进一步加强 “不忘初心、牢记使命”主题教育取得预期效果。从严落实党风廉政建设主体责任，政府投资、公共资源交易、国有企业监管等制度进一步规范完善；开展公共投资等五大领域审计，完成审计项目45个。严格执行县人大及其常委会决议决定，自觉在人大依法监督、政协民主监督下开展工作，办理人大代表建议140件、政协提案173件。扎实推进法治政府建设，规范性文件合法性审查、重大行政决策、行政执法程序更加规范，行政复议、行政应诉工作进一步加强。严格落实中央八项规定精神，文件、会议压减1/3以上，一般性项目支出压减20%。政务公开工作成绩居全省各县市区第八位。

重要会议

【县政府第25次常务会议】 3月18日，县委副书记、代县长张建伟主持召开县政府第25次常务会议，研究《昌乐县融媒体中心建设实施方案》和2019年民生实事，听取统计、安全生产工作情况汇报，安排部署下步工作。

【县政府第26次常务会议】 3月22日，县委副书记、代县长张建伟主持召开县政府第26次常务会议，讨论拟提请县第十七届人民代表大会第三次会议审议的《政府工作报告》《关于昌乐县2018年国民经济和社会发展计划执行情况与2019年国民经济和社会发展计划（草案）的报告》《关于昌乐县2018年财政预算执行情况和2019年财政预算（草案）的报告》。

【昌乐县迎接国家卫生县城复审工作动员会议】 4月13日，县委副书记、县长张建伟召开昌乐县迎接国家卫生县城复审工作动员会议。他强调，要迅速行动，真抓实干，全力以赴打赢复审攻坚战，以实际行动擦亮城市名片。

【昌乐县灾后重建项目现场调度会议】 5月9日至10日，县委副书记、县长张建伟召开昌乐县灾后重建项目现场调度会议。他强调，要全面贯彻落实潍坊市灾后重建指挥部工作调度会议精神，进一步提高政治站位，加快工程进度，确保按时优质高效完成各项重建任务。

【县政府第27次常务会议】 5月11日，县委副书记、县长张建伟主持召开县政府第27次常务会议，传达学习《法治政府建设与责任落实督察工作规定》、全市脱贫攻坚工作推进会议精神，研究《昌乐县乡村振兴战略规划（2018—2022年）》，听取村庄清洁攻坚月行动等工作情况汇报，研究部署下步工作。

【县政府第28次常务会议】 5月28日，县委副书记、县长张建伟主持召开县政府第28次常务会议，传达学习全市“十四五”规划编制工作会议和全省、全市防汛抗旱工作电视会议精神，研究推进农村人居环境整治等工作，安排部署农业信贷担保工作。

【昌乐县农村人居环境整治工作现场调度会议】 6月5日，县委副书记、县长张建伟召开昌乐县农村人居环境整治工作现场调度会议。他要求，要认真落实上级有关部署要求，突出主攻方向，强化组织推进，坚决打赢农村人居环境整治这场硬仗。

【县政府第29次常务会议】 6月6日，县委副书记、县长张建伟主持召开县政府第29次常务会议，研究推进“亮剑2019”生态环境攻坚行动，安排部署农村电商发展工作。

【昌乐县防汛抗旱工作暨县防汛抗旱指挥部第一次全体会议】 6月6日，县委副书记、县长张建伟召开全县防汛抗旱工作暨县防汛抗旱指挥部第一次全体会议。他要求，要统一思想、迅速行动、狠抓落实，努力夺取2019年防汛抗旱工作全面胜利。

【县政府第30次常务会议】 7月11日，县委副书记、县长张建伟主持召开县政府第30次常务会议，听取上半年经济运行、安全生产、脱贫攻坚、交通设施灾后重建、食品安全等工作情况汇报，研究部署下步工作。

【昌乐县政府廉政工作会议】 7月24日，县委副书记、县长张建伟召开县政府廉政工作会议。他要求，要聚焦重点领域，以更加有力有效的举措推进政府廉政工作；要全面从严治政，推动政府系统党风廉政建设任务落地见效。

【昌乐县生态环保攻坚推进会议】 8月1日，县委副书记、县长张建伟召开昌乐县生态环保攻坚推进会议，他要求，要全面贯彻全市环保攻坚行动现场推进会议精神，坚定扛起生态环保政治责任，全面打好污染防治攻坚战。

【县政府第31次常务会议】 8月5日，县委副书记、县长张建伟主持召开县政府第31次常务会议，研究《关于加强县政府班子自身建设的意见》，传达学习全市政务公开工作推进会议精神，研究推进棚户区改造、重点工程建设项目“拿地即开工”审批模式改革等工作。

【昌乐县迎接国家卫生县城复审攻坚推进会议】 8月20日，县委副书记、县长张建伟召开昌乐县迎接国家卫生县城复审攻坚推进会议。他要求，要突出重点，全员参与，全力打赢复审攻坚战。

【县政府第32次常务会议】 8月29日，县委副书记、县长张建伟主持召开县政府第32次常务会议，研究高级技工学校申办昌乐技师学院、消防等工作。

【昌乐县农村人居环境整治工作调度会议】 9月12日，县委副书记、县长张建伟召开昌乐县农村人居环境整治工作调度会议。他要求，要进一步落实责任，强化措施，全力抓好各项重点任务落实，坚决打好农村人居环境整治硬仗。

【县政府第34次常务会议】 9月23日，县委副书记、县长张建伟主持召开县政府第34次常务会议，研究国家卫生县城建设长效机制、安全生产、国家森林城市创建、人大代表建议和政协提案办理等工作。

【县政府第35次常务会议】 10月14日，县委副书记、县长张建伟主持召开县政府第35次常务会议，研究安全生产等工作。

【县政府第36次常务会议】 11月11日，县委副书记、县长张建伟主持召开县政府第36次常务会议，研究行政村驻地道路硬化、安全生产、灾后重点水利工程建设等工作。

【昌乐县百日安全生产专项整治行动动员会议】 11月20日，县委副书记、县长张建伟召开昌乐县百日安全生产专项整治行动动员会议。他要求，要高度重视安全生产应急管理，建立应急响应机制，全力保持今冬明春安全生产形势持续稳定。

【县政府第37次常务会议】 11月23日，县委副书记、县长张建伟主持召开县政府第37次常务会议，研究改厕、禁毒和林长制等工作。

【县政府第38次常务会议】 12月27日，县委副书记、县长张建伟主持召开县政府第38次常务会议，研究冬春季大气污染综合治理攻坚、“一件事一次办”改革等工作。

重要活动

3月11日，县委副书记、代县长张建伟调度水利设施灾后重建工作。3月20日，县委副书记、代县长张建伟现场调研九龙湖片区开发建设工作。3月31日，县委副书记、县长张建伟现场检查安全生产工作。4月3日，县委副书记、县长张建伟现场调度大气污染防治工作。4月18日至20日，县委副书记、县长张建伟率领县党政考察团一行赴江苏省仪征市、浙江省宁波高新区和桐乡市、上海市对标学习新旧动能转换、营商环境优化等方面的先进经验和做法。4月30日，县委副书记、县长张建伟现场调度全县生态环保突出问题整治工作。5月5日，县委副书记、县长张建伟现场调度迎接国家卫生县城复审工作。5月29日，县委副书记、县长张建伟到乔官镇看望慰问少年儿童。5月31日，县委副书记、县长张建伟到红河镇、营丘镇现场调度部分重点项目推进工作。7月6日，县委副书记、县长张建伟现场调研督导脱贫攻坚工作。7月10日，县委副书记、县长张建伟到潍坊市政务服务热线受理中心现场接听群众热线电话。7月23日，县委副书记、县长张建伟现场检查雨污分流改造工程运行情况。7月24日，县委副书记、县长张建伟现场调度南关片区棚改安置区、第三污水处理厂等项目推进情况。7月29日，县委副书记、县长张建伟带队走访慰问潍坊军分区首长机关和优抚对象。8月11日，县委副书记、县长张建伟到部分镇（街、区）现场调度防汛防台风工作。8月12日，县委副书记、县长、县级总河长张建伟对小丹河、大丹河进行巡河并现场调度尧沟片区农田排涝工作。8月13日，县委副书记、县长张建伟到部分镇（街、区）现场调度抢险救灾工作。8月22日，县委副书记、县长张建伟现场调度棚改工作。8月29日，县委副书记、县长张建伟现场调度部分重点项目建设。10月25日，县委副书记、县长、县政府党组书记张建伟到宝都街道开展“村村到”走访调研。10月31日，县委副书记、县长张建伟到经济开发区（宝城街道）学府社区报到，并参加所在的县政府办公室机关支部主题党日活动。11月9日，县委副书记、县长、县政府党组书记张建伟在城关商务社区，围绕优化营商环境，为县直有关部门党员干部讲专题党课。12月11日，县委副书记、县长张建伟到潍坊市政务服务热线受理中心现场接听群众来电。12月11日，县委副书记、县长张建伟到宝都街道参加指导领导班子“不忘初心、牢记使命”专题民主生活会。12月24日，县委副书记、县长张建伟带领检查组到县教育和体育局、宝都街道，对2019年度全面从严治党、党风廉政建设、意识形态工作主体责任落实情况进行检查。12月28日上午，县委副书记、县长张建伟走访慰问困难群众、困难党员和烈属。

重大决策与主要工作

【动能转换】 8月10日，制定出台《关于鼓励全县企业高质量发展的意见》（乐发〔2019〕13号），深入贯彻落实习近平新时代中国特色社会主义思想，进一步加快推进新旧动能转换重大工程，助力乡村振兴战略深入实施，推动全县高质量发展、赶超发展。

【乡村振兴】 8月16日，制定出台昌乐县人民政府《关于推进全县主要农作物生产全程机械化加快现代化农业发展的实施意见》（乐政字〔2019〕12号），坚持“农业发展、农机先行”工作思路，以全县高标准粮田和农产品主产区为重点区域，推广先进适用农机化技术及装备，培育壮大农机服务市场主体，探索全程机械化生产模式，改善农机化基础设施，努力提高小麦、玉米、花生三大农作物生产全程机械化水平，构建上下联动、区域协调、运转高效的农业机械化推进机制，全力打造昌乐县农业机械化发展的升级版。

【城市建设】 1月16日，制定出台昌乐县人民政府办公室《印发关于加快培育和发展住房租赁市场的实施意见的通知》(乐政办发〔2019〕1号),加快建立多主体供给、多渠道保障、租购并举的住房制度,满足新市民住房需求,促进昌乐县住房租赁市场健康发展,努力构建供应主体多元、经营服务规范、租赁关系稳定的住房租赁市场体系。

【生态环保】 11月27日,制定出台昌乐县人民政府办公室《印发关于全面建立林长制的实施方案的通知》(乐政办字〔2019〕29号),以全面推进林长制为总抓手,大力开展“生态家园、美丽昌乐”行动,加快推进国土增绿、森林提质和资源保护,发展守护好昌乐的绿水青山。

12月9日,修订出台昌乐县人民政府办公室《关于印发昌乐县重污染天气应急预案的通知》(乐政办字〔2019〕31号),指导昌乐县行政区域内出现重污染天气时的应急处理工作。

【民生改善】 5月18日,制定出台昌乐县人民政府办公室《关于开展2019年度落实全民基本医保计划集中行动的通知》(乐政办字〔2019〕11号),在全县范围内进行一次基本医保政策大宣传、全民依法参保大动员。

【营商环境】 11月17日,制定出台昌乐县人民政府《关于聚焦企业关切进一步优化营商环境的实施意见》(乐政字〔2019〕24号),深入推进“放管服”改革,切实解决企业投资生产经营中的“堵点”“痛点”“难点”,不断增强昌乐县市场活力和社会创造力,结合昌乐县实际,聚焦企业关切,进一步优化营商环境。

11月29日,昌乐县人民政府印发《关于在市场监管领域全面推行部门联合“双随机、一公开”监管的实施方案》的通知(乐政发〔2019〕5号),落实上级关于转变监管理念、创新监管方式要求,在市场监管领域全面推行部门联合“双随机、一公开”监管,实现抽查结果部门间互联互通互享互认互用,促进协同监管、联合惩戒,提高监管效能,减轻企业负担,进一步营造公平公正的市场环境和优质高效的营商环境。

县政府办公室工作

【概况】 县政府办公室始终坚持县委、县政府的坚强领导,紧紧围绕中心、服务大局,扎实推进“工作落实年”活动,大力倡树“盯着办、快办、办好”作风,聚焦“态度、效率、协同、激情、落实”五个方面,不断提升服务水平,较好地发挥了联络中枢、协调纽带、参谋助手作用,树立了政府办公室良好形象,被评为省级文明单位,政务公开考核列全省县市区第8名。

【调查研究与文稿起草】 围绕全县经济社会发展大局、县政府重大工作部署和各阶段重点难点工作,紧盯群众关心、社会关切、领导关注的热点难点问题,深入调查研究,科学辅助决策。先后起草完成《关于加强物业管理的调研报告》等调研17篇,全部进入县委、县政府决策;获全省政府系统优秀调研成果奖三等奖1个,全市政府系统优秀调研成果奖二等奖1个、三等奖2个,为政府科学决策提供可靠依据。强化精品意识和效率意识,准确把握上级和领导意图,深入研究讨论,切实提升文稿的思想性、针对性、指导性,按照“高效率、零失误、争一流”的标准要求,高标准、高质量起草完成各类文稿材料,高质高效辅助政府工作开展。共组织起草修改县政府领导讲话、汇报、致辞等文稿280余篇;圆满完成2019中国(昌乐)国际宝石博览会、防汛抗灾救灾和灾后建设等重要工作的文字保障工作,在服务领导决策、促进工作落实、推动高质量发展等方面发挥了积极作用。

【政务信息与政务公开】 围绕县委、县政府中心工作,完善信息调研机制,定期到镇(街、区)、企业一线开展调研;编辑、印发《昌乐政务》信息30余期;围绕新旧动能转换、乡村振兴、优化营商环境等重点领域、重要工作,采编、报送全县亮点工作信息，共上报信息3200余篇，被市政府办公室《每日动态》等市级以上信息刊物采用刊发350余篇，其中，两篇信息被省政府办公厅《山东政务信息·省长专报》采用，5篇典型材料被市政府办公室《潍坊政务信息》刊发；按时高质量完成国办、省办问题类调研信息约稿130余篇，被市政府办公室表彰为2019年度全市政府系统政务信息工作先进单位。及时采编、上报政务公开经验做法信息，在省政府办公厅《政务公开看山东》和市政府办公室《政务公开》刊物分别刊发12篇、21篇政务公开经验做法信息；编辑、印发《昌乐县人民政府公报》3期1900余册。通过县政府网站、政府公报等载体主动公开政府信息12000余条，依法依规处办政府信息公开申请110余件，有力保障了群众的知情权、参与权和监督权。在全省、全市政务公开第三方评估中继续位居前列，被市政府表彰为2019年度全市政务公开工作先进单位。

【电子政务】 做好政府网站日常更新和巡查工作，坚持不懈地把网站日常运行管理抓紧抓实。按照《全国政府网站普查评分表》和《潍坊市政府网站运行监测指标》要求定期对门户网站进行自查，消除发现的问题隐患，顺利通过国家、省、市对政府网站的季度抽查。年新开设政商直通车、2019宝石博览会多个专题栏目，取得了良好的宣传效果。针对重要时期政府网站防护难点，制定了门户网站安全保障工作方案和应急预案，加强了网站安全保障技术措施，保障了政府网站在重要时期的正常运行。圆满完成建国70周年等重要时期政府门户网站安全保障工作。

【外事工作】 召开中共昌乐县委外事工作委员会第一次全体会议，审议通过《县委外事工作委员会工作规则》和《县委外事工作委员会办公室工作细则》。做好因公出国（境）团组手续报批和证照、出访报告收缴等工作，全年办理因公出国（境）团组4个。做好企事业单位邀请外国人来华手续的服务办理工作，全年服务办理邀请外国人到华商务洽谈、产品采购、检验产品和设备、技术指导手续145人次。认真学习APEC商务旅行卡有关知识，做好企业“走出去”服务工作。开展“安全文明出境游暨领保伴你行宣传月”活动，利用新媒体平台，通过发放宣传资料、现场讲解等方式，开展了海外旅游安全宣传活动。做好外事调研等工作，制定了昌乐县外事工作权责清单，推进了权责清单规范化、标准化建设。

【政务服务热线】 以“全心全意为人民服务”为根本宗旨，以心系群众、服务群众为基本理念，坚持把为群众办实事作为工作的出发点和落脚点，以群众满意为目标，健全完善量化考核、通报、约谈、全员办理等工作机制，加强数据分析，落实热点问题每日报告、办理情况每月总结分析机制，有效提高了政务热线办理工作科学化、规范化水平。2019年，受理群众各类诉求事项共计29730件，按时办结率100%，群众满意率81.47%，在全市政务服务热线综合考核中位列8县市第3位。建立健全群众来电诉求电子台账，及时对受理的群众诉求事项进行分类汇总，从中找到规律性、苗头性、倾向性等敏感问题，及时呈报县领导，更好地为领导科学决策提供参考。采用网上转办、电话催办、定期督查、协调督办等方式，对受理的事项，办理的过程和办理的结果及时进行督办、督查，发现问题，及时督促整改。充分发挥政务服务热线联席会议制度作用，对个别责任主体不明、有争议的事项实行现场督办，有效解决了一批疑难问题。

（供稿人：贾玉义）

行政审批服务

【概况】 2019年，全县共有34个部门（单位）进驻政务服务中心办公，可集中办理241项行政许可事项和366项其他政务服务事项，全年共受理各类办件41499件，办结41655件，按时办结率100%。2019年，昌乐县深入推行“一窗受理·一次办好”改革，制定印发《投资建设项目依申请预评审制度》《昌乐县重点工程建设项目“拿地即开工”审批模式改革工作实施方案》，修订完善《昌乐县政务服务中心进驻部门窗口及工作人员管理考核奖惩办法》，严格管理考核窗口及工作人员。2019年，昌乐县被省政府办公厅列为全省政务服务向基层延伸工作试点县，全省现场会在昌乐召开。在全市综合考核中，昌乐县政务服务事项办理质效和项目审批质效考核，以满分成绩位列全市15个县市区第一名；工程建设项目审批制度改革和“一窗受理·一次办好”改革考核成绩也在全市名列前茅。

【创新实施“拿地即开工”审批模式】 深入研究建设项目审批流程，将原串联式改为依申请并联式，对涉及的11个部门、22项审批服务手续进行重组重构，将拿地后的有关审批流程调整到拿地前和拿地中，在核发不动产权证书的当天，完成施工许可等全部手续办理，实现“拿地即开工”。2019年7月23日，潍坊恒信·熙湖名筑项目依次取得建设用地规划许可证、不动产权证、建设工程规划许可证、图审合格书、施工许可证等“四证一书”，依法达到开工条件，成功验证了“拿地即开工”的改革模式。在理论路径和实践检验准确匹配的基础上，2019年9月3日，印发了《昌乐县重点工程建设项目“拿地即开工”审批模式改革工作实施方案》（乐办发〔2019〕11号），对办理流程进行明确固定。对昌乐县“拿地即开工”新机制，惠新安书记给予高度评价，山东省社科院予以充分肯定，新华社、人民网、大众日报等20余家主流媒体竞相报道。

【全面推广“依申请预评审”机制】 2019年4月10日，制定印发《投资建设项目依申请预评审制度》（乐行审发〔2019〕3号），成立项目依申请预评审工作专班，负责做好相关政策解读工作。针对有意向的投资项目，组织相关职能部门对建设项目的产业结构、选址布局、用地规模等指标，进行分析研判，详解政策法规，提出科学合理的预审意见，规避企业投资风险，降低制度性交易成本。2019年，共为梦金小镇等36个项目提供了预评审服务。

【积极打造“项目圆心”帮办代办服务品牌】 始终将项目诉求放于工作“圆心”位置，为企业提供全时段、全方位、全领域的咨询引导、帮办代办服务，组织8名科级干部和14名帮办代办员，对2019年全县计划开工和正在建设的40个重点项目分组实施包靠、调研、走访和排查，到基层一线、项目工地，及时了解企业诉求与意愿，提供针对性辅导服务。

【政务服务向基层延伸】 全面梳理镇（街、区）和村（社区）政务服务事项，积极推动上网规范运行，加快推进政务服务向基层延伸，切实打通服务群众“最后一公里”。2019年7月20日，全省网上政务服务向基层延伸及村（社区）便民服务示范点建设工作现场会在昌乐县召开，同时，昌乐县也被确定为全省村（社区）便民服务示范点建设单位。2019年8月上旬，组织专人，到红河镇、营丘镇、宝都街道进行调研，积极征求其他镇街和相关县直有关部门意见建议，形成最新最全的镇（街道）及村（社区）政务服务事项清单，其中，镇（街道）78项，村（社区）23项。清单确定后，由相关县直部门逐项编制服务指南，明确事项名称、办理依据、办理条件、申请材料、办理流程、收费依据及标准、办理时限等，确保同一事项要素全县统一。梳理完成后，由县行政审批服务局统一印制成册，为基层工作人员和办事群众提供规范指引。同时，作为潍坊市试点单位，由昌乐县根据镇（街道）、村（社区）政务服务事项标准化梳理成果，汇总形成《镇（街道）政务服务事项要素参考表》和《村（社区）政务服务事项要素参考表》，为我市其他县市区事项梳理及要素完善提供参考样本。

2019年10月27、28日，组织《昌乐县镇（街道）政务服务事项清单》和《昌乐县村（社区）政务服务事项清单》涉及的县直部门业务骨干，对全县139名镇（街、区）及社区全科社工进行了业务培训，进一步提高了昌乐县基层工作人员的业务水平和帮办代办水平，切实为基层群众提供更加优质高效的服务。12月3日，全省村（社区）便民服务示范点建设交流验收会议在德州齐河召开，省政

县政务服务中心咨询台

府办公厅领导对昌乐县试点工作给予了充分肯定。同时，按照省政府统一部署，组织全县所有镇（街、区）及社区工作人员，将重新梳理的事项录入国脉系统，按期完成全国一体化在线政务服务平台上网运行任务。

【窗口管理考核】 2019年3月1日，与进驻中心窗口签订《工作纪律承诺书》，督促窗口工作人员自觉遵守中心各项纪律要求。通过日常现场督查、调取电子监控、提取考勤数据等方式，加强对窗口的监督，并将发现的问题定期汇总，以《每周预警》形式进行通报。2019年4月9日，印发《昌乐县政务服务中心窗口服务规范标准（试行）》，对窗口工作人员的仪表形象、窗口摆放、服务态度、工作纪律等四方面作出了明确要求，逐步实现政务服务管理制度化、规范化、标准化。2019年6月24日，面向政务服务中心内部，开展“政务服务金点子”征集活动，活动开展以来，征集真正有借鉴意义的金点子和好建议23条。同时，为加大有效评价，重新设计和印制免填写“名片式”评价卡，方便办事群众随时随地、逐事逐人进行“好中差”评价，全年共发放评价卡23000余张。每月依据窗口量化考核情况，评选出星级服务窗口8个、星级服务标兵15个，通过民主推荐方式，评选党员服务示范岗10个，并印发《工作简报》对县政务服务中心窗口及工作人员月度考核情况进行通报，全年共印发《工作简报》12期。2019年共处办12345政务服务热线投诉34件，民声网投诉、建议23件，均严格按照规程做好接访、回访工作，妥善解决群众诉求，所有投诉举报件均得到及时有效处理，按期办结率达100%。

（供稿人：李海波）

人事工作

【概况】 2019年，人社局严格按照《事业单位人事管理条例》《干部人事档案工作条例》《山东省事业单位公开招聘工作规程》《山东省事业单位工作人员考核办法》《潍坊市人民政府办公室关于印发＜潍坊市公务员工资制度改革实施意见＞＜潍坊市事业单位工作人员收入分配制度改革实施意见＞和＜潍坊市机关事业单位离退休人员计发离退休费等问题的实施意见＞的通知》等政策规定，扎实做好事业单位公开招聘、工作人员年度考核、聘用合同管理、人员调配、工资核定、退休审批等方面的人事管理与工资福利工作。

【重要工作】事业单位招聘 规范流程，阳光招聘，2019年昌乐县招聘事业人员158人。会同教育局招聘到岗117名教师；会同卫健局招聘县医院总量控制人员68人。会同齐城、城建、宝都、宝都等国企，公开招考47名工作人员。

事业单位岗位设置审核工作 根据事业单位设岗有关规定，结合昌乐县机构改革实际情况，下发

《关于核准或调整事业单位岗位设置方案的通知》，开展事业单位岗位设置核定工作。审批173家事业单位，设置管理岗位603个，专技岗位9452个（正高141个，副高1281个，中专4260个，初级3770个），工勤技能岗位428个。

事业单位工作人员调配　人社局根据职能，严格按照《关于进一步规范全县机关事业单位人员调配工作的意见》（乐办发〔2018〕16号）做好人员调配工作。2019年因人员调整、工作需要、机构职能调整、教师对调等情况，为168名事业人员办理了调动手续，其中调出县外22人、调入县内19人、县内调动127人。

档案管理工作　2019年4月份，根据纪委监委要求，做好2012年以来公职人员受处分情况自查自纠工作，对保管的103份档案进行仔细核查，确保相关人员的处分文件、解除处分文件入档，确保年度考核情况、工资执行情况准确无误。2019年5月份，根据组织部安排，对拟推荐受省委、市委表彰的初步对象及关于对拟推荐受县委表彰初步对象名单中的96余名人员2016年以来考核等次、受处分情况等方面进行了审查。2019年转出档案114份，因干部提拔、学历认定、退休等情况，为各单位查阅档案1054次，借阅档案材料181次，复印档案材料1456份。

涉改事业单位人员人事管理工作　第一季度，为做好机构改革人员转隶，县委组织部、编办、县人社成立县机构改革人员转隶工作专班，对涉改15个行政局78人、82个事业单位977人进行人员转隶。4月初，我局对涉改事业单位人员转隶情况进行督查，要求涉改单位人员到岗到位。通过督查，督促各单位及时做好人事管理信息系统维护工作，并加强事业单位人员聘用制度管理，保证涉改事业人员的聘用合同解除、签订工作及时、规范。

事业单位人员年度考核备案工作　2019年初，我局与组织部联合印发《关于做好2018年全县机关事业单位工作人员年度考核工作的通知》，明确要求，规范流程，按照文件规定确定考核等次，对82个单位（部门）人员年度考核备案情况严格审核，各单位备案情况汇总后征求政法、卫健部门意见，完成考核备案工作。

事业人员解聘备案工作　2019年，《关于规范领导干部辞去公职工作的通知》印发后，我局认真细致审核备案材料，严格审查拟解聘人员是否符合解聘要求，并督促各事业单位及主管部门严格执行规定，规范解聘程序。办理事业人员解聘备案手续32件，其中辞退4人，辞职28人。

事业单位绩效工资总量核定工作　在核定2019年绩效工资总量时，重点审核各事业单位制定的考核办法，以强化事业单位的主体责任，发挥绩效工作的正向激励作用。依据事业单位绩效工资总量核定办法，核定了336家事业单位绩效工资总量，涉及10270名工作人员，计3.53亿元。

晋级晋档、增加薪级工资审核工作　2019年，完成2136名公务员（包含参公人员）、机关工勤级别档次工资晋升审核、10270名事业单位工作人员薪级工资晋升审核工作。

机关事业单位人员退休及一次性退休补贴审批工作　2019年，进一步强化退休审批工作，建立完善集体把关、审核制度，为390名机关事业单位工作人员办理了退休审批手续。对机关事业保险改革前获得省部级以上劳模、有重大贡献的高级专家等荣誉称号以及独生子女及三十年教龄的工作人员，核定一次性退休补贴。全年共审核314人次，核定一次性退休补贴707万元。

工资津贴其他审核工作　做好117名新考录教师工资审批，做好2018年考录的338名机关事业单位定级人员工资审批。全面完成了2019年乡镇机关事业单位人员津贴补贴审核工作，共涉及24个单位，3632名工作人员。2019年，为83名新招录的有工作经历的公务员、事业单位工作人员办理连续工龄认定手续。2019年，审核机关事业单位在职及退休人员病故后一次性抚恤费150人，办理遗属生活困难补助费备案92人。

（供稿人：文报春）

政府采购和招投标管理

【概况】 2019年，公共资源交易平台共完成交易项目380个，其中政府采购项目195个，概算金额约8.59亿元，成交金额约8.01亿元，节约财政资金约0.58亿元，节约率6.75%；建设工程项目完成32个，概算金额约17.05亿元，成交金额约16.41亿元；医疗器械采购项目完成11个，成交额约0.14亿元；土地招拍挂项目完成91个，成交额约28.33亿元；国有产权交易项目完成5个，成交额约0.16亿元；其他类交易项目完成46个，成交额约14亿元。

【制度建设】 依据公共资源交易相关法律法规和上级有关政策，进行流程再造，重新制定《公共资源交易流程图》，并上墙公示，明确交易环节和办理时限，提高交易效率。举办标前辅导会，由公共资源交易中心业务骨干向招标人详细介绍相关交易政策和流程，确保"一次告知"。2019年，公共资源交易中心为52个重点项目的招标人提供标前辅导会6场。针对重点项目、紧急项目，对招标人提供"一对一"精准服务，由交易中心派出专人与招标人对接，协助招标人准备标前资料，办理标前手续。2019年，交易中心共为27个政府采购项目提供了"一对一"精准服务，实现项目进场"一次办好"。同时，公共资源交易中心与县信用中心、财政等多部门联动，通过标前信用查询，开标过程业绩公示，标后履约验收等多个环节、多项措施，将失信企业拒之门外，打造诚信高效交易新环境。

【信息公开】 依法依规公开项目信息，交易项目的采购需求、招标公告、招标文件、中标公告、招标合同、验收报告等信息均按规定，在潍坊市公共资源交易中心昌乐分中心网站进行公开，政府采购类项目在中国政府采购网、中国山东政府采购网、潍坊市政府采购网等财政部门指定网站及媒体同时发布，2019年，主动公开交易信息1200余条。

（供稿人：李　媛）

智慧昌乐建设

【概况】 2019年，昌乐县大数据中心突出建设数字政府、发展数字经济、构建数字社会三大重点，以政务信息资源共享、电子政务外网建设为契机，加快智慧城市项目建设，优化完善智慧城市平台功能，推进政务信息资源整合和部门业务专网、机房整合，积极发展数字经济，各项工作取得显著成效。

【数字基础设施】 优化提升全县统一的电子政务网络。一方面加深网络深度，在实现县、镇街区全部覆盖的基础上，进一步扩大公共服务域覆盖范围，提升网络支撑能力，实现电子政务外网县、镇（街、区）、社区三级政务部门全覆盖；另一方面加宽网络宽度，实现全县各级各部门各单位办公网络全部统一使用电子政务外网。推进各级各类业务专网迁移整合。将全县各级各部门现有各类业务专网（含国家、省垂直部署的业务专网）分类迁移到县电子政务外网，打造全县一张网运行，实现与国家、省和潍坊市统一网络，为政务信息资源共享打通通路，扫清路径障碍。统一互联网出口。依托电子政务外网公共服务域，建设昌乐县独立互联网出口接入平台，取消各部门、各镇街、社区的互联网出口。加快推进5G网络部署，年内实现13处5G基站建设及商务社区周边5G网络覆盖。推进视频监控资源整合共享。以省级公共视频监控资源整合为契机，将分散在各级各部门的6500路视频监控资源进行整合，全县政府投资的非涉密视频监控资源在部门和区域间全部共享，积极推进社会视频监控资源整合。

【数字政府】 *着力政务系统整合* 推动制定印发《昌乐县信息化项目建设管理办法》，初步建立起信息化项目统筹管理新模式，从源头解决重复建设和数据壁垒等问题。对全县100余个部门单位政务信息系统进行摸排，共摸排出在用自建系统30个，自建机房16个，垂直部署业务系统67个，业务专网19个。深入分析摸排结果，制定出切实可行的整合方案，完成自建系统上云10个，整体迁移系统5个，垂直专网11个，托管专网1个，整合机房1个。积极配合省市大数据局建设人口、法人单位、电子证照等4个重点基础信息资源库，其中人口数据681855条，法人数据62497条，梳理昌乐县证照目录31个，夯实政务数据共享基础。加快推进昌乐县物联网数据整合，提高城市治理精细化。完成了14万个市政基础设施普查，2600余公里地下管线的数据普查、建库；部署了涵盖路灯、桥梁、井盖、下穿桥、泵站、水厂等物联网监测终端8000余个。整合和建设覆盖全县市政、水务、城管等20余行业的监测点5000余处，累计产生监测数据4600余万条。

推进政务数据共享　推进“互联网+监管”系统的清单梳理和数据报送工作，对照数据汇集技术方案提报数据2.3万条。优化升级政务服务平台，加快研发“一件事一次办”审批改革系统，全面排查梳理全县各级各部门的自建政务服务业务系统，积极推进自建政务服务类业务系统与市级政务服务平台对接。推广使用政务数据查询核验平台，汇总并提报昌乐县15个单位的106条使用需求。开展政务信息资源目录调整工作，确保相关部门的行政职能及业务范围发生变化后，政务信息资源目录及时调整到位，优化完善昌乐县政务信息资源目录930条，政务信息资源目录全部完成数据挂接。

提升政务办公水平　依托全县电子政务外网，建设智慧昌乐协同办公平台和手机端OA系统，推进移动办公、无纸化办公，更好利用碎片化时间来处理和批阅公文，实现“限时办结全程留痕”，提高政府办公效率。在全县范围内推广使用统一公务安全邮箱，实现政府内部办公、监督、决策、协调等业务系统的贯通协同。

【数字经济】　聚焦数字经济，加快产业转型升级。组织有关镇街区进行数字经济园区申报，昌乐县经济开发区和朱刘街道新能源产业创业园分别成功入选为潍坊市2018年和2019年度新一代信息技术产业及数字经济园区。积极培育昌乐县数字经济产业发展，先后组织昌乐县6家数字经济相关企业参加数字经济专题培训班，组织阳光纸业参加山东省创新应用技能大赛，为推进昌乐县数字经济产业发展奠定了良好的基础。

【数字社会】　开展数字惠民提升行动。谋划“爱山东”APP昌乐分厅建设并推进应用接入，接入10个便民服务、5个政务服务应用，推动爱昌乐APP、昌乐县门户网、民声网等与政务服务平台进行横向对接，实现多个平台互联互通，进一步提高企业和群众的办事效率。优化无线WIFI项目，修改登录验证模式，打造安全、便捷、高效无线网络，提高群众幸福感，获得感，安全感。配合省市在政务服务平台开设出入境证件便利化应用专题并做好线下政务服务大厅终端设备改造工作。推进全县公共数据开放工作，完成公共数据开放网数据资源更新，推进社会关注度高的政务数据持续开放，更新数据79条。开展政务数据共享应用，协助县供电公司共享获取县发改局、自然资源局等部门的不动产登记、用地规划许可等数据，电力接入业务实现“一链办理”“一窗受理”和“一键获得电力”。

（供稿人：吴　珂）

中国人民政治协商会议昌乐县委员会

中国人民政治协商会议昌乐县委员会

综 述

2019年，县政协坚持以习近平新时代中国特色社会主义思想为指导，认真贯彻落实中共十九大和十九届二中、三中、四中全会精神，在中共昌乐县委的坚强领导和上级政协的有力指导下，紧紧围绕县委、县政府确定的“六项重点任务”，深入开展“大学习、深调研、真落实”活动，提升委员履职能力，提升政协工作质量，在建言资政和凝聚共识上双向发力，为推动昌乐高质量发展、赶超发展作出了积极贡献。

强化思想引领，牢牢把握正确政治方向　坚持不懈用党的创新理论武装头脑，组织引导县政协各参加单位、政协委员深入学习贯彻习近平新时代中国特色社会主义思想，牢固树立“四个意识”，坚定“四个自信”，做到“两个维护”，巩固共同思想政治基础。进一步深化对习近平总书记关于加强和改进人民政协工作重要思想的研究学习，明确新时代人民政协工作的政治方向、总体要求、工作重点、具体任务。扎实开展“不忘初心、牢记使命”主题教育，进一步筑牢理想信念、强化使命担当，推动主题教育与履职工作实现“双促进双提升”。

聚焦中心工作，奋力助推高质量发展　县政协始终坚持县委、县政府中心工作推进到哪里，政协工作就跟进到哪里，聚焦新旧动能转换、营商环境优化、乡村振兴等重点工作，建有用之言，献务实之策，尽发展之力。聚焦新旧动能转换，组织开展民营经济、营商环境、特色产业等专题调研，形成调研报告5篇，提出意见建议20余条。其中，《破解民营企业之困，推动新旧动能转换》的报告，被选为市政协十三届三次全会大会发言，得到潍坊市政府主要领导的高度评价。聚焦生态环境改善，组织开展“巩固全域禁采、全域拆违、全域植绿、全域护水工作成果”专题视察，形成的视察报告得到县委主要领导批示，有效提升了“四个全域”工作质效。面对超强台风“利奇马”来袭，全员参与排涝救灾、转移群众等工作。台风过后，组织灾后重建视察，全力做好协调关系、理顺情绪、化解矛盾工作。期间，累计捐款捐物合计160余万元。

坚持履职为民，助力增进民生福祉　牢牢把握以人民为中心的履职理念，发挥政协委员来自于群众、植根于人民的优势，全面掌握群众诉求，及时反映社情民意。围绕年初县政府确定的7个方面民生实事开展调研视察、协商议政，积极助推民生实事办理，提升了群众的获得感、幸福感、满意度。加大民生提案落实力度，完善提案公开全程化工作机制，实施提案“面对面”协商督办，全部民生提案得到较好落实，委员满意和基本满意率达到98%。

广泛凝聚人心，弘扬团结主旋律　发挥政协联系广泛、渠道畅通的优势，建立了主席会议成员联系常委、常委联系委员、委员联系界别群众机制，通过层层联系，传递主流声音，引导广大政协委员及各族各界群众增进政治认同，夯实合作共事、团结奋斗的思想政治基础。做好政协文史宣传工作，编辑出版《昌乐县在外人物志》，举办庆祝新中国暨人民政协成立70周年书画展，通过各类媒体弘扬昌乐经济社会发展新成就和政协工作新实践，县政协被评为“全省政协宣传工作先进集体”“全市政协宣传工作先进集体”。

加强自身建设，不断夯实履职基础　以制度建设为抓手，重新修订机关各项管理制度，提高了机关工作规范化水平。加强委员履职管理，出台《政协委员履职考核评价办法》《县政协委员活动组考核计分办法》，组织委员开展“四个一”活动，激发内生动力，全年各委员活动组开展委员活动120余次，委员参与率达到96.5%。提高机关服务效能，积极创建学习型、服务型、节约型、创新型、廉洁型“五型机关”，全力参与迎接国家卫生县城复审、首阳山片区集中拆违、农村人居环境整治等县委、县政府阶段性重点工作，在攻坚克难中进一步锤炼干部作风。

重要会议

【县委政协工作会议】 11月19日上午，县委政协工作会议在县委党校召开。县委书记刘裕斌出席会议并讲话。县人大常委会主任王备出席，县政协主席周保进传达省、市委政协工作会议精神，县委副书记徐莹主持。会议深入学习贯彻习近平总书记在中央政协工作会议上的重要讲话精神，落实省、市委政协工作会议要求，研究部署新时代加强和改进政协工作的任务措施，为推动昌乐高质量发展、赶超发展更好地凝聚智慧和力量。

【县政协全委会议】 3月27日至30日，中国人民政治协商会议第十届昌乐县委员会第三次会议在潍坊市委党校召开。会议听取并讨论中共昌乐县委书记刘裕斌同志的讲话；听取并讨论审议县政协主席周保进同志代表十届县政协常委会所作的工作报告和县政协副主席徐玉山同志代表十届县政协常委会所作的提案工作报告；列席县十七届人大三次会议，听取并协商讨论县委副书记、代县长张建伟同志所作的县政府工作报告及相关报告；协商讨论县法院工作报告和县检察院工作报告；通过有关选举事项，补选十届县政协部分常务委员；审议并批准县政协2019年度协商工作计划和提案审查情况报告。

3月27日，县政协主席周保进在政协十届三次会议作《常委会工作报告》

【县政协常委会议】 县政协十届十次常委会议 3月15日，在县委党校第二报告厅召开。县政协主席周保进、副主席徐玉山分别主持。会议审议通过增补十届县政协委员名单和免去十届县政协委员名单，关于变动有关专门委员会的决定，县政协有关人事任免事项；通报十届九次常委会议民主评议县司法局、知识产权局情况；评议县应急管理局、融媒体中心工作；审议通过《政协昌乐县委员会关于在全县政协系统开展“大学习、深调研、真落实”活动的实施意见》；审议通过县政协十届三次会议有关事项。

县政协十届十一次常委（扩大）会议 3月27日，在潍坊市委党校二百人多功能厅召开。县政协主席周保进主持会议并讲话。会议听取县政协十届三次会议筹备工作报告；审议通过大会执行常委名单（草案）；审议通过大会秘书长、副秘书长名单（草案）；审议通过大会日程（草案）。

县政协十届十二次常委会议 5月31日，在县委党校第二报告厅召开。县政协主席周保进、副主席徐玉山分别主持。会议传达学习全国政协十三届二次会议、省政协十二届二次会议和市政协十三届三次会议精神；审议通过《政协昌乐县委员会2019年工作要点》和有关人事事项；通报十届十次常委会议民主评议县应急管理局、融媒体中心工作有关情况；听取并民主评议县民政局、综合执法局工作。

县政协十届十三次常委会议 8月23日，在县委党校第二报告厅召开。县政协主席周保进、副主席徐玉山分别主持。会议传达学习中央、全省“不忘初心、牢记使命”主题教育工作会议、全国地方政协工作经验交流会、市政协十三届十三次常委会议精神；听取并审议全县上半年经济社会发展情况通报；审议通过有关人事事项；通报十届十二次常委会议民主评议县民政局、综合执法局情况；听取并民主评议县自然资源和规划局、发改局工作。

县政协十届十四次常委会议 12月20日，在县委党校第二报告厅召开。县政协主席周保进、副主席徐玉山分别主持。会议传达学习中央政协工作会议暨庆祝人民政协成立70周年大会、党的十九届四中全会、中央经济工作会议、市政协十三届十四次常委会议精神；听取县政府关于县政协十届三次会议以来提案办理情况的通报；通报十届十三次常委会议民主评议县自然资源和规划局、发改局情况；听取并民主评议县卫健局、审批服务局工作；审议通过有关人事事项。

【县政协主席会议】 **县政协十届十九次主席会议** 1月22日，在620会议室召开。县政协主席周保进主持并讲话。会议传达学习全县经济工作会议、双招双引大会、生态环境保护大会精神；传达学习中央政治局民主生活会精神；讨论研究县政协常委会工作报告（征求意见稿）、提案工作报告（征求意见稿）和2019年度协商工作计划（草案）。

县政协十届二十次主席会议 2月18日，在620会议室召开。县政协主席周保进主持并讲话。会议审议通过县政协十届十次常委会会议日程；审议县政协专门委员会变动情况和有关人事事项；讨论审议对县安监局、传媒集团工作考察情况说明；讨论审议县政协常委会工作报告（讨论稿）和提案工作报告（讨论稿）；审议县政协2019年度协商工作计划（草案）。

县政协十届二十一次主席会议 5月29日，在620会议室召开。县政协主席周保进主持并讲话。会议传达学习全国政协十三届二次会议、省政协十二届二次会议、市政协十三届三次会议精神；审议通过县政协十届十二次常委会会议日程；听取并讨论县民政局、综合执法局考察情况说明；审议《政协昌乐县委员会2019年工作要点》；审议十届县政协专委会组成人员名单及有关人事事项。

县政协十届二十二次主席会议 8月19日，在620会议室召开。县政协主席周保进主持并讲话。会议传达学习中央及全省“不忘初心、牢记使命”主题教育工作会议、全国地方政协工作经验交流会、市政协十三届十三次常委会议、全县迎接国家卫生县城复审工作推进会议精神；审议通过县政协十届十三次常委会会议日程；审议有关人事事项；听取并讨论县自然资源和规划局、发改局考察情况说明。

县政协十届二十三次主席会议 12月16日，在县政协第一会议室召开。县政协主席周保进主持并讲话。会议传达学习中央经济工作会议、市政协十三届十四次常委会议精神；审议通过县政协十届十四次常委会会议日程；听取并讨论县审批服务局、卫健局工作考察情况说明；审议有关人事事项。

县政协十届二十四次主席会议 12月31日，在县政协第一会议室召开。县政协主席周保进主持并讲话。会议传达学习中央农村工作会议、省委经济工作会议、市委经济工作会议、市政协十三届十五次常委会议、县委十四届六次全体会议精神；审议县政协十届十五次常委会会议日程及十届县政协委员变动情况；审议县政协常委会工作报告（征求意见稿）、提案工作报告（征求意见稿）、报告人名单（草案）等县政协十届四次会议有关事项；审议对县交通局、农业农村局工作考察情况说明。

【协商监督】 **1月3日，在620会议室召开水氢动力模块项目协调推进座谈会。**县政协秘书长纪国梁参加。会议分别听取潍焦集团和朱刘街道项目建设情况汇报，与会相关部门围绕雨污管网改造、绿化带迁移、加油站拆迁等影响项目进展的突出问题，开展“面对面”座谈，逐条研究项目中存在的问题，明确解决办法和时限。

4月9日，在620会议室召开“盘活要素资源，推进乡村产业振兴”座谈会。县政协副主席徐玉山参加。会议听取县农业农村局等部门相关工作情况汇报，并针对盘活哪些要素资源、目前的状况、存在的问题、如何盘活要素资源等问题进行深入交流，提出意见建议。

4月15日，在大丹河治理工程指挥部召开项目推进协调会。县政协副主席徐玉山参加。会议听取县水利局项目进展情况汇报，各与会单位立足自身职能，针对沿河障碍物拆迁、多余土方外运等重点问题进行了逐项研讨，确定了解决方案。

【调查视察】 3月19日，市政协党组副书记、副主席孙忠礼来昌乐县调研营商环境建设工作。县领导刘裕斌、周保进、张金涛、丁进全、张正民分别参加。孙忠礼先后到山东元利科技股份有限公司、英轩重工有限公司进行实地调研，并召开部分企业代表座谈会，围绕优化营商环境、破解企业难题与参会企业家进行深入交流。

4月3日，市政协调研组来昌乐县就农业“新六产”发展情况进行专题调研。县政协副主席刘树铭参加。调研组先后到宝都街道东西王村农业示范园、县职业农民讲习所、五图街道庵上湖村进行了实地调研，听取相关情况汇报，对昌乐县农业“新六产”发展取得的成绩和县政协助推农业“新六产”发展所做的工作给予充分肯定。随后召开了座谈会，就新形势下如何破解发展瓶颈、促进农业“新六产”健康发展，同部分委员、特色村负责人和相关企业家代表进行深入交流，并提出意见建议。

4月9日，省政协港澳台侨和外事委员会办公室调研组，来昌乐县就“发挥中心镇的辐射带动作用”进行专题调研。县政协副主席刘树铭参加。调研组一行到红河镇实地考察产业发展项目、基础设施和公共事业载体建设等情况，并召开座谈会，听取有关情况汇报。调研组对昌乐县充分发挥中心镇辐射带动作用，推动乡村振兴的经验做法给予充分肯定，并围绕破解推进过程中遇到的困难和问题进行深入交流。

4月24日，市政协调研组来昌乐县就“意识形态领域宗教工作”开展调研。县委常委、统战部部长陈新厂，县政协副主席崔全华参加。调研组一行先后到龙泉寺、西湖社区、基督教中心教堂进行实地调研，并召开座谈会，听取有关情况汇报。调研组对昌乐县意识形态领域宗教工作取得的成绩予以充分肯定，并围绕意识形态领域宗教工作的新动态及应对措施，进行深入交流，提出意见建议。

5月13日，县政协副主席滕恩禄组织部分市、县政协委员及相关部门，对国家卫生县城迎审工作进行专题视察。视察组一行先后到东徐园村、农贸城、步行街、颐和家园等地进行实地查看，随后召开座谈会，听取部门及街区相关工作情况汇报，并围绕城乡接合部环境卫生整治、市场整治、“十乱”整治等进行探讨交流，提出改进工作的意见建议。

5月14日，县政协副主席刘乐增组织部分市、县政协委员，对县民政局工作进行视察。视察组一行先后到西湖社区、县养老中心、碧水龙庭养老服务中心、县婚姻登记处进行实地查看，随后召开座谈会，听取县民政局工作情况汇报。与会委员对县民政局工作给予充分肯定，并重点围绕养老事业和产业发展、社会工作专业队伍建设等难点问题进行深入交流，提出改进工作的意见建议。

5月15日，县政协副主席徐玉山组织部分市、县政协委员，对县综合执法局工作进行视察。视察组一行先后到农贸城、湖滨路、南关市场片区、站前街等地进行实地查看，并召开座谈会，听取县综合执法局工作情况汇报。视察组对县综合执法局去年以来的工作给予充分肯定，一致认为，县综合执法局认真贯彻落实县委、县政府工作部署，深入贯彻“担当作为、狠抓落实”要求，充分履职尽责，全力攻坚克难，各项工作迈上新台阶。委员们还就创新执法手段、提升执法能力等方面提出意见建议。

5月21日，省政协副主席王艺华来昌乐县专题调研农业秸秆综合利用生物机械法制浆技术产业项目情况。市政协副主席刘树亮，县委书记刘裕斌，县政协主席周保进，县委常委、办公室主任张金涛，副县长张正民参加。王艺华先后到山东世纪阳光纸业集团年产50万吨生物机械浆项目、年产80万吨高级瓦楞原纸项目、阳光概念包装产业园实地调研，现场查看项目建设、企业厂房车间和生产线，详细了解企业新技术应用、新产品研发、新项目建设等情况。现场调研结束后，在鸢飞会议厅召开座谈会，听取意见建议，研究解决项目建设过程中遇到的难题。

6月14日，县政协副主席滕恩禄组织部分政协委员，对城区健康场所建设情况进行专题调研。调研组先后到健康主题公园、濠景海岸广场、市民文化体育广场、宝都街道社区卫生服务中心等地进行实地调研并召开座谈会，听取了相关部门情况汇报。委员们对昌乐县健康教育和健康促进工作取得的成绩给予肯定，并针对存在的问题进行探讨交流，提出加大健康教育宣传力度、重视防治结合、强化部门合力等意见建议。

7月3日，县政协组织部分市、县政协委员，对全县灾后水利工程重建工作进行专题视察。副县长崔欣，县政协副主席徐玉山、刘树铭参加。视察组先后到宝都街道丹河拦沙坎、五图街道马家龙湾溢流坝、鄌郚镇王家河洼桥、孟津河渡槽等地进行实地查看，随后在县委党校召开座谈会，听取全县灾后水利工程重建工作情况汇报。委员们对昌乐县灾后水利工程重建工作取得的成绩给予充分肯定，并围绕建立健全水利工程管护长效机制等提出意见建议。

7月9日，省政协联合日报社副总编王世鹏一行，来昌乐县就特色营商文化的形成、政协委员眼中营商环境的改进、政协助推营商环境优化的履职故事等问题进行调研采访。县政协副主席徐玉山、崔全华、刘乐增参加。王世鹏一行先后到美国雅龙年产3000万平方米改色膜项目、潍坊立阳新材料有限公司、中科氢能装备产业园项目、政务服务中心进行实地调研，并召开座谈会。王世鹏对昌乐县营商环境建设工作给予充分肯定，对县政协在民主评议部门工作中探索实施的报名与点名相结合确定视察委员、评议结果媒体发布、“回头看”监督部门整改等创新做法给予高度评价。

7月19日，县政协副主席刘树铭组织部分县政协委员，对县自然资源和规划局工作进行视察。视察组一行先后到五图街道辛旺村工矿废弃地复垦项目、乔官镇下庄村占补平衡项目、乔官镇赵家庄子村增减挂钩项目现场进行实地查看，并召开座谈会，听取县自然资源和规划局工作情况汇报。视察组对县自然资源和规划局去年以来的工作给予充分肯定，并围绕国民经济和社会发展规划、城乡规划、土地利用规划、生态环境保护规划等“多规合一”、矿坑复绿、充分利用土地指标等问题进行深入交流，提出改进工作的意见建议。

7月23日，县政协副主席崔全华组织部分市、县政协委员，对县发改局工作进行视察。视察组一行先后到潍焦集团、比德文新能源汽车产业基地、世纪阳光、宝都街道北关片区进行现场查看，随后召开座谈会，听取县发改局工作情况汇报。视察组对县发改局去年以来的工作给予充分肯定，并重点围绕新旧动能转换、节能降耗、营商环境优化等问题进行深入交流，提出了改进工作的意见建议。

7月26日，市政协副主席李士来到昌乐县调研知识产权工作。县领导张建伟、周保进、丁进全、崔全华分别参加。李士来一行先后到比德文控股集团有限公司、山东蓝天首饰有限公司、山东梦金园珠宝首饰有限公司进行实地调研，随后召开座谈会，听取昌乐县知识产权工作情况汇报，并围绕促进知识产权成果转化、完善知识产权人才政策、发挥企业创新主体作用等问题，与相关部门和部分企业负责同志进行深入交流。

8月16日，市政协主席苏立科来昌乐县检查指导防汛及灾后重建工作。县政协主席周保进参加。苏立科先后到红河镇白浪河沿岸、潍坊四季丰食品有限公司、平原大桥、鄌郚镇汶河桥、伟圣现代农业、高崖水库大坝等地，实地查看重点河流水毁工程情况，详细了解部分企业和农业设施受灾情况，对昌乐县众志成城，全力以赴抗灾抢险，积极推进灾后重建的做法予以肯定。

9月30日，县政协主席周保进到昌乐火山国家地质公园调研。周保进实地查看核心园区道路、门口广场等，详细了解园区建设、管理及运营情况，并就林场防火、安全等问题，与相关部门、乡镇的负责同志进行讨论交流。

10月15日，市政协副主席刘树亮来昌乐县山东世纪阳光纸业集团有限公司调研。县领导丁进全、刘树铭参加。调研组重点围绕阳光纸业生物机械浆项目，听取企业负责人情况汇报，详细了解企业项目投资、工程进度、设备安装情况和项目建设过程中遇到的问题，并围绕麦草回收有关政策、项目融资等进行探讨交流。同时，调研组还就市政协“不忘初心、牢记使命”主题教育征求企业意见建议。

11月1日，县政协副主席徐玉山组织部分县政协常委、委员，对县行政审批服务局工作进行视察。视察组一行先后到县政务服务中心、西湖社区便民服务大厅、南关“2号地”项目指挥部进行实地查看，随后召开座谈会，听取县行政审批服务局工作情况汇报。视察组对县行政审批服务局去年以来的工作给予充分肯定，并重点围绕队伍建设、提质增效等进行深入交流，提出改进工作的意见建议。

11月14日，县政协副主席滕恩禄组织部分市、县政协委员，对县卫健局工作进行专题视察。视察组一行先后到县人民医院、宝都街道社区卫生服务中心、五图街道卫生院进行实地查看，随后召开座谈会，听取县卫健局工作情况汇报。视察组对县卫健局去年以来的工作给予充分肯定，并围绕提升医疗服务水平、加强基层医疗队伍建设等进行深入交流，提出改进工作的意见建议。

11月29日，县政协副主席滕恩禄组织县直九组委员活动组部分委员，对全县预防接种工作进行调研。调研组一行先后到县立医院的儿童预防接种门诊、70周岁以上老年人流感接种门诊及县疾控中心的疫苗冷风库、公共卫生技术实验室进行实地查看，随后召开座谈会，听取全县疫苗接种工作情况汇报，并围绕1岁儿童免费接种水痘疫苗和70周岁以上老年人免费接种流感疫苗两项民生实事落实中面临的困难和问题进行探讨交流，提出改进工作的意见建议。

12月25日，县政协副主席崔全华组织部分市、县政协委员，对县交通运输局工作进行专题视察。视察组一行先后实地查看朱刘街道九级村户户通项目、红河镇南赵路、平原大桥、县交通运输局智慧交通项目，随后召开座谈会，听取县交通运输局工作情况汇报。视察组对县交通运输局去年以来的工作给予充分肯定，并围绕加强道路养护管理、提高交通运输服务水平等进行深入交流，提出改进工作的意见建议。

12月26日，县政协副主席刘树铭组织部分市、县政协委员，对县农业农村局工作进行专题视察。视察组一行先后到五图归源农业、红河荣华环水岭、乔官为农服务中心、五棵松田园综合体等进行实地查看，随后召开座谈会，听取县农业农村局工作情况汇报。视察组对县农业农村局近年来的工作给予充分肯定，并围绕重点项目建设、农产品质量安全、农村电商发展、新型职业农民培育等进行深入交流，提出意见建议。

提案工作

3月28日至30日，中国人民政治协商会议第十届昌乐县委员会第三次会议召开。全县政协委员、政协各参加单位和各专门委员会，坚持以习近平新时代中国特色社会主义思想为指导，深入学习贯彻党的十九大和县委十四届三次、四次全会精神，紧紧围绕新旧动能转换、现代城市建设、乡村振兴发展、生态环境改善、金融风险防控等全县重点工作和群众普遍关注的热点、难点问题，深入调查研究，积极运用提案形式建言献策，全年共收到委员提案194件，审查立案189件。其中，围绕经济建设方面的提案42件，政治建设方面提案22件，文化建设方面提案41件，社会民生方面提案59件，生态文明方面提案25件。

5月23日，全县人大代表建议和政协委员提案转办工作会议召开。县委常委、副县长李良华，县人大常委会副主任王少鹏，县政协副主席徐玉山参加并分别讲话。174 件政协提案顺利交办完成。

9 月 3 日，县政协组织召开县房产发展促进中心委员提案办理协商座谈会。县政协副主席徐玉山出席会议并讲话。会上，县房产发展促进中心汇报了县政协十届三次会议以来主办的 10 件提案办理情况，并与委员进行了面对面答复。与会委员对县房产发展促进中心提案办理工作给予充分肯定，并就进一步抓好相关提案的办理落实提出意见和建议。

10 月 25 日至 11 月 12 日，县政协对十届三次会议县委、县政府主要领导签批的 12 件重点提案进行分工协商督办。县政协主席周保进、副主席徐玉山、滕恩禄、崔全华、刘树铭、刘乐增分别参加。协商督办过程中，各提案承办单位汇报相关提案办理情况，委员们围绕部门工作和提案办理情况进行了讨论交流，提出有针对性的意见建议。

【文史工作】 1 月 16 日，县政协召开《昌乐西瓜》文史专辑发行座谈会。县政协主席周保进出席并讲话，县政协副主席滕恩禄主持。会上，县政协文史委负责同志汇报《昌乐西瓜》编辑情况，编辑代表、作者代表分别进行发言，周保进同志向县档案局进行赠书。

6 月 12 日，市政协文化文史和学习委来昌乐调度《我与政协同行—庆祝人民政协成立 70 周年》文史资料专辑和“庆祝新中国和人民政协成立 70 周年书画摄影作品展”作品征集工作。县政协副主席滕恩禄参加。座谈会上，市政协文化文史和学习委听取昌乐县作品征集进展情况汇报，对昌乐县作品征集工作取得成绩给予肯定，并围绕征集过程中存在的困难和问题进行探讨交流。

9 月 27 日，县政协县直五组委员活动组在中心城营销中心举办“庆祝新中国成立 70 周年中心城书画藏品展”开展仪式。县政协副主席崔全华参加。通过展现精品书画的艺术魅力，充分展现我党“不忘初心、牢记使命”的奋斗历程，高扬主旋律，弘扬正能量，助推全县文化事业进一步繁荣发展。

【团结联谊】 坚持上下联动、横向交流，配合省、市政协来昌开展调研视察活动，接待贵州铜仁等地政协 12 批次来昌乐县考察学习，组织政协委员到昌邑等地开展学习交流；发挥政协联谊平台作用，在上海市昌乐商会家乡行、中国（昌乐）国际宝石博览会、中国（昌乐）西甜瓜科技博览会等节会活动中，积极邀请各界知名人士来昌参观考察，有力地推介了昌乐、宣传了昌乐。

【党建工作】 牢固树立抓好党建是最大政绩、做好政协工作必须抓好党建的理念。县政协党组切实发挥把方向、管大局、保落实的领导核心作用，召开全县政协系统党的建设工作座谈会，持续完善县政协党组成员同参加政协的各人民团体、无党派人士经常性联系制度，巩固了合作共事基础；探索委员组织关系双重管理办法，组织党员委员参加政协党组织活动，接受政协党组织教育管理，推进了政协党建工作全覆盖；把党建工作同履行职能有机结合起来，以党的建设新成效促进履职能力新提升，在调研视察选题上首先进行政治考量，在政协提案、反映社情民意工作中时刻关注党的决策部署和群众诉求，党建与履职融合推进、一体发展。市政协在党建座谈会上推介了昌乐县政协抓党建工作的经验。扎实开展“不忘初心、牢记使命”主题教育，认真开展集中学习研讨、举办主题教育读书班、党组成员讲专题党课、组织收看先进事迹报告会、开展专题民主生活会、扎实做好问题整改等规定动作，政协组织中的党员、干部以刀刃向内的精神开展批评和自我批评，增强了为党分忧、为民造福的责任感。在做好规定动作的同时，积极开展自选活动，把践行初心使命与政协工作紧密结合，县政协党组成员和机关党支部委员分别围绕“双招双引”、环境保护、脱贫攻坚等课题开展系列调研；组织政协机关干部、政协委员分批参加主题教育培训班；组织党员干部参观党性教育展馆和到社区开展“双报到”活动，进一步筑牢理想信念、强化使命担当。

【服务群众】 组织部分书法家协会会员赴乔官镇

下庄社区、方山官庄村开展“情系乡村，迎春送福”活动，渲染了新春佳节的喜庆氛围。组织医药卫生界委员开展“下乡义诊”活动，服务就诊群众1200余人次，累计发放药品价值10万余元，得到了群众一致好评。扎实做好部门包村和第一书记工作，帮助贫困村、贫困户发展生产、促进增收，协调解决困难和问题，助力脱贫攻坚。

【宣传和社情民意信息】 以宣传昌乐县经济社会发展成果和政协工作特色为重点，讲好昌乐故事、传播政协声音、展示政协形象。在《人民政协报》《联合日报》等国家、省、市新闻媒体发表稿件120余篇，在“昌乐政协”微信公众平台发布政协工作动态90余条，刊发《昌乐政协》简报24期。发挥社情民意直通车优势，多渠道收集社情民意300余条。其中，72条社情民意被上级政协采用，60余条社情民意被政府相关部门落实。

【制度建设】 新制定《县政协调研视察工作制度》，改进调研、协商、监督机制，保障了“大学习、深调研、真落实”活动的深入开展。在全市率先建立常委会议民主评议部门工作机制，常委会议民主评议部门做法在全市政协系统专题学习研讨会上进行了经验介绍。完善委员年终述职、履职评议、考核激励制度，提升委员管理服务水平。

（供稿人：吴小涛）

中国共产党昌乐县
纪律检查委员会

中国共产党昌乐县纪律检查委员会

综　述

2019年，中国共产党昌乐县纪律检查委员会（以下简称县纪委）坚持以习近平新时代中国特色社会主义思想为指导，深入学习贯彻党的十九大和十九届四中全会精神，认真落实十九届中央纪委三次全会和省纪委十一届四次全会、市纪委十二届四次全会部署，把“两个维护”作为根本政治任务，始终贯穿于纪检监察工作全过程、全方面，不忘初心、牢记使命，忠实履行党章和宪法赋予的职责，持之以恒正风肃纪，一体推进不敢腐、不能腐、不想腐，不断推动党风廉政建设和反腐败工作向纵深发展，全县纪检监察工作在高质量发展上取得新进展、新成效，全县政治生态更加清明、干事创业氛围更加浓厚，为实现高质量赶超发展提供了坚强纪律保证。一年来，全县纪检监察机关共受理信访举报138件次，立案178件，给予党纪政务处分195人，移送司法机关3人。查处违反中央八项规定精神问题4起，处理4人，给予党纪政务处分4人；查处形式主义、官僚主义问题51起，处理116人，给予党纪政务处分50人；查处扶贫领域腐败和作风问题26起，处理34人，给予党纪政务处分10人。运用“四种形态”处理850人次，其中第一种形态处理650人次，第二种形态处理142人次，第三种形态处理15人次，第四种形态处理43人次

党风廉政建设

【做实做细监督首责】　*压实两个责任*。严格落实党要管党、全面从严治党的政治要求，协助县委制定下发了2019年度党风廉政建设责任书，对各部门单位落实党风廉政建设责任制提出具体的工作要求和目标任务，层层压实主体责任。夯实各级党组织和党员领导干部全面从严治党主体责任，认真履行“一岗双责”，把党风廉政建设与中心工作一起谋划、一起部署、一起推进、一起考核。深入落实全面从严治党主体责任提醒建议制度，按照“六个从严”的要求，围绕党中央重大决策部署和省、市、县委重点工作安排，紧盯重要节点、重点领域、关键岗位存在的苗头性和倾向性问题，及时向县委和县政府、县人大、县政协等党组织及领导班子成员发出“落实全面从严治党主体责任提醒建议书”，强化对“一把手”监督和同级监督，逐步实现党委（党组）主体责任、书记第一责任人责任和纪委监督责任贯通联动，2019年共发出建议书17份，提出意见建议26条，督促全县各级党组织及其领导班子成员切实担负起管党治党政治责任。严查违反政治纪律和政治规矩问题，2019年共查处对抗组织审查、干扰巡视巡察等违反政治纪律问题4起，给予党纪处分4人。

充分发挥监督作用。深入开展政治监督。围绕党中央重大决策部署、习近平总书记重要指示批示精神和省、市、县委部署要求落实情况，加大监督检查力度，确保政令畅通，着力推动政治监督具体化、常态化。整体推进纪律监督和监察监督。坚持纪法贯通、法法衔接的原则，综合运用信访受理、线索处置、约谈提醒等多种方式，加强对公职人员和党员干部的监督；结合各镇（街区）实际，向9个镇（街区）派出监察室，重点加强对镇村基层监察对象的日常监督，打通监督“最后一公里”。同步推进派驻监督和巡察监督。充分发挥派驻监督“前哨”作用，紧盯“关键少数”，实施监督情况“周报告、零报告”制度、完善“三重一大”事项监督

办法，提升派驻监督效能；配齐配强派驻纪检监察组力量，逐步改变派驻监督力量不足的局面，12月份，按照派驻机构改革要求，落实了单独派驻纪检监察组的编制，派驻纪检监察组编制从15人增加到35人。充分发挥巡察“利剑”作用，开展2轮常规巡察，先后对8个镇（街区）党（工）委及其所属的村（居）、站（所）党组织，县总工会机关等6个县直单位进行常规巡察，参与配合省委巡视组、市委巡察组对红河镇、五图街道进行“联动巡察”，加快推进巡察全覆盖；积极配合省委巡视组、市委巡察组对昌乐县的巡视巡察工作，认真完成边巡边改任务和巡视巡察组交办的问题线索调查处置工作。加强与审计、司法机关等其他监督主体协作配合，并与公检法、行政执法部门建立党员和公职人员涉嫌违纪违法问题线索移送机制；加强与县融媒体中心密切配合，及时公开信访举报方式，面向社会公开征集问题线索，充分发挥群众监督力量。

严肃党内问责。坚持有权必有责、有责必担当、失责必追究的原则，认真贯彻落实问责条例和省委实施办法，对履行全面从严治党主体责任、监督责任不力的党组织和领导干部，特别是对发生重大腐败案件和不正之风长期滋生蔓延的地方、部门和单位，严格实施“一案双查”，严肃追究责任，让失责必问、问责必严成为常态，更好地发挥监督作用，切实服务全面从严治党。2019年，全县纪检监察机关共实施党内问责23起，对23个党组织、18名党员领导干部实施了责任追究。

【巩固反腐成果】 *科学运用监督执纪“四种形态”*。始终坚持“惩前毖后、治病救人”的原则，做到宽严相济、精准科学，实现“惩治极少数”与“管住大多数”的效果。2019年，全县纪检监察机关运用监督执纪“四种形态”处理850人次，其中，第一种形态650人次，占“四种形态”处理总人数的76.5%；第二种形态142人次，占“四种形态”处理总人数的16.7%；第三种形态15人次，占“四种形态”处理总人数的1.8%；第四种形态43人次，占“四种形态”处理总人数的5.1%。

驰而不息纠治“四风”。加强对中央八项规定精神落实情况的监督检查和查处力度，建立常态化察访机制，围绕元旦、春节、中秋、国庆等重要时间节点，紧盯隐形变异、改头换面等“四风”问题新动向、新表现，协调全县纪检监察力量，成立察访小组，加大明察暗访力度，对违反中央八项规定精神问题进行严肃处理，2019年共查处违反中央八项规定精神问题4起，处理4人，通报曝光2批4起。狠抓形式主义、官僚主义等不正之风，严格落实中央“基层减负年”和省、市、县委“工作落实年”部署要求，紧紧围绕新旧动能转换、乡村振兴、脱贫攻坚、民生改善等重点工作，深入开展形式主义、官僚主义专项治理，严肃查处不作为、慢作为、乱作为、假作为等形式主义、官僚主义问题51起，处理116人，给予党纪政务处分50人。激励干部担当作为，研究制定了《构建亲清新型政商关系若干具体问题指引》《昌乐县信访举报“双查”暂行办法》，加强干部容错纠错机制建设，着力营造担当作为、守纪守规的浓厚氛围。

深入整治群众身边不正之风和腐败问题。认真做好群众来信来访工作，提高办信办访质量，对实名举报控告优先办理，并做好反馈工作，中央纪委信访室和省纪委信访室领导分别来昌乐调研信访工作，充分肯定了昌乐县信访工作取得的成效。聚焦群众关注的教育、医疗、住房、低保、食品药品安全、生态环境等重点领域，深入开展漠视侵害群众利益问题专项整治，对优亲厚友、吃拿卡要、贪污侵占等群众身边腐败问题，严肃处理、绝不姑息；对严重失职渎职、漠视侵害群众利益问题，坚决予以查处，2019年共查处群众身边不正之风和腐败问题104起，处理156人，给予党纪政务处分80人，其中查处扶贫领域腐败和作风问题26起，处理34人，给予党纪政务处分10人。围绕工程项目建设、交通运输及征地拆迁等重点工作，深挖细查涉黑涉恶和“保护伞”问题线索，2019年共查处党员干部和公职人员涉黑涉恶腐败问题11起，处理16人，给予党纪政务处分9人，其中查处“保护伞”问题1起。

【做实“后半篇”文章】 堵塞制度漏洞。实施典型案例剖析制度，对查办的每一起严重违纪违法案例进行深入剖析，深入查找党风廉政建设主体责任、监督责任存在的短板不足，从案发单位的直接责任人、领导干部、机制体制等多层面剖析案件的问题症结、监管漏洞和制度空隙，针对暴露出来的问题，及时向案发单位或者职能部门提出纪检监察建议，督促加强监督机制和制度建设，巩固纪律审查和监察调查成果。

加大警示力度。协助县委召开全县警示教育大会，指导县直单位部门和镇（街区）观看《党的十八大以来我省党员干部违纪违法典型案例警示录》等廉政教育片，进一步提升全县党员干部的廉洁自律意识。坚持以案促改、以案为鉴，对全县典型案例及时总结剖析，从委机关、派驻纪检监察组抽调业务骨干组建成立“清风宝都”廉政宣讲团，先后到30多个重点单位进行宣讲，达到了“用身边事警示身边人的效果”。依托每周一期的“清风宝都”专题栏目，在报纸、网站、微信公众号同步刊发中央纪委网站刊发的典型案例，发挥警示作用，其中以案说纪、以案说法栏目占比达到90%以上。

【开展主题教育】 周密部署，有序推进。召开专题常委会议传达学习党中央和省、市、县委“不忘初心、牢记使命”主题教育相关要求，并成立委机关“不忘初心、牢记使命”主题教育领导小组，制定主题教育实施方案，明确责任、细化分工，制定计划、规定时限，确保主题教育活动有序开展。主题教育期间，委机关及时下发提示类文件，督促领导班子、各党支部和党员认真开展主题教育，高标准严要求完成主题教育任务。

提高认识，认真学习。坚持将学习教育贯穿全过程，采取个人自学、集体学习等多种形式，认真学习《习近平新时代中国特色社会主义学习纲要》《习近平关于“不忘初心、牢记使命”论述摘编》、党章以及习近平总书记系列重要讲话精神。认真开展专题教育，组织全体党员干部集中收看《王尽美》《榜样》等专题纪录片，并赴乔官镇党性传承中心实地开展革命传统教育，进一步提升党员干部党性修养。

深入检视，认真整改。围绕“四个扎实”要求，广泛征求意见建议47条、采纳21条，形成调研报告7篇。依托“三会一课”、民主生活会和组织生活会、谈心谈话、民主评议党员等制度，梳理单位问题清单2条，个人问题清单60多条，并及时进行整改。

【纪检监察队伍建设】 加强政治建设，政治立场更加坚定。坚持把党的政治建设摆在首位，把学习贯彻习近平新时代中国特色社会主义思想作为首要政治任务，县纪委常委会发挥领学促学作用，率先垂范，带动全体纪检监察干部深学深悟、笃信笃行。通过理论学习中心组、党支部生活日、集体学习和党小组学习等多种形式，及时跟进学习习近平总书记重要讲话、重要指示批示精神，进一步增强“四个意识”、坚定“四个自信”、做到“两个维护”。认真贯彻党的十九届四中全会精神和十九届中央纪委三次全会精神，深刻把握新时代纪检监察工作新要求，结合职责职能制定制度措施，扎实推进纪检监察工作实现更高质量发展。

强化培训学习，业务水平更加专业。全面深化“知行合一”大讲堂，充分结合“不忘初心、牢记使命”主题教育等，利用上班后的一刻钟，委机关、派驻纪检监察组、巡察办全体人员轮流上台授课，天天讲、人人讲，形成了工作学习化和学习工作化的良好氛围，2019年共举办大讲堂75期，其中《创办“知行合一”大讲堂推动纪检监察干部全员培训落地落实》经验做法被省纪委肯定，在全省推广。先后举办了2期纪检监察干部培训班，组织100余名纪检监察干部参加4次纪检监察业务应知应会测试，进一步提升了纪检监察干部业务能力水平。

强化激励考核，工作热情更加高涨。为提高纪检监察干部工作积极性、主动性，继续用好“正反两方面工作激励制度”，对工作表现好的给予口头表扬、大会表扬、通报表彰、评先树优“一票肯定”等，与之相对应，对工作表现差的运用“四种形态”

分别作出提醒谈话、批评教育、责令作出口头或书面检查、通报批评、诫勉谈话、一票否决等，并把考核结果作为干部选拔、任用、奖惩的重要依据，促进纪检监察干部认真履职，形成了比学赶超的浓厚干事创业氛围，先后对20个先进集体和25名先进个人及“学思践悟十佳创新成果”等进行了表彰，派驻第五纪检监察组组长王春生被表彰为“山东省纪检监察系统先进个人”。

加大内部管理，工作程序更加规范。加强机关规范化建设，建立“工作例会”等工作制度，严格规范工作程序，督促工作落实，提高工作成效。严格执行《监督执纪工作规则》《监督执法工作规定》等党纪法规，严守办案纪律，确保依纪依法、安全文明办案；对执纪违纪、执法违法者“零容忍”，坚决防止“灯下黑”。

（供稿人：李　超）

社会团体

社会团体

昌乐县总工会

【概况】 2019年，在县委和市总工会的坚强领导下，县总工会坚持以习近平新时代中国特色社会主义思想为指导，全面学习贯彻党的十九届四中全会和工会十七大精神，聚焦服务发展、服务职工，大力实施“五大工程”，各项工作取得了新成效，被评为“全国基层职工互助保障工作优秀单位”。

【职工素质工程】 深入推进劳动竞赛和职工素质提升行动。联合举办“世纪阳光杯”昌乐县第六届职业技能竞赛，设置电工、钳工等6个工种，参赛职工300余人。开展“当好主力军、建功新时代”主题劳动竞赛活动，先后组织全县“设备类技能大赛”“安全知识竞赛和消防器材操作技能比武”等各类竞赛活动20余场次，参与职工1800人次。积极发挥劳模工匠引领作用。推荐1人荣获山东省“富民兴鲁”劳动奖章；1个企业班组荣获山东省“工人先锋号”；13人被评为潍坊市劳动模范和先进工作者；1人被评为“潍坊金牌工匠”；3人被评为“潍坊工匠”。在昌乐日报设立“劳模风采”专栏，举行劳模工匠精神巡回报告会3场次，参加报告会700人次。认真做好303名县级《劳模影像志》编纂工作。发挥工会职能，助力乡村振兴。充分发挥农业劳模作用，开展职业农民培训活动，打造“高成德劳模创新工作室”和“农民工培训基地”，推动下乡创业就业，让农民工成为乡村振兴主力军。相关经验做法在《工人日报》《山东工人报》等全国、省级报刊刊发。同时，把工友创业示范园建设和“农民工之星”培养选树工作作为助力乡村振兴的重要载体和创新举措。全年，培养推荐省级工友创业园2家；市级工友创业园4家，农民工之星4名，工友创业优秀个人1名；选树县级工友创业园10个，创业之星8名。继续深化全县“查保促”群众性安全生产活动，推荐职工参加潍坊市第四届职工安全生产“金点子”合理化建议获得二等奖1名，三等奖1名；推荐全市“查保促”活动排除安全隐患优秀职工2名。依托全县安全生产攻坚行动，联合县应急局举办全县“龙海原著杯”安全知识竞赛，联合消防大队举行消防应急演练、培训教育活动30余次。进企业发放安全生产宣传册1万册、宣传杯2000个、宣传扇5000把。

全县庆祝“五·一”国际劳动节暨劳模工匠精神首场宣讲报告会

【职工幸福工程】 职工普惠服务助力民生改善。“四季服务”常态化、精准化，累计发放慰问金、慰问品67万余元。组织各条战线105名一线职工、11名市级以上劳模疗休养，

夏送清凉

月21日，邀请县人民医院专家到崔家庄子村开展扶贫下乡义诊活动，受到了村民的一致好评。全力搞好救灾帮扶工作。在全年突发洪灾中，县总工会行动迅速，积极向上争取全国和省、市总工会救灾帮扶资金20万元，县总工会出资16.35万元，共筹集帮扶资金36.35万元，用于帮扶6个受灾严重的工友创业示范园、企业和216名企业职工开展灾后重建工作，将关心关爱传递给每个受灾单位和职工。

圆满完成了上级下达的一线工人疗休养工作任务。针对户外劳动者饮水难、吃饭难、休息难等问题，在城区建设“户外劳动者驿站”5处。扎实开展职工互助保障工作，收缴保费147万余元，支付赔付金113万余元，荣获“全国基层职工互助保障工作优秀单位”。职工维权服务助力社会稳定。深入开展工资集体协商“深化提升年活动”“集中要约行动”，完善全程参与、定期通报、“月汇报、季督导、年考核”制度，指导企业协商50余家。12月12日，省工资集体协商督导组到昌乐县督导检查，对昌乐县工资集体协商工作给予了充分肯定。依法维护女职工特殊权益，对全县女职工进行免费生殖健康检查和公益讲座，惠及女职工850人；3家单位被评为省、市女职工建功立业标兵岗，3人被评为市女职工建功立业标兵，推荐省级女职工专项集体合同规范化建设达标企业4家。扎实开展脱贫攻坚工作。与包靠村讨论制定了工作方案，做到了底数清、目标明、措施实。按照“两不愁三保障”“一安全六干净一规范”要求，详细核实贫困户致贫原因、收入情况等，宣传好扶贫政策，做好档案管理工作，对5户贫困户家院墙、厕所进行修整、改建。11月1日，邀请县林业局林果专家到省定扶贫村沙埠沟开展扶贫送技术活动。12

【强基工程】 全面加强基层工会组织规范化建设。开展机关事业单位“增强会员意识·激励干事创业”主题活动，全县129家机关事业单位全面完成建会工作，16361名职工加入了工会组织，此项工作作为县市区唯一典型在全市会议上作了经验介绍。以“八大领域、八大群体”建会入会工作为抓手，新增7000余名农民工加入了工会组织。扎实开展实名制信息采集工作，全面摸排全县工会组织和工会会员情况，昌乐县共有工会组织580家，会员71385人。加强工会社会工作专业人才队伍建设，补录和扩招14名社会化工会工作者。6月14日，省总工会调研组来昌乐县调研企业工会建设，并给予充分肯定。

快闪活动

【创新工程】 坚持用活动搭起工作骨架。代表县政府参加第36届潍坊国际风筝会风筝大赛，荣获县市区组团体一等奖和最佳造型风筝创新风筝奖；组队参加潍坊市职工篮球比赛，荣获亚军的历史最好成绩。开展全县职工庆祝新中国成立70周年系列文体活动，主题快闪活动在“学习强国”APP进行了报道；组织原创作品大赛、青年歌手大奖赛、职工书画展、征文比赛等活动，组织全县第九届全民健身运动会健身跑、健步行等健身活动和象棋、羽毛球、乒乓球等比赛，累计1500余人参加。加强“职工书屋”示范点和职工教育培训示范点建设，全年选树3处县级“职工书屋”，山东潍焦控股集团有限公司被评为全国工会职工书屋示范点。

【自身建设】 深化理论学习，强化理论武装。认真学习贯彻习近平新时代中国特色社会主义思想和习近平总书记关于工人阶级和工会工作的重要论述，认真学习贯彻十九届四中全会精神，引导工会广大干部职工提高政治站位，扎实推进“不忘初心、牢记使命”主题教育，不断增强“四个意识”、坚定“四个自信”、做到“两个维护”，坚持不移听党话，矢志不移跟党走。切实发挥工会引领职工意识形态主阵地作用，通过开展展示职工昂扬向上风貌的宣教活动，大力宣传习近平治国理政新理念新思路新举措，宣传社会主义核心价值观。向潍坊传媒网、昌乐传媒网、昌乐新闻、微信公众平台等推送信息140余条，向《工人日报》《山东工人报》《昌乐日报》等报刊刊载文章34篇，牢牢把握舆论引导的主动权。强化工会干部工作作风。调整领导班子成员包靠单位，制定完善《县总工会领导班子调查研究工作方案》，瞄准职工群众关心关注焦点，选准全县企业工会组织建设、职工书屋建设等6个专题开展调研，共走访企业36家、工友创业园5家、一线职工400余人、农民工40余人、困难职工4人，帮助解决实际困难问题8件。坚持用制度管人管事，制定和完善了机关工作制度、学习制度、财务管理制度等机关日常管理制度，全面落实党风廉政建设责任制。加强工会干部教育培训，注重在工作实践中锻炼和培养工会干部，先后组织各级工会干部参加全省工会精准帮扶、劳动关系协调、法律工作、党性教育培训等内容培训班12期。

（供稿人：秦　鹏）

共青团昌乐县委

【概况】 2019年，在县委县政府和上级团委的关心领导下，昌乐团县委及各级团组织团结带领全县广大青年，坚持党建引领、团建统揽、服务为本，突出重点工作、创新工作方法、优化服务平台，充分发挥共青团主力军的作用，以共青团改革攻坚为主线，着眼发展大局，使全县共青团工作更上一个新台阶。

【青少年思想政治工作】 一是青少年理论学习教育持续深入。以重大节庆活动为结合点，以节促学，扎实推进青少年主题教育活动。3月，开展争做“新时代好少年”评选活动；4月，开展“红色基因代代相传　核心价值永驻心间”活动；5月，在及第中学开展“不忘初心跟党走　做合格共青团员”离队入团示范教育活动，同时，邀请济南大学教授、马克思主义学院概论部主任李朋忠教授为全县团员

“我与祖国共成长　争做小小追梦人”六一儿童节主题队日示范活动

昌乐县纪念五四运动100周年暨县级好青年表彰大会

青年作了“五四运动留给我们什么”的报告；6月，在北大公学开展“我与祖国共成长　争做小小追梦人”主题队日示范活动；7月，组织开展10场庆祝新中国成立70周年青少年才艺展演活动；9月，积极组织4名团员青年参加市级“国学达人”挑战赛，荣获3个一等奖、1个二等奖，2人参加省级挑战赛，荣获1个二等奖、1个三等奖；10月，开展“我与祖国共奋进”主题团日以及“红领巾心向党争做新时代好队员”主题队日活动，在机关、学校、企业等各级团组织广泛开展“国旗下的演讲”等活动，在各少先队开展“我与国旗、队旗合影”“一年级队前教育”等系列活动，引导广大团员青年、少先队员传承红色基因、展现新时代青少年风采，为新中国成立70周年献礼。通过持续不断开展主题教育活动，积极引导青少年树立正确的世界观、人生观和价值观，坚定广大青少年听党话、跟党走的信心和决心。

二是青少年教育载体不断丰富。推动“一网两微”建设，坚持打造“网上共青团”宣传高地，做强做优共青团官方微博、“昌乐青年”微信公众号平台。积极推动线上线下主题教育融合，推进青年网络文明志愿者队伍建设，提升网络舆论引导时效与实效，有效引导青年网络舆论。通过52期网上“青年大学习”活动，引导新时代青年砥砺奋斗，将大学习与团员发展相结合，学习完成度超过100%。

三是树立先进典型以点带面。被省、市授予“两红两优”先进个人和集体23个，“志愿服务组织和个人”6个，省级“乡村好青年”1人，市级“乡村好青年”9人。5月，开展“村村都有好青年”表彰大会，评出54名县级好青年。通过开展“青”字号系列评选活动，选树一批可亲可敬、可学可比的先进团组织和优秀青少年典型，进一步营造各级团组织“比学赶超”浓厚氛围，促进昌乐县共青团工作取得新成效。

【青春建功行动】　结合全县脱贫攻坚工作，团县委全体机关干部定期深入包靠村开展扶贫活动，实地查看贫困户生产生活情况，积极争取政策帮扶。开展“文明乡村　青年先行”主题活动，在“昌乐青年”公众号发布6期“新风十里”专栏，持续发挥青年在农村精神文明建设中的引领作用；3月，开展“小手拉大手　共筑碧水蓝天”活动，组织全县各级各部门团员青年500余人参与环境保卫战。5月以来，组织全县150余名青年志愿者分批次积极助力国家卫生县城复审工作。

【青春创业行动】　6月，开展“乡村振兴·青年在行动”，邀请电商专业老师为全县创业青年、待业青年授课培训，进一步提升“互联网+现代农业”、电子商务理论水平，引领青年以创新创业推动脱贫致富、助力乡村振兴；持续深化“团银合作”，组织开展金融知识宣讲活动，帮助青年创业企业申请“鲁青基准贷”低利率贷款政策，审批和放款的有4家企业，共720万元；积极组织青年创业者参与“创青春”、青年职业技能提升系列赛事。4

“青春心向党　建功新时代”特别主题团日活动

年安全自护教育、禁毒防艾教育等活动20场次，悬挂横幅30条，发放宣传单页5000余份，并通过县融媒体中心与山东省公共频道进行了防溺水安全教育直播活动，增强青少年自护意识。7月，联合泰山慈善基金会，开启昌乐县2019年暑期“圆梦行动”，为17名困难少年儿童提供了20000余元资金支持，帮助他们实现学业梦想。8月，与县检察院拍摄了“关爱在心”小视频，致力于保护未成年人合法权益。9月，通过省青年发展基金会向阿陀小学提供了“平安希望奖学金”34000元，资助了33名困难学生。

位会员进入中国青年企业家协会，5位会员进入山东省青年企业家协会，4家企业加入山东新生力量联盟，10位会员进入潍坊市青年企业家协会。10月，经推荐昌乐县2名青年农民创业者入选为“中国农村青年致富带头人协会”会员。组织了全县260名“乡村好青年”参加了全市乡村振兴“好青年”培训，激发了农村青年创业者服务农村、奉献家乡的热情和积极性；1名优秀青年获得“全国农村青年致富带头人”荣誉称号。

【青春关爱行动】　对贫困儿童和残疾、患大病的儿童逐一走访调查，筛选出需帮扶结对儿童，组织机关干部、社会爱心人士与其形成结对帮扶对子，为贫困儿童建立帮扶台账、开展精准服务。6月，组织60余名农村儿童开展“牵手关爱　感受城市”活动，让儿童充分体验城市文化、丰富课余生活、拓宽知识视野；每个镇街团干部和青年志愿者重点从真情陪伴、心理疏导、成长关注等方面关心结对帮扶的儿童。深化开展“彩虹伞”青少年自护教育、“助力中高考”阳关减压、暑假青少

【青春志愿行动】　扎实推进“金晖助老”—青春扶贫志愿者行动，号召青年积极参与打赢脱贫攻坚战，以志愿服务带动青春扶贫，继续组织337名志愿者对全县166名65岁以上、不集中供养的留守、失独贫困孤寡老人开展每月一次的“五个一”帮扶行动，该项工作得到团市委、团省委的肯定，

昌乐县青春扶贫志愿者培训班

小手拉大手　共筑碧水蓝天

并于4月份代表潍坊团市委到枣庄作典型发言。大力实施“梦想启航之路”工程，积极争取上级资金和社会力量，已为3所小学筹款22万元用于改善学校场所建设，争取希望图书室2处，为家庭困难学生和患病学生累计捐款17万元。6月，在全县范围内开展“谢谢您，圆我一个小心愿”微心愿公益活动，发动党政机关干部、社会志愿者和青年企业家踊跃参与；11月，又面向乡镇征集160个微心愿，通过与青少年宫、乡村好青年以及社会各界联合，为困难儿童开通“心愿直通车”。7月，联合青岛农业大学到红河镇开展暑期“七彩希望课堂”支教活动，为农村缺乏管护的少年儿童带去关心关爱。8月，向全省各大高校招募了20余名暑期公益实习生，在各镇街、县直机关服务窗口等岗位开展为期1个月的志愿服务，鼓励本土学子回归家乡、奉献家乡。在台风“利奇马”来临之际，联合青企协组织30余辆机械和车辆参与救援，转移被困人员，并联合公益志愿者协会，筹资1万余元购买水泵、水管等设备，为受灾村民房屋及大棚挖沟排涝。

【共青团自身建设】　以抓活基层组织建设、团员队伍、基层团干部队伍为出发点。一是加强团的基层组织建设和阵地建设。依托“智慧团建”加强基层团组织建设，全县共有基层团委21个、团工委6个、团总支4个、团支部960个、团干部1498人，团员28666人，学校团员9701人；积极探索开展“主题团日+”活动，通过集中学习团的文件精神、邀请党政领导分享交流等形式，规范提升团的组织生活。二是严把团员入口关，规范“一表一册一簿”管理台账，确保团员发展的先进性。加强团员意识教育，通过入团仪式集中示范、专题辅导报告等方式，帮助各级团干部规范团课。三是定期召开团委书记交流座谈会，依托“智慧团建”，通过“实体化大团委”“学社衔接”，加强基层团组织建设，着力开拓基层团建非公企业、社会组织新领域。

（供稿人：滕佳佳）

昌乐县妇女联合会

【概况】　2019年，县妇联围绕县委县政府六项重点任务及重点工作，全面贯彻“工作落实年”部署要求，坚持做实、做好适龄妇女“两癌”免费检查和婚姻家庭辅导两项民生实事，做强、做优“春蕾助学”“巾帼送暖”“幸福护航”三大服务品牌，担当作为，狠抓落实，各项工作取得了新的成绩。单位主要负责人被评为“全市脱贫攻坚先进个人”。家儿部部长被评为“山东省妇联系统先进个人”。

【创新强化发展平台】　搭建学习提升的平台。举办健康知识、家庭教育、普法宣传等各类培训班60期，培训妇女7000多人次。与县农业农村局联合举办新型农业经营主体带头人经营管理培训妇女班，100多名农村妇女参加培训。组织32人（次）优秀女企业家参加全国、省、市妇联组织的高端培训班7期，提升女企业家管理能力和水平。

搭建创业就业服务平台。联合人社局等部门开展春风行动，促进转移就业。发动组织3家女性负责人企业参加了潍坊市第二十一届庆“三八”招聘洽谈会暨第十六届巾帼好项目好产品展示展销推介会。推荐王爱芹为省巾帼返乡创业联盟理事。

搭建资金扶持平台。与县农商行联合开展“乡村振兴·巾帼居家创业贷”金融服务，为有需求的妇女提供20-500万元的创业贷款，解决妇女创业融资难题。为昌乐县6家贷款企业申请到2018年全市灾后重建贴息资金12万元。

【“春蕾计划”品牌】 持续做好“春蕾助学”活动。先后组织开展了“笃学”春蕾计划助学、六一走访慰问建档立卡贫困儿童、潍坊市“春蕾计划，梦想未来”关爱贫困家庭儿童活动启动仪式等活动。至2019年已筹集发放春蕾助学金44.38万元，结对帮扶困境儿童427人次。据不完全统计，2014年以来，“春蕾计划”结对帮扶困境儿童已累计达到1501人次，发放春蕾助学金160.19万元。

【妇女儿童维权工作】 持续开展好三八维权周活动，开展专题培训、赶普法大集普法宣传活动8次，受益妇女3000余人次。同时，充分发挥12338妇女维权热线作用，妥善做好群众的来访、来电、来信的接待处理工作。全年以来，共接到来信来访50多件，均得到及时、有效处理。

【关爱关注女性健康】 联合县卫健局、县财政局开展适龄妇女“两癌”免费筛查工作，通过加强宣传引导和组织发动，免费筛查妇女16070人。通过积极争取，为3名患病特困母亲发放了来自全国妇联、市妇联的“两癌”救助金3万元。近年来，县妇联已从上级妇联争取到救助金41万余元，定向救助42名农村特困母亲。联合县人寿保险公司开展女性安康工程，已有1名两癌患病妇女获得2万元保险赔付。与青岛市北和平医院联合开展“不让母亲河断流”公益项目，为乳腺癌患病母亲每人提供3万元的治疗费用。目前已组织13名贫困患者提交了治疗救助申请。积极争取市妇联“两癌公益保险”项目，为全县300名贫困妇女争取到公益保险金共计97968元。

【家庭文明建设】 深入开展家庭文明建设活动。联合县文明办，组织开展“最美家庭”“好媳妇”“好婆婆”评选，“巾帼美家”等评选创建活动，全面提升家庭文明建设水平，助力乡村文明建设。全年以来，推选表彰省级五好家庭1户，联合县文明办表彰了95户县级最美家庭、99名好婆婆、98名好媳妇、6个巾帼美家示范村（社区）、93户巾帼美家示范户、6名优秀女企业家、10名十佳巾帼志愿者、31名志愿服务先进个人。

大力推进“美丽庭院”创建工作。围绕乡村振兴战略，聚焦全县农村人居环境整治，打造“居室美、庭院美、厨厕美、家风美”的美丽庭院，助推美丽乡村建设。2019年承办、组织举办市、县级美丽庭院宣讲活动26场，培训5000余人次，打造2个美丽庭院示范镇（街、区），36个美丽庭院示范村，打造“美丽庭院”示范户3900余户，占全县农村常住庭院数的5.8%。

着力构建和谐亲子关系。“国际家庭日”举办了“智慧父母·幸福家庭”教育指导专题讲座，为300多位家长普及了科学的家庭教育理念与知识。依托县家庭教育指导中心，通过举办“妈妈成长、子女成才”线上公益课和线下“母亲素质提升工程”培训班走进家庭、社区、校园活动，为广大家长提供家庭教育先进理念，推广家庭教育科学知识和方法。2019年累计举办线下培训14场，线上培训20场，受益人次2000多人。

全面深化“幸福护航”工作。以“幸福护航”婚姻家庭辅导行动为抓手，成立昌乐县婚姻家庭辅导中心，招募34名志愿者，为有需求的当事人免费提供法律咨询、情感关怀、心理疏导、离婚辅导等服务，减少非理性离婚现象的发生。注重志愿者队伍建设，定期举办婚姻辅导志愿者专业技能培训，为17名符合条件的志愿者和法律顾问颁发了聘书。截至12月底，共辅导意向离婚家庭832对，劝和353对，劝和率达42.2%。昌乐县婚姻家庭辅导中心的志愿者赵玮玮、倪玉梅被市妇联授予“潍坊市婚姻家庭辅导工作优秀志愿者”荣誉称号，其中，赵玮玮被评为“潍坊市婚姻家庭辅导工作金牌辅导员”。

大力推进“巾帼送暖”志愿服务工作。通过开展“巾帼送暖”系列志愿服务活动，密切关注突陷困境家庭、困境儿童、贫困母亲等困难群体。组织开展了春节期间慰问困难职工和群众、母亲节到养老院看望百岁老人、帮扶困难户等活动。2019年已累计组织开展巾帼志愿服务活动26次，为全县1032户（人次）困难家庭及个人筹集发放爱心款项490729元。

【妇联系统改革】 *配齐专挂兼妇联干部*。昌乐县妇联第十四届三次执委（扩大）会议召开。按照程序，会议补选十四届执委2人，十四届常委2人，选举产生妇联副主席1人；新聘、续聘县妇联兼职干部7人。2019年为止已选聘22名妇联兼职干部，大大延伸了妇联工作手臂，为新时期妇女工作带来了生机和活力。

按期完成镇街妇联换届。按照群团改革工作要求，于12月20日全面完成镇街妇联改革和换届工作。通过吸收各界优秀妇女代表担任妇联专兼职副主席、执委，选优配强基层妇联干部队伍，建立涵盖各层面及新领域、新群体的妇女组织，进一步延伸妇联工作触角，壮大工作力量，增强基层妇联组织的政治性、先进性、群众性和战斗力。

举办基层妇联组织成员素质提升培训班。为全面提升全县基层妇联组织成员的整体素质，切实增强履职尽责能力，积极推动基层妇联组织建设“细胞工程”落到实处，从11月25日起至12月16日，在10个镇街区陆续巡回开展。此次培训面向全县2727名镇街区和村妇联主席、副主席、兼职副主席、执委全员全覆盖开展，全面充电赋能，强基层打基础，全力打造“三信四能”型“3+1”干部队伍。

持续改进工作作风。扎实开展“不忘初心 牢记使命”主题教育实践活动，紧扣主题教育“守初心、担使命、找差距、抓落实”十二字总要求和“理论学习有收获、思想政治受洗礼、干事创业敢担当、为民服务解难题、清正廉洁做表率”具体目标，把学习教育、调查研究、检视问题、整改落实四项重点措施贯穿始终，狠抓“四个到位”，把开展主题教育同深入推进妇联各项重点工作结合起来，同强化妇联组织自身建设结合起来，主题教育取得重要阶段性成果。

【其他工作】 积极参与涉军维稳、干部包企包村、创卫复审、脱贫攻坚、农村人居环境整治等工作，定期开展干部下访，主动深入包靠企业和贫困户家中，用心用力帮助企业发展，尽心尽力帮扶困难群众。全面参与首阳山违法建筑拆除工作，圆满完成任务。先后组织机关干部到昌建家属院开展卫生清扫活动40余次，助力国家卫生县城复审。全体机关干部包靠乔官镇6个村的人居环境整治工作，动用机械4台，完成清理“三大堆”21处，整治废旧房屋2处，帮助清理庭院7户。

（供稿人：丁蒙蒙）

昌乐县科学技术协会

【概况】 2019年，昌乐县科协按照“工作落实年”要求，紧紧围绕县委、县政府中心工作，在上级科协的指导下，以《全民科学素质行动计划纲要》实施为主线，全面创新科普理念和服务模式，精细分类，精准推送，全面提升科普覆盖面和实效性，科协工作呈现出蓬勃发展的新局面。

【科学素质纲要】 发挥主题科普活动的作用。以科技周、科技工作者日、全国科普日等为重点，依托社区科普大学、农家书屋、科普广场等场所，举办安全生产、农产品质量、“新农村新生活”科普培训讲座等活动10多场次，发放各类宣传资料1万多份，接受咨询服务的群众达2000多人次。积极组织山东省公民科学素质提升专项行动和全国农民科学素质网络竞赛活动，开展主题为“新型农业科学种植”“人工智能ABC”山东省科学大讲堂2次。

【科普活动】 加强社区科普建设，打造社区科普亮点。充分利用西湖社区科普馆、都昌社区科普馆

山东科学大讲堂

中入选全省科普示范工程，培育打造先进科普示范组织，通过科普阵地的建设，实现了科普场所处处有，科普知识随时学的目标，促进了全民科学素质的提升。

和朱刘西社区科普馆，全新打造了五图街道九龙湖社区科技馆近期开馆，开展科普教育体验活动，年接待参观群众和中小学生 1000 多人次。抓住科普工作主线，推动素质提升。2019 年，争取上级基层科普行动计划资金 30 万元，全县 1 个社区、1 个学校、1 个农技协获得资金支持，有效推进了科普示范单位建设，进一步加强示范带动作用。新能源汽车 8+1 学习型工厂实践基地、潍坊世代古典汽车博物馆入选省科普教育基地，搭搭乐乐机器创客空间、城市园丁自然科普教育基地被评为市级科普教育基地，让教育基地成为科普宣传的重要阵地；昌乐二

【企业科普】 围绕企业人才技术需求，面向全县企业开展了企业人才、技术、项目需求征求活动。2019 年以来，征集企业需求 12 项，并全部协调解决，昌乐县企业对科协的信任和支持进一步提升。山东牵手娃服饰有限公司等 7 家公司新成立企业科协并开展工作。在原有 3 家省级院士（专家）工作站的基础上，2019 年山东瑞力生药业有限公司、潍坊创科种苗有限公司 2 家企业建立的院士（专家）工作站被中科协评为示范站，山东广元药业科技有限公司、潍坊恒生塑胶制品有限公司 2 个公司获得省级院士（专家）工作站。积极开展人才交流和举荐工作，先后向市科技专家人才库、市老科协推荐了 6 名科技专家。

【科普平台】 继续围绕互联网 + 科普工作，做好科普中国 e 站和数字科普工程建设，全县共建成科普 e 站 48 家，惠及全县 2 万多公众。充分利用 2 处校园流动科技馆的优势，积极开展青少年入馆开展科普活动，年内 1 万多青少年受益。积极组织参加省、市青少年科技创新大赛、青少年机器人竞赛活动，提升青少年科技动手能力和科学素质水平，2019 年，获得一等奖 12 项，二等奖 8 项，三等奖 6 项。首届山东省普通高中科学实验比赛在昌乐一中举行。科技节期间，昌乐二中邀请中科院专家石磊进行了《中国载人航天工程》，金雅芬《传奇

青少年到科普馆开展科普活动

科学家数学大师华罗庚的一生》，张德良《战略导弹与核武》专题讲座，举办报告12场，企校师生全部参与，参与率达100%，进一步提升了企校师生的科技素养。

【反邪教工作】 充分利用科普宣传栏、电台、电视台和报社等各种科普手段，向公众开展反邪教警示教育，重点抓好反邪教工作进校园、进机关、进企业、进社区、进乡村工作。结合上级要求积极开展反邪教示范镇（街道）、学校等创建工作，组织开展反邪教群众文化活动，弘扬科学精神，提高群众科学文化素质，增强群众抵制各类歪理邪说的自觉性和主动性，倡导文明、健康的生活方式。五图街道被评为市级“科学·关爱·和谐示范（镇街）”，昌乐一中英才学校被评为市级“科学·关爱·和谐示范学校”。

【创卫工作】 扎实推进创卫工作。对所包靠的老外贸家属院内进行彻底清理，包括小广告、电表盒、广告贴纸、喷涂广告；对于前期存在的牛皮癣式涂抹，安排联系专业喷涂人员进行了彻底喷涂，做到无死角，无落漏；对楼道内楼梯扶手散落垃圾进行了擦拭和清理，对住户堆放在楼道平台的杂物进行了清理；对储藏室进行了粉刷并做墙体迎审宣传标语，小区环境得到很大改善。

【党建工作】 开展“不忘初心、牢记使命”主题教育，县科协牢牢把握主题教育总要求、目标任务和方法步骤，紧密结合科协工作实际，坚持党组带头，突出为民服务解难题，高标准、高质量开展主题教育。制定《县科协领导班子“不忘初心、牢记使命”主题教育学习教育计划》，明确时间节点、具体任务，将学习教育贯穿主题教育全过程。班子成员制定个人自学计划。采取集中学习和个人自学相结合的方式，开展主题教育读书班，读原著、学原文、悟原理，集体观看了政论片《泰山挑山工》和纪录片《王尽美》《淌水崖》，在短时间内进行了集中“大充电”，更加坚定了对初心使命的坚守。组织读书班学员围绕加强党的政治建设、全面从严治党、理想信念、宗旨性质、担当作为、政治纪律和政治规矩、党性修养、廉洁自律等专题，开展交流研讨，每名学员就各项主题作重点交流发言，培训班结业式上，组织部分学员代表作交流发言。通过多种方式，广开言路、畅通渠道，充分听取意见建议，找准突出问题，找出解决问题的办法，为进一步改进工作作风、改进科协工作献言献策。组织班子成员通过调查研究，列出第一批问题清单，建立工作台账，明确整改目标和具体措施，实行销号管理。坚持边学边查边改，领导班子和班子成员从检视剖析的问题、群众反映强烈的问题中，分别确定1项最突出的、主题教育期间能够解决的问题，尽快整改解决，对查摆出来的其他问题要列出问题清单，制定整改措施，即知即改的问题，及时整改完毕，需长期坚持的确保坚持下去。通过主题教育的开展，科协全体机关党员整体素质得到提升。

主题教育学习

【精准扶贫】 包村帮扶，精准扶贫。根据县委组织部安排，对所包靠的高崖库区3户贫困户，安排帮扶责任人及时进行走访，及时帮助他们解决生活中遇到的实际困难。台风“利奇马”过后，分管领导带领帮扶小组到高崖库区东寺后村张连俊等户走访慰问，帮助其修缮房屋，整理院落。人居环境督查期间，包靠高崖库区双河社区，组织全体机关干部积极参与，高质量完成包靠任务。

（供稿人：张炳强）

昌乐县工商业联合会

【概况】 2019年，昌乐县工商联在县委、县政府的坚强领导下，在县委统战部和上级工商联的具体指导下，主动助力中心工作，全力推动“两个健康”，各项工作取得了优异成绩。县工商联获得了全国“五好”县级工商联荣誉称号、全国民营企业调查点工作示范单位2项国家级荣誉称号。

【“两个健康”工作】 昌乐县工商联持续强化政治引领、团结凝聚非公有制企业和非公有制经济人士听党话、跟党走，认真落实党的各项政策方针，推动习近平新时代中国特色社会主义思想深入人心，非公有制经济人士的“四个意识”明显增强，“两个维护”越发坚定，“四个自信”明显提高。一是加强政治学习。通过举办主席会长培训班、执委常委培训班，组织非公有制经济人士深入学习习近平新时代中国特色社会主义思想，增强非公有制经济人士的“四个”意识，坚定他们的“四个”自信，做实“两个维护”。二是扎实推进非公企业党建工作。配合县委组织部对规模以上企业选派党建指导员，提高非公有制企业的党建工作水平。2019年，昌乐县已在非公企业中建成6个市级、15个县级党建工作示范点。三是积极引导非公有制经济人士参与乡村振兴和“精准扶贫”。山东矿机集团投资6000万元建设乡村振兴学院、盛泰药业投资现代农业、伟圣农业开展项目扶贫。国际商会捐款8万元扶持贫困村脱贫，多家企业与贫困村结成扶贫对子。

【服务中心工作】 昌乐县工商联把围绕中心、服务大局作为工作“重中之重”，坚持围绕县委、县政府中心工作，不断优化营商环境，全力服务全县经济发展大局。一是成功举办了上海市昌乐商会家乡行活动。经过近4个月的精心筹备，县委统战部、县工商联承办的上海市昌乐商会家乡行活动3日至5日在昌乐举行。县委、县人大、县政府、县政协等四大班子主要领导出席，山东省工商联党组书记周云平、副主席孙战甲、潍坊市委统战部常务副部长胡立到会祝贺。大会吸引上海及周边地区嘉宾40多名，引进项目21个。其中，“阳地刚”装配式建筑设计院和中草药种植两个项目落地。我们的做法得到了省工商联周云平书记的充分肯定。二是创办异地商会。积极筹建广东省昌乐商会。组成商会建设专班多次深入广东的广州、深圳、中山、东莞等地拜访老乡、发起商会，广东省昌乐商会已通过广东省民政厅的注册。县委主要领导对异地商会建设高度重视。县委书记刘裕斌分别于4月和11月亲赴上海、深圳看望商会代表。三是参与全县“双招双引”。承担了县委、县政府指定的驻上海地区招商任务。引进中组部“千人计划”学者、环保部特聘专家刘敬印和国家自然课题负责人薛松等高端人才2名。协助五图街办引进新型耐火材料升级改造项目，总投资5000万美元，到位资金500万美元。

【服务会员企业】 昌乐县工商联积极为民营企业发展保驾护航，急企业之所急，帮企业之所需，围绕服务企业发展开展系列服务，取得良好效果。一是开展“送政策上门精准对接”。与经信部门一起，将中央、省市县出台的鼓励民营经济发展的政策进行汇总、归纳、分类、整理，提取“干货”，用最精简最容易理解的文字概括成册，送到了全县所有企业手中。实地走访英轩实业、盛泰药业等企业30多家。二是及时反映企业诉求。深入企业开展调查研究，倾听企业呼声，解决企业难题。超质超量地完成了全国、我省发布的各类调查问卷，为上级对民营企业的决策部署提供了信息依据。三是积极组织企业申报百强荣誉称号。2家企业入围全国民营企业制造业500强，1家企业入围山东省民营企业100强，3家企业入选省产业领军民营企业十强，10家企业入围潍坊市民营企业100强。四是积极为企业提供司法服务。与检察院联合召开民营企业家座谈会，确立了员额检察官包靠企业制度，开展了送法上门服务。五是以昌乐县国际商会建设为重点，打造中小微企业服务平台。进一步整合资源，借助县国际商会的力量和资源，为全县总商会会员提供资金、法律、贸易等方面的服务，全力提升服务水平和营商环境。

【商会建设】 工商联紧紧围绕县委、县政府的中心工作，从搭建促进县域经济发展的平台着手，着力加大商会建设力度．一是召开了昌乐县工商联（总商会）九届二次执委会。市驻昌执委、各镇（街、区）分管负责人、商会秘书长和全体执委共计 130 人参加会议。县委常委、统战部部长陈新厂出席会议并讲话。会议邀请了元利科技董事长刘修华分享了企业上市和发展经验。与会人员均表示深受感动。二是组织了丰富多彩的执委活动。4 月 29 日至 30 日，组织昌乐县优秀企业家和各行业商协会会长等一行 41 人，赴龙口市工商联对标学习，交流了商会组织建设、新旧动能转换、营商环境等方面的经验。6 月 20 日 -22 日，组织龙海民爆等 12 家企业参加千企助力青岛发展行活动。 5 月份，举办企业管理沙龙，邀请北大教授刘承林讲授选人用人知识，50 多名执委企业参加。8 月 9 日，省委统战部副部长、省工商联党组书记、常务副主席周云平来昌乐调研。周云平对昌乐县和昌乐工商联工作给予了充分肯定，尤其是在商会建设和发挥作用方面，建成了昌乐县异地商会、国际商会、行业商会和社区商会互相支撑的“立体化”商会网络。特别是成立社区商会探索城市管理模式的做法在全省乃至全国都有一定的指导意义。

【自身建设】 认真扎实地组织了“不忘初心、牢记使命”主题教育。举办了学习专题读书会，组织全体人员系统地学习了《习近平关于“不忘初心、牢记使命”论述摘编》和《习近平新时代中国特色社会主义学习纲要》。开展了专题调研，广泛征求意见，找出了工商联机关在思想、作风管理等方面的 10 多个问题，并对问题进行了整改。认真履行党风廉政建设责任制，迎接了县委对工商联的巡察工作。按照“盯着干、快干、干好”和“担当、协同、高效”的要求加强机关作风建设，工商联的工作效能进一步提升。积极参与县委安排的其他阶段性工作，圆满完成了全国卫生城复审、农村人居环境整治、扶贫、拆违等方面的任务。

（供稿人：刘成海）

昌乐县残疾人联合会

【概况】 昌乐县残联紧紧围绕县委、县府中心工作，以习近平新时代中国特色社会主义思想为指导，以加快推进残疾人小康进程为总抓手，突出班子队伍建设、残疾人脱贫攻坚和主题教育工作重点，积极作为、扎实工作，较好的完成各项任务目标。

【主题教育】 积极开展“不忘初心、牢记使命”主题教育，牢牢把握主题教育总要求、目标任务和方法步骤，紧密结合残疾人工作实际，高标准、高质量开展相关工作。一是积极开展各项学习和研讨。举办主题教育读书班，采取集中学习和个人自学相结合的方式，读原著、学原文、悟原理，在短时间

开展主题教育活动

内进行了集中“大充电”，更加坚定了对初心使命的坚守。扎实开展革命传统教育、先进典型教育、警示教育等专题教育。围绕学习党史新中国史、党的政治建设、理想信念等10个专题开展集中学习研讨，在学习研讨中提升党性修养。二是认真开展调查研究。组织班子成员制定调研方案，并切实开展好征求意见工作。积极开展谈心谈话，听取意见建议。在调查研究的基础上，班子成员高质量完成调研报告撰写，并召开了调研成果交流会。三是扎实检视问题。通过调查研究，听真话、查实情，切实掌握第一手材料，领导班子和班子成员列出问题清单。根据检视问题情况，高质量开展了对照党章党规找差距会议和民主生活会。四是领导班子和班子成员将查找出的突出问题纳入整改，建立工作台账，明确整改目标和具体措施，实行销号管理，逐一明确了整改措施、责任领导、责任科室和整改时限，确保问题整改主体、措施、时限到位。机关党员严格落实主题教育“八个一”要求，扎实做好规定动作，确保主题教育落实到每个党员，实现全覆盖。

【残疾人民生保障】 配合民政部门做好两项补贴审核工作，确保符合条件的残疾人实现应保尽保。积极推动落实好重度残疾人单独施保，政府代缴养老保险和医疗保险费，重度残疾人提前5年领取养老保险金等政策。

【残疾学生和贫困残疾人子女助学】 配合有关部门做好残疾儿童随班就读、送教上门工作，继续落实残疾人学生和贫困残疾人家庭子女助学补贴政策，为符合条件的学生发放助学补助金，为113名残疾学生和363名贫困残疾人子女学生发放助学补助金49.8万元，为5名残疾大学生发放励志奖学金2.4万元，实现助学全覆盖。

【残疾人康复救助】 贯彻《山东省残疾人精准康复服务行动实施方案（2016-2020年）》文件精神，对有康复需求的残疾人进行初步评估，接受评估后对符合精准康复需求的发放《残疾人精准康复服务卡》，实施精准康复服务，努力实现残疾人“人人享有康复服务”的目标。结合家庭医生签约为3629名残疾人提供康复服务，为726名重度残疾人开展辅具适配。对0-17岁残疾儿童康复训练情况和康复需求情况进行摸底调查，建立工作台账，为在10处康复机构的38名残疾儿童落实康复救助；积极落实市级康复项目，为13名白内障患者免费手术，为15名残疾人免费适配假肢，为12名残疾儿童免费实施人工耳蜗救助手术。

【残疾人就业创业】 认真落实残疾人按比例就业制度，年初积极开展“残疾人就业援助月”活动，推介46名有就业需求和能力的残疾人达成就业意向。对9家企业进行了按比例安排残疾人就业年度审核，为税务部门征收残疾人就业保障金提供依据。

【残疾人宣传文体】 扎实开展助残日和残疾预防日相关活动，共悬挂横幅54条，发放宣传单页3000余份，组织签约医生团队进社区、家庭，对残疾人开展义诊320余人次、接受健康咨询1000余人次。积极参加全市迎国庆70周年残疾人文艺汇演和体育赛事，精心选排文艺节目，全市残疾人象棋比赛中，昌乐县残疾人曹小川取得了全市第一名的好成绩。

【残疾人组联维权】 认真落实“一次办好”服务要求，进一步优化残疾评定、信息采集、公示等流程，残疾证办理缩短5个工作日，全年共计为1830名残疾人办理了残疾人证，其中为卧床不起残疾人上门办证318人次。做好残疾人证换发工作，分别在医疗机构和镇（街、区）社区为4415名残疾人免费换发了残疾人证。积极制定贫困重度残疾人家庭无障碍改造计划，完成69户改造任务。扎实开展残疾人基本服务状况和服务需求动态更新，以入户调查为主，全面摸清昌乐县12309名残疾人服务需求，并将需求情况录入全国残疾人动态更新数据库。进一步畅通残疾人信访反映问题渠道。受理残疾人来信、民声网咨询和12345热线38件，接待来访残疾人及家属126人次。

（供稿人：石从从）

法治　军事

法治 军事

政法委与综合治理

【综述】 加强政法队伍建设，不断强化法治思维和法治理念，服务保障全县经济社会发展；以“1+3”社会治理体系建设为主线，完善各级综治中心建设，提升网格化服务管理水平，加强“雪亮工程”视频监控专网建设；组织开展涉法涉诉信访积案化解活动，通过司法救助做好涉案困难群众帮扶工作；加强矛盾隐患排查化解，抓好社会面整体防控工作；深化社会稳定风险评估机制，依法治理进京非访，做好维护社会稳定各项工作。2019年，昌乐县委政法委，牢固树立以人民为中心的发展思想，以“工作落实年”为总抓手，围绕县委、县政府的中心工作组织、领导、协调各镇（街、区）、县直有关部门，立足自身职能，崇实重干，勇于担当，务实进取，进一步夯实平安建设基层基础工作，从严从实从细做好保安全、护稳定工作，进一步提高了维护社会安全稳定的能力，增强了人民群众的安全感和满意度。一年来，政法综治维稳各项工作取得显著成绩，在潍坊市2019年度安全感满意度电话访问调查中，昌乐县总分99.07分，位列8县市区第二名，扫黑除恶工作第三名。

【政法队伍建设】 坚持党对政法工作的绝对领导，认真组织政法单位开展“不忘初心、牢记使命”主题教育，学习贯彻《中国共产党政法工作条例》，严格落实政法机关重大事项向党委报告制度。组织政法单位开展涉法涉诉信访积案化解攻坚，省委政法委交办的7件案件、市委政法委交办的16件案件已全部化解。组织政法单位开展“三打”“三治”“三清”专项行动，主动服务新旧动能转换，支持保障民营企业发展，依法严厉打击、违法犯罪行为，为全县经济社会持续健康发展创造良好的法治环境。在全县政法系统开展了执法司法工作“监督评议、相互评议、社会评议”活动，取得了较好成效。围绕县委中心工作，主动适应经济发展新常态，积极参与全县“三大攻坚战”“三大整治”，为问题房地产项目出谋划策，下大力气推动问题解决。2019年9月，县法学会明确了党组成员，研究制定了加强县法学会党建工作的实施意见，实现了县法学会的重大决策部署严格置于党的领导下开展工作，增强了队伍战斗力和凝聚力。强化意识形态和政法宣传，主动向县委汇报政法领域意识形态工作情况，严格要求政法各部门定期分析、研判意识形态工作情况，确保在政治立场、政治方向、政治原则、政治道路上同以习近平同志为核心的党中央保持高度一致。坚持正确的舆论导向，以潍坊长安网昌乐平台为基础，中央、省、市主流、政法媒体为重点，政法部门“两微一端”为支撑，在《长安》杂志发表宣传稿件2篇，大众网、潍坊传媒网发表文章2篇，潍坊长安网昌乐平台刊播文章、视频2684篇，为政法机关开展工作营造了良好的舆论氛围。

【社会治安综合治理】 深入开展“1+3”社会治理体系建设。县级综治中心建成并达到正常使用条件。研究制定了《昌乐县网格编码编制办法（暂行）》，对全县983个网格实行编码管理；举办了昌乐县政法综治信息系统及“平安潍坊”APP使用培训班，对网格员进行了统一培训。对全县861个自然村的视频监控提质升级，40处铁路沿线重点要害部位全部安装了视频监控，同时依托电子政务外网，实现了资源共享。扎实推进扫黑除恶专项斗争。印发了《昌乐县关于中央扫黑除恶督导“回头看”反馈问题整改和进一步深化扫黑除恶专项斗争工作方案》，中央扫黑除恶督导“回头看”反馈问题和省、市扫黑除恶专项督导反馈问题已全部整改到位。调整了县扫黑除恶专项斗争领导小组，从县直有关部门抽调10名在职在编人员，充实县扫黑办工作力量。召开了全县扫黑除恶专项斗争领导小组第二次、第三次（扩大）会议，研究制定了贯彻落实《潍坊战役“破袭战”实施方案》，部署开展了涉黑涉恶大案要案攻坚突破“百日会战”，2019年共侦办涉黑组织1个，破获恶势力犯罪集团3个，涉恶犯罪团伙8个，破获涉黑恶类刑事案件482起，刑事拘留涉黑恶犯罪嫌疑人66人，查封、冻结、扣押涉案资产1.09亿元，依法判决涉黑恶犯罪分子44人，社会治安秩序明显好转。制定下发了《集中开展涉黑涉恶线索核查百日会战行动方案》，共核查涉黑涉恶线索352条，其中核查有效线索60条。组织开展了“集中宣传发动月”活动，召开了三次扫黑除恶专项斗争新闻发布会，建成了扫黑除恶宣传主题广场，启用车体广告，做到了扫黑除恶专项斗争宣传全覆盖。持续加强矛盾隐患排查化解。起草了《昌乐县防范化解社会矛盾风险维护稳定工作机制》，组织开展了矛盾风险排查化解行动和大排查大调处专项行动，整改了胶济铁路沿线282处问题隐患，保证了铁路沿线安全稳定。

【其他重要工作】 牢固树立“以稳定促发展”的工作理念，推动重大决策社会稳定风险评估工作有序开展，全县没有发生一起因评估不到位引发稳定问题，有力地维护了全县社会和谐稳定。重大活动安保维稳工作扎实有效，圆满完成了各级“两会”、海军建军节、第二届“一带一路”国际合作高峰论坛、世界园艺博览会、新中国成立70周年以及各类敏感节点安保维稳工作任务，昌乐县被省委、省政府表彰为全省新中国成立70周年安保维稳工作先进县。依法治理进京非访。按照“三到位一处理”的要求，在“三到位”的前提下，对仍执意寻衅滋事、扰乱公共秩序的信访人员，及时固定证据，主动采取法律措施，依法打击处理各类信访违法行为，维护了良好的信访秩序。

（供稿人：韩耀辉）

公　安

【概况】 2019年，昌乐县公安局在昌乐县委、县政府和潍坊市公安局党委的坚强领导下，紧紧围绕做好新中国成立70周年大庆安保维稳这条主线，围绕中心、服务大局，干事创业、勇争一流，大力推进维护稳定、基层基础、打击防范、公安信息化、执法规范化、“放管服”改革和过硬队伍建设，各项公安工作实现新提升。2019年12月6日全市农村道路交通管理工作现场会在昌乐召开，2019年度昌乐“群众安全感满意度”位居全省139个县市区第13名，昌乐县公安局荣获全市公安机关新中国成立70周年大庆安保突出贡献奖，被评为2019年度全市优秀县级公安局。

【治安“打防控”体系建设】 2019年，昌乐县公安局聚焦警务实战指挥体系顶层设计，推动落实专

2019年12月17日，全县公安工作会议

职指挥长制度，科学架构接警调度、情报研判、巡控处突、交警勤务、视频侦查5个分中心，由指挥长统一调度管理，真正将“5个指头”捏成了“1个拳头”，大大提高了快速反应能力和警务实战效能。坚持多警种同步上案、多战法合成作战、多手段并联推进，2019年查破各类案件1664起、打击处理各类违法犯罪人员1669名，同比分别上升6%、18%，全县治安秩序持续平稳。深入推进视频监控建设联网应用，全县所有自然村视频监控全接入，视频监控破案贡献率达到90%，“高标准推进城乡视频监控一体化建设应用”项目被评为全省公安机关基层基础建设示范点；研发应用视图云大数据平台、昌乐公安万联点击实战平台，推动大数据深度挖掘分析和实战应用，“昌乐公安万联点击实战平台”被评为山东公安科技进步二等奖。加强巡逻巡控，严格“专业化处警、常态化巡防”，落实“警灯闪烁”工程，重点敏感时期街面每日巡防警力达410人次；持续深化“平安指数”运行机制，每月科学评估发布全县1096个居民小区、村庄和重点场所的安全状况，有力推动群防群治，全年全县可防性警情案件同比下降37.2%，社会秩序明显好转。

【110服务】 2019年，昌乐县公安局110服务工作以“四抓四促”为抓手，进一步提升110快速反应水平，群众安全感和满意度不断提升。一是抓规范，促满意率。牢固树立“110无小事”责任意识，及时妥善处理群众报警和求助。从接警、指挥、出警、处警、反馈、视频监控等各个流程入手，进行规范化管理。特别是对接受报警、警情录入、指挥调度、警情回访等方面进行了明确和规范。在接处警工作中，注重公安礼仪规范，做到语言文明、态度诚恳、内容简明，要素齐全。对不属职责范围内的警情，立即启动110社会服务联动机制，坚决杜绝冷硬横推等现象发生。2019年，昌乐县公安局110共接警109459起，其中有效派警35821起，接警反馈率达100%，回访满意率达99%以上。二是抓调度，促出警效率。实行指挥长24小时值班负责制，指挥长要确保在岗在位。5个分中心在指挥长带领下开展工作，发生重大案事件时，由指挥长统一调配全局警力、资源，快速稳妥处置。遇有重大活动安保维稳、重要敏感节点期间和处置突发（案）件等工作需要，指挥长视情报经局长批准后启动指挥联勤机制，指令相关警种单位进驻警务实战指挥中心统一指挥处置。依托视频监控系统、4G执法记录议、350兆集群等平台，根据警情地点，运用指挥调度平台快速高效调度就近警力处置，有效减少指挥调度的中间环节。做到接警快、出警快、处警快、信息反馈快、围追堵截快，实现点对点指挥调度。2019年，昌乐县公安局为群众提供出警救助服务7579次，未发生因服务质量问题而被群众投诉情况，实现了“行动快速、处置有序、管理规范、群众满意”的效果。三是抓信息化，促服务能力。坚持“信息主导警务”理念，大胆探索创新，狠抓信息化运用，全力挖掘便民、利民新举措。实行视频侦查手段，协助实现可视化指挥处置，协助破案；落实网络侦查手段，协助破案，舆情引导；接入有关情报平台，有关交警查控平台，实现对有关人员的布控，查控。遇有警情、案件，情报研判中心即时开展警情分析、维稳研判、重点管控、轨迹核查，快速集聚刑侦、视频、网侦、技侦四种技术手段并联推进，精确制导。2019年，累计向群众和相关部门提供视频查询服务1842余人次，为群众挽回财物累计价值107万余元，找回失踪儿童、老人37人。四是抓宣传，促社会效应。坚持传统方式与网上宣传相结合，通过110宣传日，上街咨询、展板展示、发放宣传手册等传统形式，同时充分利用电视、网络、移动通讯设备等现代新闻资讯渠道，精心策划宣传专题，大力开展110宣传活动，让广大群众了解110。

【治安行政管理】 2019年，全面加强对爆炸物品、剧毒化学品、易制爆化学品从业单位和特种行业从业单位的治安行政管理，全县未发生任何涉枪、涉爆、涉危事故，社会治安秩序安全稳定。

危爆物品管理方面：全县共3家爆炸物品从业单位、2家烟花爆竹批发单位、57家烟花爆竹零售业户、6家枪支弹药使用单位、1家剧毒化学品从业单位、

26 家易制爆化学品从业单位、5 家放射性物品从业单位。2019 年，共许可爆炸物品购买证 1092 份、许可爆炸物品运输证 1538 份、爆破作业合同备案 6 次，全县爆破使用炸药 1340.622 吨、雷管 34690 枚、导爆管 27500 米；许可烟花爆竹运输证 70 份；许可剧毒化学品购买证 62 份，民爆物品、烟花爆竹运输许可证信息通报 3611 份。组织开展了缉枪治爆、安全生产隐患排查整治、清查收缴非法枪支弹药爆炸物品、打击整治枪爆违法犯罪、打击非法制贩烟花爆竹、烟花爆竹禁限放等专项行动，各易制爆、放射源、剧毒从业单位储存场所安全检测、配枪单位枪弹库改造检测等项目均达标。对涉枪涉危爆单位检查 671 次，下发隐患整改通知书 106 份，对发现的隐患问题全部督促整改到位，坚决防止“打响、炸响、流失”，为全县创造了安全稳定的社会环境。全年共收缴各类枪支 65 支，分别为猎枪 8 支、气枪 6 支、口径枪 47 支、其他枪支 4 支，收缴子弹 104676 发，组织销毁战争时期遗留的废旧炮弹 10 枚。

特种行业管理方面：全县共有 378 家旅馆，其中正常营业的 183 家，已停业的 195 家，2019 年新办理旅馆业特种行业许可证 11 家，其中 4 家为变更信息许可。正常营业的旅馆全部按照要求安装人脸识别系统，安装率为 100%。全年共入住登记旅客 550687 人，其中境外人员 694 人；全县共有 2 家典当行，现均已停业；全县公章刻制业特种行业许可证 2 家，全年受理公章备案 5108 枚；全县共有 82 家废旧金属收购单位，开锁业备案 19 家，机动车修理业 271 家。2019 年，开展了旅馆业整治专项行动，共查处 39 起违法行为，治安拘留 4 人，行政罚款 37 起，取缔 5 家无证旅馆，通过旅馆系统抓获上网逃犯 69 人。

【安保工作】 2019 年，昌乐县公安局共组织安全保卫活动 65 次。重大安保活动情况为：1、圆满完成新中国成立 70 周年大庆安保维稳任务。2、圆满完成 3 次一级以上警卫任务。3、圆满完成全国、省、市、县两会安全保卫任务。4、圆满完成人民海军成立 70 周年活动安全保卫任务。5、圆满完成法定节假日、农俗节日等节假日期间安全保卫任务。6、圆满完成“10.6”案庭审安全保卫任务。7、圆满完成风筝会、鲁台经贸洽谈会等活动安保任务。8、圆满完成 2019 年中国（昌乐）国际宝石博览会安全保卫任务。2019 年，在昌乐县委、县政府和潍坊市公安局的坚强领导下，昌乐县公安局凝聚全警之智、全警之力，坚持最高标准、最严要求、最强措施，全面从细从实做好各项安保维稳工作，圆满完成新中国成立 70 周年大庆安保维稳任务，昌乐县公安局治安管理大队被山东省委、省政府评为“全省国庆 70 周年安保维稳工作先进集体”

【网安工作】 2019 年，昌乐县公安局按照上级业务部门的工作要求，以服务全警、服务实战为原则，创新网安配侦机制，打击各类互联网违法犯罪活动，维护了全县互联网安全稳定。一是进一步加强网络社会管理工作。推动县财政系统、潍坊监狱、人民

2020 年 1 月 18 日，“向人民报告”昌乐公安 2019 工作报告会

医院等7个3级信息系统进行了等保评测，57家信息系统进行了等保备案，对23家不履行网络安全保卫义务的联网单位进行了警告处罚并责令整改。二是加强网络舆情监控巡查。强化7×24小时网上巡查工作机制，妥善处置网上突发舆情事件，及时处置违法有害信息，确保了全县网上安全稳定。三是加强涉网案件侦办工作。2019年，主侦案件5起，配侦案件130余起，共抓获犯罪嫌疑人140余名。其中，侦破了公安部部督的非法获取公民个人信息案、部督组织考试作弊案、厅督开设赌场案，共扣押涉案资金1000余万元。四是加强电子数据取证实验室建设和取证工作。实验室进行了扩建改造，达到了公安部县级实验室标准，同时对旧取证设备进行了升级换代，极大地提高了取证效率，为全局刑事案件侦破提供了强力的技术支持。

【重要案件侦破】　破获“2·23”付某涛、邢某伟网约绑架案　2月23日晚，昌乐县公安局将付某涛（男，40岁，潍坊寿光市人）、邢某伟（男，30岁，青岛市黄岛区人）两名犯罪嫌疑人抓获，成功破获一起网约预谋绑架案。经查：2月21日开始，两人因赌博欠下巨债，遂通过网上勾结预谋实施绑架，于2月23日晚在昌乐七彩大市场碰头，计划寻找目标实施绑架、勒索钱财，在准备实施犯罪过程中被抓获。

抓获潜逃七年的命案逃犯代某政　3月13日，昌乐县公安局在青岛市西海岸新区将潜逃七年之久的故意杀人案逃犯代某政（男，41岁，五图街道郭齐戴家庄村人）抓获，成功破获“2012•11•12”重大故意杀人案。经查：2012年11月12日15时许，该在昌乐县五图街道郭齐戴家庄村家中，因家务琐事与妻子代某梅发生争执，将妻子代某梅、儿子代某豪杀死后潜逃至今。

破获“1·28”特大盗窃案　自4月份成立专案组以来，昌乐县公安局历时七个月，辗转山东、福建、湖北、浙江、广东、贵州、北京、上海等6省2市，行程3万余公里，将刘某倩（女，汉族，31岁，临朐县人，系“临朐永润非融资性担保有限公司”和“青岛永泺资产管理有限公司”的实际控制人）等8名犯罪嫌疑人抓获，破获涉案价值2.2亿元“1•28”特大盗窃案。经查：自2019年1月以来，犯罪嫌疑人刘某倩先后多次通过窃取储户银行卡密码、调包储户银行卡后刷POS机等方式盗窃他人银行存款，涉案价值2.2亿元。

破获部督“5.30”特大平台诈骗案　5月30日以来，昌乐县公安局相继对赵某堂（男，汉族，57岁，住昌乐县上海花园小区）等20余名犯罪嫌疑人收网，破获涉案价值3亿元的部督“5•30”特大平台诈骗案。经查：自2017年以来，犯罪嫌疑人赵某堂以非法占有为目的，伙同他人，利用私自设立的GPAK官网、MT4（操作软件）、CRM（客户管理系统）等软件非法搭建GPAK平台，对外谎称进行外汇保证金交易，通过该手段诱骗被害人投资进行外汇、原油、贵金属、股指买卖，涉案价值3亿余元。

破获重大入户抢劫案　7月10日，昌乐县公安局将抢劫犯罪嫌疑人李某（男，29岁，营丘镇麻家河村人）抓获，12小时内成功破获一起恶性入户抢劫案。经查：7月10日凌晨，犯罪嫌疑人李某蒙面窜至营丘镇孟家栏村支部书记孟庆强家中，采取持刀威胁、胶带捆绑等方式实施抢劫，抢走人民币现金1000元、苹果7p手机2部、美图手机1部及银行卡6张。

破获“8.31”大明化工重大放火案　9月1日，昌乐县公安局将放火犯罪嫌疑人张某宾（男，43岁，昌乐县朱刘西圈村人，原大明化工公司职工）抓获，成功破获一起重大放火案。经查：8月31日凌晨0时许，犯罪嫌疑人张某宾因琐事窜至大明化工公司一仓库进行放火，损失价值285万余元。

打掉全县首个黑社会性质组织　10月23日，昌乐县公安局对周某义（男，38岁，五图街道后店子村人）、刘某亮（男，35岁，红河镇苏家庄村人）为首的黑恶势力开展集中抓捕，随着15名团伙成员的陆续落网，标志着昌乐县首起黑社会性质组织被成功摧毁。经查：该组织自2015年涉足民间高息放贷行业，通过发展组织成员、“套路贷”等手段，先后实施寻衅滋事、非法拘禁、强迫交易等违法犯罪100余起，严重损害了昌乐县及周边县市区经济社会生活秩序，造成十分恶劣的社会影响。

破获十九年前的命案积案 11月8日、11日、12日，昌乐县公安局利用DNA新技术，相继将赵某举（男，47岁，单身，昌乐县红河镇赵家庄村人）、赵某欣（男，38岁，五图街道边下村人）、王某才（男，38岁，五图街道南寨村人）三名犯罪嫌疑人全部抓获，成功破获十九年前的“2000•11•01”王某正被杀案。经查：2000年11月1日凌晨，该三人经预谋后，窜至昌乐县城中心地段的“曰利废品收购站”内，在实施抢劫时，将王某正（殁年15岁，系昌乐镇中心中学初三学生）杀害。

破获“12.12”刘某英母子被杀案 12月12日，昌乐县公安局将犯罪嫌疑人张某刚（男，35岁，户籍地及现住址均为昌乐县矿机花园小区）抓获，成功破获一起故意杀人案。经查：张某刚与刘某英（女，28岁）各有家庭，多年来一直保持不正当男女关系。12月9日，张某刚将刘某英及其子王某羽（男，2岁）杀死。

【户籍制度改革】 昌乐县公安局坚持以人为本，以统筹城乡综合配套改革试点为契机，以打造城乡一体化先行地为总体目标，以建立城乡统一的新型户籍管理制度和城乡一体的社会保障体系为重点，深入开展户籍制度改革，加快形成以城带乡、城乡互动的发展新机制和发展新格局。2019年2月28日，为进一步深化“放管服”改革，经周密调研论证，将县局负责的受理制作临时居民身份证权限下放到全县派出所户籍室，从此群众办理临时居民身份证不需再到县局户政科窗口申办，直接在派出所户籍窗口即可一次办好，节约了时间和路途，极大方便了办事群众，截至2019年12月，全县共计办理临时居民身份证3318件。时任潍坊市副市长、市公安局局长吴磊同志批示肯定，要求全市推广昌乐县公安局做法。10月，昌乐县公安局积极与中国建设银行昌乐支行进行沟通合作，在全县13个派出所户籍室实现临时身份证、户口簿等证件工本费“二维码扫码支付”功能，办事群众通过支付宝、微信即可轻松支付办理户口证件所交工本费，提高了办事效率，提升了群众满意度。

【出入境管理】 2019年，昌乐县公安局出入境管理科以国务院“放管服”改革为总抓手，认真贯彻落实上级推出的出入境便利措施，全力做好各项本职工作，全年共办理护照5375人次；港澳通行证1840人次，签注2369人次，大陆居民往来通行证381人次，签注419人次；边境通行证39人次，临时入境人员住宿登记685人次；更新国家工作人员数据库19500余条，接受录入法定不准出境人员55人；办理涉外案件10起，打击处理外籍人员11人。

【交通管理】 2019年，昌乐县公安局从加强和创新社会治理的大格局出发，聚力构建农村交通安全治理新格局，积极推进交通安全治理体系和治理能力现代化，全县交通安全形势呈现持续向好态势，交通事故伤亡人数同比下降，特别是事故死亡人数下降13.91%。在2019年全市公安交通管理工作考核中，昌乐县公安局位列县市区序列第一名。一是建立交通安全隐患排查治理长效机制。依托县交安委平台，组织公安、公路、交通、行政执法等部门和各镇（街、区），建立道路交通安全隐患排查常态机制，全年共排查整改隐患134处。大力开展“生命安全防护工程”和“千灯万带”建设，2019年新安装交通信号灯13处、防护栏35处5500米、示警桩86处326根、爆闪灯160处，施画减速带、标线4.6万平方米，进一步完善了辖区道路特别是农村道路的防护设施。二是从严整治交通秩序。相继开展“压事故、保畅通”大会战、“百日集中行动”“路面净化行动”“冬季安全整治”等专项行动，进一步深化集中夜查、整治酒驾、联合治超、缉查布控、打击假套牌等常态化、制度化机制，始终保持对重点车辆、重点交通违法行为的严管、严查、严处态势。2019年，共现场查处各类交通违法121476起，采取刑事强制措施305人，行政拘留101人；非现场录入420000余条；查处酒驾1326起、醉驾185起、超载4367起、超员1023起。三是做大做强农村交通安全管理队伍。夯实交警中队建设，改建或新建全部7处中队，配齐装备警械，高标准打造“五小工程”。创新执法服务勤务模式，在四中队（阿陀）实行“站队合一”，三中队（乔官）、五中队（唐吾）与派出所联勤联动，推行“两顶帽子、一件背心”工作法，六中队（北岩）与派出所一体化建设并投入使用，乔官综合服务中心全面实体化运行，实现了车驾管、交通事故处理、治安管理、户籍管理等业务的“一站式”办理。加强“两站两员”建设，积极汇报争取，推动财政保障力度，补齐人员、场所、装备、设施、制度、经费六项短板。推进“警保合作”建设。联合保险公司建成了一级劝导服务站6处、三级13处，打开了警企合作新局面。四是拓展交通安全宣传教育。深化交通安全“七进”宣传，开展“美丽乡村安全行、电影下乡进万村”活动，2019年已宣传教育群众20余万人次。

【监所管理】　2019年度，昌乐县看守所共办理收押797人次，出所812人次，提审2300余人次，医护巡诊760余次，投牢179人；昌乐县拘留所共收拘700人，均做到了安全无事故。一是加强队伍管理，强化纪律作风建设。积极开展“两所两队两无一零”专项督察活动，和“不忘初心、牢记使命”主题教育活动，坚持从严治警，强化纪律作风建设，经常性开展警示教育，做到警钟长鸣，消除监管民警违法违纪现象，确保了队伍“零违纪”，监所无事故。二是加强监所安全管理，服从服务公安大局。全国两会和建国70周年大庆安保期间，监管大队全警进入战时状态，随时处置各类突发问题，确保监所安全稳定。积极做好特殊人员依法应收尽收。在特殊人员不直接面临生命危险的情况下，先行收押吸毒成瘾、精神病等涉案人员8名，以保证办案需要。拘留所把矛盾化解工作常态化，明确分工，密切协作，成功化解各类社会矛盾纠纷15起。看守所管教民警通过谈话获取犯罪线索78条，破获各类案件53起，抓获犯罪嫌疑人17名。三是严格规范标准，加快新所建设。为加快完成新所建设任务，主动作为，在设计、施工、装修等环节，严格按照公安部看守所建房标准和“铁桶工程”要求提出合理化建议，并借鉴外地监所建设经验，取长补短，将武警“智慧磐石”工程纳入“智慧监管”建设中，提高新监所的信息化水平。

【森林公安】　2019年，昌乐县公安局森林警察大队立足主责主业，坚持打击与保护并重，严厉查处涉林违法犯罪活动，扎实开展森林防灭火工作，加林区治安秩序维护，有力维护了全县森林和野生动植物资源安全及林区治安稳定。一是扎实开展“绿卫2019”“昆仑4号”打击破坏野生动物资源违法犯罪等专项行动，共破获涉林刑事案件13起，刑事处理19人；查处行政案件3起，行政处罚3人、1个单位。二是深入推进自然资源监管领域安全生产专项整治、迎接新中国成立70周年安全生产专项整治和森林草原火灾风险隐患排查整治等工作，全面排查整治森林火灾风险隐患。突出森林防火重点区域和春节、清明节、五一、十一及庙会等关键时期，强化野外火源管控，全面落实森林防火各项工作措施，确保了森林防火形势平稳。

（供稿人：王帅林　冀冰波）

消防工作

【概况】　2019年，县消防救援大队在县委、县政府的坚强领导下，紧密结合社会经济发展实际，紧跟上级相关部门的工作节奏，以习近平总书记授旗训词精神为指引，牢记“主力军”“国家队”职责使命，改制不改初心，换装不换本色，凝心聚力、锐意进取，努力开创消防工作新局面。扎实开展“不忘初心、牢记使命”主题教育活动，不断强化社会面火灾防控、基础提升和执勤战备工作，圆满完成国庆70周年等重大活动消防安保工作，出色完成“利奇马”防汛救灾任务，消防安全严打整治和各类专项行动取得显著成效，实现了社会面火灾形势和队伍内部“双稳定”，得到各级领导的高度肯定和社会各界的一致好评。2019年，大队被评为全市先进大队，宝城中队被评为全市执勤训练先进中队，大

2019年12月31日上午，在昌乐县消防大队院内举行“昌乐县消防救援大队揭牌仪式”，昌乐县委常委、副县长桑海强（左一）、县消防大队大队长宋振（右一）为“昌乐县消防救援大队”揭牌。

队先后有2人被总队、支队荣记个人三等功，20人次被上级通报嘉奖。

【应急救援】 2019年，共接处警657起，其中火警516起，抢险救援141起，救援被困群众66人，出动车辆1134辆次，出动人员5682人次，保护财产价值3000万余元。在抗击台风“利奇马”救灾任务中，与多部门建立快速响应和协同作战机制。大队共接警出动20余次，出动车辆39台次，出动警力203人次，救援被困群众29人，疏散群众56人，积极参加排涝作业，组织精干力量设置6处排涝作业点，累计排水5.2万立方米。

坚持“国家队”“主力军”建设标准，着眼“全灾种”处置、“大应急”建设，结合昌乐县应急灾害事故特点，全面开展全员岗位大练兵工作，积极开展实战化操法和体能达标训练，并定期考核，强化实战打赢能力和专业救援水平。2019年组织普查全县道路、水源2次，联合相关部门对全县488具市政消火栓进行维护保养，完成重点单位预案修订274份，开展“六熟悉”287次，开展实战演练280余次，针对辖区有代表性的“高、低、大、化”单位制作三维数字化预案6份，全景预案12份。在潍坊市消防支队作战指挥能力竞赛活动中，昌乐大队宋振大队长获评“优秀”等次；在首届“火焰蓝”国际消防救援技术交流竞赛中，昌乐宝城中队颜丙城代表潍坊支队参加了纵深灭火救人操科目，勇夺第一名，是山东唯一夺冠科目，应急管理部黄明书记签发荣誉证书予以表彰。

【基础保障】 强化基层、夯实基础。新修订的县域城市消防专项规划完成专家评审工作，全国重点镇红河镇、鄌郚镇消防专项规划已完成县政府审批；昌乐朱刘化工产业园投资100余万元按特勤消防站标准完成了升级改造工作，园区消防专项规划已通过县政府审批，拟再投入1960余万元对园区消防基础设施及特勤消防站装备器材进行提升完善；采取“政企合建”的方式建设开发区消防站，现已完成项目选址立项批复等工作；采取社区、重点企业区域自建等形式完成新建市政消火栓37具，消防救援大队联合辖区政府、水利局、实康水业等部门对全县已建市政消火栓进行了维护保养；投入32.4万元落实消防员个人防护装备更新配套资金，2019年新到位18吨泡沫消防车和60米居高喷射消防车2辆消防车，并已投入执勤。

规范管理、联勤联动。采取潍坊市消防机构统一招收的方式，2019年昌乐县新招政府专职消防队员16人，充实到3个消防救援站；提请昌乐县人民政府办公室印发了《昌乐县镇（街、区）专职消防队管理规定》（乐政办字〔2019〕24号），进一步推进昌乐县乡镇政府专职消防队伍规范化建设；组织全县3个乡镇消防队和6个企业专职消防队比武竞赛活动，多种形式消防队伍实战能力得到大幅提升；全面落实微型消防站“一呼百应”工作机制，全县已有159家重点单位已完成POC联网，并接入消防指挥调度系统，充分发挥微型消防站到场处置快的优势，夯实了群防群治基础。构建了“3+3+6+N”综合性、多方位、快响应的应急救援队伍体系。

【火灾防控】　落实责任、明确任务，完善消防安全责任体系建设。提请县政府给10个镇（街、区）、19个县直部门下发了2019年度消防工作目标任务，并纳入督办事项，督促全面落实。县委县政府主要负责同志、分管负责同志多次听取消防工作汇报，并充分肯定昌乐县消防工作，召开2次常务会、多次办公会研究部署消防安全工作，开展消防安全形势分析、消防督导检查，发现并解决消防重大问题，部署分行业、分领域组织消防安全大检查；成立了由县委常委、副县长桑海强同志牵头的消防安全委员会，并实体化运行，全面落实消防安全委员会制度，每季度通报全县火灾情况和突出问题，下发各类火灾通报、火灾防控提示等指导性文件30余份；县主要领导带队指导检查消防工作8次；投入资金30万元，采取“政府购买服务”方式开展重点单位消防安全评估工作，落实消防安全分析评估和研判机制。

多措并举、铁腕除患，深入开展消防安全综合治理。2019年县委县政府安委会先后在全县范围内部署开展“防风险保平安迎大庆”消防安全执法检查、消防安全风险隐患“大起底、大整治”百日攻坚、彩钢板治理、建筑消防设施、打通“生命通道”等12余项专项行动；全面部署各镇（街、区）、各部门开展本辖区、本行业系统的消防安全重点领域、高风险场所集中整治，解决易燃可燃有毒装修装饰材料、建筑消防设施损坏故障、消防通道堵塞占用等突出问题；对大型商业综合体、电动自行车、博物馆和文物建筑消防安全治理情况进行“回头看”；提请县政府挂牌督办2起重大火灾隐患，均已督促整改完毕并摘牌；大队联合行业主管部门对消防安全重点领域开展联合检查30余次；督促280家消防安全重点单位落实“三自主两公开一承诺”；在无固定消防设施的“三合一”场所、家庭式商铺等小单位、小场所、小作坊，推广安装简易喷淋和独立式感烟火灾探测报警器1300余个。2019年，消防部门共检查单位2363家、督促整改火灾隐患3287处、查封单位场所部位14处，责令三停单位15家，罚款34.26万元。

预防为主、全民参与，公众消防安全意识全面提升。深入推进消防安全“大宣传、大培训、大演练”三年攻坚战行动，完成对全县党政领导、行业部门、村（居）委负责人、网格员和消防安全重点单位消防安全责任人、管理人以及消防控制室值班操作人员、微型消防站站长等10类人群的消防培训，开展各类消防宣传培训教育活动600余场，受益群众12万余人。11月，在全福元东门广场举办了以“防范火灾风险、建设美好家园”为主题的119消防宣传月活动启动仪式，现场500余人参加；联合县总工会深入企业、商市场等人员密集场所开展“百企万人”大培训大演练活动，培训单位60余家，受训员工1.2万余人；在全县居民住宅小区、商场、超市、酒店、宾馆协调安装600余块楼宇电视，频繁播放电动车消防安全提示、火灾防范常识；积极发动广大消防志愿者开展入户宣传，特别加强对空巢老人、留守儿童等老幼弱重点群体、进城务工人员、农村大众等开展上门宣传服务，累计开展营区开放日宣传10次、开设消防站点宣传8次，组织消防科普教育基地参观体验20余次，印制和发放各类消防宣传资料3万余份，利用微信公众号、微信群等平台推送消防安全提示信息20万余条。开展了一系列形式丰富、创意新颖、影响广泛、成效明显的消防宣传教育活动，公众消防安全意识显著增强。

（供稿人：刘　青）

检　察

【概况】　2019年，县人民检察院在县委和上级检察机关的正确领导下，在县人大及其常委会的监督和县政府、县政协及社会各界的关心支持下，按照

“讲政治、顾大局、谋发展、重自强”的要求，各项检察工作取得了新的成绩和明显进步，被评为全国检察宣传先进单位、山东省人民满意政法单位、潍坊市“七五”普法依法治理中期先进单位，在全市政法机关群众满意度测评中获得99.57分，位列全市检察机关第二名。

【组织机构】 昌乐县人民检察院内设机构改革后设七部一室：第一检察部、第二检察部、第三检察部、第四检察部、第五检察部，检察业务管理部（挂法警大队牌子）、政治部、办公室。现有在职在编干警70人，其中政法编制54人，事业编制9人，工勤编制7人。司法责任制改革后，现有员额检察官20人，检察辅助人员22人，司法行政人员5人，司法警察7人。

【刑事检察】 依法履行审查逮捕、审查起诉职能，全面实行捕诉一体化办案，批捕各类刑事犯罪嫌疑人146件190人，起诉671件956人，起诉案件数同比上升68.6%。其中，依法起诉故意杀人、强奸、抢劫等严重暴力犯罪17人，盗窃、抢夺、诈骗等多发性侵财犯罪183人，“黄赌毒”犯罪61人。坚持罪刑法定、客观公正，监督侦查机关立案9人、撤案8人，纠正漏捕漏诉16人，提出提请抗诉6件，不捕不诉90人，切实做到不枉不纵。全面落实认罪认罚从宽制度，犯罪嫌疑人自愿认罪认罚案件228件，经验做法得到市院肯定。纵深推进扫黑除恶专项斗争，始终保持高压严打态势，组建黑恶犯罪专业化办案组，主动介入侦查、引导取证，审查逮捕恶势力犯罪案件3件3人，审查起诉7件31人。重拳“破网打伞”，对县监察委移送的职务犯罪案件审查决定逮捕3人，提起公诉3人，建立信息通报、线索摸排移送、重大复杂案件会商等机制，向公安机关移送线索2件，追捕2人，追诉1人，确保每起案件都经得起法律和历史检验。紧盯人民群众关注的难点、痛点、堵点，从严打击人民群众反映强烈的电信网络诈骗、侵犯公民个人信息等犯罪27人，制售假药劣药、有毒有害食品等危害“舌尖上的安全”犯罪11人。坚决维护老人、妇女、未成年人合法权益，成立4处观护帮教基地，开展检察长担任法治副校长暨开学季普法进校园活动，为特师附小、北大公学等中小学校讲授法治教育课18次，起诉强奸、猥亵、拐卖等侵害妇女儿童犯罪11人，附条件不起诉未成年犯罪嫌疑人6人。坚决维护刑事执行公正，监督纠正刑罚执行和监管活动违法案件18件，社区矫正违法案件13件，办理羁押必要性审查案件29件。

【民事行政检察】 以向县人大常委会作专项工作报告为契机，集中力量对民事行政检察进行壮大培育，积极构建多元化民事行政检察监督格局，办理各类民事行政诉讼申请监督案件25件，协助市院一体化办案14件，省院推荐申报全国检察机关精品案件1件。强化民事执行活动监督，受理民事执行活动监督案件4件，向法院提出检察建议2件。抓住群众反映强烈的当事人虚假诉讼、恶意诉讼等问题，监督纠正1起“假官司”，有力维护了民事诉讼秩序。

【公益诉讼检察】 认真落实习近平总书记关于“检察官是公共利益的代表”要求，围绕生态环境和资源保护、食品药品安全、国有财产保护等重点领域，办理行政公益诉讼诉前程序案件6件，提起刑事附带民事公益诉讼案件1件。坚持“双赢多赢共赢”理念，把与被监督者一起推动公益损害问题得到解决作为着力点，办理的小丹河河道清理行政公益诉讼案，推动完成了小丹河河道的彻底清理，通过了第三方的勘查验收，在超强台风“利奇马”过境时确保了小丹河行洪顺畅、水势平稳，达到了维护公益的目的，检察机关诉讼请求全部实现，该案经省院批准已依法撤回起诉。

【控告申诉检察】 积极探索新时代“枫桥经验”检察版，全面落实院领导定期接访、律师入驻值班、检察官以案释法等制度，妥善办理各类信访案件56件，保持了赴省进京涉检上访“零记录”。圆满完成青岛海军节、国庆 70 周年等重大敏感节点的信访维稳工作，依法批捕起诉 6 名长期闹访、缠访、非访的犯罪嫌疑人，彰显检察担当。改造升级更有温度的 12309 检察服务中心，为群众提供控告申诉、案件查询、法律咨询等“一站式”检察服务。

【检察信息化建设】　积极开展智能辅助办案模式创新，深化电子检务工程应用，扎实推进最高检“智慧公诉”试点工作，不断完善智慧公诉辅助办案系统、“三远一网”、智能语音识别系统，促进案件繁简分流，提高办案质效。全面启用智能化多功能检委会会议系统，极大提高了检委会决策的效率和质量。打破定式，创新机制，着力构建全方位立体化案件质量监管体系，在全市检察机关工作创新项目评审中获得第二名。

【参与社会治理】　全力推进所包靠房地产问题项目整治进展，积极参与首阳山区域拆违集中攻坚，助力完成朱刘街道 10 个行政村的人居环境整治。精准服务“三大攻坚战”，严惩非法吸收公众存款等严重危害金融安全的犯罪 17 人；司法救助因案致贫困难群众 9 人，积极帮扶贫困户 11 户；起诉破坏环境资源犯罪 16 人，办理环保领域行政公益诉讼诉前程序案件 2 件，为塑造全县高质量发展新优势提供了坚强司法保障。强化检察供给护航民营经济健康发展，制定《支持促进民营经济健康发展的十条意见》，市院和县委主要领导给予批示肯定，在全市检察机关予以转发。精心组织“检察护航民企发展”检察开放日活动，联合工商联召开检企问计问需座谈会 2 次，建立 20 名检察官定点联系民营企业制度，实现重点骨干企业全覆盖。严惩危害民企的盗窃生产资料、侵占挪用、破坏生产经营等犯罪，起诉 12 件 15 人，为民营企业抢抓发展新机遇、培育新动能提供了有力支持。

【检察队伍建设】　严管厚爱锻造四个铁一般检察队伍，建立“第一议题”学习制度，扎实开展“不忘初心、牢记使命”主题教育，深入学习贯彻习近平新时代中国特色社会主义思想和党的十九届四中全会精神，党组理论学习中心组集体学习 12 次，邀请专家讲授党史新中国史 2 次。实施“党建 + 标准化”工程，建成党建文化综合展示场所，打造 3 个党员政治生活区，组织“多彩党建”活动 12 次，院第二党支部被评为“全县先进基层党组织”。强化能力素质建设，健全“教、学、练、战”一体化教育培训机制，用好用活“检答网”业务交流平台，开展全领域岗位练兵、多层次业务竞赛，参加各类业务培训 24 人次。聘请山东大学 3 名法学专家担任检察咨询专家，与湖南大学联合举办素能提升培训班，借力外脑涵养专业能力。承担的《刑事司法案件疑点事实三维现场还原应用技术研究》课题顺利通过最高检验收，1 门实务课程入选全市精品微课，3 名干警获得最高检、省院表彰。狠抓纪律作风建设。全面落实党风廉政建设“两个责任”，制定《院党组全面从严治党主体责任清单》。主动接受配合省委、省院巡视组的巡视巡察，部署开展“双强化双提升年”活动，开展“公务接待、财务规范、公车管理、办公用房”四项清理检查，出台《纪律作风十条规定》，建立大督察机制，院领导带队检务督察 24 次，确保检察权廉洁高效运行。

（供稿人：王　栋）

法　院

【概况】　2019 年，县法院在县委的坚强领导下，在县人大及其常委会的有力监督和县政府、县政协、社会各界的大力支持下，坚持以习近平新时代中国特色社会主义思想为指导，深入学习贯彻党的十九大和十九届二中、三中、四中全会精神，紧紧围绕“努力让人民群众在每一个司法案件中感受到公平正义”的目标，忠实履行法律职责，努力促进经济社会高质量发展。全院共受理各类诉讼、执行案件 8173 件，审执结 8839 件（含旧存），同比分别增长 9.82% 和 20.34%，案件结收比达到 108.15%，结案率位居全市第一名。县法院被最高法院授予“司法宣传工作先进单位”荣誉称号；被省法院确定为

全市法院两个“一站式”建设现场推进会在县法院召开　　秦建瑶　摄

调解力度，调解率达到90%，及时维护受害人的合法权益。

深入开展扫黑除恶专项斗争。坚持依法严惩方针，着力打好扫黑除恶专项斗争“潍坊战役”，准确、及时有力打击各类黑恶势力犯罪，共审结涉恶案件7案53人。其中，13名被告人被判处五年以上刑罚。6月，依法对以李永茂为首要分子的16人恶势力犯罪集团寻衅滋事、非法拘禁、非法侵入住宅、故意伤害、敲诈勒索案进行公开宣判，李永茂被依法判处有期徒刑十五年。12月，依法对三个恶势力犯罪集团寻衅滋事、聚众斗殴、非法侵入住宅、敲诈勒索、强迫交易案进行公开集中宣判，三名首要分子张林林、付洪鹏、刘员良分别被判处有期徒刑十一年零六个月、十一年和六年零六个月。为扩大宣传效果，组织代表委员、媒体记者和社会群众旁听庭审宣判，同步进行网络和户外直播，宣判后立即召开新闻发布会，把典型

两个“一站式”建设试点示范法院；群众安全感满意度连续五年位居全市前三名。

【刑事审判】　全力维护社会稳定。深入推进平安昌乐建设，充分发挥刑罚功能，依法惩处各类刑事犯罪711案1006人。依法惩治危害公共安全犯罪，审结醉酒驾驶犯罪248案252人，被告人均被判处拘役。严厉打击严重危害社会治安犯罪，审结抢劫、贩卖毒品、涉枪涉爆等犯罪133案223人，判处五年以上有期徒刑19人。坚决严惩职务犯罪，审结贪污、贿赂、渎职犯罪7案10人，保持司法反腐高压态势。加大涉众型经济犯罪审判力度，审结非法传销、非法吸收公众存款等犯罪6案17人，审结生产销售伪劣产品、危害食品药品安全等犯罪8案15人。加强与公安、检察机关配合，严厉打击非访行为，对无理上访、缠访不止，造成严重后果的肖振霞、许正阳等被告人均被判处有期徒刑，营造良好的法治氛围。加大故意伤害、交通肇事等案件民事赔偿的

县法院刑事审判庭公开审理涉黑恶案件　　秦建瑶　摄

案件审判转化为法治教育公开课，在全县营造了打击黑恶势力的浓厚氛围。

【民商事审判】 着力保障民生权益。民事审判审结各类案件3079件。加强人身权益保护，审结人身损害、交通事故、医患纠纷等案件956件，保护人民群众生命健康权益。探索推进家事审判改革，审结各类婚姻家庭案件570件，维护婚姻家庭和谐稳定。妥善审结建设工程、商品房预售、合作开发等房地产纠纷案件119件，促进房地产市场规范有序发展。加强劳动权益保护，审结劳动合同、工伤待遇等劳动争议案69件，维护了正常的劳动用工秩序。充分发挥人民法庭在乡村治理中的作用，坚持深入基层、就地化解矛盾纠纷，妥善审理土地承包、追索劳动报酬等各类涉农案件2203件，服务乡村振兴战略实施。出台服务保障抗灾救灾和恢复建设意见，依法做好涉灾纠纷审判和执行工作，保障受灾人民群众合法权益，得到了县委的充分肯定。

着力服务经济发展。深入贯彻新发展理念，围绕服务经济高质量发展，研究制定了优化法治营商环境服务性意见，受到了县委的充分肯定。依法调节经济关系，保护诚实守信、公平竞争，审结商事案件1082件。认真落实企业破产制度，妥善审理信丰钢结构、金水胶乳等公司破产重整案，盘活企业资产2.3亿元。稳妥审理鼎恒置业、立伟置业、安信置业等房地产企业破产重整、清算案，最大化保护企业、债权人和购房人利益，维护了社会稳定。严格贯彻执行最高法院产权司法保护意见，牢固树立谦抑、审慎、善意的理念，对规模以上企业慎用强制措施，依法保障企业正常生产经营。

依法审理金融案件，防范化解金融风险。继续完善“立审执一体化”的金融案件专业审判模式，及时有效化解金融风险，该做法被省法院充分肯定予以转发。金融法庭共审执结金融案件1177件，标的额8.59亿元。如潍坊大德实业有限公司开发的潍坊大德国际医疗中心项目，因拖欠昌乐农商行等多名债权人巨额款项，资金链断裂，已停工多年。为维护债权人的合法权益，金融法庭依法对该项目进行评估拍卖，拍卖价款共计1.2亿元，及时为昌乐农商行收回不良借款5000余万元。

【行政审判】 认真履行司法审查职责，支持促进依法行政、保护群众合法权益，审执结行政诉讼和非诉行政案件311件。其中，圆满审结两起行政公益诉讼案件，取得了良好的社会效果。积极推进行政诉讼体制改革，依靠县委领导、政法委协调，设立了行政争议审前和解中心，已有89件案件进入中心进行和解。强化法院司法与政府行政的良性互动，通过邀请行政机关观摩庭审、开展以案释法活动、提出司法建议等形式，助力提升依法行政水平。加大行政诉讼法制宣传力度，积极推进行政机关负责人出庭应诉规范化和常态化，行政机关负责人出庭应诉率达到80.9%，行政机关依法行政水平和法治意识得到明显提高。

【执行工作】 2019年，坚持分类执行、因案施策，精准攻坚，受理执行案件2258件，标的额15.84亿元，执结案件1646件，执行到位金额6.42亿元。执结率、执行到位率等核心指标均位居全市第一名。高效运用网络查控系统，积极推进网络司法拍卖，查控被执行人财产信息3.7万人次，网拍408次，成交额1.87亿元，有效解决查人查物难和财产变现难等问题。加强联合惩戒，发布失信被执行人名单285人，在审批贷款、高消费、出国出境、乘坐飞机高铁、评先树优等方面对2111人进行严格限制，多方合力促使263名被执行人自动履行了法定义务。依法严厉打击拒不执行判决、裁定行为，对情节严重的两案5名被执行人依法判处有期徒刑，维护了法律权威。持续开展涉民生、涉金融、“暖心冬日”集中执行活动42次，拘传拘留437人次，搜查20次，查封扣押2689次，最大限度地实现了申请执行人的合法权益。

【司法改革】 完善多元解纷机制。围绕推进审判体系和审判能力现代化，加快完善一站式多元解纷机制、一站式诉讼服务中心两个“一站式”建设。按照省法院“繁简分流、轻重分离、快慢分道”的审判要求，不断深化机制改革，推进审判流程再造。按照“员额法官＋法官助理＋人民调解员＋书记员”的模式，设立三个速裁团队，负责简单民商事案件的诉前调解、司法确认、案件速裁及诉前保全。速裁团队平均每月结案120件，办案周期8.9天，大大提高了办案效率，得到了上级法院的充分肯定。10月，全市法院诉讼服务建设推进现场会在县法院召开。

升级诉讼服务水平。加快推进诉讼服务中心建设，整合诉讼服务中心功能，将送达、保全、鉴定、评估等26项辅助性、事务性工作全部集中到诉讼服务中心，真正方便群众“一次办好”。全面推行网上立案和跨域立案，网上立案率达到100%。为方便群众诉讼，在诉讼服务中心设立司法鉴定窗口，将司法鉴定由诉中改为诉前，集中办理委托鉴定、检验等工作，有效缩短审理时限30%。

推进审判方式改革。持续深化新型审判权力运行机制，“让审理者裁判、由裁判者负责”进一步得到落实。全面推进以审判为中心的刑事诉讼制度改革，严格落实罪刑法定、疑罪从无、证据裁判等规则，深入推进庭审实质化，证人出庭率、辩护率、当庭宣判率有了明显提升。严格落实院庭长办案制度，带头办理疑难复杂案件1089件。进一步完善审判流程、庭审直播、执行信息、裁判文书“四大平台”，坚持每庭必录、每日必播，共庭审直播案件627件，裁判文书上网7828件。

【队伍建设】 加强政治学习教育。在学懂弄通做实习近平新时代中国特色社会主义思想上狠下功夫，引导广大干警旗帜鲜明讲政治，树牢“四个意识”、坚定“四个自信”、做到“两个维护”。深入开展“不忘初心、牢记使命”主题教育，通过组织讲党课、支部学习、宪法宣誓、重温入党誓词等活动，引导干警牢记使命担当、坚定职业信仰。抓紧抓好新时代党建工作，认真落实意识形态工作责任制、“三会一课”等制度，深入开展政治纪律和政治规矩教育，切实增强广大干警干事创业的能力和水平。

全面提升司法能力。坚持理论培养和实践培训并重，组织干警集中学习、外出培训、举办专题教育讲座33次，进一步提升干警的法律适用能力。强化司法技能培训，组织开展庭审观摩、优秀案例和裁判文书评比等岗位练兵活动12次，提升干警的文书制作能力和庭审驾驭能力。开展风险防范、舆情应对处置专题培训，提升干警的法律政策运用能力、防控风险能力和舆情引导能力。

切实改进工作作风。全面深化从严治党，坚持“严管就是厚爱”的理念，综合运用监督执纪“四种形态”，对于发现的苗头性、倾向性问题，及时进行谈话提醒，对干警执法办案起到了极大的警醒作用。坚持“零容忍”，加强对纪律作风的整顿，对干警日常行为进行不定期督查，对于发现的问题及时通报整改。

【其他重要工作】 积极参与社会治理。把信访工作作为送上门来的群众工作，院庭长带头接访，进一步落实“三到位一处理”工作方针，及时解决群众的合理诉求。围绕县委县政府中心工作，积极参与鼎恒伴山、爱伦堡等房地产问题项目整治，取得了较大进展。根据“精准扶贫”的要求，严格履行帮扶职责，全力做好35户贫困户的脱贫工作。大力开展普法宣传，举办送法下乡、以案释法等活动75次，充分发挥司法的教育、评价、指引和示范功能，助力法治昌乐建设。

（供稿人：巩传鑫）

司法行政

【概况】 2019年，全县司法行政工作在县委、县政府的正确领导和各级各部门的关心支持下，以“工作落实年”为抓手，紧扣“一个统筹、三大职能”工作布局，切实履行县委依法治县办统筹协调全县法治工作职责，扎实推进法治政府建设、公共法律服务、社区矫正等重点工作，为推动全县高质量发展、建设现代化强县提供了优质高效的法律服务和坚实有力的法治保障。在2019年度全市政法系统群众安全感满意度测评中，位列全市司法行政机关第二名。

【推进依法治县工作】　召开了县委全面依法治县委员会第一次会议，审议通过了委员会、协调小组、办公室工作规则、细则等文件，对推进全面依法治县作出了总体部署。协调召开了县委全面依法治县委员会2019年工作任务部署暨办公室第一次会议，审议通过了《县委全面依法治县委员会2019年工作要点》等文件，进一步推进全面依法治县工作。深入推进法治政府建设示范创建工作，召开全县法治政府建设示范创建活动动员部署会议，印发了《昌乐县法治政府建设示范创建活动实施方案》及相关工作说明。于8月15日完成了第一阶段向市、向省的申报任务。以普法高效化为目标，认真落实“谁执法谁普法”普法责任制，广泛开展“法律七进”活动。组织开展了“昌乐县第九届全民健身运动会普法健步行”“法治文化乡村行”文艺演出等活动，联合综治、公安、水利、税务、610办等部门开展了扫黑除恶、水资源保护、信贷、戒毒等系列宣传活动20余场次，解答法律咨询1800余人次。举行了“12•4”国家宪法日千人健步走活动，开展了“宪法校园晨读”“宪法赶大集”“宪法宣誓”等丰富多彩的“宪法宣传周”活动，发放宣传明白纸10000余份、宪法挂历2000余张、提供法律咨询服务1000余人次。县司法局被评为全省“七五”普法工作先进单位，县法治文化广场获评“全省法治文化建设示范基地”，全县共有7个单位被评为全市普法依法治理先进单位、10个村被评为全市民主法治示范村。

【人民调解工作】　制定下发《坚持发展“枫桥经验”实现矛盾不上交两年行动实施方案》，推动重点行业领域人民调解工作，成立了信访事项调解委员会。全面推行人民调解“1+2模式”，完善人民调解与公安110、审判、检察、信访的四个对接机制，引导法律服务工作者参与多元化解纠纷工作。组织开展“大排查、早调解、护稳定、迎国庆”专项活动，组织广大人民调解员开展全覆盖、无盲区、零死角的矛盾纠纷大排查，重点排查涉及民生的瓜菜购销、环境保护、拆迁安置、生产经营等领域的矛盾纠纷，做到底数清、情况明、介入早。2019年以来全县各级调解组织化解矛盾纠纷3599起。县婚姻家庭纠纷人民调解委员会被司法部评为“大排查、早调解、护稳定、迎国庆”专项活动表现突出集体。坚持做好律师陪同县级领导接访工作，共陪同领导接访225次，分流化解矛盾纠纷203起，解答咨询1600余人次。会同有关部门严格程序、精心组织，经人大常委会任命，新选任135名人民陪审员。

【提升公共法律服务体系建设品质】　坚持县镇村三级整体推进，为群众提供更加及时精准普惠优质的公共法律服务，工作走在全市前列。提升“12348”热线，完善“微+”平台，实现智能化服务。制定实施《公共法律服务规范化工作手册》《关于进一

“12.4”宪法宣传周启动仪式

步优化营商环境支持民营企业发展的十八条措施》，建立“领导干部直接面对群众、直接听取批评意见”“领导干部公共法律服务接待日”“群众批评意见分析报告”等三个制度，编制“最多跑一次”事项清单和“一次办好”服务指南，简化办事流程，努力让群众“只进一扇门”“最多跑一次”。共办理公证事项2825件，法律援助案件453件，司法鉴定案件270件，解答法律咨询7000多人次。“昌乐普法”微信公众号发布48期、192条信息，微博发布信息350余条。深化“一村一法律顾问”工作，推行“在线法律顾问”模式，为群众提供线上、线下全天候多样化服务。组织开展“一村一法律顾问”优质服务月专项活动，共开展法律服务活动50余场次，解答法律咨询1000余人次，办理法律服务事项30余件。

【社区矫正执法标准化规范化】 切实做好全国“两会”、新中国成立70周年期间社区矫正安全稳定工作，组织开展了社区矫正安全隐患大排查专项活动和社区矫正应急演练活动，对在管的473名社区服刑人员逐一走访，确保了无脱管、漏管，无重新犯罪发生。积极推进社区矫正心理矫治国家标准化试点工作，起草完成了《社区矫正心理矫治流程标准》等5个标准性文件，上报省市业务主管部门。采取指纹签到、脸部识别、远程监控、手机定位、电子手环定位等措施，加强教育监管，共电话抽查2000余人次，现场监督检查33次，约谈社区服刑人员151人次，下发书面整改通知书23份，对违规社区服刑人员给予警告55人次，对2名不按时报到的社区服刑人员提请县公安局进行了治安处罚，对1名违规人员提请了撤销缓刑并已收监执行。推进刑罚执行一体化建设，承接昌潍监狱3名狱警参与社区矫正工作，壮大了执法力量，规范了执法标准，提高了执法质量。“日普查、日核查、日抽查”制度受到省司法厅的肯定。

【行政复议应诉工作】 面对昌乐县机构改革以来行政复议应诉工作面临新形势、新问题，积极做好与其他部门之间的沟通协调工作，确保按法定程序办理县政府行政复议应诉案件。畅通复议案件受理渠道，积极探索立案登记制、公开听证审理、实地调查等案件办理新模式。2019年以来受理县政府行政复议案件25件，已审结19件，案结事了，没有复议后又起诉的情形。研究制定了《县政府行政应诉工作办法》，落实应诉责任单位和负责人出庭制度。与县人民法院联合设立行政诉讼审前和解中心，举行公开听证5次。2019年办理县政府行政应诉案件27件，已审结24件。妥善处理筑金置业诉市政府、县政府合同纠纷等案件，得到了市县领导的充分肯定。

宪法宣传周——宪法赶大集

【行政执法监督工作】 根据机构改革文件和部门“三定”方案，依托山东省行政执法监督平台，组织开展了行政执法主体和执法人员的全面清理，确保昌乐县行政执法工作规范化。公布了县级行政规范性文件制定主体29个。全面推进落实行政执法公示制度、执法全过程记录制度、重大执法决定法制审核制度“三项制度”，制定了工作实施方案，明确了责任单位和完成时限。推行行政执法裁量基准制度，推进行政处罚行政强制网上运行，规范行政权力事项上网运行程序，在全县各行政执法部门部署应用权力运行系统和执法监督系统。2019年开展全县行政执法人员培训2次，组织公安、综合执法局等执法单位案卷质量评查活动1次。圆满组织完成了2019年度行政执法资格考试。开展规范性、政策性文件和证明事项清理。严格依法审查各类政府文件、合同，2019年以来共审查政府文件、合同15件，出具合法性审查意见15份。对有悖于平等保护原则、不利于市场经济发展、不利于营商环境建设行政规范性文件、政策性文件和证明事项进行了集中清理，共保留政府规范性文件34件、废止13件、超过有效期限宣布失效2件，保留县级证明事项0件。

法律服务进社区

【其他重要工作】　积极参与卫生县城复审工作，履行好网格督导单位职责，多次组织机关党员、干警到联系社区开展义务活动。全力做好包村扶贫工作，“三个责任人”一线帮扶，调动全局力量做后盾。为包靠村新上一个直饮水项目，解决了村民用水安全问题。2019年6月，所帮扶的营丘镇南申明亭村为全市脱贫攻坚推进会议提供了现场。成立扶贫工作法律服务团，发放扶贫联系卡4500份。实施法律援助直通机制，对建档立卡贫困户申请法律援助的，一律不审查经济条件，第一时间给予法律援助。积极参与扫黑除恶专项斗争，深入开展涉黑涉恶线索深挖摸排工作，加强对律师参与扫黑除恶专项斗争工作的监督指导，建立了律师代理涉黑涉恶案件备案制度，2019年以来，已接到报备代理涉黑涉恶案件6起，做到了规范代理。

2019 年法律服务机构一览表

表 1

类型	机构名称	地址
律师事务所	山东宝都律师事务所	昌乐县新昌路 333 号锦绣佳苑 8 号商业楼 301 号
	山东昌明重光律师事务所	昌乐县方山路爱伦堡小区东门南侧
	山东联合诚信律师事务所	昌乐县商务社区 5 号楼 13 楼 1318 室
法律服务所	昌乐蓝光法律服务所	昌乐县汽车站北门斜对面
	昌乐安信法律服务所	昌乐县农商银行支行西邻
	昌乐众维仁和法律服务所	昌乐县新佳乐家西 100 米
	昌乐五图法律服务所	昌乐县五图街道办事处
	昌乐乔官法律服务所	乔官镇政府驻地
	昌乐营丘法律服务所	营丘镇政府驻地
	昌乐红河法律服务所	红河镇红河街 35 号
	昌乐亿铭法律服务所	鄌郚镇政府驻地

（供稿人：石宾南）

人武部工作

【概况】 2019 年，人武部坚持以习近平新时代中国特色社会主义思想和强军思想为指导，深入贯彻落实党的十九届历次全会、军委基层建设会议精神，围绕党在新时代的强军目标，突出抓好学习新思想、贯彻新大纲、落实新编组、施行新规范、谋求新作为，聚焦练兵备战，狠抓工作落实，取得了突出成绩。2019 年，昌乐人武部被省军区表彰为“基层建设先进单位”，部长李守华被省军区表彰为“基层建设优秀个人”，还被军分区表彰为“民兵工作先进单位”“军事训练先进单位”“保障工作先进单位”。

【思想政治建设】 深刻学习领会习主席关于国防动员和后备力量建设的重要论述，深入抓好党的十九届历次全会、军委基层建设会议精神学习贯彻，坚持用习近平新时代中国特色社会主义思想和习近平强军思想武装头脑，指导工作实践。扎实组织“不忘初心、牢记使命”“传承红色基因、担当强军重任”两项主题教育，通过开展“做时代新人、当强军先锋”“和平积弊大起底大扫除”主题实践活动，引导干部、职工、民兵预备役人员自觉献身强军实践，扎实打牢思想政治基础。注重搞好配合活动，组织人武部干部职工瞻仰昌乐县革命烈士纪念馆，重温入党誓词，传承红色血脉。不断升级更新营区政治文化氛围，结合民兵整组、征兵宣传、军事训练等时机，发挥“强军路上·唱响武装”主题墙体文化熏陶作用，组织民兵应急连官兵参观国防教育馆、部史馆、荣誉馆，不断凝聚强军兴军精神动力。10 月份，迎接省军区邱司令员“不忘初心、牢记使命”主题教育检查调研，获得首长机关一致好评。隆重庆祝中华人民共和国成立 70 周年，大力营造国庆氛围，培育爱国主义情怀，思想政治建设取得明显成效。

【战备训练工作】 紧紧围绕“能打胜仗”这一目标，着眼实际需求，狠抓应急应战能力建设。一是战备能力水平不断提升。积极搞好辖区动员潜力调查工作，及时修订完善各类应急预案，调整补充物资器材，保持良好战备状态。结合任务适时开展战备教育，增强民兵队伍战备意识。建好用好民兵信息员队伍，加强值班执勤，利用节日战备担负任务的时机，采取拉动检查、装备实操等方式，提高日常备勤能力。6月份，迎接省军区战备拉动检查，组织指挥高效、预案设想充分、演练效果较好，受到省军区领导充分肯定。8月份，组织民兵应急分队参与抗击台风“利奇马”发挥重要作用，得到军分区和县委、县政府充分肯定。严格落实军事设施保护制度，高标准完成全县国防工程普查工作，确保国防战备工程性能良好。二是军事训练成绩显著。认真学习研究新大纲，坚持党委议训、按纲施训，狠抓基础科目训练，先后分6批组织人武专武干部、民兵教练员、民兵分队训练。圆满完成了专武干部业务培训、民兵应急分队集训和基层专武干部资格认证考核等任务。坚持倡导“扛红旗、争第一”，推动群众性岗位练兵和比武竞赛活动扎实开展，选拔培养出一批训练骨干和尖子选手。参加军分区考核比武，取得优异成绩：参加群众性岗位练兵比武，取得4个单项第一、总评第三。参加军分区组织的民兵“四会”教练员比武，取得优秀科目；组织现役和文职人员参加军分区党委机关集训，成绩名列前茅。三是民兵训练基地保障成效明显。按照省、市《标准》，完成民兵训练基地达标建设和升级改造，圆满完成全市各县（市、区）民兵应急连集中轮训和新兵役前教育训练保障任务，得到分区首长充分肯定。

【主责主业工作】 *民兵调整改革有效落实*。坚持把民兵调整改革作为年度一项重点工作紧抓不放，依据军委国防动员部《民兵调整改革落实情况检查考评标准》，多次召开党委会进行研究部署，采取有效措施抓好工作落实。县委、县政府全面统筹部署，成立由军地领导和有关单位参加的民兵调整工作领导小组，落实主体责任。科学合理编组，严格组织训练，先后分批次组织了民兵应急连、光电干扰连、心理攻防排集训，取得良好效果。在各科、基地共同努力下，我部在军分区组织的年度民兵调整改革工作检查中位列第一。认真抓好了基层武装部规范化达标建设，作为试点单位，不断推进规范化建设成果拓展，规范化建设全面推开、全部达标。*兵员征集工作成效明显*。按照上级征兵“五率”考评要求，坚持“党政同责、严格追责、一票否决”，认真抓好征兵宣传、兵役登记等工作。2月底，提前完成适龄男性青年兵役登记率100%的目标任务。点对点的做好返乡大学生和在外大学生的宣传工作，扎实开展“征兵宣传月”等宣传活动，营造献身国防、当兵光荣的社会氛围。7月份组织开展集中“征兵宣传日”活动，制作60多块宣传版面，200多条条幅，发放10000多份宣传单，在城区主要街道进行现场宣讲征兵政策。科学筹划，严密组织，在县人民医院设站，实行封闭式体检，一站式服务，确保兵员质量。高标准开展役前教育训练，8月底组织预定新兵在民兵训练基地进行为期7天的役前教育训练。*党管武装制度落实有力*。严格落实制度规定，保持了党管武装良好秩序，2月份组织对上年度落实党管武装原则情况进行综合考评，量化赋分，统一排名；3月份组织召开全县民兵预备役工作暨（镇、街、区）党（工）委书记党管武装述职会议，进一步加强基层对武装工作的组织领导，研究部署工作，解决矛盾问题；4月、7月份，县委专题召开议军会议，研究解决武装工作重大事项。“八一”前夕，组织县级领导班子过“军事日”活动。12月份，接受军分区党管武装考评。积极配合开展工作，扎实开展省级双拥模范城创建。支持县委、县政府及时对入昌驻训部队官兵走访慰问，协调解决部队900亩训练用地，全面落实优抚政策，对于部队官兵子女入学给予照顾，做好随军家属安置。*应急救援能力不断提升*。注重在抗灾中练兵用兵，在实战中兴武强兵。今年8月份，台风“利奇马”过境，强降雨持续不断，汶河大堤红河镇段出现溃塌险情。危难面前，主动请缨出兵，迅速组织出动民兵应急连，连续奋战两昼夜，抢修堤坝，完满完成任务，受到军分区和县委、县政府高度肯定。五是多项工作齐头并进。积极协调处理涉军维权事宜。一年来，共协调处理了11起涉及军人家属正当利益被侵占事件，及时化解了矛盾，为部队官兵解决了后顾之忧。积极协调退役军人事务局开展“送喜报”活动，增进军人职业荣誉感。积极参与帮扶带建活动，包靠朱刘街道北圈村、乔官镇吕家庄精准脱贫，分别与五个贫困户建立了点对点帮扶对子，由人武部5名优秀党员干部包靠，取得很好成效。投资10万元援建了北圈村文化体育广场。积极参与省军区军事年鉴和人武部大事记编纂整理工作。及时进行退役士兵档案整理登记，发放应征青年入伍通知书，办理大学生学费补偿。

【军事工作】 按照“学用条令打基础、依法从严抓管理、严格正规促发展”思路，坚持依法治军从严治军，狠抓安全管理，促进安全发展、科学发展、全面发展。一是抓点滴养成。注重从小事抓起，从点滴入手，探索建立“一点一滴抓起、一岗一责查起、一人一事做起”的安全管理工作机制。严格人员管理，实行每周大交班、每天早点名制度，由当日值班员进行考勤登记，次日交班讲评，有效解决了迟到早退、不假外出等问题。建立安全管理机制，通过每天一讲评、每周一检查、每月一分析、每季一问责，最大限度的减少安全管理死角和盲点，确保人人有责任、事事有人抓、处处抓落实。二是抓学习落实。认真抓好新条令的学习贯彻，科学制定学习计划，严密组织条令学习，定期组织条令考核，人人参加不漏一人，坚持用条令规范办公秩序、干部职工言行、规章制度落实，定期进行安全教育、安全训练、消防演练，提高干部职工安全意识。三是抓安全管理。积极开展“贯彻落实新条令，塑造军队好样子”活动、“百日安全竞赛”活动、“安全隐患大排查”活动，制定夏防、冬防措施等，重点查找了我部在车辆事故预防、训练事故预防、人员管理、枪弹爆炸物品管控、重要库房、信息传播媒介使用、营院安防等方面存在的安全隐患，及时制定相关措施，保障各项活动顺利开展，大项活动开展坚持安全风险评估，制定专项措施，确保全年安全无事故。刘命波作用发挥较好。

【基层工作】 2019年，认真学习贯彻军委国防动员部“三个一线”建设有关指示精神，按照省军区单位建设《基本规范》和《细则》要求，狠抓基层建设。一是规划科学实用，基础设施建设有力。召开党委会，研究制定单位年度建设规划，坚持按规范运行，按规划抓落实，推进单位全面建设发展。思想建设、政治建设、组织建设、纪律建设、风气建设、军事战备训练工作、国防动员、兵员征集、党管武装工作等取得坚实发展。二是狠抓基本队伍建设，统筹工作能力不断提升。抓好一线战斗堡垒建设，积极发挥一线带兵人作用，突出军官队伍、文职人员队伍、党员队伍建设，搞好业务培训，领导单位建设能力不断提升。三是保障运行抓规范，服务能力明显提高。严格落实党委理财制度，大项经费开支必须经部党委会研究决定，把好经费报销的各个关口，确保了财务制度严格落实。突出抓好驾驶员的培训教育，提高他们的安全防范意识，圆满完成了年度车辆保障任务。严格落实营房设施的维修管理制度。定期组织检查，对损坏设施进行维修更换，一年来，投资20余万元，对人武部机关办公楼、民兵训练基地办公区、生活区等进行墙体粉刷，更换老旧设施，各项训练保障有条不紊地进行。

【领导建设】 党委“一班人”讲政治、重学习、善思考，坚持用党的创新理论统一思想、凝心聚力、指导实践，保持了党委班子建设和民兵预备役建设的正确方向。深入学习贯彻军委党的建设会议精神、基层建设会议精神，科学筹划，谋划全局，严格落实民主集中制原则，坚持大事党委集体研究。扎实推进“不忘初心、牢记使命”主题教育，党员思想政治觉悟和干事创业精神状态得到全面洗礼。持续推进“两学一做”学习教育常态化制度化，严格落实党的七项组织生活制度，利用党日活动积极开展党员“承诺践诺”活动。严格落实“两个责任”，认真抓好党员纪律教育，管好用好建好干部队伍，确保了党员干部纯洁可靠。

（供稿人：孙业宇）

人民防空

【概况】　2019年，在昌乐县委、县政府的正确领导下，昌乐县人民防空工程管护中心坚持以邓小平理论、“三个代表”重要思想、科学发展观、习近平新时代中国特色社会主义思想为指导，深入学习贯彻中共十九大、十九届四中全会精神，聚焦“战时防空、平时服务、应急支援”使命任务和“能打仗、打胜仗”要求，紧紧围绕昌乐县委、县政府重点任务目标，扎实开展“不忘初心、牢记使命”主题教育，推进“两学一做”学习教育常态化制度化，深入推进人防系统腐败问题专项治理，落实机构改革要求，切实履行工作职责，突出人防工程建设，推进人防建设与城市建设同步协调发展，推动人防工作平稳快速发展。

【管理机构】　2019年3月，昌乐县人民防空办公室更名为昌乐县人民防空工程管护中心，作为昌乐县人民政府直属正科级事业单位，核定事业编制11人，配备主任1人、副主任2人，实有编制人数9人，其中主任1人、副主任1人，研究生1人、本科5人，专业技术人员2人。设办公室、工程管护科等2个内设机构，配备科长（主任）2人。

【工程建设】　人防工程建设。2019年，昌乐县人民防空工程管护中心坚持落实“以建为主、应建必建”原则，面对机构改革、职能变化带来的新问题新要求，主动担当作为，突出人防工程建设核心业务，着力落实山东省、潍坊市人防办有关要求，严格控制易地建设，切实做到“应建必建”，共办理（机构改革前）或协助昌乐县住房和城乡建设局、昌乐县行政审批服务局办理结建防空地下室审批28个，设计要求面积20.07万平方米，较2018年增长340%，为创立以来历史新高。

5月9日，参加全县“防灾减灾日”集中宣传

2019年11月，协调潍坊市人防办等有关单位，组织对昌乐县龙海原著小区人员掩蔽工程进行验收。该工程2017年5月开工建设，建筑面积1.48万平方米。

安全生产。深入贯彻落实全国和山东省、潍坊市、昌乐县安全生产有关要求，认真开展百日安全集中整治行动、春季安全生产大检查、安全隐患大排查大整治行动、迎接新中国成立70周年安全生产专项整治行动、“安全月”活动等工作，强化对已建成人防工程的安全监督管理，全面深入的开展灾害事故隐患排查，积极开展防灾减灾宣传，确保人防领域安全生产形势持续稳定，2019年未发生安全生产事故。

人防工程安全度汛。严格按照昌乐县委、县政府和县防汛抗旱指挥部要求，进一步强化底线思维，立足防大汛、抗大旱、抢大险、救大灾，立足单位工作实际，修订完善《人防工程防汛防台风应急预案》，备齐防汛物资，强化对已建成人防工程的防汛检查，2019年汛期人防工程未发生险情。

人防工程管理维护。认真贯彻执行《潍坊市人民防空工程管理办法》，加强对人防工程设施设备的维护、维修服务，督促人防工程所有权人和管理人、使用人建立相应的维护管理制度，使人防工程处于良好状态，符合平战转换要求。

10月29日，到宝城街道艳阳天社区开展“双报到”活动，组织开展人防宣传教育

【宣传教育】 2019年，昌乐县人民防空工程管护中心切实抓好重要节点、人防教育基地、社区宣传等三项重点，结合防灾减灾日、警报鸣放日、安全生产集中宣传周等活动，认真开展人防宣传教育；充分利用人防教育基地开设人防教育课，年轮训初级中学学生超过5000人；深入推进社区宣传，结合“双报到”活动，在城区主要社区积极开展宣传教育，受教育人数超过1000人。

5月6日至12日，围绕“提高灾害防治能力，构筑生命安全防线”主题，开展全国防灾减灾日宣传教育活动，针对已使用的人防工程，全面深入地开展灾害事故隐患排查，摸清灾害风险底数，修订完善《人防工程突发事件应急预案》，规范应急处置程序，确保措施到位、责任到人。5月9日参加全县“防灾减灾日”集中宣传活动，设立宣传站点，悬挂宣传标语，摆放宣传版面，向过往市民发放《市民防空防灾应急手册》120册。

6月15日，结合2019年防空防灾警报试鸣活动，积极开展人防宣传教育，通过“今日昌乐”微信公众号发布试鸣通告和防灾减灾知识，上街设立宣传站点，发放《市民防空防灾应急手册》110册。6月15日11时00分至11时15分，在昌乐县城区试鸣防空防灾警报。

10月29日，昌乐县人防工程管护中心党组书记、主任滕继华带领党员干部到宝城街道艳阳天社区开展“双报到”活动，组织开展人防宣传教育，向社区及过往群众赠阅《防空防灾知识读本》等宣传资料500册。

（供稿人：刘文波）

经济管理与监督

经济管理与监督

发展和改革

【经济结构】 2019年，全县实现地区生产总值315.6亿元，同比增长3.5%。其中，第一产业增加值45.7亿元，增长1.3%；第二产业增加值114.9亿元，同比下降0.9%，其中，工业增加值103.6亿元，同比增长0.2%；第三产业增加值154.9亿元，增长8%。税收总收入占二、三产业增加值比重为12.7%。人均地区生产总值51655元，比上年增加3153元。产业结构进一步调整，三次产业比重为14.5∶36.4∶49.1，第三产业占地区生产总值的比重同比提高2.6个百分比。

【产业转型升级】 2019年，昌乐县产业转型升级又上新台阶。工业实现高质量发展。坚定不移实施产业兴县、工业强县战略。传统动能加快转型，完成53家化工生产企业、8家危化品经营（带储存设施）企业和5家危化品运输企业新一轮评级评价；朱刘省级化工园区成功获批，2家企业列入省化工重点监控点。新动能加速崛起，比德文成为全市首家获得新能源乘用车生产资质的企业，新能源智能制造产业园新引进项目8个，中科氢能装备产业园、佳诚数码新材料产业园建成投产，阳光概念包装产业园、梦金小镇加快推进，鲁兹中德产业园、中节能绿色生态产业园落地实施，英轩重工产业园、汉唐新能源汽车产业园效益稳步提升。新能源新材料、高端装备制造产业增加值实现较快增长。

现代农业水平持续提升。成功举办中国（昌乐）西甜瓜科技博览会，“昌乐西瓜”入选国家农产品区域公用品牌，连续9年居全国西瓜品牌价值第一名；昌乐西瓜科技示范园被确定为国家农村创新创业园；成功创建省级农业标准化生产基地1处；新增市级以上农民合作示范社9家、示范农场9家。新认证“三品一标”20个，注册农产品国家地理标志证明商标1件。示范带动作用明显提升，1镇7村被认定为全省首批乡村振兴示范镇（村），成功创建省级特色农产品优势区、省淘宝直播“村播计划”试点县，城市园丁农村产业融合发展示范园成功列入首批市级农村产业融合发展示范园创建名单，白浪源乡村振兴示范区、方山－庵上湖片区被确定为市级乡村振兴齐鲁样板示范区；1人被评为全国农村青年致富带头人，2人被评为齐鲁乡村之星，1人获潍坊市市长质量奖。基础设施不断完善，完成217.6公里道路、344座桥涵灾后重建任务，新修改造“四好农村路”348公里；完成涉农街道改厕12395户、贫困户危房改造1173户；红河小下坡整村迁建工程、庵上湖村省级美丽村居试点建设任务全面完成，4个村创建为省级美丽乡村示范村。

服务业发展层次进一步提升。深入实施服务业发展提速计划，加快培育现代教育、健康养老、现代物流、文化旅游、总部经济和电子商务等现代服务业，全县实现服务业增加值154.9亿元，同比增长8%；社会消费品零售总额同比增长4.3%。金融服务体系不断完善，金融机构本外币各项存贷款余额分别达到399.7亿元、330.7亿元，较年初分别增加33.7亿元、38.7亿元，元利科技在上交所主板成功上市。

【固定资产投资】 2019年，全县固定资产投资同比下降23.9%，其中，民间投资同比下降36.5%；房地产投资同比下降8%。

【重点项目】 2019年昌乐县过亿元项目共116个，总投资603.65亿元。其中新开工项目50个，总投资255.32亿元，续建项目60个，总投资281.23亿元，前期项目6个，总投资67.09亿元。昌乐县数字打印介质新材料、高分子复合新材料等4个省优选项目2019年计划完成投资22亿元，顺利完成年度投资计划。新能源汽车智能制造产业等11个市级重点项目计划完成投资32.05亿元，实际完成32.06亿元。庵上湖美丽村居建设及红色田园课堂、荣华环水岭田园综合体等4个2019年全市观摩点评项目2019年计划完成投资3.43亿元，实际完成投资3.63亿元。全县共审批项目780个，总投资587亿元，分别同比增长58.5%、21.8%。

【服务业】 2019年，昌乐县以加快实施服务业新旧动能转换工程为统领，全县服务业发展态势良好。全县服务业实现增加值154.9亿元，同比增长8.0%，占GDP比重达到49.1%，同比提高2.6个百分点。服务业完成税收12.5亿元，同比增长8.7%。积极培育现代物流、文化旅游、品质教育、医养健康、电子商务等重点产业，服务业发展成效显著。

以重点项目为支撑、促进服务业提质增效。筛选庵上湖红色田园课堂（乡村振兴学院）、昌乐县城乡交通运输供应链一体化等10个项目纳入2019年全市服务业重点项目库。省级服务业发展引导资金项目（信息服务平台）竣工并顺利验收，作为公共服务平台，可以满足生产厂家、销售门店信息发布、完成交易需求，也能为企业及个人提供检测服务，带动信息服务行业发展。

省服务业载体建设扎实推进，黄金珠宝文化创意产业集聚区和珠宝产业创业园蓬勃发展，对加快服务业新旧动能转换、促进转型升级，发挥示范带动作用。

【改革创新】 农村产权制度改革稳步推进，被确定为全省五个农村集体资产股权有偿退出试点之一。经济开发区被确定为全省经济开发区体制机制（财政管理）创新试点。土地实现集约利用，盘活闲置低效用地1012亩，实施占补平衡3180亩；5个增减挂钩项目和2个工矿废弃地项目通过验收，节余指标878亩。“放管服”改革扎实推进，探索推行“拿地即开工”审批模式，被确定为全省政务服务向基层延伸工作试点县。商事制度改革深入推进，登记各类市场主体12974户，公司登记全程电子化率达81.5%。融媒体改革持续深化，县级融媒体中心建设全国试点成效显著，省、市现场推进会议在昌乐县召开。医疗卫生体制改革扎实推进，创新实施“三师共管、四化同建”贫困慢性病患者精准服务模式。开放发展水平显著提升，“双招双引”实现新突破，签约过亿元项目78个、到位资金57.3亿元，进出口总额突破90亿元，利用外资1.2亿美元；新增科研院所合作项目12个，引进高端技术人才（团队）69人。

（供稿人：郭亚楠）

物价服务

【概况】 2019年，昌乐县价格事务中心在县委、县政府的正确领导下，深入学习习近平新时代中国特色社会主义思想，全面贯彻落实党的十九大及其全会精神，坚持与时俱进，深化改革创新，结合实际狠抓工作落实。

【价格改革】 天然气价格改革：根据国家发改委和省市安排，天然气配气价格进行改革，价格事务中心对昌乐新澳燃气有限公司进行成本监审，组织召开听证会，并于7月底出台了《关于制定昌乐县管道天然气配气价格和调整居民用气销售价格的通知》《关于印发昌乐县居民用管道天然气价格上下游联动办法（试行）的通知》《关于印发昌乐县非居民用管道天然气价格上下游联动办法（试行）的通知》文件。

【价格鉴证与服务】 扎实做好涉纪检监察、涉刑事案件价格认定工作。一是加强了与纪检监察机关的沟通协调，建立完善沟通协调机制，对纪检监察机关办案过程中出现的价格疑惑，给出专业意见和建议。二是深入贯彻《价格认定规则》，严格按照规定的程序和标准开展涉刑事案件认定工作，坚持“客观、公平、公正、科学、及时”的原则，保证了价格认定结论的准确性、科学性和时效性。2019年度办理涉刑事案件174件，认定标的额692.53万元。为保证昌乐县纪检监察工作及司法工作顺利进行，维护司法公正、保护当事人的合法权益，发挥了重要作用。

树立公共服务理念担当作为。（1）立足服务经济积极开展涉税财物价格认定。对2018年调查了解的全县商业用房、二手普通住宅、各类房屋重置成本价格标准及工业用地基准地价的数据及时补充更新。全年办结案件总数：303件，标的额：7.53亿元。其中：工业用地及附属物：70件，6.21亿元；商铺：152件，1.065亿元；其他类房屋：81件，2548.5万元。（2）立足本职担当作为助力扫黑除恶专项斗争。扫黑除恶专项斗争开展以来，价格事务中心立足涉案财物价格认定岗位职责，积极投身于这场战斗中，全年以来共办理涉黑案件11件，认定标的额120余万元。（3）为行政执法案件提供服务。随着行政执法活动中行政处罚、行政复议案件增多，行政执法部门对执法活动中涉及的涉案财物价格认定提到了一个新的高度。为力求行政处罚的程序规范、依据充分、处罚客观公正，执法部门加大了执法办案中各种扣押、追缴、罚没财物的价格认定。价格事务中心立足本职，积极作为，在执法部门处罚环节解疑答惑，同时严格按照规定程序，客观公正的出具认定结论作为行政处罚依据，全年先后办理行政执法案件9件，认定标的额11.31万元，为行政执法机关行政执法提供了价格依据。（4）价格纠纷调处。一是加强与司法部门联系，增进跨部门优势互补。把价格争议行政调解机构的专业强项和人民调解点多、面广的优势有机结合起来，融入社会矛盾化解的“大调解”格局中。按照司法局联合下发的《关于建立价格争议行政调解与人民调解联动机制的实施意见》，全面调解工作，化解价格矛盾，维护社会稳定。二是根据省价格认证中心《关于明确价格认定业务统计口径的通知》要求，价格事务中心在公安机关受理未立案之前，对可调解的非刑事案件提前介入，给出涉案财物的价格调解意见，经调解，双方达成一致，最终撤销或终止价格认定。三是将积极响应国家最高人民法院、国家发展和改革委员会、司法部于2019年2月9日联合下发的《关于深入开展价格争议纠纷调解工作的意见》要求，找准该项工作在基层三部门之间的衔接点，从专业角度给出争议纠纷调处的价格意见，真正参与到矛盾纠纷多元化解机制中。

【收费管理】 制定昌乐县收费目录清单。以乐发改［2019］82号制定并出台了《昌乐县县级政府定价的涉企经营服务性收费目录清单》《政府定价或政府指导价经营服务性收费目录清单（2019版）》。

调整规范幼儿园收费标准。在参考周围县市区及成本监审的基础了制定了昌乐县公办幼儿园收费标准，规范了非营利性民办幼儿园收费标准，并出台了《关于昌乐县公办幼儿园收费标准等有关问题的通知》《关于规范昌乐县非营利性民办幼儿园收费标准的通知》。

【其他重要工作】 冻猪肉收储工作。根据潍坊市发改局、商务局和农业农村局《关于做好冻猪肉储备调节工作的通知》要求，昌乐县价格事务中心积极开展此工作，由财政局对储备企业补助15.3万元（储备费用补助），商务局负责具体收储，农业农村局配合。在9月份已和金锣肉制品有限公司（红河乐港）签约，并完成上级下达的170吨冻猪肉收储，工作进度位列我市前列。

价格临时补贴发放工作。根据上级要求，昌乐县价格事务中心及时启动价格联动机制，并积极向县政府汇报，协调县财政局、民政局、退役军人事务局、人力资源和社会保障局开展此工作，昌乐县4至12月份价格临时补贴已全部发放，发放金额408万元。

价格监测情况。单位负责每周天然气销售价格监测、水泥价格监测（每月5日、15日和25日上报）

和劳动力监测(每月20日),单位高度重视此项工作,安排专人负责,确保按时、准确上报每次数据。

转供电清理情况。根据省发改委《关于继续降低一般工商业电价的通知》(鲁发改价格〔2019〕510号)要求,为明确电价政策界限,规范各转供电等经营者价格行为,单位于6月份下达此文件,要求各单位自7月1日起执行新电价政策(预收工商业电费不得超过0.92元/度),同时8月31日单位组织召开了全县规范电网和转供电环节收费提醒告诫会。

(供稿人:刘冬梅)

国有资产管理

【县属经营性国有资产统一监管工作】 根据省市关于经营性国有资产统一监管工作部署,对全县县属经营性国有资产和公共基础设施等国有资产进行全面清查核实,在摸清底数的基础上,按照分层分类、因企制宜、分类监管原则,拟订统一监管实施方案。根据县政府印发的《关于将山东省昌乐粮食储备库等国有企业纳入统一管理的通知》,对11户企业完成划转工作,实现县属经营性国有资产统一监管。

【县属国有企业监督管理工作】 根据企业国有资产法律法规,初步拟订了县属国有企业监管暂行规定,2019年5月县委办、县府办印发《昌乐县县属国有企业监督管理暂行规定》,从国有企业投资经营活动、考核与薪酬、从业人员、财务监督、重大事项报告、党组织建设等六个方面进行规范,为切实加强县属国有企业监管提供制度保障。

【全县行政事业单位资产年报及县属企业国有资产统计年报工作】 按照市财政局的统一部署,对全县174个行政事业单位的资产报表进行严格审核,高质量、高标准地完成了2019年行政事业单位资产年报和产权登记工作。截至2019年底,全县总资产37.10亿元,总负债18.87亿元,净资产18.22亿元。按照市国资委的要求,圆满完成全县4家企业国有资产统计年报工作,全面分析了解县属国有企业的整体运行状况,为更好的服务国有资产监管打牢基础。

【国有资产保值增值】 严把资产购置关。对全县行政事业单位购置办公设备家具等资产,严格按照《昌乐县行政事业单位通用办公设备家具配置标准》的规定,切实把好资产“入口关”,全年共受理批复170宗单位的资产购置申请。严把资产处置关。依托资产管理信息平台,严格资产处置程序,切实把好资产“处置关”。对单位申报处置的通用设备资产,经现场查看、中介机构评估后出具审核意见22宗,处置收入1.244万元;严格车辆处置,对达到报废年限或无法满足公务需要处置的车辆,严把现场审核、中介评估、公开拍卖三道关口,确保资产处置的合法有效,坚决杜绝预算单位私自处置资产的行为。全年公开处置及报废公务用车38辆,处置收入27.6万元,资产处置收入全部上缴国库。做好矿产资源集中整治涉及非法采矿案件矿产品处置工作。对昌乐县涉及非法采矿案件没收的矿产品进行了公开处置,处置收入350万元,收入全部上缴国库。

【非法占地地上附属物接收工作】 根据县政府“三图一致”地块报批手续的有关要求,对国土局移交的非法占地的地上附属物,通过现场查看、中介机构评估后出具处理意见,全年共出具处理意见72宗。

(供稿人:李晓洁)

审　计

【概况】 2019年县审计局共实施审计项目55个,查出管理不规范问题金额56302万元,违规问题金额4061万元,移送纪检监察机关和有关主管部门问题线索6起,信息宣传稿件被采用149篇。连续六年被中国审计报社、中国时代经济出版社表彰为“通联宣传工作先进单位”;继续保持“省级文明单位”；在2018年度县直部门考核中荣获“昌乐县县直部门工作实绩综合考核一等奖”；审计项目质量在2019年全市审计质量检查中被评为优秀等次。

2019年5月16日，潍坊市审计局党组书记、局长张祖钊到昌乐县南寨水库扩容建设情况审计组和城乡污水治理情况审计组看望慰问审计人员，调研指导审计工作　　杜　赛　摄

【财政审计】　充分利用省、市、县三级同步审的机会和大数据分析手段，在开展县级预算执行审计的同时，对财政政策支持发展“十强”产业政策措施落实情况和县属国有企业发展质量状况同时开展审计调查，并对四个部门的预算执行和预算绩效管理情况开展审计，着力在预算绩效管理、支出预算管理、财政运行风险防范、中央八项规定精神落实等方面实施重点审计，发现预算专款分配和拨付不及时、项目库建设不规范、单位预算编制和追加不规范、预算绩效管理不合规等23个问题，按照规定依次将审计结果提报县委审计委员会审议，向县政府汇报，并代表县政府向县人大常委会作审计工作报告，审计结果得到了县委、县政府和县人大的一致肯定。

【经济责任审计】　在2019年度审计计划中，重点对14个县直部门和4个镇（街）主要领导干部履行经济责任情况开展审计，重点关注单位贯彻落实党和国家经济政策、履职尽责、重大经济决策和财政财务管理等情况，发现部分镇（街）基建工程手续不全、未执行政府采购程序，公益林补贴资金管理不规范，部分部门履行职责不到位、资产管理不规范等问题128个。针对审计发现的镇（街）共性问题，县审计局总结形成专报，向县委县政府主要领导作了汇报，并通报各镇（街），要求及时整改。

【政府投资审计】　2019年5月份开始全面承接政府投资工程结算审计，负责政府投资工程建设项目施工、监理、设计的竣工结（决）算审计和过程跟

潍坊市廉政教育中心苗木绿化工程现场　　王美建　摄

踪审计以及道路施工过程中需拆迁移植、恢复的绿化苗木的测量、价值认定工作。共承接政府投资工程结算审计项目58个，审计金额共计7.33亿元，其中灾后重建道路、桥梁工程项目22个，对灾后重建工程进行全过程跟踪审计，确保工程质量安全。

【政策落实跟踪审计】 认真学习贯彻市委“十大攻坚”行动要求，不断深化审计监督在推进工作落实中的作用，按照上级审计机关统一安排，先后开展5项政策跟踪审计调查项目，围绕环境优化攻坚，完成了清理拖欠中小企业民营企业账款、“一次办好”和减税降费政策措施落实情况审计调查；围绕产业转型升级攻坚，结合财政审计完成了财政政策支持发展“十强产业”政策措施落实情况审计调查，重点开展化工产业安全生产转型升级专项行动方案落实情况审计调查；围绕补齐民生短板攻坚，完成了抗灾救灾和灾后重建资金物资专项审计调查，发现救灾资金未专账核算和下拨不及时等问题，已责令相关单位整改。同时，围绕脱贫攻坚，在对镇(街)的审计中把扶贫资金作为审计重点，严抓资金源头、资金过程、程序规范审计，防范扶贫资金管理使用漏洞；围绕环保整治攻坚，在县自然资源和规划局、红河镇、朱刘街道3个单位领导干部经济责任审计中同步开展了自然资源资产审计，对自然资源资产管理保护责任履行过程中存在的问题提出了审计意见和建议。

此外，还配合上级审计机关完成了全县污水治理情况审计调查、昌乐县齐鲁惠农补贴“一本通”相关政策落实和资金发放管理情况核查、昌乐县2018年度城镇保障性安居工程等5个审计项目以及县委县政府交办的原县委书记经济责任预审、2013至2017年审计查出问题整改情况“回头看”等6项工作任务。

【民生审计】 对昌乐盛源热力有限公司运营以来的管网配套费收取、供热管网投入等情况进行了全面审计。审计发现，盛源热力共收取管网配套费2.79亿元，供热管网投入2.51亿元，管网建设总长度约14.19万米；供热配套费作为政府性基金由盛源热力直接收取，县城供热主管网建设投资由盛源热力全权负责，政府监管缺失；盛源热力未及时确认收入造成4341.19万元所得税未缴纳；县住建局与盛源热力签订的特许经营协议不规范，未对资产处置等重点事项进行约定。县审计局向县政府提交了收回2.51亿元供热主管网资产纳入国有资产统一管理的建议。

2019年6月6日，昌乐县审计局全体工作人员在双报到社区永康社区华光散热器家属院开展义务清扫活动　　王俊平　摄

对全县全部中小学运行情况进行审计调查，抽审率30%，完成了对实验中学、实验小学等4所公办中小学及育才双语学校、外国语学校、博闻学校3所民办中小学的审计。审计发现，昌乐县学校食堂普遍存在采购流程不透明，无原始进货单据，支出票据不合规，未建立食堂仓库保管账，物资采购与实

际就餐情况不符，食堂收费均缺少原始会计资料，未建立公示制度向师生和家长公示财务收支、物资采购、带量食谱、饭菜价格，有的学校食堂每年收支约 1 千万元，但相关财务资料严重缺失。向县政府专题汇报后，以政府办名义专门印发了《昌乐县学校食堂管理办法》。

（供稿人：杜　赛）

统　计

【概况】　2019 年，统计局紧紧围绕全县工作任务目标，着力提高数据质量和统计服务水平，认真完成各项工作任务，为全县经济社会发展提供良好统计服务。全年以来，被省统计局授予“全省统计宣传工作先进单位”称号，被市统计局评为 2019 年度业务考核优秀单位，被县委、县政府评为“2019 年度综合考核先进单位”“新旧动能转换重点项目建设工作先进单位”“‘双招双引’工作先进单位”。

【专业统计】　围绕地区生产总值核算，全面抓好农业、工业、能源、投资、贸易、服务业、社会等各项常规统计，做好各类报表的审核汇总和上报，确保各项指标数据准确、逻辑严谨、上报及时。2019 年全县“四上”企业，按照国家局联网直报要求，通过网络顺利向国家局报送了月报、季报和年报等原始数据，上报率达 100%。深入基层调研企业生产经营状况，及时将达到规模的企业纳入联网直报范围，力求应统尽统。认真做好规模以下工业、粮食产量、畜禽监测、工业产品价格、商品零售价格、农业生产资料价格、城镇化监测等统计调查。

【专项统计】　全面推进第四次经济普查。及时对基层 1367 名“两员”开展普查方案及各项普查登记综合业务培训，认真抓好入户登记、数据审核、质量抽查等各项工作的落实。全县普查“四上”单位 422 家，“四下”单位 11263 家，个体户抽样调查 1416 家。正式登记期间，非一套表单位上报登记率、上传率均居全市第一，5 月份顺利通过市督导组对全县经济普查数据的质量抽查。

【基层基础工作】　基层基础工作迈上新台阶。一是建设“年轻化”干部队伍，着力解决统计干部队伍中存在的思想老化、知识陈旧、能力弱化、年轻干部不能发挥主力军作用等问题，通过“年轻化”干部队伍建设，干部队伍精神面貌发生显著变化，统计业务水平和综合工作能力全面提升；加大基层统计人员培训力度，开展工业、贸易、服务业、农业、社会等专业统计业务培训 8 次，参训企业 350 余家，培训企业统计员 1400 余人次，进一步落实《昌乐县基层统计人才培育工程实施办法》。

【统计服务】　以科学分析预警为着力点，提高服务决策水平。适应新常态对统计工作的新要求，建立以 GDP 核算为龙头的预警机制，每月收集与 GDP 核算相关的基础指标，与相邻月度及季度数据进行对比，对变动较大的数据进行分析，统计部门及时与相关企业或部门联系，对存在问题的数据及时改正，做到对经济发展走势心中有数，统计服务的精准度有所提高。打造优质统计服务产品。根据统计报表、调查资料，采取定期资料、统计信息等多种形式，向县委、县政府和社会各界提供经济和社会发展情况的信息资料，为宏观决策、制定计划、指导工作提供咨询服务。每月编发一期《昌乐统计月报》，发布上月全县经济运行和社会发展情况。编写《2018 年昌乐统计年鉴》，内容包括政府工作报告、综合平衡、各专业年报、交通邮电电力、财政金融、社会事业、物价、人民生活等内容，是了解县情、正确决策、科学规划、指导工作的重要资料和依据。统计产品的适用性、权威性、实效性进一步增强。

【统计改革】　以创新思维为指导，推进重点领域统计改革。全力衔接 GDP 核算制度。以数据质量为中心，加强对基层基础数据的审核评估，保证数据的可靠性和严肃性；积极推进专业统计与 GDP 核算制度方法的协调，着力提高 GDP 核算数据与专业统计数据的匹配性。全力推进投资统计改革。以投资项目单位入库为重点，县统计部门加强与主管部门的沟通和联系，全面获取投资项目单位信息，确保500万元及以上开工项目100%纳入统计，做好5000万元及以上项目法人单位和项目双入库的审核管理。

【统计监督】 以防范和遏制弄虚作假为目的，切实提高统计法治水平。认真贯彻落实中央领导重要批示精神和中央巡视山东反馈意见，从讲政治的高度，强化在提高数据质量、反对统计造假上的主体责任，增强担当意识、风险意识、底线意识，坚持抓源头、强法治、严规程、建机制，坚决防范数据造假、弄虚作假，推动统计数据质量不断提高。

（供稿人：沈光强）

市场监管

【概况】 昌乐县市场监督管理局，为县政府工作部门，负责全县范围内食品药品、工商行政管理、质量技术监督等工作。机构改革中，严格按照“三定”方案设置内设机构，共设置17个机关科室、10个基层所，执法大队1个参公事业单位，县消费者权益维护中心、个体私营服务中心、计量技术服务中心3个事业单位。行政编制109个，参公编制37个，事业编制38个，编制合计184个，比三局合并前减少编制134个；实有公务员136人，机关工勤4人，参公人员29人，参公工勤6人，事业人员36人，合计共有211人，比三局合并时减少53人。机构改革中，将原盐务部门对食盐监管职责，商务部门打击侵犯知识产权检查和假冒伪劣商品、反垄断相关职责，物价部门价格监督与反垄断相关职能，以及知识产权部门承担的行政职能也都划入，工作职责进一步增加。按照上级要求和三定方案，合理化配备了内设科室、基层所、执法中队、事业单位负责人，合理配备了工作人员，推进人员到位、职能到位、工作到位，顺利完成机构改革，提升了市场监管队伍履职尽责能力。

【服务市场主体发展】 推动小微企业治理结构和产业结构双升级。宣传个体工商户升级转型优惠政策，登记窗口开辟“绿色通道”，专人负责指导办理，对手续齐全且符合法定条件的，随到随办，企业登记便利化水平大幅提升，基层所新登记市场主体1.1万余户，引导协助350户个体工商户转型升级为企业。推进市场主体年报，制定了市场主体年报公示工作方案，通过传媒集团发布年报公示公告，同时利用网站、微信、微博向社会发布，印制年报信息公示须知向群众发放，定期通报业户年报情况，有重点的宣传督促。截至6月30日，企业、个体工商户、农民专业合作社年报率分别达到88.61%、88.15%和91.68%，均高于全市平均水平。助推市场主体信用体系建设，对5792户未按规定期限报送年度报告的业户，依法列入经营异常名录。加强事中事后监管，开展8批次“双随机、一公开”抽查工作，涉及各类检查主体1222户，完成检查市场主体1221户，检查结果全部记入企业名下，并通过国家企业信用信息公示系统向社会公示，公示率达到100%，剩余1户县文旅局牵头。建立部门联合“双随机、一公开”监管长效机制，草拟了《关于在市场监管领域全面推行部门联合“双随机、一公开”监管的实施方案》，县政府进行了印发。建立了联席会议制度，完善市场监管领域部门联合“双随机、一公开”监管长效机制，实现“双随机、一公开”监管制度化、常态化。

【市场合同监督管理】 抓实合同管理，把教育培训、摄影行业作为重点，检查25家，搜集合同文本23份，立案查处6起。确定了五图庵上湖专业合作社和唐吾乐都瓜菜专业合作社为“涉农合同指导服务站”，10月上旬进行了挂牌。动产抵押登记网上受理，办理动产抵押及注销登记27起。

【商标广告监督管理】 推进商标品牌战略实施，新申请商标1122件，核准注册761件，同比增长59%、19%。指导企业加强商标品牌运用，帮助有条件企业主动维权，争取驰名商标认定保护，山东帝梦圆珠宝和中慧农牧的驰名商标认定材料报送至国家局。支持品牌国际化，引导比德文、元利化工等企业申请马德里商标国际注册4件。发挥地理标志证明商标和农产品商标作用，红河花生地理标志商标核准注册。促进优势产业商标品牌发展，形成品牌共用优势，乔官板材集体商标申请材料报送国家局。加强广告市场管理，受理广告处结投诉举报线索180多件，处结率100%，查处虚假广告案件3起，结案2起。排查户外广告65条，下达责令改正通知书6份，立案查处1起。整治涉嫌非法集资类广告，监测300多条，约谈企业9家。打击互联网虚假违法广告，处结案件9起。开展非法使用武装标识、公务员培训考试广告、保健食品广告等整治活动，查处虚假专利宣传案件2起。

开展食品安全检查

【消费者权益保护】 扎实做好投诉举报消费调解工作，受理投诉举报2477件，全部进行了依法处理。召开了放心消费创建工作推进会，参与创建经营者50家参会。开展老年消费教育“进社区、进单位、进家庭、进老年学校”活动，普及老年保健用品法律法规知识。对老年消费教育突出问题开展检查，严查虚假宣传、制售假冒伪劣产品的违法行为。开展3·15系列宣传活动，曝光一批典型案例，发放宣传材料3000余份。开展“品质消费教育乡村行”宣传教育，依托村委会、居委会、企业销售网点发放指导手册、播放宣传片、张贴海报等。围绕消费教育主题，在重要农时或节日等发布消费警示、提示，防范消费风险。

食品安全检查

【食品安全监督管理】 积极发挥组织协调作用。协调开展省级食品安全县创建巩固提升行动，巩固创建成果、完善长效机制，迎接了市里检查验收，获得了较好评价。组织全县迎接省级食品安全县年度检查工作推进会议，协调相关部门、镇街做好迎查准备。推进实施“三小”

规范提升行动，设立食品摊点备案机构20余个，划定食品摊贩疏导点31个，登记备案“三小”业户1200余户，全部按“六项标准”进行了规范。开展了“守护舌尖安全”“农村假冒伪劣食品”“校园及周边食品安全”“食品药品方面损害群众利益问题”、在“不忘初心、牢记使命”主题教育中整治食品安全问题联合行动等多项综合性整治活动，销毁假冒伪劣产品2批。开展“食安山东”品牌创建，培育“食安昌乐”品牌示范单位180余家。组织开展食品安全宣传周活动，24个部门、10个镇街、20家企业代表参加，发放宣传材料10000余份，解答群众咨询210多人次。完成食品抽检3432批次，检出不合格176个，相关信息全部在网站和省抽、国抽系统公示，不合格产品全部依法处置。尧沟西瓜市场抽检样品220份。

强化食品生产环节监管。对77家食品生产加工企业和20家食品加工小作坊进行等级评价，列入监督检查工作计划。开展非洲猪瘟病毒检测，检查企业20家，责令整改2家，立案查处2家。开展食品生产加工环节专项整治，检查87家，发现问题39处，依法进行了处理。开展“食品工厂规范化”，完成8家样板企业打造。开展桶（瓶）装饮用水、饮料、小作坊等监管整治，严厉打击无证生产违法行为。开展创新性工作，通过手机客户端随机生成食品安全知识试卷对企业人员现场考核，覆盖率100%；监督指导获证生产企业开展年度自查，形成报告上传省局平台，覆盖率100%。

强化食品流通环节监管。以非洲猪瘟、校园及周边食品安全、“一本通”制度落实为重点，督促销售者落实主体责任。开展食用油集中整治，检查农贸市场1家，检查粮油经营业户72家。统计上报集中交易市场信息情况，排查778家，集贸市场19个，清理无证经营65个。重新量化分级，校园周边200米范围内食品店一律评为D级，每年至少开展4次监督检查。针对央视“3·15”晚会报道校园周边销售“辣条”等“五毛”小食品问题立即排查，检查食品店82家，对个别进货记录不全的责令当场整改。到九龙湖小学开展“食品安全进校园”宣讲活动，普及食品安全知识。指导监督已托管快检室履行好快检工作，节假日期间开展“你送我检”免费快检活动。加强网络食品经营监管，指导开展企业自建平台备案。开展放心肉菜示范超市创建和规范化农贸市场创建活动，严格实行鲜鸡蛋产品“双证制”管理。强化农村食品市场检查，全面清理食品批发、零售者经营主体资格。

强化餐饮服务环节监管。开展校园餐饮质量安全提升工程，完成了“阳光厨房”“快检广覆盖”和“食堂大宗物品集中采购”任务目标。开展学校食堂食品安全大培训、大观摩大检查大提升行动，学习新《餐饮服务食品安全操作规范》，共培训13期1200余人次。开展“清洁厨房”行动，落实5个方面20项标准要求。开展“明厨亮灶”工程，已达到400家。实施餐饮服务食品安全量化分级管理，分级评定率达到100%。持续开展寻找笑脸就餐活动，倒逼餐饮服务单位提高食品安全水平。开展学校食堂及学校周边食品安全、净网行动、网络订餐平台、火锅等专项检查，约谈两家平台运营者，检查入网餐饮单位625家，火锅店13家，取缔网络餐饮无证经营业户30家，对发现的问题责令整改。

强化特殊食品安全监管。开展保健食品科普宣传活动29次，发放宣传资料1226份，覆盖25个社区村、410个经营单位，受众2.5万人次。开展保健食品标签、漠视侵害群众利益、药店保健食品网格化监管等专项整治，下达责令整改44份；检查食盐经营单位381家，抽检保健食品29批次，不合格2批次。对未取得许可证、与药品混放、从业人员无健康证、虚假宣传等问题进行严厉查处。

【药品及医疗器械监督管理】 对28家一级以上医疗机构现场指导，提报的4个风险信号被市不良反应监测中心采纳。药品不良反应通过市级审核730例，超额完成工作任务，医疗器械不良事件上报347例，化妆品不良反应上报51例。药品抽样61批次，检验合格率100%，协助市局监督性抽检14批次，评价性抽检22批次，检出不合格1批次。检查药品生产企业5家，对发现的问题责令企业限期改正。组织召开药品经营企业培训5次，培训1000余人次。开展日常监督及跟踪检查，检查32家，对发现的问题督促整改到位，对严重违反GSP的1家连锁总部及4家连锁门店报市局撤销GSP证书。受市局委托验收药品零售企业30家、GSP认证24家、医疗器械企业10家、隐形眼镜和护理液眼镜店4家，检查药品单位92家。现场检查国产非特殊用途化妆品25个品种25批次，抽样7批次。开展了中药饮片、村卫生室药品使用、非药品冒充药品和医疗器械等专项执法检查，检查药械单位482家，处罚（含当场处罚）395起。及时应对问政山东曝光事件，迅速开展药品零售环节专项整治，对严重违规或整改不到位的依法取缔。

【质量强县（名牌战略）】 抓好质量品牌工作，走访企业30余家，帮助解决品牌创建工作中遇到的困难和问题，提供质量、标准、计量、认证认可等全方位服务，逐一筛选参报单位，逐项指导申报材料。推荐13家企业申报山东省制造业高端品牌培育企业，4家企业荣获3个奖项7个荣誉。推荐申报了1个山东省优质产品生产基地及1家龙头企业；筛选推荐2家单位和2名个人申报潍坊市市长质量奖，赵继斌获得潍坊市市长质量奖（个人）。

【质量管理】 推进工业产品生产许可证企业监管。召开全县45家获证企业会议，开展年度自查工作并按时提报；对5家新获证及到期续证企业进行现场评审，配合对8家企业进行了专家检查，对其中5家企业进行立案查处。

做好产品质量监督及抽检工作。负责成品油市场集中排查整治工作专班日常工作，核查线索22个，向相关部门发送自流黑线索移送函45份。所有在营95家加油站进行油品抽检全覆盖，共抽检191批次成品油及车用尿素，合格率97.4%，对不合格产品全部立案查处。开展天然气、液化气市场专项检查，抽检天然气液化气站点16家、样品16个。对4家化粪池生产企业、2家岩棉生产企业进行抽检，抽检农资样品87个，对抽检不合格产品进行立案查处。开展低速电动车、危险化学品及其包装物、学生校服、有机产品、水溶肥料、防爆电气、电线电缆、服装、儿童游乐设施等产品监督检查工作。开展散煤市场专项检查，处理群众举报2起，查实1起。收到产品抽检不合格后处理19件，及时进行依法处理。组织开展了环保督查“四增四减”“亮剑2019”“打赢蓝天保卫战”、中央和省环保督查“回头看”等工作，与县环委会对接32次，对打赢蓝天保卫战、四增四减等征求意见稿提出修改意见18条。

扎实落实认证认可工作。组织19家检验检测机构按时进行年度统计报告，配合专家对11家新获证及扩项评审检测机构进行了现场评审。对11家检验检测机构进行专项检查，配合省市局对7家进行专家检查；聘请专家对4家珠宝玉石检测机构进行全覆盖检查。对检查发现的问题，责令企业按要求整改，立案查处1家机构未按程序进行认证认可行为。

【计量管理】 组织开展了眼镜制配场所计量专项监督检查、“民用三表”管理情况调查。开展了重点用能企业能源计量审查，对英轩实业、潍焦集团、振兴日升3家公司进行了能源计量审查。做好强制检定计量器具备案工作，指导帮助145家企业办理了2178件强制检定计量器具备案及检定业务，检定强检计量器具17709台件。开展了“5.20世界计量日”集中宣传，设立了免费检测台，受到群众普遍欢迎。开展了“计量进社区”宣传活动，免费检测计量器具40余件。

【标准化工作】 开展了标准化走访调研活动，了解企业标准化工作开展情况，为企业提供业务指导和帮助。开展标准化宣传引导，动员鼓励企业参与标准制修订。拓普机械公司新立项省地方标准1项，初步完成起草工作。推进现代塑胶主导的“气体焊接、切割和类似作业用复合塑料管”国家标准和元利科技主导的“工业用混合二元酸二甲酯”行业标准制定起草，以及农商行“昌乐农商银行普惠金融服务标准化试点”和世纪阳光“山东世纪阳光造纸节能标准化试点”项目建设工作。2019年，“昌乐农商银行普惠金融服务标准化试点”已通过评估验收，“气体焊接、切割和类似作业用复合塑料管”国家标准已进入国标委审查阶段。潍焦参与制订的山东省地方标准“焦化行业绿色工厂评价规范”、英轩重工参与制订的团体标准《土方机械轮胎式装载机质量等级评定》、蓝天首饰参与制订的团体标准“首饰手镯尺寸的定义、测量和标识”已发布实施。推荐4家企事业单位4项标准参加潍坊市标准创新奖评比，推荐华安瓜菜专业合作社标准化试点项目参加潍坊市标准应用奖评比，阳光纸业和元利科技获得潍坊市标准创新奖三等奖，华安瓜菜专业合作社获得潍坊市标准应用奖。

【特种设备安全监察】 开展系列专项整治。开展了特种设备百日安全、特种设备重点日常监督检查、春季特种设备大检查安全隐患排查治理、危险化学品相关特种设备和重点领域特种设备、特种设备安全、锅炉压力容器城镇燃气、迎接建国70周年特种设备安全生产、气瓶充装单位、高温季节特种设备、汛期受灾特种设备安全、电梯监督执法、专家查隐患等系列整治行动，对特种设备生产、使用、维保等环节全面排查整治基础上，以锅炉、气瓶充装、化工企业特种设备以及人员密集场所特种设备为重点，督促企业落实“三落实、两有证、一检验、一预案”要求，狠抓安全生产主体责任落实。对发现的问题隐患下达《特种设备安全监察指令书》，责令现场整改，不能立即整改的形成问题台账限期整改，限期不能完成整改的立案查处。共检查相关单位997户次，发现隐患260项，下达特种设备安全监察指令书74份。对423台超期特种设备进行核查，超期未检仍在使用的责令立即停用，停用或注销未办理手续督促及时办理。

做好特种设备安全教育培训。召开特种设备现场培训会，到监管到位、安全生产主体责任落实较好的企业交流学习。有针对性的到锅炉、压力容器使用较多的朱刘街道、乔官镇，对特种设备使用单位进行培训，培训相关人员410余人，帮助企业更好落实安全生产主体责任。开展安全生产月活动，宣传特种设备安全法律法规和常识。组织开展电梯应急救援演练，邀请有关部门分管负责人、电梯维保及电梯使用单位55人参加观摩。

【公平交易执法】 狠抓执法办案，办理一般程序案件500起，市场秩序明显好转。

规范市场经营秩序。摸清152户危险化学品经营企业底数，是否存在违法采购危险化品违法行为。组织开展无照经营、清理取缔无照散煤经营户和加油站点等专项整治，下达责令整改通知5户，取缔无照经营2户。开展野生动物保护专项行动，检查集贸市场90个次，检查摊点210户次，未发现相关销售行为。

设备安全检查

做好价格监督检查。开展医疗服务价格专项检查，检查医院3家，提出整改意见。开展了商品房销售明码标价备案，对38栋楼房1132套商品进行了明码标价备案。清理规范转供电环节加价工作，走访4家转供电单位14家非直抄用户，对政策界限进行了解读。查处违规收费行为，处理投诉举报112起。

深化反不正当竞争执法。组织开展了整治“保健”市场乱象百日行动，检查各类场所190个，“保健”类店铺290个，对某门店利用健康讲座向老年人虚假宣传行为立案查处。开展打击侵犯知识产权和制售假冒伪劣商品相关工作，查处案件3起。对5家电信运营商9个方面问题进行了针对性约谈。摸排4S店1家，组织14户汽车经销商签订了承诺书。到梦金园“大调研、大走访、大排查”，就品牌保护进行了座谈交流。

加大打击传销力度。会同公安部门端掉蓓尔妃传销窝点1个，解救参与传销活动1人，教育遣散传销分子6人，对北京罗麦公司涉嫌传销犯罪及时移送公安部门，核查直销公司12个。核查传销举报时，发现某公司“太极龙共享电单车”项目存在投资风险，及时给金融办等部门风险提示，配合进行约谈。

强化网络市场监管。加强网络订餐平台规范引导，检查美团和饿了么外卖平台，建立登记档案，对存在的问题提出整改意见并限期整改。对淘宝网店涉及虚假宣传、霸王条款等10条违法线索进行现场排查，对8条进行整改规范。检查网站、网店427个次，责令整改网站18个次，办理虚假违法互联网广告案件10起。

（供稿人：刘命锋）

安全生产监管

【概况】 2019年，在县委、县政府的正确领导下，县应急管理局以双重预防体系建设为契机，进一步加强组织领导，深化责任落实，突出重点领域监管，狠抓隐患排查整改，取得明显成效，全县共发生生产安全事故1起，死亡1人，事故起数同比下降66.7%，工商贸领域未发生事故，安全生产考核指标在全市名列第一，为昌乐县高质量发展、赶超发展保驾护航。

【安全生产监管与整治】 机构改革结束后，对10个镇（街、区）、38个重点部门安全生产职责进行了明晰，以县委文件下发。2019年，安委会办公室共组织召开10次会议，下发25份安全隐患函、32份督办通知、60余份专项治理方案等文件。专题调度实现制度化。每季度第一个月组织召开安委会成员单位会议，调度安全生产工作开展情况，牵头协调、解决安全生产领域的重大问题。2019年，共召开县委常委6次、政府常务会7次研究安全生产工作。

建立本土化专业化执法检查队伍，从部门、镇街、企业抽调专业人员，定期开展安全生产检查和隐患诊断，全面提升执法检查专业化水平。本着“严管重罚就是最企业最大的服务和保护”的理念，采取联合执法、集中执法、综合执法、交叉执法等方式，加大执法密度和力度，对违法行为严厉处罚。组织开展全县安全生产大排查集中攻坚行动、新中国成立70周年专项整治行动，共检查生产经营单位3216家，排查各类安全隐患4683项，关停小散乱企业161家。在全县范围内开展了百日安全生产专项整治行动，检查生产经营单位1326家，排查出各类安全隐患2790项，已整改2568项，整改率92%，停产整顿企业2家，罚款105.46万元。2019年，共立案210起，行政处罚310万元，约谈企业负责人150余人。

狠抓化工领域专项整治，建立化工企业常态化专项检查机制，县财政出资60万元聘请省级专家每季度对30家危化品、粉尘涉爆等企业进行一次检查，截至2019年共立案15起，罚款50余万元。开展加油站专项整治，检查加油站96家，排查整改安全隐患240余项，立案15起，行政处罚10.8万元；开展涉氨、粉尘企业专项整治，检查企业15家，立案3起，行政处罚10万元。严把烟花爆竹准入关口，按照全国最严格的市场准入条件，设定100米的绝对安全距离，严把准入关口，本着公开公平公正的原则，对达不到安全条件的、考试不合格的一律不予许可，将烟花爆竹经营户压缩至58户，并实行全程淘汰。

【安全生产基层基础建设】 扎实推进“双重预防体系”建设，14家标杆企业全部通过省、市验收，212家规模以上企业全部完成双重预防体系建设并按标准运行。全省小微企业双重预防体系建设现场观摩会在昌乐县召开。积极践行“安责险+双体系”项目，依托清华大学工业大数据研究中心首席工业技术专家叶志宏教授大数据将互联网、物联网、大数据和人工智能技术与中国企业实际场景结合，开发了基于大数据平台的“企业效率改善”APP。通过数据平台对企业的人员风险认知能力、风险分析能力、风险防控能力、隐患排查治理能力和应急准备能力的分析，有效评价各个企业以及相关区域事故的防控能力，掌握企业事故管控的动态。，“振兴焦化、世纪阳光、元利科技、万山集团、英轩实业、盛泰药业、振兴日升”7家龙头企业已通过项目建设验收，并网上运行。其中，振兴焦化等7家企业的“五会”安全技能人员已达到533人。第三批178家项目参与企业323人已初步具备“系统性风险及危害辨识、针对性风险及危害管控”技能。

根据实际，重新编制操作性强的全县总体应急预案并组织实施演练，确保遇有突发事件及时处置。调查摸底全县各类应急人员，成立业余应急救援队伍，依托消防救援大队，组织岗位练兵和联合实战拉练，组织举办了应急技能竞赛。扎实组织开展“安全生产月”活动，政府层面，举办“安全生产月”启动仪式暨教育系统应急疏散演练观摩会、安全生产和应急管理能力提升培训班、“安全生产标杆县”座谈会。部门层面，举办安全宣传咨询日活动、“龙海原著杯”安全知识竞赛。镇街层面，每个镇街选取1-2家培训标杆企业，组织辖区内企业召开教育培训现场观摩会，举办观摩会14场。企业层面，开展了形式多样的活动，20余家企业组织开展知识竞赛，260余家企业开展应急救援演练、3360余家企业组织安全宣誓、3600余家企业组织万人安全签名、4380余家企业组织专题教育培训，全面提升各类人员安全意识。

【防灾减灾救灾】 开展全国和省市“综合减灾示范社区”创建活动，鄌郚镇鄌郚社区被评为国家级“综合减灾示范社区”。组织县、镇、村三级灾害信息员救灾业务培训，提升了昌乐县灾情管理专业化水平和灾害应急救助能力。开展防灾减灾集中宣传，通过悬挂横幅、发放材料、解答咨询等方式，广泛宣传防灾减灾、安全生产、应急救护等基本知识和防范应对措施。县财政全额出资252.2万元，购买自然灾害公众责任保险和自然灾害家庭房屋保险，全年累计理赔526.5万元。2019年，昌乐县遭受“利奇马”台风自然灾害，灾情发生后，全力组织查灾、报灾、救灾，保障好群众的基本生活，同时恢复生产。积极争取并拨付镇（街区）救灾资金589.68万元。调拨帐篷、折叠床、棉被等生活物资，保障了受灾群众的应急生活需求。积极筹备救助资金和物资，为受灾困难群众发放冬春生活救救助资金44.85万元，发放棉被664床，有效保障了受灾群众温暖过冬。

【其他重要工作】 认真学习习近平新时代中国特色社会主义思想、党的十九大会议精神，努力增强党性观念。扎实开展“不忘初心、牢记使命”主题教育活动，局党组坚持高位推动，系统谋划，第一时间成立了由党组书记、局长任组长的主题教育领导小组，成立工作专班，精心制定主题教育工作方案、学习教育计划、调研工作计划、征求意见工作方案等，从严从实把主题教育各项工作抓具体、抓深入。期间，通过举办专题读书班、5次专题研讨、2次交流会等方式，进行了深入研讨交流。针对查摆出来的问题，建立问题清单，明确整改措施、时限、责任人，确保整改到位。

主要负责人带头，副科级以上人员盯紧靠上，担当作为，攻坚克难，带领工作人员持续发扬“5+2、白加黑”“钉钉子”精神，坚持担当、协同、高效，盯着干、快干、干好。特别是“利奇马”台风期间，从汛前应对到防汛指挥，从抗洪前线到救灾减灾，主要负责人带头奋战在一线，没白天没黑夜奋战一个月，圆满完成了各项工作任务，得到各级领导高度评价。全力做好潍焦焦炉关停、万山焦化停产期间的安全监管和服务工作，主要负责人和分管领导24小时靠在现场，为安全停产提供技术指导，确保停产期间不出问题。对县委县政府安排的违法建设治理、国家卫生县城复审、农村人居环境整治、脱贫攻坚、问题房地产化解等中心工作均在第一时间完成。

（供稿人：郭忠亮）

农村经济管理

【概况】 2019年，县现代农业发展中心以持续深化农村产权制度改革为重点，进一步规范“三资”管理，完善土地制度改革，构建新型农业经营体系，创新工作方法，速化工作措施，狠抓工作落实，不断提高全县农村经济管理工作服务水平。

【农村集体产权制度改革】 持续深化农村集体产权制度改革。一是积极开展农村集体资产股权质押试点工作，利用省级股权质押贷款试点的契机，重点在农村集体股权质押试点方面有所突破，制定了《昌乐县农村集体资产股权质押贷款试点实施方案》，印发了《昌乐县农村集体资产股权质押贷款实施办法（修订）》，并选取试点村进行试点，解决股权质押贷款利率、他项权证、贷款流程等相关问题，成功发放农村集体资产股权质押贷计10笔，37.5万元。二是稳步推动农村集体资产股权有偿退出试点工作。2019年6月底，昌乐县被省农业农村厅确定为省农村集体资产股权有偿退出试点单位，按照农业农村厅的要求上报了《昌乐县农村集体资产股权有偿退出试点方案》，甄选符合条件的部分村作为试点扎实推进。三是做好由农业部门发证的集体经济组织机构代码赋码登记工作。全县896个自然村全部在农业部门进行登记赋码，圆满完成任务。

昌乐县宝城街道四图村经济股份合作社分红现场

【农村集体“三资”管理】 以农村集体“三资”管理制度化、规范化、信息化建设为抓手，严格落实农村集体“三资”各项管理制度，确保农村集体“三资”规范化管理水平再上新台阶。一是强化集体资金管理，完善农村集体资金“双印鉴”管理制度，大力压缩非生产性开支，杜绝白条入账、坐收坐支等突出问题，进一步健全制度，规范管理，加强服务，强化监督，堵塞漏洞，促进农村经济健康稳定发展。二是规范农村集体资产、资源经营、处置，严格履行民主程序，定期开展资产清查工作，登记资产台账，确保集体资产安全完整，做好资源登记工作，建立资源登记簿。三是落实村级财务公开制度，严格执行“月审月结月公开”，每月8日为全县统一的“财务公开日”，采取“8+N”的模式，通过农村集体资产信息化管理平台和财务公开栏对财务活动情况及有关账目全方位公开，接受群众监督。

【“三权”分置】 进一步完善农村土地“三权”分置制度。一是落实好集体所有权、稳定农户承包权、放活土地经营权，使“三权”各自功能和整体效用得到充分发挥，逐步形成层次分明、结构合理、平等保护的格局。二是开展农村承包地确权登记颁证“回头看”工作，继续巩固确权登记颁证成果，大力发展多种形式的农业适度规模经营。三是积极探索土地流转的实现形式，引导土地经营权流转，为优化土地资源配置、培育新型农业经营主体、推动现代农业发展和实现农民增收提供有力保障。

【农村产权交易】 一是探索运营新模式。与山东农村产权交易中心加强合作，合力共建集提报、审核、发布、交易鉴证、抵押登记等独立权限为一体的县级分支机构，探索共建、共用、共享、共管的农村产权交易体系和运作新机制。二是加强县、镇、村三级服务体系建设。配备专职业务人员及设备，大力提升县级分中心“一站式”服务水平，加大镇、村两级信息采集及提报力度，努力扩大交易业务覆盖面，提高转受让双方信息对称性，促进产权资源要素合理、高效、顺畅流转。三是强化部门职责。加强对农交中心业务指导及监督管理，积极协调金融部门与上级产权交易机构有效对接，优化流程，简化手续，通过交易鉴证、抵押登记平台，加快农村资源资产化、资产资本化进程，拓宽各类农业经营主体融资渠道，增加农民财产性收入。

【新型农业经营主体】 一是深化新型农业经营主体培育工程，持续开展示范社评定，建立示范社名录，推进国家、省、市、县级示范社四级联创。成功培育9家市级农民专业合作社示范社、2家省级示范家庭农场和7家市级示范家庭农场。二是深化庵上湖村“党支部+合作社”模式，充分发挥村党支部作用，增加合作社收益，促进合作社做大做强。三是实施人才支撑。依托庵上湖乡村振兴学院，对合作社理事长进行专题培训，加强人才定向引进，为合作社持续发展提供技术支撑。四是积极探索创新合作社提升模式。在传统种、养产业基础上，推进农产品初加工、精深加工及综合利用加工协调发展，提高产品加工转化率和附加值，在延伸产业链上取得新进展。着力提升合作社产品品质，以质量创品牌、以品牌打市场。

（供稿人：刘　芳）

昌乐县检验检测中心

【机构设置】 昌乐县检验检测中心成立于2014年3月，为昌乐县政府直属事业单位，主要承担全县食品和农产品质量安全检测工作。中心下设办公室、财务科、业务室、检测室4个科室。至2019年12月，中心在职在编干部职工22人。

【产品检验检测】 2019年，中心共完成食品、农产品质量安全检测8664批（次）。其中，完成农残定量检测1033批（次），完成全年900批（次）目标的114.8%；完成社会各界委托的农残快速检测7631批（次），对照去年任务量同比增长173.0%。

【检验检测技术服务】 2019年7月，中心通过省市场监管局组织的食品检测资质认证，2019年10月，通过由省农业厅组织的农产品质量安全检测机构资质认证复审，检测能力得到了进一步提升。中心组织专业检测人员组成检测服务指导小组，多次深入各镇（街、区）以及合作社等检测站（室）进行业务指导和服务，免费为县内瓜菜果生产企业（合作社）、种植户提供农药残留检测服务。

（供稿人：亓　鲁）

农业和农村工作

农业和农村工作

综 述

【概况】 昌乐县农业耕地面积79.1万亩，农作物常年种植面积120万亩以上，粮经作物面积比接近1:1。瓜菜是昌乐县农业的主导产业，主要采取设施栽培，种植品种以西瓜、甜瓜、辣椒、西红柿、西葫芦、大姜、芋头等为主，年产量超过170万吨，是昌乐县农村经济的重要来源之一。昌乐西瓜常年种植面积16万亩，年产量60万吨以上，总产值超过20亿元。

2019年，在县委县政府正确领导下，县农业农村局紧紧围绕高质量发展、赶超发展要求，把实施乡村振兴战略作为“三农”工作总抓手，统筹谋划“五大振兴”，着力在乡村产业发展、美丽乡村建设上下功夫，推动农业全面升级、农村全面进步、农民全面发展。昌乐西瓜入选中国农业品牌2019年区域公用品牌，品牌价值达到39.5亿元，连续9年居全国西瓜品牌价值第一名。

【惠农政策】 2019年，全面落实耕地地力保护补贴、政策性农业保险等国家支农惠农政策。其中，耕地地力保护补贴20.79万亩，49497户，共发放补贴2500余万元，小麦补贴实现全覆盖。做好小麦、玉米政策性农业保险工作，小麦投保面积12.67万亩，玉米投保面积10.33万亩，组织专家对受灾小麦、玉米进行全面勘察定损，核实受灾总面积3.15万亩，赔付金额390.89万元，为种粮农户挽回部分经济损失。

【产业结构】 以农业供给侧结构性改革为主线，调整农业种植结构，大力发展优质高效设施农业、品牌农业，从农民培训、技术指导、品牌创建、落实奖励等方面为农业发展提供全方位、全过程服务。2019年，全县设施农业种植面积达到31.5万亩。

种植业

【粮食作物】 2019年，全县粮食作物总面积52.2万亩，总产量20.64万吨，主要包括小麦、玉米、地瓜、谷子、大豆等作物，其中小麦21.04万亩，总产8.02万吨；玉米28.91万亩，总产11.76万吨；地瓜1.24万亩，总产0.67万吨；谷子0.96万亩，总产0.23万吨。

【经济作物】 2019年，全县经济作物总面积62.66万亩，主要包括西瓜、甜瓜、蔬菜、花生、黄烟等作物，其中，瓜菜51.14万亩，总产173.73万吨；花生0.99万亩，总产3.8万吨；黄烟0.89万亩，总产0.15万吨。瓜菜是昌乐县农业的支柱产业，是农村经济的主要来源之一，主要种植西瓜、辣椒、大姜、番茄、大葱、马铃薯、茄子、甜瓜、黄瓜、芋头、圆葱、芦笋、草莓等品种，年产值45亿元以上。

【农业产业化龙头企业】 截至2019年，全县市级以上农业龙头企业78家，其中国家级1家、省级6家。潍坊森瑞特生物科技有限公司、山东金福利农业发展有限公司、潍坊英轩实业有限公司被评为第七批农业产业化省级重点龙头企业；潍坊盛泰药业有限公司、山东金福利农业发展有限公司被评为山东省农产品加工业示范企业；潍坊恒源丝制品有限公司被评为山东省农业“新六产”示范主体；山东金福利农业产业化联合体、山东伟圣现代农业产业化联合体、潍坊恒源丝制品有限公司3家企业确定为山东省农业产业化示范联合体；山东亚太中慧集团有限公司亚太中慧牌鸡肉产品被评为山东省知名农产品企业产品品牌；乐港公司是国内唯一一家获得欧盟出口权的大型肉鸭生产加工企业。潍坊盛泰药业有限公司年可产淀粉系列产品50万吨、葡萄糖系列产品30万吨。产品广泛应用于医药、化工、食品、造纸、生物工程等行业领域，畅销国内30个省（市、自治区），并出口70多个国家和地区。

【农业科技推广】 2019年，开展农业科技推广服务，全年引进、试验、示范、推广小麦、玉米、甘薯、西瓜和蔬菜等良种600多个，新技术20项，农作物良种良法覆盖率达98%以上。昌乐西瓜科技示范园被评为国家农村创新创业园区。

农作物良种化。推广小麦良种主要有济麦22、鲁原502、山农27、山农28等，其中，济麦22占80%以上；玉米主推品种有登海605、登海618、金海5号、金海13号、登海3622号、先玉047、郑单958、隆平208等，其中，登海605播种面积最大，占28%以上；甘薯主要有红香蕉、烟薯25、紫薯等，其中，红香蕉占30%以上；蔬菜品种，黄瓜主要有春夏秋王、保优36、津优1号；西红柿主要有齐达利、神冠优、玉女红、神冠558、千禧等，辣椒主要有喜洋洋、凯瑟琳、美钻、线椒、陇椒等；试验示范推广西甜瓜品种585个，西瓜种植面积较大品种主要有甜王、福甜1号、速丽、极品京欣、全美2K、全美4K、宝威、童密、台湾新一号等；甜瓜种植面积较大品种主要有绿宝、博洋8号、博洋9号、西州蜜17号、西州蜜25号、黄皮大王等。

农业生产新技术。小麦重点推广冬小麦宽幅精播高产栽培技术；玉米重点推广玉米花生宽幅间作、夏玉米精量直播晚收高产栽培技术；花生重点推广单粒精播节本增效高产栽培技术；杂粮重点推广谷子精播简化栽培技术；蔬菜重点推广设施果菜绿色生产熊蜂授粉增产提质、设施蔬菜绿色高效生产技术。

【农产品质量安全】 农业农村局把保障农产品质量安全作为实施乡村振兴战略、推动农业供给侧改革的一项重要举措。按照产前、产中、产后全程监管要求，积极推行标准化生产，加强农产品质量安全监管，农产品质量安全形势稳步向好，未发生农产品质量安全事件。乔官镇农产品质量安全监管办公室被评为镇级农产品质量安全监管办公室标准化建设省级示范点。潍坊滴禾绿田农业开发有限公司被评为省级农业标准化生产基地。昌乐县华安瓜菜专业合作社被确认为2019年第三批全国农产品全程质量控制技术体系（CAQS-GAP）试点合作社。

2019年，出动监管执法人员1100余人次，检查农资经营单位900余家次，抽检农资产品65批次。组织各镇（街、区）与全县瓜菜种植户签订《农产品质量安全承诺书》14万余份，完成省市县定量检测1534批次，县、镇级定性检测1.6万余批次。强化宣传教育，印发张贴宣传材料1.25万份，悬挂宣传条幅30余条，举办培训班13期，培训1600余人次。全面推行韭菜产品“双证制”，印发韭菜合格证5000本，鼓励昌乐县华安瓜菜专业合作社等韭菜产品种植基地和小规模种植户开具合格证，推进全过程监管。扎实推进农药经营许可，现已颁发农药经营许可证496份。

【品牌创建】 推进农业品牌化战略，加快农产品品牌强县建设。深化与中国电商委合作，以昌乐西瓜核心单品打造为切入点，引领带动昌乐南瓜、火山小米、白塔芋头、朱翰苹果、黄金籽西红柿等特色农业品牌发展。加强农产品质量认证，提升农产品品质。2019年，成功举办中国（昌乐）西甜瓜科技博览会、昌乐农村电商节暨国际西甜瓜新品种展示会，新认证“三品一标”农产品20个，昌乐西瓜入选首批中国农业品牌目录，品牌价值达到39.5亿元，连续9年居全国西瓜品牌价值榜第一名。

【农业面源污染控制】 抓好农业面源污染防治，实施化肥、化学农药减量增效行动，深入开展农业废弃物资源化综合利用。一是发展节水农业，全年新增水肥一体化技术面积1.6万亩；二是推广测土配方施肥技术，增施生物有机肥、缓控释肥，减少化肥使用量，提高肥料利用率；三是加强农业有害生物检测预警，推广新型植保器械，实施小麦“一喷三防”、玉米“一防双减”技术。2019年，全县绿色防控面积30万亩，统防统治面积35万亩；四是大力发展生态循环农业，推广秸秆还田、秸秆青贮、秸秆生物反应堆等综合利用技术，提高农作物秸秆等农业废弃物综合利用水平，农作物秸秆综合利用率达到93%。

【农村新能源开发】 贯彻落实国家新能源相关政策，一是引导发展农村沼气工程，推广应用太阳能发电和太阳能热水器等，大力发展农村生物质能利用和秸秆综合利用，加强农业废弃物资源化利用，建设农业废弃物暂存点，提高农业废弃物资源化利用水平；二是引导推广应用光伏发电、太阳能热水器等，加快推进太阳能推广应用；三是加强农村沼气安全使用培训和宣传，推广养殖场大中型沼气工程和联户沼气，提高畜禽粪便利用率，推进农业废弃物能源化利用。

【其他重要工作】 2019年11月，昌乐西瓜入选中国农业品牌目录2019农产品区域公用品牌，品牌价值39.5亿元，居中国农产品区域公用品牌价值排行榜西瓜品牌之首。

（供稿人：李　晶）

畜牧业

【概况】 2019年，全县畜牧兽医系统在县委、县政府的正确领导下，以乡村振兴战略为统领，以供给侧结构性改革为主线，加快畜牧业新旧动能转换，保障和促进了现代畜牧业健康稳定发展。畜禽标准化生产程度显著提升，畜牧业形成了肉鸭、肉鸡、生猪、奶牛四大支柱产业，利用“龙头企业+基地”“龙头企业+基地+合作社”等模式，各类畜禽基本实现了“工厂化养殖、标准化生产、车间化加工”。严格落实官方兽医监管制度，牢牢把握生产、加工、运输、销售等重点环节，实施全方位、立体式、全程化监管，建立起了畜产品质量安全监管长效机制。健全完善了县、镇、村、企业、农户“五方共防网络”，各类重大动物疫病的应免密度常年保持100%，筑牢了现代畜牧业发展的安全屏障。注重科技创新，推广普及10项畜牧新技术，提升全县畜牧业发展水平。引领创办畜牧专业合作社（协会），带动养殖户1.4万户，实现了养殖场（户）与市场的有效对接，形成了“一体化搞生产、抱成团闯市场”的格局。全县畜产品“三品”认证43个，京沪杭等大城市畜产品准入企业3家，年外销畜产品20万吨以上，其中出口6000吨以上，创汇4000万美元，昌乐已成为国内外市场上众多知名畜产品品牌的生产加工供应基地。

【惠农政策】 “粮改饲”支持政策。通过“粮改饲”项目，昌乐县饲料作物生产利用水平明显提高，节粮增产、节粮增效、节地增收效果明显增强，基本形成优质高效饲料作物生产与畜牧业融合发展格局。2019年，山东省继续实施“粮改饲”试点项目，并进一步增加资金投入，扩大实施范围。昌乐县2019年“粮改饲”试点（省财政）项目计划总投资1026.96万元，其中申请中央资金208.96万元。

生猪调出大县项目。近年来，昌乐县一直把生猪养殖作为畜牧业转方式调结构的重点来抓，通过规模场建设、先进料线引进等先进技术，推进生猪产业恢复。昌乐县2019年生猪调出大县项目分两期进行，总投资782.82万元，其中申请财政补助资金361万元，项目单位自筹421.82万元；其中一期计划总投资612.52万元，其中申请财政补助资金277万元，项目单位自筹335.52万元；二期计划总投资170.3万元，其中申请财政补助资金84万元，项目单位自筹86.3万元。

农业保险支持政策。中央财政提供畜牧业保险保费补贴的品种能繁母猪、生猪、奶牛共3个品种，项目由中国人寿财产保险股份有限公司、中华联合财产保险股份有限公司、安华农业保险股份有限公司分区域承办，2019年能繁母猪承保10248头，育肥猪承保262496头，奶牛承保1337头。

强制免疫疫苗免费供应。根据国家强制免疫政策，对符合条件的县内养殖场户，免费提供禽流感、口蹄疫、小反刍兽疫、布病等强免疫苗。2019年共购进、发放强免疫苗1482.5万毫升（头份），其中禽流感疫苗1300万毫升，猪口蹄疫合成肽疫苗100万毫升、牛羊口蹄疫疫苗42万毫升，奶牛口蹄疫疫苗8万毫升，小反刍兽疫疫苗8.5万头份，布病疫苗24万头份。

病死畜禽无害化处理补贴。从2017年度开始上级财政采用因素法对养殖环节病死猪无害化处理进行划块补贴，昌乐县2018年及时调整制定了无害化处理政策，省级以上关于病死猪无害化处理的财政补助资金全额拨付给病死畜禽无害化处理厂（山东汇富盛生物科技有限公司昌乐分公司）。2019年中央财政拨款679.43万元用于2019年度病死猪无害化处理补助，全部拨付给病死畜禽无害化处理厂；省市整合统筹资金178.325722万元，其中170.624万元拨付给无害化处理厂，7.701722万元拨付给养殖场；县级财政拨款80万元已发放至无害化处理厂和养殖场户。

【规模养殖】 2019年，养殖场户饲养水平不断提高，向规模化、集约化、标准化改进，散养户因单个畜禽利润降低，逐步退出养殖。全县养殖总体平稳，规模养殖量越来越大。全县畜禽存栏1490.1万只（头），饲养场户4336个，规模养殖存栏1468.6万只（头），占饲养总量的98.5%。根据省市有关养殖场（小区）、养殖专业户标准统计，全县有规模畜禽养殖场（小区）132处，存栏725万只（头），占饲养总量的48.6%；肉鸭有33家存栏176.9万只，种鸭有12家存栏64.3万只，肉鸡有39家存栏462.15万只，生猪有32家存栏9.7万头，良种奶牛有9家存栏0.38万头。全县有规模养殖专业户3395户，存栏743.4万只（头），占饲养总量的49.9%，饲养量最多的为肉鸭，有928户存栏477.1万只；肉鸡有161户存栏152.43万只，生猪有1411户存栏14.4万头，肉牛有408户存栏0.86万头，蛋鸡有121户存栏87.97万只。

【标准化生产】 加快畜牧业转型升级、培育新型经营主体。为深入贯彻党的十九大精神和建设美丽中国的客观需要，对标“四个城市”建设要求，加快推进全县畜牧业新旧动能转换、打造绿色畜牧业，全力培育新型经营主体，提升了畜禽养殖标准化、生态化、集约化水平、加快了畜牧业转型升级发展。2019年培育首批市级全链条畜牧龙头企业1家、绿色美丽牧场32家。

加强技术培训，开展指导服务。通过举办培训班、发放明白纸、到养殖场现场服务等多种方式，积极开展标准化生产的技术指导，重点推广养殖“一控、两分、三防、两配套、一基本”废弃物源头控制技术，“畜—沼—粮”“畜—沼—果”等生态养殖模式，鼓励大型养殖场建设小型污水处理厂与沼气发电工程，沼液沼渣加工有机肥或者还田。指导中小型养殖场建设与规模相适应的防渗防雨防溢流堆积发酵平台和三级污水过滤沉淀池，粪污堆积发酵后还田利用，污水过滤沉淀后循环利用，最大限度提高畜禽养殖废弃物利用率。

严格规划布局，落实审批制度。按照《昌乐县“十三五”畜牧业发展规划》的要求，根据“限量、提质、增效”的发展原则，积极引导养殖户逐步按养殖规划向五荒地转移，密集区向疏散区转移，实施适度规模化标准化养殖。同时，本着“先规范、后发展”的原则，对新建养殖场要严格按有关规定审批和管理，对没有污染治理规划的项目，宁可不上也不予审批。2019年审批新建养殖场3家。

【疫病防治】 认真落实上级防控工作精神。上级防控会议后，及时召开全县防控工作会议，按照政府保密度，畜牧部门保质量的要求，做好防疫工作部署，按时完成春秋冬三季防疫任务。

保证防控物资供应使用。全年共购进动物免疫疫苗1482.5万毫升（头份），以及消毒药品20吨、免疫卡40万份等防控物资，印发各种免疫档案5

万多张。

加强防疫工作人员培训工作。全年以来，结合春秋两季防疫以镇（街区）为单位分片分区对防疫工作人员进行了培训，共培训500人（次）。

切实做好强制免疫工作。全年共免疫猪口蹄疫31.1万头、牛口蹄疫1.58万头、羊口蹄疫4.95万头，羊小反刍兽疫4.28万头，牛羊布病0.16万头只，高致病性禽流感2106万只。

【畜牧科技推广】 畜禽粪污无害化处理技术及生态养殖模式示范与推广。全面推行粪污处理基础设施标准化改造，即“一控两分三防两配套一基本”（12321）建设。“一控”，控制用水量，压减污水产生量；“两分”，雨污分流、干湿分离；“三防”，“两配套”设施符合防渗、防雨、防溢流要求；“两配套”，配套粪便、污水贮存设施；“一基本”，即粪污基本实现无害化处理、资源化利用。分类推行无害化处理资源化利用模式：（1）自然发酵主要适用于各类中小型畜禽养殖场和散养户，全县大多数场户采用此方法。（2）垫料发酵床适用于中小型生猪养殖场、肉鸭养殖场等。（3）沼气工程适用于有能源需要的大型规模养殖场或区域性处理中心，昌乐县乔新沼气发电站推举为全市样板。

奶牛精细化养殖技术示范与推广。包括选种选配技术、奶牛分阶段测料配方技术、DHI测定饲养管理应用技术、疫病防控技术、信息化设施化管理技术。宝利牧业在这方面是全省的典范。

生猪健康养殖与高效繁育技术示范与推广。围绕品种改良、后备猪培育、配种管理、母猪管理、仔猪培育等环节开展高效生产技术推广，母猪年提供断奶仔猪数从16头/年提高到18头，但与国际水平25头差距还较大。

肉鸡标准化健康养殖技术示范与推广。包括肉鸡多层笼养模式及关键技术，饲养环境控制综合技术，肉鸡清洁生产技术，疫病防控技术。刘瑞田养鸡场是这方面典型。

肉鸭标准化健康养殖技术示范与推广。主要包括雏鸭、成鸭新型饲料配方技术与标准化养殖配套技术，科学免疫、疫病快速诊断检测技术等。促进了全县肉鸭产业健康发展。

农作物秸秆饲料化利用及混合日粮配制关键技术示范与推广。主要有规模化全株玉米青贮技术，减少青贮料霉变，提高青贮料品质，大幅度提高农作物秸秆饲料化利用比重。全混合日粮配制与饲喂技术，按照不同生长阶段营养需求、合理搭配精粗料、并均匀混合制成TMR全混合日粮的配套技术，达到日粮营养的均衡供应，提高饲料资源的最佳利用和效益的最大化。全县年全株玉米青贮6万多吨，各奶牛场均采用了TMR全混合日粮，牛奶质量大幅提高。

种畜禽场疫病净化技术示范与推广。种猪场猪瘟、猪伪狂犬病等主要动物疫病净化技术示范与推广。种鸡场禽白血病、鸡白痢等垂直传播疫病净化技术示范与推广。种鸭场鸭病毒性肝炎、禽霍乱等主要动物疫病净化技术示范与推广。种牛羊场

畜牧兽医技术人员开展技术服务

布病、结核病等主要动物疫病净化技术示范与推广。

【饲料生产企业和兽药市场监管】 落实监管责任制，加强对兽药饲料企业的监管。一是与兽药饲料生产经营企业签订了兽药饲料质量安全生产、经营责任书，明确了企业法人代表或负责人是质量安全的第一责任人；二是落实了兽药饲料生产、经营企业质量安全承诺制度；三是与各镇街区兽医站签订了兽药饲料生产、经营企业监管责任书；四是对昌乐县37家兽药饲料生产企业，依据省局公布的A、B、C三级分类结果，对企业进行了A、B、C三级分类管理。

建立和完善日常巡查检查制度，实施网格化监管。将辖区内所有饲料、兽药生产和经营企业落实监管责任制及分片管理，对企业监管责任明确到人，明确对监管企业每月监管一次，做好巡查检查工作记录并及时将监督检查记录表上传省局监管系统；每一季度做好“两随机一公开”监督检查，并及时上传公示平台。

加大监管力度，明确监管内容。加强饲料生产企业和兽药市场监管，从源头上确保畜牧投入品质量安全。在全县28家饲料生产企业中全面落实饲料质量安全管理规范，监督检查企业原料采购记录、化验记录、生产记录、销售记录，杜绝生产假劣饲料和饲料添加剂。在全县9家兽药生产企业中监督企业全面落实GMP管理，督促企业严把原料入口关，建立健全化验记录、生产记录、销售记录。在34家兽药经营企业中全面落实兽药GSP经营规范，督促企业落实经营告知制度、建立建全进销台账、督促企业对购进兽药的质量进行控制能力建设及对从业人员的培训工作。

【龙头企业】 2019年昌乐县畜牧业市级以上龙头企业16家，其中潍坊乐港食品股份有限公司是国家级龙头企业，山东亚太中慧集团有限公司是省级龙头企业。

【畜牧业品牌】 大力实施品牌强县战略和食品安全战略，借助农产品品牌培育扶持政策这一优势，积极开展品牌创建，宣传推介“潍坊肉鸡”“潍坊肉鸭”等一批区域公用品牌，昌乐县22家畜牧企业加入潍坊肉鸡产业联盟，8家畜牧企业加入潍坊肉鸭产业联盟。为确保产品质量和品牌特色，对辖区内获证产品开展全面自查，引导广大消费者和市场经营主体正确识别、选购无公害畜产品，为无公害畜产品生产、消费营造良好氛围。截止到2019年底，昌乐县共有2家“食安山东”畜牧业示范品牌企业，43家企业获得无公害畜产品产地认定和产品认证。其中奶牛4家；生猪16家；活鸡18家；活鹅1家；蛋鸡1家；猪肉产品2家；鸭产品1家。

【畜牧业面源污染防治】 对养殖场（小区）配建的粪污处理设施造升级，严禁粪污直排，粪污经无害化处理后还田利用，最大限度地减少畜禽养殖对环境可能造成的污染。2019年畜禽粪便处理利用率96%，污水处理利用率85%，畜禽粪污综合利用率90%，规模养殖场粪污处理设施装备配套率100%。

【病死畜禽无害化处理】 加强病死畜禽无害化厂

李全平猪场消毒

监督检查力度，督促处理厂严格按规定进行病死畜禽收集、入厂、处理以及产品流向，派专门人员驻无害化处理厂，对处理过程和产品流向进行监督检查，同时每月对处理中心的数据进行核查，对发现不合理的数据进行重点核实，确保数据真实、流程合法。截止到2019年12月份，全县共无害化处理病死猪144686头，病死牛411头，病死羊8202只，病死禽1806.7吨。其他187.725吨，杜绝了病死畜禽流向餐桌，确保了畜产品质量安全。

【行政执法】 2019年初，昌乐县进行了机构改革，畜牧执法（行政处罚）并入县综合行政执法局，执法局又将原执法人员派驻县畜牧业发展中心负责畜牧综合执法。采取常规检查和错时检查相结合的模式，对肉品配送情况、贮存冷藏设施使用情况、生产经营者台账管理制度实施情况“拉网式”检查，严厉查处和打击私屠滥宰等违法行为。加大与公安、市场管理等部门的联合执法力度，坚决取缔私屠滥宰、贮存冷藏病死猪、病害猪产品等窝点。各镇（街、区）畜牧兽医站加强辖区内屠宰户、肉品经营户的调查摸底和日常监督管理工作。2019年，办理畜牧综合执法案件43件，移交公安涉嫌刑事案件一起，移交法院强制执行2起。其中无害化处理病死动物产品20.16万公斤，下达责令改正书25份，处理市长热线等群众投诉38起，全部处理。进行行政调解2起，为群众挽回经济损失8万元。实现全年对执法工作零投诉，群众投诉全处理。2018年共查办私屠滥宰案件3起，取缔私屠滥宰窝点3个，罚款金额1.78万元；动监案件21起，罚款9.75万元；兽药案件3起，罚款0.34万元。

【其他重要工作】 *动物产地检疫*。严格落实动物检疫申报制度，规范动物检疫合格证出具条件，检疫申报时必须完整提供本批次的养殖档案（饲养日志）、佩戴耳标、免疫证明、无害化处理单等资料，官方兽医分类拍照留存，以检疫证号码为编号制作文件包，当天上传到县动物卫生科，以备审查，作为换发检疫证明的依据。2019年共审核各类证明材料11.8万份，共检疫肉鸡4129.06万只，肉鸭4672.12万只、生猪47.17万头。

动物屠宰检疫。严格落实官方兽医派驻制度和屠宰检疫申报制度，严防不合格动物进入屠宰场。加强电子出证管理，对检疫不合格的不得出具动物检疫证明。加强生猪屠宰厂肉品品质检验人员的培训，2019年培训肉品品质检验员18人，全部合格并发证。四是生猪屠宰厂严格落实非洲猪瘟自检制度，驻厂官方兽医对采样、检测等行为进行监督，要求企业按照“批批检、全覆盖”的原则全面开展非洲猪瘟检测，检测结果合格的方可出具动物检疫合格证明。全年屠宰厂共检疫生猪35.1万头，肉鸡4865.1万只、肉鸭1741.6万只。

（供稿人：刘彩霞）

林 业

【机构设置】 根据县编办《关于县级机构改革涉及科级事业单位调整的通知》（乐编[2019]2号）、《关于调整职责及科室配置的批复》（乐编[2019]8号）要求，整合昌乐县林业局的事业职能，昌乐县林业局林业站、资源保护站的事业职能，组建为昌乐县林业发展中心，为县政府直属正科级事业单位，内设办公室（挂安全科牌子）、综合业务科、林业技术推广科、林业资源保护科、林业产业发展科5个机构，定编31人，设主任1名、副主任3名、科长5名。实有26人，其中，主任1名、副主任3名，工作人员22人。

【林政管理】 依法做好林政执法工作，依法治林实现了程序化、法制化。全年共办结涉林刑事案件4起，行政案件2起。野生动物保护工作不断加强，以开展“爱鸟周”活动为抓手，开展野生动物保护专项执法行动，建立野生动物保护救助站，共救助红隼、夜鹭、白鹭等野生动物50余只。林地保护管理更加精准，认真组织开展2019年森林资源管理“一张图”年度更新调查工作，林地图班由2018年度的13060个更新为40630个，确定林地保护面

国有孤山林场开展雨季造林

积 20055.1 公顷。审批服务更加高效，共办理审批服务办件 2126 件。

【育苗造林】 昌乐县共有苗圃 41 处，育苗总面积 6170 亩。其中，新育苗 500 亩，苗木产量 987 万株，实际用苗量 315 万株。绿化苗木主要以培育白蜡、法桐、国槐、樱花、海棠、紫薇等为主；用材林种苗主要培育杂交杨、柳树等；经济林种苗以桃苗、樱桃等为主。苗木合格率达到 95% 以上，良种使用率达到 100%，出圃种苗合格率达到 96% 以上。围绕助力乡村振兴战略和人居环境整治三年行动，重点实施了森林生态修复与保护、生态廊道建设、镇村绿化和退耕还果还林等绿化工程。全年共完成造林 20000 亩，新建和完善绿色通道 43 公里；完成中幼林抚育 2000 亩；完成四旁植树 120 万株，成功创建省级森林镇 1 个、省级森林村 5 个；市级森林镇 1 个、市级森林村 5 个。

【国有场圃】 昌乐县国有孤山林场是昌乐县唯一的国有林场，系县财政全额拨款事业单位，定编 30 人，现有在职职工 26 人。根据县编办《关于县级机构改革涉及科级事业单位调整的通知》（乐编 [2019]2 号）要求，国有孤山林场隶属关系划转县自然资源和规划局，由县林业发展中心代管。

森林防火。孤山、方山庙会期间，全面杜绝了群众携带易燃纸制品上山焚烧的现象。加强基础设施建设，新建封山围栏 1.2 公里，修建防火道路 3 公里，清理防火隔离带 20 余公里。

荒山绿化。突出抓好首阳山片区生态修复，对肖家大山、胶子山、方山等区域的裸露山体、废弃矿坑进行生态修复，着力打造以绿为主、多色彩融合的森林景观。开展补植绿化工作，补植面积 50 余亩，栽植侧柏、黄栌、五角枫 8000 株。在孤山林区棘子峪、肖家大山，谢家山林区胶子山和方山林区老雕峪等区域高标准完成中幼林抚育 500 亩。

林业有害生物防控。强化侧柏双条杉天牛、侧柏蚜虫等林业有害生物疫情监测预报，采取无人机、人工、生物等综合措施开展防治工作，防治作业面积达 1 万亩。其中，释放肿腿蜂 90 万头防治侧柏双条杉天牛，效果明显。

【寿阳山国家森林公园】 根据国家林业和草原局

2020 年 4 月 3 日，全县森林防灭火实战演练在国有孤山林场李家山林区开展，县长张建伟、副县长桑海强参加　　孙洪雷　摄

全县森林防灭火实战演练　　孙洪雷　摄

《关于准予山东寿阳山国家森林公园改变经营范围的行政许可决定》（林场许准［2017］1743 号）要求，组织对《山东寿阳山国家森林公园总体规划》进行了修编，顺利通过了山东省自然资源厅组织的专家组评审，并上报到国家林业和草原局审批。

【森林防火】　严格落实森林防火责任制，把森林防火责任层层落实到镇（街、区）、村庄（社区）、山头、地块，具体到每一个责任人。进一步加强县级森林防火专业队伍建设，充实完善森林防火物资储备，加大队员技能培训和实战演练，组织参加市级培训和实战演练 2 次，组织开展县级森林防火实战演练 3 次，提升了森林火灾的应急处置能力。强化关键节点森林防火及安全保障工作，孤山、方山庙会期间，全面杜绝了群众携带易燃纸制品上山焚烧的现象。加大巡查力度，全面开展森林火险隐患排查整治活动，及时整改消除隐患。新建防火隔离带 30 余公里、封山围栏 4000 米，在方山、谢家山林区硬化防火道路 6 公里，处置森林火情 6 起，筹集资金 16.7 万元，为高崖水库库区管委会配备森林消防车一辆。

【古树名木】　昌乐县所有登记在册的古树名木，涉及 18 个科、21 个属、23 个树种，939 株。其中，古树群 14 个，分布古树 690 株；单株古树 249 株。昌乐县古树树种主要以国槐、侧柏、栾树、楸树、毛白杨、柿子等为主。其中，树龄在 500 年以上的国家一级古树名木 88 株；300 年以上的国家二级古树名木 159 株；100 年以上的国家三级古树名木 692 株，已全部进行了挂牌保护。

【林业有害生物防控】　强化林业有害生物监测体系建设，加强对美国白蛾、春尺蠖、法桐方翅网蝽、侧柏双条杉天牛等林业有害生物疫情监测预报，及时发布疫情信息，为林业有害生物防治提供科学依据。采取无人机、人工、生物等多项措施开展林业有害生物防治工作，防治作业面积达 16 万亩。其中，为防治美国白蛾，释放周氏啮小蜂 120 万头；为防治侧柏双条杉天牛、侧柏蚜虫，在国有孤山林场释放肿腿蜂 90 万头，实施无人机飞防作业面积 10000 亩，防治效果明显。积极争取上级资金 30 余万元，组织防控专业队，在重点区域对美国白蛾等林业有害生物实施防治；采购药剂 3.5 吨，下发到相关镇（街、区）开展美国白蛾、杨小舟蛾疫情防治。

【林业产业】　县委、县政府认真践行“绿水青山就是金山银山”的理念，坚持绿色惠民，着力培植壮大林业产业，全县有林地总面积达 30 多万亩，林业年产值达 25.7 亿元，已成为全县的一项重要经济产业。至 2019 年，全县共培育林业龙头企业 7 家。其中，省级林业产业龙头企业 3 家、示范社 13 家；市级林业产业龙头企业 4 家、示范社 9 家。2019 年，在第十六届中国（菏泽）林产品交易会上，山东矮化金山意味苹果有限公司选送的“意味苹果”，昌乐县立萍家庭农场选送的“立萍农业”秋红黄油桃和晚黄蟠桃，潍坊绿金杜仲开发有限公司选送的郚部富砷杜仲茶被中国林产品交易会组委会评为“金奖”。

（联系人：唐　蕾）

水 利

荆山水库溢洪道修复完成后

【概况】 2019年，县水利局紧紧围绕县委、县政府确定的“六项重点任务”和年度重点工作，提前谋划、主动作为，全力推进、狠抓落实，各项工作取得显著成效。累计到位上级无偿资金9559万元、政府债券1713.5万元。7月2日，全市抗旱防汛工作调度会议在昌乐县召开，并在南寨水库现场观摩了昌乐县防汛抢险演练；8月29日，县水利局被省委省政府授予“抗击台风抢险救灾先进集体”。

【机构设置】 2019年，昌乐县水利局设有办公室（挂安全科牌子）、工程规划建设运行科（挂水旱灾害防御科牌子）、河湖与水资源科（挂政策法规科牌子）、农村水利水保移民科4个科室。所属副科级事业单位4个，分别是县农村供水服务中心、县南寨水库运营维护中心、县荆山水库运营维护中心、县马宋水库运营维护中心。代管县政府直属正科级事业单位县水利事业发展中心。2019年核定水利局编制130人，其中行政编制11人，事业编制119人；实有131人，其中：行政13人，事业118人。

【灾后重建及抗灾救灾工作】 昌乐县境内共有水库123座，其中大型水库1座、中型水库3座、小（1）型水库17座、小（2）型水库102座，2019年水库总蓄水量11568万方，其中高崖水库蓄水量7710万方，三座中型水库总蓄水量为2018万方。2019年昌乐县平均降水832.5毫米，比2018年降雨量少22.4%，比多年平均多35%。

受“利奇马”台风影响，8月10日至12日，昌乐县遭遇特大暴雨，全县平均降雨362.9毫米，最大降雨623.5毫米。县水利局干部职工分工包靠中型水库、重要河道和镇（街、区），根据上级指令科学调度洪水，全县123座水库、396座塘坝和40条河道未出现重大险情，保障了水库下游、河道两岸基础设施和人民群众生命财产安全。灾情发生后，立即组织开展水利设施灾情排查和抢险救灾工作，针对农村供水管道106处受损，立即紧急启用村内自备井进行供水，同时组织抢修，9月5日全

白浪河水毁修复后鸟瞰图

丹河治理工程治理后

面恢复通水；针对城市供水原水管道1处受损，8月11日下午紧急启用南寨水库备用水源，停水2小时后恢复供水，9月30日完成修复和水源切换。完成16座小型水库水毁修复、干渠和红河河道水毁修复工程。尧河、猪龙河防洪治理和丹河、汶河、红河、白浪河巩固提升及3座小型水库除险加固工程列入全省重点水利工程建设项目。

2018年汛期，昌乐县连续遭遇3次台风、4次强降雨，造成86座中小型水库、112座塘坝、48公里河堤、106处农村供水管道和39处干渠受损。2019年，县水利局将水利设施灾后重建作为2019年一项重大政治任务和上半年重点工作，明确班子成员包靠责任制，成立工作专班，按照省、市任务清单和安排部署，凝心聚力、攻坚克难，靠在工地、日夜奋战，5月27日全面完成水毁工程修复、小型病险水库除险加固与小型水利工程防洪隐患治理、重要河道防洪治理三方面84项工程建设任务，完成投资2.82亿元。水利工程在8月10日“利奇马”超强台风特大暴雨洪水中发挥了重要作用，保障了水库下游和河道沿岸人民群众生命财产安全。原本需要2周时间才基本完成田间排水的县城北部低洼易涝区，通过实施完成的排涝工程，1天就基本排完内涝积水，基本做到了“雨停涝止”。

【水利设施建设】 在全面完成灾后重建工程建设的同时，结合乡村振兴、民生保障和城市提升，各项水利基础设施建设成效显著。

白浪源乡村振兴示范区项目。结合乡村振兴，以打造与潍坊主城区对接轴为定位，投资8700万元，实施的白浪河15公里沿河管理道路建设，实现白浪河昌乐段道路全流域贯通，为白浪源乡村振兴示范区建设提供了基础设施保障。

郡鄌－善庄村段水毁修复后

移民避险解困及后期扶持项目。大中型水库移民避险解困项目总投资2.55亿元，到2019年底，试点项目43座安置楼和变更项目20座安置楼全部完成，试点项目已全部搬迁入住，变更项目完成搬迁准备工作。投资1292万元，实施完成移民后期扶持项目23个，改善了移民村生产生活条件，有力地助推了乡村振兴发展。

农村饮水安全两年攻坚行动。投资678.1万元，完成了46个村主管网延伸改造工程，解决了项目村供水量不足、水质不达标等饮水问题；投资1193.88万元，完成了64个村村级管网改造，解决了村内管网漏损问题，降低了群众用水成本。

南寨水库扩建环库路建设。结合健康城市和生态河湖建设，投资754万元，完成2.23公里南寨水库环库路道路、配套设施及绿化提升建设，提升了水库管理养护水平，为方山－九龙湖片区休闲旅游提供了交通便利。

应急供水及引冶入昌供水工程。规划铺设管道40公里，日供水5.9万方，投资1.46亿元，完成应急供水项目立项和取水许可，准备组织招标实施。工程完工后，可满足县经济开发区阳光纸业等企业新上项目投产用水需求，为昌乐县社会经济可持续健康发展提供水利保障。

【水资源管理及水行政审批】 实施最严格水资源管理制度，严把用水总量控制、用水效率控制、水功能区限制纳污控制“三条”红线，严格落实新建、改建、扩建建设项目水资源论证制度、取水许可审批制度、水资源有偿使用制度和超计划用水累进加价征收水资源税制度。县域节水型社会建设达标创建取得新突破，昌乐县被市水利局推荐创建“2019年全国节水型社会达标县”，12月3日通过省级验收。2019年，新办理取水许可证52件，延续办理取水许可证38件，征收水资源税1969.41万元。完成水土保持方案审批41项，防洪影响评价审批20件，征收水土保持补偿费143.7万元，关闭城区自备井7眼，实现了水资源合理利用，有效防治了水土流失。

【河长制湖长制工作】 河湖问题得到有效整治。按照省、市安排部署，迅速行动，提前建立全县河湖问题清单、责任清单、措施清单和时限清单，县委县政府主要领导3次现场调度，分管县领导和各县级河长多次分头调度，落实补偿资金975万元，完成大、小丹河河道内963亩延包地及地上附属物清障工作，870处河湖问题汛前全部按时清零，河湖行洪问题得到有效治理，全县河道在“利奇马”台风暴雨中的行洪畅通和堤防安全。各级河湖长巡河常态化。全县共设县级河湖长8人，镇级河湖长113人，村级河湖长319人，根据工作需要适时调整。2019年，各级河湖长累计巡河16284次，发现新问题130处，全部完成清理整治，使河长湖长真正做到了从“有名”到“有实”。长效机制进一步完善。2019年，在报纸、新闻、公众号等媒体发布信息526条，推送昌乐河长制公众号信息257条，在全市河长制公众号考核中稳居全市前列。完成全县14条50平方公里以上河流和123座水库确权划界。投资40万元，完成416块县级、镇级河湖长公示牌更新；编纂完成《尽职尽责、奋力担当—昌乐县水利设施灾后重建掠影》《昌乐县渡槽图集》《昌乐县水库全集（2019版）》三册丛书；建设14个功能模块，新建12个高清摄像头，积极运用视频监控、无人机等技术，加强对河湖的动态监测，提高河湖在线监控和信息查询能力。在2019年度全市河湖长制工作考核中，取得A级好成绩。

【扶贫帮扶工作】 包村帮扶。包靠乔官镇荆水村，帮扶荆山坡、邹家庄、苍山、新村4个村25户贫困户。积极争取移民后期扶持资金411.5万元，在邹家庄村新建高效蔬菜大棚4座、在新村新建大棚2座，对荆山坡、邹家庄村内村外3.5公里道路进行了硬化，完成邹家庄和荆山坡村村内管网改造，壮大盘活了村集体经济，解决了群众出行难和因管网漏损导致的水价偏高问题；配置电风扇15台，帮助4名残疾人申请到残疾补贴，为2名村民办理了低保；筹措资金7万余元，对10户贫困户的房屋进行了修缮，对25户贫困户的院落进行了整治，使居住安全得到有效保障，居住环境明显改善，扶贫帮扶工作取得明显成效。

贫困户饮水安全监管。认真履行贫困户饮水安全监管职责，对全县13595户贫困户饮水安全问题进行了两次全面摸底调查，督促落实整改，保障全县贫困户饮水安全达到《农村饮水安全评价准则》标准。

（供稿人：李伟娜）

农业机械

“三夏”农机作业

【概况】 2019年，昌乐县现代农业发展中心由原农业机械管理局和原农村经济管理局整合组建，为县政府直属正科级事业单位，在县委、县政府的正确领导下，以深化农业机械化供给侧结构性改革为主线、以加快新旧动能转换、推进“两全两高”农业机械化为统领，按照“立足大农业、面向现代化、发展新农机”的工作思路，圆满完成各项工作任务。2019年被农业农村部、应急管理部评为“全国平安农机示范县”，被农业农村部办公厅评为“全国主要农作物生产全程机械化示范县”。

【全面从严治党】 一是认真履行全面从严治党责任，把管党治党作为最根本的政治责任，强化主责主业意识，把党风廉政建设与农机工作一起部署落实、一起检查考核，督促班子成员认真履行分管责任和“一岗双责”，抓好职责范围内的全面从严治党工作。二是落实新时代党的组织路线，发挥党组织核心作用，把党建工作与农机工作同步考虑、同步部署，充分发挥局党委的战斗堡垒和党委书记的模范带头作用，通过为党员干部过政治生日、支部生活日、重温入党誓词等活动，进一步提高党员队伍的凝聚力和政治素质。三是深入开展主题教育活动。严格按照中央和省市县委的统一部署，深入开展“不忘初心、牢记使命”主题教育活动。按照活动教育要求，加强理论学习，提高党性修养，深入查找问题，制定整改措施，在完成规定动作的同时紧密结合现代农业发展中心工作实际，积极开展有特色的教育活动，工作作风得到明显改进，进一步提高了工作效率和服务质量，更好的推动了工作开展。

【农机服务、技术推广工作】 开展农机技术指导服务。组织农机技术人员分组划片深入田间地头、生产一线开展技术服务，通过提供优质农机服务为农业生产提供技术支撑。组织调度机械投入农时农业生产。调度机械2000多台套投入“三夏”“三秋”生产作业，为夺取全年农业增产增收奠定坚实基础。

举办基层农机推广体系改革和建设现场会。组织200多人现场观摩小麦联合收获、玉米免耕播种、玉米机收、籽粒收获、秸秆青贮、深松、高效植保等新技术、新机具演示，进一步提升全县农机推广服务水平。

【农机安全生产工作】 落实安全生产责任。与农机合作社签订《农机安全生产管理目标责任书》，实现农机安全生产责任全覆盖，确保责任制层层落实到位，全面提高了农机安全管理水平。

开展农机安全宣传教育。利用广播、电视、宣传栏、明白纸等宣传载体，多形式、多层次、多渠道宣传农机安全法律法规、农机安全操作知识，增强广大农机手和人民群众的安全意识。

严把农机安全检验关、牌证核发关和驾驶员考试关，利用审批服务窗口办理拖拉机注册登记、年度检验等农机管理业务，全年共检验拖拉机159台、挂牌458台、换发驾驶证184个。四是开展农机安全生产检查，对农机专业合作社、农机大户和农业机械集中的作业场所进行监督检查，确保农机安全生产。

【惠农政策落实工作】 2019年落实中央农机购置补贴资金900万元、深松整地作业补助资金90万元、基层农技推广体系改革与建设补助资金40万元，工作中把严肃纪律、严格程序、防控廉政风险作为搞好惠农资金落实的第一要务，确保惠农政策不折不扣落实，广大农民真正得到实惠。

（供稿人：高瑞华）

寿阳山生态林场

【概况】 2019年，在县委县政府的正确领导下，寿阳山生态林场管委会认真贯彻落实全省“担当作为、狠抓落实”工作动员大会、全市“工作落实年”动员部署暨“双招双引”对外开放推进会议精神，扎实开展“不忘初心、牢记使命”主题教育活动，动员广大党员干部崇实重干、克难攻坚、鼓足干劲，进位争先，各项工作均顺利有序开展。

【机关党建工作】 严格执行“三会一课”“三重一大”报告、支部生活日等制度，创新学习形式，组织开展班子成员上党课活动，定期开展民主生活会和组织生活会，坚持和完善民主评议党员制度，定期研判意识形态动态，牢牢把握意识形态工作的主动权和话语权。扎实开展“不忘初心、牢记使命”主题教育活动。制定管委会党委主题教育活动实施意见，通过集中学习、观看电教片、交流研讨等方式，组织开展主题教育活动读书班。制定班子和班子成员专题学习计划、专题教育计划、党员个人自学计划、调研方案、问题清单等，按照县委主题教育活动领导小组要求，扎实开展党支部主题教育活动。

【“双招双引”工作】 以开展“工作落实年”活动为契机，努力营造“自觉抓党风，坚持不懈转作风”的浓厚氛围，牢固树立了履职尽责、担当作为的工作作风。2019年管委会积极开展招商活动，与上级部门积极沟通联系，争取资源，借势借智借力发展，用心尽力全方位加大招商引资力度，力争完成2019年的招商引资目标。2019年，已帮助投资方与本地多家企业联系太阳能光伏发电项目的安装。目前，已先后有世纪阳光纸业集团、山东华迈纸业有限公司、阳光概念包装有限公司、开发区阳光科迈有限公司与投资方北京杨德新能源科技有限公司签订安装合同并开工建设，投资额共约1.4亿元。另外，朱刘比德文产业园光伏发电项目正在洽谈中，预计投资0.8亿元。建立“双招双引”月调度汇报机制，每月26日前将有关报表汇总上报。

【扶贫帮扶工作】 深入贯彻落实省、市、县2019年脱贫攻坚一系列会议精神，扎实开展扶贫帮扶工作。由主要领导带队，每月定期到所包靠的旅游度假区老庄开展走访慰问活动，详细了解贫困户的基本情况、致贫原因、诉求愿望、享受扶贫政策情况，协助落实“一户一策”帮扶措施，制定扶贫工作问题清单和整改台账，推动精准脱贫措施落实。选派王晓鲁、张树华同志作为本单位帮扶责任人，积极参加帮扶责任人专题培训，让贫困户明确帮扶责任人的具体职责及工作标准，提高帮扶针对性，紧紧围绕“两不愁三保障”，真正为贫困户解决实际生活困难。开展“慈心一日捐”活动，组织全体机关党员干部群众捐款2100元。

【国家卫生县城复审工作】 管委会高度重视迎审工作，高立德主任亲自安排部署、调度督促责任区卫生整改工作。多次组织机关干部职工到包靠的老服装厂家属院片区察看实地情况，找准存在问题，建立整改台账，及时整改。迎审期间积极开展义务劳动，对责任区内的路面、院落、楼道、墙面等存在的道路两侧杂物杂草、乱贴乱画、楼道杂物垃圾存积、户外养狗、卫生脏乱差等问题，严格按照卫生标准要求进行集中整治。同时，清理覆盖在井盖上的杂物，花费三千余元为老服装厂家属院内露天水井、下水道定做铁皮井盖；联系防疫部门，为责任区内安装毒饵站；采用水泥等材料修复路面、下水道、墙壁裂缝等；联系垃圾清运车，花费1500元，清运垃圾，小区卫生环境明显提升。为巩固整治效果，管委会结合党员“双报到”活动，每月组织党员干部到老服装厂家属院开展义务劳动，保持区内环境整洁，得到了小区内住户的一致好评。

（供稿人：王爱萍）

火山群生态林场

【推进火山景区综合提升】 林场党委围绕县委县政府确定的重点工作，扎实推进火山景区提升工作，对2018年绿化的苗木进行浇水、剪枝、补植等管护工作，维护绿化成果。加大火山群核心景区的基础设施建设，在火山群核心景区内增放了部分垃圾桶，对景区原有老旧台阶路进行修补修护，对景区内的拦河坝、道路、护栏、广场等基础设施进行了维护。

【高标准推进国家卫生县城复审分工工作】 按照“氛围浓、标准高”的工作要求，积极与包靠的无线电公司小区及其所属的恒安社区对接，前后多次组织全体干部到无线电小区参加义务劳动，清理楼道内的小广告和垃圾，对于难以清运的垃圾和违章建筑，请了专业的保洁人员和车辆进行清运，共清运垃圾16车，拆除违法建筑1处，拆除破损铁架、广告牌5处，修葺破损墙面1处，经过整改，无线电小区的楼道内、楼前的杂物、垃圾已经全部清运干净，小广告、乱写乱画全部清理干净，违章建筑拆除，破损墙面得到修补，小区脏乱差的面貌得到治理。为巩固迎审工作成果，确保工作成效，持续搞好国家卫生县城建设工作，我单位对无线电家属院小区建立了卫生管理长效机制。通过与潍坊市巨汇物业管理有限公司协商，由该公司管理小区物业，具体管理小区的卫生、水电、维修等事务。同时落实工作责任，安排一名分管负责人和一名工作人员，持续跟进，发现问题督促物业管理公司及时整改，确保物业管理及时到位，同时结合“双报到”活动，每月组织全体机关干部到该小区开展一次义务劳动。

【脱贫攻坚工作】 按照县委县府安排，及时到乔官镇于家山前村走访帮扶贫困家庭3户，深入了解困难状况和致贫原因，制定切实有效、具体可行的帮扶措施，紧紧围绕“两不愁三保障”，真正为贫困户解决实际生活困难，实现真帮真扶，2019年，为贫困户于希河购买了新被褥等床上用品一套，饭橱、脸盆、脸盆架、连椅、板凳4个、茶几等部分家具；为贫困户于遂春购买了连椅、茶几、饭橱、脸盆、脸盆架等家具；为于遂春、于希河修缮了住房，并帮助他们彻底清理了环境卫生，居住环境大为改观；中秋节为贫困户送去了油和鸡蛋等慰问品。

【开展“不忘初心、牢记使命”主题教育活动】 认真制定主题教育工作安排和工作实施方案，成立“不忘初心、牢记使命”主题教育领导小组；详细制定领导班子学习教育计划和个人学习计划，根据县里统一安排部署，同步举办“不忘初心、牢记使命”主题教育读书班；做好征求意见和调研工作，目前领导班子成员调研报告已撰写完毕；扎实做好检视问题和整改落实工作，领导班子和班子成员已列出第一批问题清单，并建立了工作台账，实行销号管理。

（供稿人：秦英帅）

工　业

工 业

综 述

2019年，全县216家规模以上工业企业累计完成工业总产值545.1亿元、营业收入546.8亿元、利润16.5亿元，同比分别增长-8.0%、-8.8%、-44.7%；规模以上工业增加值增幅-3.0%。昌乐县工业企业经过数十年的发展，形成了以精细化工、造纸包装、食品加工、装备制造、新能源汽车和黄金珠宝六大产业为主导，以塑料制品、铸造、装配式建筑、电子散热器、板材、织带、电声乐器等特色产业为补充的产业结构。上市企业5家（阳光纸业、日科化学、盛泰药业、矿机集团和元利科技），市级以上“专精特新”企业66家（省级17家，市级49家），市级以上隐形冠军13家（省级6家，市级7家）。

【经济运行】 主要工业指标增速较低。2019年1-12月，216家规模以上工业企业实现产值545.1亿元，同比增长-8.0%；营业收入546.8亿元，同比增长-8.8%；利润16.5亿元，同比增长-44.7%；规模以上工业增加值增幅-3.0%。

主导产品价格持续较低。2019年1-12月，阳光纸业的白板纸4160元/吨、同比减少491元/吨，牛卡纸4106元/吨、同比减少459元/吨；日科化学的塑料助剂12320元/吨，同比减少4190元/吨；英轩实业的柠檬酸3888元/吨，同比减少538元/吨。

重点企业指标下滑较大。从2019年全年产值数据来看，产值前10名的企业有8家增幅为负值，仅矿机华能和梅拉德为正增长。其中，阳光纸业、英轩实业、振兴焦化、万山集团、振兴杰富意和振兴日升6家企业产值同比减少10个百分点以上。

重点行业普遍低迷。化工行业：受中美贸易战、经济下行大环境影响，化工企业产品上下游市场均受到冲击，市场下滑明显，产品需求不足，在这种背景下，行业产品毛利率及营业利润出现不同程度下滑。柠檬酸行业：生产柠檬酸的主要原料玉米收购价格持续走高，生产成本进一步加大，新增产能持续释放，供大于求的问题短时难以解决，各生产企业销售压力加大。焦化行业：2019年以来，国内外经济下行压力持续加大，原油、钢铁、焦炭等大宗原料产品价格持续下滑。1-4月份，焦炭价格大幅下滑，进入5月份，焦炭价格短暂反弹，6月份到年底，焦炭价格震荡下滑，而原料煤价格降幅有限，导致焦炭盈利能力大幅压缩，从2018年的吨焦利润400元降至2019年的100元左右。造纸行业：受中美贸易摩擦、进口废纸政策限制、新增产能释放等影响，造纸行业持续低迷，阳光纸业2019年产值64.1亿元，同比下降16.1%。珠宝行业：黄金首饰产品属于中档轻奢品，不是生活必需品，市场需求跟经济形势有一定关系，近两年国内外经济下行，黄金价格不断走高，黄金饰品消费量持续降低，2019年梦金园产值61.1亿元，同比下降6.8%。

【去产能】 根据上级产业政策要求，全力推进振兴焦化4.3米焦炉关停淘汰、万山集团110万吨焦化项目停产工作。2019年，振兴焦化4.3米焦炉已于11月29日关停并开始拆除，万山集团110万吨焦化项目进入逐步停产状态，到12月17日彻底停产，关停和停产过程中的安全生产、生态环保、职工就业、金融风险防控、社会稳定、民生保障、关联企业生产、政策争取等有关工作正在稳步推进。

【技术创新】 积极组织企业申报省级技术创新项目，不断完善“以企业为主体、市场为导向、产学研相结合”的技术创新体系，加快新技术、新产品、新工艺开发与推广应用，提升产业技术研发水平和创新成果产业化水平。2019年，元利科技受阻胺类光稳定剂技术开发等26个项目获批山东省技术创新项目，新增宏力异型钢管、国创节能等6家市级“一企一技术”研发中心，2019年共有34家市级以上“一企一技术”研发中心。

【园区建设】 昌乐朱刘化工产业园 位于朱刘街道办事处，东至和谐路，西至桂河，南至振兴街南，北至元利科技厂区北界，起步区面积3.12平方公里，园区主导产业为焦化产品深加工和精细化工产业，2019年6月26日认定为省第四批化工园区。园区共有化工企业13家（规模以上企业12家），占全县化工生产企业总数的27%，人员2700人，2019年，园区化工企业实现主营业务收入104亿元。

比德文新能源汽车产业基地 位于朱刘街道办事处，规划占地面积6300亩，包括新能源汽车核心区、比德文新能源智能制造产业园、新能源汽车科创园和新能源汽车特色小镇。1.新能源汽车核心区主要培育具有国际竞争力的新能源汽车整车产业。2.新能源智能制造产业园（配套产业园）围绕零部件生产、模具制造领域，引进业内知名配套企业入驻。3.新能源汽车科创园主要加强产学研合作，加快创新成果转化，打造国内一流的新能源汽车研发应用中心。4.新能源汽车小镇主要建设新能源汽车产业品牌形象展示区和高端服务功能区等。建设新能源汽车核心区、智能制造产业园、新能源汽车科创园和新能源汽车特色小镇。重点建设汉唐中能新能源汽车、新能源智能制造产业园（配套产业园）、新能源汽车科创园、新能源汽车特色小镇比德文国际社区、水氢动力模块项目、水电解制氢储能等项目。力争到2020年底，建成区由2018年年底4000亩扩大到6300亩，从业人员由5000人增加到8000人，产能提高到70万辆，市场占有率由15%升到30%，总产值由150亿元力争达到500亿元；到2025年，基地总产量达到100万辆，实现总产值1000亿元，高速乘用车规模做到全国第一，新能源汽车配套全国最大，科技创新能力国内最强，打造成为国内一流、国际领先的新能源汽车产业基地。

鄌郚乐器特色产业园 占地1000亩，已入驻企业62家，注册乐器商标总数达到40多个，拥有“山东名牌产品”和“山东省著名商标”各2个。6家企业通过IS09000等3个体系认证和计量体系等4个标准认证。产品包括电吉他、电贝司、木吉他、木贝司、音箱、数码钢琴、萨克斯、乐器配件8大系列400多个花色品种，80%以上销往国外，其中电吉他产量占山东省总182产量90%以上，占全国总产量的36%。园区设立了乐器创业孵化平台、乐器产业发展中心，成立了昌乐县乐器行业协会，为企业提供乐器展览展示、产品研发、质量检测、电子商务、资源整合等服务。产业园先后被评为潍坊市创业示范园、山东省重点文化产业园、山东省创业示范园，纳入山东省第二批智慧园区、全国就业扶贫基地名单。2018年，乐器产业发展中心被评为市级公共服务示范平台。产业园所在地鄌郚镇先后被评为首批省级特色产业镇、山东省电声乐器产业基地、中国电声乐器产业基地、山东省特色景观旅游名镇、山东省“百镇建设示范行动”示范镇、山东省“互联网+”特色产业强镇、全国特色景观旅游名镇和全国重点镇等。

佳诚数码新材料产业园 总投资137444万元，占地417亩，建筑总面积27万平方米，建成后将拥有现代化新材料涂层车间、新材料整理车间、新材料织造车间、新材料研发实验室、现代化物流中心及办公楼、专家公寓、员工宿舍等设备设施，自动化涂布生产线新增至25条，现代化织布机增加至1000台，其他各类自动化生产设备可增加至200台，倾全力打造行业第一、亚洲领先、世界前列的自动化智慧工厂。

德润装配式绿色建筑产业园 德润装配式绿色建筑产业园规划占地570亩，计划投资11亿元，建筑面积30万平方米。规划建设三个功能板块：

装备制造区、智能制造区、配套服务区。一期投资5亿元，已建成8个标准化车间，水、电、天然气全面开通，已有山东宏巨集成房屋有限公司等3家企业入驻。二期计划投资6亿元，建设标准化车间16个，综合办公楼1处，科研办公楼1处，展厅2处。

【两化融合】　实施“两化”融合行动计划，健全完善首席信息官（CIO）制度，推动“企业上云”，推进信息化、智能化改造，加快人工智能、云计算、大数据、物联网等新一代信息技术产业与实体经济融合发展，进一步提升工业企业两化融合水平。突出示范引领作用，鼓励企业参加国家、省的两化融合管理体系贯标试点，引导企业利用“中国制造2025”“互联网+先进制造业”等新的发展理念和模式，创新生产和营销方式。2019年，亨利达钢构列入省级两化融合管理体系贯标试点，至此，全县共5家企业列入省级两化融合管理体系贯标试点。组织企业深入中国电信集团云计算（青岛）基地实地考察，助力信息化、智能化水平提升。全力推动元利科技、阳光纸业、宏力异型钢管、潍氢动力等企业信息化应用、关键岗位“机器换人”“生产换线”，其中盛泰药业列为潍坊市智能制造标杆企业。有序推进“企业上云”，全县上云企业累计突破400家。

【安全维稳】　着眼本质安全，严格履行民爆行业生产、销售环节安全生产监管，完成民爆行业安全生产标准化建设及评定。督促企业落实安全生产主体责任，对企业的重大危险源和应急预案等进行登记备案。开展民爆行业专项整治行动，制定全县民爆行业安全生产专项行动方案或检查计划，每月至少组织一次安全生产检查，并做好节日、假期等重要时间节点的安全生产检查、蹲点驻守。督促企业制定并落实生产、安全、培训、应急演练、自查整改等工作，组织开展“5.20”反思日停产活动、“安全生产月”活动，组织应急救援演练。配合上级主管部门和企业做好各类资质、证件的延续换发等工作；积极争取上级政策，配合企业做好新建、改扩建项目的手续办理，推动企业兼并重组，扩大产能，提高效益。

【服务企业】　积极开展政策引导，落实“送政策上门”服务，编辑印发《昌乐县支持民营经济发展政策选编和办理指南》300余册；会同相关部门起草实施鼓励全县企业高质量发展意见30条；对企业实行划型管理，全力助推企业高质量发展；开展“不忘初心、牢记使命”中小企业政策宣讲会暨“普惠行”活动，培育企业150余家，极大地普及了鼓励中小企业发展扶持政策。加大资源争取及政策兑现力度。梳理工业强基惠企政策107项，惠及阳光、元利等企业43家，兑现县级扶持资金757.47万元。为企业争取上级无偿资金1222万元、省市荣誉39项、省创新项目15个，阳光纸业成功申报国家第四批绿色工厂。积极清理政府部门和大型国有企业拖欠民营企业中小企业账款，圆满完成2019年底欠款“清零”目标。

【工业转型升级】　扎实开展化工产业转型升级工作，完成87家化工生产企业第一轮评级评价、53家化工生产企业新一轮评价评价和76家手续不全化工生产企业整改工作，有效提高了企业科学发展质量。2019年，昌乐县保留化工生产企业48家，危化品仓储经营企业6家，危化品运输企业3家。推动化工产业进区入园，集聚发展，积极申报化工园区和重点监控点，6月26日，昌乐朱刘化工产业园正式获批公布为省级化工园区，日科、乐化公布为省级化工重点监控点，为昌乐县化工产业高质量发展提供了平台。

推动铸造产业转型升级，加快铸造园区规划建设，铸造产业园规划位于昌乐县营丘镇，预留土地2000亩，集办公楼、研发中心、理化实验室、生产区、生活区、固废处理专业区等于一体，是拥有整链条、符合高质量发展的大型工业园区。规划设计方案由中机第一设计研究院设计完成，园区建设计划已上报市工信局，待市政府审批通过后即可开工建设。

【工业电子商务】　昌乐县工业电子商务发展迅速。

2019年，举办工业电商培训会，开展“企业数字化转型全国巡展－走进梦金园”活动，组织企业参加省“工业电商进千企活动”，建立了企业网站并应用电子商务开展采购、销售等。

【循环经济示范城市创建】 在巩固发展潍坊英轩实业有限公司柠檬酸生产循环经济发展模式、山东潍焦集团能源集约化循环经济发展模式和山东世纪阳光纸业集团造纸行业纵向一体化发展模式的同时，积极培育新的循环经济发展模式，新培育发展了潍坊三益新能源资源循环综合利用发展模式和乔新农业农作物综合利用发展模式。

【产业发展】 昌乐县工业经济经过数十年的发展，形成了以化工、造纸包装、食品加工、装备制造、新能源汽车和黄金珠宝六大产业为主导，以塑料制品、铸造、装配式建筑、电子散热器、织带、电声乐器等特色产业为补充的工业结构。

【装备制造产业】 主要有矿机集团、英轩重工、中铁华盛等龙头企业，主导产品为煤矿井下机械化采煤成套设备、装载机、电力铁塔等。2019年，实现产值41.8亿元，占规上工业产值的7.7%。

【新能源汽车产业】 主要有比德文、汉唐电动科技等龙头企业，主导产品为观光车、电动车等。2019年，实现产值34.9亿元、占规上工业产值的6.4%。

【食品加工产业】 主要有英轩实业、乐港食品、恒泰食品、铭基中慧等龙头企业，主导产品为柠檬酸、肉鸡肉鸭、玉米淀粉、焦糖色等。2019年，实现产值102.9亿元，占规上工业产值的18.9%。

【精细化工产业】 主要有潍焦、万山、元利、日科、乐化等龙头企业，主导产品为焦炭、高沸点溶剂、塑料改性剂、油漆等。2019年，实现产值124.6亿元，占规上工业产值的22.9%。

【造纸包装产业】 主要有阳光集团、科苑纸业等龙头企业，主导产品为白面牛卡纸、纸管原纸等。2019年，实现产值83.6亿元，占规上工业产值的15.3%。

【黄金珠宝加工产业】 主要有梦金园、蓝天首饰等龙头企业，主导产品为黄金饰品。2019年，实现产值65.4亿元，占规上工业产值的12.0%。

【电子散热器产业】 有华光散热器、开元电子、新兴电源等50余家企业，主导产品为电子散热器、变频散热器等。2019年，规上企业实现产值4.1亿元，占规上工业产值的0.8%。

【塑胶产业】 有前卫塑料、现代塑胶等100余家企业，主导产品为塑料管、塑料袋等。2019年，规上企业实现产值20.2亿元，占规上工业产值的3.7%。

【板材产业】 以泉江木业、宜泰木业、华昌木业为龙头企业，全县板材加工及配套企业150余家，本年度无规模以上企业，主导产品为建筑模板、装饰板、细木工板等。

【乐器产业】 有鑫韵乐器、明宇乐器等80余家企业，主导产品为吉他、贝司及乐器配件等。2019年，规上企业实现产值1286万元，占规上工业产值的0.02%。

【装配式建筑产业】 有国创节能科技、潍昌房屋等50余家企业，主导产品为保温材料、集成房屋、彩钢板、钢结构等。2019年，规上企业实现产值1.3亿元，占规上工业产值的0.2%。

【织带产业】 有东方织带、德韵织带等20余家企业，主导产品为尼龙缎带、雪纱带等。2019年，规上企业实现产值6681万元，占规上工业产值的0.1%。

【龙头企业】 山东世纪阳光纸业集团有限公司。位于县经济开发区，成立于2000年，占地2245.8亩，总资产100亿元，现拥有职工3241余人，下设新迈纸业、山东阳光概念包装、申易物流等15个子公司，是全球最先进的预印产品基地，中国民营企业500强、全国造纸15强。主要生产白面牛卡纸、涂布白面牛卡纸及纸管原纸，年造纸产能130万吨。主导产品涂布白面牛卡纸，占国内市场份额60%。2007年在香港联合证券交易所主板挂牌上市。2019年，实现主营业务收入64.4亿元，实缴税金3.9亿元。当前，80万吨高档瓦楞纸和50万吨生物机械浆项目已建设完成80%，计划2020年4月投产。

潍坊英轩实业有限公司。位于宝都街道，成立于1996年，占地1200亩，现有职工2400余人，总资产29亿元，是全球知名的柠檬酸生产企业和国内享有盛誉的特级酒精生产企业，主要产品柠檬酸系列产品包括一水柠檬酸、无水柠檬酸、柠檬酸盐，酒精系列产品，年柠檬酸生产能力60万吨。2019年，实现主营业务收入34.8亿元，实缴税金1.62亿元。当前，企业有40万吨/年精品柠檬酸绿色智能制造项目正在谋划建设。

山东潍焦控股集团有限公司。位于朱刘街道，成立于1971年，占地5000多亩，职工3700余名，总资产107亿元，下辖潍坊振兴焦化有限公司等3个全资子公司、潍坊振兴日升化工有限公司等9个控股子公司、山东杰富意振兴化工有限公司等6个参股子公司，拥有潍坊昌乐、枣庄薛城两大产业基地。主要产品有焦炭、炭黑油、工业萘、改质沥青、苯酐、PBT合成树脂、锂电池负极材料等四十余种。2019年，实现主营业务收入74.32亿元，实缴税金1.48亿元。

比德文控股集团有限公司。成立于2001年，位于朱刘街道，占地1500亩，拥有员工近万人，主营业务涵盖燃油乘用车、新能源乘用车、新能源商用车、短途新能源乘用车、电动摩托车等业务，是国内最早的绿色动力交通工具制造企业之一。2019年全国共有一、二级经销商近万家，产品销售遍及全国并出口至欧美、东南亚、非洲等二十余个国家和地区，是全国最大的新能源汽车销售网络。公司自成立以来，一直以“专注绿色动力，贡献环保事业”为企业使命，致力于打造全球最大的绿色动力交通工具产业集群。2019年，集团公司实现销售收入60亿元，实缴税金过亿元。

【主要产品】 昌乐县主要工业产品包括：白板纸、瓦楞纸、柠檬酸、酒精、电动车、黄金首饰、焦炭、煤焦油、油漆、装配式板房、沟槽管件、建筑模板、塑料袋、塑料管、织带、乐器等。

【中小企业】 2019年，全县中小企业和民营经济各项，产值361.2亿元、营业收入363.9亿元、利润9.6亿元，分别同比增长-12.2%、-13.6%、-43.8%。

（供稿人：韩晓明）

电 力

【管理机构】 国网山东省电力公司昌乐县供电公司是国网山东省电力公司分公司，担负着全县10个镇街（区）、896个自然村的供电服务工作。

2019年初，公司内设办公室（党委办公室）、发展建设部、财务资产部、安全监察质量部（保卫部）、党委组织部（人力资源部）、党建工作部（工会、纪委（纪检）办公室、团委）、电力调度控制分中心等7个职能部门，设运维检修部（检修工区）、营销部（客户服务中心）、物资供应分中心及综合服务中心等4个业务机构。下辖8个乡镇供电所，分别为开发区、宝都、朱刘、五图、乔官、鄌郚、营丘、红河供电所。

2019年1月，开展安监、运检等部门机构优化调整，安全监察质量部（保卫部）更名为安全监察部（保卫部），下设安全督察组更名为安全督查组；运维检修部（检修工区）新设立带电作业班。

2019年8月，开展党建机构优化调整，党建工作部（工会、纪委（纪检）办公室、团委）调整为党委党建部（党委宣传部、工会、纪委办公室、团委）。

截至2019年底，公司共有7个职能部室、4个业务机构、8处供电所、21个班组。

【电力设施】 2019年公司配农网工程总投资约1.5亿元，新投运10千伏线路33条，建设10千伏线路157.79公里，新增配变175台、53030千伏安，改造老旧低压线路80.1公里，解决重过线路25条、重过载台区93个、低电压用户4600余户。一是营丘地区配出22条10千伏线路，线路供电半径缩短至6.5千米，营丘地区10kV线路联络率由56%提升至79%，N-1通过率由39%提升至69%，进一步优化南部电网结构，显著提升营丘地区供电能力和供电可靠性。二是改造城区电缆线路12.73公里，更换老旧环网柜28台，城区配网状况大大改善。三是顺利完成灾后重建项目，通过组立铁塔、杆基加固、配电室维修等方式，解决杆基不牢、配电室漏雨等问题，实现了18条线路抗台薄弱环节补强，提升了公司电网防台抗险能力。截至2019年底，昌乐境内共有10千伏线路166条，线路长度2548公里，公用配变3106台，配变容量631.465兆伏安，配电网网架结构更加优化，供电可靠性进一步提升。

2019年完成110千伏将军站等2座变电站新建投运、110千伏乔官站等2座变电站扩建增容、110千伏马宋站#1主变增容更换等基建技改工程，有效处置110千伏尖庄站10千伏开关柜放电、110千伏红河站组合电器漏气等重大设备隐患。截至2019年12月，新增变电容量23.55万千伏安，淘汰10千伏老旧开关柜35面。境内拥有1000千伏变电站1座、220千伏变电站2座、110千伏公用变电站12座、35千伏公用变电站9座，主变总容量191.7万千伏安，10千伏及以上输配电线路3166公里。形成以220千伏变电站为枢纽、110千伏变电站为中心、35千伏变电站为供电电源的网架结构。

2019年，公司充分发挥属地优势，有序推进属地建设项目。乔官500千伏变电站3月开工，乔官500千伏变电站220千伏配出工程9月开工，华迈纸业110千伏线路工程10月开工，王俊、将军110千伏输变电工程7月投产，恒安湖110千伏变电站1号主变增容工程11月投产，乔官110kV变电站2号主变扩建工程12月投产。

【营销服务】 快速响应、优化环境，供电服务品质进一步提升。“获得电力”更加便捷。深化“简化获得电力”专项行动，全市率先完成9类政务信息共享和供电“一链办理”部署，实现政务服务平台和电力营销业务平台互联互通。大力开展带电作业1296次，同比增长32.1%，增供电量757.6万千瓦时。服务质量持续提升。推广“两同四每十红线”工作法，扎实开展漠视侵害群众利益专项整治行动，员工服务意识、行为素质有效提升。深入开展“电力彩虹进万家”活动，利用移动作业终端进户核实客户信息，做到“电话入户、宣传到人、信息核准”三同步，万户投诉率保持全市最低，五图所、鄌郚所、红河所实现全年“零投诉”。市场开拓成效显著。主动服务全县13个新旧动能转换及市县级重点项目，实行“三级”包保，12个项目顺利投产送电。跟踪全县综合能源潜力项目，以棚户区空气源热泵供暖项目、华迈纸业光伏项目为范本，打造综合能源典型示范项目。积极配合政府部门关停小火电，专班推进业扩配套基建项目，预计新增电量1.8亿千瓦时。

【党建工作】 坚持“一实二专三结合”工作思路，深入推进“不忘初心、牢记使命”主题教育活动，集中梳理整改问题135项，现场答复43项，研究解决实际问题68项，主题教育活动取得实效。强化党的理论路线方针政策及形势任务教育，年内组织党委理论中心组学习14期。扎实开展专业培训，针对发展党员、换届选举、支委班子履责等内容累计培训12期，基层党务干部累计参加省市公司党务知识培训班59人次。下发《党（总）支部委员履职手册（试行）》，落实支委班子“链条式”履责管理，支委主角意识、主动精神有效增强。实施月度党建工作检查，将党支部“三级联创”动态管控与党建“小指标”竞赛相结合，检查结果纳入月度绩效考核，支部工作水平有效提升。充分发挥彩虹党员服务队功能，深入基层开展服务活动，累计开展活动200余次。规范“岗区队”管理及党员量化积分管理，设立党员责任区20个、党员示范岗47个、共产党员突击队2个，切实发挥党组织战斗堡垒作用。持续推进“党建统领·亮旗登高”十强工程，在重大保电、重点工程、重要项目中彰显党建力量。开展“七共七互七个一”结对共建活动，高质量完成党委、党支部结对共建课题研究。开展党委、支部和班组结对共建，实现组织间优势互补。丰富党建阵地建设，以中国共产党党史、习近平新时代中国特色社会主义思想及公司基层党建及企业文化建设等先进经验为主体素材，打造集思想引领、党性传习、文化传承等功能为一体的全县党性传承中心。持续推进有温度的企业建设，开设电力书房，增设健康咨询服务，不断为职工提供更好的服务和援助。2019年公司调控分中心党支部《强化使命担当、践行为民初心》获潍坊市优秀支部生活日案例一等奖，营销部党支部《学榜样、践初心、做合格党员》获潍坊市优秀“微党课”二等奖。韩龙吉作为全市电力系统唯一人选入选潍坊市“发现榜样”视频推广。张爱国被评为齐鲁首席技师、潍坊市金牌工匠。

【安全生产】 2019年始终将安全生产作为头等大事，强化“定履督问”全过程管控。一是坚持抓关键、促提升。狠抓责任落实，开展51项安全责任清单、376项岗位安全职责学习活动宣贯，将岗位安全职责清单内容纳入安规考试范围，逐级压实安全管理职责。狠抓素质提升，常态开展“五个一”安全活动，举办四期“安全+技能”标准化，三期宣传安全督查培训，持续提升员工安全意识。狠抓应急管理，修编28项应急预案、321项现场处置方案，开展低压触电、变电站防汛等应急演练。全力抗击台风“利奇马”，公司第一时间启动应急预案，投入应急抢修人员915人次，抢修车辆165台次、应急发电车2辆、发电机29台次、大型抢修机械36台次、抽水泵51台次、油锯46台次，对受损电网进行科学、有序抢修，经过2天的奋战，打赢抗灾保电攻坚战，公司荣获市公司“抗灾救灾功臣单位”，实现连续安全生产8594天。二是持续开展隐患排查治理及反违章工作，筑牢安全根基。查重点、促落实。严查“三类违章”，持续开展安全工器具集中校验，分类固化校验计划；狠抓反违章管理，督查施工检修现场335处，落实处罚3.86万元，奖励31.118万元，违章数量同比下降60%。严查电网风险隐患，实施“7912”精益运检，排查整治安全隐患1105处；及时处置突发事件；不间断巡查35千伏及以上53条线路、22座变电站和66个保电客户，顺利完成“各地保平安”工作，220千伏及以上线路实现零跳闸，圆满完成新中国成立70周年庆祝活动电力安全保障工作。

【供用电管理】 供售电量 2019年昌乐县全社会用电量26.33亿千瓦时，较2018年（24.70亿千瓦时）增长6.62%。公司供电量完成21.31亿千瓦时，同比增长8.72%；售电量完成20.54亿千瓦时，同比增长8.57%；综合线损率完成3.45%，较去年同期下降0.02个百分点。

电价电费 （1）2019年电价政策变化情况。全市电力销售价格宏观调整2次，政策文件分别为《鲁发改价格［2019］349号山东省发展和改革委员会关于降低一般工商业电价的通知》《鲁发改价格〔2019〕510号关于继续降低一般工商业电价的通知》，使一般工商业最高降价5.47分/千瓦时，其中一般工商业不满1千伏降低5.47分/千瓦时，1-10千伏降低5.34分/千瓦时，35千伏及以上降低5.22分/千瓦时。

2019 年昌乐县电价调整价格汇总表

表 2　　　　单位：元 / 千瓦时

用电分类		电压等级	2018.9.1 到户电价	2019.7.1 到户电价
一、居民生活用电	一户一表	第一档	0.5469	0.5469
		第二档	0.5969	0.5969
		第三档	0.8469	0.8469
	合表	不满 1 千伏	0.5550	0.5550
		1 千伏及以上	0.5010	0.5010
二、农业生产用电	农业生产	不满 1 千伏	0.5400	0.5400
		1-10 千伏	0.5250	0.5250
		35 千伏及以上	0.5100	0.5100
	农业排灌（2018.4.1起，与农业生产合表）	不满 1 千伏		
		1-10 千伏		
		35 千伏及以上		
三、工商业及其他用电（2018.4.1起，工商业与大工业用电类别合并）	单一制电价	不满 1 千伏	0.6773	0.6226
		1-10 千伏	0.6623	0.6089
		35 千伏及以上	0.6473	0.5951
	两部制电价	1-10 千伏	0.6172	0.6172
		35-110 千伏以下	0.6022	0.6022
		110-220 千伏以下	0.5872	0.5872
		220 千伏及以上	0.5722	0.5722
输配电价（区别：输配到户电价不含基金、电度到户电价包含基金）	单一制电价	不满 1 千伏	0.2520	0.2520
		1-10 千伏	0.2370	0.2370
		35 千伏	0.2220	0.2220
	两部制电价	1-10 千伏	0.1919	0.1855
		35 千伏	0.1769	0.1717
		110 千伏	0.1619	0.1619
		220 千伏	0.1469	0.1469

（2）电费收取情况。2019 年全县电费收取 13.12 亿元，同比增加 0.6 亿元，主要是电量增长导致电费增收，但平均到户电价水平下降 0.023 元 / 千瓦时。

【电力副业】　2019 年，国网昌乐县供电公司拥有省管产业单位 4 家，分别是山东五洲电气股份有限公司昌乐分公司；潍坊光明电力服务有限公司昌乐分公司；山东五洲电气股份有限公司昌乐设计分公司；2019 年 12 月 17 日成立潍坊五洲和兴电气有限公司昌乐分公司。

2019 年，产业单位共实现营业收入 13964.07 万元，利润总额 53.13 万元，超额完成市公司指标任务。荣获“市场开拓先进集体”荣誉称号。

【运营管控】　公司班组对标位居全市第二，运维检修、营销服务、调控运行、支撑保障 4 大专业实现指标“零失分”。6 项发明专利、5 项实用新型专利获得授权，3 项创新成果获省公司级奖励。

（供稿人：殷小惠）

商贸流通

商贸流通

商　务

【综述】　2019年，全县实现社会消费品零售总额142亿元，同比增长4.3%；限额以上单位消费品零售额7.5亿元，同比下降25.5%。昌乐县被省商务厅确定为“2019淘宝直播村播试点县”，宝石城被阿里巴巴集团确定为“珠宝行业淘宝直播基地”，成为江北第一个产业带直播基地。县商务局担当作为，狠抓落实，推动全县商务事业实现高质量发展、赶超发展，被县委、县政府确定为2019年度“县直部门（单位）工作实绩综合考核优秀等次”。

【市场体系建设】　市场提档升级。在县委、县政府的正确领导下，县商务局以迎接全国卫生县城复审为契机，狠抓城区便民市场发展，注重在市场改造升级和卫生环境整治上下功夫，不断提高城区居民购物消费满意度。昌乐县投入1000万元，对农贸城、珠宝二街市场、东山市场进行了提档升级，同时，我局联合市场监管、综合执法等多部门开展了联合执法，集中解决了便民市场设施陈旧破损、环境脏乱差、占道经营等问题。

网点合理布局。注重抓好便民市场的规划布局，科学编制商业网点规划，加强南部城区商业网点的规划建设工作，满足该区域内市民需要。面对城市发展重心南移的现状，在流泉街以南、新昌路以东县城东部区域规划设置小型便民农贸市场。我局明确招商目标，通过一系列的调研、洽谈、论证，在核心城区引进了万绣城、衣品汇、宝增超市等商业项目，新增2万平方米营业面积，进一步挖掘潜在消费点。

【商贸服务业】　推动家政行业扩大规模、加快发展，2019年新增家政企业6家，经市场监管部门注册登记的家政服务机构达到84家。积极开展家政服务人员培训，促进农民工到家政服务行业就业。坚持以赛促训，成功组织昌乐县第六届“世纪阳光杯”职业技能竞赛育婴师比赛，共72人参赛，1人获一等奖，9人获二等奖，13人获三等奖。组织开展“诚信家政进社区惠民服务”公益活动，宣传推介诚信经营的品牌家政企业，满足了人民群众多元化、品质化家政消费需求。

【电子商务】　2019年，全县以入选山东省淘宝直播“村播计划”试点县和珠宝行业淘宝直播基地落户中国宝石城为契机，高点谋划，创新举措，全力加快电子商务发展。

实施“村播”计划。2019年5月，昌乐县被山东省商务厅和阿里巴巴集团联合授予“2019淘宝直播村播试点县”，成为全省12个试点县之一。全年举办和参与大型直播活动5场，县长、镇长、局长、村长走进直播间为昌乐特色优质农产品代言，实现网上成交20万余单，交易额900余万元。黄金籽西红柿、火山小米等成为爆款，销售火爆，品牌影响力显著提升。

有序运行中国宝石城淘宝直播基地。2019年7月，中国宝石城被阿里巴巴集团授予“珠宝行业淘宝直播基地”，成为江北第一个产业带直播基地。挂牌当日，宝石城有100多个商家及网红在淘宝直播平台同步开播，销售额达500余万元，比平时增长60%。10月11日-14日宝石博览会期间，宝石城集中直播区投入使用，进一步放大了直播效果。

培育电商主体。大力加强电商经营主体培育，全县新增1家市级电商小镇，即中国昌乐宝石城，

2家市级电商示范企业，即潍坊自然邦生态农业科技有限公司、昌乐金福利农业发展有限公司，电子商务已成为全县经济发展新的增长点。**加强教育培训**。2019年邀请专业机构为昌乐农村电商和珠宝业户举办培训班8期，每期培训2天，共培训2200余人次，培养出了粉丝量超过3万的昌乐本地网红10余人。

【商贸物流】 依托潍坊得恒物流有限公司，积极开展城乡高效配送专项行动，着力完善城乡配送网络，促进城乡双向流通。到2019年12月，全县已建成城乡高效配送县级运营中心1处、镇级服务中心4处、村级服务站40个，初步构建起了覆盖县、镇、村三级的城乡配送网络体系。全年运输农产品（上行）和农用物资、生活用品（下行）近2000吨，有效打通了城乡物流最初一公里和最后一公里，显著提高了配送效率，降低了物流成本，增加了农民收入，被山东省商务厅评为山东省城乡高效配送示范县。

【其他重要工作】 组织再生资源企业积极申报山东省再生资源示范产业园和回收分拣示范中心，潍坊大环再生资源有限公司和山东鹏州塑业有限公司通过省、市商务部门审核，被确定为山东省再生资源回收分拣示范中心创建单位。

创卫期间，组织将宝都街道和开发区内的31家废品收购站全部顺利搬迁至创城区域外经营，对创城区外的8家废品收购站进行了规范，圆满完成迎接国家卫生县城复审任务。

积极招商引资，引进宝增超市、衣品汇、万绣城3家超市，盘活了原潍坊百货大楼、义乌小商品城、蓝宝石广场3家倒闭停业商场，促进了城区商贸流通业的发展。衣品汇的引进，同时解决了困扰昌乐县多年的美联广场86户业户上访问题，维护了社会稳定。

2019年昌乐县重点市场一览表

表3

序号	2019年昌乐县重点市场
1	中国宝石城
2	昌乐亿丰五金机电建材城
3	昌乐七彩大市场
4	昌乐农贸城

2019年昌乐县商品交易市场基本情况一览表

表4

序号	市场全称	市场法人代表	注册资金	2019年营业额
1	中国宝石城	张义增	41.2万元	350亿元
2	昌乐亿丰五金机电建材城	魏志刚	100万元	30万元
3	昌乐七彩大市场	刘新平	1000万元	1.1亿元
4	昌乐农贸城	童小鹏	3000万元	9.5亿元

（供稿人：刘晓玉）

对外经济贸易

【概况】 2019年，受中美贸易摩擦、国内环保政策收紧、国际市场低迷等多重因素影响。全县完成货物进出口总额893641万元，位居全市八县市第四位。其中，出口596846万元，位居全市八县市第五位；进口296795万元，位居全市八县市第三位。服务贸易进出口额达1.2亿美元，位列全市前三名；全县实际境外投资256万美元，新增境外企业1家；到账外资1.215亿美元，同比增长540.2%，总量和增幅分居八县市第1名、第2名，新办外商投资企业6家。

【对外贸易】 市场主体进一步壮大，有进出口实绩的企业达到295家，年进出口额过亿元的企业18家；积极组织落实“千企百展”市场开拓计划，利用省、市确定的100个重点展会，利用展位补助等政策，推动和引领盛泰药业、佳诚数码等17家企业参加了30多个境外展会。组织20多家企业成功参加了第二届中国进口博览会，成为企业结交客户拿订单的重要平台。有重点地组织企业参加了第125届春季广交会、第126届秋季广交会、华交会，昌乐县三江塑胶、前卫塑料等16家企业参加了广交会展览，意向订单达2000万美元以上。产品结构进一步优化，推动机电产品、高新技术产品出口保持稳定增长，高新机电产品出口29157万元，同比增长18%。优势产品出口增幅明显，农产品出口51631万元，同比增长18%；纺织服装出口66416万元，同比增长7.2%。服务贸易实现突破发展，有20余家企业实现服务贸易额1.2亿美元。加大出口信用保险政策的宣传和落实力度，组织全县60家小微外贸企业（出口额在300万美元以下）进行了出口信保培训会议，积极协调配合信保工作人员深入企业，逐家动员入保，全县198家符合条件的企业有140家入保，入保率达70%。

【对外经济技术合作】 积极引导企业创新发展，提升企业国际化经营水平，加快培育国际经济合作和竞争新优势，形成面向世界的贸易、生产、服务网络。2019年全县实际境外投资256万美元，新增境外企业1家，昌乐东润木业有限公司在埃塞俄比亚设立的东润木业有限公司（埃塞俄比亚），总投资额为160万美元。

【利用外资】 2019年昌乐县实际到账外资1.215亿美元，同比增长540.2%，新办外商投资企业6家。一是指导企业学好用好政策。积极将《关于扩大境外投资者以分配利润直接投资暂不征收预提所得税政策适用范围的通知》（财税〔2018〕102号）等利用外资方面的相关政策传达给企业，通过组织企业参加《外商投资法》培训等，指导外商投资企业学好政策、用好政策，促进昌乐县利用外资工作的发展。二是加大服务力度。积极深入外商投资企业，了解其生产经营状况及增资意向，鼓励有条件的外资企业增资扩股，为企业搞好服务，协调帮助解决实际问题，促进外商投资企业的持续发展。做好外商投资企业网上联合年报工作，密切关注企业的申报情况，共有66家企业参加了外商投资企业联合年报工作。三是做好招商引资工作。组织企业参加了风筝会、鲁台会、中日韩产业博览会等一系列活动，开展对接洽谈。突出以商招商，引导企业发挥招商主体作用，利用现有的外商投资企业资源，积极宣传推介。参加日韩山东周、青岛峰会等招商活动，宣传推介昌乐县招商项目，让更多投资者了解昌乐、投资昌乐。

【其他重要工作】 强化职能，争取资源效果明显。为昌乐县80家企业落实上级外经贸发展专项资金661.24万元、茧丝绸项目资金100万元、县级外经贸发展扶持资金109.85万元，共计871.09万元。统筹协调，彰显担当。通过积极协调省商务厅、市商务局，“世纪阳光80万吨瓦楞纸项目”外资在短短15天内实现到账，顺利纳入市观摩点评项目，接受了观摩点评，得到了县委领导的肯定，在积分考核中因突出贡献加5分。积极协调市商务局、生态环境局，2019年12月底，15家塑料企业被放宽环保限制，数量全市第一，接近其他县市区的2倍，为塑料出口企业打开了绿色通道。

创新务实，勇争荣誉。昌乐县被省商务厅确定为山东省城乡高效配送示范县；中国宝石城被评为第一批潍坊市电商小镇，潍坊自然邦生态农业科技有限公司、昌乐金福利农业发展有限公司被评为第二批潍坊市电子商务示范企业；积极协调省、市散装水泥办公室，潍坊德霖建材科技有限公司、昌乐友顺物流有限公司被评为2019年度全国预拌砂浆绿色产业先进企业，全市共有3家企业获此殊荣，昌乐县占其中2家。

锤炼队伍，提升能力。组织局80后青年干部进行演讲和打字比赛，进一步提高了青年干部现场言语表达能力和文字输入水平。组织干部积极参与县里开展的拆违、扶贫包村、农村人居环境整治等工作，每次都圆满完成任务，成绩位居全县前列，有效锤炼了干部队伍，提升了干部综合素质。

（供稿人：刘晓玉）

招商引资

【概况】 2019年，县招商和投资促进中心聚焦县委、县政府中心工作、重点任务，充分发扬“盯着干、快干、干好”工作作风，创新工作措施，发挥投资促进职能，扎实推进全县“双招双引”工作，取得显著成效。2019年全县高质量双招双引总计得分124.19，列8县市第2位。

【精准招商】 建立主要负责人主抓工作机制，对投资额度大、国内外500强企业、行业龙头企业等带动性强的大项目，县招商和投资促进中心制定精准外出招商方案，由县委、县政府主要负责人亲自对接推动。2019年，全县党政主要负责人带队外出招商35次，与世界500强企业中国建筑集团有限公司对接洽谈了高端汽车零部件产业园项目，与世界500强企业国家能源投资集团下属企业国华能源投资有限公司对接洽谈了智慧能源示范产业园等项目，洽谈引进了中德产业园、6万辆高速电动汽车、年产50万套新能源汽车配套钣金件等项目43个，其中，6万辆高速电动汽车、年产50万套新能源汽车配套钣金件、中德产业园项目已开工建设。

【产业链招商】 围绕全县新能源汽车、高端装备和智能制造、新材料等重点产业，搜集项目信息，引进产业关联项目。围绕新能源汽车产业，引进了年产50万套新能源汽车配套钣金件、广新15万套钣金件、年产30万套汽车内外饰及轻量化新材料等产业配套项目；围绕高端装备和智能制造产业，引进了中德产业园项目；围绕黄金珠宝产业，引进了梦金小镇项目。

【节会招商】 充分发挥风筝会、昌乐西甜瓜科技博览会、鲁台会等节会影响，广泛宣传推介，深入对接洽谈项目，投资1.2亿元的水电解制氢

潍坊珠三角重点合作项目签约活动

储能设备项目和投资13亿元的梦金小镇项目在风筝会上集中签约；海峡两岸青年农业创业园、富硒无花果生态农业示范基地等10个项目在西甜瓜科技博览会期间集中签约；海上采油平台自动化橇装模块项目在海洋动力装备博览会上签约；中节能国舜绿色能源产业园项目在潍坊·中关村创新合作交流会上签约；昌乐仙月湖生态示范园项目在第25届鲁台会上签约；第四代有机减水剂产业化项目在青年企业家创新发展国际峰会潍坊专场推介活动中签约；潍坊长三角地区“双招双引”洽谈签约活动中，全县50万套汽车外钣金件和30万套汽车内外饰及轻量化新材料项目在会上集中签约；潍坊珠三角集中招商活动中，全县40万吨/年精品柠檬酸绿色智能制造和福利龙活性肥料配套项目在会上集中签约。

【投资促进】 进一步优化投资促进职能，提升单位服务效能，明确一个服务专班为重点项目提供洽谈、签约、落地等服务，全程帮助项目办理手续，协调处理外来投资企业、项目在建设和运营中的重大问题，全力推动项目加快签约落地进程，保障项目快速建设。全年以来，全程帮助山东佰欧克生物科技有限公司、山东韩泰贸易有限公司等三家韩资企业办理了注册手续，帮助中德产业园办理注册手续，推动年产10万套AH7500水氢动力模块、80万吨高级瓦楞原纸、50万吨生物机械浆等项目加快开工建设。

【省市考核】 加强调度统计，做好省市“双招双引”考核。定期调度签约、立项项目和到位资金情况报市考核认定，会同有关镇（街、区），精心准备审核材料，圆满完成市“双招双引”百日会战工作任务，2019年全县高质量“双招双引”总计得分124.19，列8县市第2位。认真做好省“双招双引”考核信息系统项目录入工作，加强与“十强”产业牵头部门沟通配合，及时查漏补缺。2019年，全县通过省“双招双引”考核内资项目21个，内资到位资金267224.6万元；外资项目2个，外资到位资金82653.43万元。两个加分项分别是中国500强企业梦金园黄金珠宝股份有限公司，元利科技上市且募集资金3亿元以上。

（供稿人：刘吉庆）

园区招商促进中心

【概况】 2019年，县园区招商促进中心严格按照县委、县政府确定的规划部署，围绕招商引资、项目建设、园区服务等重点工作，担当作为、真抓实干，加快推进高端现代化大型物流园区建设步伐。

【党建工作】 一是深入开展主题教育。认真贯彻落实中央、省、市和县委有关部署，制定实施意见和学习计划，举办读书班，开展3次集中学习

中德产业园奠基

研讨交流。依托全县红色教育资源和警示教育资源，开展革命传统教育、形势政策教育、先进典型教育和警示教育。二是强化理论武装。“线上”充分利用“灯塔大课堂”“学习强国”等平台，“线下”采用集中学习、个人自学、专题讲课、干部进党校的方式，多途径、多层面学习习近平新时代中国特色社会主义思想、党的十九大精神及习近平总书记系列讲话精神，提高政治理论水平，把握正确的政治方向。三是抓好结合，做好机关党建与“双报到”、领导干部包靠企业等工作的结合文章。组建党员志愿服务队伍，到新昌社区开展5次为民服务活动，合力推进社区共驻共建项目进度。

【园区服务】 结合园区实际，制定了“首席服务官”制度，真正实现园区服务“零距离”。要求干部职工每周至少两次深入园区所包靠企业、项目，与企业负责人促膝长谈，拉知心呱、说实在话，真正在一线发现问题、解决问题，在一线转变干部作风，用“实”的举措助推园区发展。2019年，园区内企业均正常运营，好友油脂10万吨/年花生仁综合深加工项目完成设备调试，已投入试运营。同时，配合街道开展集中拆违工作，勇于攻坚、力争先进。集中拆违行动中，克服单位人员少、工作量大的困难，勇挑重担，迎难而上，圆满完成首阳山片区拆违任务，在包靠拆违片区工作中交出一份满意答卷。

【精准扶贫】 扶贫工作中，第一时间与所包靠的朱刘街道北圈村3名贫困户进行对接交流了解情况，先后多次对贫困户进行了走访慰问，为他们送去电风扇、鸡蛋、衣物等物资，通过与贫困户面对面、心贴心地进行交流，精准掌握包靠贫困户基本情况，建立了贫困户帮扶手册。经过前期五个月的结对帮扶，帮扶人员每周到贫困户嘘寒问暖、清理卫生、送米油日用家电、积极为子女联系工作、为贫困户脱贫出谋划策等，帮扶人员与贫困户热情地拍“全家福”，已与贫困户亲如一家，成为实实在在的亲戚。

【迎审工作】 此次迎审单位包靠假日广场小区、昌盛物流区域，在单位人员少、任务重的实际情况下，每天安排专人到责任区域进行环境卫生整治。在包靠区域的沿街商铺、小区内进行了全方位的宣传发动，发放了爱国卫生、疾病防控、健康教育、食品安全等有关宣传材料300余份，加强对群众的宣传教育。组织人员对假日广场小区内破损墙壁进行整修并粉刷危墙100余米、空地平整并均匀铺设石子，统一规划设置了停车位，清理乱堆乱放、小区内外墙及楼道小广告80余处，外运垃圾9车次，调用铲车、挖掘机8次，多次清理院内杂草、用水冲刷楼道地面，2次更新小区内健康教育宣传栏，提高广大群众的环境卫生意识，营造群众积极参与的浓厚氛围。

【自身建设】 *创新招商方式，搭建发展平台。*全年以来，开展以商招商、亲情招商、产业招商等招商方式，精细组织好小型招商推介会，提高招商项目的“对接率”和“成功率”，并注重夯实招商基础，拓宽引资渠道，多方面“争项目、引资源”。

*提升服务效能，增强发展动力。*为全力做好入驻招商项目的服务保障工作，安排一名科级干部包靠项目，负责协调项目推进中涉及的国地税、交通、市场监管、银行等职能部门，确保项目稳步推进；同时，每月定期对项目运营情况进行调度，并实地查看相关的台账和记录，确保项目的规范化运营。

*优化服务质量，力促煤炭企业转型升级。*一方面，依托中冶物流的铁路线优势，充分发挥海关监管场站的特色优势，整合资源，发挥“铁路+场站”的最大效应，助力园区转型升级；另一方面，积极进行招商推介，引导煤炭物流企业利用现代信息手段，在水煤浆产业和铁路物流两个转型方向上重点突破，谋求新的发展契机。

（供稿人：李　腾）

供销合作经济

【概况】 2019年，昌乐县供销社深入学习贯彻习近平新时代中国特色社会主义思想和党的十九大精神，按照“服务三农、改造自我”的总要求和县委、县政府的部署要求，紧抓发展机遇，以改革创新精神推动工作开展，扎实推进“工作落实年”各项任务，广大干部职工的政治觉悟、理想信念、精神状态、工作标准以及为农服务的能力和水平明显提升，业务工作长足发展，圆满完成了年度供销社综合改革任务。

【综合改革】 加强领导，制定方案，强化宣传，抢抓机遇，努力把供销社打造成农民生产生活服务的生力军和综合平台，努力为全面深化供销社改革探索路子、积累经验。一是成立了综合改革工作领导小组，明确责任分工，强化督促检查，加强协调指导，推动供销社综合改革工作有序开展。二是认真制定了改革方案。三是明确改革任务。针对农村农产品卖难、生产生活购物不便、市场信息沟通不畅、农民利益连接不紧密等为农服务不到位等问题，确定了进一步密切与农民利益联系、健全基层组织服务体系、健全经营网络服务体系，加快构建农业社会化服务电子商务、现代物流商品服务、农村合作金融服务平台等综合改革任务。

【服务规模化】 以开展土地托管服务为重点，抓好“保姆式”全托管和“菜单式”半托管服务。2019 年实现土地托管 2 万亩。同时，不断加大推广节水农业和水肥一体化技术，县供销社出资 19980 元，在昌乐恒晖瓜菜专业合作社新建液体配肥站 1 处，安装液体配肥机 1 套，开展水肥一体化推广示范工作。

【流通现代化】 依托乔官为农服务中心成立了潍供农产品专业合作社联合社，注册了“火山农业”商标，打造火山农业品牌。开展了潍供大厨房服务，推动农超对接、农批对接，为潍坊的 10 余家超市、学校、企事业单位和社区用户提供新鲜果蔬，并建立了线上线下体验中心和农产品配送中心。在昌乐县城投资建成了 5 家火山农产品专卖店，并与杭州农贸市场及北京新发地等大型农贸市场对接，达到了产品产地直供。成立了农产品电商服务平台，已有 3 家电商企业入驻，中心负责农产品采购、分拣、加工和物流配送服务，电商企业负责产品销售。2019 年，中心电商销售总额达 300 万元。

【村社共建】 坚持因地制宜，突出特色，健全完善基层社、村两委、农民合作社“三位一体”工作机制，通过共建农民合作社、共建发展项目、共建人才队伍，实现资金、人才、土地、信息、市场、科技等农业生产要素的有效整合，推进社社合作、社农结合，促进形成农民群众有利益、基层党组织有发展、村集体经济有积累、供销合作社有收益的四赢局面。2019 年已建成村社共建点 20 个，职业农民培训基地 15 个。

【社有企业】 山东金福利农业科技有限公司。公司成立于 2012 年，注册资金 1100 万元，公司现有员工 46 人，主要从事生产资料、农产品销售、农技服务、农机服务、农田设施建设与运营等业务。2018 年建成了乔官为农服务中心，总投资 2100 万元，其中利用总社专项资金 420 万元，打造了五位一体的运营模式：园区运营建设、农业社会化服务体系建设、职业农民技能和创业培训、社区配送中心（潍供大厨房）、电商运营与品牌打造。

【重要工作】 开展农业社会化服务工作。一是探索建立“1 + N”为农服务综合平台。总投资 2100 万元、建筑面积 5000 余平方米的乔官为农服务中心的现已建设完成并投入使用。总投资 171 万元的卧虎山现代农业科技示范园项目也已完工并投入运营，该项目每年可为 61 名贫困帮扶对象提供生活生产帮助。二是加快推进为农服务中心建设。2019 年营丘为农服务中心开工建设，总投资 5000 万元，建筑面积 1 万平方米，现主体已完工，将于 2020 年进行装修设计、功能规划。下一步将重点推进红河、鄌郚、五图三处为农服务中心手续办理，争取尽快开工建设。

*职业农民培训和农民创新创业工作。*昌乐职业农民讲习所充实了师资专家库，与高等院校、科研机构合作，进行现代农业新技术课题研究，包括农作物保健计划、土壤改良、功能农业产业化开发、设施蔬菜标准化种植及富硒葡萄、西瓜新模式栽培技术等课题。科学设置培训课程，探索形式多样的培训方式，通过集中培训、科普下乡、网上互动等多种方式开展职业农民培训、科普知识宣传等，已培训200余场次，培训人数10500余人次。重点建设了“昌乐职业农民培训”微信公众平台，微信公众平台关注人数达3900多人，年浏览量突破20万人次。职业农民创业孵化基地以提升农业社会化服务人员素质、孵化创业为目标，对接农业农村局对全县农资经营从业人员和农业技术人员进行了培训，联合人社局对返乡农民工和合作社理事长进行了培训，联合乡镇党委对农村支部书记进行了培训，共培训3000多人次。培育种养大户100多个，专业合作社100多家，带动就业1200多人，举办“2019年职业农民创业论坛”等创业活动10余次，为乡村振兴注入新动能。

*提升扶贫成效。*县社主要领导带队，多次到所包靠的鄌郚镇打鼓山村走访看望了贫困户，协调解决3吨有机肥，解决了肥料短缺问题。开展“夏日送清凉”活动为贫困户送去电风扇70台。开展“送衣暖人心”活动，为贫困户送去衣服、鞋袜，帮助他们解决生活困难。前往鄌郚镇打鼓山开展“扶贫日”走访慰问活动，为贫困户解决生产生活上的难题。到红河镇和宝城街道为61名贫困户发放卧虎山精准扶贫资金45750元。

*矛盾纠纷和信访案件大排查活动。*成立稳控工作小组，严格落实24小时值班制度，做好上访人员赵伟红的稳控工作；根据上级有关维稳要求，对本系统所属银龙公司、再生资源公司、职业农民创业孵化基地3个企业进行全面安全排查，维护了社会稳定。

*参与全县的拆违工作。*6月22日-25日，参加了全县首阳山拆违工作，圆满完成拆违任务。

*做好卫生县城迎审工作。*为做好国家卫生县城迎审工作，投资17500元对文化路北首土产公司、生资公司、棉麻公司家属院及方山路城关供销社家属院进行了全面清理。共开展整治行动12次，清理旱厕2处、粉刷墙体1000余平方、清理乱搭乱拉120余处、小广告140余处，清理建筑、生活垃圾50余吨、小区破损窗子全部更换、小区电线也重新整理完毕。

*助力农村人居环境整治。*组织干部职工前往鄌郚镇高一、高二、高三、石家河、陈家沟等10个村开展农村人居环境整治工作。截至2019年，县社参加农村人居环境整治100余人次，投资2万多元，动用机械30多台，清理“三大堆”57处，清理黑臭水体10处，整治废旧房屋15处，清除畜禽散养9处。

*开展“不忘初心、牢记使命”主题教育工作。*根据县委、县政府要求，全面开展理论学习、基层调研和问题整改。把开展主题教育作为重要政治任务，坚持高标准要求，高质量推进，党员素质得到全面提升。

（供稿人：高维国）

粮食流通

【概况】 根据县委县政府机构改革的实施意见，2019年3月整合县粮食局和县粮食产业发展办公室，组建县粮食和物资储备中心，规格为正科级，公益一类事业单位，定编15人，设一正两副。原粮食局参公人员13人组织关系转到县发改局，人员在粮食和物资储备中心工作。现实有人员11人（其中参公8人，事业3人），领导班子4人，一正三副，二级主任科员3人，科员4人。虽然三定方案中工作职能发生变化，所有行政职能划归发改局，但是实际工作中原粮食局所有工作还是由粮食和物资储备中心承担。粮食和物资储备中心职责：负责全县粮食等重要物资储备和日常管理工作；负责对全县涉粮企业、个体、农户进行粮食储存科技成果推广工作；负责全县粮食质量指标、品质指标和安全指标的快检筛查工作；承担粮食质量安全调查、品质测报和监测；负责协助与支持省、市级粮食质量监测中心开展相关业务工作；承担下乡、进企业扦样和原始样品转送工作；开展相关的检验把关服务，开展对全县涉粮企业粮食质检能力认定的具体工作。

【粮食执法】 2019年，县粮食和物资储备中心共开展了全国政策性粮食数量和质量大清查、粮食流通统计制度检查、夏粮收购专项检查、秋粮收购专项检查、粮食质量监督检查、百日安全大检查活动、粮食安全生产月活动、粮食流通统计制度检查等八项大型检查活动，出动执法车辆20台次，出动执法人员60人次，检查企业30个次。通过对辖区内的涉粮企业进行拉网式检查，不断拓展监督检查的力度，使执法检查横到边、纵到底、不留死角，大大提高了粮食执法的社会认知度，树立了执法的权威，有效维护了粮食流通市场秩序。

【安全生产】 严格落实党政同责、一岗双责、齐抓共管、失职追责的安全生产责任体系。定期对涉粮企业进行安全生产大检查。一是开展涉粮企业涉爆粉尘大检查大整治，对所管辖的昌乐油脂有限公司、潍坊风筝面粉有限公司、玉良面粉厂等相关企业进行隐患排查，督促企业进行问题整改，组织面粉企业安装了粉尘防爆报警器。二是严格开展涉粮企业安全生产检查工作。根据县安委会要求，于6月、9月、11月开展安全生产月活动，制定“安全生产月”活动实施方案，开展涉粮企业百日安全生产工作集中整治行动，协调涉粮企业聘请专家进行职工安全生产教育培训、消防演练，组织企业进行应急知识竞赛等，切实增强企业和职工的安全生产意识，2019年没有发生一起安全生产事故。三是开展夏粮和秋粮收购检查。组织业务科人员开展了针对夏粮和秋粮收购的专项检查，共检查5次，出动检查人员15人次，检查收购主体22家，有效地维护了夏粮和秋粮收购秩序，在粮食收购活动中，没有发现给农民打白条和代扣各种收费及其他款项等行为。

【地方储备粮管理】 落实地方储备粮管理规定。加强科学管理监督，对已存储的1.4万吨政策性储备粮、360吨储备油、1500吨应急成品粮做到了专人专库、责任到人、数量真实、质量良好、账实相符。全年全县地储小麦轮换任务约为3500吨，自夏粮上市以来，积极协调昌乐粮食储备库抢抓有利时机，从6月5日开始夏粮收购，6月15日全部结束，仅用11天时间圆满完成全县夏粮轮换工作任务。

安全检查

完成政策性粮食质量大清查工作。2019年国家政策性粮食大清查工作共分为准备、自查、普查、抽查、汇总整改五个阶段。昌乐县粮食大清查工作涉及山东省昌乐粮食储备库和山东省粮油收储有限公司鲁中储备库两个库点，粮仓43个，省、县两级地方储备粮库存量共10万多吨，检查品种是小麦和玉米。县粮食和物质储备中心严密部署，建立了以副县长李良华同志为组长、县发改、财政等部门负责人为成员的政策性粮食库存数量和质量大清查工作领导小组，明确了成员单位、

粮库测量

主要工作职责、工作规则和工作要求，确保对大清查工作的协调指导；制定印发了《昌乐县政策性粮食库存数量和质量大清查工作方案》，明确了总体要求、清查时间、范围内容、实施步骤、数量和质量清查方法、责任落实和工作要求，确保大清查工作有序推进；大清查工作人、财、物全面统筹落实到位，为政策性粮食库存数量和质量大清查工作开展提供了有力保证；四是积极落实了“八要严守”的大清查工作纪律和督导检查工作措施，确保政策性粮食库存数量和质量大清查工作规范有序进行。截至2019年，已经完成了企业自查、市局普查、省局抽检阶段，经检查，全县政策性粮食数量真实、质量良好、账账相符、账实相符。4月23日，省、市政策性粮食督导小组对昌乐县政策性粮食大清查进行检查，对昌乐县大清查工作表示肯定。7月10日，省粮食和物资储备局王伟华局长到昌乐就储备粮管理工作进行了调研，对昌乐县政策性粮食大清查工作给予了充分肯定。

粮食大清查

【粮食调控管理】　调控基础有力有序。2019年12份组织全县涉粮企业统计人员和企业分管领导参加了《国家粮油统计网上直报系统》《山东省粮食管理云平台》《山东省粮食流通统计制度》培训，开展了社会粮油平衡调查及2019年度乡村居民存粮专项调查。社会粮食平衡调查共调查涉粮企业21个、中小学校3所、餐饮行业19个、乡村居民72户、城镇居民10户；组织涉粮企业完成了夏粮收购五日报、秋粮收购五日报、价格周报、粮食流通月报、产业报、各类年报等数据的上报工作。

完成了粮食质量监督检测体系（昌乐县粮食质量检测站）项目建设。确保全县粮食质量安全，有力的促进全县粮食流通健康发展，实现粮食从生产到销售的质量监控，为实现全县甚至全市粮食产业可持续性发展的战略目标奠定了基础。

【粮食安全责任制考核】　在做好2018年粮食安全考核各项工作的基础上，2019年1月，全县组织召开了迎接粮食安全责任制考核工作会议，对全县17个承担责任制考核任务的部门进行了安排部署，明确了职责，压实了任务。之后，定期或者不定期对各责任部门的粮食安全考核工作进行调度和督导。经过县级自查、市级抽查和省级督查，全县粮食安全责任制考核工作被评定为“优秀”等次，并列全市第一名，圆满完成粮食安全考核任务。

（供稿人：董英杰）

烟　草

【概况】 昌乐县烟草专卖局、山东潍坊烟草有限公司昌乐分公司合署办公，属政企合一体制，简称昌乐县烟草专卖局（分公司），担负着全县烟叶生产收购、卷烟销售和烟草专卖管理工作。至2019年底，昌乐县烟草专卖局（分公司）共有在职员工181人，下设6个科室、3个工作推进组、4个基层服务站、5个烟叶收购站。2019年，企业实现税收2099.44万元，入库税金2211.11万元

【烟叶生产】 2019年全县种植烤烟0.65万亩，分布在4个镇、46个植烟村，户均种烟面积79亩。全年收购烟叶1.65万担，投放收购资金2199万元。烟叶公斤均价26.65元，上等烟比例63.79%，亩产值3383.11元，分别较2018年增加5.7元、26.27个百分点和1146.73元。全力稳定规模。努力克服去年烟叶受灾、植烟效益偏低的不利影响，强化绩效挂靠、层层传导压力，机关包靠烟站，为烟农筹集生产启动资金，圆满完成上级分配的面积任务。落实关键技术。狠抓烟田布局调整、漂浮育苗、抗旱浇烟、绿色防控等一系列关键技术措施落实，烟叶生产管理水平稳步提升。8月份之前，昌乐的烟田长势在全市保持了领先水平，在全省烟田观摩中得到较高评价。奋力抗灾自救。8月份全县遭遇特大台风暴雨灾害以后，不等不靠，引导烟农加强烟田管理，不放弃一块受灾烟田；抓紧组织抢采抢烤，不放弃一片有效烟叶，保证了国家收购计划不受影响。规范烟叶收购。严格收购流程，严肃收购纪律，全面推行阳光收购，为烟农开辟便捷售烟“绿色通道”，在保证烟叶收购质量的同时，做到了政府、烟农和工业用户“三个满意”。

【基础设施】 2019年共投入资金92.97万元，实施基础设施建设项目23个，主要包括打灌溉机井8眼，采购农业生产机械15台（套）。

【卷烟销售】 2019年全县销售卷烟19239箱，同比减少0.31%；实现单箱值25667元，同比增长2.72%；实现销售额49381万元，同比增长2.40%。加快推进终端共建共赢建设。以终端分类建设、云POS推广应用为着力点，制定落实年度实施方案和专项激励制度，明确推进目标，实施重点突破，形成服务站“双基”提升长效机制，促进了全县零售终端实力和渠道掌控力同步提升。全年累计引导零售户投资84.8万元，建成品牌店52家、精品店329家、标准店1002家，终端提升面达到68.1%。其中，城镇提升面达到83.7%，农村提升面达到60.7%，精品店占比达到18.8%，在全市均位居前列。并且，全县526户零售户使用了云POS系统，占客户总数的25.9%；107户实现了全商品扫码，占客户总数的6.80%；发展消费者会员19129人，全县网上订货率达到98.7%的历史最高水平。巩固提升互助小组建设成效。全面落实工作包靠、层级督查、暗查暗访、问责考核等工作制度，抓牢做实集中拜访、小组运行、针对服务、价格访查等重点工作，通过零售户互助小组互帮互助、自我管控，有力地保障了卷烟价格稳定、客户盈利提升。全县零售户卷烟经营毛利稳定保持在15%以上。做强做大重点品牌。以鲁产、细支、重点培育、新上市四类品牌为重点，突出抓好目标分解、措施落实、督导考核三项工作，辖区品牌品类布局持续优化。全年鲁产卷烟市场份额达到63.7%，高出全市3.4个百分点；全年销售细支卷烟2291箱，同比增幅36.23%，排名全市第1位。积极推进文明吸烟环境建设。集中精力抓好有关公共场所室外吸烟亭、吸烟点等重点项目的建设工作，有力地支持了

文明城市建设。

【专卖管理】 以建设精准专卖、智慧专卖、法治专卖、规范专卖为目标，坚持内管外打并重，持续强化市场监管与综合治理，保驾护航能力不断增强。全年共查获涉烟案件537起，同比增长10.27%；涉案卷烟135.82万支，同比增长73.2%；总案值101.97万元，同比增长55.18%；移交工商案件58起，罚没款金额6.14万元；移送公安立案5起，拘留12人，判刑5人，逮捕6人。全年查获非法大户14个。年度专卖管理工作取得了全市排名第三的优异成绩。狠抓清单式监管。以全县128个专卖管理网格为基础，建立健全细分市场基础信息清单；以零售户互助小组为平台，逐步建立覆盖全县的涉烟违法信息举报网络；合理安排检查计划，坚持执法过程全程录像，确保了市场检查到位率和有效性。狠抓重点领域整治。扎实开展“寒战2019”“天网”“击鼓”“鸢都利剑”“齐鲁利剑（2019）”等专项行动，把互联网物流快递领域和特业场所作为治理重点，深化联合执法，增加检查频次，强力破网追刑，始终保持了对非法“三烟”的高压严打态势。狠抓真烟非法流通治理。紧紧围绕重点区域、重点品牌、重点对象，压实定期、定人、定时检查工作制度，充分发挥网格化管理、互助小组运行、专销深度协同三个机制作用，有力地遏制了卷烟非法流通行为。狠抓依法行政。在落实好行政许可“一次办好”便民举措的同时，对新办证零售户进行面对面培训，从涉业之初就增强其守法经营意识；深入开展规范许可证后续监管专项行动，依法依规整顿人证、地证不符零售户，增加对卖烟大户、停业整顿户和无证户的检查力度和频次，全县卷烟市场经营秩序得到深层次规范。狠抓规范经营。持续开展全员警示教育，压实规范经营层级责任，严格考核问责，有效杜绝了内部不规范行为；通过数据分析和市场查访，加强敏感牌号、异常订单监管，抓早抓小，从源头上遏制了卷烟非法流通。2019年，烟草行业内管平台通报昌乐外流卷烟数量仅为33条，规范经营达到历年来最好水平。

（供稿人：邢庆宏）

财政　税务　金融

财政　税务　金融

财　政

【概况】　2019年，全县一般公共预算收入完成255383万元，占预算的100.2%，直比增长3.2%，考虑减税降费等因素，同口径增长13.6%；一般公共预算支出完成345487万元，占预算的83.5%，下降8.6%。

【财政收支】　2019年，全县一般公共预算收入完成255383万元，占预算的100.2%，直比增长3.2%，考虑减税降费等因素，同口径增长13.6%。其中税收收入占一般公共预算收入的80.4%；一般公共预算支出完成345487万元，占预算的83.5%，下降8.6%，其中民生支出完成271319万元，占一般公共预算支出的78.5%。一般公共预算收入中，县本级收入完成72850万元，占预算的114.6%；宝都、宝城、朱刘、五图4个街道完成145006万元，占预算的85.4%，下降3.4%。一般公共预算支出中，县本级完成327336万元，占预算的84%，下降7.5%；宝都、宝城、朱刘、五图4个街道完成7285万元。

【财政管理】　2019年，全面贯彻落实新《预算法》。深入推进预决算公开，提高财政支出透明度，接受社会监督，打造“阳光财政”。在政府门户网站设立预决算公开专栏，集中公开财政总预决算和部门预决算，公开“三公”经费预决算，细化公开内容，接受社会监督，提高透明度。规范举债融资机制，发行再融资债券34376万元，用于偿还政府债务系统中到期债券本金，节约利息支出2062万元，有效缓解偿债压力。加大新增债券争取力度，发行新增债券87800万元，主要用于灾后重建和棚户区改造项目。积极稳妥推进融资平台转型改制，防范政府隐性债务风险。建立全县国有资产管理报告制度，首次向县人大常委会提交国有资产管理情况综合报告和行政事业单位国有资产专项报告。对全县县属经营性国有资产和公共基础设施进行清查核实，对部门举办企业实施产权划转，实现县属经营性国有资产统一监管。制定县属国有企业监督管理规定，为加强县属国有企业监管提供制度保障。严把行政事业单位资产“入口”和“出口”，提高资产配置的规范性和合理性，依法公开公平处置国有资产。进一步完善政府“公务仓”管理，加强资源共建共享，提高资产配置效率。积极开展项目预算评审，把好第一道关，审减资金12460万元；加强政府采购过程监管，节约资金2998万元；创新完善三级复核评审制度，提高结算项目评审质量，审减资金2484万元。全面实施预算绩效管理，继续开展财政资金项目绩效评价，持续推进部门单位整体评价试点，对17个财政资金项目和6个部门（单位）整体开展了第三方独立评价，评价金额达13亿元。

【财源建设】　2019年，落实更大规模减税降费政策，推动经济高质量发展。全面落实普惠性、结构性减税降费政策。全年共落实减税降费63592万元，其中：深化增值税改革，大幅降低增值税税率，全年减税26338万元；落实小微企业普惠性减税政策，惠及小微企业21732户，减免税款6149万元；深入推进个人所得税改革，减轻纳税人负担9841万元；落实增值税期末留抵退税政策，办理退税7931万元，减轻企业当期税收负担；落实社会保险费率降低政策，继续阶段性下调工伤保险费率，减轻社会保险费缴费负担5592万元。加大财政扶持力度，推动经济高质量发展。拨付资金16537万元，落实工业强基、动能转换及招商引资政策，推动实体经济高质量发展。

【增收节支管理】 2019年，坚持开源节流，夯实财源基础。开展“两清一查”，夯实税源基础。积极应对减税政策带来的收入下降影响，开展“两清一查”活动，对房产税、城镇土地使用税进行专项清理，对房地产领域税收进行专项清查，补缴入库2018年以前税款29052万元，同时摸清了税源底子，建立了税源动态台账管理机制，夯实了税源基础。加强涉税信息共享，推进综合治税。建立财政、税务、国土、房管、住建、市场监管等多部门涉税信息共享平台，及时推送涉税信息，堵塞税收征管漏洞，推进社会综合治税。加强非税收入征管，提升财政统筹能力。落实执收执罚部门征收激励机制，确保非税收入应管尽管、应收尽收。做好封山禁采涉案矿产品公开处置工作，拍卖收入全部上缴国库，提升财政统筹能力。大力压减一般性支出，集中财力保“三保支出”。牢固树立过“紧日子”的思想，大力压减一般性支出规模，公用经费和一般性业务项目支出全部压减20%，集中财力用于工资发放、基本运转和基本民生政策落实。

2019年5月15日，财政部一行3人，在省财政厅、市财政陪同下，到昌乐调研财政扶贫资金动态监管工作

【国库集中支付改革】 2019年，围绕全年地方财政收入任务目标，认真分析收入形势，加强收入调度，深入挖掘增收潜力，确保应收尽收、均衡入库，保持了稳定良好的财政收支发展态势。调度资金做到统筹兼顾，区别轻重缓急。在切实保障工资发放和机构正常运转的同时，着力保障民生。重点放在教育、科技、社会保障、公共卫生等满足社会公共需要的支出领域。维护社会稳定，全力保障县委、县政府确定的重点支出落到实处。

【保障和改善民生】 2019年，加大教育投入，推动城乡教育均衡发展。投入资金7656万元，落实教育生均公用经费保障机制，实现从学前教育、义务教育、普通高中教育到中职教育的全覆盖。安排资金1305万元，用于城乡贫困学生救助体系建设，促进教育公平，惠及学生1.2万人。全面落实教育惠民政策，投入资金1659万元，用于中小学班级管理团队激励机制保障和退养民师、原民办代课教师等待遇发放。加大公共医疗卫生投入，促进城乡服务均等化。全面实施国家基本药物制度，投入资金2857万元，保障群众基本用药，减轻医药费负担。投入资金4096万元，用于基层医疗卫生机构开展基本公共卫生服务，促进城乡公共卫生服务均等化。加大基层卫生院扶持力度，投入资金1000万元用于基层卫生院工资性补助，促进基层卫生院的稳定健康发展。筹集资金8804万元，用于完善居民基本医保体系，累计报销医药费39365万元，受益群众72.9万人次，有效减轻了广大群众就医用药压力。投入资金1000万元，支持公立医院改革。加大社会保障投入，完善社会救助和福利体系。投入资金16980万元，用于60周岁以上老年人基础养老金发放，确保老年人基本养老生活保障。投入资金4794万元，用于残疾人基本生活权益和城乡低保等贫困家庭基本生活保障，进一步完善城乡救助体系。投入资金2176万元，用于孤困儿童、流浪乞讨人员、城乡特困人员、经济困难老人基本权益保障及免除城乡居民基本殡葬服务费用等方面，进一步完善社会福利体系。投入资金1757万元，用于80周岁以上老人生活补贴、1岁儿童免费接种水痘疫苗、70周岁以上老人免费接种四价流感疫苗、严重精神障碍患者免费治疗等民生实事政策实施。投入资金528万元，继续实施民生综合保险工程。投入资金9259万元，用于退役士兵公益性岗位、优抚安置等方面，进一步推动双拥工作，促进社会和谐稳定。投入资金268万元，用于农村公益电影放映、农家书屋建设、三馆免费开放和送戏下乡等活动，丰富群众文化生活，完善公共文化服务体系。筹集资金1700万元，用于推进昌乐县融媒体改革国家试点县的顺利建设。争取上级棚户区改造补助资金900万元，发行棚户区改造专项债券74400万元，用于昌乐县南关、金都、永康等片区棚户区改造工程，持续改善群众的基本住房条件。开展涉农资金整合，积极推动乡村振兴战略实施。认真贯彻落实省政府要求，聚焦打造乡村振兴齐鲁样板，整合中央省市县资金37157万元，完善配套制度保障措施，凝聚支农政策和资金合力，推动乡村振兴重大战略的落地实施。加大扶贫投入力度。安排扶贫资金1567万元，用于精准脱贫攻坚，重点加强产业扶贫，增强贫困户产业脱贫能力。投入风险补偿资金560万元、贴息资金400万元，发放农业企业“富民生产贷”6280万元，帮助1256户贫困户平均增收1600元以上。加强乡村生态建设。投入资金14393万元，支持农村人居环境综合整治、农村水源地保护和农村污水处理，完成52413户农村厕所无害化改造。加强乡村组织振兴保障。拨付资金4648万元，用于村级组织运转经费保障，落实村干部、计生专干及离任干部待遇，强化基层党组织在乡村振兴中的战斗堡垒作用。

【其他重要工作】 2019年，积极争引资金，争取省级工资补助资金15000万元，有效缓解了县财力紧张的问题。稳步推进PPP项目。以规范运作、绩效管理为目标，平稳推进7个PPP项目，21所农村中小学、S224大沂路改线、雨污分流等3个项目竣工，完成社会资本投入6.3亿元。完善政策性担保公司运行机制。与省市担保机构建立了“富民生产贷”等多层次担保服务平台，降低服务门槛，实行全市最低水平的担保费率，减轻中小微企业和“三农”服务对象的融资成本，累计为44家企业提供了4.6亿元担保服务，在保责任金额2.83亿元。大力开展农业保险服务。筹集资金1277万元，开展畜牧业、种植业、林业保险补贴工作，降低农业生产风险，保障农业生产安全。

（供稿人：张林明）

政府采购

【概况】 围绕政府采购监管重心和政府购买服务工作，不断简化工作流程，落实政府采购政策，推动全县政府采购工作扎实开展。2019年共计备案政府采购项目248个，执行采购预算资金66613.62万元，实际采购资金64619.85万元，节约率2.99%。

【2019年编制服务目录，规范镇级服务】 根据《关于加强镇政府服务能力建设的实施意见》（潍政发[2019]3号）要求，县财政作为牵头单位，会同县编办指导昌乐县“四镇、四街区”编制了镇级政府购买服务目录，对购买服务内容进行扩容，并以此为契机，抓好政府购买服务预算编制、招投标管理工作。

【强化普法宣传，依法履行职责】 做好政府采购普法宣传工作。通过向上申报政府采购普法案例、录播普法宣传节目等形式，加大了对政府采购法律法规政策的解读宣传。认真履行监管职责，处理政府采购投诉1起，政府采购检举1起。在市县两级实施的“2019年政府采购代理机构监督检查工作中”，对4家采购单位、2家代理机构有针对性地检查出17项问题，并做出了行政处理决定书。

【以监督促落实，细化采购管理】 重点做好以下临时性工作，接受省委巡视组检查，及时报送了昌乐县2015-2019年政府采购招标项目明细表和2015-2019年单位自行采购备案项目表；在县发改局的统一调度下，及时做好昌乐县2019政府采购营商环境评价工作；落实省财政厅《关于建立省级政府采购网上商城扶贫频道的通知》要求，推荐当地具有特色优势的扶贫农副产品及相关产品。

【围绕整治方案，推进问题整改】 指导做好涉企保证金清退工作。根据省财政厅《关于取消政府采购投标保证金等有关事项的通知》（鲁财采〔2019〕40号）要求，会同县公共资源交易中心及时对保证金清退整改工作进行安排，共清退保证金总额约521.81万，涉及170多家企业，清退部分全部上交国库。及时做好《问政山东》栏目反映的问题，落实政府采购评审专家费用支付整改工作，规范费用支付管理。自2019年10月1日起，专家费用全部由采购单位负担，并将费用支出情况通过山东政府采购网予以公开公示。

（供稿人：李俊丽）

税　务

【概况】 2019年，昌乐县税务局以十九届四中全会精神为指引，紧紧围绕县委、县政府、潍坊

2019年10月，全市税务系统”加油站数据信息实时采集系统“推广应用现场会在昌乐召开　　高福平　摄

市局工作总体部署，围绕“六大建设”抓队伍促融合，夯基础求创新，聚焦税收主业，突出减税降费，强化税收监管，优化纳税服务，各项税收工作稳步推进。

【税收收入】 2019年，全局累计完成全部收入353121万元，其中县级收入216625万元，同比增收364万元，增长0.17%。全年争取调库指标18500万元，同比增加2500万元，增长15.63%。全年通过税务系统共征收机关事业单位和城乡居民社保费5.96亿元，其中征收机关事业单位社保费3.96亿元，城乡居民社保费2亿元。

2019年4月，昌乐县税务局青年干部深入企业开展税收宣传月活动　　高福平　摄

【税收征管】 2019年，县税务局大力构建自主遵从的纳税服务体系。严肃纳税信用等级评定，试行对纳税人分级别差异化服务。构建科学严密的税收管理体系。构建智能高效的信息化体系。在成品油销售行业开展数据管税实践，引进加油站信息实时采集系统，为全县独立核算的社会化加油站65户、共345台加油机安装税控端口，实时获取加油机销售数据，杜绝隐瞒收入及不开票行为。全市加油站数据信息实时采集系统推广会议在昌乐召开。通过该系统，昌乐加油站行业年预计可增收1000万元。该项工作得到

县委县政府和潍坊市局主要领导的肯定性批示。

【税收服务】 2019年，县税务局从保持经济持续健康发展和社会大局稳定的高度，牢固树立了落实减税降费政策是政治任务的理念，不讲条件、不打折扣的落实了各项减税降费政策。建立了8个个体工商户申报辅导微信群，主动推送办税指南10期，下发各类宣传材料3万余份，为纳税人共计授课2500人次，让减税降费政策应知尽知全覆盖。开展2轮全员减税降费政策解读培训、1次全员减税降费业务考试，开展“48户民营企业大调研”，收集并解答涉税问题267条，2019年实现减税降费5.9亿元。积极开发全员首问APP系统，挂靠县税务局微信公众号，搭建咨询热点库和政策知识库，全体在职人员在线参与政策答疑，网络互动服务纳税人。深入推进“一次办好”改革，大力推行自助发票终端、出口退税和企业所得税核定征收“无纸化”办理等非接触服务，实行全智能票箱、社保费自助缴费终端、二十四小时办税服务厅等智能办税，进一步方便了纳税人。帮助阳光纸业集团，解决发票问题。深入开展大调研，进入元利科技、英轩实业等重点税源单位，进行“入户送税政”活动，共计收集整理问题200余个并逐项进行答复。大力落实优惠政策，2019年办理了增值税即征即退2.24亿元，落实了增值税出口退税3.83亿元，有效地盘活了企业的流动资金，增强了企业再投资能力。对确立的30个新旧动能转换项目及时跟进，进行涉税服务。2019年在省局组织的营商环境第三方调查中，昌乐纳税人回访满意度最高，全省第一。

2019年昌乐县税收收入一览表

表5　　　　单位：万元

序号	项　目	1-12月累计	去年同期	增减	增幅
1	一、税务部门组织税收收入合计	341743	377730	-35987	-9.53
2	其中：中央级收入	135061	172545	-37484	-21.72
3	地方级收入	206682	205185	1497	0.73
4	其中：省级收入	1366	1184	182	15.37
5	县级收入	205316	204001	1315	0.64
6	1. 国内增值税	165829	189321	-23492	-12.41
7	其中：免抵调增增值税	18500	16000	2500	15.63
8	2. 国内消费税	407	319	88	27.59
9	3. 企业所得税	64488	99150	-34662	-34.96
10	4. 个人所得税	12909	21187	-8278	-39.07
11	5. 资源税	2208	1496	712	47.59
12	6. 城镇土地使用税	32885	14356	18529	129.07
13	7. 城市维护建设税	9996	10879	-883	-8.12
14	8. 印花税	2178	3079	-901	-29.26
15	其中：证券交易印花税	0	0	0	-
16	9. 土地增值税	11170	7368	3802	51.6
17	10. 房产税	14041	4382	9659	220.42
18	11. 车船税	1921	1953	-32	-1.64
19	12. 车辆购置税	5296	5322	-26	-0.49

续表 5

序号	项　目	1-12 月累计	去年同期	增减	增幅
20	13. 烟叶税	484	323	161	49.85
21	14. 耕地占用税	1663	2917	-1254	-42.99
22	15. 契税	14178	14081	97	0.69
23	16. 环境保护税	2080	1515	565	37.29
24	17. 其他税收	10	82	-72	-87.8
25	二、非税收入合计	11378	12333	-955	-7.74
26	三、收入合计	353121	390063	-36942	-9.47
27	其中：县级收入合计	216625	216261	364	0.17

（供稿人：高福平）

银行业

【概况】 2019 年，昌乐县有中国人民银行昌乐县支行，中国农业发展银行昌乐县支行、中国工商银行昌乐支行、中国农业银行昌乐支行、中国银行昌乐支行、中国建设银行昌乐支行、邮政储蓄银行昌乐支行、交通银行潍坊昌乐支行、中信银行昌乐支行、恒丰银行潍坊昌乐支行、昌乐农村商业银行、潍坊银行昌乐支行、昌乐乐安村镇银行 12 家银行机构。年末各项存款余额 404 亿元，各项贷款余额 331 亿元。

【货币】 人民银行昌乐县支行负责行政区域内的货币发行、流通管理。2019 年 8 月 30 日发行 2019 版第五套人民币 50 元、20 元、10 元、1 元纸币和 1 元、5 角、1 角硬币，发行后，与同面额流通人民币等值流通。辖区内工、农、中、建等国有商业银行的现金调拨、券别调剂、损伤券上解由其管辖行统一管理，昌乐农村商业银行自己办理，村镇银行、交通银行等股份制商业银行的现金业务通过昌乐农村商业银行办理。

【反假人民币】 2019 年共收缴银行机构、公安部门缴来假人民币 5067 张、16.30 万元。昌乐县银行机构于“3.15”、9 月 2 日至 9 月 6 日昌乐国际宝石节期间，按照“农村是重点，城市不放松”的原则，在广大农村地区、城市商业区和人流密集区，开展反假币宣传活动。充分利用农村集市进行宣传，将反假人民币的目的、意义，什么是假人民币、发现假币如何处理、处罚规定、人民币真伪的鉴别方法等作比较详细的介绍，收到较好效果。充分利用聘请反假货币农村义务宣传辅导员的有力条件，以农村反假货币义务宣传网络为平台，加强以农村为重点，面向农民、面向中小学生、面向农贸市场、面向群众的宣传教育活动，进一步提高群众特别是农民识别假币的能力。

【存款】 银行存款由来源、性质不同的单位存款、个人存款、财政性存款、临时性存款、委托存款、其他存款 6 大部分组成，其中单位存款、个人存款所占份额最大，个人存款中又以储蓄存款为主体。按照人民银行统计口径，单位存款包括活期存款、定期存款、通知存款、保证金存款；个人存款包括储蓄存款、保证金存款、结构性存款。2019 年末，全县银行机构各项存款余额 404 亿元，其中单位存款 121 亿元、个人存款 283 亿元。

【贷款】 贷款系指贷款人对借款人提供的并按约定的利率和期限还本付息的货币资金，贷款人系指在中国境内依法设立的经营贷款业务的中资金融机构；借款人系指从经营贷款业务的中资金融机构取得贷款的法人、其他经济组织、个体工商户和自然人。贷款币种包括人民币和外币。2019 年末，全县各项贷款余额 331 亿元，较年初增长 13.3%。

【结算】　昌乐县结算方式有银行汇票、商业银行汇票、银行本票、支票、汇兑和委托收款 6 种；企业间资金往来以支票、汇兑为主；在农村地区推广移动支付等新兴支付方式。昌乐县各银行机构认真贯彻党中央关于建设美丽新农村，促进乡村镇振兴的方针、政策，以加强电子银行建设，创新结算方式为切入点，推行非现金支付结算方式、先后推出个人网上银行、企业网上银行、银联 POS 机、ATM 机等结算品种和机具，在城乡设立自助银行、助农取款点等便民服务设施，向农产品批发市场、蔬菜加工企业、从事蔬菜经营的个体工商户推介先进的电子业务产品，传统的大额现金交易做法发生变化。至 2019 年末，6 家涉农银行机构（工行昌乐支行、农行昌乐县支行、中行昌乐支行、建行昌乐支行、昌乐农村商业银行、潍坊银行昌乐支行）共设立助农取款点 649 处，银行机构共布放 POS 机 5267 台、ATM 机 257 台、转账电话 666 部、农民自助终端 467 台，注册网上银行 91.22 万个、手机银行 78.91 万个、发行银行卡 284.99 万张，人均持卡量达到 4.46 张。

【外汇】　2019 年，国家外汇管理局昌乐县支局扎实履行外汇管理职能，认真落实外汇简政放权各项措施，推动涉外经济蓬勃发展。一是大力开展外汇政策宣传服务工作。认真落实上级对“外汇服务进万企”的工作要求，在调查问卷了解企业基本情况的基础上，共服务涉外企业 60 余家，走访企业 3 家。联合建行、农行开展政策宣讲会，使外汇及跨境人民币政策的红利及时惠及涉外主体，有力地促进了涉外经济健康发展。二是实地调查重点企业，把握中美贸易影响。跟随济南分行国际收支处走访山东亚太中慧集团有限公司和山东潍焦集团有限公司，对中美贸易战、汇率波动等对涉外企业影响提出了相关应对措施及建议，对企业的外汇诉求予以解答，并将外汇管理政策、跨境人民币政策及一次办好宣传手册赠送给企业，为企业提供了切实指导。三是进一步提高非现场监测分析与业务水平。密切关注数据的异常变动，深入挖掘贸易领域资金流与货物流背离的影响因素，针对人民币汇率上下波动、中美贸易摩擦、外汇政策实施效果反馈等外汇热点方面进行调研，积极撰写调研信息为上级领导决策服务。结合地区经济特色、产业结构和业务特点等，选择适合县辖行业类型、结算方式、贸易方式等开展特色监测分析。四是加强国际收支和结售汇统计管理。加强银行国际收支申报数据非现场核查，强化日常非现场核查，按季开展银行国际收支申报数据现场核查。按照省分局《国际收支统计间接申报非现场核查操作流程》要求，做好日核查、月度核查。五是做好货物贸易名录登记、基本信息变更及直接投资存量权益登记。2019 年累计办理货物贸易名录登记 81 笔、变更 22 笔，6 月底完成 75 家涉外企业 FDI、ODI 权益登记工作。六是积极创造良好的环境，配合做好招商引资工作。加积极与商务局、发改局等上游部门的沟通和协调，及时掌握辖内投融资项目的最新动态，结合辖区实际，对重点企业、重点项目进行一企一策服务，把外汇政策的红利及时传导给企业，为外商打造良好的外部环境。2019 年辖区有 3 家外资企业累计办理利润转增资 9600 万美元，有力地支持了招商引资工作。

2019 年县内银行一览表

表 6　　相关数据截至到 2019 年 12 月 31 日　　单位：个，亿元

机构名称	网点数量	存款余额	贷款余额
中国工商银行股份有限公司昌乐支行	4	48	33

续表 6

机构名称	网点数量	存款余额	贷款余额
中国农业银行股份有限公司昌乐县支行	9	49.4	28.6
中国银行股份有限公司昌乐支行	3	17.6	25.7
中国建设银行股份有限公司昌乐支行	3	42.6	28.2
中国农业发展银行昌乐县支行	1	10.2	56.0
山东昌乐农村商业银行股份有限公司	33	156.5	109.3
中国邮政储蓄银行股份有限公司昌乐县支行	3	29.3	9.2
中信银行股份有限公司潍坊昌乐支行	1	8.5	7.7
潍坊银行股份有限公司昌乐支行	3	22.3	24.9
交通银行股份有限公司潍坊昌乐支行	1	6.5	3.2
昌乐乐安村镇银行股份有限公司	5	7.2	5.5
恒丰银行股份有限公司昌乐县支行	1	0.4	

（供稿人：安媛媛）

保险业

【概况】 2019年，昌乐县保险业金融机构立足实际，主动作为，扎实工作，完善保险机构考核办法，从保费收入、理赔、税收贡献、创新等方面对各县域保险公司进行工作考核，评先树优，激发活力；引导各保险机构规范经营，打击扰乱保险市场的行为，确保形成健康持续繁荣的保险市场，全县保险工作实现了新的突破。

2019年，昌乐县保险业金融机构达到45家，其中财险机构17家，寿险机构8家，保险代理机构20家。全年实现保费收入9.80亿元，较上年增长9.88%，其中财险保费收入2.29亿元，寿险保费收入7.51亿元，增幅分别是17.31%和7.79%；保险理赔总额1.96亿元，较上年增长9.73%，其中财险理赔金额1.38亿元，寿险理赔0.59亿元，增幅分别是4.38%和24.75%。

2019年，积极向县政府建议和争取，组织引导有实力的保险机构在昌乐县开展政策性保险业务。现已开展小麦、玉米、大棚、畜牧业、安全生产责任险、民生综合险等政策性保险品种。昌乐受到较严重的洪涝灾害，灾后鼓励各保险机构积极向上争取政策支持，简化理赔程序，提高查勘理赔效率，帮助群众尽快恢复生产生活，已按相关程序完成保险理赔工作。积极对接人寿财险促成国内首家“安责险”事故预防服务试点项目落户昌乐县，潍坊振兴焦化成为该项目首家数据化安全服务试点企业。安全生产责任保险、特种设备责任保险、医疗责任保险等险种已广泛参与到企业防灾减损工作中，为企业稳定和恢复生产提供了有力的金融保障协调省农担公司来昌开展业务。

【中国人民财产保险股份有限公司昌乐支公司】 昌乐支公司成立于1984年1月，业务范围包括企业财产损失保险、家庭财产损失保险、短期健康保险、意外伤害保险、建筑工程保险、安装工程保险、货物运输保险、机动车辆保险、船舶保险、能源保险、法定责任保险、一般责任保险、保证保险、信用保险、种植保险、养殖保险，代理国内外保险机构检验、理赔、追偿及其委托的有关事宜，经保监局批准的其他业务。公司在全国开通365天24小时服务专线“95518”，随时随地为客户提供报案、咨询、投诉、车辆救援、预约投保和客户回访等多功能、个性化服务，并开通电话销售专线、移动互联平台、柜面一体化和“中国人保”APP，形成了强有力的服务网络，随时随地为客户提供投保咨询、理赔查询、一站式在线服务，打造了智慧理赔、拇指理赔和极速理赔等高品质保险服务，可以与任何客户实现“点对点”快速对接。打造“人保之友”客户俱乐部，为客户提供与车务和生活相关的增值服务。2019 年，昌乐支公司实现保费 6532 万元，支出赔付 5154 万元，上缴税额 698.82 万元。

【中国人寿保险股份有限公司昌乐县支公司】　昌乐支公司成立于 1996 年 9 月 12 日，业务范围包括人寿保险、健康保险、意外伤害保险等各类人身保险业务；人身保险的再保险业务；各类人身保险服务，咨询和代理业务；国家保险监督管理部门批准的其他业务（依法须经批准的项目，经相关部门批准后方可开展经营活动）。公司秉承“成己为人，成人达己”的经营理念，在全国开通 365 天 24 小时服务专线“95519”，随时随地为客户提供业务咨询、信息查询、保险投诉、挂失登记、理赔报案等热情周到的“一站式”保险服务。2016 年，公司推出中国人寿云助理、国寿 e 宝、国寿通、掌上国寿、国寿 i 购等 APP 客户端，理赔方面推出电子化理赔、通赔通付，全方位满足客户需求。深入参与社会保障体系建设在养老保障体系建设方面，坚持创新驱动发展战略，贯彻落实集团公司“大养老”“大健康”战略布局，积极应对人口“老龄化”趋势，不断创新供给产品服务，提供多样化养老保险产品，陆续推出了“个人养老保险”“福禄满堂”“鑫福年年”“鑫如意年金”等养老产品。在医疗保障体系建设方面，一是做好城乡居民大病保险补偿服务。2013 年以来，公司独家承办潍坊市新型农村合作医疗重大疾病医疗保险和城镇居民大病保险，每年为城乡居民提供重大疾病“二次报销”补偿服务。二是大力发展商业健康保险，积极拓展国寿康宁、康恒、瑞鑫等重大疾病保险产品，持续加大保障型产品供给和服务，提高县域居民保障水平。公司认真贯彻监管机构和上级公司防风险制度要求，重点防范和处置销售误导、非法集资、反洗钱等领域风险点，勇于承担行业和社会责任。公司还积极参与各类社会公益慈善和各项创建活动，如“老年节”期间，配合市老龄办组织专人上街大力宣传“银龄安康业务”，投身扶贫济困、奉献爱心等社会公益事业，帮助社会弱势群体，赢得了客户的好评和社会各界的广泛赞誉。2018 年公司社会影响力进一步扩大，新农合大病保险平稳运行，参合患者补偿比例大幅度提升，参合群众满意度不断提高。2019 年，中国人寿昌乐县支公司实现保费 25694 万元，赔付支出 3419 万元，上缴税额近 91.75 万元。

【中国人寿财产保险股份有限公司潍坊市昌乐支公司】　昌乐支公司成立于 2012 年 5 月 03 日，业务范围包括企业财产损失保险、家庭财产损失保险、短期健康保险、意外伤害保险、建筑工程保险、安装工程保险、货物运输保险、机动车辆保险、船舶保险、能源保险、法定责任保险、一般责任保险、保证保险、信用保险、种植保险、养殖保险，经保监局批准的其他业务。公司秉承“专业、快捷、便利、贴心”的经营理念，在全国开通 365 天 24 小时服务专线“95519”，随时随地为客户提供报案、咨询、投诉、车辆救援、预约投保和客户回访等多功能、个性化服务，并开通 4008007007 电话车险投保专线和网络销售平台。2018 年人寿财险昌乐支公司积极响应县委、县政府“挣项目、挣资源”工作举措。与县安监局联合成功引进总公司与清华大学开展的全国首家“安全生产数据化管控项目”落户潍坊振兴焦化。本次项目以高品质、高效率共享的方式来推动更多的企业快速提升安全管理能力及水平，助力平安昌乐建设。自 2012 年公司成立以来，连续 8 年位居市场前三位，2019 年保费规模位居当地财险市场第二位；2019 年底根据市行业协会数据分析，昌乐支公司累计完成业务保费收入 3624 万元，赔付款 2333 万元，累计缴纳税款 358.30 万元。

【中国太平洋人寿保险股份有限公司潍坊市昌乐支公司】　昌乐支公司成立于 2003 年 1 月 21 日，公司坚持“以客户需求为导向，专注保险主业，推动和实现可持续的价值增长”的经营理念，建立了覆盖全县的营销网络和多元化服务平台，提供全方位风险保障解决方案、投资理财和资产管理服务。推进“以客户需求为导向”的战略转型，紧密围绕转型三大目标，坚持问题导向，推动转型成果落地：在关注客户需求方面，实现精准销售和精细服务；在改善客户界面方面，积极运用新技术，确保中后台支持前端；在提升客户体验方面，大力推动产品创新，将优质、便捷的保险服务带到客户身边，得到社会各界的广泛认同。太保公司以“做一家负责任的保险公司”为使命，以“诚信天下，稳健一生，追求卓越”为企业核心价值观，将企业社会责任全面融入公司的商业模式中，为客户、员工、行业、社会、环境等利益相关方创造共享价值，受到广泛赞誉，连续六年获中国企业社会责任榜“杰出企业奖”。2019 年，昌乐支公司实现保费收入 19741 万元，支出赔付 293 万元。

【中国太平洋财产保险股份有限公司昌乐支公司】

昌乐支公司成立于 2005 年 7 月 4 日，业务范围包括企业财产损失保险、家庭财产损失保险、短期健康保险、意外伤害保险、建筑工程保险、安装工程保险、货物运输保险、机动车辆保险、船舶保险、能源保险、法定责任保险、一般责任保险、保证保险、信用保险、种植保险、养殖保险，代理国内外保险机构检验、理赔、追偿及其委托的有关事宜，经保监局批准的其他业务。公司秉承“诚信天下，稳健一生，追求卓越”的经营理念，在全国开通 365 天 24 小时服务专线“95500”，随时随地为客户提供报案、咨询、投诉、车辆救援、预约投保和客户回访等多功能、个性化服务，并开通 10108888 电话车险投保专线和网络销售平台。2016 年以来，公司推出数字太保、CRM、码上保，都保吧等 APP 客户端，理赔方面推出太好赔，理赔更便捷，全方位满足客户的投保需求。理赔服务再次提升，小额理赔全面实行微信自助，增值服务的优化更好的服务了客户。2019 年昌乐支公司再次实现保费增长，实现保费约 1767 万元，支出赔付约 682 万元，上缴税额近 307.57 万元。

【中华联合财产保险股份有限公司昌乐支公司】

昌乐支公司成立于 2004 年 3 月 15 日，业务范围包括企业财产损失保险、家庭财产损失保险、建筑工程保险、安装工程保险、货物运输保险、机动车辆保险、船舶保险、飞机保险、航天保险、核电站保险、能源保险、法定责任保险、一般责任保险、保证保险、信用保险、种植保险、养殖保险，经中国保监会批准的其他财产保险业务；个人意外伤害保险、团体意外伤害保险、个人短期健康保险、团体短期健康保险等短期人身保险业务；涉外保险业务（依法须经批准的项目，经相关部门批准后方可开展经营活动）。公司秉承新疆建设兵团优良传统，以“忠诚服务，笃守信誉，回报社会”为根本宗旨，坚持以人为本，主张“公司是学校，教人要育；公司是军队，治司要严；公司是家庭，同仁要爱”，形成了具有鲜明特色的企业文化，为公司快速成长提供了强力支撑。自 2014 年开始承保全县的小麦保险、玉米保险、生猪保险、奶牛保险，切实为农民朋友解决了后顾之忧。全国统一服务热线 95585，作为中华财险统一对外服务窗口，为您提供 365 天 24 小时全天候服务，随时为您排忧解难。并开通 4001999999 电话车险投保专线和网络销售平台。理赔服务方面，已成立了从省公司到地市、县级公司的专业理赔部门，并配备了理赔专家，制定了一套高效准确的流程。公司开通了一站式理赔服务，赔款金额 5000 以内的不需要提供发票当日结案。2019 年，昌乐支公司实现保费 1575 万元，支出赔款 830 万元，上缴税额 123.55 万元。

【中国平安财产保险股份有限公司昌乐支公司】

昌乐支公司成立于 2004 年 4 月 17 日，业务范围包括企业财产损失保险、家庭财产损失保险、短期健康保险、意外伤害保险、建筑工程保险、安装工程保险、货物运输保险、机动车辆保险、法定责任保险、一般责任保险、保证保险、信用保险、种植保险、养殖保险、诉讼责任保险等。代理国内外保险机构检验、李诶、追偿及其委托的有关事宜，经保监局审批的其他业务，公司秉承“专业创造价值”的经营理念，在全国开通365天24小时的服务专线95511，随时随地为客户提供报案、咨询、投诉、车辆救援、预约投保和客户回访等多功能、个性化服务，开通电话车险投保专线和网络销售平台，为客户提供做不出户就可以买保险的优质服务。公司推出好车主、平安口袋银行、平安信用卡等APP客户端，理赔更进一步贴近客户，推出理赔新高铁，理赔更快捷、方便，2018年推出平安挪车码。昌乐支公司先后被潍坊市金融工作办公室评为“潍坊市保险业诚信经营示范单位”，并多次获得省市先进集体称号。2019年，昌乐支公司实现保费收入3286万元，支出赔款1458万元，上缴税金394.35万。

【中国平安人寿保险股份有限公司潍坊市昌乐支公司】 昌乐支公司成立于2003年04月11日成立，经营范围包括在昌乐县经营承保人民币和外币的各种人身保险业务，包括各类人寿保险、健康保险（不包括“团体长期健康保险”）、意外伤害保险等保险业务，办理各种法定人身保险业务、代理国内外保险机构检验，理赔及其委托其他有关事宜；证券投资基金销售业务；经中国保监会批准的其他业务。公司秉承“专业制造价值”的经营理念在全国开通服务专线“956511”，随时随地为客户提供咨询、投诉、预约投保和客户回访等多功能、个性化服务。2019年，昌乐支公司实现保费收入14824万元，支出赔款1367元，上缴税金42.44万。

【天安财产保险股份有限公司昌乐营销服务部】 昌乐营销服务部成立于2002年10月15日，主要经营中国保险监督委员会核准的人民币、外币的各种财产保险、业务范围包括企业财产损失保险、家庭财产损失保险、建筑工程保险、安装工程保险、货物运输保险、机动车辆保险、船舶保险责任保险、信用保险、水险、意外伤害保险、健康保险、金融服务保险等业务，办理各种再保险和法定保险业务。此外，公司还不断开发符合市场需求的新产品，实施产品创新的发展战略。为适合市民家财保险的需求热点，率先推出“幸福家庭保险计划”；近两年，公司又在国内首创了“机动车延期保修保险”“医疗责任保险”“建筑工程监理责任保险”“律师责任保险”，等业务，在责任保险和消费信用保险方面做出了积极的贡献。公司以″客户至上，服务社会，信誉为本，追求卓越″为宗旨，在成立客户服务中心的基础上，公司在转变观念、创新机制、硬件投入等方面加大力度，不断完善客服体系，提升服务质量。各分支机构结合各自市场情况，以″人无我有，人有我优″为努力目标，推出了一系列为客户服务的新举措，形成天安客户服务个性，赢得了客户的信任和好评。″为天安客户提供专业的全程服务、提供周全完善的风险保障″，是天安的质量方针。公司秉承“化险为夷补天爱人，以奋斗者为本，以客户为中心”的经营理念在全国开通365天24小时服务专线“95505”，随时随地为客户提供报案、咨询、投诉、车辆救援、预约投保和客户回访等多功能、个性化服务，2019年，实现保费320万元，支出赔款202万元，上缴税额近49.55万元。

【太平财产保险有限公司潍坊市昌乐支公司】 昌乐支公司成立于2005年11月21日，业务范围包括企业财产损失保险、责任保险、信用保险和保证保险的人民币或外币保险业务；短期健康保险和意外伤害保险；各类财产保险的再保险业务；各类财产保险及其再保险的服务与咨询业务；代理其他保险公司办理相关业务；国家法律、法规允许的资金运用业务；国家保险监管部门批准的其他业务。太平财险以“创造富裕的安宁生活”为使命，秉承“用心经营、诚信服务”的经营理念，坚持“诚信、专业、价值”的核心价值观。在全国开通365天24小时服务专线“95589”，随时为广大客户提供专业、便利、快捷的优质服务。公司经营范围涵盖从航空航天、核电工程到私家汽车、个人旅游，从工业企业到个人客户的几乎全部非寿险领域。公司业务稳健发展，在国内财产保险市场上一直稳居第二集团阵营。2019 年，昌乐支公司实现保费 1076 万元，支出赔付 362 万元，上缴税额近 73.17 万元。

【阳光财产保险股份有限公司潍坊中心支公司昌乐营销服务部】 昌乐营销服务部成立于 2007 年 7 月 20 日，业务范围包括财产损失保险、责任保险；信用保险和保证保险；短期健康保险和意外伤害保险；上述业务的再保险业务；国家法律、法规允许的保险资金运用业务；经中国保监会批准的其他保险业务（有限期限以许可证为准）。公司以“让人们拥有更多的阳光”为使命，“一切为了客户”为追求，在全国开通 365 天 ×24 小时服务专线“95510”，随时随地为客户提供报案、咨询、投诉、车辆救援、预约投保等多功能、个性化服务，并开通 4000000000 电话车险投保专线和车辆救援平台。2016 年以来，公司推出阳光车生活、阳光惠金所、全能保等 APP 客户端，理赔方面不断升级以闪赔、直赔为特色的服务，全方位满足客户的投保需求。2019 年实现保费 1440 万元，支出赔付 590 万元，上缴税额 213.90 万元。

【新华人寿保险股份有限公司潍坊市昌乐支公司】 昌乐支公司成立于 2005 年 11 月 17 日，业务范围包括在潍坊市昌乐县经营个人意外伤害保险、个人定期死亡保险、个人两全寿险、个人终身寿险、个人年金保险、个人短期健康保险、个人长期健康保险、团体意外伤害保险、团体短期健康保险、团体长期健康保险，经中国保监会批准的其他人身保险业务。经营范围包括对营销员开展培训及日常管理；收取营销员代收的投保单等单证及保险费；分发保险公司签发的保险单，保险收据等相关单证；接受客户的咨询和投诉。公司的愿景是中国最优秀的以全方位寿险业务为核心的金融服务集团，以客户为中心，不断完善服务平台建设，为客户提供便捷、温馨的服务体验。遍布全国的数千家客户服务中心，以统一的服务形象、规范的服务流程、便捷的服务设施、高效的运营管理和创新的服务方式，为客户提供便捷、贴心、专业的一站式服务，客户满意度持续提升并保持行业领先。客户联络中心（95567）可以为全国客户提供 7*24 小时全年无休的投保咨询及理财顾问预约、理赔报案、保单查询、单证补发、联系信息修改、回访等服务。新华保险官网（www.newchinalife.com）、官方微信、掌上新华移动服务平台为全球客户提供在线保单自助服务；短信、电子邮件为客户提供覆盖保险业务全流程的主动信息提醒、温馨关怀、活动推广及账单信函等服务。新华保险推出道路紧急救援、12 小时家庭医生、中医养生和客户服务节系列活动等附加服务，使客户感受到新华保险贴心的关爱。新华保险从客户的需求出发，不断提升理赔服务水平，致力于打造更快、更易、更关怀的理赔服务。2019 年，昌乐支公司实现保费 5787 万元，支出赔付 400 万元，上缴税额 9.04 万元。

【安华农业保险潍坊市昌乐支公司】 昌乐支公司成立于 2013 年 2 月 18 日，业务范围包括机动车交通事故强制责任保险、机动车辆商业保险、道路客运承运人责任险、道路危险货物承运人责任险、人身意外伤害保险、团体人身意外伤害保险、学生幼儿平安保险、小康之家家庭财产综合保险、财产保险综合保险、财产保险基本保险、农村干部风险综合保险、农村家庭财产定额保险、农村家庭综合与人身意外伤害组合保险、公路货物运输定额保险、国内公路货运保险、财产综合险、人身意外伤害定额保险、城镇家财定额保险以及拱棚保险等 20 种险种。代理国内外保险机构检验、理赔、追偿及其委托的有关事宜，经保监局批准的其他业务。公司秉承“根植农村、安身农业、贴近农民、服务三农”的经营理念，在全国开通 365 天 24 小时服务专线“95540”，随时随地为客户提供报案、咨询、投诉、预约投保和客户回访等多功能、个性化服务。获得潍坊中支颁发的“最佳经营管理二等奖”并多次获得省市先进集体称号。2019 年，昌乐支公司实现保费 1037 万元，支出赔款 956 万元，上缴税额近 78.83 万元。

【泰山财产保险股份有限公司昌乐支公司】　泰山财产保险股份有限公司昌乐支公司，成立于2014年12月02日。主要经营：财产损失保险；责任保险、信用保险和保证保险；短期健康保险和意外伤害保险；上述业务的再保险业务；国家法律、法规允许的保险资金运用业务；经保监会批准的其他业务。泰山保险秉承“规范治理、稳健发展、创新经营、诚信服务”的经营理念，奉行“忠诚、责任、专业、共赢”的核心价值观，建立了由股东大会、董事会、监事会和管理层组成的公司治理架构，形成了权力机构、决策机构、监督机构、执行机构权责清晰、运行规范的内部治理机制和内控制度健全、风险管控到位、责任落实明确、运行相互制衡的内控管理体系。泰山保险24小时服务专线400607777，随时随地为客户提供报案、咨询、投诉、车辆救援、预约投保和客户回访等多功能、个性化服务。2019年度昌乐保费收入634万元，赔付支出259万元，税款为56.62万元。

【泰康人寿保险有限责任公司山东潍坊昌乐支公司】　昌乐支公司成立于2011年4月20日，在潍坊市昌乐县经营：个人意外伤害保险；个人定期死亡保险；个人两全寿险；个人终身寿险；个人年金保险；个人短期健康保险；个人长期健康保险；团体意外伤害保险；团体定期保险；团体终身保险；团体年金保险；团体短期健康保险；团体长期健康保险；经中国保监会批准的其他人身保险业务。公司新生活广场提供全方位“一站式服务”，享受e化服务、投保咨询、保全变更、理赔报案、投诉受理，无需奔波，快捷办理。95522全国服务热线提供7*24小时全天候人工和微信智能咨询服务。2019年，昌乐支公司实现保费7833万元，支出赔付384万元，上缴税额15.89万元。

2019年县内保险公司一览表

表7

序　号	公　司
1	中国人民财产保险股份有限公司昌乐支公司
2	中国人寿保险股份有限公司昌乐县支公司
3	中国人寿财产保险股份有限公司潍坊市昌乐支公司
4	中国太平洋人寿保险股份有限公司潍坊市昌乐支公司
5	中国太平洋财产保险股份有限公司昌乐支公司
6	中华联合财产保险股份有限公司昌乐支公司
7	中国平安财产保险股份有限公司昌乐支公司
8	中国平安人寿保险股份有限公司潍坊市昌乐支公司
9	天安财产保险股份有限公司潍坊中心支公司昌乐营销服务部
10	太平财产保险有限公司潍坊市昌乐支公司
11	阳光财产保险股份有限公司潍坊中心支公司昌乐营销服务部
12	新华人寿保险股份有限公司潍坊市昌乐支公司
13	中国大地财产保险股份有限公司潍坊市昌乐营销服务部
14	安华农业保险股份有限公司潍坊市昌乐支公司
15	泰山财产保险股份有限公司潍坊市昌乐支公司
16	长安责任保险股份有限公司昌乐支公司
17	永安财产保险股份有限公司潍坊中心支公司昌乐营销服务部
18	昌乐县华泰保险文锦专属代理店

续表 7

序　号	公　司
19	泰康人寿保险股份有限公司潍坊支公司昌乐营销服务部
20	华泰人寿保险股份有限公司潍坊昌乐支公司
21	安邦财产保险股份有限公司潍坊市昌乐支公司
22	潍坊鸿鸣保险代理有限公司
23	山东中宁保险代理有限公司昌乐分公司
24	山东华晨保险代理有限公司昌乐分公司
25	众信易诚保险代理股份有限公司潍坊分公司昌乐营业部
26	民生人寿昌乐支公司
27	国康保险代理有限公司昌乐营业部
28	齐鲁保险代理有限公司昌乐营业部
29	华安财产保险股份有限公司潍坊市昌乐营销服务部
30	华海财产保险股份有限公司昌乐营销营业部

（供稿人：柳英慧）

新型地方金融组织

【昌乐县裕丰小额贷款有限公司】　成立于 2011 年 3 月，注册资本金 10000 万元人民币。主要经营范围是：在昌乐县区域内办理各项小额贷款；开展小企业发展、管理、财务等咨询业务（在国家法律法规规定范围内开展业务）。（依法须经批准的项目，经相关部门批准后方可开展经营活动）。截至 2019 年底，该公司贷款余额 10230 万元，以服务“三农”及中小微企业为主，按照“小额、分散”的原则发放贷款。

【昌乐县汇金融资担保有限公司】　成立于 2016 年 3 月，注册资本金 53000 万元人民币。主要经营范围是：贷款担保，票据承兑担保，贸易融资担保，项目融资担保，信用证担保；诉讼保全担保，投标担保、预付款担保、工程履约担保、尾付款如约偿付担保等履约担保业务，与担保业务有关的融资咨询、财务顾问等中介服务；以自有资产进行投资。不得从事吸收存款、发放贷款、受托发放贷款、受托投资等活动。截至 2019 年底，该公司在保责任余额 28570 万元，为昌乐县中小微企业和“三农”提供融资担保服务。

【昌乐县乐融民间资本管理有限公司】　成立于 2015 年 12 月，注册资本金 3260 万元人民币。主要经营范围是：针对当地实体经济项目开展股权投资、债权投资、资本投资咨询、短期财务性投资及受托资产管理等（仅限于在金融监管部门批复的可行性评估报告的业务范围内开展经营活动）。不得出现非法吸收公众存款、非法高利放贷、以隐瞒和欺骗方式募集资金、暴力催收债务等严重违法违规行为。截至 2019 年底，该公司投资余额 2995 万元，对中小微企业的投资，一定程度上支持了昌乐县实体经济的发展。

（供稿人：徐一娥）

证　券

【概况】　中泰证券股份有限公司潍坊昌乐新昌路营业部成立于 2011 年 6 月，是经中国证监会批准、依法设立的证券营业部。经营范围：证券经纪，证券投资咨询，融资融券，证券投资基金代销，代销金融产品。为投资者提供电话委托、网上委托、手机炒股等多种交易方式。营业部设有大户室及散户厅。2019 年底，共有存量客户 12026 人，全年证券交易量（含 A 股、B 股、基金、债券融券回购交易）84.6 亿元，资产规模 16.3 亿元。

【业务工作】 营业部积极与当地政府、金融监管局密切联系，取得政策支持，积极推动企业改制和多层次资本市场建设，为昌乐县多家企业提供辅导。在昌乐金融监管局大力支持下，分公司投行部、营业部共同合作，对当地规模以上企业实地调研，优选出有规模、有发展潜力的企业 10 家，列入到企业拟上市重点服务企业。积极与昌乐上市公司联系、协调，建立起密切的沟通机制：（1）股票质押融资业务 9000 万。（2）2019 年 4 月山东矿机集团持有的三板企业挂牌，新增托管股份 1799 万股。(3)2019 年 6 月 20 日，元利科技主板 IPO 成功发行上市，募集资金 12.5 亿元，中泰证券为保荐机构，大部分股东股份托管在中泰营业部。

（供稿人：徐一娥）

住房公积金管理

【概况】 2011 年 3 月，成立昌乐县住房公积金管理中心，2014 年 11 月，全市住房公积金管理机构实现垂直管理，昌乐县住房公积金管理中心单位名称变更为潍坊市住房公积金管理中心昌乐分中心。业务范围包括：公积金归集、提取、贷款等业务。2019 年，昌乐县完成住房公积金归集 40830 万元，同比增长 7.45%；为职工办理公积金提取 25599 万元，同比增长 18.08%；完成发放个人住房公积金贷款 26276 万元，同比增长 12.78%；继续保持公积金贷款零逾期。

【归集扩面创新推进】 实施宣传发动、信息互动、考核带动、执法推动“四个联动”工作机制，将公积金归集扩面工作定位为“一把手工程”，在做好日常点面增人建制、数据完善标准化的基础上，多措并举，不断扩大收缴规模，归集额和新增人数创新高。一是积极与县域各类媒体沟通合作，采取多种形式广泛宣传公积金政策法规，持续提升社会知晓度和群众关注度，本年共发表各类各级稿件 70 余篇；二是及时更新人社、工商等部门提供的信息数据，进行精准化的对比筛查，为增强扩面工作的针对性提供准确的数据支持；三是加强与县金融工作领导小组的联系，全面掌握和重点筛查全县已上市及拟上市企业的公积金缴交情况，努力做到应缴尽缴；四是充分发挥银行等合作单位的部门优势，多渠道、全方位调动征缴工作的主动性；五是认真受理职工诉求，主动上门排查督促单位及时足额为职工缴纳公积金，维护职工权益。截至 12 月份，共有山东华迈纸业有限公司、昌乐屹立化工有限公司等 41 家单位建制，新增缴存职工 3822 人。

【提取业务管理】 坚持“一查、二问、三核实”的原则，提高业务受理人员对假材料的识别能力，一旦发现骗提行为立即冻结账户，对于情节恶劣的人员通报单位、移送公安机关；在县域内开展公积金提取复核业务随机回访，避免出现业务差错和事故，有效防范中心工作人员的管理风险，大大减少骗提套提公积金事件的发生。

【贷款管理】 一是做好贷款政策解读和舆情处置工作，使广大缴存职工及时、全面了解贷款新政内容，保证公积金贷款新政的顺利实施。二是以保持公积金贷款零逾期为目标，提高贷款风险管理水平。采取业务培训、基础数据筛选、数据汇总分析、楼盘现场确认等措施，联合开发企业、委贷银行、购房户，继续扎实推进期转现工作，全年共办理期转现 340 户，实现了公积金贷款的实体风险承载力，有效防范资金风险。

【推进贷款“一次办好”】 为深入推进贷款“一次办好”工作，昌乐公积金赴青州、安丘公积金中心对标学习，就如何实现贷款业务“一次办好”与分管领导、相关科室进行了深入交流。中心认真梳理公积金贷款的各个环节，找出阻碍“一次办好”的堵点、难点，积极与不动产登记中心沟通协调，在2019年信息未实现共享的前提下，通过优化购房合同备案、借款合同印章前置，容缺办理抵押登记；依托房地产开发企业代办业务、不动产登记邻办、政务资源共享三大优势。于4月17日实现了昌乐县公积金贷款“一次办好”，工作效率大幅提高，从受理申请到所购房屋抵押登记，8个工作日甚至更短的时间即可完成。

（供稿人：刘　林）

交通　邮政　通信

交通 邮政 通信

交 通

【概况】 2019年交通基础设施建设稳步推进，以加快水毁道路桥梁灾后重建为着力点，积极推进干线公路升级改造、农村公路深入通达，加快公路网建设，与其他运输方式的衔接进一步增强，养护质量和路况水平稳步提升。潍日高速连接线项目顺利推进。交通运输行业管理更加细化，行政执法更加规范。安全监管常抓不懈，全年未发生安全生产责任事故。昌乐县交通运输行业连续13年被省交通运输厅授予省级交通文明子行业荣誉称号，昌乐县交通运输局连续5年保持省级文明单位荣誉称号。

【公路建设】 2019年以道路桥梁灾后重建为着力点，积极推进交通基础设施建设，全县公路建设完成投资4.25亿元，灾后重建完成投资3亿元。截至2019年底，全县公路总里程达2108.6公里，密度191.5公里/百平方公里，二级及以上公路里程322公里。县政府组织开展了“四好农村路集中攻坚专项行动”，共新建改造道路352公里，重点项目包括：朱孔路（潍昌路-潍九路）维修工程、朱孔路（红河-安丘界）维修工程、玄马路（马宋水库-河头）维修工程、朱孔路桥底火车通道维修工程。受2018年8月的“摩羯”“温比亚”两次台风影响，全县水毁桥涵344座，受水毁影响通行道路217.6公里。2019年继续对灾后水毁道路桥涵进行重建加固，主要包括大五昌路（朱孔路-潍城界）、伦冶路（北郿部-临朐界）、平原大桥、朱孔路宅科桥、小李家庄桥、薛家村桥、高崖汶河桥、南郝大桥、白浪河桥、小菜园北桥、赵庄桥、建新桥、高镇东桥和仓上桥等水毁道路和桥梁，至2019年7月全部竣工通车。

2019年昌乐县公路技术等级一览表

表8　　　　单位：公里

路别	总计	高速公路	一级公路	二级公路	三级公路	四级公路	等外公路
合计	2108.6	10.6	137.1	174.1	157	1629.7	—
国道	39.1	10.6	28.5	—	—	—	—
省道	114.9	—	77.9	37	—	—	—
县道	285.7	—	3.4	122.1	83.3	76.9	—
乡道	315.5	—	—	4.6	46.6	264.3	—
村道	1353.4	—	27.4	10.4	27.1	1288.5	—
专用道	—	—	—	—	—	—	—

【潍日高速公路连接线项目】 潍日高速公路潍坊连接线（潍坊南绕城）项目全长16.5公里，其中，昌乐县境内4.5公里，建有营丘、营丘东两处互通立交，涉及营丘镇14个村，占地约965亩，昌乐段概算投资约5.5亿元。县交通运输局积极协调有关单位做好“三线”迁改扫尾等工作，协调督促施

工单位加快工程进度，落实安全环保措施，积极配合推进项目建设。

【公路养护管理】 强化日常养护、预防性养护、小修养护、季节性养护相结合。在日常养护方面，全县所有农村公路全部纳入日常养护范围，列养率100%。截至2019年底，全县农村公路养护评定里程1937.7公里，其中县道285.7公里，乡道315.5公里，村道1336.5公里。经第三方检测机构检测，县乡道中等路以上比例为85.32%，超额完成上级指标。2019年县道小修养护工程完成投资200余万元，整修路肩边坡6000平方米。绿化美化公路两侧，县道两侧种植绿化树10000余棵，对其他虫病害进行防治。加强农村公路桥梁管理，2019年4月对全县县乡公路上的所有桥梁防护设施进行摸排调查，加强危桥日常巡逻力度，发现问题及时上报，确保桥梁安全。加强季节性养护力度，为应对雨雪、结冰天气带来的不利影响，在朱孔路谢家山段、宅科段，伦冶路西段，玄马路马宋水库段等重点路段撒防滑沙600立方；夏季汛期期间，通过疏通泄水槽、路肩整理、边坡护坡等养护手段进行养护，提升养护水平。2019年昌乐县安全生命防护工程投资1300余万元，共治理隐患里程近100公里，完成了公路安全生命防护工程建设年度目标任务。

【公路路政管理】 完成公路巡查13万余公里，查处路政赔偿事案2件，事案查处率、路赔回收率均达到100%，无一例“公路三乱”和行政复议案件。严格涉路工程及非公路标志的审批，2019年批复涉路许可事项9项；根据县政府有关要求，所有的涉路工程许可事项集中进市民服务中心办理，通过加强与行政审批服务局的沟通，对所有的涉路工程共同进行现场勘察，顺利完成有关事项的平稳交接。加强农村公路路政宣传，制作宣传横幅65条，利用广播、电视、网站、出租汽车和车站显示屏等平台加强宣传力度，清理固定、流动非公路标志1000块。清理马路市场、占道经营44处，建立专项治理长效机制。联合属地镇街，积极遏制公路打场晒粮。对全县县乡道路进行安全隐患排查，查出15处隐患点，制作治理台账，每个隐患点设置治理期限、治理措施和整改时限。

【交通运输综合执法】 狠抓危化品非法运输、超限超载运输、道路扬尘治理、节日执法检查等工作。加强联合治超，与公安交警联合治超实现常态化、制度化，建立联合执法工作机制，全年共开展联合执法20余次，查处违章车辆45辆次。对查处的超限超载车辆，严格称重、卸货，整改率和抄告率达100%。2019年，县交通运输综合执法大队共出动执法人员7000人次，出动执法车辆1400辆次，查处违章车辆495辆次。加强成品油市场非法加油车的检查打击力度，排查线索7条。积极开展扫黑除恶专项斗争，开展“执法大走访，送法进企业”活动，走访企业28家，商砼站、危化品运输企业、客运公司到访率100%。规范巡游出租车市场，严查非法网约车及巡游出租车不打表、拒载、乱收费等违法违章行为，重点在火车站、汽车站、公交站点、高速路口、商场附近等人员流动密集场所开展集中整治活动，有效整顿出租市场秩序。

【汽修市场监管】 2019年全县有资质的机动车维修企业81家，其中一类2家，二类7家，三类72家。县交通运输局组织开展汽修市场整顿及汽修企业质量信誉考核，启动尾气检测强制维修IM制度建设。县内有3家检测站，分别为昌乐县煜鑫车辆检测有限公司、昌乐县宝城机动车检测有限公司、昌乐县交通机动车辆综合性能检测站，实现综检、安检、环检一站式服务。2019年完成营运车辆二级维护1056台次，综合性能检测及车辆技术等级评定2645台次。

【公路货运】 2019年，全县有货运车辆4776台（含牵引车1405台）、66470吨，其中8吨以上重型货车2929台、63798吨（含挂车1349台，43390吨）；危险品运输车辆144台（牵引车42台）、1177吨。县交通运输局严格货运车辆运营管理，严格审核营运车辆车型达标情况及北斗卫星定位装置安装使用情况，对不达标车辆不予办理和审验道路运输证。狠抓节能减排，严格检测排放标准，对国一和国二标准（含黄改绿）货运车辆全部进行强制注销，对国三标准以下重型柴油货车转出和注销310台。取消二级维护强制检测，实行普通货运车辆三检合一。截至2019年底，全县共有货运企业91家，普通货运企业88家，危险品运输企业3家；2019年新增货运企业22家。县交通运输局加强货运企业监管，搭建网上公示平台，通过信息公示、信息共享、信用约束和大数据等措施，对道路运输企业实行信用等级管理。对守信企业减少检查频次或免检，对发现问题的企业，视不同违法程度亮出“黄灯”“红灯”，列入异常名录或黑名单。

【公路客运】 全县共有省际、市际、县际、县内营运线路31条，其中：省际班线1条、市际班线5条、县际班线7条、县内班车线路1条，县内城乡公交线路18条，172台高、中档客运班车及新能源纯电动公交车，客位8100个。进昌乐汽车站经营线路29条，包括：省际班线1条、市际班线5条、县际班线4条、县内班车线路1条，县内城乡公交线路18条，共计171台高、中档客运班车及新能源纯电动公交车，日发班次220个左右，日均发送旅客3300人次以上。营运线路有省外通往上海，省内通往济南、青岛、滨州、东营、临沂，市内通往寿光、临朐、南逯、滨海及县内城乡公交线路，其线路主要以县城通往各县内乡镇为主，实现了“城乡客运一体化”。

【安全监管】 加强安全生产主体责任落实，重点加强对客运企业、危险品运输企业的安全监管力度。坚持日常检查与专项检查相结合，2019年实地检查运输企业98家次，落实安全隐患整改390项。持续推进安全生产标准化和“两个体系”建设，“两客一危”运输企业全部完成隐患排查治理和风险管控的双重预防体系建设。2019年全县交通运输行业没有发生安全生产责任事故。

【公共交通】 昌乐县城区公交由宝城公共交通有限公司经营，截至2019年底，公司运营车辆210辆，其中，新能源公交车160辆，CNG公交车50辆，运营线路9条，运营线路长度215公里，公交站牌384个，公交候车亭121个，覆盖宝都、宝城、朱刘、五图、首阳山旅游度假区和经济开发区。昌乐县城乡公交由宝都公共交通有限公司经营，截至2019年底，公司运营车辆146辆，其中2019年8月、12月购置公交车各一部，全部为新能源纯电动公交车，运营线路17条，运营线路总里程650公里，城乡公交候车亭23个，形成通达全县建制村城乡一体化出行网络。

【城市公交线路】

1路：朱刘→尧沟

水泥厂→宏达超市→潍焦集团家属院→潍焦集团→运输公司→万山集团→西魏→朱刘街办→朱刘派出所→朱刘计生办→金元集团→朱刘示范园→钱家庄→三庙→山水路口→水坡→比德文路口→东任疃路口→西任疃→东外环路口→邢家河→商家庄→周家庄→曲家庄→镇农信→百大超市→爱伦堡东门→华普御景园→党校→丝绸公司→东山王→山东金河投资集团→现代城→郭家庄→中医院→世纪美联→保险公司→新昌商场→乐融大厦→步行街→县府→西村→北关村→城西派出所→亿丰五金城→第三加油站→科技示范园→东徐→西徐→马家庄→常庄→坡子→张家埠头→尧沟瓜菜市场→董家庄→尧沟中学→尧沟医院→尧东→尧沟劳务市场→北郭→东西王庄

尧沟→朱刘

东西王庄→北楼→尧沟劳务市场→尧东→尧沟医院→尧沟中学→董家庄→尧沟瓜菜市场→张家埠头→坡子→常庄→马家庄→西徐→西田家村→汽车城→亿丰五金城→中庭景苑→城西派出所→西村→交警队→县府→工商银行→农业银行→乐融大厦→保险公司→温州商城→人寿保险→郭家庄→现代城→汽车站北门→东山王→妇幼保健院→党校→蓝宝商务大厦→名仕豪庭→百大超市→永康花园→新城

宸居→金景宝地→东萧→邢家河→东外环路口→西任疃→侯家庄→比德文路口→水坡→山水路口→三庙→钱家庄→朱刘煤矿→金元集团→朱刘计生办→朱刘街办→西魏→万山集团→运输公司→潍焦集团→潍焦集团家属院→惠康超市→水泥厂

2路：解召→高速路口

解召→庵上湖→郝家庄→后坡→冯家庄→曹家庙子→邮政局→五图中学→职业三中→拉链厂→吴家庄→北王→兴楼→五图村→五图社区→永富庄→诚信煤场→姜家坊子→崔家埠→部队→武装部→南萧→鼎恒伴山→碧水龙庭→吴家池子→昌盛花园→汽车站→东山王→妇幼保健院→恒坤苑→中医院→世纪美联→保险公司→新昌商场→人民医院→邮政局→爱伦堡→建设银行→艳阳天小区→网通公司→宝石城→宝石城管委会→车管所→现代塑胶→中传拉链→宏力钢管→石埠→金泽利化工→海特塑胶→矿机集团→于留→阳光纸业→盛泰药业北门→石家庄→高速路口（南侧）

高速路口→解召

高速路口（南侧）→石家庄→盛泰药业北门→阳光纸业→于留→矿机集团→海特塑胶→金泽利化工→石埠→宏力钢管→中传拉链→现代塑胶→宝石城管委会→宝石城→网通公司→艳阳天小区→建设银行→翡翠苑小区→邮政局→佳乐家→乐融大厦→保险公司→温州商城→人寿保险→全福元→丝绸公司→东山王→汽车站→领仕郡→吴家池子→碧水龙庭→鼎恒伴山→南萧→武装部→部队→崔家埠→姜家坊子→诚信煤场→永富庄→五图社区→五图村→兴楼→北王→吴家庄→拉链厂→职业三中→五图中学→邮政局→曹家庙子→冯家庄→后坡→郝家庄→庵上湖→解召

3路：小埠前→孙富庄

小埠前→乐港饲料→边下→边下新村→姜家洼→南寨→大北寨→小北寨→宝都塑料→伟皓建材→李家老庄→盛世榴园→南郝街路口→南郝社区→五图街办→黄埠路口→辛安庄→崔家庄子→七里沟→欧洲花园→吕家庄→鲁昱绿城→北流泉→流泉小区→昌盛花园→汽车站→山东金河投资集团→雅居园→交通局家属院→阳光佳苑→温州商城西门→蓝宝石广场→中国银行→西湖小学→西湖公园→交警队→县府→工商银行→农业银行→人民医院→邮政局→爱伦堡→建设银行→艳阳天小区→网通公司→宝石城博物馆→广潍汽销→东管庄→同乐花园→盛世热电→盛泰药业→石家庄→高速路口（南侧）→高速路口（北侧）→孙富庄

孙富庄→小埠前

孙富庄→高速路口（北侧）→高速路口（南侧）→石家庄→盛泰药业→盛世热电→同乐花园→东管庄→广潍汽销→宝石城博物馆→网通公司→艳阳天小区→建设银行→翡翠苑小区→邮政局→佳乐家→乐融大厦→步行街→县府→西村→西湖公园→电业公寓→南苑小区→新郎希努尔→芙蓉苑→盛景嘉苑→雅居园→汽车站北门→汽车站→领仕郡→流泉小区→北流泉→鲁昱绿城→吕家庄→欧洲花园→七里沟→崔家庄子→辛安庄→幸福城→五图街办→南郝社区→南郝街路口→盛世榴园→李家老庄→伟皓建材→宝都塑料→小北寨→大北寨→南寨→姜家洼→边下新村→边下→乐港饲料→小埠前

6路：昌顺驾校→潘家辛

昌顺驾校→考试中心→瓦厂→邵家庄→考试中心路口→市委党校→墓田后→潘家庄→贵和社区→崔家埠→部队→武装部→南萧→鼎恒伴山→卡纳圣菲→碧水龙庭→吴家池子→一中→昌盛花园→汽车站→东山王→妇幼保健院→恒坤苑→中医院→世纪美联→保险公司→新昌商场→乐融大厦→步行街→县府→西村→北关村→城西派出所→亿丰五金城→二中→北三里→阳光纸业（原厂）→潘家辛

潘家辛→昌顺驾校

潘家辛→阳光纸业（原厂）→北三里→二中→亿丰五金城→中庭景苑→城西派出所→西村→交警队→县府→工商银行→农业银行→乐融大厦→保险公司→温州商城→人寿保险→全福元→丝绸公司→东山王→汽车站→一中→吴家池子→碧水龙庭→卡纳圣菲→鼎恒伴山→南萧→武装部→部队→崔家埠→贵和社区→潘家庄→墓田后→市委党校→考试中心路口→邵家庄→瓦厂→考试中心→昌顺驾校

7 路：劳务市场→解召

劳务市场→亿丰五金城→东风村→传媒集团→温泉大酒店→昌明花园→玉皇庙→火车站→乐融大厦→保险公司→温州商城→人寿保险→全福元→丝绸公司→东山王→汽车站→昌盛花园→颐轩国际→南流泉→流泉水厂→南萧→武装部→部队→崔家埠→潘家庄→墓田后→市委党校→邵家庄→驾驶人考试中心→五图村→五图社区→宇家→邱家河→后店子→前店子→后坡→解召

解召→劳务市场

解召→后坡→前店子→后店子→邱家河→宇家→五图社区→五图村→驾驶人考试中心→邵家庄→市委党校→墓田后→潘家庄→崔家埠→部队→武装部→南萧→颐轩国际→南流泉→流泉水厂→昌盛花园→汽车站→东山王→妇幼保健院→恒坤苑→中医院→世纪美联→保险公司→新昌商场→火车站→玉皇庙→昌明花园→温泉大酒店→传媒集团→东风村→亿丰五金城→劳务市场

9 路：后董→含羞草

后董→南张→马家龙湾→英才实验学校→及第中学→欧洲花园→吕家庄→鲁昱绿城→北流泉→消防队→亚太中慧→盛景嘉苑→雅居园→汽车站→东山王→中心城→妇幼保健院→恒坤苑→中医院→世纪美联→保险公司→新昌商场→火车站→玉皇庙→昌明花园→温泉大酒店→新城中学→西管庄→日科化学（新厂）→铭基中慧→含羞草公司

含羞草→后董

含羞草公司→铭基中慧→英轩重工→体育局→中泰宝石学院→温泉大酒店→昌明花园→玉皇庙→火车站→乐融大厦→保险公司→温州商城→人寿保险→全福元→丝绸公司→中心城→东山王→汽车站北门→雅居园→交通局家属院→合本食品→消防队→北流泉→鲁昱绿城→吕家庄→欧洲花园→及第中学→英才学校→马家龙湾→南张→后董

10 路：都昌→韩信

都昌→芳林园→谢家埠→大石桥社区→大石桥→前牟→小石桥→前牟路口→王金→三庙→九级→山坡→山水集团→十里堡→侯家庄→东萧→半岛物流园→周家庄→曲家庄→镇农信→百大超市→翡翠苑小区→邮政局→佳乐家→乐融大厦→保险公司→新郎希努尔→芙蓉苑→濠景海岸→五阎庄→英轩→农贸城西门→田老庄→申明亭→宝通社区→西徐园→五里庄→马家龙湾→毕家庄→东朱→西朱→徐家河洼→董家河洼→张家河洼→韩信

韩信→都昌

韩信→张家河洼→董家河洼→徐家河洼→西朱→东朱→毕家庄→马家龙湾→五里庄→西徐园→宝通社区→申明亭→田老庄→农贸城→半岛蓝湾→濠景海岸→芙蓉苑→阳光佳苑→温州商城西门→保险公司→新昌商场→人民医院→邮政局→爱伦堡→百大超市→永康花园→新城宸居→金景宝地→半岛物流园→东萧→侯家庄→十里堡→山水集团→山坡→九级→山水路口→王金→前牟路口→小石桥→前牟→大石桥→大石桥社区→谢家埠→芳林园→都昌

11 路：汽车站→赵家庄

汽车站北门→现代城→郭家庄→中医院→温州商城→保险公司→新昌商场→人民医院→邮政局→爱伦堡→建设银行→艳阳天花园→网通公司→宝石城→公安局→西尖庄→邢家河→东外环路口→西任疃→任疃社区→东任疃→马家河子→马家河子小学→赵家庄

赵家庄→汽车站

赵家庄→马家河子小学→马家河子→东任疃→任疃社区→西任疃→东外环路口→邢家河→东尖庄→公安局→宝石城→网通公司→艳阳天花园→建设银行→翡翠苑小区→邮政局→佳乐家→乐融大厦→保险公司→温州商城→中医院→郭家庄→现代城→汽车站北门

12 路：农贸城→矿机集团

农贸城→半岛蓝湾→电业公寓西门→南苑小区→潍坊银行→福州商城→移动公司→矿机花园→金景宝地→东萧→邢家河→矿机集团

矿机集团→农贸城

矿机集团→邢家河→商家庄→金景宝地→矿机花园→移动公司→福州商城→潍坊银行→南苑小区→电业公寓西门→农贸城

【城乡公交线路】

K69：昌乐汽车总站至平原社区

昌乐汽车总站—全福元—原党校接待中心—爱伦堡—小商品城—人民医院—乐融大厦—人保保险—原行政服务中心——农商大厦—天和家园-盛港府地—鲁昱绿城—金都世纪城—汽车西站—黄埠—南寨社区—边下新村—大埠前—唐家店子—歇头仓—西河下—潍临路口—乔官邮政局—交警三中队—陶家庄—孟家淳于—北展—李家河南—南展—伦家埠坡—鼎峰路口——郡部医院—郡部中学—郡部党委—青上——孙家社区—张家台子—沙沟—枣园—大北良—庵泉路口—红河小学—红河党委—南家庄—四海官庄—梁家官庄—平原。

K68：昌乐汽车总站至包庄社区

昌乐汽车总站—全福元—原党校接待中心—爱伦堡—小商品城—人民医院—乐融大厦—人保保险—原行政服务中心——农商大厦—天和家园-盛港府地—鲁昱绿城—金都世纪城—汽车西站—黄埠—南寨社区—边下新村—大埠前—唐家店子—歇头仓—西河下—潍临路口—乔官邮政局—交警三中队—陶家庄—孟家淳于—北展—李家河南—南展—伦家埠坡—鼎峰路口—郡部医院—郡部中学—郡部党委—青上—孙家社区—张家台子—沙沟—洛车埠—南良—辛庄—包庄。

K67：昌乐汽车总站至高崖社区

昌乐汽车总站—全福元—原党校接待中心—爱伦堡—小商品城—人民医院—乐融大厦—人保保险—原行政服务中心——农商大厦—天和家园-盛港府地—鲁昱绿城—金都世纪城—汽车西站—黄埠—南寨社区—边下新村—大埠前—唐家店子—歇头仓—西河下—潍临路口—乔官邮政局—交警三中队—陶家庄—孟家淳于—北展—李家河南—南展—伦家埠坡—鼎峰路口—郡部医院—郡部中学—郡部党委—青上—孔家庄—金山—泉头—徐家庙—坊子漳河—胡家漳河—漳河医院—大庄子路口—寨里—冢头—高崖。

K79：昌乐汽车总站至白塔

昌乐汽车总站—全福元—原党校接待中心—爱伦堡—小商品城—人民医院—乐融大厦—人保保险—原行政服务中心——农商大厦—天和家园-盛港府地—鲁昱绿城—金都世纪城—汽车西站—黄埠—南寨社区—边下新村—大埠前—唐家店子—歇头仓—西河下—潍临路口—乔官邮政局—交警三中队—陶家庄—孟家淳于—北展—李家河南—南展—伦家埠坡—鼎峰路口—郡部医院—郡部中学—郡部党委—青上—孔家庄—金山—泉头—徐家庙—坊子漳河—胡家漳河—漳河医院—大庄子路口—寨里—冢头—高崖—黄冢坡—克家洼—北段—寺后—白塔。

K65：昌乐汽车总站至朱汉

昌乐汽车总站—全福元—原党校接待中心—爱伦堡—小商品城—人民医院—乐融大厦—人保保险—原行政服务中心——农商大厦—天和家园-盛港府地—鲁昱绿城—金都世纪城—汽车西站—黄埠—南寨社区—边下新村—大埠前—唐家店子—歇头仓—西河下—潍临路口—乔官邮政局—交警三中队—陶家庄—孟家淳于—北展—李家河南—南展—王家河洼—小宅科—大宅科—丁家沟—船底—小高家庄子—小阿陀—前双沟—小岭—朱汉。

K77：昌乐汽车总站至董孟社区

昌乐汽车总站—全福元—原党校接待中心—爱伦堡—小商品城—人民医院—乐融大厦—人保保险—原行政服务中心——农商大厦—天和家园-盛港府地—鲁昱绿城—金都世纪城—汽车西站—黄埠—南寨社区—边下新村—大埠前—唐家店子—歇头仓—西河下—潍临路口—乔官邮政局—交警三中队—贾陶—马宋—南楼—三泉—葛沟崖—小刘官庄—王凤官庄—郝家宅科—潘家老庄—大宅科—土埠—董孟。

K78：昌乐汽车总站至吉阿社区

昌乐汽车总站—全福元—原党校接待中心—爱伦堡—小商品城—人民医院—乐融大厦—人保保险—原行政服务中心——农商大厦—天和家园-盛港府地—鲁昱绿城—金都世纪城—汽车西站—黄埠—南寨社区—边下新村—大埠前—唐家店子—歇头仓—西河下—潍临路口—乔官邮政局—交警三中

队—黄家洼—下坡—庙子官庄—西级—大河洼—北河洼—康家庄—马宋—常家官庄—吉阿。

朱红路 K71：昌乐汽车总站至店子社区

昌乐汽车总站—全福元—原党校接待中心—爱伦堡—小商品城—人民医院—乐融大厦—人保保险—原行政服务中心——农商大厦—天和家园－盛港府地—鲁昱绿城—金都世纪城—汽车西站—黄埠—南寨社区—边下新村—大埠前—唐家店子—歇头仓—西河下—潍临路口—乔官邮政局—交警三中队—贾陶—大善地—庙子官庄—程家庄—驻马河—大宅科—上皂户—高泉—红河—南家庄—清泉—浴马沟—萧家庄—苏家庄—小菜园—纪家屯—马家庄子—务家楼—店子。

K61：昌乐汽车总站至崖头社区

昌乐汽车总站—上海花园—昌乐汽车东站—碧水龙庭—武装部—实验中学—姜家坊子—昌顺驾校—吴家庄—曹家庙子—石人坡—亓家庄—三角池—营子—徐将军—付河—刘河小学—张家庄—河头—李家河岔—和睦—丛闫—马宋水库—寺后—马宋—前唐家店子—南楼—刘寺官庄—阿陀—大徐—田家老庄—麻家河－王俊—崖头。

K60：昌乐汽车总站至崔家庄社区

昌乐汽车总站—上海花园—昌乐汽车东站—碧水龙庭—武装部—实验中学—姜家坊子—昌顺驾校—吴家庄—曹家庙子—石人坡—亓家庄—三角池—营子—徐将军—付河—刘河小学—张家庄—河头—李家河岔—和睦—丛闫—马宋水库—寺后—马宋—前唐家店子—毕皇—王褒院—孙家庄—段家庄—大尹超市—清泉—邢李村—崔家庄汽车站

K66：昌乐汽车总站至时马社区

昌乐汽车总站—全福元—原党校接待中心—爱伦堡—小商品城—人民医院—乐融大厦—人保保险—原行政服务中心——农商大厦—天和家园－盛港府地—鲁昱绿城—金都世纪城—汽车西站—黄埠—秦家河—林家河—左家庄—北岩北村—北岩南村—唐前—董庄—孙家庄子—王埠前—乔山前—解家庄—郭家河—王家河—毕都—李家营子—西刘家沟—北张—卞家庄—北郿部—荣山—时马

K73：昌乐汽车总站至李家庄社区

昌乐汽车总站—全福元—原党校接待中心—爱伦堡—小商品城—人民医院—乐融大厦—人保保险—原行政服务中心——农商大厦—天和家园－盛港府地—鲁昱绿城—金都世纪城—汽车西站—黄埠—秦家河—林家河—左家庄—北岩北村—新村—大南岩—小南岩—南音—响水崖—苗家庄—杜家沟—孟家峪—龙旺河—李家庄。

K75：昌乐汽车总站至青龙社区

昌乐汽车总站—全福元—原党校接待中心—爱伦堡—小商品城—人民医院—乐融大厦—人保保险—原行政服务中心——农商大厦—天和家园－盛港府地—鲁昱绿城—金都世纪城—汽车西站—黄埠—秦家河—林家河—左家庄—北岩北村—新村—南岩南村—韩家庄—南音—响水崖—小赵庄—杜家沟—西李家河—潘家槐林—王家槐林—青龙。

K70：昌乐汽车总站至营邱社区

昌乐汽车总站—恒丰名城—福州商城—中医院—世纪美联—乐融大厦—人民医院—爱伦堡—原党校接待中心—全福元—福荣世家—上海花园—汽车东站—碧水龙庭—武装部—实验中学—姜家坊子—昌顺驾校—吴家庄—曹家庙子—石人坡—亓家庄—三角池—营子—徐将军—付河—刘河小学—张家庄—河头—丛闫—郝家老庄—三图—滕家辛牟—徐河口—古城—营邱。

K72：昌乐汽车总站至湖田社区

昌乐汽车总站—恒丰名城—福州商城—中医院—世纪美联—乐融大厦—人民医院—爱伦堡—原党校接待中心—全福元—福荣世家—上海花园—汽车东站—碧水龙庭—武装部—实验中学—姜家坊子—昌顺驾校—吴家庄—曹家庙子—石人坡—亓家庄—三角池—营子—徐将军—姜家庄子—淮沟—丛家阳埠—和睦—马宋—南崔—刘家营—小章—湖田。

K76：昌乐汽车总站至苍山

昌乐汽车总站—全福元—福州商城—世纪美联—中央帝景—乐融大厦—原交警大队—西湖公园—农贸城—砚家河—小李家庄—翟家辛—后营

子—前营子—马家冢子—中董家坊子—前董家坊子—下洼—埠南—后池子—岳泉—耿家庄—袁家庄—苍山。

K62：昌乐汽车总站至下庄

昌乐汽车总站—恒丰名城—福州商城—中医院—世纪美联—乐融大厦—人民医院—爱伦堡—原党校接待中心—全福元—福荣世家—上海花园—碧水龙庭—武装部—岳家辛—周家庄子—杨徐—小杨家—石庙庄—方西冯—金家庄—下楼—东刘—西邵—东邵—山唐—方南刘—北夏—南夏—上庄—西河下—东河下—下庄。

2019年昌乐汽车站班次列表

表9

线路	发车时间
昌乐—济南	08:00 09:00
昌乐—青岛	07:20
昌乐—临沂	06:40
昌乐—滨州	08:00
昌乐—东营	07:30
昌乐—上海	17:00
昌乐—临朐	07:30 10:00 13:30 14:50
昌乐—寿光	07:20 08:30 09:30 10:30 11:30 12:30 13:30 14:30 15:45 17:00
昌乐—滨海	7:30 13:00
平原、红河—潍坊	每30分钟一班
昌乐—潍坊（101、102路）	5:50至18:10每8分钟一班

注：本发车时刻表根据季节变化调整，具体发车时间依站内公告为准。咨询服务电话：0536-6222236

（供稿人：朱祥河）

公 路

【概况】 昌乐县公路事业发展中心为县政府直属正科级事业单位（2019年3月机构改革，公路局、县乡公路管理处整合组建为县公路事业发展中心）。设有办公室、组织人事科、财务审计科、安全保卫科、宣教科、国省道养护应急科、县乡道养护应急科、计划统计科、工程科9个内设机构，下设邢家河、乔官、鄌郚、马宋4处公路站，新增公路驿站1处（贾陶公路驿站）。主要负责为全县公路路网规划、公路建设项目咨询论证、项目审核等提供技术支持和服务保障；为全县乡道、村道的建设和养护管理工作提供技术支持；承担县域内国道、省道、县道公路建设项目的组织实施和养护管理工作；承担县域内国省道、县道公路路网运行状况的监测工作；承担全县公路技术政策、科技创新、科研成果推广应用和环境保护的事务性工作；协调推进县域内高速公路规划、建设等事宜；参与安全生产、公路交通战备和应急管理有关工作。连续23年保持省级文明单位荣誉称号。管养全县境内1条国道（309青兰路）和3条省道（224大沂路、102济青路、223滨九路）共计151.998千米，其中一级路115.024千米，占总里程的75.7%。

【公路建设】 （1）G309青兰线坊子流戈庄至潍城潘里段改建工程建成通车。昌乐县境内营丘镇赵家吉阿村至泥沟子村，路线长8.888公里，于2019年10月30日通过交工验收，2019年11月4日正式通车。（2）S224大沂线南段改建工程处于立项阶段。起点位于S224大沂线昌乐绕城段改建工程与县道南丁路交叉口，向南穿越北岩社区、南音社区、青龙社区、北鄌郚社区，终于鄌郚镇孔家庄村南，全长约25km。2019年已确定公路线位，向省级国土部门申报用地范围，力争2020年底完成工程立项。（3）济青高速公路改扩建工程（昌乐段）建成通车。昌乐段全长10.36公里，由双向四车道扩建至双向八车道，路基宽度为42米，设计时速120km/h。于2019年7月23日交工验收合格，7月26日昌乐段正式通车。

【公路养护管理】 一是强化日常养护，积极推进小修工程，及时处置路面病害，持续加强公路桥梁巡查、护栏及反光设施清洗，路面保洁、路容路况有了新的改观，完成养护计划776万元，公路优良路率达99%。2019年共修复中央护栏及路侧护栏40余处，完成车辙铣刨5250平方米，施划路面标线32390平方米。完成省道滨九路、大沂路、国道309面层挖补11120平方米、基层挖补1400平方米、灌缝26000余米、路缘石调整3800余米、零星病害处置3100余平方米。大沂路部分路段进行微表处理50000平方米。根据国检路况检测要求，完成国道309路段路缘石整修、百米桩、道口桩及里程碑维修或更换工作。二是完成国省道路线调整工程16.6万元，对昌乐县4条国省道路线及桩号进行梳理和重新埋设，共计埋设里程牌231块、百米桩2087根，国省道路网结构进一步完善。

极端天气保畅通：组织机械、人员做好冬季除雪防滑工作，出动机械70余台次，撒布融雪剂20余吨；加强汛期道路的安全巡查及治理，疏通便道涵4处，修复因台风利奇马过境所带来的强降雨对道路及桥涵造成的冲毁3处，保障了极端天气下道路的安全畅通。

【安全管理】 公路安全设施整治提升工作。根据市公路事业发展中心和县交通安全委员会整治要求，对列入山东省十大危险路段胶王路马宋街里东路段进行整治，在K212+280-K212+750段上行、K213+050-K213+550及K213+990-K214+205段下行施划减速标线，在K214+050处下行下坡路段设立“下坡减速”提醒标志一块。完成济青线与徐贾路路口护栏调整40余米。为公众出行提供了安全畅通的通行环境。

（供稿人：王晓燕）

邮 政

【概况】 2019年，昌乐邮政分公司在县委、县政府和上级公司的正确领导和大力支持下，紧密结合昌乐县经济发展实际和当前邮政改革，不断加快业务发展步伐，提高服务质量，各项工作都呈现出良好发展态势。公司完成邮政业务总量6984万元，完成市公司预算的101.7%，用户满意率、服务质量均达到100%。新建“三农服务站”15处，全县共有三农服务站595处，服务周边500余个自然村。

【党的建设】 年初召开党委会专题研究党建工作，制定《昌乐分公司2019年党建工作要点》，党委书记与支部书记签订了《落实全面从严治党主体责任书》，根据人员变动，重新调整了党建工作领导小组，昌乐分公司党委班子专题研究党建工作2次，组织7次中心组理论学习，班子成员根据学习内容开展研讨，强化理论武装，推动工作落实。组织全体党员参加十九大精神、党建基本知识测试，强化学习效果。

转发中央八项规定精神实施办法，在元旦、春节、五一、端午、等重要节日，昌乐县分公司纪委均提前下发通知，强调过节纪律。加强纪律教育，5月份，组织班子成员、寄递事业部、部室专业负责人、机关全体人员、支局经理、理财经理等50余人到昌乐县人民检察院警示教育基地开展了现场警示教育活动。通过警示教育活动，全体党员干部进一步增强了底线意识，提高党性修养。7月份，组织部分党员、中层干部到胶东红色教育基地进行红色教育，提升了党员党性修养。

【邮政服务】 2019年初成立检查组，并要求检查组人员每周不少于四天到支局进行检查督导，对各项工作开展专事专管，进一步提升服务标准。开展了服务质量提升等专项活动，完善各类规章制度，加大监督检查力度，及时处理客户投诉，服务质量得到了较大提升。重点针对金融风险点和信访多发点，强化管控，及时处理，化解矛盾。认真履行普遍服务和特殊服务义务。加强网点基础管理，提高投递、营业人员素质，党报党刊确保当日见报，机要通信保持质量全红。

【发展农村电商业务】 2019年，昌乐邮政通过整合内外资源，强化邮政农村区域优势，围绕消费品下乡、农产品进城、本地生活三大环节，不断寻求与各类厂家的合作。已作为潍坊邮政电子商务发展的试点单位，本着接受当地政府领导，为当地人民排忧解难，提升收入的思想，积极探索尝试推出具有当地特色的优质农产品，2019年，利用邮政线上优势，进一步打通白塔芋头、阿陀王俊土豆等农产品进城渠道，实现410余万元农产品进城。

（供稿人：仉彬彬）

通　信

【概况】 昌乐通信事业发展迅速，主要包括中国移动昌乐县分公司、中国联通昌乐县分公司、中国电信股份有限公司昌乐分公司3家运营商。主要经营国内、国际各类固定电话，移动通信，互联网接入及应用等综合信息服务、电子商务、数据通信、各类信息新业务以及与主营业务有关的其他服务。3家通信运营公司分别设有综合部、业务运营部、建设维护部、政企客户中心、集团客户服务中心等办事机构，城区、各镇设综合营业厅共26个。2019年，全县移动电话用户约66.79万。4G网络信号覆盖能力进一步提升，联通、移动、电信等移动基站1209个，实现移动网络无缝隙覆盖。有线宽带发展基础进一步夯实，全县行政村实现光纤网络村村通，光纤总长度达到12000皮长公里。大力建设“智慧昌乐”，初步建立县财政专网、卫计专网、社保专网、法院、司法、信访、气象、水利专网的智慧城市骨干网络。加快规划部署5G网络建设，进一步落实国家宽带“提速降费”和“携号转网”，通过实施提速不提价、流量不清零、逐步取消国内长途和漫游费”等措施，不断降低宽带网络的单位资费，惠及昌乐数万宽带用户。在受“利奇马”台风影响中，通信运营公司奋战一线，争分夺秒，有力保障了全县通信的畅通，抢修基站断站93个，恢复倒伏电杆235根，抢修受损光缆306.8公里。通信运营公司以追求“客户满意服务”为目标，服务县域经济发展，提高人民生活水平，依靠科学高效的经营管理和服务提升，不断创新，精心打造移动服务金牌品质，争创一流的通信企业，为昌乐各项事业的健康快速发展提供通信保障。

【中国移动通信集团山东有限公司昌乐分公司】 2019年，有在职职工98人，内设综合部、业务运营部、建设维护部、政企客户服务中心4个办事机构，在昌乐县城设孤山街旗舰店，方山路、美联、全福元城区经营部，乡镇设开发区、朱刘、尧沟、南郝、乔官、唐吾、红河、五图、马宋、阿陀等10个经营部。2019年，昌乐移动公司获得潍坊移动公司颁发的“2019年度先进单位”荣誉称号。

通信业务　昌乐移动公司担负中国移动在昌乐县本地2G、3G、4G、5G移动电话网的规划、建设和运营，提供语音、数据、宽带、魔百和、云等信息业务及服务，涵盖134、135、136、137、138、139、147、150、151、152、157、158、159、178、182、183、184、187、188、198共20个号段。

2019年，昌乐移动经营业绩蓬勃发展，存、增量市场、家庭市场、个人数字化市场共同发展，完成运营收入2.2亿元，总用户达到44万，渠道总量达到733家。2019年，全力保障网络建设，新建汇聚机房1处，升级改造5G机房53处，集客厚覆盖项目建设76处，新建小区楼间对打项目8处，室分10处。在大力发展建设的同时重视网络维护工作，结合日常基站巡检，集中处理灾后重建段落40段，排查各类隐患100多处。

党建工作 2019年，昌乐移动公司深入学习贯彻习近平新时代中国特色社会主义思想和党的十九大及十九大四中全会精神，按照国有企业党的建设工作会议重点任务和新时代党的建设总要求，进一步加强支部建设和党员队伍建设，切实抓好党风廉政建设。坚持党员干部每周开展一次集中学习，及时学习党的最新会议内容、领会会议精神，并书写学习心得、支部传阅、张贴展览；围绕中心任务，团结协作，坚持召开专题组织生活会，找出支部建设中存在的突出问题，及时解决；坚持以市场为导向，积极转变发展方式，不断提高领导班子经营管理水平，创新业务模式，提升业务内涵。

（供稿人：李　明）

【中国联合网络通信有限公司昌乐县分公司】 *管理机构* 2019年，中国联合网络通信有限公司昌乐县分公司现有在职员工86人，离退休员工107人（包含内退17人），共计193人。初级技术职务人员19人，中级技术职务人员13人。县公司设综合部、市场营销中心、网络运营中心、政企营销中心，营丘、鄌郚、昌中、城东、城西、宝都6个综合营销服务中心，大客户、孤山街2个专业营销服务中心。

通信网络 昌乐联通作为昌乐境内主导通信运营商和信息生活服务倡导者，在数字昌乐、智慧昌乐建设中发挥主导作用，有着独特网络优势，宽带网络全部实现光纤化，建成“光网昌乐”，行政村光缆覆盖率100%。积极响应国家提速降费号召，宽带网速提升到200M至1000M。移动通信4G信号覆盖更加完善，网络开始向5G演进，实施5G基站的规划组网和建设工作。

基础建设 固网建设。争取上级建设投资，立项新建项目18个，新建小区4个，扩容延伸227处。2019年驻地网新建小区5个，扩容延伸467处，建设集团客户信息化项目4个，有力支撑政企客户业务发展。新建城区主干环1个，新建144光缆7.86KM，满足全县固网建设需求。移网建设。完成2019年L900一期工程89处，截至到6月份安装开通投服89处。室分建设项目6处，已全部开通。完成载波聚合22处，高铁专项扩容23处设备安装开通。昌乐物理站点达到441处（含68处室分站点）。完成2/4G共传输43个L1800-2G基站全IP化传输配置，2G基站全IP化改造完成84处，5G开通联通新大楼宏站、昌乐孤山街营业厅室分，基站开通进度列全市前列。

运行维护 配合政府部门圆满完成中国西瓜节、昌乐方山庙会、中国宝石节，全国“两会”与青岛“海军节”通信重保和抗击台风工作。开展农村网络专项整治活动，处理隐患整改372条，更换损坏设备37处，有力改善网络质量，为全县人民提供更加优质通信服务。配合政府规划拆迁搬迁站址6处，完成875个自然村4G摸底测试。为智慧办运管中心机房新装政府网设备10台，新装乡镇政府网设备13台。开通各专线及集客专线业务40处，完成新建小区及乡镇村庄扩容33处。配合政府部门道路施工及市政建设、棚户区拆迁，城区所有道路及朱刘社区道路进行雨污分离管道施工，累计修复破损管道78处、520米，包封管道27处；对32处街道及54处小区架空线路进行了整改。

【客户服务】 推出480限时服务。即县城城区实现障碍修复4小时，装移机8小时，服务承诺业务零受理盲区。在农村区域，实现障碍修复8小时，装移机8小时。限时服务业务类型包括宽带、固话、宽带+IPTV。装移机资源暂时不到位的客户，实行0盲区受理。2. 宽带免费提速。家庭宽带用户免费提速至最低100M，通过网页推送提速，同时网上营业厅、手机营业厅、微信等多种渠道也可支持用户自提速，实现用户网上一键实时提速测速。3. 宽带速率货真价实。全面进行客户网速测试，客户可自行测试下行速率网速，测速结果如不达标，装维工作人员将进行测速验证，启动整改流程，进行网络质量整改。

【业务发展】 营业线抓外呼、重合作、提技能。适应市场需要，提升企业形象、扩大产品的用户知晓度和办理率，开展周末炒店、节日营销，充分挖掘老用户资源，结合本年融合产品转型，重点突击全家共享、流量放心用，对单产品老用户填充，增加用户在网粘性，降低离网率。结合现场营销，农村深耕，增加营销触点。加强商户合作，会员复用，主推单转融、花呗融合、携转等提升高套占比，全量业务发展名列全市前茅。针对现场营销，抓好员工销售能力提升、拉齐。开展“周PK”、厅内花呗大集、家电年货节等活动，加强营业员仪容仪表、业务技能、执行力等方面管控，切实做到“内强素质、外树形象”并纳入个人月绩效考核，提高个人素质，强化团队战斗力。渠道线提店能、抓金融、创佳绩。渠道门店销售能力提升。加强社会渠道、渠道经理的业务培训，为提高业务水平，制定渠道经理业务能力提升方案，根据业务知识掌握情况和业务受理情况进行严格考核，对排名落后的重点帮扶。代理商每月培训不少于1次，培训方式主要是集中培训与分片培训相结合，并进行现场演练。通过业务培训和考核激励，促进代理商和渠道经理业务发展提量提质。金融异业转型，商户资源复用，合作共赢。销售（金融权益）转型。结合社会渠道赋权的花呗产品，引导代理商从“异网拉新”统一转向销售花呗产品，全渠道统一宣传、统一话术、营造销售氛围、提升客户感知。加大线上引流，互动吧、微信点对点群发、快手吸粉、抖音吸粉等网络宣传手段提高宣传面，月均发展花呗200部以上，发展排名居全市第一。终端转型。提升社会渠道终端销售能力，社会实体门店内搭建演示环境，受理台布置小度音箱，吸引用户与小度智能交流，提高联通5G智能产品知名度。直销线勤深耕、重农村、展优势。3月份开始，通过预热准备、选取目标区域、找准关键人、智A刷脸等措施，组织19场深耕实战，128个日夜，271个村庄，队员们早出晚归、披星戴月，取得了前所未有的发展效果，公司整体收入定比增幅全市排名第4位。

（供稿人：赵长增）

【中国电信昌乐分公司】 概况 2019年，昌乐电信充分发挥信息化先导优势，为客户量身定做各类信息化解决方案，中国电信在电子政务建设和环保、金融、医疗、公安、“12349”等民生工程上，均提供了功能强大的服务支撑，并利用物联网、云计算、移动互联网、人工智能、数据挖掘、知识管理等技术，提高办公、监管、服务、决策的智能化水平，提供高效、敏捷、便民的智慧型服务。

智慧家庭 “智慧家庭”让许多梦中场景走进现实：通过“翼支付”，用户在智能手机上就能完成缴纳水电燃气费、购买电影票、网络购物等生活应用；通过“天翼看交通”，出发前就能在手机上查看实时路况；借助“天翼视讯”，随时随地都能看电影和电视直播；“天翼看店”让用户外出也能随时掌握家里的情况；宽带互联“ITV”业务打开多媒体互动之门，为家庭用户带来了从“看电视”到“用电视”“玩电视”的全新体验。该业务以宽带为传输通道，以机顶盒、电视机为接收终端，向用户提供直播、点播、回看等影视功能。“云分享”是一款家庭云存储产品，为家庭用户提供存储备份、在线浏览、实时同步、电视相册、多屏分享等功能与服务，用户摇一摇手机，照片就能现身。全年，中国电信推出基于光速宽带的“智慧家庭”融合业务，让“智慧”走进千家万户，“智慧生活”触手可及。

综合服务管理 深入开展党的群众路线教育实践活动，按照中央提出的要求，结合分公司实际，紧紧围绕集团提出的“践行群众路线转作风、深化企业转型促发展”这一主题，聚焦形式主义、官僚主义、享乐主义和奢靡之风等“四风”，着力解决班子成员和管理人员执行力和工作效率不高、学习能力和创新能力不强、上下协同和配合沟通不畅、对基层和市场反应不快、安于现状和工作激情不足等问题，深挖产生问题的思想根源，实现机关化本部向企业化本部转变、管理型班子向管理服务型班子转变，使各级管理人员的思想作风和工作作风有明显转变，基层员工和广大客户的满意度有明显提升，深化转型战略的推动有明显突破。开展企业文化大讨论活动，树立依法经营，诚信经营的服务理念，加强员工的企业使命感。上下联动，形成共创格局。公司要求领导干部和广大党员要率先为普通员工作表率、当示范。坚持每月向关键岗位人员发送“廉洁短信”，组织党员干部开展读廉洁书活动，接受反腐倡廉警示教育，组织开展巾帼文明岗建设等工作，有效提升了团队的凝聚力。

安全生产　电信公司不断完善各项安全生产管理措施，加强全方位安全管理，落实安全生产责任制，确保安全管理制度到位，加强安全生产监督检查，逐步完善机房和生产场所的基础安全设施，积极开展各项打击侵害电信利益的违法犯罪活动，全力保障通信安全。加强预防，抓好人身安全、车辆安全，杜绝各类安全事故发生。加强信息安全管理，保证客户个人信息安全。加强信访维稳工作，确保企业运营安全，员工队伍稳定。严厉打击各类盗窃、破坏通信设施的违法犯罪行为，加强网络安全防护和隐患排查；完善通信保障应急预案，保证通信畅通，保护企业资产。

（供稿人：刘　宁）

城乡建设

城乡建设

城乡规划

【概况】 2019年，在市局和县委县政府的领导下，坚持以习近平新时代中国特色社会主义思想和十九大、十九届四中全会精神为指导，按照高质量发展、赶超发展要求，围绕中心、服务大局、解放思想、干事创业，通过深化规划服务、强化规划管理，严格规划执法，全面均衡提升县域城乡规划发展水平。

【昌乐县城市总体规划（2017-2035）】 为适应昌乐县社会经济发展要求，科学合理地进行城市建设，根据《中华人民共和国城乡规划法》和建设部《城市规划编制办法》等有关法律、法规，特编制《昌乐县县城总体规划（2017-2035 年）》。

规划的指导思想全面贯彻党的十九大、十八大和十八届三中、四中、五中全会精神，以习近平新时代中国特色社会主义思想为指导，深入贯彻习近平总书记系列重要讲话精神，协调推进“四个全面”战略布局，以创新、协调、绿色、开放、共享的发展理念为引领，坚持立足实际、生态优先、可持续发展、改革创新的科学发展思路，以人为本、科学发展、改革创新、依法治县的基本原则，以提高发展质量和效益为中心，完善城市治理体系，着力解决城市病等突出问题，不断提升城市环境质量、人民生活质量、城市竞争力，建设和谐宜居、富有活力、具有特色的现代化城市，走出一条体现昌乐特色的城市发展道路。

6 项基本原则一是以人为本，公平共享。以人的城镇化为核心，合理引导人口流动，推进农业转移人口市民化，推进城镇基本公共服务的常住人口全覆盖，使全体居民共享现代化建设成果。二是生态文明，绿色低碳。将生态文明理念全面融入城镇化建设进程中，着力推进绿色发展、循环发展、低碳发展，推动形成绿色低碳的生产生活方式和城市建设运营模式。三是创新驱动，科学规划。积极抢抓机遇，建立创新驱动模式，走自主创新道路；实施创新驱动发展，形成经济发展新方式；科学规划引领，形成适应创新驱动发展要求的制度环境和政策法律体系。四是四化同步，统筹城乡。推动信息化和工业化深度融合、工业化和城镇化良性互动、城镇化和农业现代化相互协调，促进城镇发展与产业支撑、就业转移和人口集聚相统一，促进城乡要素平等交换和公共资源均衡配置，形成以工促农、以城带乡、工农互惠、城乡一体的新型工农、城乡关系。五是多规协调，一张蓝图。坚持“多规协调，一张蓝图”原则。建立部门协调机制，解决多规间不衔接的问题。强调规划的连续性，通过多部门沟通协调，实现同一城市空间实体的多专业规划协调。逐步打破部门分割和局限，实现更透明的规划实施效果评估、更广泛的信息共享、互联互通和更深入的分析与决策支持。六是文化传承，彰显特色。根据自身自然文化资源禀赋，实现差异性发展，建设富有地方特色、延续文化脉络，自然生态的美丽城镇，形成符合自身实际、特色的城镇化发展模式。

昌乐县城市总体规划编制工作由上海同济规划设计研究院负责，规划编制至纲要阶段时，因涉及机构改革和规划审批职能调整，2019 年 3 月山东省要求各县市终止城市总体规划编制，启动国土空间规划编制，2019 年 5 月，县委县政府主要领导召开专题会议听取了该院的规划汇报，会议决定停止该规划的编制工作，2019 年该规划编制已协议停止。

【昌乐县国土空间总体规划（2020-2035）】 为贯彻落实中央关于建立国土空间规划体系并监督实施的决策部署，建立并完善昌乐县国土空间规划体系，根据《中共中央国务院关于建立国土空间规划体系并监督实施的若干意见》(中发〔2019〕18号)、《山东省委山东省人民政府关于建立国土空间规划体系并监督实施的通知（鲁发〔2019〕20号）》等有关文件要求，昌乐县于2019年6月开始组织编制《昌乐县国土空间总体规划（2020-2035）》

市县国土空间总体规划是对市县域范围内国土空间开发保护做出的总体安排和综合部署，既是落实省级国土空间规划要求的主平台，也是编制专项规划、详细规划的依据，是从战略性规划到实施性规划的重要节点，在空间规划体系中具有承上启下的作用。规划目标是，抓住潍坊中心城区更新与拓展西部、推动中心城区与昌乐联动发展的重大机遇，结合昌乐县重大发展战略和发展任务，统筹布局生态、优化国土空间结构布局，统筹布局各类重大空间要素，形成县域国土空间全覆盖的战略性、基础性和约束性规划。

总体要求是以习近平新时代中国特色社会主义思想为指导，全面贯彻党的十九大和十九届二中、三中全会精神，认真落实习近平总书记视察山东重要讲话、重要指示批示精神，牢牢把握“走在前列、全面开创”总要求的重要任务，聚焦聚力新旧动能转换、乡村振兴等战略，深度融入区域发展，深入践行生态文明理念，持续提升空间治理水平，实现绿色发展和高质量发展，加快建设现代昌乐。进一步坚持生态优先、绿色发展，坚持全域统筹、突出特色，坚持以人为本、提升品质，坚持上下联动、协同推进，坚持权责一致、分类指导，积极探索创新规划编制路径、方法及实施管理政策机制，确保2020年底前高水平、高质量完成昌乐县国土空间规划编制任务，建设国土空间规划“一张图”实施监督信息平台，为昌乐县自然资源保护、各类开发建设、国土空间用途管制、各层次专项规划和详细规划编制提供基本依据。

主要任务包括两项：一是编制国土空间总体规划。结合昌乐县重大发展战略和发展任务，在对已有各类空间性规划实施评估基础上，根据资源环境承载能力和国土空间开发适宜性评价，统筹布局生态、农业和城镇空间，划定生态保护红线、永久基本农田、城镇开发边界等管控边界，明确管控要求，优化国土空间结构布局，保护生态屏障，开展生态保护和修复，完善基础设施和公共服务设施，延续历史文脉，突出地域特色，统筹布局各类重大空间要素，形成县域国土空间全覆盖的战略性、基础性和约束性规划。二是建立国土空间规划监测评估预警管理系统。以第三次国土调查成果为基础，统筹国土空间规划数据资源，形成国土空间规划“一张图”，构建合理的指标体系，建立国土空间基础信息平台和监测评估预警管理系统，集空间规划数据库建设、空间规划编审展示、项目选址预审等功能于一体。全面实现纵向与省市及镇村级国土空间规划的信息联通，横向与各部门之间的信息共享和业务协同，推动实现国土空间治理工作网络化，有效支撑国土空间规划编制、审批、实施、监测评估预警全过程。

研究范围为昌乐县行政管辖范围，总面积约1101平方公里。规划目标年为2035年，远景展望至2050年。

2019年6月份昌乐县启动规划编制工作。制定并印发了《昌乐县国土空间规划编制工作方案》，成立了规划编制领导小组，确定了规划编制的主要工作内容，以及人口城镇化研究、城镇开发边界及三线协调划定管控研究、国土综合整治和生态保护修复研究、重大基础设施布局研究、产业发展与空间布局优化研究、城市品牌提升与城乡风貌特色研究、土地资源节约集约利用、县域村庄布局及乡村振兴战略研究等8项重大专题研究。

2019年11月12日发布县国土空间总体规划编制的公开招标公告，12月5日通过公开招标方式正式确定由山东建大建筑规划设计研究院和山东建筑大学组成联合体，共同负责组织编制昌乐县的国土空间总体规划。

7月至12月之间，根据省市统一部署，编制完成了生态红线评估报告、城市开发边界初步划定成果报告、国土空间开发保护现状评估报告，并上报省厅。

10至12月，设计单位通过到40余个部门和10个镇街进行了三轮座谈和现场调研，扎实完成了基础资料的收集和完善。年底，上版多规实施评估、国土空间开发保护现状评估工作两项评估和八项专题研究工作已全面开展。

【村庄规划“多规合一”的新型实用性村庄规划编制】 昌乐县根据中央和省市文件，严格按照上级统一部署和要求，积极推进村庄规划编制工作，通过召开会议、下发通知、制定方案、定期调度、召开培训会等形式，指导和督促各镇街区根据要求做好村庄规划方面工作。

确定村庄类型，完成村庄分类。2019年5月25日，昌乐县下发《关于提报乡村振兴四类村庄名单的函》，要求各镇（街区）根据资源禀赋、生态环境等因素确定村庄类型，分类引导。将村庄按照集聚提升、城郊融合、特色保护、搬迁撤并四种类型分类，将现状规模较大的中心村确定为集聚提升类村庄；城市（镇、街办驻地）近郊区村庄确定为城郊融合类村庄；历史文化名村、传统村落、特色景观旅游名村等确定为特色保护类村庄；生态条件不佳、规模偏小的村庄，因重大项目建设（包括棚改、土地增减挂钩项目等）需要搬迁的村庄，以及人口流失特别严重的村庄确定为搬迁撤并类村庄。之后多次调度各镇街区，进行深入分析，核实相关数据，并联合山东建大规划院进行调研分析，提高村庄分类的科学合理性。11月与12月又按省市要求修改完善分类成果，将集聚提升类分为集聚发展类和存续提升类，12月24日，完成全县村庄分类工作，并形成最终成果报送省自然资源厅。

开展县域村庄布局。县域是村庄规划编制的重要层面，只有“县域一盘棋”，各类规划在村域层面才能更好地“多规合一”。县域村庄布局规划的编制将统筹城乡发展，明确乡村地区发展路径，打造乡村振兴齐鲁“新样板”，研判各村庄现状，合理确定县域内的村庄类型，优化村庄布局，实现县域范围内相关规模指标的平衡，完善各类公共服务设施及基础设施的布局规划，建立有效推进城乡土地资源合理利用、转化的实施保障机制。

开展“多规合一”村庄规划编制。昌乐县依据自然资源部《关于加强村庄规划促进乡村振兴的通知》、潍坊市自然资源和规划局《加快推进村庄规划工作实施方案》等文件精神，起草印发了《昌乐县村庄规划编制工作实施方案》，形成了村庄规划编制的规范性文件，使村庄规划编制工作有了明确的方向。对于重点发展村庄或有开发建设、修复整治任务需求的村庄，应坚持高起点规划原则，建议选择规划设计资质乙级以上，并熟悉土地规划编制的设计单位，编制“多规合一”的实用性综合性规划，并按程序做好村民委员会审议、专家评审、批前公示后，报县政府审批。昌乐县在2019年组织召开了全县村庄规划编制工作推进会议和县域村庄布局及村庄规划编制培训会。通过两次会议的召开，加强了各镇街分管领导的认识，提高了相关工作人员的业务水平，使各镇街可以互通有无，学习借鉴其他镇街好的经验，避免走弯路和错误的出现。

2019年，省级要求的十个试点“多规合一”村庄规划已全部编制完成；在此基础上，全年总共编制完成“多规合一”的村庄规划38个，规划编制成果完全符合《山东省村庄规划编制导则（试行）》（鲁自然资源2019-80号）的要求。

【规划审批】 2019年共受理各类审批事项（以单位及个人计）703件，其中核发选址意见书41件，用地面积为1014274平方米；核发建设用地规划许可证166件，用地面积为7995404.28平方米；核发建设工程规划许可证307件，建筑面积为3021814.42平方米；核发市政管线类建设工程规划许可证11件，建设长度为116708.5米；核发临时建设工程规划许可证1件，建筑面积为288.59平方米；核发建设工程竣工规划核实合格证164件，建筑面积为1039141.5平方米；核发乡村建设规划许可证13件，用地面积为88850平方米，建筑面积为92738.21平方米；接受电话及现场咨询1600多次。

（供稿人：郄西朋）

城市建设

【概况】 2019年，昌乐县继续开展城市道路新建、翻建和续建工作。截至2019年底，全县城市道路75条，总长度294.31公里，道路总面积596.33万平方米，人均城市道路面积22.05平方米，建成区路网密度5.05公里/平方公里，建成区道路面积率12.07%，配套雨水管道295.59公里，污水管道220.39公里，建成区排水管道密度9.49公里/平方公里。

【城区照明】 为加快城区路灯建设，2019年根据城建计划，完成了潍昌路东扩段（朱孔路至朱刘大东庄）、及第中学路、营丘街东段、大沂路改线、利民街（青年路至首阳山路）旧路灯改造工程路灯的安装，安装路灯605盏，安装变压器6台，概算总投资1236万元。其中，潍昌路东扩段安装路灯64盏，变压器1台；及第中学路安装路灯20盏；营丘街东段安装路灯18盏；大沂路改线安装路灯353盏，变压器5台；利民街（青年路至首阳山路）旧路灯改造工程安装路灯150盏；截至2019年底，城区路灯约1.86万盏。

【城建档案管理】 昌乐县住房和城乡建设局将“两书一证”（山东省建设工程档案移交合同书、山东省建设工程档案预验收意见书、山东省建设工程档案合格证）纳入工程基本建设程序管理，细化工程资料报送责任，纸质档案、影像资料、地下管线资料同步验收，纳入城建档案管理。全年共签订《山东省建设工程档案移交合同书》112份，共计780个建设工程单体；签发《市政工程档案审核意见书》16份，参与市政项目联合验收16次，接受外来资料查询使用次数600余次，档案资料使用率进一步提升。昌乐县智慧城市市政管理平台项目地下管线数据管理业务正式移交。

【房地产业】 全年房地产完成投资31亿元，新开工135万平方米，竣工91万平方米，房地产业持续平稳健康发展。通过实施房地产行业全流程监管，推进供给侧结构性改革，县城房价翻了一番，地价涨了两倍以上，160万平方米的库存房源基本消化完成，有力推动了房地产市场平稳健康发展。

全年新增开发企业暂定资质1家、四级资质1家，注销小弱散开发企业4家，房地产开发企业数量79家。积极引进全国百强知名房企投资开发建设，碧桂园集团在昌乐县注册潍坊星斗房地产开发有限公司，开发建设碧桂园铂玥府项目，建筑面积9.3万平方米，全部实施菜单式精装修。浙江绿城集团分别与世纪泰华、金都置业合作开发世纪泰华•桃李春风、绿城玉园项目，极大提升了昌乐的城市品质。

房地产问题项目整治取得良好效果，化解了一批时间长、矛盾大、群众反映强烈的房地产信访案件。锦绣佳苑、文锦园、帝豪公馆、月亮湾社区、金景宝地、鼎恒伴山等问题项目，涉及延期办证、延期交房的问题全部得到解决。没有一例新增问题项目或停滞项目，有力维护了群众利益和社会稳定。

【建筑市场管理】 2019年，全县在册建筑业企业56家，其中建筑施工总承包企业18家（一级资质1家，二级资质9家，三级资质8家），专业承包企业45家，主要集中在商品混凝土生产、钢结构安装、市政工程企业等，全行业年均从业人数2.6万人。完成建筑业总产值32.20亿元，合同额47.83亿元，实现利税9706万元，建筑施工面积257.10万平方米，劳务工资保证金3200万元。此外，积极对建筑市场进行综合执法检查，检查工程1300余个(次)，提出整改意见4100余条。对各类违法行为下达限期整改通知书110份，发现并及时制止施工企业未办理复工手续进场施工等违法行为2起，发现并及时制止施工企业未办理施工许可手续擅自施工等违法行为6起，行政处罚11起，城区范围内无违法擅自施工行为。

【建筑质量与安全管理】 2019年，全县共完成工程监督建筑面积257.10万平方米。

强化质量管理。对工地现场钢筋随机抽查30余组、对商混企业砂、石等原材抽检20余组，对317个工程的预拌混凝土供货合同进行了登记备案。狠抓检测机构管理，对全县2家检测机构和11家商砼企业实验室进行了3次不定期抽查。同时，严格督查检测机构脸谱识别和试化验报告二维码识别管理制度落实，加大对资料员、见证员到岗履责情况检查，从源头上保障工程质量和主体结构安全。全年指导龙海原著一期6个工程成功争创市级优良工程，方山公馆、北关棚改等23个工程成功争创市级优质结构工程，另有20个工程通过市级专家一次评审。

强化安全管理。结合六月安全月、建国70周年大庆、冬季安全施工等节点，组织开展5次施工安全大检查以及火灾隐患专项排查、起重机械专项整治等活动，重点落实施工、监理企业月检月报制度和检查发现问题整改情况。共下发隐患通知书150余份，提出隐患整改意见500余条，对7个问题较多项目予以停工整改并依法进行行政处罚，对3家企业负责人进行约谈。积极开展安全文明标准化示范工地创建活动，全年共指导金都棚改一期项目4个单体工程成功创建省级安全文明标准化示范工地，指导润地．心悦城、紫御华庭等39个项目86个单体工程成功创建市级安全文明标准化示范工地。

【扬尘治理】 强化扬尘治理，工地扬尘污染防治成效显著。以中央、省市环保督察和昌乐县国家卫生县城复审工作为契机，加大工地扬尘防治力度。多次召开全县建设工程扬尘整治工作会议进行安排部署，加强工地扬尘常态化检查，采取不间断明察暗访、基槽验收和安全达标把关等方式，严查工地扬尘防控措施落实。以扬尘整治为导向，以规范工地管理为抓手，开展了7次建筑施工扬尘检查活动，累计提出整改意见800余条，责令停工整改项目10个、行政处罚项目20个，有力提升了工地扬尘管理水平，在省建设厅组织的2019年度全省137个县市区工地扬尘暗访评价中，取得了全省第23名，潍坊市第二名的好成绩。

【招投标管理】 在潍坊市建设工程一体化平台中共受理直接发包工程94个，建筑面积172.9万平方米，成交金额33.79亿元，监理成交金额2100.48万元；国有资金备案工程16个，建筑面积92.91万平方米，中标金额19.64亿元，监理成交金额933.78万元。在山东省建设工程招投标类信息发布系统中办理公开招标工程2个，建筑共面积4.2万平方米，中标金额0.9亿元。项目经理、总监理工程师变更及解押证31个。

【建筑勘察设计】 2018年，全县有一家专业从事建筑勘察设计的企业，即昌乐县建筑设计研究院，该公司房屋建筑工程设计资质等级为乙级，市政道路工程设计等级为丙级，地基基础勘察等级为乙级。全年完成建筑设计约12万平方米，地基基础勘察完成面积约19万平方米。

【建筑节能管理】 2019年，严格执行公共建筑65%居住建筑75%的节能标准，新建建筑节能设计阶段标准执行率达到100%，严格建设工程节能产品备案认定管理，全年共完成节能产品核查267份，全年完成新建节能工程建筑面积58.9万平方米；本年度发展新型墙材企业1家—潍坊弘宸安装工程有限公司。2019年，全县共有砖类、保温类生产企业9家，门窗类生产企业7家，均已取得山东省节能产品认定证书。

【民工工资清欠】 强化内外联动，形成强大清欠合力，维护务工人员合法权益。重大节假日严格值班制度，增强一线接访力量，提高案件处结率。2019年共受理建筑领域农民工欠薪投诉案件305起，市长热线、民生信息241起，涉及农民工约3700人，解决欠薪2550万元。

【建筑产业现代化】 昌乐县2019年有省建筑产业现代化生产基地1个、省装配式建筑产业基地1个。装配式建筑构件生产线9条，年生产能力2.5万吨。在省建筑产业现代化生产基地山东金伟达钢结构工程有限公司和省装配式建筑产业基地潍坊亨利达钢结构有限公司的带动下，以潍坊市中鼎钢结构有限公司和山东德润绿建集成房屋有限公司为代表的一大批钢结构生产企业迅速发展起来，形成了聚集效应，其中，打包式集装箱房供不应求，远销国内外。

（供稿人：刘文斌）

城市管理

【市政设施养护管理】 2019年，以创卫复审工作为契机，加强市政设施维修管护，累计维修人行道1.2万平方米，铺装商业通道2.1万平方米，修补沥青路面3.5万余平方米，维修大理石板2200余平方米，维修更换挡车柱、检查井盖260余个，清理落水箅子、雨水口7000余个；维修更换路沿石、树框石1900余米，校正倾斜路灯、更换路灯底座68个，更换城区内灯头796个，维修老化路灯电缆10160米，清理路灯灯杆小广告966处，新建9处公厕投用，城市居住环境进一步提升。城区公共自行车运行良好，投入运行至今，市民办理借车卡2.1万张，累计骑行量达604.5万人次，单日最高骑行量6500人次。

【燃气管理】 2019年，昌乐县有管道燃气企业5家，已安装管道天然气民用户9万多户，工业用户275户，公福用户507户，居民壁挂炉用户1009户，共铺设管道689.6公里，昌乐县四个街道办、四个乡镇已全部开通管道燃气，已经实现镇镇通管道燃气；对全县燃气企业进行隐患拉网排查，建立长效检查制度，通过聘请燃气领域专家，对全县29家燃气企业进行拉网式大检查5次，查处安全隐患240条，责令企业限期全部整改到位，并及时组织“回头看”，确保发现的安全隐患“及时整改、真实整改”，把安全隐患消除在萌芽状态；进一步提高企业人员应对燃气安全突发事件的能力，分别在昌乐新奥燃气有限公司门站、潍坊港华燃气有限公司昌乐LNG储备库举办了全县燃气企业负责人参加的燃气行业消防演练，进一步加强燃气企业的综合指挥、快速反应、医疗救护、部门协同作战能力，提高应急救援水平，保障燃气领域安全生产形势稳定；严查非法建设燃气工程项目。按照《城镇燃气管理条例》和《山东省燃气管理条例》等法律、法规，依法对潍坊港华燃气有限公司未经审批擅自建设的营邱镇古城街中压工程项目，依法从重从快从严查处；开展LNG燃气点供设施及未批先建等违法违规行为联合执法整治，以镇（街、区）为单位对全县点供企业进行摸排，对非法建设的供气站点依法进行取缔，彻底消除隐患。集中对朱刘铭尚纺织、乔官永顺泰麦芽厂、鲁鸿庵上湖非法点供站进行依法查处取缔；按照县政府对潍焦4.3米焦炉拆除、万山110万吨焦化项目关停后，及时做出燃气方面的保障应对方案，燃气服务中心与朱刘党委工作人员共同摸底排查，按照昌乐县（2018年-2035年）燃气专项规划规定，制定接入方案，协调港华燃气公司帮助山东宝来纳米、万山减水剂、大明生物科技、潍坊圣科、屹立化工、山东溪水建材、潍坊宝乐等7家企业接入天然气并点火；帮助健宝生物协调接入维焦蒸汽。

【供热管理】 截至2018年底，昌乐县城区供热入网建筑面积约1000万平方米，实际供暖面积约580万平方米。其中，昌乐盛源热力公司从盛世热电和英轩热电购买热源用于主城区的供暖，供暖面积约510万平方米；昌乐源丰热力负责主城区流泉街以南及五图片区的供暖，供暖面积约70万平方米。供暖前，完成检修加压机组120套、热力站阀门214台套、2处一级管网和56处二级管网更换维修、抢修管网漏点300余处。完成续建的20个老旧小区供热管网改造项目，并组织验收通过，按期正常投入使用，所改造小区运行正常、供热效果良好。建立供暖质量评价机制，对供热企业和热源企业进行量化考核，促使供热相关企业进一步提高供暖质量，提升服务水平。通过昌乐传媒网、《昌乐日报》、微信公众号等媒体发布供热计划、供热服务热线和各片区“供暖管家”联系电话等 20 多篇，发放《致昌乐县人民供暖服务的一封信》2 万余份，加强政策知识宣传力度，广泛提高业主供热知识政策知晓度和对室内供热设施简单处理与维护能力，降低了投诉率，进一步提高了群众满意度。

【城市防汛】 修订完善并下发《2019 年昌乐县城区防汛工作实施意见》《城区防汛预案》、昌乐县建设局《关于做好 2019 年城区防汛工作的通知》。并制定科学合理的应对措施，落实指挥调度、信息发布和汛期值班制度等各项措施，汛期实行 24 小时值班制度。对城区防汛设施进行了全面检查，对城区 7000 余个雨水井及附属连接管、新昌路排水泵站、重点防汛管道出口等进行全面清理疏通；做好充分准备，抗击台风“利奇马”带来的暴雨，城区安全度汛。

（供稿人：刘文斌）

污水处理

【概况】 昌乐县 2019 年，新建第三污水处理厂项目，该项目位于山东省潍坊市昌乐县科技南街以南，西外环以东，该项目规划用地面积约 100 亩，总投资约为 2.2 亿元，建设规模 6.0 万 m^3/d。处理工艺采取“粗、细格栅 + 曝气沉砂池 + 初沉池 + 生化池 + 二沉池 + 高级氧化池 + 磁混凝沉淀池 + 滤池 + 接触消毒池”的处理工艺，处理后废水除 COD ≤ 40mg/L、氨氮≤ 2mg/L、总磷≤ 0.4mg/L、阴离子表面活性剂≤ 0.3mg/L 外，其余指标达到《城镇污水处理厂污染物排放标准》（GB18918-2002）中一级 A 标准。通过公开招标确定，施工单位为中建八局第一建设有限公司，安装公司为山东科达环境工程有限公司，监理公司为山东新世纪工程项目管理咨询有限公司。该项目于 2019 年 3 月 21 日，开工建设，当年完成土建主体工程。

2019 年，城西污水处理厂由昌乐蓝宝石水务发展有限公司运营，隶属齐鲁水务有限公司，设计日处理污水能力 6 万吨，原设计出水标准为一级 A 标准，污水处理工艺为：生化处理部分采用水解酸化 + A/A/O 处理工艺。一级 A+ 升级改造采用絮凝沉淀池前段增加生物脱氮工艺，好氧池内增加导流墙，悬浮曝气改为底部曝气，新建污泥浓缩池、板框压滤机车间。出水水质 COD ≤ 40mg/L，氨氮≤ 2mg/L，其余指标满足《国家城镇污水处理厂污染物排放标准》（GB18918 － 2002）一级 A 标准。城西污水处理厂托管了上游松江印染污水预处理项目，运行稳定，做到了上下游联动，提高了企业污水处理效果。城西污水处理厂被山东省城镇供水排水协会评为全省城市污水处理厂“十佳运营单位”。

城北污水处理厂由昌乐实康水业有限公司运营，日处理污水 4 万吨，处理工艺采用卡罗塞尔 2000 氧化沟 +MBAF 生物滤池，仿酶催化工艺对二沉池出水进行深度处理，出水水质 COD ≤ 40mg/L，氨氮≤ 2mg/L，其余指标满足《国家城镇污水处理厂污染物排放标准》（GB18918 － 2002）一级 A 标准。

城东污水处理厂由国电银河水务（昌乐）有限公司运营，设计日处理污水能力 3 万吨，处理工艺采用设计水解酸化 + 氧化沟 + 絮凝沉淀 + 连续流沙过滤 + 臭氧氧化，强化混凝 + 活性炭吸附工艺及臭氧改造增加催化剂工艺，出水水质 COD ≤ 40mg/L，氨氮≤ 2mg/L，其余指标满足《国家城镇污水处理厂污染物排放标准》（GB18918 － 2002）一级 A 标准。根据县政府工作安排，我局委托山东省环境保护科学研究设计院有限公司，圆满完成了《昌乐县城东污水处理厂污泥危险特性鉴别报告》，并通过了权威专家的论证。

2019 年潍坊市潍坊市城市管理局《关于表扬全市城市管理工作先进单位的通报》（潍管发〔2020〕2 号），昌乐县城市污水处理工作被授予全市“城市水务工作先进单位”。

（供稿人：刘文斌）

村镇建设

【农村危房改造】 2019年昌乐县共改造农村危房对1940户。对2018年378户扶贫危房聘请第三方进行验收，不合格户重新进行改造，聘请第三方验收后资金发放完毕。对农村建档立卡贫困户危房第一批149户，第二批306户完成改造的基础上，再次对全县440户农村危房进行改造完毕；“利奇马”台风受灾危房完成改造667户，并聘请第三方房屋安全鉴定机构进行了竣工验收，并将资金及时拨付完毕。

【农村无害化卫生厕所改造】 2019年，昌乐县涉农街道无害化卫生厕所改造12395户，至11月15日全部完成。对四镇一区40018户已改造农村厕所进行改造提升及规范升级。建立有制度、有标准、有队伍、有场所、有监督的长效管护机制，并启动建设20个农村改厕服务站，4个镇已启动厕所粪污资源化利用项目，530个村庄纳入农村改厕服务站服务范围，全县启动建设改厕后续管护信息化平台建设。

【农村社区建设】 2019年，昌乐县积极开展潍坊市农村新型示范社区创建工作，五图街道南郝社区、高崖库区东篱湖畔社区、朱刘街道魏家庄社区、红河镇宅科社区、鄌郚镇鄌郚社区等5个社区成功入选。

（供稿人：刘文斌）

重点工程

【雨污分流及道路建设PPP项目】 昌乐县城区、开发区及朱刘街道等26条道路改造排水管网88公里，同时翻建石家庄街、新昌路、利民街三条道路8.2公里。该项目概算投资33000万元，2017年10月潍坊市市政工程有限公司中标，潍坊誉祥工程建设监理有限公司负责监理，潍坊市市政工程设计研究院负责项目管理，计划施工期2年，2017年11月正式动工，至2018年底施工完成86%，2019年春季复工以来，全面展开所有剩余路段雨污分流主管道改造施工。截至2019年7月共下设污水管道20.5公里，雨水管道67.5公里，雨污主管道改造全部完成。2019年完成投资约9000万元，

【大沂路改线南段污水及人行道】 大沂路改线南段宝通街至南寨路口长6.1公里，工程总投资3985万元。由昌乐县城市建设投资开发有限公司作为建设单位，昌乐县新昌市政工程有限公司中标承建，潍坊誉祥工程建设监理有限公司负责监理。2019年3月开工建设，至2019年12月共下设污水管道13公里、雨水管道13公里，配套建设检查井、雨水井等设施，道路两侧分别铺装3米宽透水水泥砖人行道，工程全部完工。

【宝昌路翻建】 宝昌路（新城街至石家庄街）翻建工程由昌乐县城市建设投资开发有限公司作为建设单位，潍坊东盛市政公路工程有限公司中标承建，潍坊誉祥工程建设监理有限公司负责监理，工程合同价5162万元，宝昌路南段于2018年9月开工建设，截至2019年12月底已全部完工，完成投资3125万元。北段因拆迁问题于2019年7月开工建设，截至2019年12月完成投资约600万元。

【科技街东段（宝石城二路至马家河村）工程】 科技街宝石城二路至大沂路长约1060米，科技街大沂路到山水路约2450米，道路规划红线宽50米，沥青砼路面宽24米，铺装宽3米荷兰砖人行道，下设雨水、污水管道，工程合同价4329万元。由昌乐县城市建设投资开发有限公司作为建设单位，潍坊昌大建设集团有限公司中标承建，潍坊誉祥工程建设监理有限公司负责监理，截至2019年10月，科技街已全部完工。

【青年路管道】 流泉街至昌盛街排水管道，下设雨水管道约1200米、污水管道约1200米，在青年

路现状道路内破路下设管道后再恢复路面。由潍坊市市政工程股份有限公司中标承建，潍坊誉祥工程建设监理有限公司负责监理，概算260万元，2019年3月份开始施工，截至2019年7月已全部完工，共下设雨水1.2公里，污水1.2公里。

【站北街翻建】 朱刘街道站北街山水路至钱家庄水库段道路进行翻建，并配套完善排水设施。该段道路长约560米，道路规划红线宽25米，路面宽12米，完善雨水支管、雨水井等。由潍坊市市政工程股份有限公司中标承建，潍坊誉祥工程建设监理有限公司负责监理，工程合同价322万元，2019年6月展开施工，2019年8月全部竣工。

【市委党校配套工程】 沿旅游路、首阳山东路、桂河路下设污水管道，总长约3400米。对桂河路约4.5公里道路路面维护后进行罩铺沥青，部分路段两侧增设人行道、雨污排水管道。由潍坊市市政工程股份有限公司中标承建，潍坊市北海市政工程建设监理有限责任公司负责监理，工程合同价1748万元，2019年7月份展开施工，截至2019年12月，旅游路、寿阳山中路全部完成，桂河路路缘石安装完成，完成投资约1150万元。

【新昌路人行道翻建】 新昌路雨污分改造及道路翻建后，两侧旧人行道与新路面及路沿石高差不一，人行道行走不便、影响观感，对人行道进行调整、改造。恒安街至站前街段长约1100米，每侧人行道宽4米。由潍坊市市政工程股份有限公司中标承建，潍坊誉祥工程建设监理有限公司负责监理，工程合同价280万元，2019年7月份开工建设，2019年10月份竣工。

【文化路（新城街至营丘街段）】 昌乐县经济开发区文化路新城街至北三里街长约880米，按照县规划编制研究中心城市总体规划，道路规划红线宽35米，沥青砼路面宽18米，配套排水管道、人行道等设施。由昌乐县新昌市政工程有限公司中标承建，潍坊誉祥工程建设监理有限公司负责监理，工程合同价863万元，2019年7月份展开施工，2019年12月份完工。

【青年路（北三里街至科技南街段）】 昌乐县经济开发区青年路北三里街至科技南街长约480米，按照县规划编制研究中心城市总体规划，道路规划红线宽35米，沥青砼路面宽15米，配套排水管道、人行道等设施。由潍坊昌大建设集团有限公司中标承建，潍坊市北海市政工程建设监理有限责任公司负责监理，工程合同价410万元，2019年7月份展开施工，2019年12月份完工。

【科技南街（开发区小学门口至方山路段）】 昌乐县经济开发区科技南街管庄小学至昌大路约500米道路，按照县规划编制研究中心城市总体规划，道路规划红线宽50米，设计沥青砼路面宽24米，配套排水管道、人行道等设施。由潍坊昌大建设集团有限公司中标承建，潍坊市北海市政工程建设监理有限责任公司负责监理，工程合同价652万元，2019年7月份展开施工，2019年12月份完工。

【方山路立交桥南端交通改造】 山路铁路桥南引桥坡道阻挡站前街路口，交叉口交通阻滞车流不顺畅、交通混乱拥堵，计划对方山路天桥至利民街段道路进行交通规划设计，改造方山路天桥南端道路长约300米，宽29米，完善两侧雨水、污水管道。由潍坊正源路桥工程有限公司中标承建，潍坊誉祥工程建设监理有限公司负责监理，工程合同价281万元，2019年10月份展开施工，截至2019年12月共完成投资约80万元。

（供稿人：刘文斌）

房地产管理

【概况】 2019年，在县委、县政府的正确领导下，在上级业务部门的精心指导下，县房产中心紧紧围绕县委、县政府的工作部署，以市场管理为中心，以物业管理服务为重点，以住房保障为主要任务，强化服务意识，提升服务效率，紧抓当前热点难点问题解决，不断促进昌乐县房产市场的持续健康发展。

【商品房预销售监管】 一是严格按规定办理预售许可审批手续。根据国家法律法规及相关文件规定，认真审查预售许可申报材料，现场查看施工进度，严格按网上预售许可程序，逐级审批办理。全年共批准办理预售许可楼房178栋，预售许可面积87.76万平方米。二是做好预售合同备案工作。认真审查合同备案必收要件，加强对合同的审查与核对，剔除合同中的违法违规条款和霸王条款，及时进行督促纠正，防范购房纠纷。全年共办理合同备案4670户，建筑面积50.37万平方米，交易金额29.72亿元。三是严格商品房预售款监管。根据省建设厅《关于印发〈山东省商品房预售资金监管办法〉的通知》鲁建房〔2017〕1号文件要求和昌乐县《关于加强全县房地产行业全流程监管的意见》，加大预售款监管力度，严格交易环节监管，积极与软件公司和各商业银行对接，沟通协调商品房预售款监管联网事宜，推进预售款监管联网进程。全年共签订监管协议110份，监管总额16.55亿元，累计账户余额9.7亿元。

【物业管理】 一是与县住建局、县文明委、县发改局、县公安局、县综合执法局、县市场监督局六部门联合转发《深入开展物业服务文明创建标准建设年的活动通知》的通知，做物业服务好文明创建建设的活动。二是与消防大队联合下发《关于加强住宅物业消防安全综合治理工作的通知》，对小区消防安全治理做了严格要求，确保将小区安全隐患降到最低。三是根据山东省全省防汛抗旱工作电视会议和潍坊市防汛抗旱既市防指会议要求下发了《关于做好昌乐县2019年物业管理区域防汛工作的通知》，要求各物业小区制定防汛应急预案、小区排查情况、防汛工作领导小组，八月初暴雨期间，我们两个防汛组全部靠在小区一线，切实做好防汛工作，保证各小区安全度过汛期。四是与县委组织部、民政局、联合下发了《关于以党的建设为统领加强社区治理提升物业管理水平的意见》，推动物业行业党建工作全覆盖，服务质量全面提高，治理水平全面提升。五是做好维修资金收缴使用工作。全年共收缴维修资金5000万元，使用维修资金530万元。六是落实物业属地管理制度，在前期西湖社区和昌明社区试点的基础上，与宝都街办和宝城街办召开专题会议研讨全面推行事宜。已经向其他镇、街道发送征求意见稿征求意见，为全面落实物业属地管理制度打好基础。七是做好卫生县城复审工作，制定《昌乐县物业管理小区迎接国家卫生县城复审工作实施方案》，按照创卫工作安排，划分七个包靠小组，对全县120多个有物业管理的小区分13个社区网格包靠，进行覆盖式连续监督检查，对存在的问题、执行不力、行动缓慢的小区物业企业进行定期通告，并根据落实情况给予处理，不折不扣的执行好县政府卫生县城复审工作要求，取得了良好的效果。

【住房保障】 一是协助县棚改办做好棚户区改造工作。积极研究棚户区改造有关政策，按照市局要求，经县政府同意，确定昌乐县2019年棚户区改造任务316套，已全部开工。二是对前期分配的五批公租房进行复核，有1户自愿退出公租房实物配租，有7户因不符合实物配租条件退出公租房，2019年在保户数230户。三是在城区范围内开展了住房补贴报名工作，新增报名户数19户。经复核，取消7户家庭不符合租赁补贴发放条件家庭的申领资格，2019年在发的69户。

【中介机构管理】 一是加强房地产中介机构管理工作。加强对中介服务机构的监督检查与联系，及时掌握其所办理业务的规范情况，确保竞争的公平、公正，一经发现违法、违规行为，责令其进行整改，并暂缓其机构备案资格或暂停办理业务，拒不整改的，依法取消其备案资格。二是做好销售现场公示达标工作，对销售现场相关信息的公示有了更明确的要求和标准，并把销售现场信息公示达标作为发放预售证的必收要件，使得信息公示有了明显好转，对售楼现场公示不达标的，则暂停其预售证的发放，直至其改正达标。

【房产信息共享平台建设】 一是整合房产交易数据与不动产登记数据信息。在完成与不动产登记信息数据共享的基础上，对房产交易数据和不动产登记数据进行有效整合，理顺了数据信息的上下手关系。二是上线了存量房网签备案系统。经过前期对县域内房地产中介市场进行专项整治检查和存量房数据的测试，上线了存量房网签备案系统，该系统已进入试运行阶段，试运行期间将选取三家业务能力强、交易量大的中介公司进行测试，测试结束后将在全县范围内全面铺开。三是完成了全市房屋网签备案系统联网工作。根据市住建局关于房屋网签备案系统联网工作部署要求，统一数据标准，利用专网加密传输，用一个月的时间完成了市县系统的联网工作，得到了市住建局的肯定。

（供稿人：于小海）

房屋征收和补偿

【房屋征迁】 2019年，加大征迁评估过程监督和评估结果公开的力度，引入竞争评判及末位淘汰机制，采用中介代理的模式进行招标，确认选用12家评估、6家土地测绘、4家资产评估机构，及时接受社会监督，征迁评估工作更加公开、公平、公正。做好首阳山片区拆征一体结合文章，对宝石山庄南地块、鼎恒伴山南地块进行拆违治乱，腾空土地面积600余亩，拆除建筑物面积3.6万余平方米。完成方山路改线、潍日高速连接线、大小丹河治理、猪龙河治理工程、尧河治理工程、国舜垃圾处理厂、宝山公墓、中德产业园、中石化东董石油管线、潘家辛棚改、步行街西侧棚改等56个项目评估，评估土地面积8900余亩，建筑物面积7.63万平方米，整理出具评审报告50个，涉及征收补偿资金3.52亿余元，为推动土地增减、新旧动能转换、产业转型升级提供了条件。落实宝都博业华府等12个工地的垃圾清运、搭建围挡、铺设抑尘网、张贴公益横幅等工作，圆满完成担负的国家卫生县城复审目标任务。按照“六不”“六个百分百”要求，确保拆除污染源全部实现高效管理。通过精细化、标准化管理手段，全力做好信访安保维稳工作，综合运用法律、政策、行政、亲情等手段和教育、调解、疏导等办法，化解5-10年积案2起、2-5年积案7起，化解房地产问题项目5个、拆迁扫尾项目8个，切实维护了群众合法权益。用真心、出真力、动真情，做好10户贫困户扶贫帮扶工作，投入16.3万元为耿王村硬化、美化小广场1万余平方米，喷涂粉刷墙体，绿化道路。荣获2019年度县直部门（单位）“工作实绩综合考核优秀等次”，被潍坊市精神文明建设委员会评为“市级文明单位”。

（供稿人：李　鹏）

综合行政执法

【开展“不忘初心、牢记使命”主题教育】 按照中央和省市县委部署，扎实开展“不忘初心、牢记使命”主题教育，认真学习习近平新时代中国特色社会主义思想和党的十九届四中全会精神，从加强党的政治建设、全面从严治党和党的十九届四中全会精神10个方面展开交流学习，全面提升领导班子和党员干部的素质能力。深入查找班子建设和执法工作中存在的问题，高质量召开专题民主生活会，扎实开展“十大”专项整治，确保学习教育和工作“两不误、双提升”。全面落实党建工作责任制，班子成员和各支部负责人履职尽责，党建和业务工作一块研究部署，相互促进。认真落实“三会一课”、主题党日、组织生活会等制度，党组书记带头上党课，组织开展执法大讲堂、业务考试、案卷评查等活动，引导党员干部主动思考学习，将党组织打造为坚强的战斗堡垒，为执法工作开展奠定坚实的组织基础。

【自身建设】 对标新形势、新要求，经过反复酝酿讨论，凝练形成了“忠诚、干净，担当、实干，严谨、高效”的综合执法团队精神，用团队精神统一干部职工的思想行动。局班子成员带头落实党风廉政建设“一岗双责”要求，健全规章制度，加强警示教育，全力整治“庸懒散浮”，打造廉洁勤政的执法队伍。认真落实意识形态责任制，切实当好意识形态工作的领导者、推动者、执行者，通过强化学习教育、信息员监督、舆论引导等措施，及时发现和解决苗头性问题，营造风清气正的生态环境。组织开展“大学习、大调研、作风大转变”活动，以综合执法大讲堂为平台，先后邀请市委党校、县纪委监委、宣传部等单位的领导和专家授课，进一步提升执法队员的素质水平。建立机关阅览室、活动室，经常性组织志愿服务、演讲比赛、联欢晚会等活动，丰富职工的文化生活。积极挖掘先进典型，有2人被评选为“昌乐好人”，1人获评“山东好人”。

【引导群众参与城市管理】 积极顺应城市管理新形势、新情况，坚持以人民为中心，推动城市管理由“为城市管理人民”向“为人民管理城市”转变，不断提升城市管理科学化水平，努力打造人民满意城市管理品牌。一是全方位征求意见建议。建立舆情监督员制度，从社会各界聘请30余名舆情监督员，主动邀请“两代表一委员”等进行监督，实打实征求意见，进一步改进城市工作思路和措施。针对城市管理中的难点、痛点、堵点问题，开展了城市管理“一百个问题”调研活动，全局干部职工主动参与，在一线发现问题，找出原因，制定解决方案和措施，指导当前的城市管理工作。二是调动服务对象参与积极性。与城区5500余家沿街经营业户全部签订《门前“三包”责任书》，落实门前包秩序、包卫生、包绿化责任，对履行门前“三包”不力、有违法行为的沿街经营业户依法处罚，切实调动经营业户参与城市管理的主动性、自觉性。三是快速处理群众投诉。始终坚持“民有所呼、我有所应，民有所求、我有所为”的服务理念，及时高效办理群众投诉问题，确保违法行为及时查处纠正，全年共办理群众投诉2000多件。

【开展专项整治】 整治扬尘污染。投入运行82辆全密封新型环保运输车，建设标准化的垃圾消纳场，利用手机APP等现代技术手段，实现从源头到垃圾消纳场全程监控，坚决遏制建筑垃圾乱拉乱倒、扬尘撒漏问题。牵头推进朱刘片区散煤运输整治，投入专用厢式煤炭运输车60多辆，查处违规运输案件30余起。开展露天烧烤和油烟污染整治，将城区划定为烧烤禁止区域，城区露天烧烤全部杜绝。定期对餐饮经营业户进行检查，617户餐饮业户全部安装油烟净化设备并正常使用。

整治市容秩序。以迎接国家卫生县城复审为契机，全面开展城区市容市貌问题整治，共清理店外经营、活动灯箱、店外杂物、橱窗广告等5000余处；清除私设上车坡道280余处，清理“僵尸车”200多辆。施划机动车停车位1.4万余个，非机动车停车线2万余米，纠正车辆乱停行为1.5万次。开展城市小广告专项整治，清理小广告1万余处。为确保城市违法行为及时整改到位，积极实行律师陪同执法制度，探索“非接触性”执法办案新模式，全年办理行政处罚案件4200多件，全部执行到位。

整治违法建设。牵头80多个县直部门和属地镇街参与首阳山区域拆违工作，利用3天时间完成73户、4.25万平方米的拆违任务。落实全域拆违要求，推动镇街区对辖区内的违法建设稳妥拆除。对城区加大巡查力度，利用无人机等手段实现无缝隙监管，及时发现和拆除违建，实现了新增违法建设零建成。

整治安全问题。加大宣传教育力度，定期约谈燃气经营企业，持续不间断巡查，严查倒灌燃气等违法行为，年内共查处燃气违法行为30起。实施首阳山路禁限行管理，对城区24小时值班巡查，依法查处超重车辆1000多辆。对存在安全隐患的楼顶广告、大型广告依法拆除，共拆除3000多平方米。

整治重点区域。将管理向专业市场、小区和城中村延伸，先后取缔东田菜市场，规范提升南关便民市场、孤山街夜市，对温州商城、二街市场、五金机电城、七彩大市场、天桥市场等商业小区内部经营秩序进行整治，对40多个居民小区和城中村、城乡结合部村庄乱搭乱建、乱摆乱占、毁绿种菜等违法行为进行整治，进一步提升了城市整体形象。

整治提升摊点群。规范管理早市、夜市，取缔永康路与一中街路口、利民街与宝昌路路品口、方山路与站北街路口等4处摊点群，改造提升老体委路口、东山便民市场等6处便民摊点群，新上标准化餐车81辆，极大地方便了市民。

整治镇街市容秩序。建立城区中队和镇街区中队结对制度，采取“大兵团”作战、法治化管理模式，加大镇街驻地管理力度，先后对红河、乔官、朱刘、高崖库区等镇街区进行整治。积极协助首阳山旅游度假区开展农村人居环境整治，出动300多人次，动用机械20多台套，清除“三大堆”410余处，清运各类垃圾240余车。

抗击台风“利奇马”。全局干部职工三天二夜在岗在位，全力参与抗洪救灾，共出动执法队员620多人次，救助受困机动车20余辆，帮助行人100多人，消除道路暗井等安全隐患36处，有力地保障了群众生命财产安全。

（供稿人：毛瑞金）

园林工作

【重点项目建设】 一是积极建设潍坊市监察机关留置基地西区绿化工程，该绿化工程占地总面积约5.2万平方米，设计建设6条跑道的运动场、网球场、篮球场、排球场、卫生间、器械室各1处。2019年，已全部完工，栽植乔灌木21.5万余株，栽植麦冬、小龙柏等地被植物59.79万株，种植草皮、花草等2万平方米。二是全力推进大沂路改线（昌高路—快速通道）绿化工程，该项目绿化面积约21万平方米。2019年，已回填种植土8万余立方米，平整绿化用地4万余平方米，栽植行道树法桐1100株。三是实施城区绿化提升。对济青高速公路昌乐段绿化、站北街绿化、宝昌路绿化等进行提升，对绿化带进行提档升级。

【城区绿化提升工作】 一是对之前未纳入政府管理的城区社会绿化进行改造提升，在城区昌盛街、宝通街、潍昌路等主次干道两侧有房地产开发企业、单位自建自管绿地171处，绿地面积约80744平方米。二是开展城区绿化综合整治提升活动。对道路绿化、公园绿地、广场游园、绿化带内的裸露地块进行全覆盖整治，从绿化修剪、苗木涂白、垃圾清理等方面实行大提升。2019年，已完成苗木涂白10万余株，清运垃圾300余车次，修剪提升绿化面积360多万平方米。三是建立健全问题通报制度。对城区绿化存在问题定期通报，明确责任、建立台账，督促整改，销号管理。2019年，已印发督查通报14期，整改问题160多个。同时，严格落实绿化管理长效机制，明确责任，实施精细化管理，巩固整改提升效果，提升城市品位。

【筹备全市观摩点评交流活动】 在上半年观摩点评筹备工作中，建设大宅科中心社区绿地约1.5万平方米，栽植造型黑松、银杏等乔灌木500余株，栽植牵牛花、卫矛等地被植物1.4万平方米。提升朱孔路（平原至红河段）道路两侧绿化1.5万平方米，协助整理提升原绿化5000余平方米。同时完成朱孔路、潍昌路等观摩点评路段行道树涂白工作。在全市下半年观摩点评工作中积极开展路域整治工作，修剪绿化苗木、清理死枝落叶，对城区路段行道树栓挂现象进行彻底清理，清理绿地83万余平方米；对宝昌路、营丘街、石大昌盛路等新建道路两侧绿化带进行了绿化，栽植各类绿化苗木20余万株。

【应对台风灾害与灾后重建工作】 台风“利奇马”期间，领导班子积极作为，立即召开会议部署，启动应急预案，成立6支应急抢险队值守备勤，落实抢险车辆、物资和机械，全面做好抢险工作。暴雨期间，实行24小时值班，班子成员昼夜靠在分管区域组织巡查，密切关注雨情和灾情，确保第一时间发现险情，及时处置。强降雨结束后，不等不靠，迅速行动，班子成员靠在一线指挥，分片包干，网格化推进，全力以赴投入灾后重建工作。灾后第一时间完成丹河广场淤泥、公园水面垃圾等清理工作，清理淤泥、垃圾41.17万平方米；维修大理石铺装1500平方米，维修曲桥回填土方2000立方米，制作、维修配电柜6套，维修机井控制柜1套；铺装马尼拉草坪6934平方米，栽植玉簪、麦冬、鸢尾、扶芳藤等地被植物8万余株。

【迎接国家卫生县城复审】 为做好迎接昌乐县国家卫生县城复审工作，我中心高度重视，召开迎审工作专题会议，成立工作专班，健全工作机制，对迎审工作进行督查，发现问题，建立台账，限时整改，督促落实。积极实施城区废弃小路等裸露土地、裸露树池进行绿化补植和硬化铺装。对城区主次干道绿化带、无主沿街社会绿化等区域进行排查，对缺株断档地块进行绿化苗木补植，完成英轩街黄埠社区外等4处闲置地绿地建设；完成东方明珠等22处社会自建自管绿地进行修剪、提升。同时，积极组织水车以及绿化带浇灌系统实施洒水降尘，重点对宝通街、昌盛街等重要路段、重要节点加大工作力度，降低粉尘污染，净化空气质量。

【其他工作】 一是创先争优，积极组织省级园林式居住区和园林式单位申报工作，昌乐县组织申报的及第中学、外国语学校、万山景城、颐轩国际分别被评为省级园林式单位和省级园林式居住区。二是立足驻村帮扶，积极做好精准扶贫工作。深入所帮扶的鄌郚镇西李家庄村贫困户进行了全面调研，组织8人的帮扶队伍对贫困户进行走访和慰问，摸清贫困户情况，理清帮扶思路，制定帮扶措施。同时，为所帮扶村改造了会议室，建立了党员活动场所。三是做好首阳山区域第三批违法建设治理工作。按照县委、县政府统一部署，抽调骨干力量，全力做好群众工作，圆满完成任务。四是人居环境整治工作。根据县委、县政府工作安排部署，组织了人居环境整治包靠队伍以及机械、车辆，对北郭社区、西湖社区的10个村庄及309国道尧沟段，清理面积达3万余平方米，清理垃圾350余方。

（供稿人：李洪亮）

环卫工作

【概况】 2019年，昌洁环卫按照精细化、具体化、责任化的标准，加大人力、物力、财力投入，强化检查、督查、考核，围绕环境卫生抓管理、建机制、夯基础，城乡环境面貌明显改善。在2019年一整年中，一手抓迎接国家卫生县城复审、一手抓农村人居环境综合整治，集中清理卫生死角和“三大堆”，进一步完善工作长效机制，不断提升城乡环境水平。在市委市政府、市农业农村局、市城管局的各项检查中，昌乐县都取得了较好成绩，先进做法被《今日头条》和市城管局网站推广。

【抓一体推进，全面治丑】 借力国家卫生县城复

集中保洁 刘一杭 摄

审，将提升城区保洁精细化水平与全方位补足农村人居环境短板一体推进、综合施治。在主城区范围内，推行“人工清扫 + 机械洗扫 + 洒水降尘 + 高压冲洗”的环卫作业模式，机械化作业实行每日 5 洒 5 扫 1 冲。全体工作人员及城区管理员 80 余人既当管理员又当保洁员，巡查过程中全部配备保洁用具，随时捡拾垃圾、清扫路面。对路沿石旁沙土、绿化带内垃圾、建（构）筑物上广告、树枝上树挂、水系表面漂浮物、背街小巷等处进行立体化及时清理，确保无卫生死角。落实转运站、垃圾桶等环卫设施专人清洗，组装 2 台城区宣传车，常态化巡回宣传环卫工作。为城区保洁员配发漂浮物捡拾器 1100 套，增设垃圾桶 1500 个、果皮箱 900 个，公厕指示牌、防蝇帘、灭蝇灯、防滑垫等全部更新，夯实基础保障。在村居范围内，按照“突出重点、打造亮点”的思路，先行确定部分样板村，再按样板村的标准对房前屋后、村内村外、“三边三底三界三线”等处全覆盖整治，并辐射集贸市场、工业园区、景区、学校周边等。落实“四清两除”制度，集中人力、物力清理积存垃圾、“三大堆”、畜禽粪便、乱贴乱

日常道路洗扫作业　　刘一杭　摄

日常洒水作业　　刘一杭　摄

画等，去除残垣断壁、闲散园子等。加大农业废弃物（秸蔓）清理力度，各镇（街、区）建立暂存点 38 处，实行统一收集、清运、处置，鼓励采取秸秆还田、沼气利用、成品加工等方式推进农业垃圾资源化利用。加强环卫硬件设施保障，按每 10 户一个的标准配备新垃圾桶 4000 余个，并实行定点摆放，做到了整齐划一。

【抓长效管理，全面治本】　通过召开会议、印发文件、制定标准、明确机制等真招实招，进一步夯基垒台，架起环境治理的四梁八柱，助推工作深入开展。全年上半年先后召开 1 次县委常务会议、1 次县政府常务会议专题研究人居环境整治工作，开展了 2 次全县人居环境整治现场观摩活动，印发了《农村人居环境整治标准》。县委、县政府将城区划分为 16 个网格，由县领导逐一包靠，围绕治脏、治乱、治丑驰而不息抓整治；配合县迎审办督导组和各职能部门采取分组夜查、突击抽查、专项检查等措施，动态检验生态环保、人居环境整治等工作，

排查问题乱象，专项督办、限期整改。环卫、执法部门联合出动，对乱堆乱放、乱扔乱倒、乱贴乱画等行为严厉查处。先后下发《关于开展村庄清洁攻坚月行动的通知》《关于做好全县农村人居环境整治工作的紧急通知》等推进性文件，把农村人居环境整治工作牢牢地抓在手上、落到实处。县委、县政府领导多次采取“四不两直”方式，逐个镇（街、区）督查整治情况。县城乡环卫一体化工作领导小组办公室采取村村到、村村过关的方式，对各镇(街、区）完成整治的村庄严格验收、逐一销号，当日情况即时汇报县委、县政府主要领导和分管领导，并通报各镇（街、区），增强了镇（街、区）工作责任意识，镇村人居环境明显改观。各镇（街、区），建立健全了班子成员包社区、镇干部包村机制及村干部包党员、党员包村民代表、村民代表包户和户“门前三包”机制，采用以奖代补、划片包段、街巷长制等措施，将环境整治与村干部绩效工资挂钩，与年底考核结合，与拆违、“四美”（美丽镇区、美丽路段、美丽村庄、美丽庭院）创建工作一体推进等办法，以点带面、示范引领。全县范围内，建立常态化宣传引导机制，宣传部门在电视台、报纸设立了专栏，推广先进经验，曝光反面典型；每个镇（街、区）都组装了宣传车，每日进村巡回宣传农村人居环境整治工作；村村响大喇叭每日3次播放《人居环境整治倡议书》，并通过明白纸、微信公众号等广泛发动群众力量，人人参与、人人受益。

清扫落叶　　刘一杭　摄

【抓机制创新，全面治标】　实行抓班子带队伍，树立出门即上岗理念，从班子成员至一般职工全部实行个人承诺制，并开展了谈心谈话活动和“主动作为、敢于担责”主题活动，全力打造想干事、会干事、干成事、不出事的职工队伍。细化量化工作任务，明晰责任分工，持续开展城乡环境整治。在城区成立4个督查中队，加强对保洁工作标准落实情况的督导考核。增配管理员8名、保洁员112名，加大了保洁密度。成立保洁机动队，及时捡拾、清扫保洁空档内的垃圾、漂浮物，擦洗垃圾桶并及时密闭。组建建筑渣土污染路面巡查机动队，对建筑工地、道路施工现场的污染路面行为进行巡查劝阻，督促沿街商户门前统一发放的小型垃圾收集桶保持整洁完

日常沿街门店开展宣传　　刘一杭　摄

雨后清淤　　刘一杭　摄

前屋后的垃圾、杂物，禁止乱倾乱倒、乱贴乱画、乱堆乱放等行为，形成层层监督、齐抓共管的工作格局。**加强生活垃圾分类试点工作**。加快分类垃圾桶的设置，引导群众实行分类投放。对已完成分类试点的村庄进行精心打造，示范引领垃圾分类工作的开展，进一步扩大分类覆盖面。鼓励生活垃圾资源化利用，倡导建设建筑垃圾、农业垃圾临时消纳点，实现生活垃圾的减量化处置。**开征生活垃圾处理费**。根据市政府办公室《关于印发潍坊市市区城市生活垃圾处理费收取办法的通知》（潍政办发〔2017〕37号）、县政府办公室《关于印发昌乐县城市生活垃圾处理费征收管理办法的通知》（乐政办发〔2011〕10号）等文件规定，按照“谁产生、谁负责”的原则，制定并出台新的生活垃圾处理费征收文件，专项用于生活垃圾的清运处置。

（供稿人：刘一杭）

好。城区管理员全部统一配备电动车并放置小型垃圾桶，及时捡拾、收集路面漂浮物。落实午餐、晚餐时间段保洁员值班制度，消除保洁时间断档，保证工作的连续性。成立环卫志愿者服务队，向门店、摊点、学生和家长等市民发放宣传明白纸15000余份。联合县教体局在校园内开展“小手拉大手”活动，引导广大师生和学生家长共同维护环境卫生。按照“一户一桶”模式，统一为沿街门店配发小型垃圾收集桶5500余个，联合县综合行政执法局落实“门前三包”制度，印发倡议书6000余份，倡导垃圾入桶，杜绝乱抛乱扔。配合县公安局交警大队、执法局及时查处乱扔、乱倒、乱堆垃圾和乱发小广告、车窗抛物等行为，实行有奖举报。

【抓提前谋划，全面提效】 **持续改善人居环境**。巩固国家卫生县城工作成效，落实精细化保洁措施，强化日常监督考核，全面提升保洁水平，保持城区干净整洁。持续开展综合整治，建立健全防止积存垃圾和“三大堆”反弹的长效工作机制。落实“门前三包”和镇干部包村、村干部包党员、党员包村民代表、村民代表包户制度，引导群众自觉清理房

沿街门店配发小型垃圾收集桶　　刘一杭　摄

资源　环保

资源 环保

国土资源管理

【概况】 2019年，在县委、县政府及潍坊市自然资源和规划局的坚强领导下，认真学习贯彻习近平新时代中国特色社会主义思想和党的十九大、十九届四中全会精神，按照高质量发展要求，落实新发展理念，履行“两统一”职责，围绕县委工作思路和上级业务部门工作部署，履职尽责，攻坚克难，服务大局，各项工作取得了明显成效，为助推全县经济社会高质量发展作出了积极贡献。被县委授予“先进基层党组织”称号；继续保持“潍坊市廉政文化建设示范点”称号；组织开展“三八”关爱妇女健康讲座、“4.22”地质科普宣传、建国70周年书法摄影比赛、“文明之夏”广场文艺演出等文体活动；基层所全部保持县级以上文明单位、局机关保持省级文明单位称号。

【土地管理利用】 2019年批准征地47.59公顷，完成建设用地出让200.1189公顷，保障保障比德文、阳光华迈纸业、鲁兹中德产业园、中节能（昌乐）环保有限公司等重点项目用地。

【矿产资源管理】 火山国家地质公园生态停车场及相关道路建设项目，通过评审验收。乔官二姑山地质环境治理、鄌郚东钟家庄矿山复绿项目通过省市验收，朱刘小东庄矿山复绿项目已提请市局验收。2019年度完成露天废弃矿坑恢复治理任务28处，总面积143.1公顷。

【测绘管理和信息化建设】 完成了本年度基础地理信息数据动态更新、地理空间框架数据和数据库数据汇交；迎接了省自然资源厅、省司法厅组成的《山东省测绘地理信息条例》修订调研组到昌乐县的调研；与山东省地质矿产勘查开发局第四地质大队签署了应急保障合作协议。加强不动产登记系统网络威胁监测预警能力建设，昌乐智慧国土项目获2019年全省自然资源科学技术三等奖。

【执法监察】 按期完成了“大棚房”和违建清理整治任务。妥善处结自然资源和规划领域矛盾纠纷16件，按期办理12336系统等上级转交办案件28件，受理答复群众来访、电话访40余次，均未出现其他问题。

【调查监测】 按照国家提出的“宁要数据真实性，不要虚假的前后一致性”和“毫不动摇、寸步不让、虚报严惩、讲清原因”的第三次国土调查工作要求，对全县1100.41平方公里的调查区域，开展了内业预判、外业调查、举证等各项工作，内业勾绘地类图斑9.9875万个，外业实地调查举证图斑3.4万个。

【第三次国土调查与不动产登记】 已完成土地利用现状调查及数据库建设，“三调”数据库通过国家“三调办”一审，已按审核意见完成数据整改、补充举证后再次提报。不动产登记年内发放证书、证明21187本，完成注销登记4935件，受理查询业务11458笔4.2万人次。在8月份全市首届不动产登记技能大赛中，我局获团体总分第二名、团体二等奖。

【国土资源保护】 推进指标挖潜“两项试点”，完成泉二头、赵家庄子、东窝铺村等10村庄增减挂钩项目519亩，工矿废弃地复垦项目359亩；上报省政府批复工矿废弃地项目农转用批次5个，面积631亩。2018耕地质量等别年度更新评价通过省厅验收。

【建设用地管理】 2019年经省政府批准建设用地报件6个，总面积713.85亩，全力保障了昌乐县鲁兹中德产业园、中节能（昌乐）环保有限公司等重点项目发展用地。荣乌国家高速公路潍坊至日照联路线潍城至日照段项目于2019年4月由自然资源部批复土地总面积2926.857亩。

【耕地保护】 2019年，为加强耕地保护，特别是永久基本农田保护，提高认识，结合《山东省自然资源厅山东省农业农村厅关于加强和改进永久基本农田保护工作的通知》，昌乐县相继出台了《关于加强耕地保护和改进占补平衡的实施意见》《关于印发昌乐县镇级政府耕地保护责任目标考核办法的通知》。同时，根据上级工作部署，顺利完成了市政府下达的耕地保有量和永久基本农田保护任务。2019年度昌乐县乔官镇被评为省级耕地保护激励乡（镇、街道）。

【土地综合整治】 完成2018年度县级占补平衡项目（园地、残次林地）375.7公顷占补平衡指标系统入库工作。完成2019年县级占补平衡项目和乔官镇尹家淳于等村县级土地整治项目实施工作，可增加占补平衡指标234公顷。2016年度高标准农田建设项目顺利通过市级验收，建成高标准农田面积666.7公顷；2018年度高标准农田建设项目和鄌郚高标准农田建设项目完成实施工作，建成高标准农田面积766.7公顷；组织实施乔官镇高标准农田建设项目，计划建成高标准农田360公顷；完成2019年度高标准农田建设项目规划设计编制及招标工作。

（供稿人：郗西朋）

环境保护

【环境监测】 开展了对全县大气环境质量、地表水环境质量、重点污染源监督监测、农村环境质量监测和环境执法监测等工作。其中，每月对昌乐五图、昌乐朱刘、昌乐县体育场三个点位环境空气降尘进行监测分析，共获取监测数据36个；每月对高崖水库的地表水水质进行取样监测，获取监测数据324个；每季度开展城市集中式饮用水水源地（高崖水库）水质监测工作，获取监测数据256个；每年开展全县废水、废气和污水处理厂重点污染源监督监测工作，获取监测数据约375个；对城东、城西、城北、红河4家污水处理厂及丹河纪赵桥、桂河前牟断面、红河东于断面CODcr、氨氮、总磷、总氮开展监督性加密监测，获取监测数据约1000个；完成对鄌郚镇孔家庄村的环境质量监测；做好全县八个大气自动监测站的运营和数据传输工作。对监测数据进行评价和分析。

【大气污染防治】 加快推进朱刘、开发区重点区域和乔官板材，营丘玻璃钢和铸造行业综合整治。振兴焦化、万山集团完成烟气脱硫脱硝提标改造，达到第四时段标准，开展挥发性有机物泄漏检测与修复；比德文新建沸石浓缩转轮+旋转式RTO处理系统；英轩重工新建沸石浓缩转轮+旋转式RTO处理系统，盛泰药业对车间喷淋吸收塔和现有蒸发器进行改造，提高低温等离子处理效果。集中开展乔官板材、营丘玻璃钢行业综合整治，以伟宏木业和洁宁环保分别作为治理样板，参照样板模式限期整治。全面开展工业企业料场堆场全封闭改造，潍焦、万山、英轩、盛世热电以及商混企业等28家重点扬尘企业全部完成煤场堆场全密闭改造，安装PM10在线监控和视频监控，并与市、县生态环境部门联网。实施木材家具制造、包装印刷、表面涂装、有机化工等行业挥发性有机物治理（VOCS）提标改造，潍焦、万山、乐化漆业开展挥发性有机物泄漏检测与修复，英轩重工开展涂料替代。积极应对重污染天气，完成全年8次重污染天气应急响应工作，应急响应天数共计83天，及时发布启动、终止应急响应通知，落实应急响应措施，应急期间平均日出动检查人员50余人/次，检查企业30余家。对检查中发现的未落实应急响应措施的企业，实施查封扣押，共计查封企业90家。修订《昌乐县重污染天气应急预案》，编制完成了重污染天气工业源应急减排清单。加强机动车和非道路移动机械管理。全面开展非道路移动机械登记和抽查检测，已登记编码500余家企业，1200余辆机械，检测50余辆。划定禁止使用高排放非道路移动机械区域，分别是区域1：东至首阳山路（S224），南至首阳山路（S224），西至北海路，北至青银高速（G20）；区域2：东至山水路，南至宝通街，西至首阳山路（S224），北至科技街。加强重型柴油货车整治，联合公安、交通每月开展柴油货车整治行动，严查违反禁限行规定和尾气排放不合格车辆。开展清洁生产审核工作，将“双超”“双有”企业和国家规定的重金属污染防控行业、产能过剩行业作为实施清洁生产审核的重点，分期分批开展清洁生产审核。2019年，全县PM2.5、PM10、二氧化硫、二氧化氮4项环境空气质量主要指标平均浓度分别为54μg/m³、94μg/m³、13μg/m³、30μg/m³，同比分别改善-3.8%、-6.8%、27.8%、0%。

【水污染防治】　加大各个污水处理厂升级改造、水质净化的湿地建设、农业面源污染、继续完善雨污分流等水污染治理工作力度。昌乐县政府投资900余万元，在丹河、桂河、红河、白浪河、高崖水库水源地建设5处水质在线自动监测站，建设内容包括标准监测站房、在线监测设备及其配套设施，实现了与市、县生态环境局联网。昌乐县政府投资700余万元，建设高崖水库水源地一级保护区隔离防护网，共29.6公里。乐港公司投资1650万元，对乐港污水处理厂进行升级改造，2019年12月15日完成改造，设备运行稳定。制定《昌乐县主要入海河流综合整治攻坚工作方案》，按照序时进度做好工业点源治理、智慧环保建设等工作。充分利用好巡河APP，及时上传巡河工作情况，实现信息共享，2019年共巡河15次。制定了《昌乐县饮用水水源地保护攻坚行动实施方案》，开展高崖水库饮用水源地环境问题整治专项行动，已完成农业面源污染整治、生活面源污染整治、224省道交通穿越整治、汶河桥应急防护设施建设、社区污水处理站设施配套完善、一级保护区围网建设等工作已全部整治完成。

【污染减排】　按照“控制增量、削减存量”的原则，以工程减排、结构减排和管理减排为抓手，将将市政府下达的昌乐县2019年度二氧化硫、氮氧化物、化学需氧量、氨氮等主要指标减排任务目标，逐一分解，落实到各企业，全面推进大气重点减排工程和水重点减排工程发挥减排效益。潍坊振兴焦化有限公司和山东万山集团有限公司等完成了焦炉烟气脱硫脱硝治理任务，昌乐县红河污水处理厂完了水质提标改造任务。COD、氨氮、二氧化硫、氮氧化物4项主要污染物削减比率分别达到2.56%、1.14%、8.19%、7.76%，完成了市里下达的2019年减排目标任务。

【重大工程】　开展重点行业企业用地土壤污染状况调查。通过调查摸底，核实企业名称、位置、行业、经纬度、企业规模、生产年限、占地面积、在产或关闭搬迁等基本信息，完成全县97家土壤污染重点行业企业用地开展土壤污染状况调查，并确定下一步详查企业名单。加强工业企业环境监管。根据辖区内工业企业污染排放情况，2019年确定1家土壤环境重点监管企业名单，加强对重点监管企业的监督管理，督促企业根据《中华人民共和国土壤污染防治法》要求开展相关活动。深化危险废物规范化管理。对42家涉危险废物企业进行规范化考核，指导涉危险废物企业逐项落实危险废物相关管理规定和标准规范，上级抽查危险废物规范化管理合格率为100%。开展固体废物堆存场所整治，督促潍坊英轩实业有限公司完成位于大山洼村东侧等两处一般固废暂存场所整治。

开展整治突出水环境问题专项行动。对辖区内重点涉水企业、重点河流、污水处理厂、饮用水水源地等方面进行全面排查，对发现的环境违法问题进行集中整治。每月调度丹河河流整治工作情况、白浪河河流水质改善的月度整改工作报告，推动白浪河流域水质持续改善。

【环境监察】 全面推行“双随机、一公开”制度，增加重点企业、重点行业和重点区域抽查频次，实行差别化监管，全年共计抽查221家次，全部公开抽查结果。规范移动执法系统运用，挖掘移动执法系统在环境监管领域的潜能，实现“互联网+环境执法”的要求，全年共计使用移动执法系统进行执法检查1010家次，促进环境执法工作向规范化，精细化转变。深化区域流域联动执法机制建设，健全公安环保联勤联动执法工作机制，每半年召开一次公安环保联席会议，进一步完善案件移送、信息共享、联合办案、联动执法等机制，2019年联勤联动执法10次，出动联合执法人员78人次。全年共受理环境信访投诉1094件，处置率和回复率均达到100%。2019年在各项行动和执法检查中，共计查处环境违法行为案件324件，罚款1238万元。

【其他重要工作】 污染源普查。围绕“全面、真实、一致”的审核目标要求，充分利用国家在线填报系统、省审核软件和二污普助手对全县1181家工业企业的原辅材料、产品、工艺、治理设施进行数据质量审核和现场核查。确定英轩实业、世纪阳光、振兴焦化、元利化工等62家为重点企业，为提高昌乐县污染普查结果的真实性和完整性，根据供电名录（2017年高压户和小动力户）、第四次全国经济普查清查名录等材料，开展普查对象比对分析，做到普查对象“应查尽查、不重不漏”。按照污染源普查质量核查工作全过程核查、分级核查、抽样核查原则，认真做好普查数据自审和报表质量整改工作，确保普查数据的真实性、准确性和完整性。

环境审批。深入实施行政审批制度改革，不断创新工作机制，优化审批流程，规范审批服务，对属于应当填报环境影响登记表的项目，落实“一次不跑”要求，由建设单位在项目建成并投入生产运营前，自行在建设项目环境影响登记表网上备案系统填报并提交，共完成登记表网上备案项目2353个。及时了解企业和群众需求，主动回应企业和群众关切，切实为企业排忧解难，解决实际问题，不断提高企业和群众满意率。紧紧围绕全县重点项目，主动跑办，跟踪服务，协调解决重点项目的环评审批手续，加快审批速度，缩短办理时限。开辟绿色通道，对新旧动能转换等重大项目实行“即来即审”，实行容缺受理、并联办理、优先办理，共办理完成环评审批业务419件。严格环境准入，新建、改建、扩建项目必须符合国家产业政策、生态保护、总量控制和达标排放要求，综合考虑经济发展和环境承载能力，对不符合相关规划、产业政策、环境功能区划、总量控制和达标排放要求的建设项目坚决不予审批，从源头上有效预防和控制环境污染及生态破坏。落实企业生态环境保护的主体责任，建设项目竣工后，由建设单位对照环评及批复文件的要求，依据国家《建设项目竣工环境保护验收暂行办法》开展自主验收，促进了企业环保意识的提升，共完成竣工环保自主验收项目195个。

（供稿人：吴　鹏　张　宇）

【2019年环境监测有关数据一览表】

2019年昌乐体育局大气自动监测站监测数据表

表10　　单位：μg/m³；CO：mg/m³

站点	时间	SO_2	NO_2	PM_{10}	$PM_{2.5}$	CO	O_3_8h
昌乐体育局	2019年1月	31	53	187	113	2.8	68
昌乐体育局	2019年2月	22	35	143	96	2.1	104

续表 10

站点	时间	SO_2	NO_2	PM_{10}	$PM_{2.5}$	CO	O_3_8h
昌乐体育局	2019 年 3 月	19	38	124	63	1.4	134
昌乐体育局	2019 年 4 月	12	31	103	46	1.1	152
昌乐体育局	2019 年 5 月	13	27	103	39	1.1	189
昌乐体育局	2019 年 6 月	12	24	78	42	1.1	235
昌乐体育局	2019 年 7 月	10	23	63	36	1	220
昌乐体育局	2019 年 8 月	7	26	40	20	1	178
昌乐体育局	2019 年 9 月	10	32	69	34	1.1	208
昌乐体育局	2019 年 10 月	11	37	105	51	1.3	158
昌乐体育局	2019 年 11 月	12	44	112	55	1.3	108
昌乐体育局	2019 年 12 月	18	42	114	78	2.5	66
昌乐体育局	平均值	15	34	103	56	1.5	152

2019 年昌乐五图大气自动监测站监测数据表

表 11　　单位：μg/m³；CO：mg/m³

站点	时间	SO2	NO2	PM10	PM2.5	CO	O3_8h
昌乐五图	2019 年 1 月	26	48	152	109	2.7	61
昌乐五图	2019 年 2 月	18	28	124	94	1.9	95
昌乐五图	2019 年 3 月	16	27	105	64	1.4	133
昌乐五图	2019 年 4 月	12	22	96	46	1	144
昌乐五图	2019 年 5 月	13	18	88	34	1	181
昌乐五图	2019 年 6 月	9	18	66	31	1.1	209
昌乐五图	2019 年 7 月	9	19	54	31	1.2	228
昌乐五图	2019 年 8 月	9	18	42	22	0.9	164
昌乐五图	2019 年 9 月	10	20	66	33	1.1	178
昌乐五图	2019 年 10 月	11	23	101	52	1.2	150
昌乐五图	2019 年 11 月	9	28	104	57	1.4	107
昌乐五图	2019 年 12 月	9	31	105	75	2.2	63
昌乐五图	平均值	13	25	92	54	1.4	143

2019 年昌乐朱刘小学大气自动监测站监测数据表

表 12　　单位：μg/m³；CO：mg/m³

站点	时间	SO_2	NO_2	PM_{10}	$PM_{2.5}$	CO	O_3_8h
昌乐朱刘小学	2019 年 1 月	32	46	163	110	3.1	74
昌乐朱刘小学	2019 年 2 月	23	33	133	93	2.3	96
昌乐朱刘小学	2019 年 3 月	16	31	119	61	1.2	130
昌乐朱刘小学	2019 年 4 月	11	22	94	40	0.9	130

续表 12

站点	时间	SO_2	NO_2	PM_{10}	$PM_{2.5}$	CO	O_3_8h
昌乐朱刘小学	2019 年 5 月	13	18	85	30	0.7	176
昌乐朱刘小学	2019 年 6 月	10	18	62	32	0.8	202
昌乐朱刘小学	2019 年 7 月	40	26	62	37	1	183
昌乐朱刘小学	2019 年 8 月	10	27	50	23	0.8	144
昌乐朱刘小学	2019 年 9 月	9	32	79	36	1	163
昌乐朱刘小学	2019 年 10 月	9	38	106	50	1.4	127
昌乐朱刘小学	2019 年 11 月	9	44	119	55	1.6	84
昌乐朱刘小学	2019 年 12 月	10	49	115	78	2.8	55
昌乐朱刘小学	平均值	16	32	99	54	1.5	130

2019 年昌乐宝都大气自动监测站监测数据表

表 13　　单位：μg/m³；CO：mg/m³

站点	时间	SO_2	NO_2	PM_{10}	$PM_{2.5}$	CO	O_3_8h
昌乐宝都	2019 年 1 月	31	53	171	111	2.3	68
昌乐宝都	2019 年 2 月	23	34	138	92	1.9	110
昌乐宝都	2019 年 3 月	16	35	114	61	1.8	147
昌乐宝都	2019 年 4 月	10	24	91	43	1	139
昌乐宝都	2019 年 5 月	11	24	93	41	1.1	180
昌乐宝都	2019 年 6 月	9	20	61	31	1.4	214
昌乐宝都	2019 年 7 月	7	22	56	31	1.2	190
昌乐宝都	2019 年 8 月	7	22	46	24	1.2	171
昌乐宝都	2019 年 9 月	6	29	89	53	1.2	191
昌乐宝都	2019 年 10 月	10	37	122	67	1.4	136
昌乐宝都	2019 年 11 月	14	40	127	69	1.4	96
昌乐宝都	2019 年 12 月	16	46	126	91	2.2	56
昌乐宝都	平均值	13	32	103	60	1.5	142

2019 年昌乐乔官大气自动监测站监测数据表

表 14　　单位：μg/m³；CO：mg/m³

站点	时间	SO_2	NO_2	PM_{10}	$PM_{2.5}$	CO	O_3_8h
昌乐乔官	2019 年 1 月	31	48	148	107	2.1	80
昌乐乔官	2019 年 2 月	20	30	123	95	2.1	127
昌乐乔官	2019 年 3 月	17	27	98	60	1.3	151
昌乐乔官	2019 年 4 月	12	25	78	39	1.1	154
昌乐乔官	2019 年 5 月	11	16	67	30	1.1	188
昌乐乔官	2019 年 6 月	9	20	42	24	1.3	216

续表 14

站点	时间	SO_2	NO_2	PM_{10}	$PM_{2.5}$	CO	O_3_8h
昌乐乔官	2019 年 7 月	8	18	43	28	1.4	211
昌乐乔官	2019 年 8 月	10	18	42	23	1.2	160
昌乐乔官	2019 年 9 月	12	27	90	49	1.3	194
昌乐乔官	2019 年 10 月	14	31	104	65	1.4	153
昌乐乔官	2019 年 11 月	16	36	120	70	1.7	104
昌乐乔官	2019 年 12 月	19	42	117	86	1.8	66
昌乐乔官	平均值	15	28	89	56	1.5	150

2019 年昌乐红河大气自动监测站监测数据表

表 15　　单位：μg/ m³；CO：mg/ m³

站点	时间	SO_2	NO_2	PM_{10}	$PM_{2.5}$	CO	O_3_8h
昌乐红河	2019 年 1 月	27	35	176	135	2.8	44
昌乐红河	2019 年 2 月	20	29	148	111	2.2	87
昌乐红河	2019 年 3 月	17	29	108	74	1.6	100
昌乐红河	2019 年 4 月	11	21	81	48	1.1	143
昌乐红河	2019 年 5 月	12	21	75	35	1	189
昌乐红河	2019 年 6 月	9	17	50	30	1.1	210
昌乐红河	2019 年 7 月	8	17	46	30	1.1	221
昌乐红河	2019 年 8 月	9	18	43	24	1	186
昌乐红河	2019 年 9 月	10	24	98	52	1.3	198
昌乐红河	2019 年 10 月	10	27	125	72	1.5	160
昌乐红河	2019 年 11 月	14	31	119	81	1.7	116
昌乐红河	2019 年 12 月	16	38	114	88	2.2	72
昌乐红河	平均值	14	26	99	65	1.6	144

2019 年昌乐营丘大气自动监测站监测数据表

表 16　　单位：μg/ m³；CO：mg/ m³

站点	时间	SO_2	NO_2	PM_{10}	$PM_{2.5}$	CO	O_3_8h
昌乐营丘	2019 年 1 月	31	49	176	125	2.5	80
昌乐营丘	2019 年 2 月	21	33	140	106	2	119
昌乐营丘	2019 年 3 月	15	35	110	66	1.5	145
昌乐营丘	2019 年 4 月	10	27	83	46	1.3	149
昌乐营丘	2019 年 5 月	11	29	75	33	1	195
昌乐营丘	2019 年 6 月	10	22	47	25	1.1	224
昌乐营丘	2019 年 7 月	6	25	47	28	1.1	230
昌乐营丘	2019 年 8 月	8	25	41	25	1.2	176

续表 16

站点	时间	SO_2	NO_2	PM_{10}	$PM_{2.5}$	CO	O_3_8h
昌乐营丘	2019 年 9 月	10	32	89	58	1.3	197
昌乐营丘	2019 年 10 月	11	36	118	81	1.4	140
昌乐营丘	2019 年 11 月	14	38	134	81	1.6	104
昌乐营丘	2019 年 12 月	17	45	131	90	2.3	54
昌乐营丘	平均值	14	33	99	64	1.5	151

2019 年昌乐郚部大气自动监测站监测数据表

表 17　　单位：μg/m³；CO：mg/m³

站点	时间	SO_2	NO_2	PM_{10}	$PM_{2.5}$	CO	O_3_8h
昌乐郚部	2019 年 1 月	25	36	163	115	2	82
昌乐郚部	2019 年 2 月	17	24	140	103	1.7	132
昌乐郚部	2019 年 3 月	16	27	116	71	1.4	156
昌乐郚部	2019 年 4 月	10	20	84	40	1	156
昌乐郚部	2019 年 5 月	9	18	70	29	0.9	196
昌乐郚部	2019 年 6 月	7	14	47	25	1.2	232
昌乐郚部	2019 年 7 月	7	13	42	26	1	244
昌乐郚部	2019 年 8 月	7	12	37	23	1.2	173
昌乐郚部	2019 年 9 月	7	16	91	60	1.1	197
昌乐郚部	2019 年 10 月	9	19	109	69	1.4	161
昌乐郚部	2019 年 11 月	13	27	120	73	1.5	122
昌乐郚部	2019 年 12 月	16	36	119	89	2.3	68
昌乐郚部	平均值	12	22	95	60	1.4	160

2019年昌乐县饮用水水质监测结果表

表 18　　　　单位：mg/l，pH 值无量纲，粪大肠菌群：个 /1

水源名称	所属水系	水源地性质	本月取水量（万吨）	监测日期	水温（℃）	pH 值	溶解氧	高锰酸盐指数	化学需氧量	五日生化需氧量	氨氮	总磷	总氮	铜
高崖水库	潍河	湖库	208	2019/1/18	2.4	8.27	6.6	3.5	10	2.8	0.173	0.02	1.61	0.001L
高崖水库	潍河	湖库	200	2019/4/2	10.9	8.04	10.3	3.4	9	3.0	0.145	0.02	1.42	0.001L
高崖水库	潍河	湖库	207	2019/7/3	28.2	8.71	9.2	3.6	7	2.5	0.089	0.01	4.04	0.001L
高崖水库	潍河	湖库	58	2019/10/8	21.6	8.21	6.9	3.3	10	2.7	0.148	0.02	3.37	0.001L
II 类标准					-	6～9	≥6	≤4	≤15	≤3	≤0.5	≤0.025	≤0.5	≤1.0
水源名称	所属水系	水源地性质	本月取水量（万吨）	监测日期	锌	氟化物	硒	砷	汞	镉	六价铬	铅	氰化物	挥发酚
高崖水库	潍河	湖库	208	2019/1/18	0.01L	0.45	0.0004L	0.0003L	0.00004L	0.0001L	0.004L	0.001L	0.001L	0.0003L
高崖水库	潍河	湖库	200	2019/4/2	0.01L	0.32	0.0004L	0.0003L	0.00004L	0.0001L	0.004L	0.001L	0.001L	0.0003L
高崖水库	潍河	湖库	207	2019/7/3	0.01L	0.39	0.0004L	0.0003L	0.00004L	0.0001L	0.004L	0.001L	0.001L	0.0003L
高崖水库	潍河	湖库	58	2019/10/8	0.00549	0.37	0.00056	0.00152	0.00004L	0.00005L	0.004L	0.00056	0.001L	0.0003L
II 类标准					≤1.0	≤1.0	≤0.01	≤0.05	≤0.00005	≤0.005	≤0.05	≤0.01	≤0.05	≤0.002

2019年昌乐县饮用水水质监测结果表

表19　　单位：mg/l，pH值无量纲，粪大肠菌群：个/l

水源名称	所属水系	水源地性质	本月取水量（万吨）	监测日期	石油类	阴离子表面活性剂	硫化物	粪大肠菌群	硫酸盐	氯化物	硝酸盐	铁	锰	三氯甲烷
高崖水库	潍河	湖库	208	2019/1/18	0.05L	0.005L	20L	56.5	19.8	0.26	0.03L	0.01L	0.0002L	0.05L
高崖水库	潍河	湖库	200	2019/4/2	0.05L	0.005L	20L	64.5	22.3	0.93	0.03L	0.01L	0.0002L	0.05L
高崖水库	潍河	湖库	207	2019/7/3	0.05L	0.005L	20L	66.6	23.1	3.7	0.03L	0.01L	0.0002L	0.05L
高崖水库	潍河	湖库	58	2019/10/8	0.05L	0.005L	20L	40.2	12.7	2.2	0.03L	0.0218	0.00002L	0.05L
II类标准					≤0.05	≤0.2	≤0.1	≤2000	≤250	≤250	≤10	≤0.3	≤0.1	≤0.06
水源名称	**所属水系**	**水源地性质**	**本月取水量（万吨）**	**监测日期**	**四氯化碳**	**三氯乙烯**	**四氯乙烯**	**苯乙烯**	**甲醛**	**苯**	**甲苯**	**乙苯**	**二甲苯①**	**异丙苯**
高崖水库	潍河	湖库	208	2019/1/18	0.00003L	0.000001L	0.000003L	0.005L	0.05L	0.005L	0.005L	0.005L	0.005L	0.005L
高崖水库	潍河	湖库	200	2019/4/2	0.00003L	0.000001L	0.000003L	0.005L	0.05L	0.0014L	0.005L	0.005L	0.005L	0.005L
高崖水库	潍河	湖库	207	2019/7/3	0.00003L	0.000001L	0.000003L	0.005L	0.05L	0.0014L	0.005L	0.005L	0.005L	0.005L
高崖水库	潍河	湖库	58	2019/10/8	0.00003L	0.00002L	0.00003L	0.0002L	0.05L	0.0004L	0.0003L	0.0003L	0.0005L	0.0003L
II类标准					≤0.002	≤0.07	≤0.04	≤0.02	≤0.9	≤0.01	≤0.7	≤0.3	≤0.5	≤0.25

2019年昌乐县饮用水水质监测结果表

表 20　　　　单位：mg/1，pH 值无量纲，粪大肠菌群：个 /1

水源名称	所属水系	水源地性质	本月取水量（万吨）	监测日期	氯苯	1，2-二氯苯	1，4-二氯苯	三氯苯②	硝基苯	二硝基苯④	硝基氯苯⑤	邻苯二甲酸二丁酯	邻苯二甲酸二（2-乙基己基）酯
高崖水库	潍河	湖库	208	2019/1/18	0.01L	0.00029L	0.00023L	0.000008L	0.00017L	0.000019L	0.000017L	0.0001L	0.0001L
高崖水库	潍河	湖库	200	2019/4/2	0.01L	0.00029L	0.00023L	0.000008L	0.00017L	0.000019L	0.000017L	0.0001L	0.0001L
高崖水库	潍河	湖库	207	2019/7/3	0.01L	0.00029L	0.00023L	0.000008L	0.00017L	0.000019L	0.000017L	0.0001L	0.0001L
高崖水库	潍河	湖库	58	2019/10/8	0.012L	0.00029L	0.00023L	0.000008L	0.00017L	0.00020L	0.000017L	0.0001L	0.002L
II 类标准					≤0.3	≤1.0	≤0.3	≤0.02	≤0.017	≤0.5	≤0.05	≤0.003	≤0.008

水源名称	所属水系	水源地性质	本月取水量（万吨）	监测日期	滴滴涕	林丹	阿特拉津	苯并 (a) 芘	钼	钴	铍	硼	锑
高崖水库	潍河	湖库	208	2019/1/18	0.0002L	0.000004L	0.00008L	0.0000004L	0.0002L	0.001L	0.00002L	0.02L	0.0005L
高崖水库	潍河	湖库	200	2019/4/2	0.0002L	0.000004L	0.00008L	0.0000004L	0.0002L	0.001L	0.00002L	0.02L	0.0005L
高崖水库	潍河	湖库	207	2019/7/3	0.0002L	0.000004L	0.00008L	0.0000004L	0.0002L	0.001L	0.00002L	0.02L	0.0005L
高崖水库	潍河	湖库	58	2019/10/8	0.0002L	0.000004L	0.00008L	0.0000004L	0.00103	0.00033	0.00004L	0.027	0.00022
II 类标准					≤0.001	≤0.002	≤0.003	≤0.0000028	≤0.07	≤1.0	≤0.002	≤0.5	≤0.005

2019年昌乐县饮用水水质监测结果表

表21　　单位：mg/l，pH值无量纲，粪大肠菌群：个/1，透明度：cm

水源名称	所属水系	水源地性质	本月取水量（万吨）	监测日期	镍	钡	钒	铊	透明度	叶绿素a
高崖水库	潍河	湖库	208	2019/1/18	0.005L	0.01L	0.01L	0.00001L	110	0.003
高崖水库	潍河	湖库	200	2019/4/2	0.005L	0.01L	0.01L	0.00001L	150	0.003
高崖水库	潍河	湖库	207	2019/7/3	0.005L	0.01L	0.01L	0.00001L	240	0.004
高崖水库	潍河	湖库	58	2019/10/8	0.00162	0.00549	0.00498	0.00002L	68	0.002
II类标准					≤0.02	≤0.7	≤0.05	≤0.0001	-	-

科　学

科 学

科学技术

【概况】 2019年，昌乐县科学技术局以习近平新时代中国特色社会主义思想为指导，围绕县委县政府重点工作任务，大力实施创新驱动战略，扎实推进新旧动能转换重大工程，突出抓好“双招双引”、高企培育、项目争取、人才引进、平台建设等重点工作，全县科技工作取得明显成效，为县域经济社会创新发展提供了强有力的科技支撑。2019年，累计列入市级以上科技计划项目18个，共获得专项支持资金4751万元。完成14项科技成果登记。5项科技成果获潍坊市科学技术奖。新认定高新技术企业12家。新建市级以上科技创新平台25家，引进纺织材料技术研究中心等12家院引所分支机构。

【科技队伍】 围绕全县经济社会发展科技人才需求，大力推进招才引智，积极落实各级人才政策，将人才引进、培养与使用结合推进，不断壮大优化科技人才队伍，为全县经济社会创新发展汇智聚才。认真做好科技部创新人才推进计划人选推荐工作，加强“泰山产业领军人才”“鸢都产业领军人才”申报，大力引进两院院士等高层次人才。推荐15名高层次人才参加第二届“创业齐鲁·共赢未来”高层次人才创业大赛，其中戴祖云脱颖而出，获得大赛优胜人选。依托山东维乐农业科技有限公司引进方智远院士，备案山东省院士工作站。依托山东矿机华能装备有限公司引进宋振琪院士团队。为潍坊滴禾绿田农业开发有限公司引进上海交大张才喜教授团队。依托广元药业引进国家级重点人才工程专家5人。依托行业骨干企业，积极引进两院院士等高层次人才和高端外国专家人才。优化完善15人的科技指导员队伍，与扶贫工作重点村精准对接，开展科技指导、科技培训、农业科技成果转化等活动，助力精准扶贫。

山东综合技术转化中心昌乐县分中心挂牌

【科技计划】 围绕新能源、新材料、高端智能装备制造、现代高效农业等重点产业，大力挖掘培育科技含量高、发展前景好、带动能力强的优质科技项目，强化重点支持，积极申报市级以上科技项目。引导支持有条件的企业与高校院所合作实施重大科技项目，提升项目科技含量和竞争力，积极申报省级重点科技项目。2019年，共获批省重点研发计划7项，争取省级补助经费4638万元。其中，佳诚数码、乐化漆业、元利科技、矿机华能4家企业项目获批山东省重点研发计划（重大科技创新工程），获省级补助经费4230万元。佳诚数码“柔性可穿戴数码喷印新材料及智能纺织制品研发与产业化”项目获批1470万元，为全市竞争类项目获批资金最多的项目。三益新能源泰山产业领军人才参赛项目获批2019年省重点研发计划（泰山产业领军人才工程类），获省支持经费136.525万元。矿机华能的“煤矿综采工作面设备物联网系统研究与应用”等11个项目获批市科技发展计划，获113万元专项资金支持。组织开展2019年县科技计划项目评审，征集工农业及医学类项目36个，立项17个，安排专项资金256万元。

【科技创新与成果转化】 组织企业参加科技成果对接洽谈会等活动，推动更多的先进科技成果在昌乐县落地转化。加强技术合同认定登记宣传、培训，提升企业积极性，推进技术合同交易量质齐升。元利科技“混二酸二甲酯精制分离制取二元醇工艺”等5项科技成果获得潍坊市科学技术奖，奖金共12.3万元，其中拓普机械的博纳•飞利浦获得国际科学技术合作奖。完成创科种苗“利用生物技术创制优良纯合芦笋种质”等14项科技成果登记。精华粉体获企业研究开发省市级财政补助17.13万元，县科技专项经费配套14.01万元。联信增压器“微型小型涡喷发动机研发生产”、启尔斯生物“无抗化渔药研制开发与临床应用”项目荣获第三届潍坊市创新创业大赛优秀奖，获批经费38万元。

【科技培训与推广】 构建完善“众创空间－农科驿站”科技信息服务网络，推进乔官镇乔西农科驿站等农业科技创新服务平台标准化建设。依托昌乐县职业农民星创天地，先后开展科技（农民）培训5期，培训农民300多人次。昌乐县职业农民创业孵化管理服务中心的“设施蔬菜连作障碍综合防控技术研究与示范应用”项目获2019年度山东省重点研发计划（公益类科技攻关第二批）项目立项，省拨经费12万元。规范提升现有农科驿站标准化运营，推进农科驿站整改完善提升，加快示范农科驿站建设，乔官镇乔西农科驿站列入2019年潍坊市科技计划项目，获评潍坊市示范农科驿站，获市级经费8万元。金农科技企业孵化器列入市科技企业孵化器建设提升计划，获市级专项经费10万元。调整优化15人的科技指导人员队伍，督促科技指导人员与扶贫工作重点村精准对接，助力精准扶贫。科技指导员依托星创天地和农科驿站等平台，根据帮扶村产业实际积极开展技术指导、技术培训、创新创业培训、开展农技推广、农业科技成果转化等科技服务。强化监督考核，督促引导科技指导员结合扶贫工作重点村产业实际，积极开展科技指导和培训，助力精准扶贫。

【科技创新平台建设】 聚焦“双招双引”，围绕促进企业自主创新，激活创新资源，大力推进科技创新平台培育和建设工作，支持骨干企业与高校院所合作，共建高质量的重点实验室、工程技术研究中心等创新平台。积极搭建企业与高校院所交流合作的平台，拓宽合作渠道，组织举办科技人才、成果对接交流活动，力争引进更多的人才、项目和科研成果。指导有条件的企业按照省级、国家级创新平台申报标准进行完善提升，积极申报省级以上创新平台。抓好孵化器、众创空间等创新创业载体建

中科院专家昌乐行“新合作·新产业·新发展”人才对接交流活动

设，积极鼓励引导各类市场主体，利用各自资源禀赋兴办各具特色的科技企业孵化器和众创空间，并从科技项目扶持、创新平台建设、科技成果转化、人才培养等方面加大激励支持力度，不断提升科技企业孵化器和众创空间的培育孵化能力。2019 年，全县共建成市级以上各类科技创新平台 25 家。潍坊市甜樱桃育种与栽培技术研究中心等 5 家获批市级工程技术研究中心。潍坊市高端助剂重点实验室等 4 家获批市级重点实验室。加强与中科院深度合作，挂牌成立了中科院山东综合技术转化中心昌乐县分中心，并依托组织开展科技人才、成果对接活动，加快先进科技成果落地转化。

【产学研结合】　推动“政产学研金服用”技术创新体系建设，持续深化企业与高校院所的合作对接，根据企业技术、人才需求，组织企业同中科院有关院所、省内外高等院校和科研机构进行人才、项目、成果对接。引进山东广元药业科技有限公司与吉林大学合作建设的动物中药制剂研究中心等 12 个科研院所合作项目，其中全市双招双引项目百日会战以来新认定 6 个。组织万山、潍焦等企业赴中科院上海分院、西安交大、吉林大学、西湖大学开展招才引智和科技成果对接活动，组织乐化、元利等企业参加中科院兰州化学物理研究所科技成果发布对接会，组织世纪阳光等企业与中科院驻青院所考察对接并参加 2019 新动能·青岛展览洽谈会。

【高新技术产业发展】　推进传统产业重大关键性新技术的应用，加快推进传统优势产业朝着精细、智能、绿色环保方向发展，大力孵化培育新材料、智能装备等战略新兴产业，挖掘新经济增长点。实施高新技术企业培育工程，引导创新资源向后备企业集聚，有重点地推进企业核心技术攻关和先进适用技术推广，积极培育高新技术企业成长壮大。实施高新技术企业培育工程，建设高企培育库，对有申报意向的企业全部入库培养。建立高新技术企业长期培育机制，不断扩充高新技术企业培育库，对有申报意向的企业全部入库培养，开展经常性培训指导，指导企业规范、完善财务科目设置、研发费用归集等，按照高企认定标准逐步规范提升，成熟一批，申报一批。与税务部门联合举办了两次高新技术企业申报及政策解读培训会，加强高企申报全过程指导，提升企业申报成功率。组织推荐 16 家企业申报 2019 年高新技术企业，其中万山化工等 12 家企业通过认定。大力开展“小升高”培训计划，加快“小升高”培育步伐，积极为新认定的小微企业申请“小升高”补助资金，圣鑫管业获“小升高”补助资金 10 万元，瑞力生药业等 18 家企业纳入全国科技型中小企业信息库。

【2019 年昌乐县科技成果获奖情况一览表】

2019 年昌乐县科技成果获奖情况一览表

表 22

序号	获奖编号	项目名称	申报单位	完成人	获奖等级
1	JB21102	混二酸二甲酯精制分离制取二元醇工艺	山东元利科技股份有限公司	刘修华、秦国栋、李义田、张建梅、刘福合	科技进步二等奖
2	JB28601	TACE、125I 粒子植入联合放疗治疗原发性肝癌的临床观察	昌乐县人民医院	伦俊杰、赵俊玲、吴文亮、孟凡瑞	科技进步二等奖
3	JB31101	利用生物技术创制优良纯合芦笋种质	潍坊创科种苗有限公司、山东潍坊农业科学院	包艳存、李文东、李霞、吴旺宗、常传亮	科技进步三等奖
4	JB32302	机械取栓术在急性脑梗死中的临床研究	昌乐县人民医院	王乐园	科技进步三等奖
5		博纳·飞利浦	潍坊拓普机械制造有限公司	博纳·飞利浦	国际科学技术合作奖

知识产权

【概况】 2019年，昌乐县知识产权保护中心全面贯彻落实党的十九大、十九届三中、四中全会精神和习近平总书记系列重要讲话精神，引导和激励中心领导班子和党员干部牢固树立科学发展观和正确政绩观，积极适应和引领经济发展新常态，把“不忘初心 牢记使命”学习教育贯穿工作全过程，以改革创新、奋发有为的担当精神和真抓实干、攻坚克难的务实作风，扎实落实县委、县政府决策部署，把知识产权工作作为创新驱动发展和转方式调结构的重要抓手，深入全县的高新技术企业、专利明星企业和知识产权试点示范企业积极开展“三送服务活动”。结合企业的生产、技术和专利技术运用情况，帮助其量身定做适用性、可操作性强的知识产权战略，开展专利专项服务，帮助企业检索查新和整理相关信息，鼓励企业技术创新，及时申请专利保护。鼓励外贸出口型企业积极申请国外专利，充分利用知识产权保护自身利益。注重培植发展知识产权优势企业，尽量多出典型，多出专利大户。2019年，昌乐县国内专利申请总量1514件，其中发明专利申请254件；国内专利授权982件，其中发明专利授权39件。专利密度4.06件。知识产权保护中心于11月30日—12月6日在全县范围内开展了为期一周的知识产权宣传活动，活动以“知识产权助推实体经济高质量发展”为主题，坚持质量第一、效益优先，大力提升创新主体知识产权制度运用能力和运用效益，推动知识产权与创新资源、金融资本、产业发展深度融合，完善创新和知识产权工作各个环节，加强知识产权实施成效宣传，有效激发实体经济创新活力，切实提升全社会知识产权意识。

【知识产权创造】 结合县里全面优化营商环境工作和“不忘初心、牢记使命”主题教育，开展的“大调研、大走访、大排查”活动，对100余家重点企业进行了走访调研，并召开了部分企业知识产权工作座谈会，通过对各镇重点企业进行摸底，掌握了企业的创新情况，及时帮助企业挖掘技术创新点，分析专利保护方法，优化申请结构。使企业在关键技术领域加大研发力度，积极申报专利，保护新开发的产品并占领市场高地，力争形成核心技术。指导企业有效运用知识产权制度，将自主创新能力转化为自主知识产权的创造和应用能力，形成核心竞争力。2019年全县申请专利1514件，增幅25.33%；授权982件，增幅37.34%。

【知识产权宣传】 我们充分利用报纸、电视、专利产品展示等开展多种形式宣传活动，大力营造有利于知识产权事业发展的良好舆论氛围，增强全社会知识产权意识。中心主要负责人带头与工作人员实行分组包靠制度，对乡镇街区进行包靠，挨个乡镇到企业进行摸底，并与企业经理和分管领导交流，让他们了解现在的知识产权政策情况，申请专利的好处，以及申报流程，同时我们也了解了企业的创新情况，为企业申请专利奠定基础。我们还对省、市、县知识产权政策重新进行整理，编印专利政策汇编成册，发放到各镇（街、区）宣传材料1000余份。

【知识产权运用】 2019年，山东梅拉德能源动力科技有限公司的VM-1新能源汽车开发专利导航项目被潍坊市市场监督管理局确定为2019年潍坊市专利导航产业发展项目。我们推荐了山东梦金园珠宝首饰有限公司、山东矿机迈科建材机械有限公司等2家企业积极参选“第二十一届中国专利奖”，其中山东矿机迈科建材机械有限公司的“编组运坯机”专利获得21届中国专利奖优秀奖，获得奖励资金10万元。积极做好2019年度潍坊市专利奖申报和推荐工作，推荐蓝天首饰有限公司、矿机集团、潍坊佳诚数码、山东潍焦集团、山东比德文动力科技有限公司、潍坊市精华粉体工程设备有限公司等10家企业7件发明专利、1件实用新型专利、2件外观设计专利，共10件专利参与潍坊重大专利奖、一等奖、二等奖、三等奖及外观专利奖的评选工作。山东蓝天首饰有限公司的“一种微束等离子高频无焊料高纯度金银焊接装置及方法”专利获得潍坊市专利奖二等奖，获得专利奖补助资金 10 万元。

【知识产权试点示范】 深入实施国家知识产权战略，充分发挥知识产权在县域经济发展中的重要作用，进一步加强和规范国家知识产权强县工程的实施：按计划推进核心专利技术在其企业主导产品上得以应用，并取得一定的经济效益和社会效益；及时根据上级新标准对重点规范进行规范提升，为强县工程示范县验收打好基础。积极帮助企业开展贯标培育工作的企业，联系服务公司，对企业知识产权架构进行诊断，帮助企业建立知识产权管理体系，引导企业将知识产权融入研发、生产、销售的全过程，有序推进贯标工作的开展。2019 年，国网山东省电力公司昌乐县供电公司和潍坊浩泰佳包装制品有限公司获得贯标认证。突出培育知识产权优势示范企业。2019 年，我们在加大技术创新的同时，积极培育国家、省知识产权优势企业、示范企业。2019 年，省知识产权优势企业 2 家，省知识产权示范企业 1 家，国家知识产权优势企业 5 家，国家知识产权示范企业梦金园 1 家。

【知识产权质押融资】 做好企业专利质押贷款工作，支持企业积极开展知识产权资产评估及价值分析，促进优质知识产权的价值量化。一方面通过举办质押融资座谈会，印刷知识产权政策宣传单，对省市专利质押融资政策进行宣传，让企业了解省市专利质押贷款管理办法，鼓励企业有效运用省市贷款贴息政策，拓宽企业融资渠道，切实把解决中小企业融资难的工作落到实处。另一方面组织企业、银行召开银企座谈会，在企业和银行之间搭起桥梁。落实已到期融资企业的贴息手续，并跟进落实补贴资金到位。2019 年，昌乐县有山东华强环保科技有限公司、潍坊市精华粉体工程设备有限公司 2 家企业以专利权质押贷款 1000 万元。

（供稿人：张洪娟）

防震减灾

【概况】 2019 年以来，县地震观测中心在县委县政府的正确领导下，按照县委、县政府“盯着干、快干、干好”的要求，全面落实上级防震减灾工作安排，坚持以防御为主的工作方针，扎实推进防震减灾三大工作体系建设，加强地震科普知识宣传教育工作，促进全县防震减灾综合能力和整体实力全面提升。1 所学校被命名为“2019 年度山东省地震科普示范学校”，从省地震局争取到 3.5 万元防震减灾科普设备。

【监测预报】 加强地震台站建设，协助业务上级勘选地壳形变监测点，装备地壳形变卫星监测仪器 2 台，安装避雷设备 2 套；配合省地震局做好张家下坡地震综合观测台打井取样和数据采集工作，建成国家地震烈度速报与预警工程基本站机房 1 处，安装首阳山地震观测台仪器监控设备 1 台套，强化强震台、弱震台运行状态监测及控制能力，不断提升无人值守观测台性能。加强台网的维护、防护管理，对 5 处地震台网、站点进行安全问题排查 2 次，解决伦家埠坡地震观测点机房漏水问题，排除首阳山地震观测台断电事故 5 次，保证了监测数据传输安全。扎实做好震情会商工作，坚持和完善每周震情会商制度，观测员定期上报情况，专人收集、分析数据，并及时上报市地震监测预报中心。全年开展会商 52 次，上报数据信息 364 条。完善震情值班制度，严格执行 24 小时值班，确保通讯联络和信息畅通。完善内部地震信息快报制度，充分发挥地震观测平台作用。不断加强地震灾害信息员队伍建设，及时梳理、更新各镇（街、区）防震减灾助理员 5 人，细化、完善有关资料 9 项，进一步健全完善全县地震群测群防体系和信息网络。正确引导社会地震舆情，处置宝城街道孙富村村民等反映疑似地震宏观异常 2 起，解答昌乐民声网群众疑问 2 个，积极回应社会关切，正确把握控制地震舆情。

志愿者及地震工作人员在新佳乐家超市广场开展防震减灾宣传

【震害防御】 “窗口”全面落实“一次办好”要求，全程参与“拿地即开工”审批模式制定工作，严格按照程序，依法对建设项目进行审核，共办理建设项目意见书8个。开展“双随机一公开”执法检查活动，对乔官镇德润化工厂区进行抗震设防要求和应急工作专项检查，对企业防震减灾工作提出要求和建议，针对发现的问题，提出限期整改意见。强化科普示范项目创建工作，增强示范引领作用，深入挖掘火山地质公园等单位的创建潜力，指导县新城中学申报省级防震减灾科普示范学校，推动蓝宝石博物馆创建省级防震减灾科普教育基地，支持创建单位地震次生灾害小游戏等科普设备5台（件），进一步夯实了创建基础。

【地震应急】 积极组织开展全县地震应急自查工作，认真对照《全省地震应急工作检查方案》有关要求，对12项内容进行深入细致自查，及时形成水利、交通、民政等各领域自查报告20个，认真扎实做好自查工作发现的6个方面问题的整改工作，地震应急工作思路更加清晰，措施更加有效。组织参与多项地震应急演练活动，指导县高级技工学校、宝都街道小李家庄社区幼儿园等单位开展地震应急疏散演练活动3次，学校师生防震减灾意识和地震应急自救互救能力显著提高。开展县地震台网中心应急供电演练活动，圆满完成信号传输、应急供电等课目。组织开展年度地震物资储备库维护管理工作，进一步修改完善县地震物资储备库管理办法，专门绘制简明易懂的“物资储备库摆放平面图”，全面提升物资检索直观性，及时维护保养仪器设备，确保设备能够正常使用，物资储备库管理效率不断提升。

【防震减灾宣传】 组织开展重要时间节点科普宣教活动，在佳乐家超市昌盛店广场组织“5.12全国防灾减灾日”宣传周大型宣教活动，20名防震减灾志愿者和200余名群众参与。精心筹划“7.28唐山大地震”43周年纪念日系列活动，在全福元超市大厅设置宣传点，向市民讲授地震科普知识，通过大屏幕展示近年来昌乐县防震减灾事业工作成果。全国科普日期间，在县综合实践创新实验学校组织地震科普课，开展地震模拟体验。共发放科普材料3600余份，现场答疑100余人次，科普宣传教育成效明显。深入开展优质服务项目——地震科普“七进”活动，累计组织进家庭126次，进企业3个，学校3所，机关6个、社区4次、农村14处，公共场所2处，分发各类宣传资料7种4500余份，解答群众疑问240余人次，活动受到普遍欢迎。组织开展县地震台网中心对外开放日活动，县行知双语实验学校36名师生到县地震台网中心参观学习。积极响应省地震局网宣要求，在省局官网发稿9篇。

（供稿人：王成祥）

气象测报

【概况】 2019年，昌乐县气象局围绕昌乐县经济社会发展需求，坚持以提高气象现代化水平为重点，以提高预测预警准确率为中心，努力提高气象服务水平和气象防灾减灾能力。全年共发布预警信号95期，农业气象服务周报52期，气象信息专报59期，专项服务29期，重要天气预报21期，雨情简报44期。发布电子显示屏、预警大喇叭、微信、微博等信息4000条，发布气象预警服务短信10万人次。被山东省气象局评为“山东省设施农业特色气象服务示范点”“全省重大气象服务先进集体”“全省地面气象观测工作优秀集体”“全省气象部门事业单位集体嘉奖”等荣誉称号。被潍坊市气象局评为“全市气象系统综合目标管理考核优秀达标单位”“气象服务先进集体”“气象宣传先进单位”“人工影响天气工作先进单位”。被山东省精神文明建设委员会评为省级文明单位。

【气象观测】 2019年，自动气象观测站观测项目有气压、气温、相对湿度、能见度、视程障碍现象（其他天气现象以综合判识结果为准）、水汽压、露点温度、风向、风速、降水量、降水现象、日照、地温（0厘米、最高、最低、5厘米、10厘米、15厘米、20厘米）。人工观测项目有雪深、冻土。自动观测项目24小时连续自动观测记录分钟和定时数据，通过气象专网每分钟上传一次BURF数据文件至国家气象信息中心，人工观测要素仅在8时、14时、20时3个时次进行人工定时观测并上传。

全县各镇（街、区、管委会）安装有15处区域自动观测站，其中六要素站4处、五要素1处、四要素站2处、二要素站7处，单要素站1处，每5分钟通过无线通信网络上传一次加密观测数据至省气象信息中心。建有1处农田小气候自动站、2处土壤水分自动观测站，用于农田土壤水分和作物观测。建有3处设施农业小气候自动气象站，用于蔬菜大棚内小气候的研究。

8月10日夜间，业务人员会商天气，应对台风“利奇马”

【气象信息网络】 2019年，主要通过以市—县10M宽带局域网为主、3G无线网络系统为辅的通信方式上传气象观测数据和共享调阅全国气象信息资料。通过可视化电视会商系统，实现国家、省、市、县4级可视化会商。

【气象服务】 2019年，主要通过手机短信、电子显示屏、气象预警大喇叭、微信公众号、微信群、微博、电子邮件、昌乐电视台天气预报节目、现代气象服务交互会商系统等方式开展气象服务。除提供短临和短期天气预报服务外，还提供中、长期天气预报、汛期气候趋势预测、雨情简报、农业气象服务周报、月（季、年）气候影响评价、春（秋）播天气预报及农业生产建议、等。遇有重大灾害性、突发性天气时，及时发布重要天气预报和预测预警信息，并跟踪服务。台风“利奇马”影响期间，气象服务信息通过移动、联通、电信三大运营商全网发布，实现手机用户全覆盖。利用全县的“村村响”“今日昌乐”官方微信公众号

8月12日，山东省气象局副局长朱小祥（左一）到昌乐县气象局开展慰问指导

广泛发布。完成昌乐“文明之夏”、中国（昌乐）西瓜节、中国（昌乐）国际宝石博览会等重大活动气象服务工作，完成“三夏”麦收期间气象服务工作以及森林防火、春运、“两会”、高考、中考等专项气象服务，做好春节、清明节、端午节、中秋节、国庆节、元旦等节假日气象服务工作。建设庵上湖设施农业智慧气象服务示范点，开展设施栽培西瓜人工对比观测实验，提高为农气象服务能力，打造全省设施农业气象服务示范样板。

【人工影响天气】 全县设有人工影响天气固定作业点8处和1部移动火箭发射装置，每个作业点配备持有上岗证的炮手2-4名、三七高炮1门。作业时主要通过手机对讲机、电话、人工影响天气视频指挥系统等方式与潍坊市人工影响天气指挥中心和炮手联系，指挥作业。建设青龙、乔官、白塔3个炮点人工影响天气视频指挥系统，提高人影作业科学水平。举办第一届人工影响天气岗位技能竞赛和炮手培训班，提高炮手操作技能。举办人工影响天气作业技能培训班，提高炮手操作技能。在第二届潍坊市人工影响天气岗位技能竞赛中，荣获团体第一名、高炮实战射击操作三等奖的好成绩。

【易燃易爆场所防雷安全监管】 开展春季安全生产大检查整治行动和大排查、大整治活动，完成全县161家危化品企业和油气站的监管全覆盖，安全隐患全部整改完毕。借助防雷安全监管平台，利用手机APP客户端进行执法检查，现场上传执法信息，监管效率得到提高。开展信息网络安全及保密自查工作，关闭所有无线网络，查杀电脑病毒及漏洞补丁，保障信息网络安全。

（供稿人：马英洁）

教育　体育

教育 体育

教 育

【概况】 2019年，全县有各级各类学校和幼儿园192所，在校学生和在园幼儿共计107366人，教职工9183人。其中，小学38所，在校生37984人；初中11所，在校生26854人；普通高中3所，在校生20102人；特殊教育学校1所，在校生233人；竞技体育学校1所，在校生138人；高考补习学校1所，在校生735人；中等职业学校1所，在校生3086人；综合实践创新实验学校1所；教师发展中心1处；幼儿园134所，在园幼儿18234人。

全县教育以习近平新时代中国特色社会主义思想为指导，深入学习贯彻全国和省、市教育大会精神，牢记为党育人、为国育才的初心使命，全面贯彻党的教育方针，全面落实立德树人根本任务，全面发展素质教育，持续发扬“盯着干、快干、干好”作风，强化“担当、协同、高效”意识，紧紧围绕高质量发展、赶超发展这一目标，坚持底线思维，守正创新，用心用情办好人民满意教育，实现了办学条件全面改善、核心竞争力全面增强、内部活力全面激发、立德树人环境全面优化，形成了学生受益、家长放心、社会满意的良好局面。先后获评全国海军招飞先进县、山东省社区教育先进单位、山东省文明单位、潍坊市首个素质教育创新发展先行区、潍坊市教育教学成果突出贡献奖一等奖、潍坊市海航招飞突出贡献奖一等奖、潍坊市领军人才培养突出贡献奖一等奖和音体美特长人才培养突出贡献奖等23项全国和省、市级荣誉。教育工作满意度测评，连续三年位居全省137个县（市、区）前八名；教育综合督导评估实现历史性突破，位居全市第二名。2019年12月15日，副省长于杰对昌乐教育工作给予充分肯定并寄予厚望，“祝贺昌乐基础教育在过去一年取得的新成绩，再接再厉，聚焦优质均衡素质教育，持续做好教育工作，办好人民满意的教育”。昌乐县教育和体育局被县委、县政府表彰为2019年度“县直部门（单位）工作实绩综合考核优秀等次”和“全县党的建设工作先进单位”。

2019年5月28日，县委书记刘裕斌专题调研教育工作

【教育教学改革】 注重教学管理。推行项目管理，细化责任目标。坚持“高中统领、三段贯通”的原则，突出高中、初中、小学、教科研、艺体五大领域管理，制定工作项目书，落实主体责任，构建“人人有事做，事事有人管”的高效运转体系，将项目书公开展示，挂图作战，协同发展。实施教研员锻造工程，提高教研服

务本领。推进教研员读书计划，为每位教研员订阅3份专业报刊，购买专业书籍，让教研员与时代教育思想同步；组织教研员、学校管理干部和教师赴济南、青岛、河北、浙江、湖北等地学习，通过报告会、随堂听课、座谈交流等方式，借鉴先进管理经验，探索新课改路径，研究名生培养策略。坚持“送教”活动。组织党员教研员以党小组形式到学校一线进行教学调研，督查学校德育教学实施；组织骨干党员教师、党员教研员到乡镇中小学举行送课活动，与学校教师进行同课异构，研究提高课堂教学水平的方法与途径，促进县域教育教学质量优质均衡发展。落实视导调研制度，促进学校间交流。坚持规划性视导、研究性视导、诊断性视导、评估性视导相结合，春季开学后开展“规划性视导”，总结经验，作好新一学年的规划；学期中组织“研究性视导”，进一步探讨常规的落实和教改的实施；暑假后组织“诊断性视导”，强化新教师培养，听新教师或第一次送毕业班教师的课，发现新秀，扶植新人；年底组织“评估性视导”，成立由教学研究室副主任和学科教研员、学校备课组长和学科教研室主任组成的评估团队，通过听课、查看材料、座谈了解等方式对教师教学工作情况进行评定。年内，共听课710节，召开评课座谈会683次。

深化课程改革。强化课程研究，助推三段大课程体系构建。抓住新一轮课程改革契机，唤醒教师课程意识，引领教师研读新课程标准，指导教师从课程的高度教学，在“高中统领，三段联动”机制下，逐渐树立小初高三段贯通大课程观，包括语文学科的“时文阅读”课程、英语学科的口语交际、文综学科的微专题大阅读、地理学科研学实践乡土教材等，开阔了学生视野，促进了学生素质提升。加强课程培训，推动新教材实施。义务教育阶段的语文、道德与法治、历史学科全部使用全国统编教材。2019年秋季开始，高一年级全部使用新教材，并组织全体高一教师参加全市新教材培训。会上，昌乐县5名教师围绕如何使用好新教材、落实学科核心素养作经验交流、出示示范课。建立资源共享平台，实现校际课程资源共建共享。建立小学、初中、高中优质教学资源共建共享平台，统筹上传备课资源、试题资源、视频资源，实现教案、学案、课堂监测、作业、测验题“五统一”，全覆盖。2019年寒暑假，三个学段分别进行了10天的教学资源集中研发，高中学段仅高三年级就进行了9次教案通研，共计上传教案2200个，试题910套，课件及其他资料3300件。

优化课堂教学。积极推进基于课程标准的“教学评一致性”研究，落实“备教练一体化”设计要求，在全市乃至全省产生积极影响。3月20日，潍坊市初中语文基于标准的教学与备课研讨活动在昌乐县北大公学学校举行；10月25日，潍坊市初中历史“基于课程标准的教学改进行动”教学研讨会在昌乐北大公学学校召开；11月27日，潍坊市普通高中物理学科与数学学科落实新课程标准课堂教学展示活动分别在昌乐北大公学和昌乐二中举行；11月29日，全市初中基于课程标准的教学改进联盟校区域交流展示活动在昌乐县实验中学举行；同日，昌乐北大公学学校被确定为潍坊市教科院基于课程标准的教学改进行动骨干教师研训基地，北京大学、北京师范大学、山东省教科院、潍坊市教科院等专家和领导分别到学校，就义务教育统编历史教材使用情况进行调研，并给予充分肯定。基础教育成果频现，为潍坊市教育发展提供昌乐经验。5月23至24日，潍坊市首届小学基于课程标准的教学改进行动联盟校论坛活动在昌乐特师附小举行，昌乐特师附小作典型经验介绍，并进行公开课展示，昌乐齐都实验学校当选为西部小学教学改进联盟校盟主；10月15日，潍坊市普通高中教学工作调度会在昌乐二中召开，昌乐县教学研究室和昌乐二中分别针对教学管理不同方面进行了汇报交流。

提升教学质量。2019年高考大获全胜，再刷新纪录，再创新辉煌。主要指标持续大幅增长，全县文理重本上线2421人，比去年增加138人；普本上线4455人，比去年增加168人；艺体本科上线695人。领军人才培养实现新突破，全县共有13名考生超过清华、北大资格线，6名考生被录取，“211、985和双一流”等重点大学录取753人，比去年增加66人。特长生录取创造新纪录，11名考生被国家音体美顶尖学府录取，其中中央美术学院录取8人，创历史最高纪录；中央音乐学院录取1人，实现零的突破；北京体育大学录取2人，达到历史最好水平。义务教育阶段学校实现优质均衡发展，学生素质不断提升。制定出台《关于实施中小学生综合素养提升工程，促进学生全面发展健康成长的实施意见》，昌乐县被确定为潍坊市首个素质教育创新发展先行区，全县学生3000人次在全国及省、市创客大赛、演讲作文比赛、电脑制作、体育竞赛、文艺汇演等各类活动中，获得1100个奖项。

【教育科研】 2019年，昌乐县获评潍坊市政府教学成果奖24项，同时获潍坊市教育教学成果突出贡献奖一等奖、潍坊市海航招飞突出贡献奖一等奖、潍坊市领军人才培养突出贡献奖一等奖和音体美特长人才培养突出贡献奖，是全市唯一获得4个“突出贡献奖”的县市区。昌乐县评选县级教学成果奖一等奖31项，二等奖61项，三等奖91项。

开展学校重大课题、学科教研室课题、教师小课题研究，解决教育教学实际问题。2019年确定30项学校课题、75项学科教研室课题、105项教师小课题通过立项。参加结题的课题共有207项，通过学校、教管办各级结题鉴定会，组织评委评选打分和抄袭核查，147项通过结题，结题率为71.01%。申报潍坊市小课题研究15项，12项获奖并顺利通过结题鉴定。开展重大教育教学问题行动研究、教学自主创新、优秀教学法三类项目研究，确定县级重大问题17项，优秀教学法15项，教学自主创新14项，在潍坊市教科院组织的三类项目展示活动中，昌乐县参评的11个项目获奖。

组织参加省市“十三五”规划课题的申报立项工作，申报的山东省教育教学“十三五”规划课题有1项通过立项，潍坊市“十三五”规划教学专项课题19项通过立项。编辑《昌乐教研》6期，及时传递教研信息、总结教育教学经验、推广教科研成果，为全县教育教学研究提供了一个广阔的交流平台。

【干部队伍建设】 *深化校长职级制改革*。研究制定校长期满续聘调整工作方案，完成了全县中小学校长、领导班子成员期满换届工作，其中校长续聘17人、交流28人、新选拔21人，班子成员续聘58人、交流9人、新选拔105人。2019年，40周岁以下领导干部占比达20%。完成了新一轮校长职级评定，评定高、中、初级校长分别为25、17、13人，按新评定职级落实了校长职级待遇，完成了2018年度校长业绩考核，为58名考核合格及以上等次校长落实了奖励性职级工资。组织第五批校长后备人才遴选，通过资格过渡方式选拔14名校长后备人才。深入实施校长治校育人能力提升工程，组织开展校长治校育人能力展示、专题研讨等活动，提高了全县中小学校长和校长后备人才的思想政治素质、教育理论水平和学校管理能力。

新教师招聘。从大学毕业生及高层次人才中考选录用优秀人才充实中小学教师队伍，2019年共招聘事业编制教师117名，其中面向社会招聘115名，面向“三支一扶”人员定向招聘2名，有效改善了全县教师队伍结构。指导各民办学校完成了2019年教师引进工作，共引进学校自聘教师348名。

教师职称评聘。将昌乐县人力资源和社会保障局批准的高、中级职称岗位竞聘推荐指标，核算分配到各镇（街、区）和县直学校，“一校一方案”，指导各学校自主制定职称岗位竞聘推荐实施方案，并按方案自主组织职称岗位竞争推荐。全县竞聘到高级教师岗位109人、一级教师岗位208人，推荐评审高级教师109人、一级教师178人，评审通过高级教师100人、一级教师178人。组织完成了中小学教师岗位分级竞聘，全县竞聘到高一等级专业技术岗位397人，其中三级岗位1人、六级岗位64人、八级岗位58人、九级岗位143人、十一级岗位131人。

优秀人才表彰。全县共6人获得省级荣誉称号，其中山东省优秀教师4人、齐鲁名校长1人、齐鲁名师1人；共125人获得市级荣誉称号，其中潍坊市优秀教师28人、潍坊市优秀教育工作者5人、潍坊市党员育人先锋4人、潍坊市立德树人标兵73人、潍坊市青年教改先锋6人、潍坊市优秀乡村青

年教师9人；共491人获得县级荣誉称号，其中昌乐县立德树人突出贡献奖5人、昌乐县立德树人优秀教师121人、昌乐县立德树人优秀教育工作者30人、昌乐县立德树人标兵335人。

【经费保障】 2019年，全县教育经费总收入146817万元，其中一般公共预算安排的教育经费93167万元（教育事业费87198万元，教育费附加5969万元），政府性基金预算安排的教育经费22万元，民办学校中举办者投入53万元，捐赠收入469万元，事业收入52997万元，其他收入109万元。

收入增减情况。2019年，一般公共预算安排的教育经费93167万元，比上年降低2.06%。生均一般公共财政预算教育经费支出逐年增长，其中中职50712.12元，比上年增长17.75%；高中19204元，比上年增长0.11%；初中18954元，比上年增长0.23%；小学12306元，比上年增长0.01%；幼儿园4366元，比上年增长7.10%。教师工资和中职、高中、初中、小学、幼儿园生均一般公共预算公用经费支出逐年增长，其中中职3664.38元，比上年增长15.29%，高中1324.08元，比上年增长15.32%；初中1149.75元，比上年增长2.68%；小学826.22元，比上年增长0.02%；幼儿园367.91元，比上年增长4.91%；教师人均月工资7937.68元，比上年增加252.53元。

义务教育经费保障。义务教育学校生均公用经费按照省定基准定额即小学生均公用经费710元/人·年，初中生均公用经费910元/人·年的标准拨付。对寄宿制学校按照寄宿生年生均200元的标准增加公用经费补助，对农村不足100人（200人）的规模较小学校，按照100人（200人）核算公用经费，全年拨付义务教育公用经费4309.22万元。特殊教育学校（含随班就读学生）按每生每年8000元（其中脑瘫、自闭症学生执行9600元）的标准补助公用经费367.20万元。落实农村义务教育阶段学生免教科书资金799.55万元。

全面改薄和破解大班额工程。结合棚户区改造和城区学校布局规划，投资1.07亿元建成公办古城小学和幼儿园。9月，古城小学正式投入使用，增加公办学位1200个，基本满足了城区北关片区学龄儿童就近入学的需求；11月，古城幼儿园正式投入使用，增加公办学位270个，较好缓解了城区公办幼儿学位短缺的问题。

【教育行政】 教育机构沿革。1月，根据中共昌乐县委《关于昌乐县县级机构改革的实施意见》（乐发〔2019〕2号），组建县委教育工作领导小组，县委教育工作领导小组办公室设在县委教育工作委员会，县委教育工作委员会与县教育和体育局合署办公。组建县教育和体育局。将县教育局的职责，县体育局（县体育总会）承担的行政职能整合，组建县教育和体育局，作为县政府工作部门。不再保留县教育局。2月，根据中国共产党昌乐县委员会《中共昌乐县委关于成立中国共产党昌乐县教育和体育局党组等党组织的通知》（乐委〔2019〕12号），成立中国共产党昌乐县教育和体育局党组。3月，根据中共昌乐县委机构编制委员会文件《关于县级机构改革涉及科级事业单位调整的通知》（乐编〔2019〕2号），县竞技体育学校隶属关系调整为县教育和体育局管理的副科级事业单位，由体育事业发展中心代管；经潍坊市教育局（潍教复字〔2019〕3号）批准，同意昌乐县为潍坊市素质教育创新发展先行区；中共昌乐县委办公室、昌乐县人民政府办公室《关于印发<昌乐县教育和体育局职能配置、内设机构和人员编制规定>的通知》（乐办字〔2019〕20号），进一步明确规定了昌乐县教育和体育局职能配置、内设机构设置和人员编制规定。5月，根据中共昌乐县委机构编制委员会文件《关于部分事业单位机构编制事宜调整的通知》（乐编〔2019〕3号），将昌乐县招生委员会办公室更名为昌乐县招生工作中心，将昌乐县托幼工作领导小组办公室更名为昌乐县托幼工作中心，将昌乐县学生资助管理中心更名为昌乐县学生资助工作中心，为昌乐县教育和体育局所属事业单位，其他不变。

行政审批服务。编制包括18项事项的随机抽查事项清单，完善了“一库两单一细则”，确定抽查对象名录库和执法检查人员名录库，随机抽查事项达10万件次。编制31项公共服务事项清单，每个事项都制定了服务指南，严格办件流程，依法办理行政许可事项，全年共办结270件。规范印章启用和废止程序，年内共启用新印章19个，作废印章18个。

热线电话、民声网及提案办理。实行民声热线工作责任制和情况通报制度，专人负责，对反映的问题及时走访调查，对存在的问题及时整改，全年调查答复教育诉求2000余件，按期回复率100%。高度关注群众关心的教育热点难点问题，制定并下发舆情预警问题12期，同时加强提案、议案办理工作，由昌乐县教育和体育局牵头承办的人大代表建议共9件，牵头办理的政协提案共23件、协办6件，办结率100%、满意率100%。

【招生考试】 普通高等学校招生。2019年，山东省安排公费师范生招生计划5000人，公费医学生招生计划1300人（其中公费本科医学生1000人、公费专科医学生300人），公费农科生招生计划360人，委培师范生招生计划637人。全县共有6932人报名参加夏季高考，其中26人被录取为海军飞行员，位列山东省所有区县第一名，昌乐县被山东省教育招生考试院和海军招飞办评为海军招飞先进县，昌乐一中、昌乐二中被评为海军招飞先进学校。昌乐及第中学、昌乐一中、昌乐二中考点被山东省教育招生考试院评为优秀考点。

高考教育自学考试。从2014年起，山东省教育招生考试院每年组织2次报名考试，分别是6月份报名10月份考试、12月报名次年的4月份考试。潍坊市所有新老考生都可以登录山东省自学考试服务平台进行注册、报名，新考生注册报名的信息确认全部由县（市）区自考办实行网上报名、现场确认。2019年，全县累计新生注册103人，报考744科次。

全国成人高考。全国成人高考实行网上报名，现场确认的报名方式，2019年共为2561名考生进行现场确认。

中小学信息技术等级证书考试。2019年上、下半年，分两次组织7749名初中考生参加中小学信息技术等级证书考试。

普通高中学业水平考试。山东省普通高中学业水平每年组织夏季、冬季两次报名考试。2019年，夏季全县共报名6976人次，报考47571科次；冬季全县共报名6851人次，报考27206科次。

由于在2019年全省普通高考和其他各项考试组织过程中“零失误”，昌乐县2019年度教育招生考试考务管理被潍坊市招生考试院评定为优秀等次。

【教育装备】 积极筹措资金，重点完善农村中小学校内部设施，全县生均教学仪器设备值，小学达2296.9元，初中达2670.8元，高中达2801元，先后荣获山东省公民科学素质提升专项行动优秀单位、潍坊市中小学实验教师说课比赛优秀组织单位荣誉称号。

“书香校园”情况。让书香阅读成为师生学习和生活的常态。让阅读成为课程，各学校分阅读选修课和必修课两种进行。让图书“进书包”，在全县初中、小学中开展图书漂流活动，每班200本课外读物进课堂、进书包，在全年级阅读轮换，每两年学校图书馆书籍轮流一遍，让学生随时随处都能阅读。让阅读成为生活常态，每校都创建图书馆、活动室、班级图书角、学生书包等“四级”书香网络，先后组织开展了中小学生创新作文大赛、全县小学生硬笔书法比赛等活动，对涌现出的优秀单位和个人进行表彰，宣传推介他们的经验做法，为全县开展书香校园建设工作发挥了良好的引领作用。由于工作成绩突出，昌乐县荣获山东省教育报刊宣传发行工作先进单位。

【教育信息化】 基础教育信息化建设。全县中小学教育信息化基础设施，均按省规标准配备齐全。2019年，全县累计投入教育信息化建设资金2100万元，其中用于新增设备资金1130万，维护费用970万。完成了教育网提速工程，所有中小学校均实现千兆接入教育城域网，昌乐二中和潍坊美加实验学校新建智慧教室303个，投入200万元为昌乐

2019年7月10日，暑期初中语文教师全员培训

县古城小学配套了教学用计算机、校园网络、广播系统、安防监控、多媒体教学系统。

省区域综合试点工作。积极推进硬件环境建设、应用平台建设、推广应用工作。2019年，建设了中迪资源教学平台，创建了全县教育系统“钉钉”移动管理平台，进一步推进了“学乐云”教学平台应用工作。

教师教育信息化应用培训。提高中小学教师信息素养和教育信息化应用能力，组织了3次全员培训、6次专项培训，其中全员培训包括中迪资源教学平台应用培训、暑期中小学教师信息化应用能力培训和“学乐云”教学平台应用培训，专项培训包括WER机器人培训、洋葱数学应用培训、易课智慧教室应用培训、菁优网使用培训、数字教育资源助力乡村教育培训、无人机比赛辅导教师培训。

各项竞赛活动成绩突出。在2019年山东省中小学生创客大赛中，全县共26件作品获省奖，8件作品获全国奖。在CSP2019认证考试中，13名学生获全国奖，其中11名学生获得全国高校自主招生资格。在2019年NOC大赛中，7件作品获全国奖，1名教师获组织工作先进个人称号。在青少年创意编程与智能设计大赛中，1件作品获奖。在山东省教育教学信息化大赛中，23件作品获奖，2所学校荣获山东省优秀参赛学校称号。

【学校安全】加强物防、技防建设。进一步强化物防、技防建设，将视频监控全覆盖、一键报警联网、设置防冲撞设施列为学校安全的常规性工作，所有学校、幼儿园大门口外设置防冲撞设施，并设置固定与移动开关，根据实际起到防冲撞并保证消防应急通道畅通。对学校大门口内外，教学楼门口内外、餐厅门口内外、宿舍门厅、走廊等重点场所安装安防监控，学校门卫值班室设置一键式紧急报警装置。

推进清单管理。研究推进学校安全风险清单、突出时间节点的常规工作清单、安全隐患排查整改清单、教育培训清单、岗位责任清单等，加强安全预警，通过清单管理实现学校安全管理常态化。

加强学校食堂管理。坚持硬件配套与软件管理两手抓，联合县市场监管部门，研究标准要求，进行专题部署，重点提升“亮厨”“自检”“追溯”三项重点工作管理水平。学校食堂全部纳入“亮厨工程”，分级分类推进学校食堂食品安全自检快检广覆盖工程，全县高中学校全部具备自检快检条件。建立起食品追溯机制，学校各类食品实行大宗物品集体采购，保证可追溯，发生食品安全事故时，能够查找到其最初来源，切实将学校食堂建成全社会最放心安全的餐饮单位。

“网格化”责任监管体系建设。按照《昌乐县学校安全网格化实名制管理实施方案》，明确校内各个岗位的安全工作职责任务，层层签订安全工作责任书，学校安全工作达到全员目标、全体责任、全程管理、全面覆盖，构建起实名制、网格化的学校安全管理工作网络体系。强化应急预警和校园安保，修订完善突发事件应急预案，确保全县各中小学校每月至少开展一次应急疏散演练，幼儿园每季度至少开展一次应急疏散演练。完善预警机制，严格执行值班和报告制度，切实做好突发事件的预防和处置工作。

加大教育培训力度。发挥安全教育平台作用，实施案例教育、实景教育、实践教育，增强安全教育培训的有效性，全面提高师生安全意识和防护能力。在“安全教育日”“防震减灾日”“全国消防日”“国际禁毒日”等时间节点，进行防溺水、毒品预防、食品安全、防火、交通安全等专题教育，针对不同安全管理岗位进行教职工全员培训、新任安全管理干部培训、新进教师安全管理培训。

消防安全管理。严格规范用电，突出抓好宿舍、食堂、供暖设施设备消防安全，确保各类场所消防器材和灭火装置配备完善，消防通道和疏散通道保持畅通。明确消防安全管理人员责任，对教室、食堂、餐厅、宿舍等重点场所和用火、用电、用气等方面进行专项安全检查，及时发现、整改和消除消防安全隐患。

加强校园安全巡查。进行学生自查和家长入校检查，组织镇（街、区）教管办层面的隐患排查交流和观摩，与县公安、消防、安监、交管、市场监管等部门开展学校安全联合检查或专项检查，增强风险管控和隐患排查能力。加强对基层学校的工作指导，对问题跟进督办，确保整改。成立校园安全专职巡查队伍，加强全县校园安全日常巡查，坚持每周对县直学校巡查一遍，对镇（街、区）中小学校巡查不少于三分之一，对巡查发现的问题，当场下达整改通知书。

学生溺水防控。进一步协调部门、镇街、村居齐抓共管，健全预防学生溺水联防联控机制，落实学校教育责任，对学生进行案例教育，向家长下发防溺水通知，印发防溺水致家长和学生的一封信，与家长签订安全责任书，逐人核对存档，落实家长监护责任，建立家校信息沟通，共同教育学生远离危险水域，做好学生假期安全监管，预防和减少学生溺水事故。严格落实各项防控措施，全面排查危险水域，健全完善安全责任书和包靠责任制，实现对每处水域和每名学生的无缝隙、全覆盖管理。

【学前教育】　幼儿园建设。以标准化普惠性幼儿园建设为重点，加快推进学前教育资源优化，着力提升保教质量，全县有27处幼儿园被评为省示范园，40处幼儿园被评为省一类园，11处幼儿园被评为市幼儿教师实践培训基地，5处幼儿园被选定为潍坊市音乐中心教研组成员单位，10个镇（街、区）全部被评为潍坊市学前教育先进镇街。投资3976.8万元，完成新建、改扩建普惠性幼儿园13处，新增建筑面积17703平方米，新增班额53个，新增学位数1590个，全面扩大了公益普惠学前教育覆盖面。11月，新建公办古城幼儿园投入使用，新增270个幼儿学位，进一步提高了公办园在园幼儿比例。开展城镇居住区配套幼儿园建设工作，制定《城镇居住区配套幼儿园规划建设工作实施方案》，将城镇居住区配套幼儿园建设纳入规范化、法制化轨道。

师资队伍建设。创新幼儿教师培养培训机制，坚持公民办幼儿教师一体，统一纳入培训计划，组织50名园长开展专家带教活动，切实提高园长管理水平和业务能力。组织335名幼儿教师开展了为期5天的暑期专业能力培训，促进幼儿教师专业成长。开展“百分百提升工程”暨幼儿教师专业理论全员考试，全面提升幼儿教师的专业理论水平。在全市率先打破了幼儿园与小学统一竞聘的现状，实现了中高级职称幼儿教师单列指标，有6人获评高级职称、41人获评中级职称，进一步增强了幼儿教师的职业归属感。

幼儿园管理。对镇（街、区）幼儿园实行学区制管理，所有镇街和社区小学同步配套设置幼儿园，学区幼儿园对区内所有幼儿园的业务活动、经费使用、教师调配、工资发放、考核评估实行“五统一”管理。成立学前教育发展共同体。按照“以强带弱、以城带乡、以公带民”的思路，成立5个学前教育发展共同体，实现了共同体内幼儿园的抱团发展、协同发展和优质资源共建共享。全面规范幼儿园办园行为，在全县印发《关于规范学前教育管理全面提升保教质量的意见》，把幼儿一日生活分为生活、教学、区域、户外四大版块，制定幼儿园一日活动基本规范和一日活动工作细则，对幼儿园日常使用各类记录、巡检记录进行统一规范，将环节管理流程化、科学保教规范化，全面提升了保教质量。加强幼儿园安全监管，定期开展幼儿园年检，开展幼儿园“小学化”倾向专项治理，加大无证幼儿园整治力度，全面提升学前教育规范、优质水平。

【义务教育】 学校招生。根据适龄儿童少年数量、分布状况、学校布局、学校学位、交通状况等，按照“全覆盖、无盲点、便民生”的原则，出台昌乐县《2019 年全县义务教育学校招生方案》（乐教体办字〔2019〕5 号）和《关于进一步规范民办中小学校招生行为加强学校安全管理的通知》（通知〔2019〕62 号），招收小学一年级新生 6524 人，招收初中一年级新生 9522 人。

素质教育。坚持以素质教育为主线，着眼提升学生适应未来发展的核心素养，制定出台了全县《关于实施中小学生综合素养提升工程，促进学生全面发展健康成长的实施意见》，鼓励引导各学校开展素质教育特色校创建活动，全面提高学生品德素养、学习素养、身心素养、审美素养、文学素养、创新素养、信息素养、生活素养和国际素养等“九大素养”，推进素质教育向纵深发展。2019 年 3 月，被确定为潍坊市首个素质教育创新发展先行区。

学生综合素质评价。坚持问题导向，进一步完善学生综合素质评价方案，引领学生全面发展、个性发展。11 月 8 日至 9 日，由教育部组织的“2019 年初中学生综合素质评价课题校研讨活动”在北京国际教育中心举行，昌乐二中、昌乐县实验中学、昌乐北大公学学校 3 所课题校应邀参加并作交流发言，得到与会领导和专家们的一致肯定。

研学旅行。全面落实立德树人根本任务，全县中小学共开发研学旅行课程 108 种，其中昌乐县实验中学的《走进庵上湖，了解生态村》、昌乐县第二实验小学的《探寻家乡文化，领略家乡风采》和昌乐县丹河小学的《走进响水新农村，感受家乡新变化》入选潍坊市优秀研学实践课程。建设县级研学基地 40 处，其中山东世代名车文化展馆、山东五福农业科技园区、山东庵上湖农业科技示范园被评为潍坊市中小学生研学实践基地。

课后服务。全县所有中小学全面推行课后服务，较好地补充了学校开展素质教育的时间和内容，同时解决了家长小学生放学后“无人看管、无处可托、存在安全隐患”的问题，得到社会各界及学生家长的广泛赞誉和一致认可。课后服务纳入教师工作量，并给予教师一定补贴，全年共落实专项保障经费 92.62 万元。《农村大众》头版头条对昌乐县课后服务做法进行了重磅推介。

控辍保学。与残联、扶贫、民政等部门联控联保，对 6—14 周岁义务教育适龄儿童信息进行全面核实，“一人一案”建立台账，对疑似失学儿童分类制定控辍保学措施，确保具备接受义务教育能力的适龄儿童应入尽入。健全教师妈妈（爸爸）全覆盖制度，给予特困家庭儿童、残疾儿童、留守儿童更多关爱。全县共评选 23 名县级优秀教师妈妈（爸爸）、7 名市级优秀教师妈妈（爸爸）。

【民办教育】 全县共有民办学校 8 所，占地面积 115.6 万平方米，建筑面积 59.4 万平方米，其中高中 2 所、初中 4 所、小学 2 所，在校生分别为 14778 人、12409 人和 9608 人，各占全县学生总数的 73.5%、46.2% 和 25.3%。

全县经教育部门审批的培训机构 109 处（不含分校），其中文化课辅导 74 处、音乐类 10 处、美术类 15 处、舞蹈类 8 处、成人高考辅导 2 处。

【普通高中教育】 以党的建设为统领，以实施素质教育为主线，以全面提升教育质量为核心，全面落实立德树人根本任务，着力促进学生综合能力培养，努力办好人民满意的高中教育。昌乐及第中学、昌乐一中、昌乐二中 3 所高中全部进入潍坊市前八强，全部纳入潍坊市“1500 英才培育”工程重点管理学校，创造了县域普通高中教育的奇迹，被潍坊市教科院作为一种教育现象来研究。海航特色办学实现新跨越，2019 年高考有 26 名考生被录取为海航学员，录取数量在山东省所有区县中名列第一，中国人民解放军海军招收飞行学员工作办公室给县委、县政府发来感谢信，昌乐县被授予海军招飞先进县，昌乐及第中学、昌乐一中、昌乐二中一被授予海军招飞先进学校。国际化办学达到新高度，55

名考生分别被澳大利亚悉尼大学、加拿大多伦多大学、英国华威大学等世界名校录取。

【特殊教育】 昌乐县光明学校和昌乐特师附属聋哑学校整合为昌乐县特殊教育学校。成立昌乐县残疾人教育专家委员会、昌乐县特殊教育研究指导中心，保障残疾儿童接受义务教育的权利。新生入学前，由昌乐县残疾人教育专家委员会对适龄残疾儿童进行综合鉴定与评估，提出特教学校就读、普通学校随班就读、送教上门等不同的安置方式及个别化教育建议，昌乐县特殊教育研究指导中心负责全县随班就读和送教上门教育教学监测、巡回指导、辅导教师的培训、教学研究等工作。

随班就读教育。全县共有随班就读学生207人，各相关学校积极建设随班就读资源教室，为特殊儿童提供个别化支持服务，为每一名随班就读儿童建立专门档案，配备教师妈妈（爸爸）。

送教上门。创新实施“四位一体、五送合力”送教模式，对于不能随班就读的重度残疾儿童，采取送教上门方式，纳入学籍管理，制定教学计划，实施教育教学活动，同时落实校长第一责任人制度，由校级班子成员分工包靠每名建档立卡送教上门学生，提升送教上门质量。

在第二届潍坊市特殊教育学生素质能力大赛中，昌乐县荣获市优秀组织奖，3名学生荣获一等奖，2名学生荣获二等奖，1名学生荣获三等奖。在全省特殊教育工作会议上，昌乐县作了《精准施策，努力打造升级版送教上门新服务》的典型发言。

【职业教育】 2019年，山东省示范性中等职业学校建设任务全面完成。在全国职业院校技能大赛“通讯与控制系统集成与维护”赛项中夺得银牌，在“服装设计与工艺”赛项中夺得铜牌。在山东省“技能兴鲁”新能源汽车维修竞赛中获两枚金牌。在潍坊市职业院校技能大赛中，“虚拟现实（VR）制作与应用”和“服装设计与工艺”两个赛项均获第一名，被授予潍坊市职业院校技能大赛十强学校、潍坊市职业院校技能大赛特殊贡献奖称号。

【潍坊市技师学院昌乐分院】 注重师德师风建设，积极培育新时代职教人。深入贯彻落实《省委省政府关于全面深化新时代全省教师队伍建设改革的实施意见》，将师德师风作为评价教师素质的第一标准，对于学术不端、师德失范的实行一票否决。坚持党建引领，全面增强教师队伍政治素质和职业道德，在干事创业中培养一批职教名师，2019年石玉峰、李成欣被评为省技工教育先进个人，秦金兰被评为市首席技师，孟令明被评为市突出贡献技师，王锋等三人被评为市管理能手，孟祥晨等6人被评为教学能手，张晓羽被评为潍坊市技术能手；深化教师职称制度改革，修订完善职称赋分办法，打破思维定式、

2019年9月6日，全县2019年教师节庆祝大会召开

打破思想僵化，把师德师风、“五抓五促”融入赋分办法。

技能大赛工作全面开花，“孤峰”延伸成“群山”。突出技能大赛引领作用，以赛促学，以赛促教，组织师生积极参加各项职业技能大赛，2019年，国赛一类大赛中获1个二等奖，1个三等奖；在省赛一类大赛中获2个一等奖，3个二等奖，3个三等奖；在省赛二类大赛中获2个一等奖，5个二等奖，9个三等奖；在行业赛获1个省一等奖；在市技能大赛7个一等奖，12个二等奖，7个三等奖；在县技能大赛4个一等奖，9个二等奖，7个三等奖；顺利承办第46届世赛山东省选拔赛服装和珠宝赛项。我们可喜的看到国赛奖牌覆盖面开始拓展，孤峰正在往群山方向延伸。同时，学院积极做好技能大赛成果转化这篇文章，充分发挥金牌指导教师的示范作用，发挥技能大赛对学生、教师、学校、社会发展的促进作用，打造我们自己的金牌文化，打造技能人才培养高地。

校企合作渠道进一步拓展，产教融合深度进一步加强。结合区域产业开展办学，推进产教融合向纵深发展。一是发挥“阳光学院”示范作用，与山东世纪阳光纸业集团有限公司持续开展战略合作，定向培养人才，2019年，100多名学生与阳光集团签订“产教融合”四方协议，40余名同学获阳光奖学金，校企融合“阳光学院”示范作用突出；二是与北汽新能源、比德文集团等新能源产业开展校企合作，积极推动新能源汽车技术专业的建设与教学改革，培养高质量的新能源汽车专业骨干，下半年学院与比德文集团达成校企合作意向，近百名学生到比德文集团实习就业；三是与山东东方道迩签订校企合作协议，9月份，学校与东方道迩公司签订校企合作协议，校企双方共同培养无人机测绘专门人才，东方道迩在无人机航测的内业处理方面为我校提供最前沿的技术和指导，为无人机专业的学生提供良好发展平台，助力我校打造质量过硬的特色品牌专业。建设一批“校中厂”和“名师工作室”，2019年，建设完成“高铁工作室”“智慧云教室”“平面设计大师工作室”“影视后期制作大师工作室”，根据企业需求推进职业学校技能人才供给侧结构性改革，促进教育链、人才链与产业链、创新链有机衔接，努力实现学校与企业“真融合”。

抢抓春考改革新机遇，构建学院春考工作新机制。贯彻落实《山东省教育厅等11部门关于办好新时代职业教育的十条意见》，学院抢抓春考改革机遇，深化“升学＋技能”办学模式改革，及时进行春季高考机制建设，建立集体备课制度，加强春考班的管理创新，实施选拔考试、择优组班的管理办法，建立月考制度，先后组织4次月考考试，各班统一命题、统一考试、统一阅卷，各项制度逐渐完备。2019年多名同学考入青岛农业大学、济宁学院、菏泽学院、山东英才学院等本科院校，230余名同学考入理想高等院校。

扎实推进省示范校建设，积极争创技师学院。一是聚焦省示范校建设，2019年学院稳步推进示范校建设，全体师生、六个项目组齐头并进、全面发力，稳步推进30个分项目、468个子项目的建设，及时总结，查找不足，制定措施，补齐短板，通过示范校建设提升学校整体发展水平；二是争创技师学院，坚持特色化发展、多元化发展、国际化发展，提高学院内涵水平，提升学院办学层次，全力以赴，举全校之力争创昌乐技师学院，打造我们昌乐自己的本科院校。2019年9月份，潍坊市人社局组织市级专家到校进行了实地评审，评分993分，认为学校已经具备申办技师学院的标准条件；11月份，省人社厅组织省级专家到校进行了实地评审，专家组对学校的教育教学给予了高度评价，并对学校下一步的发展提出了宏观指导建议、指明了方向。

【党建工作】 将党建工作列入年度工作总体规划，印发全县教育系统《2019年度党建工作要点》《2019年度党风廉政建设工作要点》《2019年度党建工作底线清单》《进一步加强教育系统意识形态工作十条意见》《关于进一步加强全面从严治党的实施意见》等制度性文件。扎实开展“不忘初心、牢记使命”主题教育，140个党支部、2826名党员参加党性教育，在全县基层党建暨“不忘初心、牢记使命”

推进会上作典型发言。组织140名党组织书记参加县级培训，实现党组织书记培训和述职评议“全覆盖”。严格按程序完成基层党组织换届，在城区设立6个社会组织党总支，经验做法获潍坊市教学成果“党建育人奖”。持续推进“两学一做”学习教育，组织开展“坚持立德树人 回归教育初心”大讨论活动、“中国梦 新时代 祖国颂”百姓宣传活动、机关在职党员“双报到”服务活动。年内，共发展党员42名，培养入党积极分子222名。七一期间，对70名优秀共产党员、优秀党务工作者和10个优秀基层党组织进行了表彰，16名教师和6个学校党组织获县级以上称号。在市级以上媒体发表党建稿件20篇。在全市召开的人事政策专题培训班上作《“深入实施“三红”工程努力开创学校党建工作新局面》的经验介绍。进一步理顺机关支部党组织设置，设立机关总支委部员会和4个支部委员会，落实“三会一课”、支部生活日等制度，局机关党建工作规范化水平大幅提升，荣获昌乐县先进基层党组织称号。

【责任督学挂牌督导】 为便于开展工作，昌乐县探索完善督导管理体制，兼顾行政区域划分和学校类别，将全县划分为5个督学责任区，分别由一名局党组成员包靠，全区配备70名督学，每个督学责任区均涵盖管理及教研人员。各学校选配1名兼职督导员，与责任督学组成驻校工作站，做到了管理上的“无缝隙、全覆盖”，形成了教育督导委员会抓总、办公室统筹、五大督学责任区齐头并进、督学督政统筹兼顾的有效管理模式。

积极推行督学责任区“四个一”工作模式。印发督学工作手册，规范各级督学工作，各责任区督学做到“每月一份清单，每月一轮督导，两周一次例会，每周一份简报”，明确工作流程，构建高效工作模式。督导室每月征求班子成员和科室建议，形成《督导清单》并发往各督学责任区，责任督学根据督导清单内容，每月到校开展督导工作不少于1次，每次不少于半天，每周召开由督学责任区组长、督学代表参加的例会，交流本周工作开展情况。各督学责任区将每周督导检查情况形成督导纪实，督导室汇总编撰工作简报，供局领导决策参考。2019年，共编写《教育督导工作简报》117期，全方位展示挂牌督导工作相关情况。昌乐县挂牌督导经验做法多次在市、县级会议上推介。

【学校共青团和少先队建设】 探索优化红色育人方式，抓准重大历史节点，开展“每月一主题”教育系列活动，实施有序、层进、一点一滴渗透的全程式红色教育，延伸红色体验，强化青少年学生的情感认同和行动自觉。山东省教育厅《关心下一代工作简报》推介了《加强领导，创新思路，全面落实“立德树人”根本任务》的经验做法，传承红色基因培育时代新人的探索与实践》在山东省少工委工作杂志《山东少先队》上发表。

*加强红色文化教育。*把每年七月份确定为红色文化宣传教育月，组织开展“追寻党的光荣足迹”革命传统教育，重点做好“五个一”，即参观一次红色教育基地、看一场红色电影、读一本红色书籍、开一次红色主题班（队）会、写一篇红色心得体会，引导青少年学生从小树立远大理想，立志为实现中华民族伟大复兴的中国梦而努力奋斗。围绕迎接新中国成立70周年，精心制作了“我和我的祖国”主题快闪16个，参与师生达16800人次。邀请“五老”志愿者走进59所学校，开展红色宣讲活动65场次，受教育学生达到3万余人次。

*注重仪式教育。*进行入队、入团仪式教育，开展“我与祖国共成长、争做小小追梦人”主题队日和“青春心向党，建功新时代”主题团日活动，引导他们争做新时代好少年。10名学生获昌乐县十佳新时代好少年称号，40名学生获昌乐县新时代好少年称号，15名学生获潍坊市第二批鸢都环保小卫士称号，20名同学获潍坊市新时代好少年称号。

*丰富红色实践。*抓住重要节点，适时开展各具特色的主题教育活动。组织红色故事专场36场（次），召开主题班会561次，团队会议168次，成立学雷锋小队895个，开办宣传专栏52期，昌乐县教育和体育局荣获潍坊市学雷锋示范点荣誉称号。

2019年昌乐教育基本情况一览表

表23

	学校数（所）	班数（个）	在校生数（名）	毕业生数（名）	专任教师数（名）
合计	192	2823	107366	29414	9183
一、基础教育学校	188	2743	103545	27771	8750
（一）小学	38	979	37984	7563	3052
（二）普通中学	10	982	46956	13499	3988
初中	11	565	26854	6958	2361
高中	3	417	20102	6541	1627
（三）特殊教育	1	20	233	29	52
（四）竞技体育学校	1	5	138	67	38
（五）幼儿园	134	757	18234	6613	1620
二、博闻学校	1	10	735	770	121
三、中等职业教育	1	70	3086	873	253
四、综合实践创新实验学校	1	0	0	0	31
五、教师发展中心	1	0	0	0	28

2019年昌乐社会力量办学重点学校一览表

表24

学校名称	地址	办学类别	教职工总人数（人）	事业编制教师人数（人）	自聘教职工人数（人）	在校生人数		
						高中	初中	小学
昌乐一中	县城永康路1358号	高中／初中	730	251	479	7073	2257	0
昌乐二中	县城行政西街7号	高中／初中	699	296	403	7705	2305	0
昌乐齐都实验学校	县城宝通街西段	初中／小学	329	204	125	0	1087	1129
潍坊美加实验学校	县城宝通街460号	完全中学	495	61	434	0	2826	2010
昌乐一中英才实验学校	五图街道永福路1号	初中／小学	269	57	212	0	1859	1792
昌乐北大公学学校	县城北大公学街167号	初中／小学	421	62	359	0	2075	3024
昌乐行知实验学校	宝都街道小李家庄社区	小学	53	22	31	0	0	489
昌乐丹河小学	县城洪阳街699号	小学	115	71	44	0	0	1164
总计			3111	1024	2087	14778	12409	9608

（供稿人：郭新光）

体　育

【概况】 2019年，在县委县政府的正确领导下，县体育事业发展中心认真贯彻县委县政府决策部署，立足自身实际，积极争资源、争项目、争牌子、争指标、争政策、争机构、争先试先行，圆满完成年初制定的各项工作任务，昌乐县被评为创建“全国老年太极拳之乡”先进单位、被山东省老年人体育协会评为2019年度“评先创优”活动先进县，被山东省卫生健康委员会授予省级健康示范单位、被潍坊市体育局评为2016-2019年潍坊市群众体育先进单位、潍坊市第二十届运动会先进单位、获得2019年县级文明单位。

【设施建设管理维护】 积极落实县委争资源、争项目等“七争”决策部署，2019年共争取上级资金近492万元，其中争取上级资金40万元，为开发区任疃社区和营丘镇崔家庄社区新建了2处多功能运动场地；争取上级资金约100万元，为鄌郚镇包庄社区、高崖库区白塔社区等6个社区共配建132件器材，并对包庄社区、良河源社区两个社区分别硬化场地1200平方米，完成了对五图街道毛家村、朱刘街道东南庄子村等6个镇（街、区）的47个村配建每套6件共282件的体育器材的安装工作；争取中央、省级体彩公益金52万元，用于昌乐县体育场免费低收费开放的维修维护；争取中央体彩公益金280万元，用于昌乐体育公园设施改造提升；争取省级彩票公益金20万元，用于九龙湖社区建设全民健身工程项目。2019年为43个村配备了每套6件体育器材的健身路径；完成首阳山区域4个健身场地的健身路径安装工作，为市民锻炼提供方便。在基础设施建设方面，动员社会力量新建了1处篮球馆、1处羽毛球馆、1处足球馆。

【群众体育】 组队参加潍坊市第二十届市运会（老年组）太极拳（剑）、健身秧歌、钓鱼、气排球、乒乓球、柔力球比赛，其中42式太极拳、太极剑获得金奖，健身气功比赛获得团体金奖，乒乓球比赛获得全市混合团体第一名、男子单打第一名，健身秧歌获得全市银奖，钓鱼比赛团体银奖，气排球比赛获得全市银奖。县体育事业发展中心、县教育和体育局、县竞技体育学校、县老年人体育协会、县豪杰跆拳道馆、县象棋协会、县篮球协会、县昌盛太极健身队、县福龙马业繁育中心被潍坊市体育局评为“2016-2019年度”全市群众体育先进单位，肖凯旋、冯建立、高卫刚、秦君临、张培彩、刘伟、刘金玲、李国玲、于爱丽、刘家云评为“2016-2019年度”全市群众体育先进个人。太极拳个人项目比赛李国玲获得易筋经项目第一名，王宏伟获得五禽戏第一名的好成绩。

为助力乡村文化建设，中心组织昌乐县体育优秀社会指导员到全县十个镇（街、区）以进社区、进村庄的形式教授太极拳、健身气功，共组织了十四个队到二十八个教学点进行教学，1000多人参加学习。开展了全民健身志愿服务进社区4次，举

太极拳表演

办56式杨式太极拳、健身气功五禽戏骨干、养生太极剑、26式传统杨式太极拳、32式太极剑、42式太极拳、马王堆导引术、“健康养老服务进站”昌乐县中老年人太极拳等培训班20次，培训人次超过1000人次。

组织参加全国太极拳展示推广大联动分会场活动、举办了昌乐县第九届全民健身运动会开幕式、昌乐县全民健身月启动仪式及太极拳大型优质健身项目展演。昌乐县老年体协被山东省老年体协评为“评先创优”先进县，王福强、秦光军、刘明媚、肖凯旋、王玉娟、张培彩、李国玲、吴玉霞、王宏伟、张玉贞、张秀萍、李新吉被评为“评先创优”先进个人。

组队参加2019年在威海市举行的全国太极拳公开赛暨山东省第九届全民健身运动会，荣获个人项目3个一等奖，2个二等奖，3个三等奖，集体项目二等奖。参加在河南焦作温县陈家沟举办的全国老年人太极邀请赛，昌乐县代表队以第九名的成绩获得优胜奖，个人项目太极拳、太极剑单项五人参赛，全部获得优胜奖。组队参加2019年在威海市举行的全国太极拳公开赛暨山东省第九届全民健身运动会，荣获个人项目3个一等奖，2个二等奖，3个三等奖，集体项目二等奖。5月份在市民文化体育公园组织300多名优秀太极拳骨干进行24式太极拳的大型表演。6月份组织了360人的太极拳表演队伍参加了县公安局禁毒大队举办的《舞动鸢都　全民禁毒》的大型活动。

开展2019年山东省全民健身志愿宣讲活动，约有 200人参加。完成三级社会体育指导员两期培训工作，共培训220人，有210人取得了三级社会体育指导员证书。连续4年集中组织太极拳、健身气功爱好者进行封闭式培训，8次共培训1000余人，对培训合格的太极拳习练者全部授予三级社会体育指导员，壮大了昌乐县社会体育指导员队伍。选拔优秀三级社会体育指导员参加在潍坊举办的国家级社会体育指导员培训班，到2019年为止培养国家级社会体育指导员23人、一级社会体育指导员42人，二级社会体育指导员107人。组织人员参加潍坊市太极拳、健身气功骨干提升、老年人气排球教练员、裁判员、全民健身志愿骨干培训班，为昌乐县培养体育人才。

开展国民体质监测工作，通过购买社会服务的方式更好的更有效的开展国民体质监测工作，每年为1000余名群众进行了免费的体质监测服务，并为他们提供科学运动处方。

昌乐县第九届全民健身运动会

【竞技体育】 组队参加潍坊市第20届运动会越野长跑竞走、武术、沙滩排球、篮球、排球、足球等共计16个项目的比赛，获得110.45枚金牌，超额完成了今年60枚金牌的计划，有10支代表队获得体育道德风尚奖，为昌乐县争得了荣誉。昌乐县体育代表团获得潍坊市第20届运动会体育道德风尚奖。昌乐县体育事业发展中心、昌乐县教育和体育局、昌乐县竞技体育

沙滩排球比赛

学校、山东省昌乐第一中学、山东省昌乐二中、昌乐北大公学学校、昌乐县活力跆拳道馆、昌乐县腾龙武馆获得潍坊市第20届运动会先进单位。宋玉、钟德梅、刘明媚、孟繁毅、刘成军、魏亚涛、陈会民、郑春红、冀琛、冯兰良、张帅、姚芸、戴君厚、孟德宝获得潍坊市第20届运动会先进个人。

向潍坊市体校、潍坊市少儿体育运动学校输送优秀运动员53名。

完成了2019年潍坊市中小学生体育联赛足球、篮球、排球、羽毛球、乒乓球、田径、武术、健美操、国际象棋九个项目的注册工作，选拔550余人代表昌乐县参加2019年潍坊市中小学生体育联赛。2019年昌乐一中男子篮球队取得潍坊市中小学生体育联赛篮球比赛冠军（高中组）。2019年昌乐县羽毛球运动员李泽楷获得潍坊市中小学生体育联赛羽毛球比赛单打冠军（小学组）。山东省昌乐第一中学、潍坊市美加实验学校获得2019年潍坊市中小学生体育联赛先进单位。冀琛、刘瑞来、刘法维、石明华、荆明好、赵万祥、谢宜泽、谭茹文、王琦、王红颜获得2019年潍坊市中小学生体育联赛先进个人。

完成2019年潍坊市中小学超重学生健康夏令营筛选报名工作，选拔50名超重学生参加潍坊市组织健康减肥夏令营。完成2019年潍坊市中小学生游泳普及培训工作承办单位的审查推荐，选拔推荐昌乐冠洋体育服务有限公司、昌乐县非凡健身中心游泳馆两处为免费培训场所，共计免费培训学员500人。

【体育赛事（群体）】　举办昌乐县第九届全民健身运动会“矿机杯”篮球联赛，“顾家木门杯”“足协杯”足球联赛、“开元电子杯”乒乓球联赛、“国春超市杯”羽毛球联赛、“万山杯”“龙海原著杯”“民生璞悦理杯”象棋联赛、“恒信杯”健步行比赛、“碧桂园杯”健身跑比赛、“乔新集团杯”自行车联赛、健身气功比赛、“豪杰杯”跆拳道比赛、“福利特药业杯”武术比赛、摩托车越野赛、山东省第九届全民健身运动会AGC2019赛季－全国弹弓射击联赛潍坊昌乐大奖赛（“宏达木业杯”）活动。举办山东省第十一届“百县篮球、千乡乒乓球、万人下象棋”（昌乐赛区）的预选赛。承办山东省第十一届“万人下象棋”（潍坊赛区）选拔赛，另举办“潍坊银行杯”夏季篮球联赛、冬季篮球联赛，“工商银行杯”三人制篮球联赛。

【体彩工作】　稳步发展体育彩票业。昌乐体彩2019年共有站点54家，其中专营店40家，兼营店

篮球赛

6 家，规模性渠道 8 家，2019 年销量 10139 万元，其中手机在线销量是 340 万元，即开销量是 610 万元，大乐透 914 万元，竞彩销量是 6802 万元，高频销量是 1464 万元，本年度超过一千万的站点 1 家。昌乐体彩办被市体彩授予销量贡献奖。通过对昌乐县辖区内的体彩站点进行规范化管理，加强体彩销售队伍建设，提高体彩服务和管理水平，2019 年体育彩票销售总量已突破 1 亿元。

【其他重要工作】 大力鼓励支持体育类个体、社团、民非、企业的发展，成立了英豪武道馆、搏克武道馆等 16 家体育类民办非企业单位和轮滑、游泳、围棋 3 家体育类社会团体。支持引导体育产业的健康发展，完成了 2019 年全县体育产业统计和体育场地调查工作。加强昌乐县优秀体育产业项目和单位的推广宣传工作，取得初步成效，杭州凌嘉健身有限公司昌乐分公司、昌乐县天马逸城健身中心被命名为潍坊市第一批体育产业示范单位，山东世代名车文化旅游有限公司（摩托车越野赛）被命名为潍坊市第一批体育产业示范项目。积极为山东世代名车文化旅游有限公司、杭州凌嘉健身有限公司昌乐分公司、昌乐县天马逸城健身中心 3 家单位争取体育产业发展专项资金 15 万元，鼓励支持昌乐县体育产业的发展。积极推进郝杰跆拳道连锁加盟基地、昌乐县福龙马术运动基地、东盛集团拓展基地等项目的建设。促进体育消费，增强发展动力，积极引导社会资金投入到体育产业的发展中。加强体育社团、体育类民办非企业和经营体育类相关行业的监管，实现体育安全“零”事故。

帮助豪杰跆拳道成立山东跃轩教育科技有限公司作为总部落户昌乐，与阿里巴巴合作运作网上加盟业务，2019 年已有 35 个县市区的 54 家单位加盟，拟用 3 到 5 年的时间打造成山东省第一家体育培训类上市公司为长期规划迈出坚实的步伐。

积极帮助福龙马业成立了昌乐县福龙马术运动中心 2019 年在以纯金伯乐国际马术公开赛东莞金伯乐站国际马联三星级赛事中，来自昌乐县红河镇福龙马术运动中心的骑手高晓坤与马匹“艾莫瑞”以零罚分成功夺魁。福龙马业现已被列入山东省马术训练基地。计划引进高水平的马术赛事，以高水平的赛事活动带动基地旅游业、马术培训业、运动马匹养殖业等体育产业的发展。

做好包村工作。我中心安排科级干部包靠营丘镇张家辛牟村，通过多次细致的入村入户调查排查出新贫困户 2 户，危房 2 处。为该村配备了体育健身器材 10 件，并组织太极拳队伍到该村进行太极拳、健身气功等项目的健身指导服务，受到村民的一致好评，在体育扶贫方面尽心尽力为老百姓做实事。落实贫困户帮扶责任。严格按照县扶贫办和营丘党委的要求开展工作，对 10 户贫困户按照《脱贫攻坚工作手册》的要求逐一开展扶贫工作，把工作按质按量的完成。做好扶贫项目包靠工作。由主要负责人包靠营丘镇沙罗坊村扶贫项目，水灾第一时间奔赴现场指导救灾工作，多次亲临现场指导灾后的大棚种植，确保扶贫项目发挥实效。

（供稿人：王福强）

文化　旅游

文化 旅游

文化事业

【综述】 2019年，县文化和旅游局紧紧围绕县委、县政府决策部署，不忘初心，牢记使命，干实事，抓提升，促创新，各项文化工作取得了新进展。

着眼群众需求，推动基层文化活动开展 围绕庆祝新中国成立70周年，组织开展了元宵节民间文艺表演大赛、广场舞大赛、原创文艺作品展演、书画交流展览等系列文化活动300余场；送戏下乡演出400余场，超额完成307场演出任务，实现了全县行政村演出全覆盖；全年放映公益电影3811场，广大群众享受到了“村村挂银幕，人人看电影”的愉悦；组织开展了昌乐县第三届文化惠民消费季，吸引文化企业和社会团体14家参与，惠及群众2万余人次。

落脚群众期盼，筑牢优秀文化传承根基 筹资建设了总面积1000余平方米的石刻文物展厅一处，展出县博物馆馆藏的汉画像石及其他各类石刻文物100余件，五一假期开始免费对外开放；围绕青铜器文物修复、馆藏古籍修复、方山庙修缮、中共尧沟支部旧址修缮等四个项目，申请上级文物修复扶持资金300余万元；扎实做好昌乐非遗综合传习中心的开放维护工作，全年接待省、市、县级党政机关培训班和游客5万余人；2019年，昌乐县新增市级非遗项目代表性传承人3名，新增市级非遗传习所2处、市级非遗教育传承示范基地1处，有2名传承人荣获“潍坊工匠”称号；在“2019年国际博物馆日”“非遗月”“文化遗产日”以及县内举办的节会活动中，组织开展各类文化遗产成果展演20余场次，充分展示了昌乐县文化遗产的独有魅力。

聚焦群众关切，提升公共文化服务品质 依托县文化馆“群众文化课堂”和图书馆“尼山书院”，举办了春、秋两季公益性艺术培训班，每期三个月，开设声乐班、器乐班、京剧班、健身操班、普通话及朗诵班等10个培训项目，650个课时，招生总数800余人。下乡组织基层文艺骨干培训40场次，培训人次1200余人。邀请国家、省级书协、美协会员20余人，举办了书画艺术培训班、书画交流活动10余场，培训县内书画艺术爱好者近300人次。“尼山书院”公益国学讲座举办20场次，受众达600余人次。通过各类公益文化艺术培训，县内文艺团体和广大文艺爱好者水平有了明显提升，进一步壮大了基层文化队伍。文化设施方面，县级文化馆、图书馆、非遗综合传习中心、石刻文物展厅等

国学讲堂

全部免费开放。在巩固全县基层综合性文化服务中心建设成果的同时，以加强内部管理、提升服务效能为重点，对10个镇（街区）100个点进行了规范化提升。

坚持群众路线，优化文化管理服务流程　开展“搭建七个平台，开展跟踪问效”活动，推出挖掘青年艺术人才、行政审批“补短板、促提升”、民间顾问助力文物保护、“弘扬传统·传递匠心”寻找守艺人等在内的11项创新工作。特别是开展的“六个一”行动为文化精准扶贫找到了切入点和突破口，极大的推动了省定贫困村群众文化活动的开展。继续开展文化审批“倒插门”服务，真正做到了让群众少跑腿，把服务送上门。及时组织全县文化市场经营单位、新闻出版经营单位、广播电视播出机构等年检工作，积极扩大版权工作覆盖面。集中开展安全讲座、安全检查，全年共检查文化旅游经营场所80余家次，查处存在安全隐患100余项，并下达整改通知书要求立即整改，有效规范了市场秩序。

【公共文化服务体系建设与服务】　10个镇(街、区)全部建成综合文化站，其中鄌郚镇被评为国家一级站，红河镇和宝都街道被评为国家二级站，其余7个站也按照国家二级站的标准进行了建设；红河镇、鄌郚镇、营丘镇和乔官镇全部建成镇图书馆，其中乔官、营丘两个镇建成了“尼山书院”；截止2019年底，全县建设完成农家书屋370家，做到农家书屋全覆盖，基层综合性文化服务中心实现了370个行政村全覆盖，完成了15个省定贫困村的文化活动室建设和提升。培育打造了一处“城市书吧”，以更好地为广大群众提供公共文化服务。

【文化惠民工程】　5月—10月，开展了“送戏下乡”文化惠民演出活动，将县域内17个专业演出团体和近40支的镇（街、区）文艺骨干队伍、贫困村文艺表演队伍、基层新组建文艺队伍，上下联动、同台演出，观众共计达12万余人次；把送戏下乡和培养当地基层文艺骨干紧密结合，开展文艺辅导、培训等活动，帮助基层文艺人才提升艺术水平，实现了由“送文化”到“种文化”的转变，共演出415场次，超额完成了上级安排的307场演出任务，真正实现了全县370个行政村“一村一年一场戏”。

【文化服务机构及文化服务活动】　2019年，全县共有县文化馆1处，县图书馆1处，县非物质文化遗产传习中心1处，县汉画像石博物馆（用于陈列展览）1处，综合性文化站10处，基层综合性文化服务中心370处。

开展系列品牌文化活动。2019年组织开展了冬春文化惠民季、元宵节民间文艺表演大赛、广场舞大赛、原创文艺作品展演、“文明之夏”广场文艺演出、文化惠民消费季、新农村文艺会演、书画交流展览等一系列品牌文化活动，深入实施“一年一村一场戏”工程，2019年送戏下乡累计演出415场，实现了全县所有行政村演出全覆盖。为更好地满足广大农村群众观影需求，按照每月放映一场公益电影的任务目标，2019年放映数字电影3811场，给广大农民带来了全新的艺术享受，使农民朋友享受到了“村村挂银幕，人人看电影”的愉悦。

开展系列主题文化活动。2019年举办博物馆日、文化遗产月、非遗进校园、非遗成果展、全民阅读活动、儒学讲堂、国学夏令营、桂花节文艺演出、庵上湖葡萄节文艺演出等系列主题文化活动，营造了文明和谐的社会氛围，弘扬了中华民族优秀传统文化。

开展公益文化培训活动。依托“百姓文化课堂”和文化志愿者服务队伍，以“免费培训，公益服务”为原则，面向基层公共文化人才特别是贫困偏远地区文化骨干人员，组织开展了春秋两季公益艺术培训班、农家书屋管理员培训、文化志愿者培训、摄影技巧培训、安全演出培训、电影放映技能培训，深入开展文艺辅导培训进村（社区）活动，进一步壮大了全县文化人才队伍。2019年组织开展各类公益培训50余场次，受益群众4000余人次。

【文化市场管理】　严格落实从严治党主体责任。把学习贯彻习近平新时代中国特色社会主义思想和党的十九大精神贯穿工作始终，扎实开展“不忘初心、牢记使命”主题教育，成立了主题教育工作领导小组，制定了主题教育方案，召开了动员大会。按照全县统一部署，同步开展了单位中层以上读书班，原汁原味学习了《摘编》《纲要》《法规选编》和习近平总书记系列重要讲话精神，组织全体党员集体观看了《榜样3》《泰山挑山工》《王尽美》《淌水崖》《喜盈代村》等典型教育精品，开展“初心使命怎么践、争创一流怎么办、担当落实怎么干”大讨论。广大党员通过读原著、学原文、悟原理，做到深学深悟、常学常新，不断深化对党的理论创新成果的理解和把握，进一步提高了党员干部职工的政治理论修养。同时，不折不扣地贯彻落实县委从严治党的安排部署，始终把抓好党建工作作为推动文化执法工作根本保障，强化责任机制，抓班子带队伍，认真贯彻落实“一岗双责”“三重一大”“三会一课”等制度，上好党课，积极组织全体党员通过手机APP进行“学习强国”“灯塔大课堂”在线学习。结合支部生活日组织机关干部开展“双报到”活动，多次到包靠的社区开展义务清扫、扫黄打非进基层、社区法律法规宣传活动。

严格落实党风廉政建设责任制。层层签订党风廉政建设责任书，保证党风廉政责任制的落实。引导全体执法人员牢固树立有权就有责、有权就有义务的观念，不断适应新形势，创新新方式，用敢于担当的品德，锐意进取的精神，有条不紊地开展文化市场综合执法，采取多种措施，加强党员干部的思想建设、作风建设、能力建设、廉政建设，提高全体党员的政治素质、道德素质和法制观念，使全体党员具有强烈的事业心和责任感，建立自觉的法治思维习惯，锻造严谨踏实、团结向上务实的工作作风。

“扫黄打非”工作。为保证意识形态安全，与有关部门密切配合，开展专项行动，为昌乐县经济社会发展提供健康的文化氛围。一是深入推进“扫黄打非”工作。充分发挥“扫黄打非”体制机制优势，坚持打防并举、标本兼治、综合治理，坚决维护意识形态安全。认真开展“净网、清源、秋风、护苗、固边”专项行动，严查印刷企业五项制度落实情况，从源头上封堵政治性非法出版物流入昌乐县文化市场。扫除淫秽色情等有害出版物，打击侵权盗版出版物，查处和取缔非法报刊、流动书商书贩。认真开展校园周边文化环境整治工作，加强中小学教辅材料出版发行管理，确保昌乐县出版市场健康有序发展。同时，加大宣传力度，在全福元广场和故城社区开展多次普法宣传活动，增强市民法律意识。二是抓好“扫黄打非”示范点建设工作。根据上级要求，积极开展“扫黄打非”示范点建设工作，已在学校、书店、印刷企业等单位建立示范点10处，进一步提高基层线索发现和协助办案能力。三是出台《昌乐县党委（党组）“扫黄打非”工作责任制实施办法》。起草《实施办法征求意见稿》后，广泛征求有关单位意见，根据意见建议进行了修改完善，并以县“扫黄打非”领导小组的名义印发。

文化市场建设。为保障市场健康发展，采取重点检查、错时执法、拉网排查等措施，强化责任意识，突出重点打击，促进了行业健康发展。一是以安全生产大检查为重点，确保市场安全运营。先后开展多次安全生产专项检查，着重落实全县网吧和娱乐场所用电安全和消防安全相关措施，通过对网吧、歌舞娱乐等公众聚集场所的安全检查和及时隐患排查，进一步规范了文化市场的经营行为，2019年昌乐县文化市场没有发生一起安全事故。二是继续保持网吧、娱乐场所高压态势，净化市民文化休闲环境。为打击网吧、KTV接纳未成年人等违法经营和不文明经营行为，与公安等部门协调沟通，协同作战，继续实施已形成的有效的管理机制，2019年共约谈网吧、KTV经营者4人次。通过治理，网吧和娱乐场所经营秩序进一步规范，市民文化生活环境进一步净化。三是加强市场巡查，坚持依法行政。以规范和发展文化市场为目标，先后开展了四次较大规模的文化市场集中检查活动。1—3月底，开展了春季文化市场执法大检查专项行动；4月份，根据县委县政府的统一要求，开展网吧、娱乐场所等人员密集场所的专项整治；5-6月份，根据国家新闻出版局的暗访要求和建国70周年执法大检查

部署，开展了对印刷复制业的专项整治。查处一起网上非法销售电子出版物案件；国庆节期间，我们在前期检查的基础上，又分行业、分区域对经营场所进行了拉网式执法检查，发现违规行为2处，对发现的违规行为责令限期整改。在连续开展的检查中，我们坚持对各类文化经营单位实行不定期检查，发现问题立即处理，把各类违法违规问题都消灭在萌芽状态，文化市场的经营秩序得到明显改善。四是联合执法，规范广播电视传播秩序。为保证全国卫生县城顺利复审和营造建国70周年良好氛围，加强广电传媒管理，规范广电传播秩序，按照县创城办和市支队统一部署，与宝都街道和广电网络昌乐分公司组成联合执法队伍，对城区内非法安装和使用地面卫星接收设施的行为进行严厉打击，重点检查了城区内61个小区，下达整改通知书121份，强制拆除地面卫星接收设施200多套，进一步规范了广电传播秩序，净化了荧屏声频。同时加大对破坏光缆的执法力度，对施工挖断光缆的4起案件当天立案、详细调查、合理处罚，确保了全县广播电视信号的顺利传输。

（供稿人：杨　波）

文化产业

【黄金珠宝产业】　充分发挥“中国蓝宝石之都”品牌效应，以中国宝石城为依托，建成全国最大的蓝宝石交易中心。目前，全县黄金珠宝行业经营主体达到1000余家、从业人员2万余人，年加工宝石1000多万克拉、各类首饰1亿多枚、黄金100多吨，加工交易额突破300亿元，拥有梦金园、蓝天、赛菲尔等5个中国驰名商标，爱蒂娜、戴丽姿等7个山东省著名商标。昌乐先后荣获中国珠宝玉石首饰特色产业基地、中国珠宝产业基地等称号，并且连续举办11届昌乐国际宝石节和7届中国（昌乐）国际宝石博览会，已成为国际化珠宝交易、文化交流平台。

【电声乐器产业】　全县乐器生产及配套企业80多家，从业人员四千多人，产品包括电吉他、电贝司、萨克斯、数码钢琴、音箱等8大系列400个花色品种，年产值30亿元，销往美国、韩国、澳大利亚等30多个国家和地区。鄌郚镇因乐器产业优势明显，先后获得了山东省特色产业镇、山东省电声乐器产业基地、中国电声乐器产业基地、全国特色景观旅游名镇、中国乐器行业功勋单位等荣誉称号。全镇乐器企业拥有近40个品牌，其中“feeling”“仙乐”电吉他被评为“山东名牌产品”和“山东著名商标”。鄌郚电声乐器产业园是国内最大的电声乐器产业园，被评为山东省重点文化产业园区和省级创业示范园。信雅达乐器、雅特乐器等多家企业与高校建立产学研合作关系，鑫韵乐器、明宇乐器等4家企业被评为山东省重点文化企业，宏韵乐器被国家六部委授予“国家文化出口重点企业”称号。

【造纸包装产业】　全县现有规模以上造纸包装企业12家，近年来我们充分发挥产业优势，抓住转型机遇，引导造纸包装产业向制造服务化转型。其中，龙头企业山东世纪阳光纸业集团有限公司是中国造纸包装行业十强企业，投资20亿元建设了山东阳光概念包装产业园，投资30亿元建设年产80万吨高级瓦楞原纸项目，总占地面积50余万平方米，全部项目投产后年生产规模达到130万吨，其产品为世界独创，核心竞争力大大增强。公司在上海组建了设计创意中心，实现了造纸、创意设计、包装三个行业的整合。山东世纪阳光纸业集团有限公司成功入选山东省文化企业30强，成为全市入选的两家文化企业之一。

【汽车博览产业】　立足于传承汽车文化和历史，建设了潍坊世代古典汽车博物馆，收集、维护、保管古典老爷车300多辆，被确定为“潍坊市爱国主义教育基地”。依托汽车博物馆，投资2.4亿元建设了集观赏、试驾、表演、旅游、休闲等为一体的汽车文化园，内设4个室内展厅、1个室外展区，展示面积3万多平方米，是目前亚洲品种最全、数量最多的古典汽车文化园。现在，正在规划建设古典汽车博览园，建成后将进一步拉动文化产业发展。目前已接待游客8万余人，其中接待中小学生团体参观6000余人次。开发建设了近三十亩地的摩托车越野赛道，并成功举办了“老爷车杯”全国摩托车超级越野联赛。

【地方文艺】 传统戏曲进景区：9月25日-10月14日，每天上午9：00-11：00，下午3：00-5：00，邀请县内燕铭京剧团、永乐京剧团、双鑫吕剧团、弘昌吕剧团和乡韵吕剧团等专业戏曲团体，在朱刘街道世代古典汽车博物馆，五图街道响水崖子村、庵上湖村分别进行各类经典戏曲剧目演出，助力国庆游园活动。表演剧目包括：京剧折子戏《坐宫》《吕布与貂蝉》《起解》《游湖》《钓金龟》，吕剧《姊妹易嫁》《小姑贤》《借年》《墙头记》等。

【文艺创作】 文学创作《宝石城文艺》：发行由昌乐县文化馆主办的《宝石城文艺》共5期，主要刊发反映昌乐县本土文化的小说、散文、诗歌、评论、书画等，为繁荣昌乐文艺创作，培养文艺创作人才，满足读者要求，起到了非常重要的作用。

依托《宝石城文艺》筹备举办“昌乐故事”庆祝新中国成立70周年征文活动，并将获奖作品结集成册，出版《宝石城文艺》专刊。3月21日起，“昌乐故事”庆祝新中国成立70周年征文活动开始征稿，截稿日期至7月31日。大赛共收到来自昌乐县各界文学爱好者的热情投稿近百篇，本着公平、公正、公开的原则，邀请有关专家、学者进行了认真细致的评选，最后评选出特别奖1名、一等奖2名、二等奖4名、三等奖6名、优秀奖13名，全部获奖作品结集成册，出版《宝石城文艺》专刊。9月30日上午，为热烈庆祝新中国70周年华诞，在文化馆举行了隆重的征文颁奖仪式。

“平安昌乐”首届原创文艺作品表演大赛：围绕“平安昌乐”这一主题，组织全县的17个民办文艺团体，经过近2个月的创作、排练和准备充分，创作了32个文艺作品，包括快板、小品、戏曲等艺术门类。全部作品均为自编、自导、自演，节目内容紧紧围绕政法干警风采、普法教育、禁毒、扫黑除恶、反邪防邪及其他政法综治专项工作，从不同角度表达昌乐县群众积极参与平安创建工作的信心和决心。

组织参加潍坊市民文化节“我和我的祖国”潍坊市原创文艺作品大赛：昌乐县共征集并上报原创文艺作品14件，其中曲艺作品3件、舞蹈作品3件、音乐作品3件、戏剧作品5件，其中，《文旅服务进万家》获曲艺类二等奖。

【文化活动】 “庆祝新中国成立70周年”系列活动。围绕“庆祝新中国成立70周年”这条主线，营造全社会爱国爱家乡的浓厚氛围，收到了良好的社会反响，为昌乐县文化事业的发展作出了积极的贡献。

“庆祝新中国成立70周年”系列活动包括：“唱响《我和我的祖国》快闪”活动：从3月2日起，组织70名文化志愿者先后在西湖公园、全福元、市民体育广场、潍焦集团、阳光纸业、电业公司、中心城等开展“唱响《我和我的祖国》快闪”活动。本次活动共演出10场次，吸引了数千名群众和企、事业单位职工主动参与，活动现场气氛热烈、震撼人心，激发了群众强烈的爱国热情，起到了文化引领和导向作用。

2019年3月7日，《我和我的祖国》主题快闪

庆祝新中国成立70周年昌乐县第七届广场舞大赛活动。4—5月份举办"庆祝新中国成立70周年"昌乐县第七届广场舞大赛。本次大赛从4月份开始宣传发动，历时2个月，受到广大群众的广泛关注和积极参与。各镇（街、区）近百支队伍、4000余人参加海选，经过11场激烈的初赛和复赛，最终20支队伍脱颖而出成功入围决赛。5月30日下午，决赛暨颁奖仪式在市民文化体育公园隆重举行，现场评选出一等奖两个、二等奖4个、三等奖6个、优秀奖8个，同时，对积极参与组织的单位分别授予优秀组织奖和组织奖。县委宣传部、县文化和旅游局领导参加活动并为获奖队伍和单位颁奖。

庆祝新中国成立70周年"农行上宝杯"少儿书画大赛暨名家邀请展。6月1日-7日，成功举办了庆祝新中国成立70周年"农行上宝杯"少儿书画大赛暨名家邀请展，本次活动受到了社会各界的广泛关注和热情参与，共征集到作品300余幅，并从中评选出60多位名家作品、150余幅少儿书法、国画、儿童画、素描及剪纸作品参展。

庆祝新中国成立70周年"万隆杯"昌乐县青年歌手大赛。本次大赛从6月下旬开始正式启动，有近百名青年歌唱爱好者积极报名参与，经过7月上旬的两场初赛、中旬的两场复赛再到总决赛，最终16位选手成功晋级，并于7月31日晚7点在县融媒体中心演播厅举行隆重的决赛暨颁奖仪式。

庆祝新中国成立七十周年中国画名家邀请展。7月27日至28日庆祝新中国成立七十周年中国画名家邀请展在昌乐县图书馆举办，本次画展主要展出中国美术家协会会员、山东画院院委会副主任李梅莹先生，中国美术家协会会员、中国书法家协会会员张平子先生，中国美术家协会会员、中国工笔画学会会员马泳军先生等三位画家的70余件精品力作，对于普及中国画知识，提高绘画技能起到了良好的示范和带动作用。

庆祝新中国成立70周年"我和我的祖国"大型主题歌会暨首届桂花文化旅游节文艺演出。9月25日，昌乐县首届"桂花文化旅游节"在朱刘街道世代古典汽车博物馆盛大开幕。晚7点，庆祝新中国成立70周年"我和我的祖国"大型主题歌会暨首届桂花文化旅游节文艺演出精彩上演。

庆祝新中国成立70周年——"新中国·新昌乐"昌乐县摄影展。本次活动共得到了160余名摄影爱好者积极参与，经专家甄选，从中精选了100余幅摄影作品进行展出。10月11日-14日，在宝石城博物馆展览，吸引了4000余名游客参观；24日-30日，在图书馆展览，并于24日，举行了隆重的开幕仪式。

群众文化活动品牌。打造群众文化活动品牌5个，包括：庆祝新中国成立70周年昌乐县第七届广场舞大赛活动。"春联送祝福，窗花传真情"送文化下乡活动。元月15日，邀请昌乐县4名知名书法家到文化馆书写春联300幅。18日，带领书法家们带着提前准备好的部分春联、慰问品以及笔墨纸等，到文化和旅游局包靠帮扶对象郚部镇西官庄村和时马村，在村委大院为村民们现场书写春联、剪窗花，并教授村民们剪纸技艺。到西官庄村困难户张启福、张启昌、张启成、时马村困难户陈桂美的家中，送春联、送窗花、送过节慰问品，了解他们的生活状况，为他们送去节日的祝福。本次送文化下乡活动共送出春联450余幅，窗花200余套。

昌乐县第三十四届元宵节民间文艺表演活动。2月19日（正月十五），成功举办昌乐县第三十四届元宵节民间文艺表演及彩车巡游活动。由文化馆组织排练的70名文化志愿者表演方队拉开活动的序幕。各镇（街、区）的巡游彩车大气、简洁、明快、醒目，参演节目充分展示出了当地的良好精神风貌，舞龙、舞狮、跑旱船、秧歌、锣鼓等精彩的民俗表演令人目不暇接，2000多名参演群众共同打造了一场欢声雷动的视听盛宴。该活动网络直播点击量突破22万人次，多媒体联动、多渠道传播成为本次活动的亮点。

昌乐县第十届新农村文艺汇演活动。10月中旬至12月底，以繁荣农村文艺创作为目的，全民参与为宗旨，分为宣传发动、创作排练、镇（街区）海选、分区复赛、指导排练、决赛暨颁奖六个阶段进行，共组织14场海选，两场复赛，并于12月20

日，在山东世纪阳光纸业集团有限公司阳光大礼堂举行总决赛暨颁奖仪式。

春、秋两季公益性艺术培训班。于3月底至6月底，9月至11月，举办为期共6个月的春、秋两季公益性艺术培训班。

其他主题群众文化活动。2019年宝都街道昌盛社区“迎新春 邻里情”联欢会。元月24日，在县融媒体中心举办宝都街道昌盛社区举办2019“迎新春 邻里情”联欢活动——昌盛社区春节联欢会。

歌唱经典爱国歌曲

“惠风和畅·翰墨齐都”山东书协王羲之书法院逄春伟工作室书法精品巡回展。4月13日-16日“惠风和畅·翰墨齐都”山东书协王羲之书法院逄春伟工作室书法精品巡回展在五图街道方山书院展出。

“文化扶贫助力乡村振兴”暨第三届民办文艺团体优秀剧（节）目展演。7月3日至7月17日，利用晚上的时间，组织17个民办文艺团体为昌乐县的15个省定贫困村和两个重点包靠村，献上17场精彩的文艺演出，局机关和文化馆分两组对节目展演情况进行督导和评选。

潍坊市文化馆“蓓蕾艺术工作站”走进昌乐特师附属小学。9月18日，潍坊市文化馆“蓓蕾艺术工作站”走进昌乐特师附属小学文艺演出在昌乐特师附属小学阶梯教室隆重举行，潍坊市文化馆的演出团队和昌乐特师附属小学的小演员同台演出，为孩子们带来了一场别开生面的文化大餐，受到了师生们的热烈欢迎。

国庆期间乡村旅游景点演出活动。为繁荣乡村旅游，组织昌乐县5个文艺团队分别在朱刘街道世代古典汽车博物馆、五图街道庵上湖景区、五图街道响水崖子景区3个旅游景点送上文艺演出共12场次。

全年组织群众文化活动19项，参加市级以上活动6项，共计演出109场次。

阵地活动。元月份，业务人员分别在文化馆排练厅和宝都街道办公楼为宝都街道机关干部排练现代舞。

元宵节前，组织70名文化志愿者表演方队，通过精心创作、编排，参加元宵节民间文艺表演的开场活动；同时，对各镇（街区）参演节目进行指导和排练。

于3月底至6月底，9月至11月，举办了为期共6个月的春、秋两季公益性艺术培训班。在原有培训课程的基础上，新增设声乐班、健身操班、普通话及朗诵班，共10个培训项目，11个班次，600多个课时，招生总人数650余人，每期培训结束前，组织全体学员进行结业展示活动。有效保障了艺术普及全民参与、全民共享，取得了良好的社会效益，得到了群众的肯定和支持。

4月24日—25日，举办了为期两天的昌乐县公益性“京剧表演艺术培训班”。本次培训邀请潍坊市京剧协会主席李全忠老师和秘书长李丽老师倾情授课，昌乐县业余剧团的部分演员、京剧票友以及京剧爱好者等50余人参加培训。

4月29日，业务人员到乔官镇著名景点火山口，为国税局干部辅导经典爱国歌曲并录制庆祝新中国成立70周年快闪视频。

广场舞大赛前夕，业务人员到朱刘街道西南庄社区广场、九龙湖社区，为广场舞队伍辅导。

6月21日，在昌城大酒店三号会议室，举办昌乐县文化和旅游局安全生产培训会议，各镇（街区）文化站站长和各民办文艺团体业务骨干共50余人参加。

文化馆党员“双报到”——健身操培训走进西湖社区。7月17日晚，文化馆支部党员志愿服务队到包靠的宝都街道西湖社区，开展“双报到”文化惠民服务活动，对社区居民进行广场舞辅导和培训，30余位舞蹈爱好者参加了培训，文化馆党员志愿者以专业的指导一边讲解，一边示范，看到有的学员动作不到位便会细心纠正，大家学习热情高涨，仔细揣摩动作结合反复练习，在培训接近尾声时把一支精彩的鬼步舞表演完美呈现。

为积极备战第四届潍坊市民文化节，业务人员来到昌盛社区和鄌郚镇，为参赛队伍排练参赛舞蹈。

8月21日-23日，在文化馆举办为期3天的“广场舞文艺骨干培训班”。邀请潍坊市文化馆专业舞蹈老师李会霞授课，文化馆业务人员领学，每个镇、街区选派两名业务骨干参加培训，学习内容是舞蹈基础训练和三支成品广场舞。此次培训班的举办，是进一步推动文化惠民工程建设的重要举措，为实现“种文化”进基层奠定扎实的基础，积极发挥文化引领振兴乡村的作用，激发全社会参与广场舞活动的热情，同时，使广场舞表演的总体水平和质量提升到一个新的层次。

9月5日至6日，在朱刘东圈世代古典汽车博物馆举办了为期两天的“省定贫困村广场舞培训班”，来自昌乐县15个省定贫困村的27位文艺骨干参加了培训。

9月24日—28日，对潍坊银行职工参加潍坊银行系统内的歌咏比赛进行排练。

12月10日—13日，在文化馆排练厅对参加新农村文艺汇演决赛的演员进行辅导。

成立馆办文艺团队：11月18日，成立昌乐县文化馆舞蹈团，每周五上午上课；12月21日，成立昌乐县文化馆合唱团，每周二、周四晚上课，馆办文艺团队通过文化馆的专业指导，全面培养团员的综合专业素养，还将参加各级比赛、演出以及公益活动，引领和推动群众文化艺术的繁荣发展。

【昌乐县非物质文化遗产保护工作情况】 昌乐县古称营丘，是姜太公始封地，齐文化的发祥地。历史悠久，文化灿烂，有丰富的文化遗存和深厚的文化底蕴。博大精深的悠久历史，让昌乐市民不仅孕育了丰富的物质财富，也造就了大量的具有昌乐特色的非物质文化遗产。诸如家喻户晓的姜太公传说，被历代人士广为推崇的不食周粟、饿死首阳山的伯夷、叔齐的传说，“二十四孝”之一的孝子王裒的传说，为民除害的方山爷的传说，清代阎氏五世七进士，源远流长的石雕石刻，以及别具一格的大葛狮子舞等等，不胜枚举。

2019年，昌乐县文化和旅游局坚持“保护为主，抢救第一，合理利用，传承发展”的非遗工作方针，坚持挖掘与整理、研究与保护、弘扬与传承并重，将非遗保护与传统工艺振兴相结合，积极致力于非遗聚集区建设，在五图街道响水崖子建设了非遗综合传习中心，包括非遗展览馆、非遗体验中心、往事书屋、姜太公传说传习所等内容，自启用以来，每周六周日开放，已累计开放349天，为30余位老师提供了现场展示展演机会，共接待群众8万余人次。

在全县范围内开展了以“我们的传统节日”征文、“寻找身边的传统手工艺”“童年的记忆”传统游戏和“传统民间戏曲”等为主线的传统文化资源保护活动，在全社会营造出“铭记传统节日、盘活传统工艺、复原传统游戏、振兴传统戏剧”的浓厚氛围。通过开展“美丽非遗赶大集”“古村遗韵传统手工艺展”“桃花源里看非遗昌乐非遗展”“西瓜节非遗精品展”“传统游戏比赛”等各类非遗宣传展示活动，让非遗融入现代生活，助力乡村振兴，不断焕发出新的生机和活力。

2019 年，全县共有省级非遗项目 2 项，市级非遗项目 25 项，县级非遗项目 120 项，十余个非遗项目正在积极申报当中。

昌乐县各级非物质文化遗产代表性项目一览表

表 25

序号	级别	项目类别	编号	项目名称
1	省级（2 项）	民间文学	Ⅰ-56	姜太公传说
2		传统技艺	Ⅷ-72	金银细工制作技艺（梦金园金首饰制作技艺）
1	市级（25 项）	民间文学		方山爷的传说
2				姜太公与营丘故城的传说
3				伯夷叔齐与首阳山的传说
4				白浪河源头的传说
5				孝子王裒的传说
6				阎氏五世七进士的故事
7				尧与丹朱的传说
8				药王邓青云的传说
9		传统戏剧		荆山悠腔
10		传统舞蹈		昌乐大葛狮子
11		传统美术		石雕石刻
12				王派烙画
13		传统技艺		马宋饼制作技艺
14				春堂八宝糕制作技艺
15				太公神香制作技艺
16		传统技艺		金首饰制作技艺
17				朱汉手工地毯制作技艺
18				阎氏铜器铸刻技艺
19				阳纹彩绘嵌银技艺
20				石雕碑刻传拓技艺
21		传统医药		郄秋浦医术医方医案
22				燕青门医术医药
23				赵家祖传癫痫病医法
24	市级（25 项）	民俗		金山庙会
25				崇山栓孩子习俗
1	县级（120 项）	民间文学	Ⅰ-1	方山爷的传说
2			Ⅰ-2	姜太公与营丘故城的传说
3			Ⅰ-3	伯夷叔齐与首阳山的传说
4			Ⅰ-4	白浪河源头的传说
5			Ⅰ-5	孝子王裒的传说
6			Ⅰ-6	阎氏五世七进士的故事

续表 25

序号	级别	项目类别	编号	项目名称
7	县级（120 项）	民间文学	Ⅰ-7	尧与丹朱的传说
8			Ⅰ-8	金山真观的传说
9			Ⅰ-9	徐将军的传说
10			Ⅰ-10	马驹岭的传说
11			Ⅰ-11	丹山、丹水和丹朱的传说
12			Ⅰ-12	淳于髡和七个淳于村的传说
13			Ⅰ-13	罗成与七女藏夫的传说
14			Ⅰ-14	昌乐方言
15			Ⅰ-15	孟姜女哭长城的传说
16			Ⅰ-16	昌乐木鱼石的传说
17			Ⅰ-17	乔官的传说
18			Ⅰ-18	隋姑山的传说
19			Ⅰ-19	乔山与苍山的传说
20			Ⅰ-20	桃花山的传说
21			Ⅰ-21	焦姑与焦姑墓的传说
22			Ⅰ-22	药王邓青云的传说
23			Ⅰ-23	姜太公墓的传说
24			Ⅰ-24	朱汉仪宾的传说
25			Ⅰ-25	打鼓山与车罗顶的传说
26			Ⅰ-26	鄌郚国的传说
27			Ⅰ-27	陈师傅的传说
28			Ⅰ-28	吴家池子的传说
29			Ⅰ-29	韩信与韩信村的传说
30			Ⅰ-30	老子庙的传说
31			Ⅰ-31	马头山的传说
32			Ⅰ-32	钟山的传说
33			Ⅰ-33	菑川国的传说
34			Ⅰ-34	尧帝治水的传说
35			Ⅰ-35	玉皇庙的传说
36			Ⅰ-36	石人坡的传说
37			Ⅰ-37	孤山爷的传说
38			Ⅰ-38	都昌国的传说
39			Ⅰ-39	昌乐知县朱宏仁的故事
40			Ⅰ-40	昌乐谚语
41			Ⅰ-41	昌乐谜语
42			Ⅰ-42	昌乐歌谣
43			Ⅰ-43	雹泉爷的传说

续表 25

序号	级别	项目类别	编号	项目名称
44	县级（120 项）	民间文学	Ⅰ -44	挂甲沟的传说
45	县级（120 项）	民间文学	Ⅰ -45	刘师傅的传说
46	县级（120 项）	民间文学	Ⅰ -46	卧牛石村的传说
47	县级（120 项）	民间文学	Ⅰ -47	潴河的传说
48	县级（120 项）	民间文学	Ⅰ -48	秤砣湾的传说
49	县级（120 项）	民间文学	Ⅰ -49	没尾巴老鲤的传说
50	县级（120 项）	民间文学	Ⅰ -50	铁拐李碑的传说
51	县级（120 项）	民间文学	Ⅰ -51	方山五棵松的传说
52	县级（120 项）	民间文学	Ⅰ -52	虎头山的传说
53	县级（120 项）	民间文学	Ⅰ -53	双龙桥的传说
54	县级（120 项）	民间文学	Ⅰ -54	刁家井的传说
55	县级（120 项）	民间文学	Ⅰ -55	北郿部奇槐的传说
56	县级（120 项）	民间文学	Ⅰ -56	后沟古井的传说
57	县级（120 项）	民间文学	Ⅰ -57	王伯手植槐的传说
58	县级（120 项）	民间文学	Ⅰ -58	洛村的传说
59	县级（120 项）	传统音乐	Ⅱ -1	昌乐民歌
60	县级（120 项）	传统音乐	Ⅱ -2	民间祭祀经文唱词
61	县级（120 项）	传统戏剧	Ⅳ -1	荆山悠腔
62	县级（120 项）	传统舞蹈	Ⅴ -1	大葛狮子舞
63	县级（120 项）	传统舞蹈	Ⅴ -2	淮沟龙灯
64	县级（120 项）	传统舞蹈	Ⅴ -3	民间舞“拿大王”
65	县级（120 项）	传统体育、游艺与杂技	Ⅵ -1	拾博狗
66	县级（120 项）	传统体育、游艺与杂技	Ⅵ -2	叼小母鸡
67	县级（120 项）	传统体育、游艺与杂技	Ⅵ -3	老鼠拱象鼻
68	县级（120 项）	传统体育、游艺与杂技	Ⅵ -4	太祖门武术
69	县级（120 项）	传统美术	Ⅶ -1	烙画
70	县级（120 项）	传统美术	Ⅶ -2	石雕石刻
71	县级（120 项）	传统美术	Ⅶ -3	肖光平石刻技艺
72	县级（120 项）	传统美术	Ⅶ -4	白塔泥塑
73	县级（120 项）	传统美术	Ⅶ -5	昌乐微雕
74	县级（120 项）	传统美术	Ⅶ -6	红河剪纸
75	县级（120 项）	传统美术	Ⅶ -7	葫芦艺术
76	县级（120 项）	传统技艺	Ⅷ -1	金首饰制作技艺
77	县级（120 项）	传统技艺	Ⅷ -2	马宋饼制作技艺
78	县级（120 项）	传统技艺	Ⅷ -3	春堂八宝糕制作技艺
79	县级（120 项）	传统技艺	Ⅷ -4	太公神香制作技艺
80	县级（120 项）	传统技艺	Ⅷ -5	朱汉手工地毯制作技艺

续表 25

序号	级别	项目类别	编号	项目名称
81	县级（120 项）		Ⅷ-6	高崖炸鸡
82			Ⅷ-7	郚部笤帚制作技艺
83			Ⅷ-8	阿陀粉皮制作技艺
84			Ⅷ-9	昌乐草编、条编
85			Ⅷ-10	高崖蒸鸡白菜制作技艺
86			Ⅷ-11	郚部狮子头咸菜腌制技艺
87			Ⅷ-12	郚部无籽西瓜栽培技艺
88			Ⅷ-13	“三八”全鸡制作技艺
89			Ⅷ-14	舍得粥制作技艺
90			Ⅷ-15	昌乐行具
91			Ⅷ-16	阎氏铜器铸刻技艺
92			Ⅷ-17	清林园全鸭制作技艺
93			Ⅷ-18	阳纹彩绘嵌银技艺
94			Ⅷ-19	翻砂铸造技艺
95			Ⅷ-20	黄酒制作技艺
96			Ⅷ-21	花生制作技艺
97			Ⅷ-22	朱汉石磨面粉制作技艺
98			Ⅷ-23	石雕碑刻传拓技艺
99			Ⅷ-24	汉民族传统服饰制作技艺
100			Ⅷ-25	杨氏盆景制作技艺
101			Ⅷ-26	鸟笼制作技艺
102			Ⅷ-27	双翅杠子头制作技艺
103			Ⅷ-28	亓家烧锅传统酿造技艺
104			Ⅷ-29	营陵王酒传统酿造技艺
105		传统医药	Ⅸ-1	郄秋浦医术医方医案
106			Ⅸ-2	燕青门医术医药
107			Ⅸ-3	赵家祖传癫痫病医法
108			Ⅸ-4	高氏触摸探穴针灸医术
109			Ⅸ-5	赵氏中医肿瘤疗法
110			Ⅸ-6	张氏顺时针灸
111			Ⅸ-7	宋氏正骨医术
112			Ⅸ-8	黄氏祖传脱胎骨疽疗法
113			Ⅸ-9	阳月房药罐疗法
114			Ⅸ-10	钟氏医术医药
115		民俗	Ⅹ-1	崇山栓孩子习俗
116			Ⅹ-2	图腾崇拜和崇山石祖林
117			Ⅹ-3	七圣祠庙会

续表 25

序号	级别	项目类别	编号	项目名称
118	县级（120 项）	民俗	Ⅹ -4	台东庙会
119			Ⅹ -5	金山庙会
120			Ⅹ -6	方山庙会

【新闻出版】　全县农家书屋出版物的补充更新工作。完成全县 140 个农家书屋出版物的补充更新工作，对现有的农家书屋按不少于 100 册的标准补充，图书品种兼具政治、经济、文化、科技、生活、少儿等类别。其中包含 15 个省定贫困村的农家书屋出版物更新，保障每个贫困村农家书屋投入不少于 4000 元。

开展全民阅读活动。深入探索，总结经验，不断丰富活动内容，举办诵读比赛、“悦读越心动”我喜爱的一本书推介等活动，将昌乐县的“全民阅读活动”坚持不懈的开展下去，争取办出特色、办出品牌。

完成全县 75 家印刷企业和 42 家出版物发行单位的年检工作，完成 13 家印刷企业、26 家书店的年报工作。将完成情况向市局做了书面总结，并发放了完成年检企业的营业执照正副本。

提高新闻出版管理水平。组织开展版权宣传活动，在 4 月 23 日世界图书和版权日，组织开展版权宣传活动，宣传版权知识，提高市民版权意识；极大版权保护宣传力度，在昌乐电视台新闻综合频道、影视远教频道和农村社区播放版权公益广告，扩大受众面，增强了宣传效果；进一步做好版权示范单位、园区（基地）的申报和推荐工作，总结示范单位的成功经验，充分利用好省、市有关扶持政策，从整体上促进昌乐县县版权相关产业的发展。2019 年，山东梦金园珠宝首饰有限公司获潍坊市版权示范单位称号。昌乐传媒集团获山东省版权示范单位称号。

（供稿人：任雨婷）

昌乐电视台

【概况】　2019 年，昌乐电视台全年共制播《昌乐新闻》364 期，《我们的家园》151 期，报道时政活动共 1200 余个，共组织宣传策划会 50 余次，策划重点稿件 1300 余篇，并在对内对外宣传、重点工作包靠、技术保障、内部管理等方面再创佳绩。

【新闻宣传工作】　昌乐电视台按照中心“跟得上、拿得下”的要求，聚焦县委中心工作和县委、县政府阶段性重点工作，及时跟进，强化新闻宣传，努力提升舆论引导水平。2019 年，我们先后完成《聚

3 月 20 日，县融媒体中心揭牌

焦推动高质量发展，努力开创昌乐经济社会发展新局面》《全力抓好“双招双引”，培育发展新动能》《担当作为、狠抓落实》《探索乡村振兴“昌乐实践”》《坚决守住安全底线，提高本质安全水平》《迎审国家卫生县城复审》《坚决打赢违法建设治理攻坚战》《创建省双拥模范城》《脱贫攻坚进行时》《深入学习贯彻十九届四中全会精神》《“双招双引”，百日会战进行时》《聚焦推动高质量发展赶超发展，努力开创昌乐经济社会发展新局面》《探索乡村振兴“昌乐实践”》《深入开展“不忘初心、牢记使命”主题教育》《开展农村人居环境整治，建设美丽乡村》《冬季社会治安集中整治进行时》《聚焦2019年民生实事》《聚焦百日安全生产专项整治行动》等20多个重点工作宣传的专栏专题，刊（播）发主题新闻宣传稿件6300余篇（条），其中重点稿件360余篇（条），高质量完成各类活动的宣传报道任务，为县委县政府重点工作的推进提供舆论支持。

【外宣工作】 2019年，在中央电视台发稿10条，特别是中央台对昌乐县宝博会、西瓜节等活动进行了报道。在山东电视台发稿160余条，其中，在《山东新闻联播》发稿45条；在潍坊电视台发稿得分1460分，发稿得分在全市县市区台中位居前列，荣获山东电视宣传先进集体一等奖和潍坊电视宣传先进报道集体一等奖。传播了昌乐声音、展示了昌乐形象。

【大型专题访谈类栏目《抓落实 面对面》】 《抓落实 面对面》栏目是由中共昌乐县委、昌乐县人民政府主办，县委宣传部、县融媒体中心承办的大型专题访谈栏目。主要是围绕县委、县政府重点工作，通过搭建面对面平台，聚焦重点工作推进落实情况，直面问题、查摆问题、解决问题，从而更好地推动全县重点工作落实。此次录制的《抓落实面对面》教育专题，访谈了县教育和体育局相关负责同志，他们就县人大代表、县政协委员、群众代表、现场观众提出的以及昌乐民声网、“爱昌乐”APP中群众关心关注的问题，例如城区学校调整整合及划片招生、昌乐县学前教育发展状况、学生课业负担、近期教育系统干部调整、城区培训机构监管以及新生助学贷款如何申请等问题进行了现场解答。

成立了5人的专题小组，明确分工，迅速展开脚本对接、栏目包装制作、前期镜头拍摄等工作。在节目制作过程中，专题组连续两天两夜连轴加班，每天休息不到3个小时，制作时长49分钟的专题节目，其中包含11分钟的教育专题片和短片，制作特效18个，使整体节目形式多样、内容丰富，并在8月20日晚《昌乐新闻》后顺利播出。

【防汛抗灾救灾宣传】 台风“利奇马”来袭，昌乐电视台按照县委县政府的安排部署，立即启动突发事件应急宣传预案，第一时间拿出具体实施方案，采集中心记者兵分12路，奔赴各镇街区和重点部位进行跟踪报道，将镜头聚焦防汛防台风最前沿。内宣方面，8月10日-13日，《昌乐新闻》共播出防台风专题新闻61条。外宣方面，8月11日至21日，累计在央视、山东卫视、潍坊电视台播发报道59条。其中，央视《新闻联播》《新闻直播间》各1条；山东卫视《山东新闻联播》播发3条。特别值得一提的是，我们发挥融媒体中心建设的优势，利用媒体融合技术，通过记者现场连线的方式参与山东广播电视台全天候融媒体直播节目《迎战台风“利奇马”》，山东广播电视台专门致信对展示县融媒体中心在本次媒体融合报道中表现出的专业、敬业精神表示感谢。

【作品创优】 推荐《国内最重V型墩转体桥成功转体》《张培：救灾一线申请入党的农技专家》《耕读家风熏陶出“博士村”》《废弃矿区上的绿色之变》等4部作品参加2018年山东新闻奖评选。推荐《体制机制创新媒体融合从“相加”迈向“相融”》《红色记忆》《追凶十九年，命案逃犯终落法网》等3部作品参加2018年潍坊新闻工作者协会奖的评选。在省市评奖中获得二等奖1个，三等奖2个。

【重点工程、项目包靠工作和专题片制作】 为做好重点工程、项目包靠工作，昌乐电视台全员参与，先后完成了市“两会”、融媒体中心现场会、首阳山区域拆违、昌乐西瓜节、上海商会家乡行、健康县城创建、全市双招双引点评、2019年中国（昌乐）国际宝石博览会、人居环境整治、2019年昌乐农村电商节等县委、县政府重点工作。全力保障专题片制作，2019年，共制作40余部专题片，录制、直播全市金融会、扶贫现场会、宝都大讲堂、百姓大舞台、文明之夏等会议、演出60余场。

【电视节目安全播出】 完善并严格执行了《安全播出应急预案》，做到了24小时有人值班，有播出记录、交接班记录，逢节假日或重大事件，有领导带班值守；严把文艺片、连续剧、电影片的播出质量关，杜绝一切黄色、暴力、反动等不健康影剧的播出。把关电视作品，提升了频道质量。对播放的节目精心挑选，极力丰富昌乐台的节目内容，不但对自办节目要求拍摄和制作得有血有肉、画面清晰，对省供片站下发的连续剧都精心选取，让观众看到更清晰、更精彩、更健康的电视节目。全年未出现任何安全播出事故。

（供稿人：张国民）

昌乐人民广播电台

【概况】 2019年，昌乐人民广播电台紧紧围绕县委、县政府中心工作，更好地传播县委、县政府声音，牢牢地把握正确舆论导向，认真扎实搞好新闻宣传工作，电台全年共播出总时长6387.5小时，社区广播共播出1002期，总时长334小时，实现了安全播出无事故。

【把握正确舆论导向，突出讲政治】 2019年，电台先后开设“在习近平新时代中国特色社会主义思想指引下——新时代新作为新篇章”“聚焦推动高质量发展赶超发展，努力开创昌乐经济社会发展新局面”“壮丽70年奋斗新时代”“担当作为、狠抓落实，扎实开展‘工作落实年’活动”“担当作为、狠抓落实”“聚焦聚力‘六个三’实现乡村振兴良好开局”“百日安全整治集中行动”“坚决守住安全底线，提高本质安全水平”“国家卫生县城迎审在行动”“脱贫攻坚进行时”“聚焦2019年民生实事”“探索乡村振兴‘昌乐实践’”“坚决打赢违法建设治理攻坚战”等专题专栏，对重点工作进行了专题报道。

【精心策划，不断完善内容】 “引导群众，服务民生”，2019年新开设《曲艺空间》栏目，以群众喜闻乐见的相声、小品等综艺节目为主，弘扬正能量、倡树新风尚。《生活小贴士》栏目，每天为听众提供各类生活小窍门、小常识，方便群众生活，提高生活品质。

【社区广播继续以“突出实用性、听众零距离”为宗旨，进一步贴近民生】 早上版《昌乐新闻》栏目，侧重时政及主题经验报道，午、晚版《昌乐新闻》侧重民生新闻播报。进一步充实《民意有声》《时尚生活》《社区新鲜事儿》《农广天地》《今日说法》等栏目，解答民生政策、传递生活常识、讲述农村社区新变化，倡树文明和谐新风，共建美丽幸福家园。

【结合县级广播电视台一级台要求，开设《音乐爆米花》《920晚高峰》等直播栏目】 以“倡导健康生活”为宗旨，关注大众身心健康，服务百姓生活，提高生活品质。此外，继续办好《谁执法 谁普法法治大讲堂》《健康要要要》等栏目，丰富电台内容，提高收听率和影响力，打造好舆论宣传平台。

【充分发挥“应急广播”作用】 2019年“利奇马”台风期间，依托“社区广播村村响”充分发挥“应急广播”反应迅速、信息发布及时、覆盖面广的优势，在保障人民群众生命财产安全方面发挥了重要作用。

【持续加大对外宣传力度，外宣工作再创佳绩】 广播电台制作中心全体人员，紧紧围绕县委、县政府中心工作，努力提高外宣稿件质量，外宣工作取得较好成绩。2019年，在中央人民广播电台发稿10篇；在省台发稿106篇，总分2100分，荣获全省广播宣传先进集体一等奖；在市台发稿得分2695分，位居县市区电台第一名，荣获潍坊广播宣传先进报道集体一等奖。

【严格落实各项规章制度，确保播出安全】 严格执行节目审听、上传及重播重审工作制度，每档节目必须经过编辑、主持人、值班主任“三级审查”，重播节目重新审查才能上传播出。落实直播间24小时值班制度和交接班制度，实现全天候值守，保证了电台节目正常安全播出。

（供稿人：张国民）

昌乐日报

【概况】 2019年，《昌乐日报》围绕县委、县政府重大决策部署，大力倡导“盯着干、快干、干好”工作作风，持续强化“担当、协同、高效”意识，加强新闻策划，打造精品力作，提高报纸质量，为全县高质量发展、赶超发展营造良好舆论氛围。全年编辑出版《昌乐日报》251期、1004个版面、500多万字。

【做好栏目定位，丰富版面内容】 围绕县委、县政府中心工作和阶段性重点工作，开设《聚焦推动高质量发展，努力开创昌乐经济社会发展新局面》《壮丽70年、奋斗新时代》《深入开展“不忘初心 牢记使命”主题教育》《国家卫生县城迎审在行动》《担当作为、狠抓落实》《探索乡村振兴“昌乐实践”》《“双招双引”百日会战进行时》等专栏，对全县重点工作进行深入细致的报道。尤其针对庆祝新中国成立70周年、“不忘初心、牢记使命”主题教育宣传、迎接国家卫生县城复审、国际宝石博览会、西甜瓜科技博览会、防御台风“利奇马”等重点工作进行了深入宣传报道。同时，开设《政策解读》《法治讲堂》《人社之窗》《教育专版》《安全生产常识宣传栏》《民声问答》等栏目，宣传普及党纪廉政、政策法规、法律法规、社会保险、看病就医等内容，更好地服务群众，收到良好宣传效果。

【发挥舆论导向，宣传重点工作】 围绕昌乐县党的建设、动能转换、乡村振兴、城市提升、民生改善、风险防控“六个高质量”，做深做透新闻宣传，全力打好防范化解重大风险攻坚战、精准脱贫攻坚战、污染防治攻坚战，以及首阳山区域拆违“清零”，“拿地即开工”审批模式的宣传报道，先后刊发深度报道、综合报道稿件100余篇，社论、评论员文章20多篇。

【扎实开展“不忘初心、牢记使命”主题教育宣传】 通过消息、通讯、评论员文章等形式，贯彻落实中央和省市县委部署要求，深入宣传党中央开展主题教育的重大意义、重要精神，及时反映全县主题教育进展成效、社会反响，为全县主题教育高质量开展营造良好舆论环境。8月10日至11日，受台风“利奇马”影响，昌乐县出现强降雨天气。为做好抗灾救灾宣传报道，《昌乐日报》开设《众志成城，防御‘利奇马’特别报道》专栏，宣传各级各部门、单位抗灾救灾工作开展及灾后重建、恢复生产等情况，报道涌现出的党员干部、群众先进典型，先后刊发抗灾救灾专题新闻60余篇、图片80余幅，县防指公告、天气预警预报、雨情水情、防台风工作动态、提示提醒信息、避险自救知识等，营造了良好的抗灾救灾舆论氛围。1月份，在县委宣传部主办“2018年昌乐县十大新闻”评选活动中，《昌乐日报》组织整理候选新闻，最终评选出“2018年昌乐县十大新闻”并予以公布。

【不断改革创新，扩大报纸影响】 整合中心力量，媒体资源共享。3月20日县融媒体中心正式挂牌成立后，中心建立采编分离、全媒体生产的运行机制，进一步融合报纸、电视、电台、网络新媒体四套“策采编发”新闻生产流程，形成了一体策划、一次采集、多元生成、多媒传播的融媒体新闻生产格局，实现了媒体资源共享、采编协同、多媒联动，进一步提高了报纸质量。

利用手机短信做好宣传工作。利用《山东手机报·昌乐版》覆盖面广、信息传送快的优势加强新闻宣传，让用户及时了解本地及国内、国际的新闻资讯。全年编辑发送251期，1000多条内容。

利用PC端、移动端做好数字报发布。9月份，《昌乐日报》更新数字报发布模式，上传方式更快捷，内容显示更清晰，阅读效果大大提高。在“今日昌乐”微信公众号发布报纸电子版的基础上，增加“爱昌乐”APP手机版阅读模式，让市民可以随时随地阅读《昌乐日报》，受到读者欢迎。先后完成《昌乐日报·两会特刊》62个版面、《昌乐日报·2019民生特刊》24个版面的编辑出版工作，全面展示昌乐县重点工作以及各部门单位等工作亮点。圆满完成《融媒改革进行时——昌乐县媒体融合改革发展概况》《昌乐积极创建省级健康促进示范县》等画册的编辑制作。承办“乐化杯”昌乐县庆祝改革开放40周年征文大赛，评选出一二三等奖。

（供稿人：张国民）

文化市场管理

【落实从严治党主体责任】 把学习贯彻习近平新时代中国特色社会主义思想和党的十九大精神贯穿工作始终，扎实开展“不忘初心、牢记使命”主题教育，成立了主题教育工作领导小组，制定了主题教育方案，召开了动员大会。按照全县统一部署，同步开展了单位中层以上读书班，原汁原味学习了《摘编》《纲要》《法规选编》和习近平总书记系列重要讲话精神，组织全体党员集体观看了《榜样3》《泰山挑山工》《王尽美》《淌水崖》《喜盈代村》等典型教育精品，开展“初心使命怎么践、争创一流怎么办、担当落实怎么干”大讨论。广大党员通过读原著、学原文、悟原理，做到深学深悟、常学常新，不断深化对党的理论创新成果的理解和把握，进一步提高了党员干部职工的政治理论修养。同时，不折不扣地贯彻落实县委从严治党的安排部署，始终把抓好党建工作作为推动文化执法工作根本保障，强化责任机制，抓班子带队伍，认真贯彻落实“一岗双责”“三重一大”“三会一课”等制度，上好党课，积极组织全体党员通过手机APP进行“学习强国”“灯塔大课堂”在线学习。结合支部生活日组织机关干部开展“双报到”活动，多次到包靠的社区开展义务清扫、扫黄打非进基层、社区法律法规宣传活动。

【落实党风廉政建设责任制】 层层签订党风廉政建设责任书，保证党风廉政责任制的落实。引导全体执法人员牢固树立有权就有责、有权就有义务的观念，不断适应新形势，创新新方式，用敢于担当的品德，锐意进取的精神，有条不紊地开展文化市场综合执法，采取多种措施，加强党员干部的思想建设、作风建设、能力建设、廉政建设，提高全体党员的政治素质、道德素质和法制观念，使全体党员具有强烈的事业心和责任感，建立自觉的法治思维习惯，锻造严谨踏实、团结向上务实的工作作风。

【“扫黄打非”工作】 为保证意识形态安全，与有关部门密切配合，开展专项行动，为昌乐县经济社会发展提供健康的文化氛围。一是深入推进“扫黄打非”工作。充分发挥“扫黄打非”体制机制优势，坚持打防并举、标本兼治、综合治理，坚决维护意识形态安全。认真开展“净网、清源、秋风、护苗、固边”专项行动，严查印刷企业五项制度落实情况，从源头上封堵政治性非法出版物流入昌乐县文化市场。扫除淫秽色情等有害出版物，打击侵权盗版出版物，查处和取缔非法报刊、流动书商书贩。认真开展校园周边文化环境整治工作，加强中小学教辅材料出版发行管理，确保昌乐县出版市场健康有序发展。同时，加大宣传力度，在全福元广场和故城社区开展多次普法宣传活动，增强市民法律意识。二是抓好“扫黄打非”示范点建设工作。根据上级要求，积极开展“扫黄打非”示范点建设工作，已在学校、书店、印刷企业等单位建立示范点10处，进一步提高基层线索发现和协助办案能力。三是出台《昌乐县党委（党组）“扫黄打非”工作责任制实施办法》。起草《实施办法征求意见稿》后，广泛征求有关单位意见，根据意见建议进行了修改完善，并以县“扫黄打非”领导小组的名义印发。

【文化市场建设】 为保障市场健康发展，采取重点检查、错时执法、拉网排查等措施，强化责任意识，突出重点打击，促进了行业健康发展。一是以安全生产大检查为重点，确保市场安全运营。先后开展多次安全生产专项检查，着重落实全县网吧和娱乐场所用电安全和消防安全相关措施，通过对网吧、歌舞娱乐等公众聚集场所的安全检查和及时隐患排查，进一步规范了文化市场的经营行为，2019年昌乐县文化市场没有发生一起安全事故。二是继续保持网吧、娱乐场所高压态势，净化市民文化休闲环境。为打击网吧、KTV接纳未成年人等违法经营和不文明经营行为，与公安等部门协调沟通，协同作战，继续实施已形成的有效的管理机制，2019年共约谈网吧、KTV经营者4人次。通过治理，网吧和娱乐场所经营秩序进一步规范，市民文化生活环境进一步净化。三是加强市场巡查，坚持依法行政。以规范和发展文化市场为目标，先后开展了四次较大规模的文化市场集中检查活动。1—3月底，开展了春季文化市场执法大检查专项行动；4月份，根据县委县政府的统一要求，开展网吧、娱乐场所等人员密集场所的专项整治；5-6月份，根据国家新闻出版局的暗访要求和建国70周年执法大检查部署，开展了对印刷复制业的专项整治。查处一起网上非法销售电子出版物案件；国庆节期间，在前期检查的基础上，又分行业、分区域对经营场所进行了拉网式执法检查，发现违规行为2处，对发现的违规行为责令限期整改。在连续开展的检查中，我们坚持对各类文化经营单位实行不定期检查，发现问题立即处理，把各类违法违规问题都消灭在萌芽状态，文化市场的经营秩序得到明显改善。四是联合执法，规范广播电视传播秩序。为保证全国卫生县城顺利复审和营造建国70周年良好氛围，加强广电传媒管理，规范广电传播秩序，按照县创城办和市支队统一部署，与宝都街道和广电网络昌乐分公司组成联合执法队伍，对城区内非法安装和使用地面卫星接收设施的行为进行严厉打击，重点检查了城区内61个小区，下达整改通知书121份，强制拆除地面卫星接收设施200多套，进一步规范了广电传播秩序，净化了荧屏声频。同时加大对破坏光缆的执法力度，对施工挖断光缆的4起案件当天立案、详细调查、合理处罚，确保了全县广播电视信号的顺利传输。

（供稿人：刘　雷）

旅　游

【重点涉旅项目开发建设】 根据市文化和旅游局《关于做好2019年重点旅游项目和重点旅游招商项目提报工作的通知》，以庵上湖、仙月湖等乡村旅游集群片区和白浪河生态旅游经济带建设为重点，邀请省市文化和旅游局领导专家策划指导时马山生态农庄、庵上湖红色田园课堂等项目开发建设。全年计划投资3.35亿元，实际完成投资3.408亿元，投资完成率为101.73%。争取城市园丁园艺项目纳入山东省重点文化旅游项目库并申请成为20个贴息奖补项目之一。

【A级景区村庄建设】 根据《潍坊市文化和旅游局关于做好2019年景区村庄创建和乡村旅游集群片区培育工作的通知》精神和2019年《政府工作报告》重点事项安排，通过实地察看分析，推动五图街道响水崖子村、高崖水库库区窝铺村按标准整改提升，积极申报国家2A级景区村庄。12月份，经市文化和旅游局验收，高崖水库库区窝铺村、五图街道响水崖子村分别被评为潍坊市3A级、2A级景区村庄。

【项目复核验收工作】 A级景区复核方面。组织全县7家A级景区进行了自查整改。8月下旬，配合东营市文化和旅游局对中国宝石城国家4A级旅游景区进行了复核；10月中旬，配合市文化和旅游局对全县6家3A级景区现场复核。到12月份，已按复核意见全部完成了问题整改。省级旅游度假区复核工作。配合首阳山旅游度假区积极开展工作，11月中旬，顺利通过市文化和旅游局初检。旅游厕所验收工作。11月下旬，昌乐县中国宝石城、红河城市园丁园艺综合体、营丘李成纪念馆、乔官五棵松田园综合体6处旅游厕所顺利通过市文化和旅游局验收，并获得旅游厕所奖补资金。

【整合开发特色线路产品】 与北京中科智景旅游规划设计院、潍坊271国际旅行社、山东五福农业科技有限公司、潍坊家园信息科技有限公司和相关学校多次对接研讨，依托昌乐县教育资源优势，围绕白浪河探源、悟空游学、黑脸小窝•U然自然教育、火山地质科普，整合开发昌乐研学游线路产品，开发特色线路产品，培育旅游新动能。目前，已初步形成包括蓝宝石博物馆、世代古典汽车博物馆、火山国家地质公园、时马山生态农庄、仙月湖在内的教育研学游线路产品。

【乡村旅游后备厢工程示范基地建设】 根据2019年《政府工作报告》事项安排，按照乡村旅游后备厢工程示范基地标准，筛选确定依托时马山生态农庄，推进打造乡村旅游后备厢工程示范基地。3-6月份，根据基地标准指导时马山生态农庄进行了整改提升，形成申报材料报市文化和旅游局转报，后因省文化和旅游厅不再对此项工作发文或授牌，时马山生态农庄申报山东省乡村旅游后备厢工程示范基地未成功。

【对外宣传工作】 节会宣传。配合举办了第八届姜太公文化节暨第二十九届桃花年会、中国（昌乐）西甜瓜博览会等节会活动，会同朱刘街道举办了第四届乡村旅游节和首届桂花文化旅游节。自媒体宣传。继续发挥自媒体在市场营销中的作用，2019年，通过微信公众号发布旅游动态160余条，总浏览量突破30万人次，进一步宣传了昌乐县特色旅游产品。积极参加行业活动宣传。组织县内涉旅企业特别是珠宝企业参加省、市开展的旅游商品展销、旅游商品创新设计大赛、旅游博览会等相关活动；争取省文化和旅游厅组织的山东优秀文化旅游产品网络媒体采风行来昌乐县采风宣传。

【优化旅游市场环境】 在坚持每周必查、随机抽查的基础上，组织进行了1次消防演练和安生生产培训、2次部门联合检查，确保旅游市场安全有序。张贴海报600余张、发放宣传册5000余份、组织50名志愿者，引导文明旅游、理性消费。扎实开展“双随机一公开”，市场随机抽查对象15家，无立案查处情况。完善旅游投诉处理机制，依法及时调处各类旅游投诉纠纷，确保旅游市场环境优良有序。全年旅游市场无安全生产事故、无重大旅游投诉案件。

【旅游项目规划建设】 根据市文化和旅游局《关于做好2019年重点旅游项目和重点旅游招商项目提报工作的通知》，昌乐县2019年共有8个续建、新建项目（续建项目4个：营丘镇太公樱园、鄌郚镇北鄌郚水库旅游度假区项目、时马山生态农庄、乔官镇莲花山农庄小镇项目；新建项目4个：朱刘街道峨山风景区、东庄田园综合体项目、五图街道庵上湖红色田园课堂项目、首阳山旅游度假区矿机康养小镇•采薇田园综合体）纳入全国旅游项目管理系统。全年计划投资3.35亿元，实际完成投资3.408亿元，投资完成率为101.73%.

【市场开发】 参与举办了第四届乡村旅游节等文化旅游节庆活动，通过微信公众号自媒体发布旅游动态160余条，组织县内涉旅企业特别是珠宝企业参加省、市开展的旅游商品展销、旅游商品创新设计大赛、旅游博览会等相关活动。7月份，协助北京萌行国际旅行社组织“探秘火山之谜、寻找化石遗迹”研学夏令营活动，开发形成昌乐县五晚六天的经典研学线路；2019年暑假计划成团；8月29日，邀请省内主流网络媒体、网络平台及自媒体达人一行20人，到昌乐县部分景区开展优质文化旅游产品网络媒体采风行活动。9月18日，由山东省旅行社协会会长王延辉带队开展的“庆祝中华人民共和国成立70周年山东省文化和旅游发展成果采风踏线活动”一行46人，来昌乐县中国宝石城、潍坊世代古典汽车博物馆、县非遗综合传习中心、五图街道庵上湖村实地考察。

【旅游品牌培育】 2019年7月，潍坊世代古典汽车博物馆被山东省科学技术协会命名为2019年度山东省科普教育基地。2019年，高崖水库库区窝铺村被评为潍坊市3A级景区村庄，五图街道响水崖子村被评为潍坊市2A级景区村庄。

【节庆活动】 1月31日，在高崖水库库区窝铺村举办“人文仙月湖 欢乐幸福年”活动；4月13日-14日，举办第八届姜太公文化节暨第二十九届桃花年会；4月30日，在潍坊世代古典汽车博物馆举行“2019昌乐第四届乡村旅游节暨朱刘街道东圈村首届桂花梦幻灯光节”启动仪式；5月15日-17日，参与举办2019中国（昌乐）西甜瓜科技博览会；9月25日，在朱刘街道世代古典汽车博物馆西院，举办昌乐县首届桂花文化旅游节；10月11日-14日，在国家4A级景区中国宝石城举办2019中国（昌乐）国际宝石博览会。

【名优特产】 **昌乐蓝宝石** 昌乐蓝宝石由1800万年前的火山喷发而形成。其原生矿体主要是碱性橄榄玄武岩。昌乐所产宝石有晶体颗粒大、晶体完整、颜色纯正、双色性强、纯净度高、裂絮少、特异宝石多、出成率高等特点。晶体多为六方双锥和板面的聚形，成腰鼓状和板状，粒度多在3-20毫米，已发现的最大晶体直径80毫米，重700多克拉。因各矿区玄武岩成分结构不尽相同，所产蓝宝石特点显示一定的差异。整体上可分为普通蓝宝石和特异蓝宝石两类。昌乐县蓝宝石储量丰富，含矿面积达450平方公里，是世界罕见的蓝宝石富矿区。探明总储量数10亿克拉，是国内已发现的最大蓝宝石矿。

昌乐西瓜 昌乐县西瓜年产量稳定在60万吨以上，产值达15亿元。1997年，鄌郚镇被命名为“中国无籽西瓜之乡”。2000年，尧沟镇（今属宝都街道）被命名为“中国西瓜第一镇”。昌乐西瓜1999年、2001年连续两届被评为中国国际农业博览会名牌产品。2008年，被认定为“全国地理标志农产品”。2010、2011年、2012年，连续三年品牌价值居中国农产品区域公用品牌价值排行榜西瓜品牌之首。2012年，被授予“海峡两岸食品博览会金奖产品”。被推选为全国“100个最具影响力中国农产品区域公用品牌”。2013年，获得第25届全国西甜瓜擂台赛中型西瓜综合组冠军，中国绿色食品畅销产品奖。2013年9月，“昌乐西瓜”成功注册为“国家地理标志证明商标”。2016年，昌乐西瓜被评为“全国百强名优果品区域公用品牌”“山东省十大知名农产品区域公用品牌”。

昌乐木鱼石 昌乐木鱼石形成于数千万年至上亿年前，富含偏硅酸、锶、钼、锂、镓、锌、硒等10多种元素。昌乐木鱼石具有空腔环带结构的铁泥质、铁锰质分泌体，形状大小不一，外表多呈土褐色、橙黄色、紫红色，内壁多呈土黄色，空腔内有的为液体，有的有核，成卵形或粉末状，用手摇动能发出响声，因此被人们称之为“会唱歌的石头”。木鱼石内核为环带结构的结核体，又分白、黄、赤、紫四色，被李时珍称为能治百病的“石中黄子”，收录在《本草纲目》中。木鱼石不仅具有药用保健作用，也是很好的收藏品。该石坚硬细腻，经打磨雕琢，可制成颇具观赏价值的工艺品。但因石质较脆，制作工艺独特，从取材到制成品，十者成一，所以世上流传极少，具有很高的观赏及收藏价值。

白塔芋头 仙月湖位于昌乐县西南端，是山东省一级水源保护地，是国家AAA级风景区、国家水利风景区，这里以其得天独厚的生态环境优势，大力培植和开发芋头种植特色产业。白塔芋头历史悠久，主产地是库区的白塔、窝铺等二十多个村，是高崖库区的传统主导产业，已有千年栽培历史，是江北地区上市最早、口感最好的有机芋头。与其他地方的芋头产品相比，个大、体圆、皮薄、肉嫩，滑中带面，香味醇厚，营养价值高，享誉海内外。培育和推广“白芋 1 号”等优良品种，实施标准化生产，芋头种植面积已达 1 万亩，年产鲜芋头 2 万吨，全年供应，畅销全国，出口美国、日本、韩国及东南亚国家和地区，蜚声海内外。

郿部吉他　郿部乐器产业发端于上世纪七十年代，40 多年历史，形成了以吉他生产为主的特色产业集群。2001 年成立昌乐县乐器行业协会，并于 2013 年被认定为山东省中小企业公共服务平台；2012 年又成立昌乐县乐器产业发展中心，2013 年依托该中心成立昌乐县郿部乐器创业园，于 2014 年被认定为潍坊市市级创业园、2015 年被认定为山东省省级创业园、2016 年被纳入山东省第二批智慧园区试点名单。郿部镇作为中国电声乐器的产业基地和山东省特色产业镇，目前乐器生产企业已达到 83 家，产品涵盖电吉他、木吉他、电贝司、萨克斯、音箱乐器配件等 8 大系列、400 多个花色品种，实现年产值 30 亿元人民币，产品远销韩国、德国、日本、英国、美国等，昌乐吉他名扬海内外。

火山小米　在昌乐县乔官镇远古火山群周围的郝家沟、姬家庄子、孙家沟、段家沟、响水、黑山子、南音等十几村庄，一直种植一种传统的驴缰绳谷子，用它碾出的小米，叫驴缰绳小米，因为此谷物是生长在火山灰之中，所以又称火山小米。昌乐火山小米种植总面积达 1 万余亩，年产小米 700 余万斤。此小米米粒大小均匀，色泽金黄光亮，做成了米粥绵甜喷香，细柔光滑，黏糊性强，属高脂肪优质类型。它还含有多种维生素、氨基酸及矿物质元素，是孕妇、产妇及病弱者不可缺少的营养佳品，是促进青少年健康生长的优良美食。2015 年 10 月“昌乐火山小米”成功注册国家地理标志证明商标。

【昌乐精品旅游线路】　乡村休闲游。第一天：五图街道庵上湖村→乔官镇土埠沟→高崖水库库区窝铺村；第二天：时马山生态农庄→乔官镇姬家庄子村→响水崖村→五图街道响水崖子村。

生态观光游。西湖公园→首阳山→桂河湿地公园→方山－九龙湖旅游区→仙月湖景区。

教育研学游。第一天：中国蓝宝石博物馆→潍坊世代古典汽车博物馆、汉代石刻博物馆→响水崖子非遗综合传习中心；第二天：五图街道庵上湖村→昌乐火山国家地质公园→乔官镇姬家庄子村；第三天：时马山生态农庄→仙月湖景区。

休闲探宝游。昌乐火山国家地质公园→乔官镇姬家庄子村→方山蓝宝石原生矿区→中国蓝宝石博物馆→中国宝石城。

2019 年旅游景区景点一览表

表 26

名称	等级	地址	电话
昌乐中国宝石城	4A 级	昌乐新城街 903 号 2 楼	6285001
西湖公园	3A 级	昌乐县宝昌路 222 号	6222372
桂河湿地公园	3A 级	昌乐县首阳山度假区内	6753106
白浪沙滩湿地公园	3A 级	昌乐县营丘镇政府驻地北 100 米	6921106
仙月湖景区	3A 级	昌乐县高崖水库库区	6691106
清水河公园	3A 级	昌乐县红河镇政府驻地北	6661106
庵上湖村景区	3A 级	昌乐县五图街道庵上湖村	6756789

2019年旅行社一览表

表 27

旅行社名称	成立时间	地址	电话
昌乐县宝都旅行社有限公司	2006 年 2 月	昌乐县文化路 879 号 2 号楼 11 商铺	6250006
潍坊华之旅旅行社有限公司	2003 年 7 月	昌乐县恒安街	6279122
昌乐龙腾旅行社有限公司	2012 年 3 月	昌乐县昌盛街 32 号 51 号楼 14 商铺	6256006
昌乐鼎悦旅行社有限公司	2016 年 3 月	昌乐县市场路 2278 号 14 号楼 05 商铺	6237928
潍坊春华旅行社有限公司	2017 年 8 月	昌乐县方山路 6887 号领仕郡 4 号楼 4 号商铺	6275003
昌乐宏鑫旅行社有限公司	2017 年 3 月	昌乐县洪阳街 1729 号新政花园 2 号楼 06 商铺	6233176

2019年星级饭店一览表

表 28

名称	星级	地址	电话
清林园大酒店	三星级	昌乐县昌盛街 2058 号	6256999

（供稿人：刘　涛）

卫生健康

卫生健康

医疗卫生

【概况】 2019年，全县卫生健康工作坚持以党的十九大精神和习近平新时代中国特色社会主义思想为指导，认真执行党中央的路线方针政策和省、市、县委的决策部署，围绕满足人民群众健康需求，准确把握卫生健康工作的时代特征，深化医疗卫生供给侧结构性改革，推动医疗资源优化配置，全方位、全周期保障人民健康，努力推动全县卫生健康事业实现高质量发展。先后被授予全国计划生育基层群众自治示范县、省级健康促进县；顺利通过国家卫生县城复审、全国基层中医药工作先进县复审；全省计生协工作座谈会、全市改善医疗服务行动推进现场会在昌乐县召开；《潍坊政务》刊发昌乐县改善医疗服务经验做法；昌乐县城乡居民基本医疗工作满意度测评成绩列全省137个县市区第三名；县卫健局机关党委被授予潍坊市先进党组织。

全县各级医疗卫生机构622家，包括医院17处，社区卫生服务中心1处，社区卫生服务站4处，镇卫生院（卫生院分院）14处，卫生室488处。卫生技术人员3947人，医护人员3364人，实有床位3823张。资产总值17.32亿元，房屋建筑面积38.46万平方米。全县总诊疗人次372.73万人次，出院病人14.08万人次。

【医药卫生体制改革】 2019年，继续深化医改重点任务攻坚，积极争取优质医疗资源下沉，促进基层医疗卫生机构服务水平提升。成立医共体办公室，印发《关于印发〈关于加快紧密型县域医疗卫生共同体建设的意见〉的通知》（乐医改字〔2019〕1号）文件，加快医共体建设，推动分级诊疗实施。12月份，完成省、市医改综合评估材料上报工作。县人民医院承接市门诊服务路径试点工作取得好评，迎接了全市改善医疗服务集中行动推进现场观摩活动。按季度完成医改数据监测上报工作，全年零差错。

5月29日，县委书记刘裕斌在县人民医院调研

【药品保障机制建设】 2019年，全面执行国家实施基本药物制度，进一步规范医疗卫生机构药品采购行为，

落实药品集中配送，公立医疗机构药品采购推行“两票制”，并将落实“两票制”纳入绩效考核。

严格公立医疗机构药品配备和使用政策。执行国家基本药物目录，按照基本药物“突出基本、防治必需、保障供应、优先使用、保证质量、降低负担”功能定位，各级各类公立医疗机构在制定药品处方集和用药目录时，首选国家基本药物，同时鼓励其他医疗机构配备使用基本药物。明确基本药物配备使用比例。结合我省实际和医疗机构功能定位和诊疗范围，确定我省三、二级和基层医疗机构基本药物配备使用品种比例分别不低于30%、40%、50%，且金额比例不低于30%、40%、60%。全县二级以上公立医疗机构配备药品458种，其中配备基本药物183种，基本药物占比达41.3%，常用药品占比45.2%。基层医疗卫生机构配备药品398种，其中配备国家基本药物318种，基本药物占比达73.36%。全年公立医疗机构药品采购总金额为16609.17万元，累计为群众节约医疗费用2491万元。

【基础建设】 2019年底，县人民医院新院区一期项目招投标完成。项目建筑面积57000平方米，其中地下二层、地上十一层，局部三层，预计2020年2月开工建设。主要建设急诊急救、体检中心、肾病中心、康复养老中心于一体的医疗楼，计划2021年7月投入使用。

【改善规范医疗服务】 2019年，制定印发了《医疗服务大整治、大提升、大回访、大宣传集中行动工作方案》《关于转发〈潍坊市进一步改善医疗服务60条措施（2019年）〉的通知》《昌乐县医疗卫生领域涉及民生问题专项整治方案》《昌乐县医疗乱象专项整治行动实施方案》等系列文件，进一步规范完善全县医疗服务。

5月24日，召开医疗卫生领域涉及民生问题和医疗乱象专项整治工作会议，全面安排部署专项整治活动。严厉打击医疗诈骗、虚假宣传、乱收费、骗保等损害人民群众切身利益的违法违规行为，整顿和规范医疗秩序，切实保障人民群众健康权益。

8月19日，召开全县改善医疗服务集中行动启动会议，进一步明确工作重点、任务、措施和要求，在全县各级各类医疗机构广泛开展以提升群众满意度为目的的集中行动，着力解决人民群众看病就医反映比较突出和长期解决不到位的医疗服务问题，努力为人民群众提供诊疗更加安全、就诊更加便利、沟通更加有效、体验更加舒适的医疗服务。

10月17日，全市改善医疗服务集中行动推进现场会议在昌乐县召开。市卫健委领导班子成员、有关科室负责人，各县市区、市属各开发区卫健局局长，全市二级及以上医疗机构（含民营）主要负责人，对昌乐县开展改善医疗服务集中行动工作进行观摩。

2019年昌乐县医疗卫生机构一览表（一级及以上）

表29

序号	性质	机构名称	机构类别	实有床位	医护人员数	地址
1	一、政府办医疗卫生机构	昌乐县人民医院（三级）	综合医院	1200	1085	昌乐县利民街278号、昌乐县新昌路1717号
2		昌乐县妇幼保健院（二级）	妇幼保健院	100	74	昌乐县英轩街3667号
3		昌乐县疾病预防控制中心	疾病控制中心	0	30	山东省昌乐县城孤山街155号
4		昌乐县妇幼保健计划生育服务中心	计划生育技术服务中心（站）	0	16	昌乐县昌大路与兴光街交叉路口
5		昌乐县皮肤病防治站	皮肤病防治所（站、中心）	0	9	昌乐县开发区江海街04号
6		昌乐县人民医院红河分院（二级）	综合医院	200	103	昌乐县红河镇政府驻地
7		潍坊市精神卫生中心昌乐医院(二级)	精神病医院	0	0	昌乐县城新昌路孤山后巷1号

续表 29

序号	性质	机构名称	机构类别	实有床位	医护人员数	地址
8	一、政府办医疗卫生机构	昌乐县人民医院老年病医院（二级）	其他专科医院	95	65	昌乐县孤山街 203 号
9		昌乐县宝都街道社区卫生服务中心	社区卫生服务中心	50	46	昌乐县城永康路中段西侧
10		昌乐县营丘中心卫生院	中心卫生院	60	37	昌乐县营丘镇 5 号
11		昌乐县鄌郚中心卫生院	中心卫生院	160	103	昌乐县鄌郚镇政府驻地
12		昌乐县乔官中心卫生院	中心卫生院	86	73	昌乐县乔官镇政府驻地
13		昌乐县白塔卫生院	乡卫生院	37	14	昌乐县白塔镇政府驻地
14		昌乐县营丘中心卫生院阿陀分院	乡卫生院	28	30	昌乐县营丘镇阿陀村
15		昌乐县乔官中心卫生院北岩分院	乡卫生院	50	35	昌乐县乔官镇北岩村
16		昌乐县朱刘街道卫生院	乡卫生院	40	20	昌乐县朱刘街道办事处驻地
17		昌乐县红河镇卫生院	乡卫生院	20	16	昌乐县红河镇政府驻地
18		昌乐县红河镇卫生院朱汉分院	乡卫生院	28	20	昌乐县红河镇朱汉村
19		昌乐县鄌郚中心卫生院高崖分院	乡卫生院	49	18	昌乐县鄌郚镇漳河村
20		昌乐县宝城街道卫生院	乡卫生院	50	44	昌乐县宝都街道尧沟社区
21		昌乐县营丘中心卫生院崔家庄分院	乡卫生院	19	13	昌乐县营丘镇崔家庄村
22		昌乐县五图街道卫生院马山分院	乡卫生院	45	31	昌乐县五图街道曹家庙社区
23		昌乐县五图街道卫生院	乡卫生院	50	38	昌乐县五图街道办事处驻地
1	二、非政府办医疗卫生机构	昌乐中医院（三级）	中医（综合）医院	700	560	昌乐县城恒安街 323 号
2		昌乐爱杰口腔医院（二级）	口腔医院	15	33	潍坊市昌乐县孤山街 337 号
3		昌乐新城医院	综合医院	30	23	昌乐县经济开发区方山路 3795 号 5 号楼 05 商铺
4		昌乐宝城医院	综合医院	82	56	昌乐县城南街道办事处新昌路 3 号
5		昌乐济德医院	综合医院	50	24	昌乐县朱刘街道办事处驻地
6		昌乐县立医院	综合医院	136	119	昌乐县城利民街 390 号
7		昌乐西湖医院	综合医院	50	46	昌乐县宝昌路 2910 号钱塘府小区 7 号楼 01 号商铺
8		昌乐昌盛医院	综合医院	99	48	昌乐县昌盛花园
9		昌乐三〇九医院	综合医院	40	17	昌乐县城宝昌路与 309 国道交叉路口东南角
10		昌乐新昌医院	综合医院	40	21	昌乐县站前街 386 号 8 号楼
11		昌乐石大医院	综合医院	60	23	昌乐县城方山路与利民街交叉路口东南角
12		昌乐东方医院	综合医院	50	30	昌乐县红河镇大宅科社区
13		昌乐康乐园老年护理院	护理院	100	35	昌乐县恒安街 323 号

【医疗管理服务】 2019 年，以“双命名双提升双满意”活动和乡镇卫生院评价工作为抓手，持续提升医疗质量，让人民群众满意、让医务人员满意。在全县开展优质服务基层行和乡镇卫生院评价工作，鄌郚中心卫生院被市卫健委授予潍坊市首批甲等乡镇卫生院。鄌郚中心卫生院、乔官中心卫生院、五图街道卫生院、宝都街道社区卫生服务中心通过验收达到优质服务基层行标准。鄌郚中心卫生院达

2019 年 3 月 28 日下午，县人民医院召开昌乐县胸痛中心建设启动会，县人民医院胸疼中心成立

到优质服务基层行推荐标准，受到国家卫健委通报表扬。市级评审专家对乔官中心卫生院、五图街道卫生院甲等乡镇卫生院评价工作进行初评。县人民医院被省卫健委授予省级优质服务单位，县人民医院脑卒中中心被国家脑防委授予国家高级卒中中心建设单位，成为潍坊市首批国家高级卒中中心建设单位。县人民医院胸痛中心顺利通过中国胸痛中心标准版认证，被授予中国胸痛中心。县人民医院肿瘤科被市卫健委授予潍坊市癌痛规范化治疗示范病房。县人民医院中医科、中医院心血管病科被市卫健委授予潍坊市第六批市级重点中医专科（专病）。

【提升医疗服务水平】 2019 年，确定为“基层卫生院发展突破年”。 开展医疗机构对口支援、专家医师到基层服务，县人民医院、中医院与县内所有卫生院分别建立城乡对口支援关系，76 名业务骨干到基层服务；鄌郚、营丘、乔官中心卫生院分别与潍坊市中医院、市人民医院、市妇保院结成帮扶支援关系，营丘、宝都、五图卫生院分别与三级医院建立医联体医院。选派优秀卫生人才到基层卫生院挂职副院长或担任业务院长，年内选派两名挂职副院长和三名业务院长到基层任职。

突出抓好上引下联和突破发展。开展“昌乐名医家乡行”活动，邀请北京、上海等地的 100 多名昌乐籍名医“回家”坐诊、带教，并建立 4 个名医工作室。6 月 2 日，北京长信医疗团队昌盛医院疼痛康复专科联盟营丘示范基地启动。9 月 8 日，宝都街道社区卫生服务中心与山东省第一医科大学附属内分泌与代谢病医院建成医联体医院，挂牌“山东省糖尿病专科联盟医联体协作医院”。10 月 25 日，昌乐县五图街道卫生院、马山分院“山东中医药大学第二附属医院医联体医院”揭牌启动。11 月 2 日，北京长信医生集团大型义诊暨中医治疗痛风、糖尿病项目在昌乐县启动。

【培训和竞赛】 1 月 11 日，组织召开全县流感医疗救治和抗菌药物培训，邀请县人民医院专家就流感医疗救治、抗菌药物临床应用、一氧化碳中毒救治技能等进行了专题培训，进一步规范服务行为。7 月 20 日，举办了全县放射工作人员培训班，邀请潍坊医学院 4 位专家从超声、DR\CT 胸片、常见病影像诊查及放射防护等 4 个方面，以教学案例为主、辅以必要基础理论结合，对全县 274 名放射工作人员，分两期进行专题培训。5 月 12 日国际护士节期间，举办昌乐县护理技能竞赛活动，对获得一、二、三等奖和优秀奖的个人给予表彰。8 月 30 日，与县总工会联合举办昌乐县临床检验技能大赛，对获得一、二、三等奖和优秀奖的个人给予表彰。通过开展系列培训、技能竞赛和“比武练兵”活动，提升医护人员的能力和水平。

【公共卫生服务】 2019 年，全县承担基本公共卫生服务项目的基层医疗机构有社区卫生服务中心 1 处，卫生院（含县立医院）15 处，社区卫生服务站 2 处，村卫生室 319 处，民营医院 2 处，基本公共卫生服务覆盖率 100%，人均基本公共卫生服务项目经费补助标准由 55 元提高到 69 元。全县建立居民电子健康档案 50.3 万份，新生儿访视 5126 人，产

开展健康促进行动推动"健康昌乐"建设

后访视5047人，管理0-6岁儿童4.14万人，65岁及以上老年人6.61万人，高血压患者5.2万人，2型糖尿病患者1.8万人，规范管理严重精神障碍患者2689人，各项工作均完成上级指标。在市卫生健康委、市财政局组织的2019年度国家基本公共卫生服务项目工作绩效考核中，昌乐县总成绩位列全市第二名。

【健康扶贫】 创新实施"三师共管、四化同建"慢性病患者精准服务模式，并在红河镇先行试点，然后全面铺开，着力解决慢性病患者，特别是贫困人口慢性病患者就医用药问题。全年建档立卡贫困人口门诊人次数为4221人次，住院人次数为3716人次，各种费用减免累计58.5万余元。全年完成送医4156人次，送药127人次。8月2日，潍坊市市长田庆盈到昌乐检查指导扶贫工作，对昌乐县健康扶贫做法给予充分肯定和高度评价；9月25日，省卫健委党组书记、主任袭燕来昌乐调研卫生健康及省卫健委服务基层联系点工作开展情况，对昌乐县开展慢性病精准服务（送医送药）工作给予高度评价。

【家庭医生签约服务】 2019年，各基层医疗卫生机构按照每个家庭医生团队配备1名家庭医生、1名护士、1名公共卫生医师的标准，组建家庭医生签约服务团队312个，在签约实施过程中，坚持"自愿与引导相结合、门诊与上门相结合、家庭和个体相结合、基础服务与个性化服务相结合、村医服务与团队服务相结合"的原则，坚持"在服务中签约，在签约中服务"，建立起服务团队和群众之间和谐稳定的服务关系。全年家庭医生签约服务2.0版共计签约24.8万人，占总人口38.76%；重点人群签约17.3万人，占重点人群总数的70.82%；65岁及以上老年人总数为9.6万人，已签约7.0万人，签约覆盖率72.9%。

开展精准扶贫送健康义诊服务

【中医药】 提升基层中医药服务能力。全力迎接全国基层中医药工作先进单位复审，印发《昌乐县卫生健康系统迎接全国基层中医药工作先进单位复审实施方案》，连续多次召开复审调度会推动迎审工作，7月25-26日顺利迎接并通过专家组评审。10月24日，召开昌乐县"全民艾健康"行动计划启动仪式，全县8个镇（街区）的40个市级示范点、9个县级示范点、114名艾灸技术指导员、25名县级宣讲团成员参与到活动中，示范点的艾灸知晓率达到91.8%，使用率达到59.1%。积极开展中草药种植，鄌郚镇中医药健康旅游小镇、高崖水库库区中医药健康旅游小镇、营丘中医药特色小镇、潍坊绿金杜仲示范园（鄌郚）4处纳入建设名单。8月21日、22日分别迎接省、市中药饮片专项检查，进一步规范了中医医疗机构中药饮片的采购、验收行为。10月18日迎接全市中医综合评审，县人民医院中医科、县中医院心血管病科纳入全市第六批中医专科建设达标单位。五图街道卫生院等4处卫生院，营丘镇高家楼村卫生室等6处村卫生室纳入全市第四批中医药特色村卫生室验收合格名单；确定朱刘街道圈子村卫生室等11处村卫生室为首批全县中医药特色村卫生室验收合格单位，进一步发挥了示范带动作用。经潍坊市卫健委批准，10月份，昌乐县中医院更名为昌乐中医院；12月份，昌乐中医院级别由二级变更为三级。

中医药文化与科研。8月8日，在西湖公园门口举办"中医中药中国行—中医药健康文化"大型主题活动。9月28日至10月4日，开展以"弘扬传统医学，助力健康昌乐"为主题的"中医药周"系列活动，营造了全社会更加关心支持中医药事业发展的良好氛围。全年共申报省级科研项目1个、市级科研项目5个。

中医药人才培养。9月10日，组织中医经典、中医适宜技术、中医护理、中药鉴别等四项竞赛活动；8-11月，组织开展中医药适宜技术培训活动，邀请山东中医药高等专科学校、北京长信医疗集团中医专家、北京汉章针刀医学研究院、县中医院专家，开展系列专题、专门培训。10月，潍坊市卫健委公布第二批"潍坊市名老中医"、第三批"潍坊市名中医"和"潍坊市基层名中医"名单，昌乐县1人获评市级"名老中医"，1人获评市级"名中医"，5人获评市级"基层名中医"。12月，评选9名县级基层名中医；积极组织参加市级中医"师带徒"项目，4名指导老师确定为第一批项目优秀指导老师，6名指导老师、12名跟师人员通过纳入第二批项目名单，培养了一批业务素质和技术水平高的实用型人才。

【医养结合】 2019年，持续推进全县医养结合示范创建工作，积极构建覆盖城乡、布局合理、功能齐全的智慧化健康养老服务体系。6月份，印发《昌乐县医养健康产业发展规划（2018—2022年）》，确立医养健康"三区两轴一线"产业布局，推动医疗、养老、养生、文化、旅游、体育等多业态深度融合发展，扩大医养健康产品供给，完善全方位、全周期医养健康产业链条，努力把医养健康产业培育成为全县新的经济增长点。

【医疗卫生监督】 2019年，共检查辖区内医疗机构612处，上报国家卫生健康监督信息管理平台监督信息3650条，检查一级以上医疗机构及门诊部、个体诊所、厂矿企事业卫生室等119家，完成国家双随机检查任务20家，检查发现违法问题并立案处罚29处。对全县612家医疗机构进行不良执业记分检查，下发监督意见书612份，对发现问题提出整改措施并督促落实。在全县范围内开展打击非法行医专项治理行动，对无证行医全部予以坚决取缔，拆除标识标牌、没收药品器械，并依法进行行政处罚，全年共立案处罚卫生行政处罚案件89件，结案84件，罚没款14.855万元。

全面加强各类专业监督检查。在全县各级各类医疗卫生机构中，深入开展医疗废物处置专项检查、传染病综合评价自查检查、预防接种单位疫苗专项监督检查、健康体检机构依法执业专项检查、打击非法医疗美容专项监督检查、医疗机构突出问题全面排查整治工作检查、医疗市场整治情况暗访督查、村卫生室依法执业情况抽查等多项监督检查，促进了全县医疗市场规范执业。

【无偿献血】 印发《关于启动应急爱心血库的通知》（乐献办发〔2019〕1号），组织全县500人参加了无偿献血。

（供稿人：刘学坤）

人口计生

【概况】 2019年，全县深入贯彻落实党中央、国务院和省、市党委政府关于改革完善计划生育服务管理的决策部署，强化主体责任，夯实基层基础，坚持依法行政，完善管理服务体制，加快计划生育转型发展，促进全县人口长期均衡发展。

【人口】 年末全县总人口 641150人，已婚育龄妇女人数102299人，全年出生人口7640人，同比减少1160人，其中一孩2248人、二孩4790人；符合政策生育7200人，符合政策生育率94.2%，同比下降1.4个百分点；人口出生率11.9‰，死亡率7.9‰，人口自然增长率4.1‰，出生人口性别比105.2，各项指标运行平稳。

【计划生育】 坚持目标责任管理。持续落实昌乐县《2018-2020年度计划生育目标管理责任书》，将人口与计划生育考核工作纳入对镇（街、区）科学发展综合考核，把计划生育工作纳入县委县政府重大事项督查范围。建立计划生育主要考核指标季度通报制度，每季度对计划生育主要指标进行考核排名，通报到各镇（街、区）五职责任人。坚持对任意一项指标连续两个季度位列全县最后一名的镇（街、区），纳入全县计划生育重点关注单位，并向县人口计生领导小组办公室说明原因。季度通报结果纳入年终对各镇（街、区）人口目标管理责任书考核成绩。

财政保障。全年卫生和计划生育事业财政投入达到20124.31万元。落实法定优先优惠政策，农村育龄妇女享受到“四术”免费服务的财政支出137.22万元；享受农村部分计划生育家庭奖励扶助对象5350人、计划生育家庭特别扶助317人，奖励扶助项目财政支出741.14万元。

“一票否决”制。对文明单位、“两代表一委员”、劳动模范、先进工作者等68个单位、704名个人的计划生育情况进行审核，否决个人7名。

深化服务管理改革。简化群众办事流程，推行首接负责制、个人承诺制，落实“一站式服务”，开设便民服务绿色通道，让群众不出社区就能完成一孩、二孩生育登记和再生育证的审批服务。全面公开生育登记的依据、条件、程序、时限、需要提交的材料和服务承诺等信息，接受群众监督，方便群众办事。全年共办理一孩生育登记2089例、二孩生育登记3589例、再生育审批144例，办理生育服务登记5678人，生育服务登记覆盖率达99.8%，再生育审批办证率100%。持续做好流动人口健康教育和促进工作，不断提升流动人群的健康获得感和幸福指数。落实流动人口基本公共卫生计生服务均等化服务工作。加强区域协作，实现卫生计生信息共享，实时监控流动人口信息，逐步实现属地化管理。

依法管理。对婚育状况证明、流引产鉴定证明、病残儿鉴定、再生育证审批等重点事项严格把关，对审批中发现的问题及时移交卫生综合执法大队立案调查处理。规范执法行为，严厉打击私自鉴定胎儿性别和非法终止妊娠行为，加大B超执机人员管理及终止妊娠药品市场的清理和“两非（非法鉴定胎儿性别、非法选择胎儿性别终止妊娠）”案件的查处力度，全年共查处“两非”案件2件，罚款35000元。加大对违法生育人员依法处理力度，对有能力但拒不缴纳社会抚养费的违法生育户，依法申请人民法院强制执行，全县违法生育453户，全年申请法院对75户违法生育户进行了强制征收，征收社会抚养费306.5万元。

【计划生育协会】 推进计生协会工作品牌建设。2月，全省“微笑一生”农村贫困唇腭裂患者专项救治公益活动筛查启动仪式在县人民医院举行；3

月，昌乐县以《动员全社会力量，打造三化帮扶模式，确保计生特殊家庭小康路上不掉队》为题，在中国计生协计生特殊家庭帮扶工作部署推进会（宁波）上作书面典型发言。全市计生协会工作暨人口关爱基金（西片）座谈会在昌乐县召开；7月，中国人口福利基金会联合达能纽迪希亚“幸福微笑—婴幼儿营养补充”项目捐赠活动在昌乐县举行。

计生特殊家庭帮扶救助。持续开展“社会化、个性化、常态化”三化模式帮扶救助计生特殊家庭。为新增失独家庭发放一次性抚慰金10.5万元，出资31.51万元对297户计生困难家庭进行帮扶救助。全面完成失独家庭的住院护理补贴和医疗补助工作，出资7.65万元对年满49周岁以上的198名失独家庭成员和57名独生子女伤残三级以上家庭父母，每人投保300元参保失独家庭住院护理补贴保险。

青春健康教育。完善青春健康教育师资队伍，成立了青春健康工作专业指导小组，并积极参加省、市师资培训认证。3月份，2名老师被聘为潍坊市青春健康教育师，为全县下一步工作开展奠定了良好的基础；4月份，规范完善了鄌郚镇青春健康俱乐部，积极申报潍坊市青春健康教育基地，开展成长之道、同伴教育等活动20余场。

“计生协会+健康”。将“计生协会+健康”工作纳入全县对计生站的绩效考核，全面落实“1231”工作措施，积极开展家庭健康素养促进和优生优育促进活动。6月份，联合爱心企业潍坊绿金杜仲公司，开展计生特殊家庭“送健康”活动。由企业捐赠价值约30万元的健康养生产品，给失眠、便秘、“三高”、免疫力低下的计生特殊家庭使用，惠及全县260户计生特殊家庭。村健康协管员积极参与“两癌”筛查、免费孕前优生健康检查、禁烟禁毒宣传等健康教育活动。印制发放宣传材料1.3万份，举办健康教育大讲堂1场，健康知识讲座9场，举办“健康昌乐·协会同行”义诊活动6次。

暖心家园项目。4月成功申报中国计生协暖心家园项目，是潍坊市唯一项目单位，中国计生协拨付10万元项目经费给予支持。项目服务人群主要是失独者，围绕失独家庭需求开展经常性集体活动，帮助失独人员走出家门、走进家园。项目点设在五图街道卫生院，覆盖城区三街两区的失独家庭50户、86人。组织开展心灵茶话会、养生健康知识讲座、团体心理辅导、集体生日会、老年人防诈骗技能培训、康复治疗服务、秋游采摘、聚餐等活动26期次，计生特殊家庭成员参与1000余人次，受到了广大计生特殊家庭的欢迎。

基层群众自治。创新实施“支部领治、协商共治、互助自治、教化促治”工作机制。5月，省计生协受中国计生协委托，对昌乐县开展中国计生协计生基层群众自治示范县项目进行评估验收，基本实现了项目预期目标。8月份，被中国计生协确认为中国计生协第四批计生基层群众自治示范县并授牌，为全省唯一获此殊荣县（市、区）。

（供稿人：刘学坤）

爱国卫生运动

【概况】 2019年，爱国卫生工作深入贯彻落实全国卫生与健康大会精神和《“健康中国2030”规划纲要》要求，重点开展国家卫生县城复审、健康城镇试点、卫生创建、医疗卫生机构厕所整洁专项行动等工作，持续开展“爱国卫生月”活动，统筹协调，狠抓落实，推进爱国卫生工作的全面开展。

【国家卫生县城复审】 根据国家、省市卫生县城复审的工作要求，县委、县政府强力部署迎审工作，成立昌乐县迎接国家卫生县城复审工作领导小组办公室，制定印发《昌乐县迎接国家卫生县城复审工作实施方案》，并召开迎审工作会议。组织各街（区）、部门、单位对农贸城、宝石二街农贸市场、东山便民市场进行提升改造；对城区道路、人行道、公共厕所、绿化带等项目进行整修规范；对食品“三小”、公共场所“四小”及“小网吧”等公共场所进行规范提升；对城中村、居民小区进行治理；对乱贴乱画、乱停乱放等“十乱”进行专项治理。并落实主管部门和属地责任，建立《国家卫生县城建设重点部门长效工作机制》《重点区域长效工作机制》《41

个无人管理小区长效工作机制》等卫生县城长效管理机制，巩固国家卫生县城创建成果。10月10日，山东省爱卫会下发《关于反馈潍坊市昌乐县红河镇、昌乐县巩固国家卫生乡镇（县城）工作情况暗访结果的函》（鲁爱卫办函〔2019〕54号），明确昌乐县通过国家卫生县城复审暗访。

【健康县城试点】 根据《昌乐县关于健康县城健康村镇建设实施意见》（乐政办字〔2017〕58号），围绕构建健康的环境、社会、服务、人群、文化“五位一体”的健康县城框架体系，持续实施健康县城“健康素养提升行动、医疗服务提升行动、环境卫生提升行动、“食安昌乐”提升行动、公共安全保障提升行动、全民健身提升行动、民生保障提升行动”和健康村镇“改善农村基础设施行动、加强农村改水改厕行动、深入开展城乡环卫一体化行动、加强农村医疗卫生服务行动、提高群众文明卫生素质行动”的“7+5”行动计划。开展健康场所“健康细胞”建设，探索完善工作机制，在社区、企业、机关、学校、医院中选出单位进行重点打造，充分发挥示范引领作用，推动健康县城建设。

4月24-25日，在省卫健委、山东大学组织的山东省健康城镇建设情况评估工作中，昌乐县健康县城试点工作受到评估专家的充分肯定。

【“爱国卫生月”活动】 2019年4月份是第31个“爱国卫生月”，全县开展以“共推‘厕所革命’共促卫生健康”为主题的活动，通过广播、电视、制作宣传栏、悬挂横幅、发放宣传单等形式，广泛进行爱国卫生月的主题宣传活动。

【医疗卫生机构厕所整洁行动】 根据国家卫健委办公厅、国家中医药局办公室联合下发《关于开展医疗卫生机构厕所整洁专项行动的通知》（国卫办规划函〔2019〕295号）和省、市工作要求，制定《昌乐县医疗卫生机构厕所整洁专项行动方案（2019-2020年）》（乐卫健字〔2019〕91号），召开专题会议进行安排部署，全县医疗卫生机构厕所整洁专项行动有序开展，取得显著效果。

【卫生创建】 2019年，宝城街道、五图街道创建为省级卫生乡镇；五图街道庵上湖村、大解召村，红河镇贾家成官村、上皂户村、韩家集子村等64个村创建为省级卫生村；昌乐县宝都街道办事处、实验中学、宝城街道卫生院、鄌郚镇幼儿园、营丘镇幼儿园、营丘镇阿陀小学等10个单位创建为省级卫生先进单位。

（供稿人：刘振宇）

疾病预防控制

【概况】 2019年，全县疾病预防控制工作始终坚持“预防为主、防治结合”方针，职能部门认真履职，积极作为，全面做实做好疾病预防控制工作，达到“确保不发生重大传染病暴发流行”目标，在“利奇马”台风暴雨后，再次实现“大灾之后无疫情”。县疾控中心于10月份搬迁新址办公，办公面积、实验室设置均达到国家标准要求，先后荣获全省病毒性腹泻监测工作先进集体、全省寄生虫病防治工作先进集体、《山东结核病控制》报刊县级优秀组织单位，潍坊市结核病防治先进单位，顺利通过国家卫生县城、省级慢病示范区的复审，成功创建为山东省健康促进县。

【免疫预防接种】 全县接种工作稳中推进，接种率水平不断提升，取得多项重大免疫规划工作成果。一是保持较高水平疫苗接种率，有效预防和控制疫苗针对传染病的暴发。16处接种门诊报告国家免疫规划疫苗接种18.77万剂次，非免疫规划疫苗接种9.97万剂次。全县2-3岁儿童国家免疫规划“八苗”全程、及时接种率92.90%，超出潍坊市卫健委指定的90.0%目标值，在全市八县市中名列前茅。二是将1岁儿童免费接种水痘疫苗纳入政府民生实事，政府买单为适龄儿童免费接种，赢得群众良好口碑。4月，县卫健局与县财政局联合印发《昌乐县1岁儿童免费接种水痘疫苗项目实施方案》，市县两级财政配套资金119.97万元全部到位，为免费接种水痘疫苗提供了财力支持。年内满1岁儿童应种5772人，完成接种5359人，接种率92.84%，超出90%的目标要求。三是获得市级团体表彰殊荣。潍坊市免疫规划工作综合考核中，昌乐县顺利通过“潍坊市免疫预防规范区”验收，市卫健委再次授予昌乐县“潍坊市免疫预防规范区”荣誉称号。潍坊市组织的全省基层预防接种工作岗位技能复赛中，昌乐县参赛队伍取得团体三等奖的良好成绩。

【传染病防治】 *重点传染病有效控制*。一是继续加强传染病监测、报告、处置工作。全年报告1例不明原因肺炎病例、1例输入性疟疾病例，均按要求进行了采样和规范处置。报告手足口病263例，规范处置66例，标本采集上送66份，发生聚集性疫情6起，规范化处置6起；腹泻病门诊登记腹泻病例人347人次，快检51人，未发现霍乱弧菌；共报告布病病例9例，均进行了流调处置，检测布鲁氏菌病血清18份，其中阳性血清4份。报告出血热病例14例，调查处置率100%；共进行“三热”病人血检462人，复核55人，未发现疟疾及疟疾疑似病例，完成以县为单位不少于总人口数0.5‰的血检工作任务。二是做好疫情数据分析利用。全年共出疫情简报13期；及时处理预警信息，共收到国家疾控中心传染病自动预警161条，均立刻做出反应，在规定时间内进行了调查核实、处理，规范处理率100%。三是开展70周岁以上老年人免费接种四价流感疫苗民生实事。县政府自2019年起，将70周岁以上老年人免费接种四价流感疫苗项目列入民生实事。4月10日，县卫健局联合县财政局印发《昌乐县70岁以上老年人免费接种四价流感疫苗项目实施方案》，4月上旬完成符合条件老年人摸底，共计53156人，6月份，确定华兰生物疫苗有限公司生产的四价流感病毒裂解疫苗为项目使用疫苗。10月1日起，全县各接种门诊开始免费接种。四是进行狂犬病暴露处置门诊复核换证。9月份，对全县19处狂犬病暴露处置门诊进行复核验收，10月1日全部完成门诊及工作人员换证工作。

冷链设备管理。县疾控中心搬至新址后，为全面加强疫苗冷链设备硬件、软件建设，有力保障疫苗效价和储存安全。一是新建高标准疫苗冷风库2个，库容量由原来的40立方米增加至70立方米，真正实现免疫规划疫苗、非免疫规划疫苗完全分开、按要求规范储存。二是为疫苗冷风库安装冷链温湿度监测监控系统，并实现双压缩机、双路电源，做到“双保险”，确保疫苗储存温度恒定在规定温度范围。同时实现了温度超温、断电自动报警，自动发短信到相关人员手机报警，保证了及时发现、及时处理异常情况。

艾滋病防治。全县建立4个艾滋病筛查实验室、14处艾滋病检测点和3个艾滋病自愿咨询检测点。全年共检测各类人群3.76万人，其中羁押人员1368人，自愿咨询检测970人，其他人群3.53万人，共检出HIV感染待确定16例，其中7例为既往阳性感染者，其余9例经潍坊市疾控中心确认为HIV抗体阳性，均按有关要求及时进行了疫情报告和相关的调查处理。按照“五进”要求，积极开展了艾滋病防治知识的宣传活动。对全县初中以上17所学校，新制作艾滋病防治宣传展板78块并长期存放于学校，提升了学生的艾滋病防治知识知晓率。对城区内的KTV、洗浴、按摩店、足浴店等娱乐场所进行艾滋病防治宣传教育，及时发放《艾滋病防治条例》、艾滋病防治宣传手册、艾滋病防治知识小手册、宣传单、宣传折页、安全套等，全年共计干预公共场所769家次，干预高危行为人员4592人次，检测3560人次。对现有的57名感染者和病人全部随访干预管理，感染者和病人随访率、CD4检测率均达到100%。

结核病防治。对发现的肺结核病人、可疑肺结核病人及时转诊到县人民医院进行确诊登记和治疗。县疾控中心定期对归口管理工作进行检查，切实把肺结核病人的归口管理工作落到实处。按照《规划指南》的要求，确诊肺结核和疑似肺结核痰涂片免费、胸片部分减免，对确认肺结核全部给予免费抗结核药物治疗。为确保每个肺结核病患者都能得到规范治疗，在收到结核病患者通知单后，72小时

内入户随访，进一步提高了患者管理水平，使传染性肺结核病患者的规则治疗率达到95%以上。

“3.24世界防治结核病日”，全县各医疗单位通过悬挂宣传横幅，设置结核病防治宣传牌，张贴宣传画，发放宣传材料等形式，积极开展结核病防治知识和政策的宣传。县疾病预防控制中心在昌乐县英才学校开展了以“构建无结核病和谐校园”为主题的宣传活动。全县共设立宣传点19个，发放各类宣传材料21100余份。县电视台进行了现场采访，并在《我们家园》节目中进行了报道。

加强学校结核病防控工作。对全县128所幼儿园、37所小学、8所初中、6所高中、3所特殊教育学校，进行了2次督导，提高了全体师生防病意识，进一步提升学校结核病防控能力。

【慢性病防治】 巩固省级慢病综合防控示范区工作成果，开展慢性病疾病负担现场调查。2月份，采取多阶段分层整群抽样方法，对宝都、营丘、红河三个镇（街），7个卫生院、32个村庄，共计3144人开展现场调查，分析居民慢性疾病负担状况及慢性病主要危险因素，掌握重点慢性病疾病负担状况。严格按调查方案的要求，认真负责地组织好调查工作，确保调查质量和数据的准确性，受到上级专家组的充分肯定。

以主题日宣传为契机，县疾控中心牵头组织，加大对肿瘤、高血压、糖尿病、脑卒中、健康生活方式等各类慢病核心信息宣传教育力度和广度，提高健康知识知晓率，倡导健康生活方式。制作的西湖社区健康主题活动“微视频”入围省级评选；积极参加省组织的减重大赛，获得团体组织奖和个人优秀奖；疾控中心会同体育局、旅游局等组织昌乐县第九届全民健身运动会健步行活动暨第四届职业人群健步走激励大赛。

认真搞好死因、慢性病监测的报告审核，加大对各卫生院、县直医疗单位死因、慢性病监测的检查督导。全县网报死亡人数为4970人，报告粗死亡率为776.81/10万；共审核报告慢性病人数10355例，其中肿瘤3954例，发病率618.0/10万，脑卒中5459例，发病率853.2/10万，冠心病942例，发病率147.2/10万。根据2018年监测数据，编撰《2018年昌乐县死因分析报告》《2018年昌乐县脑卒中、冠心病随访登记分析报告》及《2018年昌乐县肿瘤随访登记报告》，并通过传媒网发布《关于2018年昌乐县居民健康信息监测情况通报》。

【碘缺乏病情监测】 2019年，为落实《地方病防治专项三年攻坚行动方案（2018-2020年）》（国卫疾控发〔2018〕47号）疾病监测全覆盖行动。对所辖镇（街道）开展了碘缺乏病情调查工作，共计采集居民盐样300份，学生及孕妇尿样300份。经检测，全县学生及孕妇尿碘中位数、居民合格碘盐食用率二项指均标达到国家消除碘缺乏病标准。在重点人群中开展健康教育和健康促进工作，提高了病区群众地方病防治知识的知晓率，强化病情监测与防治措施的有机结合。对辖区内的25个地氟村病区改水进度、改水工程运行使用情况及水氟含量进行了摸底及检测，共采集水样8份，经检测全部符合国家生活饮用水水氟含量要求，同时对25个地氟村的8-12岁儿童氟斑牙患病情况进行了检查，共检查儿童648名，其中正常645名、可疑3名，检查结果显示昌乐县无儿童氟斑牙患病情况发生。

【严重精神障碍患者管理】 全县在册患者3205人，报告患病率5.02‰，在管患者3186人，规范管理3148人，规范管理率98.22%，服药率94.48%，精神分裂症服药率97.89%，各项指标均达到潍坊市精神障碍综合防治示范区任务目标值，顺利通过潍坊市精神障碍防治示范区及心理健康服务体系建设验收，成功创建2019年度潍坊市精神障碍综合防治示范区。

【公共卫生技术服务】 3月份开始，对全县25家医疗机构、218个样品进行消毒质量监测采样，并配合潍坊市疾控中心对县人民医院和中医院内镜室、透析室进行消毒质量监测采样。

【职业卫生】 对25家用人单位工作场所职业病危害因素进行免费监测。对189家用人单位信息、4例尘肺病报告卡、1例农药中毒报告卡、2例职业病报告卡、72条有毒有害作业工作健康监护汇总表报告卡情况进行审核，保质保量完成职业病与职业卫生信息监测系统网络直报审核工作。

【尘肺患者回顾性调查】 联系县公安局、县人社局、县医疗保障局等相关部门，走访朱刘煤矿、五图煤矿的尘肺患者症状等，对全县建国以来至2018年的125例尘肺病患者存活和死亡情况、保障情况，进行回顾性调查随访，随访成功率达100%。

【登革热媒介耐药性监测】 6-9月份，每月一次对县城新旧小区、农村自然村、废品收购站、轮胎堆积处、公厕等五种生态环境进行伊蚊密度监测，为登革热媒介伊蚊政府防控提供可靠的依据和技术支撑。

【生活饮用水水质及公共场所环境卫生监测】 全年共检测公共场所439家，出具检测报告1317份。生活饮用水枯水期、丰水期以及每季度一次抽检水样、学校用水、消毒餐饮企业生产用水、洪涝灾害期间采水等共采水423份。开展食源性疾病审核、上报、暴发流调处置及食品采样送检工作。全县12家哨点医院上报食源性疾病病例2835例，其中暴发事件9起，参与流调病例13起。学校教学环境监测，对21家中小学教学环境进行环境卫生监测。上报非职业性一氧化碳中毒事件12起。

【健康宣传教育】 2018-2019年，组织疾控中心业务人员积极参与创建“山东省健康促进县”，突出问题导向，创新方式方法，多动脑多动手多跑腿，多管齐下拓宽宣传渠道，多措并举健全“健康细胞”基础设施，举办“健康教育讲座”进党校、进机关、进社区、进学校、进企事业单位等“五进”活动，共计创建健康机关46个，健康家庭218个，健康企业37家，健康学校45处，健康社区14处，受到了社会各界的广泛好评。11月11日，省卫生健康委员会评估专家组对昌乐县的省级健康促进县创建工作充分肯定，成功创建为“山东省健康促进县”。

【抗灾救灾】 8月，在“利奇马”台风暴雨来临前，组织召开重大疫情处置队成员会议，对灾后疫情风险进行研判，制定了《昌乐县台风暴雨后预防性消毒消杀工作实施方案》，同时，对消毒消杀物资和装备进行了彻底清点和完好性检查，紧急采购消杀药品，确保了消杀药品供应及时到位。台风暴雨后，疾控中心全员上阵包靠全县10个镇街区，指导各地及时有效开展消毒消杀、病媒生物监测、饮用水水样采集检测以及卫生防病知识的健康教育宣传等各项工作，再次成功实现“大灾之后无疫情”，全力保障全县人民生命健康安全。

（供稿人：县疾控中心）

妇幼保健

【概况】 2019年，围绕“大妇幼”“大健康”理念，强化措施，提升能力，全县妇幼卫生、计划生育技术服务相关规划、政策落实到位，出生缺陷综合防治及计划生育技术服务、适龄妇女“两癌”筛查、母婴安全保障、《出生医学证明》发放管理等工作得到进一步规范。加强技术服务队伍建设，强化母婴安全保障措施培训，完善危急重症救治服务，全县从事妇幼保健服务工作人员403人，其中妇女保健人员51名、儿童保健人员42名、妇产科技术人员180名、儿科技术人员130名。

【孕妇外周血胎儿游离DNA产前筛查】 积极与潍坊市妇幼保健院进行项目对接，并邀请项目专家进行现场培训，县妇保中心对接诊、采血及血标本递送等全流程服务，重点问题特别指导，制定合理流程，风险规避，保质保量完成服务。项目单位先后三次组织技术服务人员到潍坊市第七人民医院学习，进一步学习借鉴经验，完善服务全过程。镇级做好广泛宣传，多次召开镇级计生服务站长、技术站长会议安排部署，充分利用服务网络优势加强项目宣传，确保项目全覆盖；针对风险人群，进一步确诊并做好追踪随访服务，严格规范记录，及时统计上报。全县孕妇外周血胎儿游离 DNA 产前筛查 3033 人，筛查提示风险人数为 30 例，全部进行确诊检查，确诊染色体异常 20 例，14 例选择了终止妊娠处置。

【适龄妇女“两癌”筛查】 成立昌乐县适龄妇女“两癌”筛查工作领导小组和专家技术指导小组，制定下发工作实施方案和检查时间安排表。5 月 9 日，召开全县 2019 年度适龄妇女“两癌”检查项目启动暨培训会，正式启动适龄妇女免费“两癌”筛查项目。为方便广大服务对象，昌乐县筛查单位组成两个查体组深入各镇级设立查体点，严格按规定操作完成各项检查，做好详细的检查记录，及时汇总上报数据并为筛查的妇女免费建立健康档案。完成年度筛查任务，确诊宫颈癌 10 例，乳腺癌 2 例。

【母婴安全保障】 建立机制，完善制度，出台相关方案及文件，落实《母子健康手册》发放首诊负责制，不断提高孕早期建册率，规范产前检查、住院分娩及产后健康检查。对孕产妇进行五色动态分级标识，实行分类管理。加强高危专案管理，对“橙色”“红色”孕产妇开展病情讨论会议，研究制订个性化管理方案、诊疗方案和应急预案；对紫色病例结合母婴阻断项目实施要求，及时进行母婴阻断和专案管理。明确随访职责，镇卫生院、助产机构、县妇保院指定专人负责重点孕产妇管理。对已完成产后 42 天访视的重点孕妇实行销号管理。全县孕产妇系统管理率达到 89.2%，3 岁以下儿童系统管理率 90.97%。婴儿死亡率 3.01‰，5 岁以下儿童死亡率 4.60‰，发放母子健康手册 6015 本，上报重点孕妇 2981 例，其中橙色 875 例，红色 11 例，紫色 10 例，重点孕妇管理率 100%。

【出生医学证明发放管理】 组织出生医学证明督导检查，不断完善各项管理制度，加强相关人员培训，积极推进助产机构首次签发，全年出生医学证明共签发 6619 份，其中首次签发 6501 份，当年出生首次签发 5875 份，当年签发率 90.37%，补发 84 份，换发 29 份，废证 7 份，废证率 0.11%。

【出生缺陷综合防治】 全面落实出生缺陷综合防治“六免”服务，全年婚前医学检查 5056 人，婚检率 87.72%；新增农村待孕妇女叶酸发放 5991 人，服用率 96.26%，服用依从率 89.23%，知晓率 99.65%；孕前优生健康检查 4252 人；产前筛查 5803 人，确诊染色体异常 15 例，新生儿四种遗传代谢性疾病免费筛查 6080 人，筛查率为 99.62%；新生儿听力筛查 6008 人，听力筛查率为 98.44%。新生儿心脏病筛查 4831 例，筛查率 80.10%，阳性患儿转诊 159 例，确诊先心患儿 3 例。

【重大公共卫生妇幼项目】 重新修订印发《昌乐县预防艾滋病、梅毒和乙肝母婴阻断项目实施方案》。开展技术人员培训 2 次，组织加强日常数据分析监测，杜绝母婴传播隐患。全县孕产妇艾滋病、梅毒和乙肝检测 6084 人，孕期检测率 99.42%。筛查出梅毒阳性孕产妇 9 例，梅毒感染孕产妇梅毒治疗率 88.89%，所生儿童预防性治疗率 100%。乙肝阳性孕产妇及所生新生儿 204 例，乙肝感染孕产妇所生新生儿接受乙肝免疫球蛋白注射率 100%。

【免费儿童牙齿窝沟封闭防龋】 2019 年是昌乐县第五年对全县小学二年级学生免费进行预防龋齿牙齿窝沟封闭防龋齿项目。4 月 2 日，县卫健局、县教体局、县财政局联合召开了全县适龄儿童免费牙齿窝沟封闭防龋项目启动会议，印发了《关于做好 2019 年全县适龄儿童免费牙齿窝沟封闭防龋项目实施工作的通知》，明确定点医疗机构和推进措施，县人民医院服务学校 19 所、爱杰口腔医院服务学校 25 所，全县共检查学生 6355 名，实封学生人数 5945 名，封闭牙齿数 20548 颗，封闭率 93.55%。

（供稿人：李玉洁）

昌乐县红十字会

【遗体（角膜）、器官捐献】 充分利用“世界红十字日”“世界急救日”“国际献血日”等主题活动日开展宣讲活动，在社会上营造奉献救人的良好风尚，利用报纸、网站等平台，大力宣传器官捐献者、登记者的事迹，切实维护捐献者及其家属的荣誉和尊严，助推全县器官捐献工作扎实开展。全县有4名群众进行遗体（角膜）、器官捐献登记，1人完成了遗体捐献。利用报纸、网络、电视等媒体进行了宣传报道。

【宣传服务】 认真开展红十字博爱周宣传活动，广泛发放新修订的《中华人民共和国红十字会法》《应急救护常识》等宣传手册。在昌乐佳乐家广场、商务社区分别悬挂宣传横幅。组织县人民医院、县立医院在昌乐佳乐家广场开展现场义诊等进行集中宣传。

积极组织“世界艾滋病日”宣传活动。12月1日，组织妇联、团县委、教体局、人民医院、宝都街道等单位和部门的相关人员，在公园门口开展大型艾滋病宣传活动。组织县疾控中心工作人员，通过各种方式走进外来务工人员集中的农贸城、劳务市场等地，向农民工详细讲解艾滋病的基本常识、传播途径以及预防艾滋病的相关知识，发放艾滋病宣传单、小折页、宣传知识读本和预防艾滋病的器具等，提升易感群体对艾滋病的正确认识，切实保护自身健康。

【人道救助】 汛期洪涝灾害发生后，县红十字会充分发挥抗灾救灾中的重要作用，迅速履职尽责，及时组织红十字会系统干部职工深入一线查看灾情，组建抗灾救灾工作机构，组织系统干部职工、会员及志愿者，及时转移受灾群众，扎实开展救灾救助工作。发挥职能作用，积极争取上级救灾物资，先后争取上级红十字会及其他单位7.4万余元的救灾物资，并及时发放到位。春节前，争取潍坊市红十字会拨付10吨优质大米，对受灾的困难群众进行了走访慰问，送去了红会的温暖。

（供稿人：县红会办）

社会生活

社会生活

民　政

【概况】　2019年，昌乐县民政局紧紧围绕县委、县政府的思路举措，坚持“民政为民、民政爱民”理念，扎实苦干，开拓创新，破解难点，基层政权和社区建设、社会救助、养老和社会福利、社会组织登记管理、慈善捐助、专项社会事务管理等工作稳步发展。并且连续两次提高了社会救助和残疾人“两项补贴”标准。昌乐县民政工作被市民政局评为优秀等次，特别是在民政扶贫领域（低保）专项整治和困难群众救助、养老服务、社会工作、殡葬管理等方面表现优秀。2019年县民政局被评为潍坊市文明单位，荣获第七届养老护理员职业技能竞赛“优秀组织奖”，1人被评为“潍坊和谐使者”。

【基层政权】　推进乡镇服务能力建设工作，红河镇被市民政局确定为全市乡镇服务能力建设试点镇，被省民政厅确定为乡镇政府服务能力建设观察点。做好“一窗受理 全科服务”向乡镇延伸，推广“四步递进”工作法，探索建立“五项运行机制”，打造“一窗受理、一网联办、全科服务”便民服务新模式。探索城市社区居委会选举工作，加强城市社区居民参与基层政权建设。

【村民自治】　推行支部领治、村民自治、协商共治、教化促治的“四治”村级管理模式，构建人人参与、人人尽力、人人共享的村级治理格局。修订村（居）规民约，将移风易俗、扫黑除恶、农村人居环境建设的相关要求纳入村规民约中，提高村（居）民自我管理、自我教育、自我服务能力。维持扫黑除恶力度不减，开展换届选举“回头看”，净化村委会干部队伍，保障村（居）委会班子健康运行。

【民主协商】　推动基层协商工作开展，城乡社区成立议事协商委员会。在所有社区推行社村集中议事制度、村级民主议事日制度，凡涉及社区和村级的重要事务，均纳入社村集中议事范畴；其他一般性事务，按照民主管理制度办理。每个镇（街、区）确定一个社区、一个村作为县级协商示范点，示范点建设情况纳入年度科学发展考核。总结推广示范点经验，各社区、村结合实际探索适合的协商模式，丰富协商形式。

【村务公开】　完善《村（居）务公开目录》，规定公开内容。适应农村经济社会发展新要求，将新的惠农政策、新农村建设和农村社区建设的具体措施、内容以及与农民群众利益直接相关的事项及时纳入村（居）务公开范围，按公开事项的性质实行年度公开、季度公开、月公开、即时公开、点题公开。推动城市社区居务公开，探索城市社区居务公开新形式。规范村（居）务公开、民主管理内容和档案资料，接受群众监督，全面落实群众的知情权。建立村（居）务公开栏视频监控系统，实现村（居）务公开监督常态化。利用党务村（居）务公开栏、微信、广电平台等方式进行村（居）务公开，实现村（居）务公开全覆盖。

【城市社区】　推进社区“四社联动”工作开展，引导社会组织、社工人才和社区志愿者借助各自优势，参与社区治理和服务。按时完成四处城市社区居民服务中心标准化改造，探索社区服务设施社会化运营。坚持红色引领，健全组织体系，建立健全社区大党委领导下的居民委员会、业主委员会、物业服务企业“四位一体”联动工作机制。制定《昌乐和谐使者评选管理办法》，开展昌乐和谐使者评选。2019年，昌乐县有15人被评为第一届“昌乐和谐使者”，有1人被评为“潍坊和谐使者”。

【城乡低保工作】 加强低保规范化管理。严格申请审批程序，审批过程实行“谁调查、谁签字、谁负责”。实行县、镇、村长期公示制度，对审批对象、救助资金等基本信息进行长期公示。

加强低保动态管理。做到应保尽保、应退尽退。开展了低保核查清理活动，对新申请低保对象抽查比例不低于30%，每镇（街、区）抽查不少于3个村。依托潍坊市低收入家庭经济状况核对指导中心，通过大数据定期比对，对于新申请低保对象做到“凡申请，必核对”，对已享受的救助对象定期进行核对。

开展精准扶贫。制定《关于扎实做好脱贫攻坚“回头看”着力解决“两不愁三保障”突出问题的工作方案》，强化扶贫政策与救助兜底保障相衔接，会同扶贫部门做好建档立卡贫困户家庭情况的动态排查工作，2019年，将贫困户中符合条件的233人及时纳入了低保（特困人员供养）范围。

提高城乡低保标准。城市和农村低保标准分别达到每人每月580元、每人每年5200元，保障城乡低保对象7636户10134人（其中，城市低保对象205户330人，农村低保对象7431户9804人），全年发放低保金3219万元。

【特困供养】 认真落实上级有关政策，进一步提升农村特困人员供养水平，集中和分散供养的特困人员基本生活标准全部提高到每人每年7000元，照料护理补贴标准为，不能自理的每人每月450元，半自理的每人每月280元，自理的每人每月150元。全县有农村特困人员462人，其中集中供养对象320人，分散供养对象142人，全年发放农村特困人员基本生活费258万元，发放照料护理补贴127万元。

【临时救助】 制定《昌乐县进一步加强和改进临时救助工作的意见》（乐民字〔2019〕43号），进一步细化救助对象范围和类别，优化审核审批程序，科学制定救助标准。为1326户因火灾、交通意外、突发重大疾病等导致生活困难的家庭发放救助金567万元，有效解决了困难群众突发性、紧迫性、临时性生活困难。制定《昌乐县临时救助备用金管理实施办法》（乐民字〔2019〕86号），建立镇（街、区）小额临时救助审批制度，分别拨付各镇（街、区）2万元作为临时救助备用金，提高了救助时效。

【养老服务】 积极推进全县养老服务业发展，积极扶持养老机构加快建设，为县养老中心、碧水龙庭养老服务中心和宝城养老康复中心申请养老机构省级运营补贴，分别补助39.96万元、6.18万元和7.26万元。加强对养老中心设施改造提升和运营监管，开展养老院服务质量建设专项行动，全面排查安全隐患，不断提高全县养老机构服务质量和供养水平。

【社会福利】 按照60-79岁的低保老年人每人每月80元，80-89岁的低保老年人每人每月100元，90-99岁的低保老年人每人每月200元的标准，为4562名经济困难老年人发放补贴510.38万元。按照一级残疾每人每月为150元，二级残疾每人每月120元，三、四级智力和精神残疾每人每月80元的标准，为7253名重度残疾人发放护理补贴896.59万元。按照一、二级残疾每人每月150元，三、四级残疾每人每月120元的标准，为3234名困难残疾人发放生活补贴451.28万元。按照城镇分散供养特困人员每人每月870元，集中供养标准每人每月1800元的标准，为6名城市特困人员发放资金7.09万元。

【慈善事业】 积极募集资金，动员爱心企业设立慈善冠名基金2.5亿元，积极开展抗灾救灾捐助和“慈心一日捐”活动，募集款物全部用于抗灾救灾和扶贫救助。发放助老、助学、助困等资金799万元。继续实施“复明直通车”工程，帮助118名白内障

2019 年 11 月 8 日，全县社会组织参与脱贫攻坚工作会议

患者实施了复明手术。

【社会组织管理】 2019 年 9 月 1 日，昌乐县社会组织行政审批职能划转到昌乐县行政审批服务局。县民政局协助做好社会组织注册登记、注销登记、撤销登记等工作，重点监督管理县管社会组织，培育发展行业协会商会类、科技类、公益慈善类、城乡社区服务类社会组织。2019 年新注册登记社会组织 58 个，全县累计注册登记社会组织 319 个，其中民办非企业单位 271 个、社会团体 48 个。2019 年年报合格的社会组织 242 家，未参加年报的社会组织 2 家（已注销），年报完成率为 100%。完成 7 家县管行业协会商会与行政机关脱钩工作，完成率为 100%。社会组织党组织应建已建率 100%，工作覆盖率 100%。

引导和动员社会组织参与脱贫攻坚。与县扶贫开发办公室联合下发了《关于进一步引导和动员社会组织参与脱贫攻坚的通知》，召开了全县社会组织参与脱贫攻坚工作会议，下发了全县社会组织参与脱贫攻坚工作倡议书，开展了“精准对接、助力脱贫”行动，选取了 30 家社会组织与 30 个贫困村“一对一”结对帮扶。2019 年全县社会组织共投入扶贫资金 10 万余元。

【婚姻登记】 2019 年 5 月 6 日，因机构改革，中共昌乐县委机构编制委员会将昌乐县婚姻登记处更名为昌乐县婚姻登记中心。登记中心严格按照法律法规办理婚姻登记，认真执行民政部《婚姻登记工作规范》，全县办理内地居民结婚登记 3186 对，离婚登记 1194 对，补领婚姻登记证 1208 件；婚姻登记合格率 100%。公开婚姻登记内容、登记依据、登记条件、登记程序、登记时限、服务承诺，印制婚姻登记《服务指南》和告知单，实行服务承诺制，提高工作透明度。设立咨询电话和咨询台，接受电话咨询和现场咨询 2000 余人次。配合“昌乐县婚姻家庭辅导中心”为 730 多人次提供了免费的婚姻家庭辅导和咨询。为 1000 余对新婚当事人举行免费的结婚登记颁证仪式。为落实国务院“放管服”改革要求，自 2019 年 4 月 1 日起，市民政局下放内地居民涉外、涉港澳台及华侨婚姻登记业务，改由县级婚姻登记机关办理，婚姻登记中心已办理涉外婚姻登记业务 4 件。

【收养登记】 全县自 1999 年开始办理收养登记。遵循平等自愿原则，依法保障被收养人的合法权益。收养人需具备无子女、有抚养教育被收养人的能力、未患有医学上被认为不应当收养子女的疾病等条件。严格按照申请→受理→审查→报批→登记→颁证的程序办理收养登记，并输入《全国收养登记管理信息系统》，未出现收养登记字号重复和收养人重复领养孩子等问题，收养档案即时归档、归档完整、目录清晰，便于当事人和有关部门进行查询，切实保障他们的合法权益。2019 年办理收养登记 4 件，登记合格率 100%。

【殡葬管理】 2003 年 6 月，昌乐县殡葬管理所划归潍坊市民政局直接管理，更名为潍坊市第三殡仪馆，位于昌乐县城南12公里处，属公益类正科级事业单位。主要业务为遗体接送、遗体冷藏、穿衣整容、遗体告别、遗体火化、骨灰寄存、丧葬用品销售等全方位、多层次系列化殡葬服务。开设24小时服务热线，提供24小时遗体接运、存放服务，严格按照物价部门核发的收费项目和标准收费，对所有殡仪服务项目实行“清单式服务”，由丧户自行选择服务项目。

落实基本殡葬服务费用免除制度，对具备免除条件的服务对象，实行“一站式”免除，杜绝了免费或减免项目与其他服务捆绑、分拆，强制收取费用现象。2019年为昌乐县办理免除基本殡葬服务费用4505人/次，累计为丧户群众免除基本殡葬服务费用391.3万元，切实减轻群众负担，全面推动殡葬改革良好局面。

2019年10月1日，在五图街道的昌五路以南、首阳山路以东地块，昌乐县公益性公墓开工建设

【流浪乞讨人员救助】 认真贯彻执行《城市生活无着的流浪乞讨人员救助管理办法》和《实施细则》，按照《救助管理机构基本规范》《流浪未成年人救助保护机构基本规范》，坚持“自愿救助，无偿救助”原则，充分发挥救助站的社会功能，不断完善站内设施，确保流浪救助和未成年人保护工作顺利运行。采用站内站外救助相结合的方式，对城市生活无着的流浪乞讨人员和流浪未成年人实施人性化、规范化救助，积极开展了“夏季送清凉”“冬季送温暖”等专项救助活动。2019年共救助67人次，得到群众和受助对象的广泛赞誉，产生了积极的社会影响。

【公墓建设】 昌乐县青山公墓有限公司是全县唯一一处经营性公墓，2005年8月成立，占地76.79亩，面向社会销售墓穴和接纳骨灰寄存业务。全年销售墓穴119个，安放骨灰格位51个。截至2019年底，已销售墓穴2691个，接纳骨灰寄存286位次。

昌乐县公益性公墓，于2019年10月1日开工建设，地点在五图街道的昌五路以南、烈士陵园以北、首阳山路以东、老官李村以西，建成后，满足城区居民殡葬需求。

【留守儿童】 贯彻落实《国务院关于加强农村留守儿童关爱保护工作的意见》，优化农村留守儿童的成长环境，促进留守儿童健康成长。全县设立10名农村留守儿童督导员和370名儿童主任，截至2019年底统计留守儿童信息56名。

【孤儿和困境儿童】 提高孤儿基本生活保障标准，社会散居孤儿基本生活费标准为每人每月920元，集中供养孤儿基本生活费标准为每人每月1400元，全县有符合条件的孤儿74人（全部为社会散居孤儿），全年发放孤儿基本生活费66.3万元。困境儿童基本生活费标准为每人每月500元补差发放，对已享受城乡低保救助和重度残疾人生活补贴的困境儿童，采取补差的方法落实基本生活费。全县有困境儿童11人，全年发放困境儿童基本生活费3.42万元。

（供稿人：刘思建）

退役军人事务

【优抚工作】 2019年，昌乐县享受待遇的抚恤定补重点优抚对象共计5891人，其中：伤残人员386人，烈士遗属17人，因公牺牲军人遗属29人，病故军人遗属44人，在乡老复员军人460人，带病回乡退伍军人545人，参战、涉核退役人员313人，60岁老兵4015人，60岁烈士子女82人。

严格落实优抚对象抚恤、定期生活补助政策，自2019年8月1日起提高全县重点优抚对象抚恤补助标准，全年发放重点优抚对象发放定期抚恤补助金3806.4万元。大幅度提高一至四级残疾军人分散安置护理费，为30人发放护理费87.6万元。加大资金投入，不断提高重点优抚对象医疗保障水平，一至六级残疾军人每年享受门诊补助2000元，住院费用统筹范围内实报实销。参加居民基本医疗保险的七级至十级残疾军人、烈士遗属、因公牺牲军人遗属、病故军人遗属、老复员军人，住院费统筹范围内报销75%，门诊补助每人每年200元。参加居民基本医疗保险的带病回乡退伍军人、参战涉核退役人员，住院费统筹范围内报销70%，门诊补助每人每年100元，全年为重点优抚对象参加医疗保险，报销门诊、住院费用249.5万元。2019年昌乐县义务兵家庭优待金标准为17930元/户，对到西藏、新疆和国家公布的其他自然条件恶劣地区服役的义务兵，优待金按不低于普通标准的2倍发放。义务兵在服役期间受到奖励的，荣立一等功、二等功、三等功的，按当年优待标准分别增发30%、20%、10%，被评为优秀士兵的，增发5%，为474户义务兵家庭发放优待金884万元。

孤老优抚对象情况。昌乐县有31名分散供养孤老优抚对象，分散孤老优抚对象实行了一对一的帮扶政策，制定了联系卡。对集中供养的的孤老优抚对象，养老中心与昌乐县立医院签订了服务协议，为对入住对象提供医疗服务，使患病对象得到及时有效医治，实现了医养结合。这7名优抚对象中，有1人是精神病患者，有1人卧床不起，另外5名有慢性病和其他老年病，身体状况一般。这7名优抚对象同时也是集中特困人员，每人每年政府拨款7580元，用于集中供养，时同还按照自理、半自理和不能自理情况分别每年给机构补助护理费1800元、3360元和5400元。衣、食、住、行、葬全部由政府负责。

【安置工作】 军转干部安置 2019年，全县接收军队转业干部5人，其中计划分配3人，自主择业2人。为45名自主择业军转干部发放住房补贴75.57万元，及时缴纳职工基本医疗保险29.93万元。按时足额发放167名企业退休军转干部“过节费”“体检费”、差额补助、生活补助等各类资金384.99万元。

退役士兵安置 一是做好退役士兵教育培训工作。县退役军人事务局联合潍坊技师学院昌乐分院为2018年秋冬季自主就业退役士兵免费培训电子商务、新能源汽车和汽车驾驶C证等课程，培训政策知晓率100%，意愿参训率100%，培训合格率100%。培训工作于2019年3月开班，参训人数42人，培训时间3个月。二是发放自主就业退役士兵一次性经济补助。根据《山东省人民政府办公厅关于做好自主就业退役士兵一次性经济补助工作的通知》规定，按照每服役一年4500元的标准，为187名自主就业退役士兵发放一次性经济补助398.25万元。三是完成2019年符合政府安排工作退役士兵选岗安置工作。根据《符合政府安排工作条件退役士兵服役表现量化评分暂行办法》和上级安置政策要求，将符合政府安排工作条件的32名退役士兵全部安置到事业单位和国有企业，其中15人安置到县属事业单位，2人安置到央企，6人安置到省企，2人安置到市企，7人安置县企。待分配工作期间，为32名退役士兵缴纳职工基本养老保险和职工基本医疗保险47.61万元；按照昌乐县上年度最低工资标准发放生活补助32.52万元。四是继续做好退役士兵安置和权益保障工作。2019年，为1031名专项公益性岗位退役士兵缴纳社会保险及发放生活补助3603.15万元；补发2人自谋职业金6.58万元。

退役士兵保险接续 严格按照中央、省、市有关政策文件和工作安排，制定工作方案，成立工作专班并建立联络员制度，通过微信、报纸、明白纸、公告等形式大力宣传退役士兵保险接续政策。多次组织专题培训会、调度会，依托各镇（街、区）退役军人服务站和有关单位服务站点建立“一门受理，协同办理”经办机制。同步做好排查摸底、资金测算、审核上报等各项工作。截至2019年底，全县初审1885人，养老保险核查1361人，医疗保险核查1534人，完成养老保险缴费645人，按时完成省委要求完成养老保险缴费1/3任务。

信息采集和光荣牌悬挂　将两项工作作为政治任务持续常态化推进，各镇（街、区）退役军人服务站安排专人负责信息采集工作，保证没有及时采集信息人员随到随采。安排专人采取“有温度”的方式悬挂光荣牌，并逐一登记造册，由悬挂家庭签字确认。在开展悬挂光荣牌、走访慰问工作的同时，继续做好信息采集政策宣传。截至2019年底，全县采集信息22736人，悬挂光荣牌22061块。

【双拥工作】　2019年，昌乐县积极适应时代发展新要求、军队改革新变化，按照县委、县政府和市双拥办要求，本着强化责任担当、积极做好拥军优属工作宗旨，动真情、出实招、办实事，真正把贴心服务送到了驻昌部队和军人军属心坎上。

积极开展走访慰问工作。利用元旦、春节、“八一”等重大节日和悬挂光荣牌时机开展多种形式的走访慰问活动。县主要领导带7头走访慰问部队及部分优抚对象，慰问费用24万余元，增进了军民团结。

扎实做好省级双拥模范城创建工作。2019年是双拥模范城争创年，5月28日，昌乐县召开昌乐县创建省双拥模范城动员会议暨双拥工作领导小组第一次全体会议，县委书记刘裕斌作了重要讲话，县长张建伟进行了具体安排部署。全县上下精心准备，顺利通过9月2日、3日省考评组对昌乐双拥模范城创建情况的检查考评，创城检查工作取得较好的反馈。

积极为部队办实事。不定期举办退役士兵、随军家属就业创业专场招聘会，搭建企业与退役士兵、随军家属就业的桥梁。2019年共举办招聘会5场，提供就业岗位4000多个。县财政投入176万元为驻昌部队营区铺设自来水和燃气管道，解决了营区多年来的水、气、暖老大难问题，让部队官兵和军属温暖过冬。积极协调有关部门解决部队官兵家属随军安置和子女上学工作。2019年为1名部队军官家属随军安置工作，为4名部队官兵子女解决就近入学问题，为2名未就业随军家属发放生活补助金2.4万元，消除了部队官兵的后顾之忧。四是投资5万元，为部队更新“利奇马”台风损坏的5000米光缆，保证了部队通讯联络畅通。五是为荣立军功家庭登门送达喜报68人次，发放奖励金12.7万元。

加大宣传退役军人典型力度。从全县广大退役军人和其他优抚对象中筛选出部分先进典型，在“昌乐新闻”进行大力宣传。在电视台播放七期，《潍坊双拥》刊载两个先进典型，在全县营造“让军人成为全社会尊崇的职业”的舆论氛围。

【烈士褒扬】　昌乐县烈士陵园为纪念在历次革命斗争中牺牲的昌乐籍及牺牲在昌乐的外籍革命烈士而修建，始建于1956年，原址在县城利民街中段南侧，1970年8月迁至原昌乐镇四图村北，1993年7月迁至县城东环路中部东侧，2007年迁至五图街道岳辛庄村东，即为现址，墓区5000平方米、纪念广场4000平方米。烈士陵园先后被评为省级重点烈士纪念建筑物保护单位、潍坊市爱国主义教育基地、潍坊市共产党员教育基地、潍坊市青少年教育基地和青年志愿者活动基地等。充分利用报刊、广播、影视、网络等媒体，广泛宣传烈士精神。积极开展主题教育活动，运用专题展览、报告会、阅读活动等多种形式，将“缅怀革命烈士，弘扬革命精神”作为思想道德建设的重要内容。“清明节”“国庆节”“烈士公祭日”等节日和重要纪念日期间，充分利用烈士纪念设施、爱国主义教育基地、国防教育基地等红色资源，组织全县广大干部职工、社会各界群众、中小学生、驻昌官兵，开展祭奠烈士、缅怀英烈活动，引导广大干部群众积极参与瞻仰烈士纪念设施，将烈士纪念活动融入日常生活、学校教育。昌乐县烈士陵园年接待社会团体、个人祭奠万余人次，充分发挥了爱国主义教育、革命传统教育和国防教育的窗口教育作用，受到了社会各界的广泛关注、支持和好评。近年来，按照上级要求，对散葬烈士墓进行集中管理保护，县委、县政府高度重视，投资200余万元，新建烈士墓400余座，将全县已发现散葬烈士墓全部搬迁至陵园集中管理保护，并对烈士陵园进行了修缮及绿化美化，动员社会力量支持烈士纪念设施建设保护管理，建立检查监督机制，严肃查处人为破坏和污损烈士纪念设施的行为，目前，烈士陵园共收录805名烈士信息，安葬烈士470名。

【著名烈士】 刘焕彩烈士　原昌乐县五图公社东耿安村人。1925年在冯玉祥部任骑兵团副团长，秘密加入中国共产党。1926年打入军阀高树勋部任职。1927年秋与昌乐地方党组织取得联系，并发展其三弟刘焕奎入党。1928年9月，在高树勋部因策动官兵起义被捕，脱险后回昌乐继续投身党的工作。与刘焕奎创办“青年工业研究社”，以卷制“旭日”牌纸烟掩护开展党的活动。刘焕彩在党内外的宣传工作产生了广泛影响，耿安村被誉为昌乐的“小莫斯科”。1932年8月18日凌晨，国民党昌乐当局出动30多名军警，抓捕刘焕彩。他机智脱险后去郑州，担任郑州市委书记。1933年，在郑州铁路工人大罢工中壮烈牺牲。

刘善本烈士　原昌乐县高崖公社泊庄村人，是国民党空军起义先驱。1935年在“航空救国”思想影响下考入杭州笕桥航空学校，毕业后分配到国民党空军八大队。1943年8月被送往美国学习，曾获一次革新奖。1945年春驾驶B—24型轰炸机回国，1946年6月26日驾机起义飞到延安，27日受到了毛主席、朱总司令接待。1947年到东北联军学校任副校长，1949年4月8日参加中国共产党，先后担任航校校长、航空师师长、空军训练部第二部长，荣获一级解放勋章，1955年授大校军衔，1964年晋升少将，曾任第一届、二届、三届人大代表，第一届政协委员，国防委员等职。1969年3月被林彪反革命集团迫害致死。1975年10月平反昭雪，骨灰安放在八宝山革命公墓。

刘焕奎烈士　原昌乐县五图公社东耿安村人。1927年10月入党，1930年与刘焕彩组织“青年工业研究社”，以卷制“旭日”牌纸烟为掩护进行地下活动。1931年任本村党支部书记，组织领导耿安、解召一带农民进行反苛捐杂税斗争。1937年组织30多人参加抗日部队，1938年任昌乐县委组织部长，1949年11月被国民党张天佐暗杀团暗杀于耿安南河。

李华亭烈士　原昌乐县朱刘公社都南大队人。1927年在济南师范入党，在济南以炭庄为掩护，负责党的宣传工作，曾任济南市委书记。1929年3月国民党包围炭庄，李华亭不幸被捕。1931年4月5日在济南纬八侯家大院被杀害。

刘慈源烈士　原昌乐县五图公社小解召村人。当过教员，入党后以教学为掩护从事革命工作。1938年担任中共昌乐县委第一任书记。1939年9月9日被国民党反动派暗杀团暗杀于小解召村西河口。

张适烈士　原朱刘公社东圈子村人。1926年，加入中国共产党，先后到上海、南京、武汉做党的地下工作。1927年参加广州起义。1930年与中共北满特委取得联系，领导绥化、海伦地区党的工作。1933年7月任中共奉天特委书记，10月因叛徒于冀贤出卖被日本宪兵队逮捕，直到“伪满洲国”遇赦出狱，先后到绥化、甘南、哈尔滨工作。1946年3月9日被国民党特务暗杀于哈尔滨道外区西门脸，时年41岁。

（供稿人：孟伟丽）

劳动就业

【概况】 2019年，昌乐县认真落实稳就业政策，扎实推进就业创业工作，开创了就业创业发展新局面。昌乐县新增城镇就业8163人，城镇下岗失业人员再就业2715人，困难群体就业332人，参加养老保险的新增城镇就业人员6500余人，为1848名创业者及时发放创业担保贷款2.2亿元，职业技能培训6008人，就业技能培训4003人，创业培训560人，岗位技能提升培训1445人。全县新增市场主体12974个，创业参与率达到2.03%。新创建市级创业型镇街1个，省级“四型就业社区”2个，市级四型就业社区4个，10处省市四型（创业型）镇街社区全部通过复审。

【就业政策落实】 把2019年确定为“政策落实年”，印制了就业创业“三项清单”，编制了《支持企业发展政策汇编》，在全县开展了“进企业、进社区、进基地”宣传服务活动，政策的知晓度和受惠面不断扩大。为12家单位197人落实公益性岗位补贴219.4万元，为96家单位或企业876人落实社保补贴694万元，为23名就业困难人员落实灵活就业社保补贴14.6万元；为1家小微企业招用高校毕业生落实社会保险补贴0.2万元；为85名自主创业者发放一次性创业补贴60万元，为181人发放创业岗位开发补贴45.3万元，对列入工业“343”培育工程的成长性企业落实一次性创业岗位开发补贴28.5万元；为51人落实家庭服务业商业综合保险补贴0.2万元；为2家企业落实创业孵化补贴2万元。

【大中专毕业生就业】 2019年5月9日，昌乐县“阳光杯”大学生创新创业大赛在昌乐县传媒演播大厅顺利举办，并推荐大赛前十名选手参加了潍坊市大学生创新创业大赛，1名选手获得了“潍坊市优秀大学生创业者”称号。2019年，共招募8名“三支一扶”大学生到乡镇基层从事支教工作。新增大中专毕业生档案3500余份。2019年，昌乐营丘大学生创业孵化基地顺利通过2019年市级大学生创新创业示范基地复审。2019年，为510名来昌乐企业就业创业的本科及以上大学毕业生申请大学生生活补助231.8万元。2019年，共有15家用人单位申报了青年见习基地，发布见习岗位1500余个，吸纳250余名见习人员参与见习，发放见习补贴23万元。

【困难群体就业】 开展就业援助行动，做好就业困难人员就业安置。开发公益性岗位等就业安置困难群体，帮助332名就业困难人员实现就业，失业人员再就业2715人。为23名就业困难人员落实灵活就业社保补贴14.6万元，补贴政策享受率达到100%。

【劳务派遣】 依法规范劳务派遣工作，严格审批制度，对申报单位逐一认真审核，坚持材料审核和实地勘察并重，同时加强管理，优质服务，通过信息化等手段对劳务派遣企业进行政策指导。2019年，对昌乐县4家劳务派遣单位提交的年度经营情况报告进行年度监督监察。2019年1-8月，共为4家人力资源公司发放劳务派遣经营许可证。
2019年9月，按照机构改革要求劳务派遣经营许可事项移交县行政审批服务局办理。

【劳动争议调解仲裁】 2019年，昌乐县劳动人事争议仲裁院推进标准化、规范化建设，全面实行立案登记制，探索要素式办案模式，设立劳动人事争议法律援助工作站，畅通弱势群体维权“绿色通道”，2019年共处理劳动人事争议案件555起，其中受理505件，按期结案率为100%，调解成功率达64%，帮助劳动者获得工资、经济补偿、工伤待遇等权益2033万元。加强基层劳动人事争议调解组织建设，在全县镇街区、规模以上企业广泛建立劳动争议调解组织，将全县142个基层劳动争议调解组织和341名调解员进行登记管理，举办创建劳动和谐关系讲座，为企业劳资人员讲解如何依法管理劳动关系，对于减少矛盾纠纷起到了良好作用。

【劳动保障监察】 2019年，始终把治理农民工工资支付工作作为维稳工作的重中之重，采取强有力的措施严抓重管，取得了很好的成效。在市政府对各县市区2018年度农民工工资支付保障工作的考核，昌乐县取得考核等次A级的好成绩。以维护劳动者合法权益为根本出发点，加强日常监管执法。开展了农民工工资支付、清理整顿人力资源市场秩序、规范用人单位遵守劳动用工行为、根治欠薪夏季行动和冬季攻坚行动等5次专项检查，检查用人单位262家；网上书面审查用人单位688家；“双随机、一公开”日常巡查用人单位360家；处理群众举报投诉案件196起，市长热线和民生信息922起，为职工追回工资1323万多元，案件按期结案率达到100%。依法有效地进行用人单位劳动保障守法诚信等级评价，充分运用评价结果，实施用人单位分类监管，真正发挥诚信示范引领作用，提升了诚信等级评价的公信力和威慑力。48家企业评为2018年度劳动保障守法诚信示范单位，6家企业被评为不诚信单位。

（供稿人：文报春）

社会保障

【概况】 加快完善社会保障体系，提升经办服务能力。落实全民参保计划，持续扩大社会保险覆盖范围。做好社保待遇发放工作。逐步推行“银社直联”发放，取消现金支付环节，确保按月及时足额支付各项社保待遇。做好企业职工社保缴费基数申报调整。严格缴费基数审核，规范申报流程，提高社会保险缴费数据的质量。

【社保制度落实】 推进线下线上宣传互动。线下开展“12333”全国统一宣传日、送政策下乡等活动，深入一线“面对面”，出动宣传车50余次，举办政策下乡入户活动10余场，线上发挥广播、电视、报纸等媒体作用，利用短信平台、“昌乐人社”微信公众号等方式公开社保信息200余条，增强了公众的参保意识。全面抓好各项社会保险待遇落实工作。严格依法、依规核定待遇，优化发放程序，创新发放方式，拓宽社会保障卡服务内容，充分利用社会保障卡银联功能，将社会保险发放数据通过互联网与银行对接传输，发放各项社会保险待遇，减少社会保险数据体外循环，取消了现金支付环节，确保基金的安全使用，确保按月及时足额支付各项社会保险待遇，社会化发放率达到100%。

【各类保险】 企业养老保险。根据《国务院办公厅关于印发降低社会保险费率综合方案的通知》（国办发〔2019〕13号）、《关于印发〈山东省降低社会保险费率综合实施方案〉通知》（鲁政发〔2019〕14号）、《山东省人力资源和社会保障厅关于贯彻落实〈山东省降低社会保险费率综合实施方案〉有关问题的通知》（鲁人社〔2019〕91号）规定，从2019年5月1日起，降低城镇职工基本养老保险（包括企业和机关事业单位基本养老保险，以下简称养老保险）单位缴费比例。企业养老保险单位缴费比例由18%降至16%。

严格落实缴费基数调整。按照国家、省规定，自2019年1月1日起，省统一测算公布上年度省全口径平均工资。完善个体工商户和灵活就业人员缴费基数政策。个体工商户和灵活就业人员参加企业职工基本养老保险，可以在本省全口径就业人员平均工资的60%至300%之间选择适当的缴费基数。

调整就业人员平均工资计算口径后，按照省制定的基本养老金计发办法过渡措施，确保退休人员待遇水平平稳衔接。在此之前，可按照《山东省人力资源和社会保障厅关于做好职工养老保险退休人员临时养老待遇计发工作的通知》（鲁人社字[2019]77号）规定，对新退休人员发放临时待遇。

2019年昌乐县企业养老保险统计表

表30　　单位：个、人、万元

年份	参保单位	参保人数	征缴	支出	
				人次	金额
2019	1131	61526	54784	273541	65832

居民养老保险。昌乐县居民基本养老保险制度于2011年4月1日起开始实施，截止到2019年底全县累计参保缴费人数33.40万人，累计发放养老金待遇人数11.51万人，养老金发放率100%。

积极做好扶贫政策的调整与落实。2019年，为5740名贫困人员代缴了最低标准300元的养老保险费；居民基础养老金由每人每月100元提高到每人每月118元。自2019年1月起为全县65岁-74岁、75岁以上享受保险金待遇的领取人员，其基础养老金每人每月分别提高了5元、10元；对重度残疾人由每人每年100元提高到了300元标准缴纳养老保险费，并做好重度残疾人提前5年享受养老金待遇。

机关事业单位养老保险。2019年1至4月份，机关事业单位养老保险缴费比例为28%，其中单位缴费比例为20%、个人缴费比例8%，自5月份起，根据上级减费降税文件规定，单位缴费比例降为16%；职业年金单位缴纳比例为本单位工资总额的8%，个人缴费比例为本人缴费工资的4%；根据潍社保函〔2019〕16号规定，5月份，昌乐县20840名机关事业单位参保人员的30204万元职业年金归集到山东省社保中心，统一进行投资运营，最大限度的保障了职业年金的增值。并自本月起，退休人员的职业年金由省社保中心统一发放。

2019年1月，机关事业单位新增退休人员继续按新的改革规定计发养老待遇。全年共为7472名退休人员和134名离休人员累计发放离退休费49929万元，（其中：代财政局发放住房补贴4288万元、离休费1876万元），社会化发放率连续十九年保持100%。根据鲁人社发〔2019〕21号文件规定，2019年7月，对机关事业单位退休人员进行了养老待遇调整，共有7081名退休人员参加，月增加养老待遇1382544元，月人均增加195.25元，当月一次性补发养老待遇9735992元。

2019年昌乐县机关事业单位养老保险统计表

表31　　单位：个、人、万元

年份	参保单位	参保人数	征缴	支出	
				人次	金额
2019	246	16054	29612	91272	49929

工伤保险。2019年，全县共有1120家企事业单位、75348人参加工伤保险，征缴工伤保险费用1514万元，共计支出3386人次、2408.74万元工伤保险费用。根据市局统一安排，计划工伤安全预防培训2000人。对职工进行工伤安全预防培训2577人，完成计划128.85%。新增潍坊市人民医院、潍坊医学院附属医院、潍坊市脑科医院、中国人民解放军陆军第八十集团军医院、潍坊市中医院、阳光融和医院为工伤定点医疗机构，新增昌乐县人民医院为工伤康复定点医疗机构。

2019年昌乐县工伤保险统计表

表32　　单位：个、人、万元

年份	参保单位	参保人数	征缴	支出	
				人次	金额
2019	1120	75348	1514	3386	2408.74

【社保基金征收及监管】　2019年，昌乐县正常参加企业养老保险人数55319人（含灵活就业人员），新增参保人员6387人、在职转退休1484人、统筹范围外转入355人、共转入基金1064.23万元；统

筹范围外转出 226 人、共转出基金 685.71 万元。机关事业单位参保人员共计 16053 人。各项社保基金征缴收入 99569.11 万元。其中企业养老保险 58382.59 万元，机关事业单位养老保险 29264.15 万元，职业年金 8029.73 万元，工伤保险 1518.39 万元，失业保险 2374.25 万元。

（供稿人：文报春）

医疗保障

【概况】 2019 年，在县委、县政府的坚强领导和县政协的监督支持下，县医保局紧盯各项目标任务，持续发扬“盯着干、快干、干好”的工作作风，全力“保运行、求创新、争先进”，医疗保障工作取得显著成效，其中 4 项创新做法在全省推广，10 余项亮点工作被市医保局肯定。

【自身建设】 坚持党建引领，全面提升干部队伍综合素质。一是严格履行党组全面从严治党主体责任。认真执行《党委（党组）落实全面从严治党主体责任规定》，按照职责任务清单逐项抓好落实。二是强化党员学习教育。通过党组理论学习中心组带头学、机关干部周五集体学，读原著、学原文、悟原理，强化党性修养。三是扎实推进作风建设。以思想作风整顿为抓手，开展“争做文明医保人”活动，引导干部职工提目标、提标准、提速度，以优良作风保障工作推进。四是强化党风廉政建设。全员开展廉政谈话，层层签订党风廉政责任书，组织党风廉政专题会议 13 次，警示教育学习 12 次。五是着力提升业务水平。开展“医保大课堂”5 次，由各科室业务骨干讲授具体业务知识，全面提升全员医保业务综合能力。积极开展对标学习，先后组织到昌邑、寿光、寒亭、青州、桓台、广饶等地考察，学习提升医保工作的新思路和办法。

【民生工作】 参保扩面成效显著。一是创新工作机制。建立参保信息比对机制，摸清全县居民参保底数，联合税务等部门成立居民征缴包靠指导小组，强化动态管理，筹资缴费人数和资金数同步提升。二是提升医保服务效能。优化流程、精简材料、压缩办理时限，落实“一次办好”，得到企事业单位肯定。截至 9 月底，昌乐县医疗保险参保人数达 58.6 万人，参保率达 92.57%，其中居民基本医保参保 48 万人，职工医保参保 10.6 万人，比 2019 年初增长 3.1 万人，增幅位居全市前列，征缴方面经验做法得到市局肯定。

医保扶贫取得实效。一是聚焦医保参保攻坚。推动集中参保，2020 年资助 12930 人参加居民基本医疗保险，财政补贴 342.7 万元，实现参保“百分百”。推动动态参保，强化部门信息共享，确保新增扶贫对象即时纳入。2019 年为 167 名新增贫困人口开通参保“绿色通道”。推动精准筛查，医保牵头、部门联动、镇街主体，开展已脱贫不享受政策人员参保缴费专项行动，防止“因病致贫、因病返贫”。经验做法在全市推广。二是聚焦经办服务攻坚。升级“一站式”即时结算服务，筑牢贫困人口基本医保、大病保险、医疗救助、医疗机构减免、医疗商业补充保险、重特大疾病再救助“一站式”结算服务六重保障。2019 年累计救助 7580 人次，结算医疗救助资金 523.49 万元。创新主动筛查救助机制，将救助金由季度发放改为按月发放，有效减轻贫困人员垫资压力。截至 10 月底，手工补报医疗救助 524 人，发放救助金 83.97 万元。建立高效政务服务机制，围绕“不见面、零跑腿”，创新“掌上办、电话办、邮递办、邮箱办、联合办”，全力提供质量最优的医保经办服务。三是聚焦医保扶贫重点攻坚。充分发挥行业优势，实行“五个到位”，实现贫困人员“两病”及门诊慢性病精准办理。截至 10 月底，共办理贫困人口“两病”1796 人、2050 人次，门诊慢性病 1771 人、1991 人次。经验做法在《大众日报》刊登。四是聚焦扶贫关爱攻坚。主动担当作为，开展“三送一解”走访、扶贫义诊、“暖心”帮扶等行动，提高工作精细度和“温度”。“零”距离助推脱贫做法在潍坊电视台播出，医保扶贫成效在中国扶贫网报道。

医保公共服务持续深化。一是推行医保经办服务“六统一”。即事项名称、申办材料、经办方式、办理流程、办结时限、服务标准“六统一”，申办材料精简44.9%以上，办理时限压缩66.7%以上。二是创新“网上办、掌上办”。18类34项医保经办服务上线率100%，启用医保电子票据，实现企业、群众办事“不见面、零跑腿”。三是异地就医联网结算实现全覆盖。将跨省和省内异地住院联网结算医疗机构向一级医疗机构延伸，全县26家定点医疗机构实现跨省和省内异地住院联网结算，有效解决群众异地就医跑腿垫资难题。四是门诊慢性病备案持续简化。创新“一二三”举措，提升慢性病患者就医便捷度。“一压减”即压减时限；“二取消”即取消查体备案、取消居民慢性病资格有效期；“三开通”即开通定点医院、支付宝“鲁医保”、微信公众号三种渠道。截至10月底，办理职工慢性病1278人次，居民慢性病3876人次，“两病”7004人。五是筑牢长期护理“三道关口”。完善长期护理准入机制，严把“入口关”；通过智能监管平台网上评估和入户走访实地复核，强化“监管关”；提升护理服务质量，建强“制度关”。截至9月底，审查在床人员780人次，因病情好转或其他原因撤床21人。经验做法在《农村大众报》刊登。

【医保改革】 按病种分值付费工作全市领先。在全市率先召开医疗费用按病种分值付费改革启动会议，实现全县医疗机构按病种分值付费改革培训全覆盖，为全市工作趟出路子。实行周调度，组建专班深入医疗机构督导指导，高质高效推进按病种分值付费工作。省医保局推介昌乐县经验做法，市医保局在上半年全市医疗保障工作总结会议上充分肯定昌乐县按病种分值付费工作。

药品集中带量采购让群众得实惠。统筹全县医疗机构（含民营医疗机构）参与国家组织的2批药品集中带量采购，57个药品品种采购量大幅提升。通过以量换价，集采药品价格平均降价66.7%，最高降幅达95.9%，医疗机构减少支出，群众得实惠。

医保电子凭证全面推广应用。实现“扫码办、扫码支付”，参保群众扫描医保电子凭证即可办理医保业务，参保职工在12家定点医疗机构、221家定点药店（门诊）实现住院购药电子凭证扫码支付，年底将实现定点医药机构扫码支付全覆盖。

医保经办力量持续下沉。在各镇（街、区）服务大厅设立医保服务站，在定点医疗机构、部分社区（村居）卫生室和定点零售药店设立医保服务点，打通医保便民服务“最后一公里”。截至目前，26家医疗机构、14家卫生室、10家定点零售药店已正常开展医保服务；各镇（街、区）服务站正在建设。

【医保基金】 打击欺诈骗保不断深入。一是制定下发《持续开展打击欺诈骗保实施方案》，指导基金监管工作。二是开展“打击欺诈骗保、维护基金安全”宣传月活动，着力提高定点医药机构和参保人员法制意识。三是组织全县医疗机构深入自查自纠，建立问题台账，整改到位，逐一销号，主动退回违规基金22019.18元。四是开展查处“降低入院标准、小病大养”专项夜查行动，规范医疗机构按规定收治病人，大部分医疗机构住院人次明显下降。五是开展定点药店（门诊）“拉网式”大检查，对全县300余家定点药店（门诊）进行全面检查，下达整改通知书87份，约谈56人次。六是开展医疗机构专项稽核，检查定点医疗机构175家次，下达整改通知书40余份。上半年，昌乐县基金监管工作5项指标居全市前列。

智能监控系统有效运行。8月份全县定点医疗机构智能监控系统安装在全市率先实现全覆盖，实现事前不发生、事中可监控、事后能发现。截至10月底，发生事前事中审核提醒规则6.89万条，事后审核预警规则4.3万条，追回违规费用27.3万元。在全市医保智能监控示范点建设现场观摩会上我局作了典型发言。

（供稿人：丁政峰）

扶贫开发工作

【概况】 2019年是决战决胜脱贫攻坚收官之年，我们认真贯彻落实中央和省、市扶贫开发工作部署要求，以“全市争第一、全省受表彰”为目标定位，坚定不移把脱贫攻坚作为首要政治任务和第一民生工程，作为“重点工作攻坚年”的重中之重，聚焦“两不愁三保障”和饮水安全等核心指标，树立系统思维，抓实关键举措，扎实开展问题清零和质量提升“两项行动”，全县脱贫攻坚工作取得明显成效。截至2019年，全县享受政策贫困人口3840户、6234人；不享受政策人口5386户、11000人；即时帮扶人口101户、203人。

【坚持高位推动，抓实系统谋划】 认真落实“五级书记抓脱贫”要求，先后召开县委常委会、县政府常务会和扶贫开发领导小组会9次，专题安排脱贫攻坚工作，推动中央和省、市工作部署要求不折不扣落地落实。全县94个县直部门单位、10个镇(街、区)、34家社会组织，2000余人参与其中，汇聚起扶贫工作强大合力，构建起大扶贫工作格局。举办培训班4期，突出帮扶责任人、包村责任人、项目包靠责任人“三个责任人”培训，提高工作精准度。县委主要负责同志完成省定扶贫工作重点村遍访，镇（街、区）主要负责同志、村党组织负责同志遍访贫困户，各镇（街、区）和行业部门发扬“5+2”“白加黑”精神，白天抓问题排查、晚上促整改提升成为常态，切实以高位推动加快工作举措落到实处。

【聚焦问题清零，全面排查整改】 突出排查和整改两个着力点，推进问题“清仓见底”。问题排查方面，通过县级自查评估、“两代表一委员”核查、镇（街、区）和行业部门自查、脱贫攻坚专项督查、帮扶责任人点对点查等方式，实现横到边、纵到底全方位排查，确保问题排查全覆盖、无盲区，并建立台账、销号管理。在此基础上创新“双随机”抽样督查，县委主要负责同志带队，县扶贫开发领导小组副组长，各镇（街、区）主要负责同志参加，每个镇（街、区）随机抽取2个村、每村随机抽取2-3户督查，累计督查发现5大类、4858个问题。问题整改方面，从县、镇、村三个层面逐级明确责任、落实措施，推动问题整改到位。县级层面，对公示牌、帮扶手册等进一步规范；对省定扶贫工作重点村，从村级硬件设施、档案材料规范、项目运维等全方位梳理，对照标准要求抓整改提升，确保全面达标。镇（街、区）和行业部门层面，全面压实责任，红河镇创新成立5个督查组，逐社区排查，问题全部主动认帐、逐项建帐、限期销帐；宝都街道实行“三个三”机制，压实“三个责任人”责任，持续巩固提升脱贫攻坚成效；朱刘街道以“三看三问二比对”强化政策落实；五图街道创新“哭脸变笑脸四步调度法”、开设“扶贫夜校”、档案“联合会审”等抓问题整改，逐户核准政策档案信息，推动政策落实到位。各行业部门通过多轮次整改互查方式，推动政策落实到底。社区（村）级层面，制定“村级地图”，全部建立村级台账，对贫困户基础信息、政策落实情况等，逐户逐人逐项核实到位。截至5月底，排查发现问题全部“见底清零”。

【健全制度机制，提升脱贫质量】 突出贫困户、省定扶贫工作重点村、扶贫项目运维、帮扶责任人、档案管理五个重点，创新机制办法，持续提升脱贫质量。贫困户方面，创新“党支部＋合作社＋贫困户”扶贫模式，村集体流转土地，依托合作社建设现代农业项目，优先雇用有正常劳动能力的贫困户参与种植管理，提供技术服务保障帮其脱贫；年老体弱有一定劳动能力的，提供园区后勤保障、保洁等岗位帮其脱贫；对无劳动能力的，以村集体收入担起托底责任。省定扶贫工作重点村方面，创新实施“四好”工程，2019年享受政策户115户、191人，即时帮扶户1户、1人。村级班子高效运转，“党支部＋合作社＋贫困户”扶贫模式带动贫困群众脱贫致富、村集体收入持续增加；24个扶贫项目全部正常运行；累计实现收益199.8万元，惠及贫困群众1223人次。15个省定扶贫重点村在全面实现“五通十有”的基础上，加快由清洁村庄向美丽宜居乡村提升。扶贫项目运维方面，实行“双包靠”机制，对全县65个产业扶贫项目逐一落实1名县直部门主要负责人、1名镇（街、区）科级以上干部包靠，协调推进问题解决，不断提升项目运维水平。帮扶责任人方面，制定《“三个责任人”考核办法》，强化责任落实考核，对业务不熟悉、责任不落实、作风不扎实的及时调整。同时，建立结对帮扶机制，对新帮扶责任人全部落实“传帮带”措施，提高帮扶工作实效。档案管理方面，创新推进“三个档案五个台账”规范管理，逐一明确标准要求，打造档案规范管理样板，提升工作规范化水平。

【强化工作创新，提高群众满意度】 创新开展脱贫质量和群众满意度“双提升”行动，在全面落实各项政策基础上，通过一条扶贫小道、一支送医送药队伍、一个洁居工程、一站式结对帮扶、一张全家福、一个二维码、一场听证评议“七个一”活动，解民忧、纾民困，持续提升群众满意度。投入128万元为2396户修建扶贫小道，有效解决了贫困群众雨天出行难的问题；对2804名有慢性病的失能、半失能贫困人口实现送医送药全覆盖，完成送医10615人次、送药621人次，并建立动态机制，打通了特困群体精准服务“最后一公里”；投入680万元完成3156户贫困户实施洁居工程，按照“美丽庭院”创建标准改造提升家居环境，真正实现“走进贫困户家中，看不到贫困的影子，没有贫困的样子”；设立222个村级公益性岗位，由255名村级保洁员、有劳动能力的贫困户与294户失能半失能、无人照料的特殊困难群体结成帮扶对子，定期帮助打扫卫生、照料生活等；每个贫困户家中公示牌都张贴一张“扶贫全家福”，以“结亲式”帮扶把贫困户当亲人，让困难群众暖心；依托全市大数据平台，建成享受政策户和即时帮扶户信息二维码，实现对贫困户的动态即时了解；对15户诉求过高、对扶贫工作不满意的贫困户，召集帮扶责任人、近亲属、村干部、村民代表听证评议，及时解决群众利益诉求问题。开设“脱贫攻坚·我们身边的脱贫攻坚故事”专栏，借助融媒体中心、昌乐日报、爱昌乐APP、今日昌乐微信公众号等平台载体，以每天一个故事的形式集中展示脱贫攻坚工作取得的成就，真实记录广大扶贫干部的先进事迹，贫困户自强自立的先进典型，各镇（街、区）和部门单位精准扶贫、精准脱贫带来的新变化、新风貌。探索稳定脱贫长效机制，加快脱贫攻坚与乡村振兴相衔接，创新“党支部+合作社+扶贫”“农业龙头企业（现代农业园区）+贫困户”等模式，建立起稳定脱贫长效机制；积极推进消费扶贫，云上2020昌乐西甜瓜新品种展示周期间，为15个省定扶贫工作重点村搭建特色电商扶贫公益直播间，仅2小时就实现直播带货1000多单。央视《朝闻天下》以《甜蜜的直播，让流量变为扶贫力量》为题深度报道。

（供稿人：赵　爱）

老龄工作

【概况】 昌乐县老龄问题委员会成立于1987年9月，1993年11月并入县劳动局，1995年10月恢复昌乐县老龄问题委员会，挂靠县劳动局。2002年1月，昌乐县老龄问题委员会改称昌乐县老龄工作委员会，下设办公室，隶属县民政局，为正科级事业单位。2019年1月机构改革中，由民政局承担的县老龄工作委员会办公室职责整合到新组建的昌乐县卫生健康局，保留县老龄工作委员会，日常工作由县卫生健康局承担。

【老年人权益保障】 维护老年人合法权益。加强与司法等部门沟通协调，强调在依法办案中注重依法维护老年人的合法权益，对涉老案件做到优先受理、优先审理；对老年人交纳诉讼费确有困难的，可以缓交、减收或免收，需要获得律师帮助的，给予法律援助；法院对在审理侵害老年人合法权益的案件时，依法进行从快、公开处理，最大程度地维护老年人的权益不受侵害，达到了惩治少数、教育社会的目的；搞好法律咨询服务，开通“148”法律服务热线，设立老年人法律顾问处，帮助受侵害的老年人伸张正义，依法维护老年人的合法权利。加大维权力度，法院聘请县老干部为陪审员，从全县各界老年干部中聘请执法执纪监督员，对法院审理的涉及老年人案件进行法纪监督，保证了老年人的合法权益不受侵害。

【落实老龄政策】 根据市潍卫字〔2019〕20号文《关于建立80周岁以上老年人高龄补贴制度的通知》的要求，2019年建立80周岁以上老年人高龄生活补贴制度。按照80-89周岁每人每月补贴100元、90-99周岁每人每月补贴150元、100周岁以上每人每月补贴1000元的标准，全年共发放高龄补贴2067万元。组织医疗机构为老年人进行义诊和健康咨询活动，免费为全县65岁以上老人健康查体；对60-64周岁老年人实行半价、65岁以上的老年人一律免费乘坐城内公交车。

【开展老年健康宣传周活动】 按照市卫健委《关于组织开展2019年老年健康宣传周活动的通知》要求，6月10-16日在全县范围内开展2019年老年健康宣传周活动，普及老年人健康保健知识。昌乐县立医院、各镇街区卫生院根据通知要求，制作并悬挂《懂健康知识 做健康老人》主题横幅，通过微信公众号宣传、电视播放《居民健康素养66条》、对国家基本公共卫生服务项目公益广告进行宣传，发放《居民健康素养66条》、20条老年健康核心知识等宣传材料，深入社区、村庄开展宣传，让更多的老年人在家门口了解更多的健康知识。

【开展老年人心理关爱项目】 12月5日，在西湖社区开展老年人心理关爱项目调查问卷启动仪式，老龄办工作人员对问卷调查进行实地抽查。12月18日，圆满完成了辖区567名老年人（其中一般人群398名、临界人群135名、高危人群34名）信息采集和录入任务，达到了预期目标。通过调查问卷活动，与社区老年人面对面的交流，了解和掌握了当下老年人心理健康状况与需求，让老年人了解到国家、政府对于老年人健康的重视，为下一步提供相应的老年人心理健康服务打下了坚实的基础。

【推进“银龄安康”工程】 按照省、市老龄部门的统一部署，结合昌乐县实际，增强老年人抗意外风险能力，继续推动“银龄安康工程”在全县稳步推进。争取县财政资金165090元，为全县5503名60岁以上生活困难老年人购买意外伤害组合保险，实现对低保、特困等特殊群体老年人全覆盖。市级拨付资金156500元，为全县15650名80岁以上高龄老年人统一赠送“银龄安康保险”。2019年，共为10.6万名老年人办理了意外伤害组合保险，保费368.9万元。设立“银龄安康”理赔绿色通道，有效提高了全县老年人的抗风险能力。2019年度共赔付863人次，赔付金额189.38万元，为参保老年朋友提供了强有力的意外伤害保险保障，在服务保障民生建设和促进社会和谐稳定上发挥了积极作用。

【营造关爱老年人社会氛围】 加强关爱老年人宣传。通过下发文件、会议、广播、电视、报刊、专栏等形式，进行孝德文化宣传，加强全社会对老年人关心关爱的良好氛围。在公园、车站、医院、办公大厅等窗口单位，统一设置醒目的为老服务标志，结合敬老月和庆祝老人节，大力宣传尊老敬老爱老助老方面的典型，在电视台、报社设立专题栏目，广泛报道敬老模范事迹，积极开展敬老爱老助老主题教育评选活动，做好敬老模范评选表彰工作，2019年昌乐县辛光彩、王大吉被评为“潍坊市十大孝星”。

做好重大节日关爱老年人活动。在老年节、春节等重大节日，县委、县政府召开老干部座谈会，各部门对老年人群体进行走访慰问，县领导走访慰问百岁老人并为百岁老人送去“长寿金”。积极协调解决老干部、老同志生活困难等问题。全年开展“温暖重阳”走访慰问老年人及庆祝老年节活动、“孝老爱亲”公益志愿服务活动、老年维权服务活动以及“孝老爱亲”主题宣传等活动。

【文化养老】 以实现老年人终身教育为目标，发动各镇（街、区）积极宣传市委、市政府关于构筑全民终身教育体系、实施“文化养老”工程，广泛动员老年人参与潍坊市银龄家庭传媒大学学习，让老年人足不出户就能选学自己喜爱的老年课程。学员在省老龄办开展“懂健康知识 做健康老人”主题征文活动中获一等奖、三等奖、优秀奖。

（供稿人：郝 昆）

居民生活

【居民生活】 2019年昌乐县居民人均可支配收入29084元，同比增长8.4%。其中，城镇居民人均可支配收入37586元，同比增长6.7%；农村居民人均可支配收入19508元，同比增长8.8%。

【居民收入】 2019年，昌乐县居民工资收入16679.2元，同比增长7.9%，占比57.3%。其中，城镇居民工资性收入21612.4元，同比增长6.5%；农村居民人均工资性收入7688.3元，同比增长8.1%。居民经营性净收入6567.9元，同比增长8.4%。其中，城镇居民经营净收入9715元，同比增长7.0%；农村居民经营净收入8721.9元，同比增长8.5%。昌乐县居民经营净收入主要来源于农业经营收入。居民财产净收入2087元，同比增长8.5%。其中，城镇居民财产净收入2883.4元，同比增长6.9%；农村居民财产净收入588.7元，同比增长9.5%。居民转移净收入3749.8元，同比增长10.8%。其中，城镇居民转移净收入3375.2元，同比增长6.8%；农村居民转移净收入2509.1元，同比增长11.9%。

【居民生活消费支出】 2019年，昌乐县全体居民人均生活消费支出18781元，同比增长8.1%。其中，城镇居民人均生活消费支出23441元，同比增长6.9%；农村居民人均生活消费支出13799元，同比增长8.9%。

2019年昌乐县居民八大类消费支出呈全面增长态势，按增速高低排序分别是：教育文化娱乐支出增长12.3%；医疗保健支出增长11.4%；居住支出增长10.4%；生活用品及服务支出增长10.2%；食品烟酒支出增长6.9%；交通通信支出增长6.7%；衣着支出增长6.5%；其他用品和服务支出增长0.2%。昌乐县全体居民人均教育文化娱乐支出17227.7元，同比增长12.3%，位居八大类消费增速第一。全体居民人均医疗保健支出1508.0元，同比增长11.4%。居住类消费支出3091.7元，同比增长10.4%。生活用品及服务消费支出1035.4元，同比增长10.2. 烟酒食品消费支出5737.4元，同比增长6.9%。交通通信消费支出3542.8元，同比增6.7%。衣着消费支出1424.6元，同比增长6.5%。其他用品和服务消费支出718.3元，同比增长0.2%。

【城镇居民生活】 2019年，昌乐县城镇居民人均可支配收入37586元，同比增长6.7%。

【城镇居民收入】 2019年昌乐县城镇居民人均工资性收入21612.4元，同比增长6.5%。对可支配收入增长的贡献率为56.0%，拉动可支配收入增长3.7个百分点。工资性收入比重为57.5%，居四项收入之首，是城镇居民收入的主要来源。
2019年城镇居民人均经营净收入9715.0元，同比增长7.0%。城镇居民人均财产净收入2883.4元，同比增长6.9%，城镇居民人均转移净收入3375.2元，同比增长6.8%。

【城镇居民生活消费支出】 2019年昌乐县城镇居民人均生活消费支出为23441元，同比增长6.9%，增长平稳，八项均呈现增长态势。

食品烟酒类消费持续增长。2019年城镇居民用于食品烟酒类消费人均6851.1元，同比6.5%，其中：食品人均消费4756元，增长7.2%；烟酒类消费1121元，同比增长5.6%；饮食服务人均消费977.1元，同比增长7.5%。饮食服务消费增长最为明显，主要体现在居民在外饮食的增加：随着家庭收入的增长，市民积极选择不同的生活方式，有了不同的消费观念，与家人和朋友一同去餐馆聚餐，既能换换口味，又能感受饮食文化的魅力，同时还减少了家务劳动；随着生活节奏的加快，人们没有充分的时间在家做饭，因此越来越多的市民选择走进餐馆。此外，就餐环境的改善也是促进人们在外用餐的原因之一。

衣着支出增速下滑。2019年，昌乐县城镇居民人均衣着支出为2099.3元，仅同比增长1.9%。其中，衣类人均消费支出1461元，增长2.2%；鞋类人均

消费支出638.1元，同比增长1.4%。

居住支出增长最快。2019年，昌乐县城镇居民居住类人均消费支出为4083.6元，同比增长10.2%。辖区居民人均水电燃料及其他支出为745.1元，同比增长9.5%，居民用水用电单价的提高促使水电燃料支出的增长；辖区居民人均住房维修及管理支出为2102元，同比增长12.2%，新购房装修大量竣工，是导致住房维修及管理支出增高的主要原因。

生活用品及服务平稳增长。2019年，生活用品及服务人均支出为1356.8元，同比增长9.8%。其中，个人用品支出增幅最大，人均为131.9元，下增长10.1%；其次是家用器具，人均支出为705.8元，同比增长8.5%。一方面，随着生活质量的提高，个人用品更加追求个性化、细致化，消费呈现逐年增长的态势；另一方面，房地产的蓬勃发展，新房大量装修，新置家具、电器，从而引起生活用品及服务支出的增加。

交通通信支出增长放缓。2019年，昌乐县人均交通通信支出为3986.5元，同比增长4.5%。其中，交通人均支出2657.4元，同比增长5.1%；通信人均支出1329.1元，同比增长4.2%。

教育文化娱乐增长较快。由于辖区居民生活水平提高，注重子女教育，送子女补课或者参加才艺培训，2019年，昌乐县人均教育文化娱乐支出为2898.3元，同比增长12.8%。

医疗保健支出增幅第二。2019年，昌乐县城镇居民人均医疗保健支出为1520.9元，同比增长11.2%，其中人均医疗器具及药品592.4元，人均医疗服务928.5元。随着医疗制度改革的深化，社会医疗保障体系逐步建立和完善，尤其是将门诊医药费纳入报销范围等惠民举措，使得城市居民基本医疗费用得到更多保障，居民也更加关注个人身体健康。

其他用品和服务支出增长最低。2019年，昌乐县城镇居民人均其他用品和服务支出为644.5元，同比增长1.3%。

【农村居民生活】 2019年昌乐县农村常住居民人均可支配收入19508.0元，同比增长8.8%。

【农村居民收入】 2019年，昌乐县农村居民人均工资性收入7688.3元，同比增长8.1%，拉动农民人均可支配收入增长3.2个百分点。工资性收入占农民人均可支配收入的比重为39.4%，是昌乐县农民收入的重要来源。

昌乐县农村居民人均家庭经营性净收入8721.9元，同比增长8.5%，拉动农民人均可支配收入增长3.8个百分点。经营净收入占农民人均可支配收入的比重为44.7%，是昌乐县农民收入的主要来源。

农民人均财产净收入588.7元，同比增长9.5%。而随着养老体制的优化改革，养老金及离退休工资水平的提高，2019年农民人均转移净收入2509.1元，同比增长11.9%。

2019年昌乐县农村居民人均可支配收入19508元，同比增长8.8%，城镇居民人均可支配收入37586元，同比增长6.7%。农村常住居民人均可支配收入增长速度快于城镇居民2.1个百分点，城乡居民收入差距进一步缩小。

【农村居民生活消费支出】 2019年，昌乐县农村居民人均生活消费支出为13799.0元，同比增长8.9%。八大类生活消费支出保持全面增长，其中医疗保健、教育文化娱乐和居住这三项增长较快，增速位居八大类消费前三名。

食品支出主导地位不变。农村居民人均食品烟酒消费支出为4270.3元，同比增长7.3%，占人均生活消费支出的比重为30.9%，占比仍为八大类消费之首。随着收入水平的提高，消费习惯逐渐向高端化、营养化、多元化转变，在外饮食消费支出增加明显。

衣着消费保持稳定。2019年，昌乐县农村居民人均衣着消费支出730.7元，同比增长7%。居民对服装、鞋类的追求更加时尚化、品牌化，而随着网络购物的普及，衣着类价格更加透明，使消费者的选择更加多样化，花更少的钱买到更合意的商品。

居住消费较快增长。2019年，昌乐县居民居住消费支出2266.4元，同比增长11.5%。近年来，农村居民对改善型住房的要求也不断提高，进城购房、旧房改造也成为了大趋势，直接推动了农村居住类消费支出的较快增长。

生活用品及服务支出突破两位数增长。2019年，昌乐县居民生活用品及服务消费支出605.3元，同比增长10.3%。随着居民对改善型住房的追求及对生活品质的要求日益提高，高端家具、电器及个人用品、化妆品的消费增多。

交通通信支出平稳增长。2019年，昌乐县农村居民人均交通通信消费支出2856.0元，同比增长7.5%。生活用汽车已成为农村家庭的必备品，汽车燃油、保养等消费逐年增加，另外智能手机、网费等支出的增加也带动了通信支出的增长

教育文化娱乐服务持续增长。2019年，昌乐县农村居民人均教育文化娱乐消费支出为1193.1元，同比增长11.8%。农村居民对子女教育的投入逐年增加，尤其是各类辅导班、兴趣班的教育支出成为家庭消费的重点。另外周末、小假期的外出旅游也成为农村居民享受生活的一种体现，直接带动文化娱乐消费的快速增长。

医疗保健消费持续增长。2019年，昌乐县农村居民人均医疗保健支出1292.9元，同比增长12.7%。一方面农村居民对身体健康的重视程度日益提升，保健意识增强；另一方面各类药品价格只涨不降，也变相的加重了这方面的消费支出。

其他用品和服务支出增长较快。2019年，昌乐县农村居民人均其他用品和服务支出584.3元，同比增长7.8%。主要用于首饰、美容美发方面的支出增长较快。

（供稿人：沈光强）

镇（街道）园区概况

镇（街道）园区概况

经济开发区（宝城街道）

【政区概况】 山东省昌乐经济开发区成立于1992年，是由山东省人民政府批准建设，全国首批通过国家发改委考核公示的省级经济开发区。昌乐经济开发区设有中共昌乐经济开发区工作委员会和昌乐经济开发区管理委员会，分别为县委、县政府的派出机构，行使县级经济管理权限，规格为副县级。2013年区划调整后，与昌乐县宝城街道办事处合署办公，共同对辖区内的经济、社会等各项事务进行管理。2014年增设滨海工业园管理办公室1处，负责潍坊市滨海工业园的管理服务工作。2019年度，宝城街道被评为山东省卫生乡镇，昌乐经济开发区被评为全市政府系统政务信息工作先进单位，是山东省文明村镇，潍坊市循环经济示范园区、产城融合示范园区、劳动关系和谐园区、安保维稳工作先进集体、创业型街道。是全省第三批经济开发区体制机制创新试点和潍坊市首批新一代信息技术产业及数字经济园区。积分制考核、综合考核均列昌乐县第1位，群众满意度评价居昌乐县第2位。

【政区沿革】 据（92）鲁府协字11号，昌乐外向型工业加工区位于昌乐县城以北，济青高等级公路以南，规划面积13平方公里，起步面积1平方公里。据鲁政字〔2002〕45号，昌乐外向型工业加工区更名为昌乐经济开发区。据国家发改委公告2005年74号，山东昌乐经济开发区为第一批通过审核公告的省级开发区。2005年昌乐县区划调整：（鲁政涵民字〔2005〕11号文）将原昌乐镇的西管、东管、耿王、黄埠、石家庄、四图、东尖、西尖、商家庄、东萧、北三里、东风、玉皇庙、大北、孤山庙、邢家河、西徐、东徐、潘家辛、西崔划为宝城街办并与开发区合署办公；将原朱刘镇的赵家庄、于家庄、马家河、西任疃、前于留、后于留、八里庄、龙角、前石埠、后石埠划归宝城街道办事处管辖。据国土资源部公告2006年8号，山东昌乐经济开发区成为第四批落实四至范围的省级经济开发区。四至范围为：东至东水坡村、王金村、九级村、三庙村，南至山坡村、柴家庄、杨家庄、侯家庄村、309国道，西至大沂路，北至前于刘村、赵家庄、东水坡村。2008年区划调整：（乐发〔2008〕5号）将朱刘街道办事处罗家庄、孙富庄、郑王、西水坡、东水坡划归宝城街道管辖。根据2013年《关于调整昌乐县部分行政区划的通知》（潍政字〔2013〕32号），宝城街道办事处机关驻地由府前街369号迁至兴光街358号。2014年1月开发区管委会和宝城街道办事处驻地由兴光街358号迁至新城街2429号。2019年昌乐经济开发区实际管辖面积43.4平方公里，管辖范围为东至山水路，西至丹河，南至胶济铁路，北至青银高速。

【位置 人口】 位于昌乐县城驻地北部，309国道、济青高速公路、胶济铁路横贯东西，省道大沂路纵穿南北，距潍坊市区20分钟车程，距济南、青岛1.5小时车程。管委会驻地位于昌乐县新昌北路3269号，昌乐经济开发区原批准面积23平方公里，审核公告面积10平方公里（四至：东至东水坡村、王金村、九级村、三庙村，南至山坡村、柴家庄、杨家庄、侯家庄村、309国道，西至大沂路，北至前于刘村、赵家庄、西水坡村、东水坡村）。现实际管辖面积43.4平方公里（四至：东至山水路，西至丹河，南至胶济铁路，北至青银高速）。辖37个自然村，常住人口3.58万人，农业人口2.6

万人。

【经济发展】 双招双引。把“双招双引”作为增强发展动力的关键举措，依托园区、产业、企业、专业机构开展招商，推动“双招双引”取得扎实成效。依托园区招商，突出抓好中德产业园、梦金小镇、佳诚数码新材料、英轩重工等4个园区建设，搭建项目落户的主要平台。依托产业招商，聚焦装备制造、造纸包装等重点产业，加快产业链招商。依托重点企业，加快推进矿机集团特种农业机械等22个在谈项目，确保尽快落地生根。依托专业机构，梳理项目信息，精准对接引进。持续抓好招才引智，积极申报泰山产业、鸢都产业等领军人才，提供强大人才和智力支持。2019年，完成签约项目19个、立项项目9个、开工项目7个，到位资金22.7亿元，其中到位外资1.21亿美元，居全市第二位，获市财政200万元奖励；引进中科院院士宋振骐等省级以上高层次人才14名；新增盛泰药业山东省企业技术中心等省级以上科研院所4个；阳光纸业生物机械法制浆技术产业化项目列入省重大项目，5个项目列入市级重点项目，4家企业入围市“民营企业100强”，新增市级以上平台20家，新增“四上”企业26家。

项目建设。把项目建设作为推动发展的“第一抓手”，切实做好项目服务保障，全力推动新旧动能转换。80万吨高级瓦楞纸、50万吨生物机械浆主体建成，2020年6月投产达效；30万吨集束包装用纸、60万吨箱板纸项目已经立项，推动尽快开工，三年再造一个“新阳光”。鲁兹中德产业园奠基开工，2020年计划引进博世力士乐等3家企业入驻，深化英轩重工与斗山机械战略合作。梦金园黄金珠宝集团智能制造基地加快建设，新上梦金园银饰、工艺品项目，不断延伸产业链条；利用耿王村棚改腾出的空间，推动产业园向南扩张至新城街，实施梦金小镇住宅和商业综合体项目，建设特色黄金小镇。佳诚数码新材料产业园8个车间建成投用，加快向智能穿戴领域发展；10万吨高分子复合材料项目建成投用，培强壮大新兴产业规模。新兴电源年产6000万套散热器项目开工建设，中基粮贸年筛选分装5万吨粮食、诺森生物年产20万吨微生物制剂项目，车间主体完工，力争2020年投产达效。

【基础设施建设】 2019年，累计投入3000余万元，实施道路建设、改水、改厕等一系列民生工程，是投入最大、群众满意度最高的一年。新修“四好农村路”“自然村通达”22.7公里，7个村“户户通”开工建设，已有1个村完成，有2条以上主干道路硬化的村，占比由不足50%提高到了100%；高标准完成4个村、662户农村旱厕改造和7个村、1446户自来水改造，切实提升居住环境、生活水平；完成马家河小学塑胶跑道工程和宝石城小学绿化工程，进一步提升学校办学条件；成立新时代文明实践分中心和2处新时代文明实践所，广泛开展文明单位、文明村镇创建活动，全区已有省级文明单位4个，县级以上文明村比例达到87.5%。

【农业】 现有32个村，26252口人，7507户，耕地面积2.1万亩，瓜菜面积1.2万亩，小麦面积4396亩，其他4395亩，基本农田1.2246万亩，兽药、饲料生产企业5家，畜牧业养殖户113家，农业龙头企业10家，经营化肥、农药、种子门店27家，其中种子销售2家。2019年，完成水肥一体化工作任务100亩、农产品检测3500批次及小麦良种供应9862.45公斤。准备相关材料并迎接省12月中下旬的食品、农产品安全大检查工作。发展农业技术推广和农业社会化服务。

【工业　商贸】 2019年，全区规模以上企业共有57家，实现营业收入262.6亿元、利润8.7亿元、利税14.9亿元、实缴税金6.6亿元。其中，山东世纪阳光纸业集团有限公司、山东矿机集团股份有限公司2家企业上缴税金过亿元，获县委表彰。以中国宝石城为代表的工商业发达，鸢飞酒店、如家酒店、普乐超市、私营小区、七彩大市场为代表的餐饮、住宿、商超、批发零售业活跃。

【财政　经管】　财政工作。认真贯彻落实《政府采购法》，执行上级财务管理制度，对市委巡察反馈问题进行认真整改。做好专项审计工作，迎接了市县专家组对扶持村级集体经济专项资金、救灾专项资金、环保专项资金、扶贫专项资金、慈善专项资金、党费专项资金的审计和县审计局的审计工作。对2019年小麦种植面积进行核定、张榜公示，圆满完成粮食补贴工作。完成全区“鲁担惠农贷”农业适度规模经营主体建档立卡户上报工作。完成梦金小镇、宝昌路、丹河河道拆迁资金、潘家辛棚改、中德产业园、区内5条道路拆迁资金拨付工作。按照机构改革要求，完成5个事业法人的变更登记注册。完成职工调动和新考录人员的相关手续材料工作，完成公务员2019年信息维护工作及各类专业技术人员职称申报、评审、聘任、岗位设置，上报开发区（宝城街道）10个事业单位绩效考评业务工作目标、自查考核。对除房地产企业以外的纳税企业进行城镇土地使用税、房产税进行“两清一查”，确保2018年以前年度的税金及滞纳金应收尽收。

经管工作。农村“三资”管理工作，制定下发了《昌乐经济开发区（宝城街道）农村集体资金资产资源管理暂行办法》，新办法着重就票据管理、大型开支、招投标程序、大额现金直达、用工及机械规范等方面进行了规定与要求，进一步完善管理制度。从严审批涉及重大支出的项目，杜绝未经审批乱上、蛮上项目。注重民主决策与监督，重大事项实施过程中必须征求相关村村民代表的意见，接受群众监督。强化日常账务管理，按时审计、结转各村账务，做到月清、月结、月公开，每日8号为各村财务公开日，坚决杜绝招待费、餐费、白条等不合理开支入账。农村土地确权登记颁证，严格按照程序完成西徐、东徐、潘家辛、西崔、东尖、邢家河、商家庄、东肖、石家庄、八里庄、郑王、东风、西任疃13个村的农村土地确权颁证工作。农村集体资产清产核资验收，认真整理、归档清产核资资料并通过县验收。农村干部工资发放，完成2018年农村干部工资发放方案的讨论与制定及发放工作。推动村集体经济增收，与社区、村共同完成东风沿街商铺出租、商家庄村河滩地回填创收、前北郝丹河治理土地存放等村集体创收工作的前期讨论、规范程序等工作，确保好事办好。项目拆迁及棚户区改造，集中支付项目拆迁资金，保证拆迁款足额发放到拆迁户手中。

【社会事业】　文化体育。组织马家河、西任疃民俗表演队近百人参加昌乐县第三十四届元宵节民间文艺表演及彩车巡游；3支队伍参加昌乐县第七届广场舞大赛，2支队伍进入决赛并获奖；组织辖区企业职工报名参加昌乐县青年歌手大赛；组织送戏下乡活动等文艺演出7场，其中2场为县级文艺团体表演；组织举办了第十届新农村文艺汇演初赛开发区专场，2个节目进入复赛，1个进入决赛；为宝石城、艳阳天等5个社区争取消防器材各1套；举办百姓大舞台开发区专场。为西任疃、西水坡、前北郝等村安装体育器材；为10个村争取体育器材并全部进行安装；组织辖区内太极拳爱好者注册成立4支老年人太极拳队伍，并联系太极拳协会分别进行现场教学，培养了一批太极拳爱好者。

人居环境整治。聚焦村庄卫生、乱搭乱建、残垣断壁等集中发力，持续抓好整治，健全完善长效机制，村容村貌焕然一新。投入600余万元，清除垃圾6万余方，清理闲散院落320多处，拆除乱搭乱建380多处，腾出土地190多亩；推进国家卫生县城复审，集中整治重点市场、无主小区和城中村，拆除乱搭乱建157处，规范整治店外经营秩序250余家；向县环卫局积极争取250个垃圾桶，价值75000元；严格落实“网格化”管理、“门前三包”等工作机制，推动环境卫生治理长效常态，人居环境显著改善，群众满意度大幅提升。

精准扶贫。投入160余万元，修缮改造贫困户危房87户、旱厕141户；实施产业扶贫项目收益分红8.11万元，惠及贫困户60户。实施社会救助，2019年新增低保21户29人，五保6人，临时、医疗救助人员49人，救助金额11.4万元。做好困难老年人生活补贴扩面，落实211名60岁以上享受低保待遇困难老人补贴；为48名残疾人办理“重度残疾人护理补贴”；为22名残疾人办理“贫困残疾人生活补贴”；发放残疾辅助器具13人。为2名残疾学生及11名贫困残疾子女申请助学金。完成动态调整和信息采集录入，全面核查核对贫困群众政策享受情况，进一步提升居住环境、满意度和扶贫档案，确保各项扶持政策落地落实，切实达到“两不愁、三保障”和“一安全、六干净、一规范”要求。

抗灾救灾。迎战台风“利奇马”，提前制定防汛防洪方案，将全区划分为7大片区网格，明确职责分工，190余名机关、社区干部靠在一线防汛救灾，动员各村和企业成立244支、3200余人的应急队伍，24小时不间断巡查除险；动用机械150余台、砂石料7000余方，转移群众238户、423人，辖区无人员伤亡、房屋倒塌及桥梁、道路冲毁情况发生。

棚改拆迁。高效推进潘家辛棚改，2小时完成116户协议签订及房屋腾空，2天完成房屋拆除，稳妥完成选房，帮助群众实现“楼房梦”“安居梦”。7天完成青年路、文化北路、北三里街、科技街东段、营丘街等5条县域道路、99户协议签订及清障清场工作，进一步拉开发展空间；5天完成中德产业园、88户协议签订、136亩土地拆迁，推动项目奠基开工；2天完成阳光机械浆南地块、北三里村164亩土地拆迁，为下步项目发展留足空间。

社保医保。认真征缴社保费用，2019年度居民养老保险征缴9738人，全县第二，被县人社局表彰为“先进人社所”。完成返乡下乡创业调查企业、个体工商户280个；协助认定自主创业农民证明45人次；核定就业援助申请对象23人次；成功迎接省级四型就业社区复审和市级创业型街道复审。配合县劳动监察大队协调处理劳动纠纷3起，全部办结，追回劳动报酬21000余元。2019年底完成2020年度居民医疗保险征缴25742人，完成率103.26%，超额完成征缴任务，居全县第一位。

计生卫生。2019年1-12月出生533人，其中一孩出生164人，二孩出生367人，合法生育率95.8%，性别比105.4，其中一孩性别比97.3、二孩性别比106.4，出生率14.1‰，死亡率6.29‰，自然增长率7.81‰，一孩注册153例、二孩注册218例，再生育审批10例，及时率达100%，孕情上报及时率93%以上；申报41例农村计划生育家庭奖励扶助人员，1例计划生育家庭特别扶助人员，孕前优生检测完成246人，完成率达110%，完成县分配公益奶粉2326桶。完成避孕药具免费发放和随访35665人次，在市县抽查中，药具发放及时率、知晓率、随访率、满意度均达到了100%。

（供稿人：唐文政）

首阳山旅游度假区

【政区概况】 位于昌乐县城东南部，东起昌乐—潍城界、西到首阳山路，北起劳教所北街、南至宝都街道－五图街道界，面积31.5平方公里，耕地面积8700亩，辖3个社区，11个行政村（23个自然村），1.3万人。度假区于2007年成立，2013年被山东省人民政府批准为省级旅游度假区，2015年2月9日重新组建昌乐首阳山旅游度假区开发建设管理委员会。

【自然地理】 以山地、丘陵为主。属暖温带季风气候，多年平均气温12.9℃，年平均日照时数2391小时，年总辐射124.2千卡／平方厘米。年平均降水量571.4毫米。主要自然灾害有干旱、暴雨、冰雹、霜冻、干热风、大风、雾、雷暴、沙尘暴等。辖区主要有桂河水系，发源于山秦水库，东至东南庄水库，含有刘双泉、刘宣、曹西楼、郭齐店子、老庄、姜家坊子、山秦7座水库，全长约7.2公里。

【基础设施建设】 紧抓潍坊中心城区与昌乐联动发展的新机遇，树立“产城融合、绿色发展”新理念，立足区位、生态、空间“三大优势”，规划绿色生态产业园区、和谐宜居生活社区，加快城市基础设施完善，主动承接市县大项目，着力打造宜居宜业宜学宜游的潍坊西部新城先行区。按照省级旅游度假区的标准要求，强化自然保护、推进罗泉山、元宝山生态修复、恢复自然原貌，打造城市公园。

7月27日，省党员干部现代远程教育中心副主任巴建国到首阳山社区调研党员教育、互联网党建

加强桂河河道清理整治，搞好沿岸景观建设，再造“河畅、水清、岸绿、景美”绿色长廊。将宝通街作为与中心城区对接融合的“主轴”，加速城市、生态、要素、产业有机融合，布局发展科教、文旅、康养产业。对宝通街、朱孔路沿线开展“一清理一规范”专项整治，清理违规广告牌，规范沿街商户经营行为，补植绿化苗木，优化美化路口区域环境，全面提升路域环境。实施乡村振兴路畅工程，按照农村“四好公路”“建、养、管、护”的工作要求，精心部署，迅速行动，先后投入300余万元，修建刘坤家、山秦、三官庙3个村出行道路共计2.8公里，同时加强日常管理养护，修补破损路面69处，方便群众出行，提升公路安全保障能力。坚持典型带动、示范引领，以东西南庄美丽乡村为样板，以人居环境整治为载体，深挖历史、文化、生态元素，全域高标准实施硬化、绿化、美化、净化四大工程，健全环境综合整治长效机制。积极推进乡风文明建设，建成投用1个新时代文明实践分中心，行政村新时代文明实践站全覆盖，开展移风易俗、弘扬时代新风等文明实践活动，美丽乡村建设水平持续提升。

【农业】 辖区大部分为丘陵，成片耕地面积较少，鉴于度假区土地现状，发挥区域优势，主要在农产品质量上下功夫，发展精品农业。已发展精品西甜瓜、蔬菜750多亩。2019年以来，度假区充分挖掘农业特色资源优势，学习庵上湖“党支部＋合作社”模式，引导农村土地经营权有序流转，发展特色农业种植，建设集药用、观赏、保健为一体的经济价值极高的红豆杉养生谷基地，并成功申报成为市级农业龙头企业。至2019年养生谷已投资建设阳光智能大棚108个，种植红豆杉100万株。同时以煜泉园红豆杉种植培育合作社等为支撑，大力发展新六产，补齐高端农业发展不足的短板，推动农业提质增效，着力增品种、提品质、创品牌。围绕“打好旅游牌，下好生态棋”的工作思路，大力发展乡村旅游，积极推进朱红路沿线采薇田园综合体建设。项目规划占地200余亩，是集种植区、采摘区、游乐区、垂钓区、农事体验区、露天泳池及智能棚生态餐厅为一体的新型田园综合体。整体布局作为农科院基地，潍坊青少年宫实训基地，271教育集团实训基地，潍坊市青联协会、企业家协会交流与实训基地，有种植区、采摘区、蔬菜区、大型停车场、完善的道路设施、绿色环保的房车营地、核心景观区、农家风情小筑、游乐场、垂钓区、农科院科研基地、人文艺术、农事体验及文化交流、拓展训练、真人CS等区域位置的规划。度假区内山头多林木资源丰富，现有林地总面积22000亩，宜林地面积23000亩，其中国有林地面积12000亩，集体所有林地面积10000亩，辖区森林覆盖率为46.6%。

【旅游业】 首阳山历史上也称寿阳山，是昌乐县的一座历史名山，整座山脉自西向东由官山、孤山、牛山、马山等紧紧相连的四座山峰组成，是潍坊地区最具有文化积淀的历史名山之一，海拔 266 米，后因纪念伯夷、叔齐改名为孤山。昌乐古八景之“孤峰夕照”“龙洞云开”皆出于此山。孤山顶有孤山庙和夷齐祠，孤山爷手持笏塑像端坐其中，西侧修葺一幢古朴青砖古建筑，院中四方水池已修整并放置锦鲤，整修石碑 4 座，安置焚香炉一座，四座石龟也已安放在夷齐祠门两侧，为游客乡人缅怀贤哲、祈福求安提供方便。桂河湿地公园，为国家 3A 级景区。充分尊重利用首阳山群、桂河水系原有自然地形地貌，将各种不同的水景科学合理的设置于最佳地段和位置，使公园易于养护，降低了投资，保留了原生态系统。尚岛书画院，投资 10 亿元，珍藏各类名家珍作，尚岛原名孤岛，位于首阳山南麓，与首阳山的夷齐祠同期而建，现仅存遗址，岛中有溪，绿柳盈岸，花木扶疏，一桥二塔三亭，处处有胜景，步步有奇观。尚岛天人合一，尽显自然之美，画意之境。

【社会事业】 2019 年全力推进首阳山片区拆违征收工作，17 小时完成签订协议、拆迁清场。对河道内违法建设依法依规拆除，仅用 10 天全面完成县级核查 14 处清障点清零工作，在此基础上，将河湖清障排查向纵深延伸，确定 9 处清障点，累计清除河道垃圾 2 吨，违建 7 处。扎实开展污染防治和生态修复“七大专项行动”，严查、严控非法开采矿产资源的反弹苗头性问题，严厉打击查处偷排工业固废、建筑垃圾以及盗挖废弃石灰窑窑体矿石案件，切实维护辖区生态环境。积极推进“全域禁养”，全面杜绝面源污染。加快罗泉山、元宝山破损山体生态修复，推动生态环境治理持续改善。开展“全域植绿”，突出荒山绿化、水系绿化、四旁绿化，完成荒山绿化 480 亩。开展常态化巡河防控，保护桂河水系生态环境。积极推进农村无害化卫生厕所改造。在 138 户贫困户无害化卫生厕所完成基础上推进 1007 户农户改厕工作，同步做好农村生活污水管网建设。深挖各村历史传统文化底蕴及红色资源，建设首阳山党性传习中心和东南庄村史馆，依托东西南庄连心桥，建设红色教育文化长廊，打造家门口的党性教育新阵地。实施新型农村集体经济振兴计划，11 个行政村集体经济收入全部过 5 万元，10 万元以上村达到 7 个。

社会保障方面，全面提升脱贫攻坚质量水平，重新调整帮扶责任人，落实“四个一”帮扶机制，形成上下贯通、责任到底、合力攻坚工作机制。创新开展“扶贫日”活动，每周三全体帮扶干部开展常态化入户走访，持续问难解需、政策落实。扎实开展 7 月“扶贫工作集中攻坚月”系列专项行动，对标中央重大决策和省市县部署要求，对照“两不愁三保障”“一安全六干净一规范”要求，着力破解突出问题和薄弱环节，全面提升脱贫攻坚工作实效。开展科级干部遍访督查，精准掌握帮扶成效，推动问题销号清零。全力做好扶贫对象动态调整，精准识别脱贫享受政策退出 1 户，新纳入 36 户，群众满意度持续提升。高标准高质量完成灾后重建任务，完成刘双泉、山秦等 4 座水库除险加固工作。

安全稳定，切实抓好安全生产风险分级管控和隐患排查治理“双体系”建设运行，落实安全生产网格员制度，加强安全宣传培训，各网格员常态化开展安全检查，做到隐患排查“零死角”，整改整治“零容忍”，严管重罚“零放过”确保全区安全生产形势稳定。深入推进平安建设。从上访多、班子“两张皮”现象严重的郭齐戴家庄入手，深化扫黑除恶专项斗争，“专项整治小组 + 第一书记”双向作用共同发挥，使郭齐戴家庄村各项工作趋向稳定。抓好信访维稳突出问题排查活动，盯紧上访老户问题化解，推进信访积案“清仓见底”。2019 年化解 5-10 年信访积案 1 起，2-5 年信访积案 5 起，实现积案全部清零。发掘潜在信访隐患，及时分析处理，将矛盾化解在源头。

（供稿人：刘　旗）

朱刘街道

【政区概况】 *名称来历* 朱刘地名的来历存在好几种说法。其一：桂河流经此地，因此段河道内多红岩，致水色变红，故称朱流水，后演为朱刘店。

其二：因此地近古驿道，有朱、刘二姓在此开店，故称朱刘店。其三：明代朱洪武杀山东一线，特赦驿道边有店的此村，故名朱留店，后演为朱刘店。

地理位置　朱刘街道位于昌乐县城东部，″世界风筝都″潍坊西郊，处环渤海经济圈与山东半岛城市群交汇点，区位优越，交通便捷，胶济铁路、济青高速公路、309国道、宝通街贯穿全境。济南、青岛国际机场和海港码头均在90分钟内通达，30分钟内即可达到潍坊机场。

政区沿革　1948年山东纵队一部进驻朱刘店，朱刘店宣告解放；1958年设朱刘乡，成立公社；1984年置镇；2005年3月，朱刘镇改为朱刘街道。

政区划分　2017年，朱刘街道辖都昌、朱刘店、怡和苑、魏家庄4个社区，19个行政村，35个自然村。

人口面积　街道总面积40.07平方公里，总人口3.33万，耕地面积17.25平方公里。

自然条件　朱刘街道环境优美，气候宜人，风景秀丽的首阳山，山峦起伏，林木繁盛，鸟语花香，尽享大自然无尽的福泽和恩赐。境内石灰岩、玄武岩、粘土、煤炭等款产资源丰富。潺潺的桂河从境内穿流而过。

街道名片　朱刘街道是中国电动车产业第一镇、中国减水剂生产基地、中国精细化工产业基地、中国产业园区创新力百强、山东电动车产业基地、山东省新能源特色产业镇、山东省钢结构产业集群基地、山东产业集群建设十大突出贡献镇、山东省文明单位、首批乡村文明行动省级示范街道、山东省无邪教街道、山东省生态乡镇、乡村振兴示范镇、省级卫生镇。

【基础设施建设】　提升人居环境　所有村全部高标准完成人居环境整治，魏家庄村为全市农村人居环境整治暨加强乡村治理体系建设现场会议提供现场；全面完成24个村4957户居民的农村厕改任务；5个行政村稳步推进“户户通”工程。

改善路网条件　对万山路、万福路、站北街等完成重修，团结路完成拓宽改造提升，团结路铁路桥涵完成整修，完成13条共计9.4公里的“四好农村路”、自然村通达路建设。完成辖区雨污管网改造，对朱刘片区9条道路实施雨污分流工程建设，工程总长度22000米，投资约3500万元。

河道治理　对桂河大石桥至寿光界河道进行清淤、护坡及消力池建设，清淤总长度1090米，清淤土方4万余立方。潍坊科海甲壳素、铭尚纺织等企业新上废水处理设施及建设污水处理池等，确保达标排放。

矿坑修复　朱刘矿坑生态修复及一般固废处置场项目总投资1800余万元，依托废石矿坑建设填埋场地，矿区防渗系统、防溢坝、导排系统、封场工程等，采取削高填低、平整场地、覆盖种植土等措施，2019年大东庄工矿废弃地复垦项目完成并通过验收。

【经济发展】　2019年全年街道实现规模以上工业企业主营业务收入153.78亿，实现利润2.53亿元。

工业　新能源汽车方面，比德文以绝对优势稳居行业第一，2019年先后战略重组川汽野马，成功

朱刘街道

获得轿车、高速车生产资质，这是全省第二张、潍坊市第一张牌照，比德文成为全省首个本土成长起来的全资质汽车生产企业，年产6万辆高速车项目落户，加快向高速高端转型。比德文智能制造产业园一期加速建设，20余家核心零部件配套企业意向或正式入驻。朱刘化工产业园成功获批省化工园区，为全县化工产业转型升级搭建平台。元利科技6月20号在上交所成功上市，成为2019年全省辖区第一家A股上市公司，筹集资金12.51亿元，陆续用于3个高端新材料项目建设。潍焦集团投资7亿元新建中科氢能装备产业园，2019年一期7万平方米的9个车间主体已建成，三条生产线已完成安装。山东万山集团充分利用剩余热能为城东集中供热，投资3.5亿元新上城东集中供热项目，年底前完成建设。

双招双引　2019年先后与县领导赴上海、北京、四川成都、陕西咸阳、江苏常州、河北沧州等地进行专题招商，中科氢能装备产业园、川汽野马年产6万辆高速乘用车项目、兰天高档服装面料二期、兴业空调年产50万套车身钣金件冲焊总成项目、广新汽配50万套汽车外钣金件项目、山水水泥年产100万吨水泥粉磨站等项目先后落地建设。广元药业成功申报院士学者工作站，并成功引进罗招财等5名国家千人计划专家；潍坊联信增压器股份有限公司兼职引进国家千人计划专家张玉宏教授；万山集团成功引进国家长江学者张淑芬教授，兼职引进大连理工大学李鹏廷博士；山东海氢能源科技有限公司全职引进中科院上海物理应用研究所王广华博士。

农业　东庄田园综合体整合废弃矿坑及低效农田2000亩，形成集樱桃育苗、种植、采摘、旅游于一体的现代农业园区。苗丰农场规模种植小麦、玉米等粮食作物，推动粮食种植向规模化、机械化、自动化方向发展，农场规模扩大到2000亩，基本实现高效节水喷灌全覆盖。中央、省级媒体农民日报、大众日报等对其先进经验做法予以报道，张建伟县长批示全县推广。李和百姓菜园打造农业电商新模式，形成集基地种植、检测包装、电商销售、物流配送于一体的全程可追溯的“互联网+农业”产业链，电商年销售额近亿元。

【社会事业】　文化实施全民健身设施全覆盖工程，辖区行政村实现健身广场全覆盖。新打造6处新时代文明实践场所，健全红白理事会、编制村规民约歌、统一喷涂绘制文化墙，组织开展美丽庭院创建、孝老爱亲典型评选等。先后组织送戏下乡，庆祝新中国成立70周年文艺晚会等文化活动50余场，承办全县第四届乡村旅游节开幕式和全县首届桂花文化旅游节等。

教育　辖区内教育配套设施不断完善、师资力量不断优化、校园安全持续稳定、教学水平显著提升。投资80万元为魏家庄小学铺设塑胶操场，下拨教育经费近60万元助力义务教育优质均衡县的创建，投资20多万元为魏家庄幼儿园和朱刘幼儿园进行改造提升，发放文先奖学金和贫困生救助金40多万元。

医疗　狠抓医疗质量，强化卫生院公益性，落实药品零差率销售政策；不断改善医疗服务，严格控制医疗费用，切实减轻患者就医负担；做好重大疾病预防控制工作、加强儿童预防接种信息化管理、不断推进新生儿筛查工作；对辖区范围内妇女进行免费〞两癌〞筛查等工作。

社会保障　扎实推动灾后重建，高标准完成朱刘西水库除险加固工程、都昌农田排涝工程、水毁道路重修等灾后重建项目。全力抓好脱贫攻坚，在贫困户全部脱贫基础上，开展“回头看、回头查、回头帮”行动，主要领导带头完成遍查遍访，帮扶责任人每月定期走访，先后为辖区贫困户免费发放被褥、清洁型煤等生活用品，完成贫困户危房改造56户，洁居工程共62户，确保辖区贫困户全部实现“两不愁三保障”，达到“一安全六干净一规范”标准。全面做好矛盾纠纷排查化解，街道5—10年信访积案全部化解，11起2-5年积案化解9起。加快标准化社区居民服务中心建设，朱刘店、都昌社区新建及改造的服务中心投入使用。积极营造尊老敬老社会氛围，重阳节统一组织对辖区80岁以上老人走访慰问，并发放相关慰问品。积极开展志愿服务、免费查体、文艺演出、茶话会、“孝老爱亲”典型选树表彰等一系列尊老敬老活动。

安全环保　街道全年安全生产日常巡查与“零点夜查”不间断；安委会成员单位持续专项巡查；完善“网格化监管”机制，机关干部每月拉网安全巡查；创新开展企业互评互查、本地“土”专家轮值制度等，邀请上级专家进行专业检查；由清华大学和中国人寿合作对振兴焦化进行国内首家“安责险”试点。持续环保整治提升，督促潍焦、万山等重点企业共计投入4.2亿元完成煤场焦场全密闭改造、新上脱硫脱硝等环保设施，对焦化、储煤、商混等行业进行重点清理整顿。按照全市冬春季大气污染防治攻坚会议要求，旗帜鲜明讲政治，坚决关停了振兴焦化4.3米焦炉，对万山110万吨焦化项目进行安全环保停产。

（供稿人：张晓琰）

宝都街道

【政区概况】　名称来历　昌乐县有中国蓝宝石之都的美誉，又因宝都街道地处昌乐县中心城区，是昌乐县政府驻地，故得名。

地理位置　地处昌乐县中心地带，东邻朱刘街道，西连青州市谭坊镇，南、北分别与五图街道和昌乐经济开发区相接。西北靠寿光市纪台镇。街道办事处机关现驻县城古城街26号，电话区号0536，邮政编码262400。

政区沿革　1950年为昌乐县城关区，1951年改称昌乐县第一区，1955年第一区改称城关镇，1956年城关镇并入丹河区，1958年成立城关人民公社，1982年复称城关镇，1984年5月更名昌乐镇。2006年撤销昌乐镇，设立城关街道。2013年11月改称宝都街道，将宝城街道办事处所辖的赵家埠头等25个行政村（社区）、五图街道办事处所辖的郭齐戴家庄等7个行政村和城南街道办事处所辖的宝通社区，划归宝都街道办事处管辖。2015年2月，将原五图街道划过来的7个行政村划归首阳山旅游度假区。行政区划调整后，宝都街道现辖49个行政村（社区）。

政区划分　2018年末，设有9个城市社区、3个农村社区，辖月亮湾、西湖、永康、昌盛、新昌、故城、流泉、三和、恒安、尧沟、小李家庄、埠头12个社区，包括东南村、车站、北关、西村、南关、东田、南王、东山李、东山王、曲家庄、周家庄、前东村、后东村、郭家庄、三和、南三里、五阎家庄、南流泉、北流泉、吴家池子、南萧、月亮湾、宝通、尧沟、北寺、小李家庄、东西王、夏家庄、蔡辛、北郭、南张、前营、后营、东埠周、东埠郭、刘家庄、东庄王、马家冢、大杨家庄、刘家辛、常庄、坡子、赵家埠头、付家埠头、梁庄、张家埠头、李家埠头、丹河49个行政村。

宝都街道

人口面积　2018年末，辖区面积75.97平方公里，共有人口15.6万人，民族单一，汉族为主。总人口中，农村户籍人口5.01万人，占32.11%。

街道名片　宝都街道是中国柠檬酸特色产业基地、中国电子器件散热器产业基地、全国一村一品示范镇、中国西瓜第一镇、山东省抗灾救灾先进基层党组织、山东省文明村镇、山东省消防工作“法治维安年”先进单位、山东省最具投资潜力十佳街道、山东省安全生产工作先进镇（街）、山东省生态街道、山东省最佳休闲街道、山东省旅游强镇、山东省卫生街道、山东省群众性体育工作先进单位、山东省城市社区建设示范街道、山东省妇联基层组织建设示范街道、潍坊市特色产业镇、潍坊市依法行政工作先进单位、潍坊市信访工作先进单位、潍坊市平安建设先进单位、潍坊市安全生产工作先进单位、潍坊市服务业工作先进单位。

【自然地理】　地形地貌　境内属平原区，地势平坦，略成南高北低、东高西低状，东部为首阳山，海拔266米。境内地势东高西低。

河流　境内河道属弥河水系，流经辖区的市级河流有丹河，镇级河流有尧河、猪龙河，西部丹河自南而北流贯全境。

气候　属东部温带季风型大陆性气候，四季分明，地面热量资源主要来源于太阳辐射，太阳辐射量122.2千卡／平方厘米，年辐射量的变率为3.5%，年内分配5月份最多，为15.2千卡／平方厘米，12月份最少，为5.7千卡／平方厘米。地处东亚季风区，风情变化明显，春季以南风为主，北风次之，夏秋仍以南风为主，冬季以北风为主，平均风速约2.6米／秒。年平均无霜期189天，初霜为10月下旬。

矿藏及其他自然资源　境内矿产资源主要为石灰岩，集中分布在首阳山一带。

【基础设施建设】　棚户区改造　12月份，实施并完成宝通片区棚户区改造，搬迁房屋346户。加快北关、南关、永康三个棚改安置区的续建，北关片区26栋安置楼全部竣工验收，南关片区、永康片区安置楼加快建设，全力保障按期交房、按期回迁。古城小学建成投用。

老旧小区改造　实施并完成劳教所家属院、国税局家属院2个老旧小区改造，涉及居民235户，改造面积2.4万平方米。

【经济发展】　农业　主要以大棚瓜菜种植为主，种植面积3.8万亩，年产瓜菜24万吨，是中国西瓜第一镇。建成东西王高效设施农业示范园。推动现代农业品牌化发展，现有昌乐西瓜、高家河苦菊、昌乐小南瓜3个国家地理标志证明商标。建立完善农产品质量安全追溯机制，农产品质量安全保持“零事故”。

工业　围绕重点产业，全力开展“双招双引”，签约佰欧克、京瑞奇项目2个，新上柠檬酸固废处理、年产40万吨精品柠檬酸绿色智能制造等项目3个，到位资金2.51亿元。充分挖掘经济增长潜力，新增纳统企业24家。新增恒生塑胶、瑞力生院士专家工作站2个，申报泰山产业领军人才2人，引进江南大学刘龙教授等高端人才3人。2019年，实现规模以上工业企业营业收入49.18亿元。

商贸　大力发展金融保险、科技信息、商贸物流等城市服务业，2019年，完成限额以上消费品零售额3.32亿元，同比增长2%。

财政　2019年1-11月份实现一般公共预算收入4.1亿元，同比增长8.2%，各项财政指标稳步增长。

【社会事业】　违建治理　6月份，实施并完成首阳山区域第三批次拆违攻坚，共拆除违建面积4万平方米。

国家卫生县城复审　发挥主战场、主阵地作用，从4月份开始，持续5个多月攻坚，完成国家卫生县城复审各项任务。

灾后重建、抢险救灾　加强水利设施建设，按期完成全长63.1公里的灾后重建农田排涝工程。5月底完成大、小丹河河道清违清障，共拆迁房屋337间、树木10万余棵。汛期前如期完成大、小丹河河道清违清障。科学组织抗击“利奇马”台风，众志成城打赢抢险救灾攻坚战。

农村人居环境整治 扎实开展农村厕所改造，全面完成2507户厕改任务。深入开展村庄清洁行动，清理各类垃圾3万余吨，清理闲散院子、乱搭乱建等1000余处。组织开展“好媳妇、好婆婆”评选、美丽庭院创建等乡风文明行动，推动道德教化、文化引领。全力推进农村“户户通”工作，不断完善村庄公共基础服务设施，加快建设美丽乡村。

开发问题项目化解 从12月份开始，开展问题项目化解专项行动，中心城、福乐苑、文化中心、盛港府地等7个项目实现突破性进展，完成拆迁扫尾70户。

安全环保 围绕安全生产标准化创建，着力构建“大安全”格局，政治安全、校园安全、“九小场所”安全、农产品安全、舆情安全等均保持“零事故”。从严从实抓好环保督察问题整改，加大“散乱污”企业整治力度，全面加强生态环境保护。

民生保障 以绣花功夫推进脱贫攻坚，对367户建档立卡贫困户，持续强化“两不愁三保障”和“一安全六干净一规范”标准。坚持优先发展教育，建成投用古城小学，改造完成尧沟小学。

社区运行 从健全城市社区工作体系、居民小区管理体系、规范城中村管理等方面入手，全面提升城市社区实体运行水平。推进社区大党委、社区党委实体运行，精简机关人员的20%，进一步充实到社区，在9个城市社区探索建立“社区党委—网格党支部—楼栋党小组”的组织体系，以党组织的“战斗堡垒”作用破解社区治理难题。

（供稿人：李国亮）

五图街道

【政区概况】 **地理位置** 位于东经118° 43′～119° 10′，北纬36° 19′～36° 46′之间。东与潍坊市潍城区接壤，南邻乔官镇，北接首阳山旅游度假区、宝都街道。街道办事处驻地位于南郝社区永和街361号，电话区号0536，邮政编码262405。

政区沿革 1958年成立五图公社，1984年建镇。2007年，撤销五图镇，以原五图镇的行政区域设立五图街道办事处，办事处机关驻原五图镇政府驻地。

1958年设南郝乡，属城关公社，1962年成立南郝公社，1984年改乡，1995年设镇。2005年3月4日，撤销南郝镇，以原南郝镇的行政区域设立城南街道办事处，办事处机关驻原南郝镇人民政府驻地。

2013年11月，撤销城南街道办事处，将其行政区域并入五图街道办事处。五图街道办事处机关驻地迁至原城南街道办事处驻地。

政区划分 辖曹家庙社区、五图社区、南郝社区、九龙湖社区4个社区，东耿安村、西耿安村、石人坡村、四泉村、亓家庄村、泉二头村、庵上湖村、临河村、大解召村、小解召村、跃进村、店子村、东上疃村、邓家庄村、上疃村、曹家庙村、宝石村、五图村、石乡村、老官李村、南郝社区、马家龙湾社区、河洼村、黄埠社区、七里沟社区、东平社区、崔家庄子社区、北寨社区、边下社区、南寨社区、小埠前社区、姜家洼子社区、方西村、金冯村、埠南村、池子村、韩信村、毕家官庄村、董家坊子村、

五图街道

朱家庄村、明德村等41个行政村（83个自然村）。

人口面积 五图街道区域总面积98.04平方公里，耕地面积5232公顷，人口14966户、54381人。

五图名片 五图街道被誉为“中国宝石第一镇”“蓝宝石之乡”“山东省蓝宝石产业基地”。先后获得山东省卫生乡镇、省级文明村镇、山东省优秀综治中心、山东省信访工作先进集体、潍坊市乡村振兴齐鲁样板示范区、潍坊市法治示范镇街、潍坊市“美丽庭院”示范镇街等荣誉称号。辖区内方山蓝宝石小镇为省级特色小镇，庵上湖村获得“全国文明村”“山东省休闲农业和乡村旅游示范点”“全省脱贫攻坚先进集体”“食安山东食品流通示范单位”等荣誉称号，老官李村、姜家洼子社区获得“省级文明村镇”荣誉称号。

【自然地理】 地处泰沂山脉北麓至渤海山前平原之间，属低山丘陵区，地形地貌较复杂，境内有孤山和方山等，地貌由山坡地、沟谷地、平原地带构成，大部分土地土层较薄。地势略呈西高东低，南高北低的倾向，最高点位于方山顶，海拔338米；最低点位于辛旺村北河，海拔90米。

属暖温带季风气候区中的大陆性气候，其特点是春季干旱多风，夏季雨量集中，秋季温和凉爽，冬季干冷少雪。四季分明，光照充足，无霜期长。年太阳辐射量为每平方厘米124.2千卡，年平均气温12.5℃，年平均日照时数是2619.2小时，年日照百分率为60%，全年平均无霜期为190天。

境内矿产资源十分丰富，已探明的矿产资源有蓝宝石、煤炭、膨润土、油页岩、石灰石、玄武岩等十几种，其中蓝宝石有矿面积54平方公里，总储量3亿克拉，是亚洲最大的蓝宝石矿床，被誉为“中国宝石第一镇”。煤炭和油页岩储量丰富，油页岩储量达10亿吨以上。

五图街道现有中型水库一座（南寨水库）；小型水库19座，其中小（一）型水库5座，小（二）型水库14座，总库容2473万立方米，兴利库容1100万立方米。流经五图街道的河流共有7条：大丹河起点韩信村、终点马家龙湾社区，长5.1公里；小丹河起点小埠前社区、终点崔家庄子社区，长7.1公里；大圩河起点大解召村、终点西耿安村，长6.9公里；小圩河起点响水崖子村、终点辛旺村，长7.8公里；尧河起点南高村、终点后董村，长2.6公里；店子河起点前店子村、终点辛旺村，长4.8公里；淮河起点老官李村、终点老官李村，长2公里。

【基础设施建设】 **道路** 2019年，街道新建、拓宽、罩油“四好农村路”共9条24.6公里，截至2019年底，共完成20公里。打造完成祥云路、响水崖子—后坡、响水崖子—邓家庄、朱红路、九龙湖大坝—九龙湖社区—五虎山5条示范路段。重建南郝大桥、庵上湖村西桥、官地村南桥、韩信—刘府桥，更好方便群众出行。

造林绿化 组织开展植树造林及育苗工作。2019年，全街道共植树1300亩，育苗1400亩。

镇村规划建设管理 编制完成庵上湖、毕家庄、任家庄、老官李等21个村的村庄规划。

2019年，借“大棚房”清理的大形势，五图街道对辖区内的疑似“大棚房”问题进行了全面深入的排查，针对排查过程中发现的重点问题，逐一整改。在3月30日、31日，组织机关干部、村干部200余人，对马山农业产业园等10处疑似大棚房、违法占地建设重点问题进行了集中拆除。4月8日，按照国家、省大棚房检查组的标准要求，对曹家庙、庵上湖进行高标准整改、复耕到位。2019年累计拆除违法建设14300平方米。

【经济发展】 **工业** 2019年，街道工业企业共有288家，工业规模以上企业31家，新增纳税过百万元企业13家，“双招双引”工作实现高层次人才引进6人、科研院所3处，“万人计划”戴祖云在“创业齐鲁、共赢未来”创业项目比赛中获得优胜奖；储备总投资约20亿元的鲁中智能制造孵化基地项目、北方系统门窗产业基地等7个项目，完成固定资产投资8亿元。形成了塑料、织带、电子散热器、门窗、兽药五个产业集群，其中塑料企业53家，产值10亿元，占全国份额的20%；织带生产企业32家、产值2亿元；散热器生产企业13家，产值1亿元，占全县40%；门窗家居企业29家，年产值2亿元；兽药企业4家，与高等院所、高端人才合作，致力于无抗化、微生态、仿生学等领域的新技术研发，生产技术达到国内行业领先水平，实现了畜禽水产的生态化、无抗化养殖。

农业　2019年，五图街道设施栽培瓜菜达3.2万余亩，其中高温棚面积1500亩。重点打造南郝辣椒、邓家庄西瓜及甜瓜、庵上湖韭菜、官地葡萄、方山苹果、解召黄桃等产业品牌。南郝辣椒上市时间早、营养价值高，种植面积达15000亩，年产辣椒80000多吨；邓家庄西瓜汁水丰盈、甘甜清爽，甜度最高能达到16.6；邓家庄甜瓜肉质细腻、口感清甜；庵上湖韭菜叶片宽大、营养丰富；官地葡萄含糖量高、肉硬皮薄；方山苹果栽植在方山特有的火山灰土质上，山泉水灌溉，皮薄多汁，口感甜脆；解召黄桃种植面积八百亩，品种多，可从六月中旬到十月下旬不间断上市，所有产品全程按照绿色无公害标准生产，品质上乘。截至2019年底，五图街道三品一标认证品种达到80多个，庵上湖瓜菜成为山东省知名品牌。庵上湖村党支部书记赵继斌荣获潍坊市市长质量奖。

乡村振兴　五图街道围绕打造乡村振兴齐鲁样板这一目标，按照“片区示范、全域提升”的要求，加快推进方山—庵上湖片区规划建设。片区坚持“典型引路、示范推进”的发展路径，布局“一镇两区三带”，强化党建引领，积极推广庵上湖村庄振兴经验，充分发挥乡村振兴学院的促进作用，加快片区各村“五个振兴”。聚焦产业兴旺，培植乡村振兴“新六产”。庵上湖绿色瓜菜越做越强，合作社种植面积已达1200多亩，社员户均年收入达到12万元。邓家庄新建占地31.5亩的5个半高温棚，与原有的37个高温棚错季销售。方山果园11000余棵苹果树茁壮成长，实验田里结出硕果。归源山庄创新南果北种，猕猴桃、火龙果、草莓等水果不同季节压茬上市。结合特色农业基础，片区积极发展乡村旅游、采摘观光等新兴业态，方庵片区成为市郊游玩采摘好去处，实现第一产业“接二连三”。立足项目支撑，引领澎湃发展新动能。投资1.3亿元，建设田间地头上的农业培训基地—乡村振兴学院；坐落于片区腹地的亚太中慧循环农业扶贫项目，集生态农业、循环农业、观光农业于一体，每年向全县贫困户分红。深化高校合作，打造科技发展新高地。山东农业大学、昌乐县政府、省驻昌乐县乡村振兴服务队顺利达成合作协议，三方将围绕方山—庵上湖乡村振兴示范区建设发展，积极在区域振兴、现代农业发展、职业农民教育等方面进行战略合作。2019年，山东农业大学已在归源山庄设立了设施农业病虫害生物防控研究基地。提升颜值内涵，建设美丽宜居新农村。集中力量实施“1011”工程，即打造大解召、邓家庄等10个美丽村居示范村、1个老镇区综合整治示范工程、1条乡村旅游精品示范路线，以点带面实现全域人居环境大提升、大改善；结合省级美丽村居试点，在庵上湖全村实行“六化七改”工程，进行村庄硬化、绿化、亮化、畅化、净化、美化，整村一步到位实施改厕、改水、改气、改电、改厨、改暖、改养，为全县美丽乡村建设提供示范。

【社会事业】　教育　2019年，五图街道共有小学3处，分别为五图街道小学、邓家庄小学、九龙湖小学。公办幼儿园6处，分别为五图街道城南幼儿园、邓家庄幼儿园、石人坡幼儿园、龙旺幼儿园、九龙湖幼儿园、官庄幼儿园。民办幼儿园一处，为快乐行知幼儿园。五图街道小学、邓家庄小学为市级示范校，五图街道城南幼儿园、邓家庄幼儿园均为省级示范园。2019年五图街道持续增加教育投入，投资45万元为邓家庄小学、九龙湖小学硬化了校内外道路，投资15万元绿化了学校校园，并新建了教师停车场。五图教管办被评为“潍坊市中小学建设先进单位”。2019年为教育教学质量大幅提升的一年，在年底期末教学质量监测中邓家庄小学名列前茅，九龙湖小学和五图街道小学均提升十个名次以上，街道整体教学质量进入全县先进行列。五图街道邓家庄小学被评为“山东省教育系统先进集体”。九龙湖小学被评为“潍坊市零投诉学校”，五图街道小学被评为“昌乐县关心下一代先进集体”。

文化　2019年，五图街道全面提升41个行政村基层综合性文化服务中心建设，对文体广场和健身器材进行普查、定位、系统上传，不断完善公共文化服务体系。精心开展了书法展、方山越野跑、广场舞大赛、西甜瓜科技博览会开幕式演出、太极拳培训、送戏下乡、新农村文艺汇演、元旦文艺晚会等文体活动61场。不断加强文艺队伍建设，新成立3个庄户剧团。搞好文化遗产开发保护，在岳辛庄发掘出一盘保存完好的明末清初榨油石碾，为昌乐古法榨油技艺提供了实物佐证。组织街道两名手工艺人参加昌乐县举办的首届传统手工艺创意设计大赛，其中，年画艺人刘国华的非遗传承事迹登上学习强国山东学习平台及全国学习平台。

医疗卫生　重视医疗保障，辖区内共设置57处村级卫生室，为辖区50323名群众建立了居民健康档案。全面落实公共卫生服务项目，为全镇65岁以上老人进行免费查体，为35至64岁妇女进行免费“两癌”筛查，全年完成孕产妇建档管理670人，完成新生儿建档管理675人。

2019年10月，昌乐县五图街道城南卫生院更名为昌乐县五图街道卫生院，原昌乐县五图街道卫生院更名为昌乐县五图街道卫生院马山分院。

民政　做好社会救助工作。新办理低保户23户39人，新办理特困供养人员10户10人。办理临时救助71户170人，发放救助金34.9286万元；办理医疗救助19户48人，发放救助金5.6448万元。在低保核查中，共清退低保户54户59人。完成残疾人信息采集1004人；发放残疾人康复器具57件；办理残疾人学生及贫困残疾人子女助学金70人，发放资金2.5025万元；办理残疾人两项补贴112人，发放资金18万元。

脱贫攻坚　2019年，五图街道建立扶贫工作长效机制，推动干部力量下沉，每名帮扶干部包靠3-4名贫困户，每月至少两次前往贫困户家中帮扶，以此常态化巩固脱贫攻坚成效。2019年，共帮助5户贫困户重建房屋、285户贫困户及时修缮了房屋，为215户清理了户内外卫生，帮助155户置办了生活必需品，对9个村进行自来水改造，为南寨村、池子村等24个村安装直饮水站，并为村内所有建档立卡户发放免费水卡。严格落实较真碰硬督查考核机制，成立由科级干部、扶贫办、纪工委组成的7个检查组，对所有建档立卡户挨村挨户“过筛子”，全方位盘点政策兑现、措施落实、帮扶成效、群众认可度等，创新实行“督办单”工作制度，以督办单的形式列清需整改问题，明确社区、村、帮扶干部责任，相关责任人根据督办单严格落实整改，直至问题销号。探索推进村集体托底的集中扶贫机制，在庵上湖等村建设幸福院，贫困户集中入住后，吃有管、住有管、生病有管、丧葬有管，手里还有余钱，走出了村级集中扶贫、托底扶贫的新路子。科学推进扶贫项目机制，充分论证设立扶贫项目，运行后科学调度，搞好后勤服务，帮助经营单位规范运营，亚太中慧循环农业综合体、庵上湖温室大棚、响水崖子旅游采摘等项目2019年为46户享受政策贫困户分红12.5万元，运行良好。

环保　坚决守好生态环保底线，全力巩固中央省市交办督查的15起案件整治成果。强化对53家塑料企业异味、25家散煤点治理，确保了空气质量。三天时间完成方山国家森林公园养殖棚拆迁，还百姓以绿水青山。强力推动散乱污企业整治，彻底关停取缔24家，停电限期整改70家，并进一步健全社区、村属地日常排查、相关部门联合执法、治理合规复工的工作体制机制，实现散乱污企业整治的常态化、长效化。

人居环境整治　2019年，五图街道高度重视人居环境整治工作，印发《人居环境整治三年行动实施方案》，设施农业种植区、街道驻地及南郝工业园区、九龙湖生态区、方山—庵上湖乡村振兴示范区四大片区同步推进，全域开展人居环境整治行动。重点开展村庄清洁攻坚，在彻底清除“四大堆”、提升村容村貌的基础上，将清理车库车棚、乱搭乱建、闲散院子断壁残垣作为重点攻坚，共清理“四大堆”3455处，清理断壁残垣和闲散院子427处、乱搭乱建997处，规范农业生产垃圾暂存点8处。在集中整治的同时，街道同步制定了人居环境整治积分制长效机制，实行网格化管理、积分制考核、红黑榜制度。所有村庄共建立起342个网格，实现网格全覆盖；街道每季度对所有社区、村庄进行一轮积分考核，兑现奖惩；各村组织对网格、农户的环境卫生情况进行积分考核评比，并设立红黑榜进行张榜公示。

（供稿人：刘冰清）

乔官镇

【政区概况】 名称来历　乔官镇古名为长寿街，明代乔姓官人赴任途中卒于此，遂改名为乔官；清代为乔官厂；民国19年（1930年），为昌乐第四区；解放后沿用乔官地名至今。

地理位置　乔官镇位于昌乐县中部，东邻营丘镇，西靠临朐县、青州市，南连鄌郚镇、红河镇，北与五图街道接壤，镇区距胶济铁路18公里，距济青高速公路21公里，西距济南170公里，东距青岛160公里，大沂路S224、胶王路S325、潍临路S223等数条省道交织贯穿，是连接山东半岛东西部的咽喉要地，地理区位优势十分明显。

政区沿革　1948年5月全县解放，设立乔官区；1958年分为乔官、北展两乡，9月合并为乔官人民公社；1984年改为乔官镇；2001年3月9日，原北展镇合并至乔官镇；2007年末，原北岩镇合并至乔官镇。现乔官镇包括原乔官、原北岩、原北展、原青龙四个乡镇。

政区划分　乔官镇辖乔官、北岩、梁家庄、北展、南音、青龙、方山7个社区，73个行政村，158个自然村。

人口面积　2019年末，乔官镇户籍人口9.1192万人，26993户，镇域面积194.94平方公里，耕地面积12.40万亩。

乔官名片　国家级生态镇、全国普及基本医疗卫生制度试点镇、全国村务公开民主管理先进镇、中国塑料包装制品加工出口基地、山东省塑料加工基地镇、山东省木质板材产业集群、山东省省级中心镇、山东省省级文明镇、潍坊市小城镇建设管理先进乡镇、潍坊市绿化示范镇、山东省省级特色景观旅游名镇、山东省乡村旅游示范镇、潍坊市市级森林镇。

【自然地理】 乔官镇地处山东半岛内陆，属北温带东亚季风区大陆性气候，半湿润季风气候区，季风影响较为明显。境内山岭岗丘较多，属低山丘陵地貌类型，区内丘岭整体特征是坡度平缓，高而不陡，整体地势由南向北逐步倾斜。南部和中部局部为浅山丘陵区，北部大部分地势较为平坦，为丹河水系冲击而成。镇驻地地势比较独特，北面及西南面由浅山丘陵环绕，中部有梁家庄水库，形成“山环水绕”的独特城镇空间格局。土地可分为山地、丘陵、平原三大组合地貌；有中山、低山、丘陵、缓丘、山前平原五个地貌类型，海拔均在400米以下，境内南部大小山丘绵延不绝，多为南北走向，最高山峰为乔山，海拔359米，地处镇域中部。地质构成主要为石灰岩、玄武岩、砂页岩、火山岩等出露地表构成。乔官镇境内河流隶属丹河水系，水资源较为丰富，主要河流有丹河、猪河、东大河等。有荆山水库、梁家庄水库、常家庄水库等24座水库，塘坝总数123个，水库水源保护较好，水质良好。

【基础设施建设】 2019年乔官镇继续加大基础设施建设力度，在重点提升镇区形象的同时，积极做好路网、绿化、学校、水利、党建办公场所等基础建设，方便群众生活。

实施路网建设提升工程　推进“四好农村路”建设，新建改建农村公路23.1公里，2019年已全部完工，便利了群众出行。大力实施农村通户道路工程，一期共实施31个行政村，总里程110公里，受益人口约2.4万人。

生态发展　扎实推进镇级污水处理厂改造升级，实现了正常运行。出台《关于开展散乱污企业专项整治的实施方案》，开展了为期三个月的专项整治行动，共清理取缔“小散乱污”企业20余家。扎实开展“大棚房”专项整治行动和违建治理工作，莲花山圆满完成上级下达的整治任务。积极开展乡村文明行动，深化城乡环卫一体化，推动移风易俗，打造了一处新时代文明实践中心和4处新时代文明实践站所，顺利通过了省第三方机构的测评。兴隆村通过省级美丽乡村示范村验收，土埠沟村获省级森林村称号，乔官镇被评为市级森林镇。

改造提升校园环境　投资110万元，硬化、美化、绿化校园1.38万平方米，校园内道路和活动场地全部硬化，操场草坪全部竣工；投资30万元，为北展幼儿园扩建9间教学用房。北岩小学、北展小学、青龙小学和乔官小学教学楼均已投入使用。

党建场所高标准改造　投资650余万元，高标准改造提升了村级办公场所，行政村实现了村级办公场所全硬化，服务基层能力大为提升。投资100余万元，依托火山口博物馆、为农服务中心，打造了2处党性传承中心，为全县主题教育提供了有效载体，共接待县内、外地学习100余批5000多人次，市政协主要领导给予了充分肯定。投资650余万元，高标准改造提升了村级办公场所，行政村实现了村级办公场所全硬化，服务基层能力大为提升。

【经济发展】　2019年，乔官镇紧紧围绕县委、县政府总体工作部署，抓住昌乐县“南拓东进”和产城融合的战略机遇，全面贯彻“五个一批”工作要求，紧盯节点、打造亮点、突破难点，全镇经济社会发展迈上新台阶，1-12月份，全镇完成财政总收入6474万元，实现地方财政收入4510万元。

动能转换走出新路子　针对乔官、北岩、北展三个工业园区，成立三个服务专班，建立重点项目代办员制度，为企业经营和项目推进提供“一对一”服务。加快德润化工传统产业向现代智能装配的转型升级步伐，德润绿建已引入企业3家，逐步完善产业结构，形成完整产业链条。持续壮大永顺泰3000吨深色麦芽项目，已成为全国最大特种麦芽生产基地；泰沣塑料等11家企业成长为规模以上企业，金大正等4家企业纳入重点培养。投资3800万元的华植保健食品及食品添加剂项目建成，认定省外资金2300万元；引入国家千人计划李伟教授、山东大学李世振教授、山东农业大学刘玉升教授。资本市场发挥作用明显，泉江木业、宏达木业等12家企业在潍坊五板资本市场挂牌，乔新食品在齐鲁股权交易中心挂牌。积极协调伯斯奥玄武岩纤维项目等10个重点项目落实落地，培育了经济发展新动能。

乡村振兴打造新高地　2019年乔官镇重点打造“两带三片区一中心”特色农业布局。依托大猪河、丹河两条生态经济带，五棵松田园综合体已成为阿里巴巴山东省首家未来农场、“淘乡甜”牌农产品标准示范基地，拥有“黄金籽”等4个注册商标，“黄金籽”西红柿获绿色食品认证；卧虎山农业示范园新申报9个“三品一标”农产品认证。成功举办了古火山小镇2019文旅汇·第二届土埠沟民俗桃花节，搭建起乡村旅游新平台。总投资1600余万元的乔官为农服务中心综合办公楼已建成投用，依托该中心大力发展“互联网+”农业，日销售额达到3万多元，正在完善冷链、仓储、物流、交易等设施。立足火山资源禀赋优势和农业产业发展基础，依托为农服务中心订单农业和自然邦电商直播平台，整合火山小米、黄金籽西红柿、火山大樱桃等火山品牌以及土地、劳动力等资源，组建火山农业产业联盟，打造火山农业特色农产品供应主体，建成农民、村集体和运营商三者一体的共同利益链条体系。启动“乡村赋能”社交电商平台，把产品销售和精准扶贫结合起来，通过链接贫困户，将每一单交易的部分利润直接分配给贫困户，实现精准扶贫。实施强村富农工程，与16个村达成协议，同北京健力源公司签订10万斤小米供应协议，每个村集体可增收10000元。

【特色产品】　昌乐火山甜瓜　昌乐火山甜瓜是潍坊市昌乐县特色产品，已有170多年种植历史，具有皮薄，瓜甜、香、脆等优良特征，并含有蛋白质、脂肪、多种矿物质和维生素，营养丰富，是夏令消暑瓜果，果肉可生食。2019年，昌乐火山甜瓜种植面积2.8万亩，年产量7.2万吨，产品畅销北京、山西、东北、青岛等地区。

昌乐火山樱桃　昌乐火山樱桃是潍坊市昌乐县特色产品，已有190多年种植历史，具有个大、核小、

（乔官）火山标志

10次，承办了全国第二届弹弓友谊赛，成功举办第五届农民乒乓球文化节和第二届桃花节及市级弹弓比赛、县级骑行比赛、镇级环山跑和镇级足球赛等重大文体活动。响水崖村作为省级乡村记忆工程，县进行了材料收集和实地考查，现在已经全部完成。

脱贫攻坚工作顺利推进　5个省定贫困村，享受政策的845户、1368人贫困户全部脱贫，17个扶贫项目全部正常运营，脱贫攻坚工作取得群众满意效果。

色泽鲜艳，鲜嫩多汁、果肉细腻、入口甜美的特点。樱桃中还含有维生素B、C及钙、磷等矿物元素，营养丰富，既可以鲜食，又可以进行加工。2019年，昌乐火山樱桃种植面积1.2万亩，年产量1万吨，产品畅销北京、上海及江浙等地区。

昌乐火山南瓜　昌乐火山南瓜是潍坊市昌乐县特色产品，昌乐火山南瓜营养丰富、口味独特，成熟的果实经烘烤或蒸熟后，口感香甜，面度高，富含胡萝卜素、维生素、植物蛋白等营养物质，老少皆宜，深受当地人们的喜爱。

昌乐火山西红柿　昌乐火山西红柿是潍坊市昌乐县特色产品之一，昌乐火山西红柿呈微扁圆球形，脐小，肉厚，味甜，汁多爽口，生食、熟食均可，具有减肥瘦身、消除疲劳、增进食欲、减少胃胀等功效。2019年，昌乐火山西红柿种植面积1.86万亩，年产量6.8万吨，畅销北京、上海、广州、东北等地区。

【社会事业】　抗击台风做好灾后重建　在2019年“利奇马”台风影响中，乔官各级领导干部始终坚守在抗洪救灾、灾后重建第一线，完成91座桥涵、45条道路恢复重建，231处危房维修及重建及18个小型水库除险加固工程和26个单村供水自然村的供水管网改造工程。

积极开展文化体育活动　新增高标准文体广场9个，协调配套文体设施49件。举办大型文体活动

社会治理呈现新面貌　强化社会治理实体化运作，共建成镇级综治中心1处、社区综治中心6处、村级综治中心73处，实现了行政村全覆盖。积极推进雪亮工程建设，改善添置高清数字摄像头1738个，实现村庄、企业、重点区域“雪亮工程”100%全覆盖。全镇划分网格169个，配备网格管理员169人，高标准建成镇、社区、村三级监控治安巡查平台，年内共排查矛盾纠纷隐患31人，成功化解28人；安全生产隐患1134条，已全部化解。积极化解信访积案，年内化解5-10年积案1起、2-5年积案11起，实现了信访“零积案”。

（供稿人：刘松涛）

营丘镇

【政区概况】　营丘镇位于昌乐县东南部，东邻坊子区坊城街办、坊子区经济开发区，南与安丘市新安街道、昌乐县红河镇接壤，西接昌乐县乔官镇、五图街道，北与潍城区望留街道毗邻。镇政府驻马宋村，距昌乐县城32.8公里。

镇域面积218平方公里，辖64个行政村、28403户、人口9.87万人，耕地面积12000公顷。先后荣获中国草莓之乡、国家级生态镇、中国拖拉机基地镇、中国最美生态文旅小镇、山东省文明镇、山东省环境优美乡镇、山东省特色产业镇、

白浪河湿地公园

山东省平安农机示范镇、山东机械铸造第一镇、山东省百亿产业集群镇、潍坊市文明镇、潍坊市绿化示范镇、潍坊市平安建设先进镇、潍坊市环卫一体化工作示范镇、潍坊市第一批中医药特色小镇等诸多荣誉称号。

【自然地理】 营丘镇位于鲁中垄断区边缘和沂沭强地震带上，属侵蚀性丘岭区。地貌分为低山、丘陵、平原三大类型，整体地势为南高北低，西高东低。大部分区域在海拔40-150米之间。

镇域境内沟谷纵横，河流众多，主要分为白浪河水系和汶河水系，较大的河流有白浪河、孝妇河、猪河、龙丹河、阿陀前河、金钗河、马宋河等。河流呈季节性山洪河道特点，汛期暴涨阻路，平时涓涓细流，旱时干涸。

【基础设施建设】 *群众服务场所建设* 投资5000万元的为农服务中心项目已全面开工建设，投资7600万元的中心卫生院项目主体工程已基本完工。全面加强阵地建设，投资190万元，新建村级办公场所9处，硬化办公场所院落33处，整顿2个软弱涣散党组织，新成立“两新”组织2个，打造县级“两新”组织党建示范点1处，基层党组织的战斗堡垒作用不断强化。

镇村基础设施建设 全面完成62.8公里“四好农村路”和灾后道路桥梁重建工程。新铺设天然气管网6.2公里，完成旧管网改造4公里，完成崖头园区管线工程，全镇天然管道累计已达29.5公里。在上级补偿资金未到位的情况下，用时7天完成南绕城高速560户、1000亩土地的征迁任务。完成河头和崔家庄两个烟站的土地回收工作。完成了309国道11个村、374户房屋、7处企业厂房、3处加油站及31户沿街门店的拆迁任务，保证了项目顺利通车。

农村人居环境 编制完成白浪河乡村振兴示范区总体规划，为全面提升镇域科学发展水平奠定了坚实基础。完成河头和崔家庄两个烟站的土地回收工作。始终坚持以人民为中心的发展思想，投资5000万元完成西赵村119套平房、118套二层楼房的安置房建设，已搬迁安置220户。

【经济发展】 2019年，全年实现产值21.3亿元，同比增幅13.4%，主营业务收入21.1亿元，同比增幅9.4%，实现利税1.13亿元，同比增幅4.1%。完成固定资产投资完成13.58亿元。

工业 深入实施“产业兴镇、工业强镇”战略，创新体制机制，新动能成长明显加速，全镇工业经济实力和竞争力显著增强。一是完善项目推进服务机制。创新了实施重点工作项目化、重点项目具体化、目标任务责任化、责任落实机制化“四化”工作法，对每一个重点项目明确包靠领导，压实工作责任，倒排工期，同步推进。大北农、和生源等投资过亿元项目相继开工建设，英皇啤酒、太公樱园等项目2019年成功投产。二是搭建项目载体平台。加快马宋装配式建筑产业园的建设步伐。完成崖头、河头工业园区2个110KV变电站配套工程建设，保障了企业的用电需求。营丘大学生创业基地累计入驻企业100余家，累计实现税收2300多万元。三

丛闫村扶贫产业项目

是营商环境不断优化。成立“双招双引”工作专班，开展产业链招商和点对点精准招商。结合“不忘初心、牢记使命”主题教育，在全镇开展党员干部“包村、帮户、联企”活动，送政策上门、送服务上门，帮助企业协调解决用地问题、矛盾纠纷等问题80余个，全镇营商环境不断优化。

现代农业　一是加快重点农业项目建设。将重点农业项目建设和土地流转作为实现乡村振兴的重要支撑。完成蟠龙山生态修复工程2500亩土地流转工作，中草药种植基地项目流转土地1500亩，千亿斤粮食项目顺利通过县级验收。全面完成镇区水系建设和马宋东河设施修复工程。完成寺后村美丽乡村建设项目、3个财政奖补农业项目和太公樱园田园综合体项目。完成7个高效农业大棚、1个高温育苗大棚、1个玻璃温室大棚3个财政奖补农业项目建设；太公樱园田园综合体建设25个樱桃大棚，占地1110亩，雇佣周边50名群众作为职业农民入园打工，项目5月份建成投产。二是发展壮大集体经济。以提升基层组织力为重点，深化“党支部+”模式，不断壮大村级集体经济，实现了集体经济收入5万元以下的村庄全部清零，集体经济收入过10万元的村达到41个。

【社会事业】　脱贫攻坚　完成266户贫困户危房改造，新安装自来水123户，为25名贫困户子女落实“雨露计划”，为129户办理“富民生产贷”，为2户贫困户办理了“富民农户贷”，为30名残疾人员办理残疾证并落实残疾两项补贴，为259户贫困户分配项目收益51.48万元，全市脱贫攻坚现场会在我镇召开。

教育卫生事业　完成阿陀小学、崔家庄小学、崖头小学、河头小学、营丘镇中学5处学校的道路、绿化等配套工程，并投资205万元对崖头小学操场和篮球场进行塑胶改造。为支持教育事业发展，2019年发放太公助教金50.4万元，发放教师遗属生活补助金124.7万元、死亡抚恤金154.8万元。

文化　以积极培育和践行社会主义核心价值观，大力弘扬中华优秀传统文化为目的，以挖掘姜齐文化、孝文化等一批特有资源潜力为抓手，全面打响营丘文化品牌。全国首届李成山水画展在我镇成功举办，进一步丰富了群众的精神文化生活。成功举办第八届姜太公文化节暨第二十九届桃花年会、古城村民俗文化节等一批群众文化活动，接待游客30万人次。

社会治理　狠抓信访积案化解。化解上级交办我镇重点信访积案15件。圆满完成新中国成立70周年安保维稳任务，没有发生一起重点信访人员进京上访丢丑滋事案件。高度重视政务热线受理工作，全年共受理政务热线1853件，一次办结率95%以上，群众满意度90%以上。全面抓好安全生产和生态环保工作。对玻璃钢生产企业进行行业升级，打造了玻璃钢标杆企业，全县玻璃钢生态环境整治工作会议在我镇召开。扎实开展“百日安全生产专项整治行动”，关停19家高耗能企业、1处非法加油站点、1家小化工企业、1个非法炼油厂，对101家小散乱污企业实行了“两断三清”。中央环保督察“回头看”交办的16起案件和省环保督察“回头看”反馈的15起案件全部完成整改销号。

（供稿人：袁康运）

红河镇

【政区概况】 名称来历 红河镇驻地红河村，村前有自西向东流淌的河流，因其少砂，红泥河底，水呈红色，而称红河。村沿红河而命名红河村，红河镇亦沿用村名迄今。红河镇人文历史发展久远，夏朝为季荝国辖地。商殷时代，为逄国辖地。周朝初，封姜太公吕尚于齐国，都营丘，红河镇属齐都营丘的邦畿之地。春秋战国时，为禹后东楼公后裔九世成公封地。西汉时，属营陵侯将军刘泽封地。东汉、三国魏初，辖平原地域，属朱虚侯国，隋朝属营丘县。唐武德六年，划入安丘县。宋、金、元、明四朝，均属昌乐县。清和民国时属安丘县管辖。

地理位置 红河镇位于昌乐县南部，与安丘市相邻，潍红路、唐荆路贯穿全境，距县城35公里，北靠省道胶王路，距胶济铁路、济青高速公路、309国道、潍坊机场均40公里左右，距济南、青岛均200公里。

政区沿革 红河镇1948年6月划归昌乐县，始称清泉区，1951年改称为昌乐县第十一区，1958年1月份为红河、平原两个乡，9月合并成立跃进公社，1960年更名为平原公社，1981年更名红河公社，1984年5月体制改革分为红河镇、平原乡，1994年平原撤乡设镇，2001年3月区划调整将平原镇并入红河镇，2007年9月区划调整将朱汉镇并入红河镇，镇政府驻地不变。

政区划分 红河镇辖红河、宅科、平原、朱汉、成官、店子6个农村新型社区，149个自然村。

人口面积 人口11.6万，镇域总面积194.5平方公里，耕地面积16万亩。

红河名片 全国重点镇、国家级生态乡镇、国家卫生乡镇、全国农业产业强镇、全国创建文明村镇工作先进村镇、中国美丽乡村建设示范镇、中国最佳新型城镇化特色小镇、中国乡村振兴示范镇、山东省先进基层党组织、山东省“百镇建设示范行动”首批示范镇、山东省乡村振兴“十百千”工程示范镇、山东省森林乡镇、省级中心镇、省级文明镇、省级生态镇、省级卫生镇、山东食品产业第一镇、山东省耕地保护激励乡镇、潍坊市社会治安综合治理先进镇、潍坊市创建国家食品安全示范城市工作先进集体、市级创业型镇（街）、潍坊市乡村振兴示范区等荣誉称号。

【自然地理】 红河镇地势西高东低，地形半丘陵半平原，年平均降水总量619毫米，年平均气温19.5摄氏度。境内有汶河、红河、白浪河等11条河流，西邻国家大型水库-高崖水库，地下平均水位15米，林木、大姜、花生、大棚瓜菜、果品、肉鸭以及铁矿石、磁石、河沙等资源丰富。

红河镇幸福广场

【基础设施建设】 开展美丽镇区攻坚行动，对红河、平原、宅科3个老镇区驻地改造提升，累计硬化道路2500余米，开挖排水沟2300余米，建设2处街心公园，整改乱搭乱建、乱停乱放等问题2.1万个，集中优势资源，进一步提升中心社区公共资源服务水平，为打造中心社区打好基础。聚焦聚力农村“七改”，加快补齐农村人居环境突出短板，全镇共清理“三大堆”等垃圾1.2万处，清除废弃房屋241处，拆除乱搭乱建等2100余处。进一步加强农村基础设施建设，对全镇9740户旱厕改造户进行“回头看”，对存在问题的1546户进行整改提升。新设4处镇级、75处村级农业垃圾暂存点，铺设农村排水管道25公里。把灾后重建作为一项重要的政治任务、民心工程，全镇65座水毁桥梁、2条水毁道路在全县率先建成通车。5月31日小下坡整村迁建工程在全市率先竣工验收，仅用18个小时就完成全村94户群众的协议签订及房屋腾空，并完成所有安置群众的分房选房以及旧村拆除工作，旧村土地复垦同步推进，在全市率先整体性、彻底性的完成整村迁建。全力做好“利奇马”防汛防台风工作，在汶河水位暴涨，几近溃坝的危急情况下，紧急转移群众3600余名，第一时间完成汶河大坝南于段等4段抢险工作，全镇未出现一人伤亡，整体损失较去年大幅下降。

【经济发展】 2019年，全镇完成地区生产总值33.63亿元，同比增长5.8%；第三产业增加值达到15.98亿元，同比增长7.8%。

农业 坚持大片区开发理念，以白浪绿苑乡村振兴示范区建设为抓手，以点带面，聚集成片。重点引进了投资3.5亿元，占地2200亩的荣华环水岭田园综合体项目，在全市首创“下挖式”建棚方式，顺利迎接了全市乡村振兴和“双招双引”观摩点评。抢抓省、市、县创新提升“三个模式”的重大机遇，成功申报国家级农业产业强镇、山东省耕地保护激励乡镇，累计争取上级奖补资金1000万元。扎实推进韩家集子美丽乡村建设，高标准通过省级验收。全力推进科技兴农，积极承接北京大学、省农科院科研项目，肉苁蓉、藜麦等新品种试种成功，召开全省试种推广现场推进会议。

工业 骨干企业提质增效，乐化集团水性漆项目投产达效，瀚星叶绿素被评为“省行业隐形冠军”，世宇生物科技有限公司获得了欧盟产品许可证，产品顺利出口欧盟。坚持把“双招双引”作为推动高质量发展的关键一招，先后到北京、济南、青岛等地招引项目和人才。2019年，金锣肉制品万吨生肉加工、利旺种养循环体等3个项目投产达效，新签约和旺种养循环体、金凤岭农业综合体等项目，全镇招商引资到位资金9.46亿元。招引泰山学者刘庆忠、农业博士厉光辉等国家B类高端人才2个C类高端人才8个，并与中科院微生物研究所建立合作关系。

第三产业 积极发展农村电商、休闲旅游业、商贸物流、生态康养等业态，开工建设了福龙马园乡村旅游、东方医养结合体等项目。建设了韩家集子、上皂户等美丽乡村，建立城市园丁研学游基地，打造了白浪河旅游风情带，大力发展以旅游业为龙头的服务业和第三产业，实现工业经济和服务业的协调发展。

【社会事业】 民生事业 2019年，坚持以人民为中心的发展思想，四好农村路5条、18.8公里，三年攻坚道路38条、50.3公里全部完工。扎实开展“户户通”道路修建工作，2019年已完成胡家官庄等16个村建设任务。坚决打赢国家卫生乡镇复审攻坚战，3个月时间累计整改问题1.3万个，8月份通过省级暗访。在全县率先完成河湖清障工作，累计清理树木10万余棵，清理河道垃圾300余处，清除违建7处。争取上级资金1300余万元，对全镇10座小二型水库除险加固。高质量完成大芦沟、上皂户、田家岭土地增减挂钩项目，复垦耕地220余亩。加快整治残次林，新增耕地1300余亩。

文化教育 进一步提高教学质量，红河中学教学质量取得突破，中考荣获全县公办学校第二名。小学教学成绩一直名列全县前茅。2018-2019学年度期末质量监测，成绩总评位居全县所有镇（街、区）前三名。加大教育资源优化整合和校舍提升建设工程，推进镇域教育均衡发展。中小学校舍实现楼房化、标准化，红河镇被评为潍坊市中小学建设工作先进单位。红河小学被评为山东省卫生先进单位；朱汉小学被评为潍坊市教育惠民服务工作先进单位；先后有6名教师荣获潍坊市优秀教师、潍坊市优秀班主任、潍坊市优秀党员等称号。

社会治理 坚持稳字当头，完善矛盾纠纷排查调处机制，坚决将群众合理诉求解决落实到位，全年有效化解信访积案11起。同时，对缠访、闹访等行为严厉打击，在第一时间固定证据，国庆70周年等重要时间节点全镇无一人失控。深入推进扫黑除恶专项斗争，全镇共办理涉黑涉恶案件9起，处罚17人，其中刑事拘留10人，行政拘留7人。持续深入推动“双体系”标准化建设规范化运行，实施“政府+企业+专家”的安全生产管理模式，全镇累计举行各类应急演练60余次，邀请专家指导20余次，排查整改风险隐患600多个。以环保督查“回头看”为契机，对养殖场、重点企业等进行常态化监控，采取“零点夜查”等方式，加强问题整改，对乐港污水处理厂进行提标改造，全面提升红河水质，镇域环境质量有效改善。从严整顿大棚房，对2处疑似大棚房进行彻底整改。

（供稿人：张伟杰）

郚部镇

【政区概况】 **名称来历** “郚部”二字，来源于周朝初期鲁国两个下邑：郚国和部国。周武王十三年（公元前1121年），周公旦长子伯禽封阜称鲁国时，郚部国为其下邑。李兆洛《四部备要·玉篇》载：“郚部国，鲁国下邑。在朱虚县东南”。《地理风俗记》载：“朱虚县东南四十里，有古部亭，郚部是其故城欤”。郚部地处山东半岛南北交通要道，渤海的鱼、盐经此运往鲁南、苏北等地，自古商贸业发达，素有“南郚北都”之盛誉。

地理位置 郚部镇位于昌乐县西南部，地处东经118°43′～118°53′、北纬36°16′～36°36′之间，东接昌乐县红河镇，南与安丘市大盛镇接壤，西邻临朐县柳山镇，北与昌乐县乔官镇毗邻。北到昌乐县城约33公里，东北距潍坊市区约40公里，224省道大沂路（大家洼—沂水）纵贯南北，冶伦路横贯东西，人民政府驻郚部村，电话区号0536，邮政编码262409。

政区沿革 郚部镇是历史古镇，名源于郚部国。郚部国名始于周武王十三年（公元前1121年），明嘉靖时，设郚部店，清时，称郚部厂。1930年，为昌乐县第五区。1948年5月，为郚部区。1950年12月，改称第十区。1958年1月，为郚部镇。1958年9月，与毕都乡、时马乡合并成立郚部人民公社。1984年5月，郚部公社分为郚部镇、北郚部乡、毕都乡。2001年3月，北郚部乡并入郚部镇，驻郚部村。2007年8月，白塔镇、高崖镇并入郚部镇。2008年，自然村合并。

政区划分 郚部镇辖郚部社区、北郚部社区、包庄社区、漳河社区、金山社区5个农村新型社区，26个行政村，114个自然村。

人口面积 辖区总人口8.3万，总面积223.9

2019年3月25日–3月29日，举办了中国乐器协会吉他专业委员会电吉他技术研究会电吉他“产学研”高峰论坛

平方千米，耕地面积11.2万亩。

郚部名片　全国重点镇、全国特色景观旅游名镇、国家级生态镇、中国建制镇综合实力千强镇、中国电声乐器产业基地、全国农村基层团建示范镇、省级中心镇、山东省特色产业镇、山东省特色景观旅游名镇、山东省“互联网+”特色产业强镇、山东省电声乐器产业基地、山东省文明镇、山东省“百镇建设示范行动”示范镇、山东省美丽宜居小镇，2019年被表彰为省“抗击台风抢险救灾先进集体”、省“平安农机”示范镇、乐器行业“功勋单位”、潍坊市中医药特色小镇。

【自然地理】　郚部镇多山区丘陵，地势西高东低。东南部以平原为主，主要是汶河冲积平原，西部多丘陵山地。车罗顶为境内最高点，海拔381米；泊庄村南处为境内最低点，海拔114米。境内有白浪河、孟津河、九曲河、汶河和漳河等多条河流。矿产资源丰富，境内探明地下矿藏有石灰石、铁、煤炭、铜、石英石、金、粘土等矿产。

【基础设施建设】　坚持高点定位和规划，以创建“吉他小镇”为契机，在城镇规划建设中，进一步推动“产城文”一体融合发展，凸显产业特色，融入绿色、共享、宜居等理念。

城镇化步伐不断加快　紧紧围绕特色小镇“一心、一轴、三组团”整体布局，在品牌打造、功能配套、组团发展上下功夫，对镇政府驻地和北郚部、包庄、漳河老镇区进行了改造提升，并积极探索镇区门店“三包”，深化城镇管理，不断提升镇域管理水平；依托大沂路、青柘路、伦治路、白浪河路“两纵两横”主干道，对沿途村庄美化、亮化提升工程进行了全面提升。郚部片区棚改安置区项目15栋安置楼建设完毕。

基础设施不断完善　进一步完善道路、供水管网等基础配套建设。截至年末，共有4处污水处理厂，镇级污水处理厂1处，社区污水处理厂3处。拥有35千伏及以上变电站（所）3座，变压器673台。天泰能源天然气项目两座加气站建成投用，铺设输气管道40多公里。“四好”农村路、三年攻坚道路已基本完成，白浪河河堤路卞家庄至孟家峪段和东杨庄至王家河洼段已修建完成，切实改善了群众出行条件。

生态环境不断改善　全面推行河长制，加快推进河湖违建治理工作，高标准完成117处河湖清障任务，完成造林绿化3900多亩，孔家庄省级美丽乡村高标准打造完成，西官庄和南张村被评为“山东省森林村居”，北冯村被评为“潍坊市2019年度市级森林村”，生态环境持续改善。人居环境整治扎实推进，114个村加快推进农村人居环境综合整治，建立了人居环境整治积分制工作考核办法，村容村貌实现美丽“蝶变”。

2019年8月11日下午，县委副书记、县长张建伟到郚部镇检查指导防汛抗灾工作

【经济发展】　工业经济　总投资7.8亿元的博朗科技产业园项目和总投资4.6亿元的龙田农业科技产业园项目完成项目立项及相关手续办理工作，总投资4.3亿元的仙月葡萄酒庄项目已种植高品质酿酒葡萄2000亩，酒庄建设完成立项。乐器

行业发展形势良好，各企业订单普遍充足，产值和税收增幅均在15%以上。举办了吉他“产学研”第三届全国高峰论坛，明宇、迪生等6家乐器企业完成了自动化半自动化生产线技术改造。山东中创亿丰肥料（集团）有限公司被认定为市级“专精特新”企业及市级“一企一技术中心”。2家企业被新认定为规上企业。引进了山东大学、青岛理工大学等高校高端技术人才8名。

2019年5月17日，县委书记刘裕斌到鄌郚镇调研灾后重建项目建设

现代农业　伟圣田园综合体高端无籽西瓜种植区项目入选山东省首批乡村振兴重大项目库。绿金杜仲示范园被评为“潍坊市第一批中医药特色园区”。昌乐乐都瓜菜专业合作社、昌乐县石家河黄烟专业合作社被认定为“国家级示范社”。石家河农机专业合作社被山东省农业农村厅评为农机安全生产管理示范单位。新引进总投资3.5亿元的马驹岭生态养殖观光项目、生态循环养殖项目。设立了潍坊农科院鄌郚乡村振兴专家（博士）工作站，含专家团队及博士团队22人。

商贸服务　外贸产品生产企业达21家，全年出口总额2.7亿元，主要产品有乐器、服装等，销往日本、东南亚、欧美及中东等国家和地区，中国电声乐器产业基地入选乐器行业“功勋单位”。商业网点2470家，职工4650人，社会商品零售总额达5.05亿元；城乡集贸市场13个，年成交额5.85亿元。电商企业和个人60余家，主要通过速卖通、国际站、亚马逊、ebay等国际电商平台进行销售，贸易额9800万元；辖区内有EMS，顺丰、圆通、中通、申通、百世汇通、韵达、德邦物流等，现代电商物流仓储发展初具规模。

【社会事业】　鄌郚镇落实上级各项惠民政策，为群众办实事、办好事，提高人民群众生活幸福感和满意度。

科教文卫　教育教学质量，历年来稳居全县前列，中考录取率位居全县公办中学第一名。“艺术康养综合体组团”核心板块鄌郚中心卫生院被评为潍坊市第一批甲等乡镇卫生院。刘庄文艺村完成投资650万元，已建成新时代文明实践分中心及吉他培训教室，设立了网络文学等6个名师工作室和1个字画装裱室，举办了文学节、曲艺节、文艺刘庄过大年活动等文化活动，山东大唐中草药有限公司投资350万元完成中草药种植1000多亩。

社会保障　严格落实党组织帮扶、党员包靠制度，组织动员全镇36家企业开展了“凝聚企业力量，助力脱贫攻坚”活动，吸纳60多名贫困劳动力就业。全镇644户贫困户（即时帮扶9户）全部脱贫，3个省定贫困村均实现长期稳定脱贫。扎实开展“不忘初心、牢记使命”主题教育，26个行政村集体经济收入全部达到5万元以上，16个行政村集体经济收入超过10万元。坚守安全生产底线，实现安全生产零事故；坚守社会稳定底线，深入开展“信访积案拔钉”行动和“和合议事”活动，未发生上省进京信访案件；坚守环保底线，关停24处“散乱污”小作坊及养殖场。

抗灾救灾及灾后重建　8月份，面对百年不遇的洪涝灾害，全镇上下众志成城、勠力同心，交上了一份洪灾面前无一人伤亡的合格答卷，镇党委被省委、省政府表彰为抗击台风抢险救灾先进集体。洪灾过后，全镇上下不等不靠、主动作为，全面完成48座桥涵、12条水毁道路修复重建任务，7座受损的水库、塘坝已全部修复完毕，受损的11.5公里河堤及河道修复完毕。全面完成冶伦路、高寺路高崖桥拆迁清障工作。

高崖水库

（供稿人：曹先伟）

高崖水库库区

【库区概况】 高崖水库库区，原为白塔镇，位于昌乐县南部，处于昌乐、临朐、安丘三县市交界处，于1996年7月8日由临朐县划为昌乐县管辖，2007年7月更名为“高崖水库库区开发建设管理委员会”，总面积57.6平方公里，辖17个行政村，36个自然村。2019年末，高崖水库库区总人口2.35万人，共6927户，总耕地面积28216亩。先后被评为山东省旅游强乡镇、山东省湿地公园、中国芋头之乡、国家AAA级旅游景区、潍坊市森林镇、山东省绿色生态休闲体育活动基地、山东省文明镇、山东省抗灾救灾先进集体、山东省森林乡镇、潍坊市第一批中医药特色小镇，在全县镇（街、区）群众满意度电话访问中连续六年列第一名。辖域内的高崖水库，1959年11月3日动工，1960年7月20日大坝合龙，开始拦洪蓄水，占地1.5万亩，总库容1.59亿立方米，兴利库容6545万立方米。高崖水库是一座集防洪、供水、发电、养殖、生态、旅游等功能于一体的大（二）型水库。水库枢纽工程包括大坝、溢洪道、放水洞、电站及水厂工程。以此为龙头，采用长藤结瓜形式，沿途串联下游36座小型水库，勾通昌乐县五条河系，形成了纵贯昌乐南北东西的灌溉网络，为昌乐县工、农业生产，社会稳定和国民经济可持续发展作出了巨大贡献。高崖水库因此被誉为“生命库”“经济库。”高崖水库干渠工程也被称为“命脉工程”。水库周围群山环绕、绿树成荫、风清气爽，生态环境优良，水库内盛产野生鲢鱼、银鱼、鲤鱼等水产品。荣获国家级水利风景区、山东省十佳水利风景区等荣誉称号。

2019年，高崖水库库区紧紧围绕县委、县政府有关部署要求，以开展“工作落实年”活动为抓手，扎实开展“不忘初心、牢记使命”主题教育工作，担当作为、狠抓落实，大力实施乡村振兴战略，奋力推进高质量发展、赶超发展，取得显著成果。

【党的建设】 全区共有37个基层党组织，948名党员，其中，农村党组织32个。2019年，在县委坚强领导下，坚持以党建为统领，聚焦主责主业，主动担当作为，持续改进作风，基层基础和党员干部队伍建设取得新成效。

严格落实“两个责任”，全面从严治党各项工作任务落实落地。一是聚焦主责主业，严抓管党治党。认真履行全面从严治党主体责任，召开党工委专题会4次，认真履行“一岗双责”，层层签订“党风廉政建设责任书”，半年1次考核村级党建，年末组织党组织书记述职评议。二是严实教育管理，筑牢思想根基。组织开展“不忘初心、牢记使命”主题教育，组织理论中心组集体学习研讨14次，党工委书记带头讲党课2次，树牢“四个意识”，坚定“四个自信”，做到“两个维护”。参加支部组织生活会2次。组织召开民主生活会1次。严格执行民主集中制，“三重一大”事项，集体研究，民主决策。三是狠抓廉政建设，净化政治生态。认真履行党风廉政建设工作责任制，支持纪工委运用“四种形态”提醒谈话22人，批评教育5人，诫勉谈话3人，纪律处分4人，开展机关纪律检查50余次，营造了风清气正的政治生态和干事创业的良好环境。四是抓牢意识形态，壮大主流思想。严格落实意识形态工作责任制主体责任和“一岗双责”，组织意识形态学习12次，专题研究3次，情况通报2次。开展宗教排查2次，拆除未办手续露天佛像2座。建成新时代文明实践站（所）9处，开展新中国成立70周年系列庆祝活动、新农村文艺汇演等文明实践活动。依托高崖水库纪念馆承办省市县各单位党员教育活动60余次。

坚持问题和目标导向，基层党建工作取得显著成效。一是主动担当作为，统筹谋划推动。从严从实从细抓好基层党建工作，每季度主持召开1次专题会；以书记突破项目为带动，成立了“发展壮大村集体经济”等5个破解难题工作专班，运用新发展理念解决问题19个，农村党员队伍老化等需持续用力解决的问题也取得阶段性成效。二是强化“车头”效应，推动攻坚破难。充分发挥山坡、窝铺等村党支部战斗堡垒作用，引进了宜品无花果产业园、仙月湖生态农场（台资）示范园2个过亿元项目，以及2名高端技术人才，双招双引实现新突破；行政村集体经济收入全部达5万以上，10万以上占64.7%。发挥党员干部模范带头作用，顺利完成张家楼等5个移民村的整村搬迁工作；高标准完成31.8公里高崖水库围网工程，顺利通过检查；抗洪抢险中紧急转移安置受灾群众265名，灾后抢修桥涵8座、修复道路19820米，保障了正常生产生活秩序。三是抓牢基础保障，固本培元铸魂。扎实开展“不忘初心、牢记使命”主题教育，高标准完成“八个一”规定动作，依托高崖水库纪念馆开展红色教育、革命传统教育等5万余人次，党员干部精气神大有提升。新发展党员20名，培训党员1200人次，洛村等4个3年以上未发展党员村全部摘帽。投资80万元新建克家洼等村级活动场所4处，场所提档升级实现全覆盖。通过第一书记驻村、干部包村、产业发展等举措，克家洼村成功实现软弱涣散党组织转化，村级班子战斗力、凝聚力和带头干事能力大有提升。

【主要工作】 2019年，完成地区生产总值39736万元，增长7.2%，其中第一产业实现生产总值18188万元，增长7.7%，第二产业实现生产总值7398万元，增长5.2%，第三产业实现生产总值14151万元，增长7.6%，分别占地区生产总值的45.8%、18.6%、35.6%；农民人均纯收入12411元。工作中，以开展“工作落实年”活动为统领，以积分制考核为导向，统筹推进经济社会各项事业全面发展。

坚持生态引领，坚决守护好饮用水源地。持续推进“绿拥白塔”建设，树立践行“山水林田湖草生命共同体”理念，见缝插绿，全域绿化，新增造林面积2700亩。荣获“山东省森林乡镇”“潍坊市第一批中医药特色小镇”。圆满完成高崖水库围网工程，库区上下全员放弃假期和周末休息，协调解决了18个村的民事工作，短短不到一个月时间就圆满完成了上级交办的全长31.8公里、涉及1000多亩地的水库围网工程，顺利通过了环保部检查。

坚持服务优先，“双招双引”工作成果显著。招商引资方面，引进落户总投资过亿元项目2个，包括1.8亿元的宜品无花果产业园项目、1.1亿元的仙月湖生态农业（台湾）示范园项目。宜品无花果产业园项目，由山东宜品生态农业有限公司投资1.8亿元建设，规划发展5000亩，已栽植露天无花果500亩，建成6个高温大棚和景观大门，长势良好，果实上市备受青睐，正在进行土地流转准备明年扩种1000亩。仙月湖生态农业（台湾）示范园项目，由昌乐复唐农业科技发展有限公司（台资）投资建设，是昌乐县在2019年鲁台经贸洽谈会上的唯一签约项目，规划发展台湾红心火龙果高温大棚和万亩台湾蜜薯生产基地。2019年，已与窝铺等村签订13个大棚的租赁合同，正在开展土地流转。招才引智方面，引进高端技术人才2名，圆满完成县里分配任务。大力培养乡土人才，搭建了库区劳务用工信息平台，连续举办了六期农村电商培训，部分村两委干部、报名参加电商培训的学员共80余人，效果良好。

坚持改善民生，人居环境品质大有提升。持续发力土地增减挂钩和移民避险解困项目，已完成全部安置楼建设任务；完成东后河野、西后韩等9个村搬迁；黄家坡等3个村明春搬迁入住。届时，移民群众居住条件将实现根本性改善，为全县美丽乡村建设提供示范。东寺后等6个村实施了道路硬化“户户通”。新建安置区配备3处生活污水处理站，对生活污水集中收集、处理；涉及其余22个自然村、2800户居民进行了农村厕所无害化卫生改造，覆盖率达到常住户的85%。北段村被确定为山东省乡村振兴示范村。窝铺村被确定为山东省第二批美丽宜居村试点。东寺后村和栗行村被确定为潍坊市美丽移民村试点。

坚持融合发展，文化旅游产业发展内涵不断丰富。坚持重点项目、重点活动带动，做好传统文化、红色文化、农耕文化、民俗文化、节日文化结合文章，举办了“人文仙月湖　欢乐享福年”新春文艺演出、“学雷锋·庆三八”“迎五一·庆五四”“‘不忘初心、牢记使命’庆七一”“庆十一·迎国庆”主题教育文艺汇演等一系列活动和“送戏下乡”等新时代文明实践活动；“高崖水库建设60周年纪念章”设计完成；2019年特别是“七一”“十一”和主题教育期间，到高崖水库纪念馆参观学习的党员干部达5万余人次；窝铺村成功创建潍坊市AAA级景区村庄。

坚持底线思维，统筹推进其他工作。全力决战脱贫攻坚，为102户建档立卡贫困户调整落实58名帮扶责任人，探索创新互访互查工作机制，成立了13个“3人互助小组”，倒逼帮扶工作落实，大大提升了帮扶质效和帮扶对象满意度；结合“五个专项行动”，改造房屋17处（重建4处，维修13处），帮助办理残疾证65个，实施贫困户健康洁居工程，大大提升了群众居住环境质量。扎实开展安全生产夏季、冬季百日整治行动，逐一排查、研判风险点，落实了森林防火、水源地保护、水库防溺水等13个专项工作小组，全年未发生一起安全生产事故。把“群众满意”作为标准，扎实做好政务服务热线承办工作，坚持不懈与信访老户、退役军人等接触、做工作，成功化解2-5年信访积案5起，全年未发生到县及以上群体访。不等不靠推进灾后重建，全部完成2018年灾后重建任务，南洋河桥、汶河建新大桥建成投用；积极推进2019年灾后重建，除东寺后村南大桥和汶河河野大桥以外已全部修复投入使用。

【创新与经验】　探索推行“专题培训＋闭卷考试＋现场提问”帮扶责任人考评机制。将以会代训、督考评相结合，组织扶贫包村干部、产业项目包靠责任人、贫困户帮扶责任人每月至少开展一次扶贫政策知识培训，每季度至少召开一次专题调度会议，不定期召开推进会并组织闭卷测试和现场提问，进一步提升了帮扶责任人帮扶能力和素质。全年共召开专题调度会5次，组织知识培训13次、闭卷测试3次、现场提问9次。

探索实施“3（或4）人互助小组”互访互查工作机制。全区成立了13个互助小组，由社区主任、社区书记和联系社区的班子成员任组长，2-3名帮扶责任人为成员，小组之间不定期进行交叉抽访，重点查访帮扶责任人帮扶工作开展是否到位，贫困户对其享受政策是否了解、对帮扶工作是否满意，村党组织书记（负责人）对脱贫政策知识和贫困户信息是否熟知、“五级书记抓脱贫”职责履行是否到位等情况。初步统计，全年共抽访1200余人次，做到了帮扶责任人与帮扶对象“双熟识”。

全面推行“扶贫办＋纪工委”不定期联合督查通报制度。通过入户走访、电话抽查，对帮扶责任人和帮扶对象的基本信息、帮扶工作开展情况，对扶贫产业项目的包靠管理服务、运营收益及其分配使用等，逐一进行查看、核实、登记、签字、确认，同时，将督查结果与社区、村年底考评和村级转移支付拨付挂钩，与帮扶干部个人绩效考核挂钩。全年开展联合督查30余次，促进了“两不愁三保障”“六干净一安全一规范”等脱贫攻坚任务要求真正落实落地。

（供稿人：刘海霞）

人　物

人 物

【山东省抗击台风抢险救灾先进个人】

王琪华 昌乐县宝都街道党工委书记

王安堂 昌乐县应急管理局党组书记、局长

赵允安 昌乐县宝城街道石家庄村党支部书记

【山东省攻坚克难奖】

赵继武 昌乐县五图街道庵上湖村党总支书记

【山东省优秀共产党员】

周海刚 县城市建设投资开发有限公司党委书记、董事长

【山东省优秀党务工作者】

刘修华 山东元利科技股份有限公司党支部书记、董事长

【山东好人】

宋晓明 昌乐县综合行政执法局综合执法六中队中队长

【山东省道德模范】

刘温香 鄌郚镇西李家庄村村民

【富民兴鲁劳动奖章】

张爱国 国网山东省电力公司昌乐县供电公司变电检修班副班长

【潍坊市优秀共产党员】

王冰心 潍坊佳诚数码材料有限公司党支部书记、董事长

刘 刚 营丘镇党委书记

杨建刚 五图街道党工委副书记、办事处主任

贺德杰 县政府办公室党组成员、副主任

杨玉良 县公安局指挥中心党支部书记、主任

张大鹏 县房产发展促进中心党总支副书记、主任

【潍坊市优秀党务工作者】

李继森 鄌郚中心卫生院党支部书记、院长

张洪智 县委第四巡察组副组长

陶国东 红河镇庄皋村党支部书记、村委会主任

【潍坊市劳动模范】

姜清华 潍坊龙海民爆有限公司行政科科长

刘蒙蒙 山东昌乐农村商业银行股份有限公司综合柜员

张月霞 昌乐山水水泥有限公司质控室主任

王福堂 潍坊润海化工有限公司董事长

刘洪勇 潍坊丰源织带有限公司总经理

刘修华 山东元利科技股份有限公司董事长

陶国东 昌乐县益农瓜菜专业合作社理事长

张四平 昌乐乐都瓜菜专业合作社副理事长

赵京祥 昌乐县红河镇梁家官庄村党支部书记、村委会主任

【潍坊市先进工作者】

张 斌 昌乐县人民医院党委副书记、执行理事

康忠生 昌乐县国有孤山林场副场长

王振华 昌乐县公安局刑警大队副大队长、六中队中队长

滕玉香 山东省昌乐二中政治学科主任

【潍坊市道德模范】

刘洋明 昌乐县总工会社会化工会工作者

赵长安　昌乐县竞技体育学校副校长

【昌乐县优秀共产党员】

郭　伟（女）　经济开发区民政办主任
张彬彬　宝城街道党工委副书记、政协委员联络室主任
李文强　宝城街道林水站站长
高　飞　首阳山旅游度假区桂河社区主任
刘金亮　首阳山旅游度假区新街村党支部委员
孙海宜　朱刘街道安环办副主任
杨灵昌　朱刘街道劳动保障监察中队中队长
高志平　宝都街道党政办副主任
李国亮　宝都街道文秘组组长
吴中民　五图街道林业站站长
王晓丽（女）　五图街道研究室主任
郭　建　五图街道党工委副书记（挂职）
宋源清　乔官镇党委委员、副镇长
郑立杰　乔官镇梁家庄社区主任
姜学文　乔官镇项目办主任
陈仁文　县公安局乔官派出所所长
王　超　县财政局派驻乔官镇王家槐林第一书记
赵　雪（女）　营丘镇南申明亭村党支部书记助理
王新文　县公安局营丘派出所所长
马瑞晓　营丘镇阿陀社区副主任
吕海伟　红河镇党委副书记（挂职）
薛健军　红河镇成官社区党委书记
王京山　红河镇经管站站长
刘　凯　鄌郚镇党委副书记、政协委员联络室主任
魏东波　鄌郚镇综合行政执法办公室专职副主任
杨开昌　鄌郚镇时马社区主任
周伯鹏　鄌郚镇经贸办主任
代久磊　高崖水库库区党工委委员、纪工委书记
张　欣　县委保密办（县政府保密局）副主任（副局长）
刘洪强　县廉政教育中心科员
杨晓勇　县委宣传部新闻科副科长
赵　彬（女）　县人大常委会办公室综合科科长
王仕深　县社会救助站站长
张一贤　县委编办机构编制科科长
石光彩　县政协专委会工作一室主任
刘永杰　县委统战部副科级干部
郭忠亮　县应急管理局办公室主任
庞明一　县统计局二级主任科员
杨建宗　昌乐及第中学级部主任
王仁芳（女）　高崖水库库区幼儿园教师
刘子国　县人民医院院长、党委副书记、执行理事
郎　宁（女）　县医疗保障局职工医疗保险科科长
马永顺　县人力资源和社会保障局副局长、党组成员
曹志冬　县交通运输局质监站副站长
张志明　县公路事业发展中心党组成员
陈　倩（女）　县贸易促进会展览科科长
杨晓芹（女）　县文化馆副馆长
吴瑞萍（女）　县融媒体中心采集中心报纸记者部主任
徐盛丰　县水利局副局长、党组成员
吕良峰　县畜牧业发展中心办公室主任

【昌乐县优秀党务工作者】

吴雪彦（女）　首阳山旅游度假区党工委委员、纪工委书记
房耀华　朱刘街道党建办副主任
刘端和　山东万山集团有限公司党支部委员、三产部经理
刘丽华（女）　宝都街道党建办工作人员
李金生　潍坊英轩实业有限公司第二党支部宣传委员
李瑶瑶（女）　五图街道党建办工作人员
刘光周　五图街道方西村党支部书记
刘双双（女）　五图街道计划生育服务站党支部书记、站长
王志杰（女）　乔官镇党委委员（组织）

高连杰　乔官镇党建办副主任
唐龙云　营丘镇党建办工作人员
初光强　营丘镇毕家官庄村党支部书记
田恒庆　红河镇宅科社区党委书记
孙业玲（女）　红河镇小下坡村党支部书记、村委会主任
夏国康　高崖水库库区魏家沟新村史家沟党支部书记
王海涛　县委政法委副书记、机关党支部书记
高永忠　县委第五巡察组组长
周志远　县工商联机关党支部书记
刘炳国　县委县直机关工委委员
刘秀娟（女）　县工业和信息化局政工科科员
吴　鹏　潍坊市生态环境局昌乐分局宣教科科长
张　申　昌乐二中党委副书记、执行校长
胥鞠香（女）　昌乐外国语学校党总支副书记
李文文（女）　县中医院办公室副主任、党建办主任
刘文峰　县住房和城乡建设局党组副书记
孟庆华　县公安局老干部党支部书记
李静红（女）　县司法局党组副书记、副局长，机关党支部书记
张桂荣（女）　潍坊市技师学院昌乐分院党委副书记、副院长
丁香丽（女）　县市场监督管理局组织人事科科长
郭凤明　山东潍焦控股集团有限公司党群工作部部长

附　录

附 录

昌乐县 2019 年度文件目录

表 33

序号	文件名称	发布字号	发布机关
1	中共昌乐县委昌乐县人民政府关于 2018 年昌乐县计划生育工作情况的报告	乐委〔2019〕8 号	县委县政府
2	中共昌乐县委关于县委常委班子 2018 年度民主生活会情况的报告	乐委〔2019〕9 号	县委
3	中共昌乐县委 2018 年度落实全面从严治党主体责任情况报告	乐委〔2019〕10 号	县委
4	中共昌乐县委关于成立中国共产党昌乐县教育和体育局党组等党组织的通知	乐委〔2019〕12 号	县委
5	中共昌乐县委关于 2018 年度工作情况的报告	乐委〔2019〕42 号	县委
6	中共昌乐县委昌乐县人民政府关于表彰 2018 年度先进单位和先进个人的通报	乐委〔2019〕44 号	县委县政府
7	中共昌乐县委关于批转县政协党组《关于召开政协第十届昌乐县委员会第三次会议的请示》的通知	乐委〔2019〕45 号	县委
8	中共昌乐县委关于批转县人大常委会党组《关于召开昌乐县第十七届人民代表大会第三次会议的请示》的通知	乐委〔2019〕46 号	县委
9	中共昌乐县委昌乐县人民政府昌乐县人民武装部关于表彰党管武装工作好书记和民兵预备役工作先进单位先进个人的通报	乐委〔2019〕47 号	县委县政府县人武部
10	中共昌乐县委关于成立中国共产党昌乐县大数据中心党组等党组织的通知	乐委〔2019〕48 号	县委
11	关于昌乐县委、县政府领导班子成员分工调整情况的备案报告	乐委〔2019〕50 号	县委
12	关于昌乐县第十七届人民代表大会第三次会议选举情况的报告	乐委〔2019〕55 号	县委
13	关于刘裕斌等同志工资变化情况的报告	乐委〔2019〕56 号	县委
14	中共昌乐县委关于开展基层党建工作标准落实年的实施意见	乐委〔2019〕59 号	县委
15	中共昌乐县委昌乐县人民政府关于规划建设 S224 大沂线昌乐南段改建工程并承诺项目配套资金的函	乐委〔2019〕61 号	县委县政府
16	中共昌乐县委昌乐县人民政府关于《朱刘街道深入推进行政管理体制改革实施方案》的批复	乐委〔2019〕62 号	县委县政府
17	中共昌乐县委昌乐县人民政府关于《宝都街道深入推进行政管理体制改革实施方案》的批复	乐委〔2019〕63 号	县委县政府
18	中共昌乐县委昌乐县人民政府关于《宝城街道深入推进行政管理体制改革实施方案》的批复	乐委〔2019〕64 号	县委县政府
19	中共昌乐县委昌乐县人民政府关于《五图街道深入推进行政管理体制改革实施方案》的批复	乐委〔2019〕65 号	县委县政府
20	中共昌乐县委昌乐县人民政府关于《乔官镇深入推进行政管理体制改革实施方案》的批复	乐委〔2019〕66 号	县委县政府
21	中共昌乐县委昌乐县人民政府关于《营丘镇深入推进行政管理体制改革实施方案》的批复	乐委〔2019〕67 号	县委县政府

续表 33

序号	文件名称	发布字号	发布机关
22	中共昌乐县委昌乐县人民政府关于《红河镇深入推进行政管理体制改革实施方案》的批复	乐委〔2019〕68 号	县委县政府
23	中共昌乐县委昌乐县人民政府关于《鄌郚镇深入推进行政管理体制改革实施方案》的批复	乐委〔2019〕69 号	县委
24	关于潍坊市监察机关留置场所项目建设情况的总结报告	乐委〔2019〕70 号	县委
25	中共昌乐县委昌乐县人民政府关于邀请市领导参加山东元利科技股份有限公司鸣锣开市活动的请示	乐委〔2019〕72 号	县委县政府
26	关于选派干部开展“万名干部下基层”工作推荐情况的报告	乐委〔2019〕73 号	县委
27	中共昌乐县委关于山东省和潍坊市优秀共产党员、优秀党务工作者和先进基层党组织推荐情况的报告	乐委〔2019〕77 号	县委
28	关于昌乐县政府领导班子成员分工调整情况的备案报告	乐委〔2019〕81 号	县委
29	中共昌乐县委关于表彰优秀共产党员、优秀党务工作者和先进基层党组织的决定	乐委〔2019〕82 号	县委
30	中共昌乐县委关于成立中国共产党昌乐县九龙湖旅游度假区开发建设发展中心党组等党组织的通知	乐委〔2019〕83 号	县委
31	中共昌乐县委昌乐县人民政府关于表彰山东元利科技股份有限公司上市的决定	乐委〔2019〕90 号	县委县政府
32	中共昌乐县委关于成立中国共产党昌乐县人民政府机关党组等党组织的通知	乐委〔2019〕104 号	县委
33	中共昌乐县委昌乐县人民政府关于邀请市领导参加 2019 中国（昌乐）国际宝石博览会有关活动的请示	乐委〔2019〕112 号	县委县政府
34	昌乐县优秀年轻干部人选报名推荐报告	乐委〔2019〕120 号	县委
35	中共昌乐县委昌乐县人民政府关于《问政山东》栏目反映我县药店违规销售处方药品和特殊管理药品问题的报告	乐委〔2019〕129 号	县委县政府
36	中共昌乐县委关于批转中共昌乐县妇联党组《关于开展镇（街）妇联换届工作的请示》的通知	乐委〔2019〕133 号	县委
37	关于给予王龙之同志党内警告处分的请示	乐委〔2019〕140 号	县委
38	关于昌乐县委、县政府领导班子成员分工调整的备案报告	乐委〔2019〕141 号	县委
39	关于张建伟同志身份审核认定情况的报告	乐委〔2019〕142 号	县委
40	关于张建伟同志有关情况的报告	乐委〔2019〕143 号	县委
41	关于秦志军反映房屋被推倒及拆迁补偿低等信访事项的办结报告	乐委〔2019〕144 号	县委
42	中共昌乐县委昌乐县人民政府关于对全县公安机关进行表扬的通报	乐委〔2019〕145 号	县委县政府
43	中共昌乐县委昌乐县人民政府关于 2019 年昌乐县计划生育工作情况的报告	乐委〔2019〕146 号	县委县政府
44	中共昌乐县委昌乐县人民政府关于振兴焦化 4.3 米焦炉关停和万山集团 110 万吨焦化项目停产工作情况的报告	乐委〔2019〕147 号	县委县政府
45	中共昌乐县委昌乐县人民政府关于协调落实振兴焦化 4.3 米焦炉关停和万山集团 110 万吨焦化项目停产有关政策的请示	乐委〔2019〕148 号	县委县政府
46	中共昌乐县委关于县委常委班子“不忘初心、牢记使命”主题教育专题民主生活会情况的报告	乐委〔2019〕149 号	县委
47	中共昌乐县委关于批转县政协党组《关于召开政协第十届昌乐县委员会第四次会议的请示》的通知	乐委〔2019〕150 号	县委
48	中共昌乐县委关于批转县人大常委会党组《关于召开昌乐县第十七届人民代表大会第四次会议的请示》的通知	乐委〔2019〕151 号	县委

2019 年县政府重要文件目录

表 34

序号	文件名称	发布字号	发布机关
1	昌乐县人民政府《关于调整耕地开垦费收取标准的通知》	乐政字〔2019〕2 号	县政府
2	昌乐县人民政府《关于加强农机安全生产工作的实施意见》	乐政字〔2019〕10 号	县政府
3	昌乐县人民政府《关于加强县政府班子自身建设的意见》	乐政字〔2019〕11 号	县政府
4	昌乐县人民政府《关于推进全县主要农作物生产全程机械化加快现代化农业发展的实施意见》	乐政字〔2019〕12 号	县政府
5	昌乐县人民政府《关于印发昌乐县节水型社会达标建设实施方案的通知》	乐政字〔2019〕13 号	县政府
6	昌乐县人民政府《关于印发昌乐县优化提升工程建设项目审批制度改革实施方案的通知》	乐政字〔2019〕18 号	县政府
7	昌乐县人民政府《关于聚焦企业关切进一步优化营商环境的实施意见》	乐政字〔2019〕24 号	县政府
8	昌乐县人民政府《关于印发 2019 年政府工作报告的通知》	乐政发〔2019〕1 号	县政府
9	昌乐县人民政府《关于调整部分县级行政权力事项的通知》	乐政发〔2019〕2 号	县政府
10	昌乐县人民政府《关于调整部分县级行政权力事项的通知》	乐政发〔2019〕3 号	县政府
11	昌乐县人民政府印发《关于在市场监管领域全面推行部门联合“双随机、一公开”监管的实施方案》的通知	乐政发〔2019〕5 号	县政府
12	昌乐县人民政府办公室《关于印发县政府机构简称的通知》	乐政办字〔2019〕4 号	县政府
13	昌乐县人民政府办公室《关于开展 2019 年度落实全民基本医保计划集中行动的通知》	乐政办字〔2019〕11 号	县政府
14	昌乐县人民政府办公室《关于印发昌乐县创建“平安农机”示范县实施方案的通知》	乐政办字〔2019〕18 号	县政府
15	昌乐县人民政府办公室《关于表彰 2019 年度昌乐县教育教学成果奖的通报》	乐政办字〔2019〕21 号	县政府
16	昌乐县人民政府办公室《关于印发昌乐县创建国家森林城市实施意见的通知》	乐政办字〔2019〕23 号	县政府
17	昌乐县人民政府办公室《关于印发昌乐县学校食堂管理实施方案的通知》	乐政办字〔2019〕32 号	县政府
18	昌乐县人民政府办公室《关于印发实施流程再造深化“一窗受理・一次办好”改革方案的通知》	乐政办字〔2019〕25 号	县政府
19	昌乐县人民政府办公室《关于调整成立昌乐县森林草原防灭火指挥部的通知》	乐政办字〔2019〕26 号	县政府
20	昌乐县人民政府办公室《印发关于全面建立林长制的实施方案的通知》	乐政办字〔2019〕29 号	县政府
21	昌乐县人民政府办公室《关于印发昌乐县重污染天气应急预案的通知》	乐政办字〔2019〕31 号	县政府
22	昌乐县人民政府办公室《印发关于加快培育和发展住房租赁市场的实施意见的通知》	乐政办发〔2019〕1 号	县政府
23	昌乐县人民政府办公室《关于公布县本级行政规范性文件制发主体清单的通知》	乐政办发〔2019〕2 号	县政府
24	昌乐县人民政府办公室《关于印发昌乐县城区部分街路巷命名及道路起止点调整方案的通知》	乐政办发〔2019〕3 号	县政府

中共昌乐县委昌乐县人民政府关于昌乐县县级机构改革的实施意见

(2019年1月15日中国共产党昌乐县委员会第十四届委员会第五次全体会议通过)

为认真贯彻落实中央关于机构改革的决策部署,根据省委、省政府批准及市委、市政府印发的《昌乐县机构改革方案》要求,现制定本实施意见。

县级机构改革的总体要求是,以习近平新时代中国特色社会主义思想为指导,全面贯彻党的十九大和十九届二中、三中全会精神,认真落实习近平总书记关于深化党和国家机构改革的重要论述,牢固树立“四个意识”,坚持加强党的全面领导,坚持以人民为中心的发展思想,坚持社会主义市场经济改革方向,坚持优化协同高效,坚持以法治方式推进改革,坚持在中央集中统一领导下充分发挥地方积极性,不折不扣落实好各项改革任务,着力改革机构设置,优化职能配置,提高效率效能,深化转职能、转方式、转作风,构建系统完备、科学规范、运行高效的机构职能体系。通过机构改革推进各领域改革,建立健全县委对重大工作的领导体制机制,加速实施新旧动能转换,为推动实现高质量发展、加快建设现代昌乐提供强有力的体制机制保障。

一、深化县委机构改革

深化县委机构改革,着眼健全加强党的全面领导的制度,优化县委组织机构,建立健全县委对重大工作的领导体制机制,强化党的组织在同级组织中的领导地位,更好发挥党的职能部门作用,推进职责相近的党政机关合并设立或合署办公,从机构职能上把加强党的领导落实到各领域各环节,提高县委把方向、管大局、作决策、保落实的能力,确保党的领导更加坚强有力。

(一)组建县监察委员会。落实党中央关于深化国家监察体制改革的部署,将县监察局的职责,县人民检察院查处贪污贿赂、失职渎职以及预防职务犯罪等反腐败相关职责整合,组建县监察委员会,同县纪律检查委员会合署办公,履行纪检、监察两项职责,实行一套工作机构、两个机关名称。

不再保留县监察局。

(二)县委全面深化改革领导小组、县全民普法依法治县工作领导小组、县国家安全领导小组、县委网络安全和信息化工作领导小组、县委财经领导小组、县委外事工作领导小组、县经济责任审计工作领导小组、县委农村工作领导小组改为委员会。为加强县委对涉及全县重大工作的领导,强化统筹协调职责,将县委全面深化改革领导小组、县全民普法依法治县工作领导小组、县国家安全领导小组、县委网络安全和信息化工作领导小组、县委财经领导小组、县委外事工作领导小组、县经济责任审计工作领导小组、县委农村工作领导小组分别改为县委全面深化改革委员会、县委全面依法治县委员会、县委国家安全委员会、县委网络安全和信息化委员会、县委财经委员会、县委外事工作委员会、县委审计委员会、县委农业农村委员会,作为县委议事协调机构,负责相关领域重大工作的统筹谋划、综合协调、整体推进、督促落实。

县委全面深化改革委员会的办事机构为县委全面深化改革委员会办公室,设在县委办公室;县委全面依法治县委员会的办事机构为县委全面依法治县委员会办公室,设在县司法局;县委国家安全委员会的办事机构为县委国家安全委员会办公室,设在县委办公室;县委网络安全和信息化委员会的办事机构为县委网络安全和信息化委员会办公室,设在县委宣传部;县委财经委员会的办事机构为县委财经委员会办公室,设在县委办公室;县委外事工作委员会的办事机构为县委外事工作委员会办公室,设在县政府办公室;县委审计委员会的办事机构为县委审计委员会办公室,设在县审计局;县委农业农村委员会的办事机构为县委农业农村委员会办公室,设在县农业农村局。

(三)组建县委教育工作领导小组。为加强县委对教育工作的领导,全面贯彻党的教育方针,加强教育领域党的建设,深化教育改革,加快教育现代化,办好人民满意的教育,组建县委教育工作领导小组，作为县委议事协调机构。主要负责研究提出并组织实施在教育领域坚持党的领导、加强党的建设政策措施，统筹教育领域思想政治、意识形态工作；审议全县教育发展中长期规划、重大政策和体制改革方案；协调解决教育工作重大问题等。

县委教育工作领导小组办公室设在县委教育工作委员会。县委教育工作委员会与县教育和体育局合署办公。

（四）县委办公室加挂县档案局、县委保密委员会办公室（县国家保密局）牌子。将县档案馆（县档案局）承担的行政职能，县委县政府机关事务管理局承担的行政职能划入县委办公室。县委办公室对外加挂县档案局、县委保密委员会办公室（县国家保密局）牌子。

保留县档案馆，仍作为县委直属公益一类事业单位，正科级规格。不再保留县委政策研究室、县委机要局（密码管理局）、县委保密委员会办公室（县政府保密局）正科级架构以及县委办公室信息调研室副科级架构。

（五）县委组织部统一管理县委机构编制委员会办公室。为加强县委对机构编制和机构改革的领导，理顺机构编制管理和干部管理的体制机制，调整优化县委机构编制委员会领导体制。县机构编制委员会调整为县委机构编制委员会，作为县委议事协调机构，统筹负责全县机构职能编制工作。

县机构编制委员会办公室调整为县委机构编制委员会办公室，作为县委机构编制委员会的办事机构，承担县委机构编制委员会日常工作，作为县委工作机关，归口县委组织部管理。

（六）县委组织部统一管理老干部和公务员工作。将县委老干部局并入县委组织部。县委组织部保留县委老干部局牌子。将县人力资源和社会保障局的公务员录用调配、考核奖惩、培训和工资福利等公务员管理职责及党群系统事业单位人事管理职责划入县委组织部。县委组织部对外加挂县公务员局牌子。

调整后，县委组织部在老干部管理方面的主要职责是，负责贯彻落实有关老干部管理政策规定；指导全县老干部管理服务工作；负责老干部的老年教育，加强和改进老干部党支部建设和干部队伍建设等工作。

县委组织部在公务员管理方面的主要职责是，统一负责公务员录用调配、考核奖惩、培训和工资福利等事务；负责贯彻落实有关公务员管理政策规定；指导全县公务员队伍建设和绩效管理等。

不再保留单设的县委老干部局，以及组织员办公室、党的建设工作领导小组办公室正科级架构。不再保留设在县人力资源和社会保障局的县公务员管理办公室。

（七）县委宣传部统一领导文化旅游、新闻出版广电工作。县委宣传部对外加挂县政府新闻办公室、县精神文明建设委员会办公室、县互联网信息办公室牌子。

不再保留县精神文明建设委员会办公室正科级架构。

（八）县委统一战线工作部统一管理对台工作、民族宗教、侨务工作。为加强县委对台工作、民族宗教、侨务工作的领导，将县委台湾工作办公室（县政府台湾事务办公室）、县民族宗教事务局并入县委统一战线工作部，将县政府办公室的侨务管理、港澳事务联络职责划入县委统一战线工作部。县委统一战线工作部对外保留县政府台湾事务办公室、县民族宗教事务局牌子，对外加挂县政府侨务办公室牌子。

调整后，县委统一战线工作部在对台工作方面的主要职责是，研究拟订全县对台工作的相关政策措施；协调指导全县对台经贸工作和交流合作；负责对台宣传、涉台教育工作等。

县委统一战线工作部在侨务方面的主要职责是，落实中央海外统战工作决策部署和省委、市委工作要求，研究拟订全县侨务工作的政策和规划；管理全县侨务行政事务，统筹协调有关部门和社会团体的涉侨工作；调查研究国内外侨情和侨务工作情况，联系香港、澳门和海外有关社团及代表人士，指导推动涉侨宣传、文化交流等工作。

不再保留县委台湾工作办公室、单设的县民族宗教事务局。

（九）不再设立县社会治安综合治理委员会及其办公室、县维护稳定工作领导小组及其办公室、县委防范和处理邪教问题领导小组及其办公室。为加强县委对政法工作的统一领导，更好统筹协调全县政法机关资源力量，不再设立县社会治安综合治理委员会及其办公室、县维护稳定工作领导小组及其办公室、县委防范和处理邪教问题领导小组及其办公室，有关职责交由县委政法委员会承担。

调整后，县委政法委员会在社会治安综合治理方面的主要职责是，负责组织协调、推动和督促全县各级各有关部门开展社会。治安综合治理工作，协调处置重大突发事件，研究社会治安综合治理有关重大问题等。

县委政法委员会在维护社会稳定方面的主要职责是，统筹协调全县政法机关等部门处理影响社会稳定的重大事项，协调应对和处置重大突发事件，预防、化解影响社会稳定的社会矛盾和风险等。

县委政法委员会在防范和处理邪教问题方面的主要职责是，协调指导全县各相关部门做好反邪教工作，分析研判有关情况信息并向县委提出政策建议，协调处置重大突发性事件等。县公安局按照职责分工继续承担反邪教相关工作。

不再保留县委政法委员会政治处副科级架构。

（十）调整县委县政府信访局名称和管理体制。将县委县政府信访局更名为县信访局，由县委办公室、县政府办公室管理调整为县政府工作部门，由县政府办公室统一领导和管理，同时承担县委相关信访工作。

（十一）组建县委党史研究中心（县地方史志研究中心）。整合县委党史研究室、县地方史志办公室的职责，组建县委党史研究中心（县地方史志研究中心），一个机构、两块牌子，作为县委直属公益一类事业单位，正科级规格。主要负责研究中国共产党昌乐历史、昌乐县地方史志；征集、整理中国共产党昌乐历史、昌乐县地方史志重要资料，组织编写中国共产党昌乐历史、昌乐史志、昌乐年鉴等书刊资料；组织开展党史学习教育和宣传活动。

撤销县委党史研究室、县地方史志办公室事业单位建制。

（十二）不再保留县直武装部副科级架构。改革后，县委设置县纪检监察机关1个；工作机关8个，正科级规格。具体机构设置见附件1.

二、深化县政府机构改革

深化县政府机构改革，坚持转变政府职能，简政放权，着力破除制约使市场在资源配置中起决定性作用、更好发挥政府作用的体制机制弊端，围绕推动高质量发展，建设现代化经济体系，加强和完善政府经济调节、市场监管、社会管理、公共服务、生态环境保护职能，着力优化政府机构设置、职能配置，全面提高行政效能，构建职责明确、依法行政的政府治理体系，增强政府公信力和执行力，加快建设人民满意的服务型政府。

（一）组建县教育和体育局。将县教育局的职责，县体育局（县体育总会）承担的行政职能整合，组建县教育和体育局，作为县政府工作部门。主要负责拟订全县教育和体育工作相关政策措施并监督执行；负责全县基础教育（含学前教育）、职业技术教育、成人教育和民办教育的统筹规划和协调管理工作；负责教育督导和评估工作；指导和推动体育管理体制改革；指导全县体育产业发展和经营活动等。

不再保留县教育局。撤销县体育局（县体育总会）事业单位建制。

（二）组建县工业和信息化局。将县经济和信息化局的职责，县发展和改革局的汇总编制工业发展中长期规划和年度计划责整合，组建县工业和信息化局，作为县政府工作部门。主要负责拟订工业发展规划并组织实施，推进工业化和信息化融合；监测、分析全县工业行业经济运行态势，进行预测预警和信息引导；组织实施国家、省、市工业产业政策，推进工业经济结构调整和升级；推动电子信息产业制造业、软件业和信息服务业等信息产业发展；承担无线电管理、推动中小企业发展等工作。

不再保留县经济和信息化局。撤销县中小企业办公室（民营经济发展委员会）事业单位建制。

（三）组建县自然资源和规划局。将县国土资源局（县不动产登记局）的职责，县发展和改革局的组织实施主体功能区规划职责，县水利局的水资源调查和确权登记管理职责，相关部门的草原（地）资源调查、确权登记、监督管理及自然保护区、风景名胜区等管理职责，以及县规划局、县林业局承担的行政职能整合，组建县自然资源和规划局，作为县政府工作部门，加挂县林业局牌子。主要负责编制并监督落实全县主体功能区规划，建立空间规划体系；履行全民所有各类自然资源资产所有者职责，统一调查和确权登记，建立自然资源有偿使用制度，对全县自然资源开发利用和保护进行监管；负责测绘和地质勘查行业管理；组织生态保护和修复，开展全县造林绿化工作，管理国家公园等各类自然保护地。

不再保留县国土资源局（县不动产登记局）。撤销县规划局、县林业局事业单位建制。

（四）组建县农业农村局。将县委农村工作领导小组办公室、县农业局的职责，县发展和改革局的农业投资项目、县国土资源局的农田整治项目管理职责，县财政局的农业综合开发项目管理、农村综合改革职责，县水利局的渔业管理和监督管理渔业安全生产、农田水利建设项目管理职责，以及县畜牧兽医局、县农业机械管理局、县农村经济管理局承担的行政职能，县林业局承担的果品管理行政职能整合，组建县农业农村局，作为县政府工作部门，承担扶贫开发工作职责，加挂县扶贫开发办公室、县畜牧兽医局牌子。主要负责统筹研究和组织实施“三农”工作战略、规划和政策，协调解决“三农”工作重大问题；管理种植业、农垦、畜牧业、农业机械化、农产品质量安全；负责农业投资管理等。

将县扶贫开发领导小组办公室更名为县扶贫开发办公室，在脱贫攻坚期间独立运行，承担县扶贫开发领导小组的日常工作，2020年脱贫任务完成后，根据扶贫工作的新形势作出调整。

不再保留县委农村工作领导小组办公室、县农业局。撤销县畜牧兽医局、县农业机械管理局、县农村经济管理局、县农业综合开发办公室事业单位建制。

（五）组建县文化和旅游局。将县文化广电新闻出版局的职责，县旅游局承担的行政职能整合，组建县文化和旅游局，作为县政府工作部门，加挂县新闻出版广电局、县文物局牌子，归口县委宣传部领导。主要负责统筹规划文化事业、文化产业、旅游业、文物保护事业和广播影视、新闻出版领域事业发展；推进文化产业、旅游业与相关产业融合发展；维护各类文化、广播影视、新闻出版和旅游市场秩序等。

不再保留县文化广电新闻出版局。撤销县旅游局事业单位建制。

（六）组建县卫生健康局。将县卫生和计划生育局（县中医药管理局）的职责，县发展和改革局的深化医药卫生体制改革职责，县民政局承担的县老龄工作委员会办公室职责，以及县安全生产监督管理局的职业安全健康监督管理职责等整合，组建县卫生健康局，作为县政府工作部门，保留县中医药管理局牌子。主要负责协调推进全县深化医药卫生体制改革，组织实施国家基本药物制度；监督管理公共卫生、医疗服务和卫生应急；负责计划生育管理和服务工作；协调落实应对人口老龄化政策措施，推进老年健康服务体系建设和医养结合等工作。

保留县老龄工作委员会，日常工作由县卫生健康局承担。

不再保留县卫生和计划生育局。

（七）组建县退役军人事务局。将县民政局的退役军人优抚安置职责，县人力资源和社会保障局的军队转业干部安置职责等整合，组建县退役军人事务局，作为县政府工作部门。主要负责贯彻落实退役军人思想政治、管理保障等工作政策法规；负责全县军队转业干部、复员干部、退休干部、退役士兵的移交安置和自主择业退役军人服务管理、待遇保障工作；组织开展退役军人教育培训、优待抚恤等，组织指导全县拥军优属工作；负责烈士及退役军人荣誉奖励、军人公墓管理维护以及纪念活动等。

按中央有关改革部署实施。

（八）组建县应急管理局。将县安全生产监督管理局的职责，县政府办公室的应急管理职责，县公安局的消防管理职责，县民政局的救灾职责，县国土资源局的地质灾害防治相关职责，县水利局的水旱灾害防治相关职责，县林业局承担的森林防火相关行政职能，相关部门的草原（地）防火相关职责，县地震局承担的行政职能，以及县防汛抗旱指挥部、县减灾委员会、县防震减灾工作领导小组、县政府森林防火与林业有害生物防控指挥部的相关职责整合，组建县应急管理局，作为县政府工作部门。主要负责组织编制全县应急总体预案和规划，指导各级各部门应对突发事件工作；建立灾情报告系统并统一发布灾情，统筹应急力量建设和物资储备并在救灾时统一调度，组织灾害救助体系建设；组织指导安全生产类、自然灾害类应急救援，指导火灾、水旱灾害、地质灾害等防治；负责安全生产综合监督管理和工矿商贸行业安全生产监督管理等工作。

按中央有关改革部署实施。

不再保留县安全生产监督管理局。撤销县地震局事业单位建制。

（九）组建县行政审批服务局。将县政务服务中心管理办公室（县公共资源交易管理办公室）的职责，相关部门的行政审批及有关政务服务等职责整合，组建县行政审批服务局，作为县政府工作部门，加挂县政务服务管理办公室牌子。主要负责审批职责范围内的行政许可事项，提供相关政务服务和便民服务；负责公共资源交易和政务服务有关管理工作；负责管理政务服务中心，对进驻政务服务中心的审批服务工作及人员进行业务指导和管理考核等。

不再保留县政务服务中心管理办公室（县公共资源交易管理办公室）。撤销县行政服务局事业单位建制。

（十）组建县医疗保障局。将县人力资源和社会保障局的城乡居民基本医疗保险、职工医疗保险、生育保险职责，县民政局的医疗救助职责，县卫生和计划生育局的药械集中采购监督管理相关职责，县物价局承担的药品和医疗服务价格管理行政职能等整合，组建县医疗保障局，作为县政府工作部门。主要负责拟订医疗保险、生育保险、医疗救助等医疗保障制度的规划、标准和组织实施；监督管理全县相关医疗保障基金，完善异地就医管理和费用结算平台；负责药品、大型医疗设备和医用耗材的招标采购相关工作；组织制定和调整相关药品、医疗服务价格和收费标准，监督管理纳入医保支出范围的医疗服务行为和医疗费用等。

（十一）重新组建县科学技术局。将县科学技术局的职责，县人力资源和社会保障局的外国专家管理等职责整合，重新组建县科学技术局，作为县政府工作部门，加挂县外国专家局牌子。主要负责统筹推进全县创新体系建设和科技体制改革；管理科技成果、科技奖励、科技保密、技术市场和科技信息市场；负责全县引进国外智力等工作。

县人力资源和社会保障局不再挂县外国专家局牌子。

（十二）重新组建县司法局。将县司法局（县社区矫正管理局）的职责，县政府办公室（县政府法制办公室）的政府法制工作职责整合，重新组建县司法局，作为县政府工作部门。主要负责有关地方性法规和县政府规章草案起草；负责有关立法协调和备案审查、解释等；负责行政执法监督和行政复议应诉、普法宣传；负责有关监狱协调管理、社区戒毒、社区矫正管理、律师公证和司法鉴定仲裁管理等。

县政府办公室不再挂县政府法制办公室牌子，不再保留县行政执法监督局。不再保留县社区矫正工作办公室正科级架构。

（十三）调整县综合行政执法局（县城市管理局）管理体制。将县综合行政执法局（县城市管理局）调整为县政府工作部门。

（十四）优化县政府办公室职责。将县智慧城市建设办公室承担的行政职能，相关部门的大数据管理、大数据发展规划、大数据基础设施建设、电子政务管理等职责划入县政府办公室。县政府办公室加挂县大数据局、县政府外事办公室牌子。

调整后，县政府办公室在大数据方面的主要职责是，负责牵头制定并组织实施全县大数据发展应用规划和政策措施，加快建设“互联网+政务服务”；统筹规划大数据基础设施建设，建立完善数据开放平台和标准体系，推动政府数据开放共享利用，承担政务服务平台建设管理工作；指导协调大数据产业发展，健全大数据安全保障体系等。

不再保留县政府办公室研究室正科级架构以及县政府应急管理办公室（县政府总值班室）、县政府办公室信息科、县政府办公室外事侨务办公室副科级架构。撤销县智慧城市建设办公室事业单位建制。

（十五）优化县发展和改革局职责。将县经济和信息化局的企业技术中心管理、经济运行调节、重要物资和商品紧急调度、能源管理相关职责，县商务局的研究拟订物流业发展规划政策职责，相关部门组织实施国家战略和应急储备物资收储、轮换和日常管理职责，县物价局承担的相关商品价格、服务价格管理和政策制定等行政职能，以及县粮食局承担的行政职能划入县发展和改革局。县发展和改革局加挂县新旧动能转换综合实验区建设办公室牌子。

不再保留县新旧动能转换重大工程推进办公室。撤销县物价局、县粮食局事业单位建制。

（十六）优化县财政局职责。将县基层财政管理处、县财政监督局等县财政局所属事业单位承担的行政职能划入县财政局。县财政局加挂县国有资产监督管理局牌子。

根据县政府授权，县财政局集中统一履行县级国有金融资本出资人职责；依法依规履行国有金融资本管理职责，负责组织实施基础管理、经营预算、绩效考核、负责人薪酬管理等工作。

不再保留县国有资产管理办公室正科级架构。

（十七）优化县住房和城乡建设局职责。将县人民防空办公室（县民防局）承担的行政职能划入县住房和城乡建设局。县住房和城乡建设局加挂县人民防空办公室牌子。

撤销县人民防空办公室、县房产管理办公室事业单位建制。

（十八）优化县交通运输局职责。将县住房和城乡建设局的地方铁路、轨道交通建设相关职责，相关部门的渔船检验和监督管理职责，县规划局承担的地方铁路、轨道交通规划相关行政职能，以及原潍坊市公路管理局所属的昌乐县公路局承担的行政职能划入县交通运输局。

撤销县公路局事业单位建制。

（十九）优化县水利局职责。将县农村供水管理办公室（县南水北调工程管理局）、县水利移民办公室等县水利局所属事业单位承担的行政职能划入县水利局。县水利局加挂县南水北调工程建设管理局牌子。

（二十）优化县商务局职责。将县经济和信息化局的成品油流通监督管理、茧丝绸行业协调管理、散装水泥管理职责划入县商务局。

（二十一）优化县审计局职责。将县发展和改革局的重大项目稽察职责，县财政局的预算执行情况和其他财政收支情况的监督检查、相关经济责任审计职责和县属国有企业监事会等职责划入县审计局。

不设立县属国有企业监事会。

（二十二）优化县市场监督管理局职责。将县商务局的打击侵犯知识产权和假冒伪劣商品、反垄断相关职责，县物价局承担的价格监督检查与反垄断相关行政职能，以及县知识产权局承担的行政职能划入县市场监督管理局（县食品药品监督管理局）。

保留县食品安全委员会，日常工作由县市场监督管理局承担。

县市场监督管理局不再挂县食品药品监督管理局牌子。

不再保留单设的县食品安全委员会办公室、县企业注册局、县公平交易局（山东省工商行政管理经济检查总队昌乐大队和打击传销办公室）。撤销县知识产权局事业单位建制。

（二十三）优化县金融工作办公室（县地方金融监督管理局）职责。将县商务局的典当行经营监督管理职责划入县金融工作办公室。县金融工作办公室（县地方金融监督管理局）更名为县地方金融监督管理局，保留县金融工作办公室牌子，仍作为县政府工作部门。

（二十四）环保垂改具体工作按省、市有关改革部署实施。

不再保留县环境保护局。

改革后，县政府设置工作部门28个，均为正科级规格。具体机构设置见附件2。

三、深化县人大、县政协机构改革

发挥人大及其常委会在立法工作中的主导作用，健全人大组织制度和工作制度，完善人大专门委员会设置，更好发挥其职能作用。推进人民政协履职能力建设，加强人民政协民主监督，优化政协专门委员会设置，更好发挥其作为专门协商机构的作用。按照省、市统一部署，持续推进人大、政协机构改革。

（一）县人大及其常委会机构改革

1. 组建县人大社会建设委员会。整合县人大内务司法委员会、财政经济委员会、教科文卫委员会的相关职责，组建县人大社会建设委员会，作为县人大专门委员会。

2. 县人大内务司法委员会更名为县人大监察和司法委员会。

（二）县政协机构改革

1. 根据上级统一要求，将县政协农业和农村工作委员会调整为县政协农业和农村委员会。

2. 县政协文史资料委员会更名为县政协文化文史和学习委员会。将县政协科教文卫体委员会承担的联系文化艺术界等相关工作调整到县政协文化文史和学习委员会。

3. 县政协科教文卫体委员会更名为县政协教科卫体委员会。

四、深化其他领域改革

健全党委统一领导群团工作的制度，推动群团组织增强政治性、先进性、群众性。深化行政执法体制改革，整合精简执法队伍。加快推进承担行政职能事业单位改革，实现政事分开。深化审批服务便民化改革，全力打造审批事项少、办事效率高、服务质量优、群众获得感强的发展环境。

（一）深化县级群团组织改革

认真落实中央关于群团组织改革决策部署和省、市、县委工作要求，着力解决“机关化、行政化、贵族化、娱乐化”等问题，把群团组织建设的更加充满活力、更加坚强有力。县级群团组织设立的党组（党委），接受县委的统一领导，定期汇报工作，确保党的方针政策和决策部署得到贯彻落实。县级群团组织改革与地方机构改革相结合，改革机构设置、优化管理模式、创新运行机制，促进党政机构同群团组织功能有机衔接，鼓励和支持群团组织承接适合由其承担的公共服务职能，增强群团组织团结教育、维护权益、服务群众功能，充分发挥党和政府联系人民群众的桥梁纽带作用。坚持眼睛向下、面向基层，将力量配备、服务资源向基层倾斜，更好适应基层和群众需要。抓好县总工会、团县委、县妇联、县科协等群团机关改革方案落实。

（二）深化县级行政执法体制改革

认真落实中央关于深化综合行政执法体制改革部署和省、市工作要求，在巩固改革成果的基础上，继续加大探索力度，不“翻烧饼”，不走“回头路”。扎实推进相对集中行政处罚权、行政强制权改革，统筹配置行政执法职能和执法资源，大幅减少执法队伍种类。继续深入推动跨领域跨部门综合执法，已将相关领域执法职责和队伍并入综合执法机构的，进一步健全综合执法工作机制和制度体系，完善部门间协作配合制度，明确界定执法与管理的权责关系，确保综合执法体制良好运行。按照上级部署，落实“局队合一”执法体制，统一以主管部门名义执法，压实主管部门履行行政执法职责和加强队伍建设的责任。在镇（街道）搭建“镇街主导、部门参与、资源统筹、联合执法”的综合执法平台，县直部门派驻的所有执法队伍由镇（街道）统一指挥和调度，探索一支队伍管执法。

全面清理规范临时人员和聘用人员，严禁使用辅助人员执法，锁定执法人员编制底数，待上级明确政策后逐步规范。完善执法程序，严格执法责任，加强执法监督，不断提高执法队伍综合素质和执法能力。

（三）推进县级事业单位改革

全面清理事业单位承担的行政职能，将行政职能收归行政机关，承担的事业职能与职能相近的单位整合组建公益一类事业单位，并对名称、规格、隶属关系等不符合改革要求的事业单位一并予以规范。

1. 新整合组建县委县政府直属事业单位，共25家。

(1) 县机关事务中心。县委县政府机关事务管理局更名为县机关事务中心。

(2) 县网络舆情信息中心。县网络管理办公室更名为县网络舆情信息中心，由县委宣传部代管。

(3) 县招商和投资促进中心。县招商工作委员会办公室（县招商局）更名为县招商和投资促进中心。

(4) 县大数据中心。整合县智慧城市建设办公室承担的政务信息资源数据服务、电子政务服务工作等事业职能，以及相关事业单位承担的大数据服务等职能，组建县大数据中心。

(5) 县粮食和物资储备中心。整合县粮食局承担的事业职能及其所属的县粮食质量检测站的全部职能，以及相关事业单位承担的物资储备事业职能，组建县粮食和物资储备中心。

(6) 县价格事务中心。整合县物价局及其所属的县价格举报中心、县价格认证中心承担的事业职能，组建县价格事务中心。

(7) 县重大项目服务中心。整合县重点项目建设办公室承担的事业职能，以及县发展和改革局所属的县蓝色经济区建设办公室的全部职能，组建县重大项目服务中心，由县发展和改革局代管。

(8) 县产业发展促进中心。整合县“三区”建设物流园管理委员会的职能，以及县发展和改革局下属事业单位产业发展方面的事业职能，组建县产业发展促进中心，由县发展和改革局代管。

(9) 县体育事业发展中心。整合县体育局（县体育总会）承担的事业职能，及其所属的县体质测定与运动健身指导站的全部职能，组建县体育事业发展中心。

(10) 县中小企业发展中心。整合县中小企业办公室（民营经济发展委员会）承担的事业职能，及其所属的潍坊市职工中专昌乐分校的全部职能，组建县中小企业发展中心，由县工业和信息化局代管。

(11) 县财政协作中心。整合县财政局所属的县财政监督局、县基层财政管理处承担的事业职能，以及县财政投资评审中心、县政府与社会资本合作中心的全部职能，组建县财政协作中心，由县财政局代管。

(12) 县国有资产运营中心。县国有资产运营管理中心更名为县国有资产运营中心，由县财政局代管。

(13) 县社会保险中心。整合县社会保险事业管理中心承担的全县机关事业、企业退休人员待遇发放、居民养老保险服务等事业职能，组建县社会保险中心，由县人力资源和社会保障局代管。

(14) 县林业发展中心。整合县林业局承担的事业职能及其所属的县国有孤山林场、县资源保护站、县林业站的全部职能，组建县林业发展中心，保留县国有孤山林场牌子。

(15) 县规划编制研究中心。整合县规划局及其所属的城南规划所、朱刘规划所、开发区规划所承担的事业职能，组建县规划编制研究中心。

(16) 县房屋征收和补偿工作中心。将县房屋征收与补偿工作办公室更名为县房屋征收和补偿工作中心。

(17) 县房产发展促进中心。整合县房产管理办公室及其所属的县房地产评估管理办公室承担的事业职能，组建县房产发展促进中心。

(18) 县人民防空工程管护中心。整合县人民防空办公室承担的人民防空工程维护、人防平战结合和防空防灾一体化服务等事业职能，组建县人民防空工程管护中心。

(19) 县公路事业发展中心。整合原潍坊市公路管理局所属的昌乐县公路局、县交通运输局所属的县乡公路管理处承担的事业职能，组建县公路事业发展中心。

(20) 县水利事业发展中心。整合县水利局所属的县水资源办公室、县水利移民办公室、县农田水利站、县工程管理站承担的事业职能，组建县水利事业发展中心，由县水利局代管。

(21) 县现代农业发展中心。整合县农村经济管理局、县农业机械管理局及其所属的县农业机械管理服务站、县农机化技术推广站承担的事业职能，组建县现代农业发展中心。

(22) 县畜牧业发展中心。整合县畜牧兽医局及其所属的县动物疫病预防控制中心、县动物卫生监督办公室、县畜牧兽医技术推广中心、10 处镇（街、区）畜牧兽医站承担的事业职能，组建县畜牧业发展中心。

(23) 县地震观测中心。整合县地震局承担的事业职能及其所属的县地震观测台的全部职能，组建县地震观测中心。

(24) 县知识产权保护中心。整合县知识产权局承担的知识产权宣传教育、服务知识产权优势企业等事业职能，组建县知识产权保护中心。

(25) 县市政公用事业发展中心。整合县环境卫生管理局、县园林管理局，以及县住房和城乡建设局所属的县燃气供热管理办公室、县城市节约用水办公室承担的事业职能，县水利局所属的县水资源办公室承担的城市供水相关职能，组建县市政公用事业发展中心。

上述事业单位均为正科级规格。

2. 对部门所属公益一类事业单位按上级要求进行调整规范，共 21 家。

(1) 县廉政舆情监控中心更名为县廉政舆情信息中心，副科级规格不变。

(2) 县委县政府接待办公室更名为县委县政府接待中心，正科级规格不变。

(3) 县农村党员干部现代远程教育管理站更名为县农村党员干部现代远程教育中心，正科级规格不变。

(4) 县关心下一代工作委员会办公室更名为县关心下一代工作中心，隶属关系调整为县委组织部所属，副科级规格不变。

(5) 县台商投资促进处更名为县台商投资促进中心，隶属关系调整为县委统一战线工作部所属，副科级规格不变。

(6) 县节能监察中心隶属关系调整为县发展和改革局所属，副科级规格不变。

(7) 县非税收入管理局更名为县票据服务中心，规格调整为副科级。

(8) 县人力资源管理服务中心更名为县人力资源服务中心，正科级规格不变。

(9) 县矿产资源管理中心更名为县矿产资源管护中心，为县自然资源和规划局所属事业单位，规格调整为副科级。

(10) 县建设工程质量安全监督站更名为县建设工程质量安全中心，副科级规格不变。

(11) 县建筑工程管理处更名为县建筑业发展中心，不再加挂县墙材革新与建筑节能管理办公室牌子，副科级规格不变。

(12) 县路灯管理所更名为县路灯运营维护中心，副科级规格不变。

(13) 县农村供水管理办公室更名为县农村供水服务中心，副科级规格不变。

(14) 整合县农业综合开发办公室承担的农业综合开发项目服务等事业职能，组建县农业综合开发中心，为县农业农村局所属副科级事业单位。

(15) 整合原县农业局所属的山东省农业广播电视学校昌乐分校、县农业技术推广站的全部职能，组建县农业技术推广中心，为县农业农村局所属副科级事业单位。

(16) 整合县旅游局承担的旅游市场开发和宣传推广、旅游商品开发等事业职能，组建县旅游事业发展中心，为县文化和旅游局所属副科级事业单位。

(17) 县爱国卫生工作委员会办公室更名为县爱国卫生服务中心，为县卫生健康局所属事业单位，副科级规格不变。

(18) 县经济责任审计办公室更名为县经济责任审计服务中心，副科级规格不变。

(19) 整合县行政服务局承担的政务大厅运行、行政审批服务、便民事项代办帮办、镇（街道）便民服务业务指导等事业职能，组建县政务服务中心，为县行政审批服务局所属副科级事业单位。

(20) 整合县新型农村合作医疗管理委员会办公室承担的事业职能，以及县社会保险事业管理中心承担的城镇职工和城镇居民基本医疗保险、生育保险职能及其所属的 8 处镇（街道）居民基本医疗保险工作站全部职能，组建县医疗保险中心，为县医疗保障局所属副科级事业单位。

(21) 整合县委群众工作委员会办公室承担的事业职能与县人民政府信访事项复查办公室、县信访热线电话受理中心的全部职能，组建县联合接访中心，为县信访局所属副科级事业单位。

3. 撤销事业单位建制，共 4 家。对完全承担行政职能的县产业发展办公室、县老龄工作委员会办公室、县事业单位监督管理局、县土地开发整理中心等 4 家事业单位，撤销事业单位建制。

上述事业单位调整，按程序报批实施。

（四）深化审批服务便民化改革

把机构改革同深化简政放权、放管结合、优化服务改革有机结合起来。加快政府职能转变，减少微观管理事务和具体审批事项，最大限度减少政府对市场资源的直接配置，最大限度减少政府对市场活动的直接干预，提高资源配置效率和公平性，激发各类市场主体活力。

深入推进“一次办好”改革，进一步清理和规范各类行政许可、资质资格、中介服务等管理事项，扎实推进“减证便民”“证照分离”、减轻企业税费负担、降低企业准入门槛等措施，不断优化营商环境。全面推进相对集中行政许可权改革，县行政审批服务部门集中行使市场准入、投资建设、交通运输、城市管理、民生保障等领域行政许可权，实行“一枚印章管审批”。推进供水、供电、供气等人民群众经常打交道的公共事业部门便民化改革。加快政务服务大数据平台建设，推进部门政务信息联通共享，着力提升“互联网 + 政务服务”水平。强化事中事后监管，全面推行“双随机、一公开”，加强信用监管，发挥行业和社会监督作用。

五、强化机构编制管理刚性约束

强化县委对机构编制工作的统一领导，推进各类编制资源统筹使用，严格执行机构编制管理法律法规和政策规定，严格机构编制管理权限和程序，严禁越权审批。坚持总量控制，严禁超编进人、超限额设置机构、超职数配备领导干部、严格管理编外聘用人员。

清理不规范设置的机构和配备的职数，全面清理限额外设置的行政机构，规范管理合署办公机构和开发区管委会等各类派出机构，杜绝挂牌机构实体化、根除“事业局”。从严从紧控制党政机构加挂牌子的数量，挂牌机构不单独核定编制和领导职数。清理规范议事协调机构和临时机构，职能相近的予以整合，临时性、阶段性的任务完成后及时撤销，严控新设议事协调机构。未经县委、县政府同意，县级议事协调机构不得刻制印章、对外发文。省、市批复同意的县委议事协调机构，其办事机构设在政府部门的列入县委机构序列，不计个数。其他保留的县级议事协调机构，由县委、县政府发文公布。

严肃查处各类机构编制违纪违法行为。及时公开机构编制有关信息，接受各方监督。严禁通过项目资金分配、考核督查、评比表彰等方式干预机构设置、职能配置和编制配备。加强机构编。制评估管理，充分发挥机构编制人员经费共用信息管理平台作用，将实名制管理贯穿机构编制管理全流程。完善机构编制同纪检监察机关和组织人事、巡察、审计等部门的协作联动，形成监督检查合力。对巡视巡察、审计、信访举报等发现的机构编制违纪违法行为，按照有关规定严肃追责问责。

六、制定部门“三定”规定

制定“三定”规定是实施机构改革的关键环节。通过制定“三定”规定，为部门运行和依法履职提供基本遵循，进一步强化和落实责任，优化组织结构，提高工作效能。

（一）制定“三定”规定的范围

组建、重新组建、职能调整变化较大的党政机关和直属事业单位。

（二）制定“三定”规定把握的主要原则

1. 坚持优化协同高效。围绕改革方案确定的部门职能定位，细化优化主要职责。坚持一类事项原则上由一个部门统筹，一件事情原则上由一个部门负责，厘清部门职责边界。

2.坚持突出主业主责。统筹设置部门内设机构，各部门内设机构总量原则上不超过其上一级业务部门。综合科室整合设置，对于多个部门合并或以某个部门为基础并入另一个部门的，只保留一套综合科室。业务科室设置突出主业主责，多部门合并的要统筹规划、有机融合，职能相近的科室予以归并，避免内部职责交叉。机关党支部按党章及有关规定设置；机关工会、共青团、妇联等群团组织按照有关章程设立，由机关人员兼职负责具体工作。

3. 坚持机构编制总量控制。按照精简统一高效和“编随事走、人随编走”原则，确定人员编制和领导职数框架，经县委深化机构改革协调小组批准后作为部门“三定”规定草案的依据，部门人员编制和领导职数不得突破框架确定的总量。

（三）“三定”规定的制定和报批程序县委深化机构改革协调小组办公室研究制定县级机构改革“三定”工作意见和人员编制及领导职数框架。

各部门根据人员编制及领导职数框架、“三定”工作意见及有关要求，研究提出“三定”规定草案，送县委深化机构改革协调小组办公室。县委深化机构改革协调小组办公室研究后，由县委机构编制委员会办公室报县委机构编制委员会审核，经县委、县政府批准，由县委办公室、县政府办公室印发。

七、制定完善相关政策措施

机构改革事关发展稳定大局，事关转隶人员切身利益。要坚持积极稳妥的原则，既要积极落实改革任务，又要扎实细致做好人员安置、资产处置、档案管理的各项工作，实现有序推进、平稳过渡。

（一）妥善安排超配人员。按照中央部署和省、市委有关要求，这次改革不搞断崖式精简分流人员，妥善解决有关部门人员超配问题。对实有人员、科级干部超过“三定”规定的新组建机构，给予3年左右的过渡期，通过自然减员、多出少进等方式逐。步消化。对个别合并单位比较多、转隶人员比较多、消化压力比较大的，给予5年左右的过渡期。对于没有进领导班子、又没有及时转岗的科级干部，县委组织部统筹考虑安排。

（二）做好离退休干部服务管理工作。对机构改革中涉及职能划转、改变隶属关系的单位，离退休干部服务管理工作仍由原主管部门和单位负责；对撤销合并、不再单独保留的单位，离退休干部服务管理工作由重新组建整合后承担相关职能的单位负责。

（三）加强经费管理。改革涉及的部门和单位对经费、资产、债权债务进行全面清理，严格按照国有资产管理规定进行自查清查和登记。在此基础上，根据机构、职责调整情况，提出经费、资产调整和处置方案，按照有关规定和管理权限报县财政局等部门批准后，办理经费资产的移交、接收、划转和处置手续。

（四）做好档案移交管理工作。改革涉及的部门和单位按照，档案法及其实施办法、机关档案工作条例，制定档案管理与处置方案，明确负责档案工作的机构和人员。不再保留和纳入重新组建机构的部门和单位的档案，自变动之日起全宗终止，实行封口管理，按照规范要求进行清理，可移交县档案馆，或整体移交新组建机构代管，达到规定年限后再移交县档案馆。新组建机构自成立之日起建立档案工作，新设档案全宗对形成的档案进行管理。部门和单位的部分职责划入其他机构的，在划入前履行该职责形成的档案仍属原档案全宗，不得分散。调整领导体制、优化职责的部门和单位，重新组建机构中沿用原有名称的部门和单位，档案全宗维持不变，继续沿用。

八、加强组织领导

县级机构改革工作在县委统一领导下进行，由县委深化机构改革协调小组负责统筹协调和组织实施。

（一）明确改革责任。各部门各单位要充分认识做好机构改革的重要性，提升政治站位，切实把思想和行动统一到中央关于机构改革决策部署及省、市、县委要求。上来。县委深化机构改革协调小组办公室负责与市委改革办、市委编办工作联系，负责县级机构改革具体组织实施。县委办公室、县政府办公室负责文件发送、印章使用及悬挂部门名牌等事宜。县委组织部、县人社局负责部门领导班子配备、调整及有关人员转隶等事宜。县财政局、县审计局、县机关事务中心按职责负责经费资产管理、债权债务清理、审计、办公用房调配等事宜。县档案馆负责相关部门档案交接事宜。各部门各单位要相应建立领导协调机制，明确责任主体，抓好本部门本单位机构改革的组织实施工作。

（二）严明改革纪律。认真贯彻执行上级关于严明纪律、切实保证党和国家机构改革顺利进行的通知要求，严格遵守机构改革政治纪律、组织纪律、机构编制纪律、干部人事纪律、财经纪律、保密纪律，不讲条件、不打折扣、不搞变通，坚决杜绝有令不行、有禁不止的行为，确保政令畅通。严肃机构编制纪律，严禁借改革之机擅自提高机构规格、调整和增设内设机构、增加人员编制和领导职数，着力强化机构编制刚性约束。

（三）稳妥有序推进。全面贯彻“先立后破、不立不破”的原则，有组织、有步骤推进机构改革，有序做好转隶、挂牌、集中办公等工作，确保思想不乱、工作不断、队伍不散、干劲不减。2019 年 1 月 20 日左右完成新组建部门领导班子配备和挂牌工作，2 月 20 日左右完成人员转隶工作，3 月 20 日左右印发涉改部门“三定”规定，3 月底前基本完成机构改革工作。

（四）建立督查评估机制。机构改革期间，县委办公室、县政府办公室适时开展全县机构改革落实情况督导检查，重点对县直部门、单位贯彻落实中央改革决策部署和省、市、县委工作要求情况进行督查。机构改革结束后，县委办公室、县政府办公室会同县委全面深化改革委员会办公室、县委机构编制委员会办公室等部门进行评估，总结成效，查找和解决有关问题，不断巩固和深化改革成果。

附件 1

中共昌乐县委机构设置表

- 纪律检查委员会监察委员会机关
- 办公室
- 组织部
- 宣传部
- 统一战线工作部
- 政法委员会
- 全面深化改革委员会办公室（设在县委办公室）
- 全面依法治县委员会办公室（设在县司法局）
- 国家安全委员会办公室（设在县委办公室）
- 网络安全和信息化委员会办公室（设在宣传部）
- 财经委员会办公室（设在县委办公室）
- 外事工作委员会办公室（设在县政府办公室）
- 机构编制委员会办公室
- 审计委员会办公室（设在县审计局）
- 教育工作领导小组办公室（设在教育工作委员会）
- 农业农村委员会办公室（设在县农业农村局）
- 县直机关工作委员会
- 巡察工作领导小组办公室

说明：

中共昌乐县委设置纪检监察机关 1 个，计入机构限额的工作机关 8 个（设在相关部门的县委议事协调机构的办事机构不计入机构限额）。其中，纪律检查委员会与监察委员会合署办公，实行一套工作机构、两个机关名称；办公室挂县档案局、保密委员会办公室（县国家保密局）牌子；组织部挂老干部局、县公务员局牌子；宣传部挂县政府新闻办公室、县精神文明建设委员会办公室、县互联网信息办公室牌子；统一战线工作部挂县政府台湾事务办公室、县民族宗教事务局、县政府侨务办公室牌子。教育工作委员会与县教育和体育局合署办公，不计入机构限额。

附件 2

昌乐县人民政府机构设置表

- 办公室
- 发展和改革局
- 教育和体育局
- 科学技术局
- 工业和信息化局
- 公安局
- 民政局
- 司法局
- 财政局
- 人力资源和社会保障局
- 自然资源和规划局
- 住房和城乡建设局
- 交通运输局
- 水利局
- 农业农村局
- 商务局
- 文化和旅游局
- 卫生健康局
- 退役军人事务局
- 应急管理局
- 审计局
- 行政审批服务局
- 市场监督管理局
- 综合行政执法局
- 统计局
- 医疗保障局
- 地方金融监督管理局
- 信访局

说明：

昌乐县人民政府设置工作部门 28 个。其中，办公室挂大数据局、外事办公室牌子；发展和改革局挂新旧动能转换综合试验区建设办公室牌子；科学技术局挂外国专家局牌子；财政局挂国有资产监督管理局牌子；自然资源和规划局挂林业局牌子；住房和城乡建设局挂人民防空办公室牌子；水利局挂南水北调工程建设管理局牌子；农业农村局挂扶贫开发办公室、畜牧兽医局牌子；文化和旅游局挂新闻出版广电局、文物局牌子；卫生健康局挂中医药管理局牌子；行政审批服务局挂政务服务管理办公室牌子；综合行政执法局挂城市管理局牌子；地方金融监督管理局挂金融工作办公室牌子。

索 引

说明：
1. 本索引为综合性主题索引；
2. 索引款目按汉语拼音字母（同音字按声调）顺序排列；
3. 款目后的阿拉伯数字表示内容所在的页码。

0—9

A

B

C

D

F

G

H

J

K

L

M

N

Q

R

S

T

W

X